PONTIFÍCIO CONSELHO "JUSTIÇA E PAZ"

# COMPÊNDIO
# DA DOUTRINA SOCIAL
# DA IGREJA

Paulinas

Dados Internacionais de Catalogação na Publicação (CIP)
(Câmara Brasileira do Livro, SP, Brasil)

Pontifício Conselho "Justiça e Paz"
  Compêndio da doutrina social da Igreja / Pontifício Conselho "Justiça e Paz" ; tradução Conferência Nacional dos Bispos do Brasil (CNBB). – 7. ed. – São Paulo : Paulinas, 2011.

  Título original: Compendio della dottrina sociale della Chiesa
  ISBN 978-85-356-2875-3
  ISBN 88-209-7630-7 (ed. original)

  1. Igreja Católica - Doutrina social  I. Título.

11-09116                                                              CDD-261

Índices para catálogo sistemático:
1. Igreja Católica : Doutrina social   261
2. Doutrina social da Igreja           261

7ª edição – 2011
11ª reimpressão – 2025

Título original da obra: Compendio della dottrina sociale della Chiesa

© 2004, Libreria Editrice Vaticana
00120 Città del Vaticano
Tel.: 06.6988.5003 - Fax: 06.6988.4716
ISBN 88-209-7630-7
www.libreriaeditricevaticana.com

Tradução e revisão a cargo da Conferência Nacional dos Bispos do Brasil (CNBB)
SES, Quadra 801, Conjunto "B", Asa Sul
70401-900 - Brasília - DF (Brasil)
Tel.: (61) 313-8300
http://www.cnbb.org.br - publicacoes@cnbb.org.br

*Nenhuma parte desta obra poderá ser reproduzida ou transmitida por qualquer forma e/ou quaisquer meios (eletrônico ou mecânico, incluindo fotocópia e gravação) ou arquivada em qualquer sistema ou banco de dados sem permissão escrita da Editora. Direitos reservados.*

Cadastre-se e receba nossas informações
paulinas.com.br
Telemarketing e SAC: 0800-7010081

**Paulinas**
Rua Dona Inácia Uchoa, 62
04110-020 – São Paulo – SP (Brasil)
📞 (11) 2125-3500
✉ editora@paulinas.com.br

© Pia Sociedade Filhas de São Paulo – São Paulo, 2005

A JOÃO PAULO II,
MESTRE DE DOUTRINA SOCIAL
E TESTEMUNHA EVANGÉLICA
DE JUSTIÇA E DE PAZ

# SIGLAS

| | |
|---|---|
| a. | *in articulo* |
| AAS | *Acta Apostolicae Sedis* |
| Ad 1um | *in responsione ad 1 argumentum* |
| Ad 2um | *in responsione ad 2 argumentum et ita porro* |
| c. | capítulo o *in corpore articuli* |
| Cap. | Capítulo |
| CIC | Codex Iuris Canonici (Código de Direito Canônico) |
| Cf. | Confira |
| Const. apost. | Constituição apostólica |
| Const. dogm. | Constituição dogmática |
| Const. Past. | Constituição pastoral |
| d. | *distinctio* |
| Decr. | Decreto |
| Decl. | Declaração |
| DS | H. DENZINGER - A. SCHÖNMETZER, *Enchiridion Symbolorum definitionum et declarationum de rebus fidei et morum* |
| Enc. | Encíclica |
| Ed. Leon. | SANCTI THOMAE AQUINATIS DOCTORIS ANGELICI *Opera Omnia* iussu impensaque Leonis XIII P. M. edita |
| Exort. apost. | Exortação apostólica |
| Ibid. | Ibidem |
| Id. | Idem |
| Inst. | Instrução |
| Carta apost. | Carta apostólica |
| Carta enc. | Carta encíclica |
| p. | página |
| PG | Patrologia grega (J. P. MIGNE) |
| PL | Patrologia latina (J. P. MIGNE) |
| q. | *quaestio* |
| QQ.DD. | *Quaestiones disputatae* |
| v. | volume |
| I | Prima Pars Summae Theologiae |
| I-II | Prima Secundae Partis Summae Theologiae |
| II-II | Secunda Secundae Partis Summae Theologiae |
| III | Tertia Pars Summae Theologiae |

# ABREVIATURAS BÍBLICAS

| | | | |
|---|---|---|---|
| Ab | Abdias | Js | Livro de Josué |
| Ag | Ageu | Jt | Judite |
| Am | Amós | Jz | Livro dos Juízes |
| Ap | Apocalipse | Lc | Evangelho segundo S. Lucas |
| At | Atos dos Apóstolos | Lm | Lamentações |
| Br | Baruc | Lv | Levítico |
| Cl | Colossenses | Mc | Evangelho segundo S. Marcos |
| 1Cor | 1ª Epístola aos Coríntios | 1Mc | 1º Livro dos Macabeus |
| 2Cor | 2ª Epístola aos Coríntios | 2Mc | 2º Livro dos Macabeus |
| 1Cr | 1º Livro das Crônicas | Ml | Malaquias |
| 2Cr | 2º Livro das Crônicas | Mq | Miquéias |
| Ct | Cântico dos Cânticos | Mt | Evangelho segundo S. Mateus |
| Dn | Daniel | Na | Naum |
| Dt | Deuteronômio | Ne | Neemias |
| Ecl | Eclesiastes (Coélet) | Nm | Números |
| Eclo | Eclesiástico (Sirácida) | Os | Oséias |
| Ef | Epístola aos Efésios | 1Pd | 1ª Epístola de S. Pedro |
| Esd | Esdras | 2Pd | 2ª Epístola de S. Pedro |
| Est | Ester | Pr | Provérbios |
| Ex | Êxodo | Rm | Epístola aos Romanos |
| Ez | Ezequiel | 1Rs | 1º Livro dos Reis |
| Fl | Epístola aos Filipenses | 2Rs | 2º Livro dos Reis |
| Fm | Epístola a Filêmon | Rt | Rute |
| Gl | Epístola aos Gálatas | Sb | Sabedoria |
| Gn | Gênesis | Sf | Sofonias |
| Hab | Habacuc | Sl | Salmos |
| Hb | Epístola aos Hebreus | 1Sm | 1º Livro de Samuel |
| Is | Isaías | 2Sm | 2º Livro de Samuel |
| Jd | Epístola de S. Judas | Tb | Tobias |
| Jl | Joel | Tg | Epístola de S. Tiago |
| Jn | Jonas | 1Tm | 1ª Epístola a Timóteo |
| Jó | Jó | 2Tm | 2ª Epístola a Timóteo |
| Jo | Evangelho segundo S. João | 1Ts | 1ª Epístola aos Tessalonicenses |
| 1Jo | 1ª Epístola de S. João | 2Ts | 2ª Epístola aos Tessalonicenses |
| 2Jo | 2ª Epístola de S. João | Tt | Epístola a Tito |
| 3Jo | 3ª Epístola de S. João | Zc | Zacarias |
| Jr | Jeremias | | |

SECRETARIA DE ESTADO

DO VATICANO, 29 de junho de 2004

N. 559.332
Para Sua Eminência Reverendíssima
O Senhor Cardeal RENATO RAFFAELE MARTINO
Presidente do Pontifício Conselho da Justiça e da Paz
CIDADE DO VATICANO

Senhor Cardeal,

No decorrer da sua história, e em particular nos últimos cem anos, a Igreja jamais renunciou — de acordo com as palavras do Papa Leão XIII — a dizer a "palavra que lhe compete" sobre as questões da vida social. Continuando a elaborar e a atualizar o rico patrimônio da Doutrina Social Católica, o Papa João Paulo II publicou, por sua parte, três grandes Encíclicas — *Laborem exercens, Sollicitudo rei socialis* e *Centesimus annus* —, que constituem etapas fundamentais do pensamento católico sobre o assunto. Por sua parte, inúmeros Bispos, em toda parte do mundo, contribuíram nestes últimos anos para aprofundar a doutrina social da Igreja. Assim também inúmeros estudiosos católicos o fizeram, em todos os Continentes.

1. Era portanto de desejar que se providenciasse a redação de um *compêndio* de toda a matéria, apresentando de modo sistemático as pilastras da doutrina social católica. Disto se encarregou de modo louvável o Pontifício Conselho "Justiça e Paz", dedicando à iniciativa um intenso trabalho ao longo dos últimos anos.

Regozijo-me pela publicação do volume *Compêndio da Doutrina Social da Igreja*, compartilhando com Vossa Eminência a alegria de oferecê-lo aos fiéis e a todos os homens de boa vontade, como nutrição de crescimento humano e espiritual, pessoal e comunitário.

2. A obra mostra como a doutrina social católica tem também valor de instrumento de evangelização (cf. *Centesimus annus*, 54), porque põe a pessoa humana e a sociedade em relação com a luz do Evangelho. Os princípios

da doutrina social da Igreja, que se apóiam sobre a lei natural, se vêem confirmados e valorizados, na fé da Igreja, pelo Evangelho de Cristo.

Nesta luz, o homem é convidado antes de tudo a descobrir-se como ser transcendente, em qualquer dimensão da vida, inclusive a que se liga aos contextos sociais, econômicos e políticos. A fé leva à plenitude o significado da família, que, fundada no matrimônio entre um homem e uma mulher, constitui a primeira e vital célula da sociedade; ela, ademais, ilumina a dignidade do trabalho que, enquanto atividade do homem destinada à sua realização, tem a prioridade sobre o capital e constitui título de participação nos frutos que dele derivam.

3. No presente texto emerge ademais a importância dos valores morais, fundamentados na lei natural inscrita na consciência de todo ser humano, que por isso está obrigado a reconhecê-la e a respeitá-la. A humanidade pede hoje mais justiça ao afrontar o vasto fenômeno da globalização; sente viva a preocupação pela ecologia e por uma correta gestão dos negócios públicos; adverte a necessidade de salvaguardar a consciência nacional, sem porém perder de vista a via do direito e a consciência da unidade da família humana. O mundo do trabalho, profundamente modificado pelas modernas conquistas tecnológicas, conhece níveis de qualidade extraordinários, mas deve lamentavelmente registrar também formas inéditas de precariedade, de exploração e até de escravidão, no seio das mesmas sociedades assim ditas opulentas. Em diversas áreas do planeta o nível do bem-estar continua a crescer, mas aumenta ameaçadoramente o número dos novos pobres e se alarga, por várias regiões, o hiato entre países menos desenvolvidos e países ricos. O mercado livre, processo econômico com lados positivos, manifesta todavia os seus limites. Por outro lado, o amor preferencial pelos pobres representa uma opção fundamental da Igreja, e ela o propõe a todos os homens de boa vontade.

Põe-se assim de manifesto como a Igreja não possa cessar de fazer ouvir a sua voz sobre as *res novae*, típicas da época moderna, porque a ela compete convidar todos a prodigalizarem-se a fim de que se afirme cada vez mais uma civilização autêntica voltada para a busca de um desenvolvimento humano integral e solidário.

4. As atuais questões culturais e sociais envolvem sobretudo os fiéis leigos, chamados, como nos recorda o Concílio Ecumênico Vaticano II, a tratar as coisas temporais ordenando-as segundo Deus (cf. *Lumen gentium*, 31). Bem se compreende, portanto, a importância fundamental da formação dos leigos, para que com a santidade de sua vida e a força do seu testemunho

contribuam para o progresso da humanidade. Este documento quer ajudá-los em sua missão quotidiana.

É igualmente interessante notar como numerosos elementos aqui recolhidos sejam compartilhados pelas outras Igrejas e Comunidades eclesiais, bem como por outras Religiões. O texto foi elaborado de modo que se possa fruir não somente *ad intra*, ou seja, entre os católicos, mas também *ad extra*. Com efeito, os irmãos que têm em comum conosco o mesmo Batismo, os adeptos de outras Religiões e todos os homens de boa vontade podem dele tirar elementos fecundos de reflexão e impulso comum para o desenvolvimento integral de todo homem e do homem todo.

5.    O Santo Padre faz votos de que o presente documento ajude a humanidade na busca operosa do bem comum e invoca as bênçãos de Deus sobre todos aqueles que se detiverem a refletir sobre os ensinamentos desta publicação. Ao formular também os meus votos pessoais de sucesso para esta obra, congratulo-me com Vossa Eminência e com os Colaboradores do Pontifício Conselho "Justiça e Paz" pelo importante trabalho realizado e, com sentimentos de bem distinto obséquio, de bom grado me subscrevo

com devotamento no Senhor

Angelo Card. Sodano

*Secretário de Estado*

# APRESENTAÇÃO

É para mim motivo de viva satisfação apresentar o documento *Compêndio da Doutrina Social da Igreja*, elaborado, por encargo recebido do Santo Padre João Paulo II, para expor de modo sintético, mas completo, o ensinamento social da Igreja.

Transformar a realidade social com a força do Evangelho, testemunhada por mulheres e homens fiéis a Jesus Cristo, sempre foi um desafio e, no início do terceiro milênio da era cristã, ainda o é. O anúncio de Jesus Cristo, "boa nova" de salvação, de amor, de justiça e de paz, não é facilmente acolhido no mundo de hoje, ainda devastado por guerras, miséria e injustiças; justamente por isso o homem do nosso tempo mais do que nunca necessita do Evangelho: da fé que salva, da esperança que ilumina, da caridade que ama.

A Igreja, perita em humanidade, em uma espera confiante e ao mesmo tempo operosa, continua a olhar para os "novos céus" e para a "terra nova" (2Pd 3,13), e a indicá-los a cada homem, para ajudá-lo a viver a sua vida na dimensão do sentido autêntico. *"Gloria Dei vivens homo"*: o homem que vive em plenitude a sua dignidade dá glória a Deus, que lha conferiu.

A leitura destas páginas é proposta antes de tudo para suster e animar a ação dos cristãos em campo social, especialmente dos fiéis leigos, dos quais este âmbito é próprio; toda a sua vida deve qualificar-se como uma fecunda obra evangelizadora. Cada fiel deve aprender antes de tudo a obedecer ao Senhor com a fortaleza da fé, a exemplo de São Pedro: "Mestre, trabalhamos a noite inteira e nada apanhamos; mas, por causa da tua palavra, lançarei as redes" (Lc 5,5). Cada leitor de "boa vontade" poderá conhecer os motivos que levam a Igreja a intervir com uma doutrina em campo social, à primeira vista não de sua competência, e as razões para um encontro, um diálogo, uma colaboração para servir ao bem comum.

O meu predecessor, o saudoso e venerado cardeal François-Xavier Nguyên Van Thuan, guiou com sabedoria, constância e largueza de visão, a complexa fase preparatória deste documento; a enfermidade impediu-o de concluí-la com a publicação. Esta obra a mim confiada, e ora entregue aos leitores, leva portanto o selo de uma grande testemunha da Cruz, *forte na fé* nos anos escuros e terríveis do Vietnã. Ele saberá acolher a nossa gratidão por todo o seu precioso trabalho, realizado com amor e dedicação, e bendizer a todos os que se detiverem a refletir sobre estas páginas.

Invoco a intercessão de São José, Guardião do Redentor e Esposo da Bem-Aventurada Virgem Maria, Patrono da Igreja Universal e do trabalho, para que este texto possa dar copiosos frutos na vida social como instrumento de anúncio evangélico, de justiça e de paz.

Cidade do Vaticano, 2 de abril de 2004, Memória de São Francisco de Paula.

RENATO RAFFAELE Card. MARTINO
*Presidente*

✠ GIAMPAOLO CREPALDI
*Secretário*

# COMPÊNDIO
# DA DOUTRINA SOCIAL
# DA IGREJA

# INTRODUÇÃO

# UM HUMANISMO INTEGRAL E SOLIDÁRIO

## a) No alvorecer do terceiro milênio

**1**  *A Igreja, povo peregrino, entra no terceiro milênio da era cristã conduzida por Cristo, o "Grande Pastor"* (Hb 13,20): Ele é a "Porta Santa" (cf. Jo 10,9) que transpusemos durante o Grande Jubileu do ano 2000.[1] Jesus Cristo é o Caminho, a Verdade e a Vida (cf. Jo 14,6): contemplando o Rosto do Senhor, confirmamos a nossa fé e a nossa esperança nEle, único Salvador e fim da história.

*A Igreja continua a interpelar todos os povos e todas as nações, porque somente no nome de Cristo a salvação é dada ao homem.* A salvação, que o Senhor Jesus nos conquistou por um "alto preço" (cf. 1Cor 6,20; 1Pd 1,18-19), se realiza na vida nova que espera os justos após a morte, mas abrange também este mundo (cf. 1Cor 7,31) nas realidades da economia e do trabalho, da sociedade e da política, da técnica e da comunicação, da comunidade internacional e das relações entre as culturas e os povos: "Jesus veio trazer a salvação integral, que abrange o homem todo e todos os homens, abrindo-lhes os horizontes admiráveis da filiação divina".[2]

**2**  *Neste alvorecer do Terceiro Milênio, a Igreja não se cansa de anunciar o Evangelho que propicia salvação e autêntica liberdade, mesmo nas coisas temporais,* recordando a solene recomendação dirigida por São Paulo ao discípulo Timóteo: "Prega a palavra, insiste oportuna e no importunamente, repreende, ameaça, exorta com toda paciência e empenho de instruir. Porque virá tempo em que os homens já não suportarão a sã doutrina da salvação. Levados pelas próprias paixões e pelo prurido de escutar novidades, ajustarão mestres para si. Apartarão os ouvidos da verdade e orientar-se-ão para as fábulas. Tu, porém, sê prudente em tudo, paciente nos sofrimentos, cumpre a missão de pregador do Evangelho, consagra-te ao teu ministério" (2Tm 4,2-5).

---

[1] Cf. João Paulo II, Carta apost. *Novo millennio ineunte*, 1: *AAS* 93 (2001) 266.

[2] João Paulo II, Carta enc. *Redemptoris missio*, 11: *AAS* 83 (1991) 260.

**3** *Aos homens e às mulheres do nosso tempo, seus companheiros de viagem, a Igreja oferece também a sua doutrina social.* De fato, quando a Igreja "cumpre a sua missão de anunciar o Evangelho, testemunha ao homem, em nome de Cristo, sua dignidade própria e sua vocação à comunhão de pessoas; ensina-lhes as exigências da justiça e da paz, de acordo com a sabedoria divina".[3] *Tal doutrina possui uma profunda unidade, que provém da Fé em uma salvação integral, da Esperança em uma justiça plena, da Caridade que torna todos os homens verdadeiramente irmãos em Cristo.* Ela é expressão do amor de Deus pelo mundo, que Ele amou até dar "o seu Filho único" (Jo 3,16). *A lei nova do amor abrange a humanidade toda e não conhece confins*, pois o anúncio da salvação de Cristo se estende "até aos confins da terra" (At 1,8).

**4** *Ao descobrir-se amado por Deus, o homem compreende a própria dignidade transcendente, aprende a não se contentar de si e a encontrar o outro, em uma rede de relações cada vez mais autenticamente humanas.* Feitos novos pelo amor de Deus, os homens são capacitados a transformar as regras e a qualidade das relações, inclusive as estruturas sociais: são pessoas capazes de levar a paz onde há conflitos, de construir e cultivar relações fraternas onde há ódio, de buscar a justiça onde prevalece a exploração do homem pelo homem. Somente o amor é capaz de transformar de modo radical as relações que os seres humanos têm entre si. Inserido nesta perspectiva, todo homem de boa vontade pode entrever os vastos horizontes da justiça e do progresso humano na verdade e no bem.

**5** *O amor tem diante de si um vasto campo de trabalho, e a Igreja, nesse campo, quer estar presente também com a sua doutrina social, que diz respeito ao homem todo e se volve a todos os homens.* Tantos irmãos necessitados estão à espera de ajuda, tantos oprimidos esperam por justiça, tantos desempregados estão à espera de trabalho, tantos povos esperam por respeito: "Como é possível que ainda haja, no nosso tempo, quem morra de fome, quem esteja condenado ao analfabetismo, quem viva privado dos cuidados médicos mais elementares, quem não tenha uma casa onde se abrigar? E o cenário da pobreza poderá ampliar-se indefinidamente, se às antigas pobrezas acrescentarmos as novas que freqüentemente atingem mesmo os ambientes e categorias dotados de recursos econômicos, mas sujeitos ao desespero da falta de sentido, à tentação da droga, à solidão na velhice ou na doença, à marginalização ou à discriminação social. [...] E como ficar indiferentes diante das perspectivas dum *desequilíbrio ecológico*, que torna inabitáveis e hostis

---

[3] *Catecismo da Igreja Católica*, 2419.

*Introdução*                                                                 19

ao homem vastas áreas do planeta? Ou em face dos *problemas da paz*, freqüentemente ameaçada com o íncubo de guerras catastróficas? Ou perante o *vilipêndio dos direitos humanos fundamentais* de tantas pessoas, especialmente das crianças?".[4]

**6**     *O amor cristão move à denúncia, à proposta e ao compromisso de elaboração de projetos em campo cultural e social, a uma operosidade concreta e ativa, que impulsione a todos os que tomam sinceramente a peito a sorte do homem a oferecerem o próprio contributo.* A humanidade compreende cada vez mais claramente estar ligada por um único destino que requer uma comum assunção de responsabilidades, inspirada em um *humanismo integral e solidário*: vê que esta unidade de destino é freqüentemente condicionada e até mesmo imposta pela técnica ou pela economia e adverte a necessidade de uma maior consciência moral, que oriente o caminho comum. Estupefatos pelas múltiplas inovações tecnológicas, os homens do nosso tempo desejam ardentemente que o progresso seja votado ao verdadeiro bem da humanidade de hoje e de amanhã.

### b) O significado do documento

**7**     *O cristão sabe poder encontrar na doutrina social da Igreja os princípios de reflexão, os critérios de julgamento e as diretrizes de ação donde partir para promover esse humanismo integral e solidário. Difundir tal doutrina constitui, portanto, uma autêntica prioridade pastoral,* de modo que as pessoas, por ela iluminadas, se tornem capazes de interpretar a realidade de hoje e de procurar caminhos apropriados para a ação: "O ensino e a difusão da doutrina social fazem parte da missão evangelizadora da Igreja".[5]

*Nesta perspectiva, pareceu muito útil a publicação de um documento que ilustrasse as linhas fundamentais da doutrina social da Igreja e a relação que há entre esta doutrina e a nova evangelização.*[6] O Pontifício Conselho "Justiça e Paz", que o elaborou e assume plena responsabilidade por ele, se valeu para tal fim de uma ampla consulta, envolvendo os seus Membros e Consultores, alguns Dicastérios da Cúria Romana, Conferências Episcopais de vários países, Bispos e peritos nas questões tratadas.

**8**     *Este documento quer apresentar de maneira abrangente e orgânica, se bem que sinteticamente, o ensinamento social da Igreja, fruto da sapiente*

---

[4]   João Paulo II, Carta apost. *Novo millennio ineunte*, 50-51: *AAS* 93 (2001) 303-304.
[5]   João Paulo II, Carta enc. *Sollicitudo rei socialis*, 41: *AAS* 80 (1988) 571-572.
[6]   Cf. João Paulo II, Exort. apost. *Ecclesia in America*, 54: *AAS* 91 (1999) 790.

20                                                                    *Introdução*

*reflexão magisterial e expressão do constante empenho da Igreja na fideli-dade à Graça da salvação de Cristo e na amorosa solicitude pela sorte da humanidade.* Os aspectos teológicos, filosóficos, morais, culturais e pastorais mais relevantes deste ensinamento são aqui organicamente evocados em relação às *questões sociais.* Desta forma é testemunhada a fecundidade do encontro entre o Evangelho e os problemas com que se depara o homem no seu caminho histórico.

No estudo do Compêndio será importante levar em conta que as citações dos textos do Magistério são extraídas de documentos de vário grau de autoridade. Ao lado dos documentos conciliares e das encíclicas, figuram também discursos Pontifícios ou documentos elaborados pelos Dicastérios da Santa Sé. Como se sabe, mas é oportuno realçá-lo, o leitor deve estar consciente de que se trata de níveis distintos de ensinamento. O documento, que se limita a oferecer uma exposição das linhas fundamentais da doutrina social, deixa às Conferências Episcopais a responsabilidade de fazer as oportunas aplicações requeridas pelas diversas situações locais.[7]

**9**   *O documento oferece um quadro abrangente das linhas fundamentais do "corpus" doutrinal do ensinamento social católico.* Tal quadro permite abordar adequadamente as questões sociais do nosso tempo, que é mister enfrentar com uma adequada visão de conjunto, porque se caracterizam como questões cada vez mais interconexas, que se condicionam reciprocamente e que sempre mais dizem respeito a toda a família humana. A exposição dos princípios da doutrina social da Igreja tem em vista sugerir um método orgânico na busca de soluções aos problemas, de sorte que o discernimento, o juízo e as opções sejam mais consentâneos com a realidade, e a solidariedade e a esperança possam incidir com eficácia também nas complexas situações hodiernas. Os princípios, efetivamente, se evocam e iluminam uns aos outros, na medida em que exprimem a antropologia cristã,[8] fruto da Revelação do amor que Deus tem para com a pessoa humana. *Tenha-se, entretanto, na devida consideração que o transcurso do tempo e a mudança dos contextos sociais requererão constantes e atualizadas reflexões sobre os vários argumentos aqui expostos, para interpretar os novos sinais dos tempos.*

**10**   *O documento apresenta-se como um instrumento para o discernimento moral e pastoral dos complexos eventos que caracterizam o nosso tempo; como um guia para inspirar, tanto no plano individual como no coletivo,*

---

[7]   Cf. João Paulo II, Exort. apost. *Ecclesia in America*, 54: *AAS* 91 (1999) 790; *Catecismo da Igreja Católica*, 24.

[8]   Cf. João Paulo II, Carta enc. *Centesimus annus*, 55: *AAS* 83 (1991) 860.

*Introdução* 21

*comportamentos e opções que permitam a todos os homens olhar para o futuro com confiança e esperança*; como um subsídio para os fiéis sobre o ensinamento da moral social. Dele pode derivar um novo compromisso capaz de responder às exigências do nosso tempo e proporcionado às necessidades e aos recursos do homem, mas sobretudo o anelo de valorizar mediante novas formas a vocação própria dos vários carismas eclesiais com vista à evangelização do social, porque *"todos os membros da Igreja participam da sua dimensão secular".*[9] O texto é proposto, enfim, como motivo de diálogo com todos aqueles que desejam sinceramente o bem do homem.

**11** *Os primeiros destinatários deste documento são os Bispos, que encontrarão as formas mais adequadas para a sua difusão e correta interpretação.* Pertence, com efeito, ao seu *"munus docendi"* ensinar que "as próprias coisas terrenas e as instituições humanas, segundo os desígnios de Deus Criador, se podem ordenar à salvação dos homens e, por conseguinte, contribuir não pouco para a edificação do Corpo de Cristo".[10] *Os sacerdotes, os religiosos e as religiosas e, em geral, os formadores* nele encontrarão um guia seguro para o ensinamento e um instrumento de serviço pastoral. *Os fiéis leigos*, que buscam o Reino de Deus "exercendo funções temporais e ordenando-as segundo Deus",[11] nele encontrarão luzes para o seu compromisso específico. *As comunidades cristãs* poderão utilizar este documento para analisar objetivamente as situações, esclarecê-las à luz das palavras imutáveis do Evangelho, haurir princípios de reflexão, critérios de julgamento e orientações para a ação.[12]

**12** *Este documento é proposto também aos irmãos de outras Igrejas e Comunidades Eclesiais, aos seguidores de outras religiões, bem como a quantos, homens e mulheres de boa vontade, se empenham em servir ao bem comum*: queiram-no acolher como o fruto de uma experiência humana universal, constelada de inumeráveis sinais da presença do Espírito de Deus. É um tesouro de coisas novas e antigas (cf. Mt 13,52), que a Igreja quer compartilhar, para agradecer a Deus, de quem provêm "toda dádiva boa e todo o dom perfeito" (Tg 1,17). É um sinal de esperança o fato de que hoje as religiões e as culturas manifestem disponibilidade ao diálogo e advirtam a urgência de unir os próprios esforços para favorecer a justiça, a fraternidade, a paz e o crescimento da pessoa humana.

---

[9] João Paulo II, Exort. apost. *Christifideles laici*, 15: *AAS* 81 (1989) 414.
[10] Concílio Vaticano II, Decr. *Christus Dominus*, 12: *AAS* 58 (1966) 678.
[11] Concílio Vaticano II, Const. dogm. *Lumen gentium*, 31: *AAS* 57 (1965) 37.
[12] Cf. Paulo VI, Carta apost. *Octogesima adveniens*, 4: *AAS* 63 (1971) 403.

A Igreja Católica une em particular o próprio empenho ao esforço em campo social das demais Igrejas e Comunidades Eclesiais, tanto na reflexão doutrinal como em campo prático. Juntamente com elas, a Igreja Católica está convencida de que do patrimônio comum dos ensinamentos sociais guardados pela tradição viva do povo de Deus derivem estímulos e orientações para uma colaboração cada vez mais estreita na promoção da justiça e da paz.[13]

### c) Ao serviço da plena verdade sobre o homem

**13** *Este documento é um ato de serviço da Igreja às mulheres e aos homens do nosso tempo*, aos quais oferece o patrimônio de sua doutrina social, segundo aquele estilo de diálogo com o qual o próprio Deus, no Seu Filho Unigênito feito homem, "fala aos homens como a amigos (cf. Ex 33,11; Jo 15,14-15), e com eles se entretém (cf. Br 3,38)".[14] Inspirado na Constituição pastoral *Gaudium et spes*, também este documento põe como linha mestra de toda a exposição o homem, aquele "homem considerado em sua unidade e totalidade, corpo e alma, coração e consciência, inteligência e vontade".[15] Na perspectiva delineada, "nenhuma ambição terrestre move a Igreja. Com efeito, guiada pelo Espírito Santo ela pretende somente uma coisa: continuar a obra do próprio Cristo que veio ao mundo para dar testemunho da verdade, para salvar e não para condenar, para servir e não para ser servido".[16]

**14** *Com o presente documento a Igreja quer oferecer um contributo de verdade à questão do lugar do homem na natureza e na sociedade, enfrentada pelas civilizações e culturas em que se manifesta a sabedoria da humanidade*. Mergulhando as raízes num passado não raro milenar, estas se manifestam nas formas da religião, da filosofia e do gênio poético de todo o tempo e de cada povo, oferecendo interpretações do universo e da convivência humana e procurando dar um sentido à existência e ao mistério que a envolve. Quem sou eu? Por que a presença da dor, do mal, da morte, apesar de todo o progresso? A que aproveitam tantas conquistas alcançadas se o seu preço não raro é insuportável? O que haverá após esta vida? Estas perguntas fundamentais caracterizam o percurso do viver humano.[17] Pode-se, a propósito, recordar a admonição *"Conhece-te a ti mesmo"*, esculpida na arquitrave do templo de Delfos, que está a testemunhar a verdade basilar segundo a qual

---

[13] Cf. Concílio Vaticano II, Const. past. *Gaudium et spes*, 92: *AAS* 58 (1966) 1113-1114.

[14] Concílio Vaticano II, Const. dogm. *Dei verbum*, 2: *AAS* 58 (1966) 818.

[15] Concílio Vaticano II, Const. past. *Gaudium et spes*, 3: *AAS* 58 (1966) 1026.

[16] Concílio Vaticano II, Const. past. *Gaudium et spes*, 3: *AAS* 58 (1966) 1027.

[17] Cf. Concílio Vaticano II, Const. past. *Gaudium et spes*, 10: *AAS* 58 (1966) 1032.

*Introdução* 23

o homem, chamado a distinguir-se entre todas as criaturas, se qualifica como *homem* justo enquanto constitutivamente orientado a *conhecer-se a si mesmo*.

**15** *A orientação que se dá à existência, à convivência social e à história dependem, em grande parte, das respostas dadas a estas questões sobre o lugar do homem na natureza e na sociedade, às quais o presente documento quer dar o seu contributo.* O significado profundo do existir humano, com efeito, se revela na livre busca da verdade, capaz de oferecer direção e plenitude à vida, busca essa a que tais questões impelem incessantemente a inteligência e a vontade do homem. Elas exprimem a natureza humana no seu nível mais alto, porque empenham a pessoa em uma resposta que mede a profundidade do seu compromisso com a própria existência. Trata-se, ademais, de *interrogações essencialmente religiosas*: "quando *o porquê das coisas* é indagado a fundo em busca da resposta última e mais exaustiva, então a razão humana atinge o seu ápice e se abre à religiosidade. Com efeito, a religiosidade representa a expressão mais elevada da pessoa humana, porque é o ápice da sua natureza racional. Brota da profunda aspiração do homem à verdade, e está na base da busca livre e pessoal que ele faz do divino".[18]

**16** *As interrogações radicais, que acompanham desde os inícios o caminho dos homens, adquirem, no nosso tempo, ainda maior significância, pela vastidão dos desafios, pela novidade dos cenários, pelas opções decisivas que as atuais gerações são chamadas a efetuar.*

O primeiro dentre os maiores desafios, ante os quais a humanidade se encontra, é o *da verdade mesma do ser-homem*. A fronteira e a relação entre natureza, técnica e moral são questões que interpelam decisivamente a responsabilidade pessoal e coletiva em vista dos comportamentos que se devem ter em face daquilo que o homem é, do que pode fazer e do que deve ser. Um segundo desafio é posto *pela compreensão e pela gestão do pluralismo e das diferenças* em todos os níveis: de pensamento, de opção moral, de cultura, de adesão religiosa, de filosofia do progresso humano e social. O terceiro desafio é a *globalização*, que tem um significado mais amplo e profundo do que o simplesmente econômico, pois que se abriu na história uma nova época, que concerne ao destino da humanidade.

**17** *Os discípulos de Jesus sentem-se envolvidos por estas interrogações, levam-nas eles mesmos no coração e querem empenhar-se, juntamente com todos os homens, na busca da verdade e do sentido da existência pessoal e*

---

[18] João Paulo II, *Alocução na Audiência Geral* (19 de outubro de 1983), 2: *L'Osservatore Romano*, ed. em português, 23 de outubro de 1983, 12.

24 *Introdução*

*social. Para tal busca contribuem com o seu generoso testemunho do dom que a humanidade recebeu*: Deus dirigiu-lhe Sua Palavra no curso da história, antes, Ele mesmo entrou na história para dialogar com a humanidade e revelar-lhe o Seu desígnio de salvação, de justiça e de fraternidade. Em Seu Filho, Jesus Cristo, feito homem, Deus nos libertou do pecado e nos indicou o Caminho a percorrer e a meta à qual tender.

### d) Sob o signo da solidariedade, do respeito e do amor

**18** *A Igreja caminha com toda a humanidade ao longo das estradas da história.* Ela vive no mundo e, mesmo sem ser do mundo (cf. Jo 17,14-16), é chamada a servi-lo seguindo a própria vocação íntima. Uma tal atitude — que se pode entrever também no presente documento — apóia-se na profunda convicção de que é importante para o mundo reconhecer a Igreja como realidade e fermento da história, assim como para a Igreja não ignorar quanto tem recebido da história e do progresso do gênero humano.[19] O Concílio Vaticano II quis dar uma demonstração eloqüente da solidariedade, do respeito e do amor para com toda a família humana, instaurando com ela um diálogo sobre tantos problemas, "iluminando-os à luz tirada do Evangelho e fornecendo ao gênero humano os recursos de salvação que a própria Igreja, conduzida pelo Espírito Santo, recebe de seu Fundador. É a pessoa humana que deve ser salva, é a sociedade humana que deve ser renovada".[20]

**19** A Igreja, sinal na história do amor de Deus para com os homens e da vocação de todo o gênero humano à unidade na filiação do único Pai,[21] também com este documento sobre a sua doutrina social quer propor a todos os homens um humanismo à altura do desígnio de amor de Deus sobre a história, um humanismo integral e solidário, capaz de animar uma nova ordem social, econômica e política, fundada na dignidade e na liberdade de toda a pessoa humana, a se realizar na paz, na justiça e na solidariedade. Um tal humanismo pode realizar-se se cada homem e cada mulher e suas comunidades souberem cultivar as virtudes morais e sociais em si mesmos e difundi-las na sociedade, de forma que "assim aparecerão, com o necessário auxílio da graça divina, homens realmente novos construtores de uma humanidade nova".[22]

---

[19] Cf. Concílio Vaticano II, Const. past. *Gaudium et spes*, 44: *AAS* 58 (1966) 1064.
[20] Concílio Vaticano II, Const. past. *Gaudium et spes*, 3: *AAS* 58 (1966) 1026.
[21] Cf. Concílio Vaticano II, Const. dogm. *Lumen gentium*, 1: *AAS* 57 (1965) 5.
[22] Concílio Vaticano II, Const. past. *Gaudium et spes*, 30: *AAS* 58 (1966) 1050.

# PRIMEIRA PARTE

"A dimensão teológica revela-se necessária
para interpretar e resolver
os problemas atuais da convivência humana"
(*Centesimus annus*, 55)

## CAPÍTULO I

# O DESÍGNIO DE AMOR DE DEUS
# A TODA A HUMANIDADE

## I. O AGIR LIBERTADOR DE DEUS
## NA HISTÓRIA DE ISRAEL

### a) A proximidade gratuita de Deus

**20** *Toda autêntica experiência religiosa, em todas as tradições culturais, conduz a uma intuição do Mistério que, não raro, chega a divisar alguns traços do rosto de Deus.* Ele aparece, por um lado, como *origem daquilo que é*, como presença que garante aos homens, socialmente organizados, as condições básicas de vida, pondo à disposição os bens necessários; por outro lado, como *medida do que deve ser*, como presença que interpela o agir humano — tanto no plano pessoal como no social — sobre o uso dos mesmos bens nas relações com os outros homens. Em toda experiência religiosa, portanto, se revelam importantes quer a dimensão do *dom* e da *gratuidade*, que se percebe como subjacente à experiência que a pessoa humana faz do seu existir junto com os outros no mundo, quer as repercussões desta dimensão sobre a consciência do homem, que percebe ser interpelado a gerir *de forma responsável e convivial* o dom recebido. Prova disso é o reconhecimento universal da *regra de ouro*, em que se exprime, no plano das relações humanas, a interpelação que une o homem ao Mistério: "Tudo o que quereis que os homens vos façam, fazei-o vós a eles".[23]

**21** *Sobre o pano de fundo, compartilhado em variada medida, da experiência religiosa universal, emerge a Revelação que Deus faz progressivamente de Si próprio a Israel. Ela responde à busca humana do divino de modo inopinado e surpreendente, graças aos gestos históricos, pontuais e incisivos, nos quais se manifesta o amor de Deus pelo homem.* Segundo o livro do *Êxodo*, o Senhor dirige a Moisés a seguinte palavra: "Eu vi, eu vi a aflição do meu povo que está no Egito, e ouvi os seus clamores por causa dos

---

[23] Cf. *Catecismo da Igreja Católica*, 1789; 1970; 2510.

seus opressores. Sim, eu conheço os seus sofrimentos. E desci para livrá-lo da mão dos egípcios e para fazê-lo sair do Egito para uma terra fértil e espaçosa, uma terra onde corre leite e mel" (Ex 3,7-8). A proximidade gratuita de Deus — à qual alude o Seu próprio Nome, que Ele revela a Moisés, *"Eu sou aquele que sou"* (cf. Ex 3,14) — manifesta-se na libertação da escravidão e na promessa, tornando-se ação histórica, na qual tem origem o processo de identificação coletiva do povo do Senhor, através da aquisição da *liberdade* e da *terra* que Deus lhe oferece em dom.

**22** *À gratuidade do agir divino, historicamente eficaz, acompanha constantemente o compromisso da Aliança, proposto por Deus e assumido por Israel.* No Monte Sinai a iniciativa de Deus se concretiza na aliança com o Seu povo, ao qual é dado o *Decálogo dos mandamentos revelados pelo Senhor* (cf. Ex 19–24). As "dez palavras" (Ex 34,28; cf. Dt 4,13; 10,4) "exprimem as implicações da pertença a Deus, instituída pela Aliança. A existência moral é *resposta* à iniciativa amorosa do Senhor. É reconhecimento, homenagem a Deus e culto de ação de graças. É cooperação com o plano que Deus executa na história".[24]

*Os dez mandamentos, que constituem um extraordinário caminho de vida, indicam as condições mais seguras para uma existência liberta da escravidão do pecado, contêm uma expressão privilegiada da lei natural.* Eles "revelam-nos a verdadeira humanidade do homem. Iluminam os deveres essenciais e portanto, indiretamente, os deveres fundamentais, inerentes à natureza da pessoa humana".[25] Conotam a moral humana universal. Lembrados também por Jesus ao jovem rico do Evangelho (cf. Mt 19,18), os dez mandamentos "constituem as regras primordiais de toda a vida social".[26]

**23** *Do Decálogo deriva um compromisso que diz respeito não só ao que concerne à fidelidade ao Deus único e verdadeiro, como também às relações sociais no seio do povo da Aliança.* Estas últimas são reguladas, em particular, pelo que se tem definido como *o direito do pobre*: "Se houver no meio de ti um pobre entre os teus irmãos... não endurecerás o teu coração, e não fecharás a mão diante do teu irmão pobre; mas abrir-lhe-ás a mão e emprestar-lhe-ás segundo as necessidades da sua indigência (Dt 15,7-8). Tudo isto vale também em relação ao forasteiro: "Se um estrangeiro vier habitar convosco na vossa terra, não o oprimireis, mas esteja ele entre vós como um compatriota e tu amá-lo-ás como a ti mesmo, porque vós fostes já estrangeiros no Egito.

---

[24] *Catecismo da Igreja Católica*, 2062.
[25] *Catecismo da Igreja Católica*, 2070.
[26] João Paulo II, Carta enc. *Veritatis splendor*, 97: *AAS* 85 (1993) 1209.

O desígnio de amor de Deus a toda a humanidade 29

Eu sou o Senhor vosso Deus" (Lv 19,33-34). O dom da libertação e da terra prometida, a Aliança do Sinai e o *Decálogo* estão, portanto, intimamente ligados a uma práxis que deve regular, na justiça e na solidariedade, o desenvolvimento da sociedade israelita.

**24** *Entre as multíplices disposições inspiradas por Deus, que tendem a concretizar o estilo de gratuidade e de dom, a lei do ano sabático* (celebrado a cada sete anos) *e do ano jubilar* (a cada cinqüenta anos)[27] *se distingue como uma importante orientação — ainda que nunca plenamente realizada — para a vida social e econômica do povo de Israel.* É uma lei que prescreve, além do repouso dos campos, a remissão das dívidas e uma libertação geral das pessoas e dos bens: cada um pode retornar à sua família e retomar posse do seu patrimônio.

*Esta legislação quer deixar assente que o evento salvífico do êxodo e a fidelidade à Aliança representam não somente o princípio fundante da vida social, política e econômica de Israel, mas também o princípio regulador das questões atinentes à pobreza econômica e às injustiças sociais.* Trata-se de um princípio invocado para transformar continuamente e a partir de dentro a vida do povo da Aliança, de maneira a torná-la conforme ao desígnio de Deus. Para eliminar as discriminações e desigualdades provocadas pela evolução socioeconômica, a cada sete anos a memória do êxodo e da Aliança é traduzida em termos sociais e jurídicos, de sorte que a questão da propriedade, das dívidas, das prestações de serviço e dos bens seja reconduzida ao seu significado mais profundo.

**25** *Os preceitos do ano sabático e do ano jubilar constituem uma doutrina social "in nuce".*[28] Eles mostram como os princípios da justiça e da solidariedade social são inspirados pela gratuidade do evento de salvação realizado por Deus e não têm somente o valor de corretivo de uma práxis dominada por interesses e objetivos egoístas, mas, pelo contrário, devem tornar-se, enquanto *"prophetia futuri"*, a referência normativa à qual cada geração em Israel se deve conformar se quiser ser fiel ao seu Deus.

*Tais princípios tornam-se o fulcro da pregação profética, que visa a proporcionar a sua interiorização.* O Espírito de Deus, derramado no coração do homem — anunciam-no os Profetas — fará aí medrar aqueles mesmos sentimentos de justiça e solidariedade que moram no coração do Senhor (cf. Jr 31,33 e Ez 36,26-27). Então a vontade de Deus, expressa no *Decálogo* doado no Sinai, poderá enraizar-se criativamente no próprio íntimo do

---

[27] A lei é enunciada em Ex 23; Dt 15; Lv 25.
[28] Cf. João Paulo II, Carta apost. *Tertio Millennio adveniente*, 13: *AAS* 87 (1995) 14.

homem. Desse *processo* de *interiorização* derivam maior profundidade e realismo para o agir social, tornando possível a *progressiva universalização da atitude de justiça e solidariedade*, que o povo da Aliança é chamado a assumir diante de todos os homens, de todo povo e nação.

### b) Princípio da criação e agir gratuito de Deus

**26** *A reflexão profética e sapiencial atinge a manifestação primeira e a própria fonte do projeto de Deus sobre toda a humanidade, quando chega a formular o princípio da criação de todas as coisas por parte de Deus.* No Credo de Israel, afirmar que Deus é criador significa não somente exprimir uma convicção teórica, mas também perceber o horizonte originário do agir gratuito e misericordioso do Senhor em favor do homem. Ele, na verdade, livre e gratuitamente dá o ser e a vida a tudo aquilo que existe. O homem e a mulher, criados à Sua imagem e semelhança (cf. Gn 1,26-27), são por isso mesmo chamados a ser *o sinal visível* e *o instrumento eficaz* da gratuidade divina no jardim em que Deus os pôs quais cultivadores e guardiões dos bens da criação.

**27** *No agir gratuito de Deus Criador encontra expressão o sentido mesmo da criação, ainda que obscurecido e distorcido pela experiência do pecado.* A narração do pecado das origens (cf. Gn 3,1-24), com efeito, descreve a tentação permanente e ao mesmo tempo a situação de desordem em que a humanidade veio a encontrar-se com a queda dos primeiros pais. Desobedecer a Deus significa furtar-se ao seu olhar de amor e querer administrar por conta própria o existir e o agir no mundo. A ruptura da relação de comunhão com Deus provoca a ruptura da unidade interior da pessoa humana, da relação de comunhão entre o homem e a mulher e da relação harmoniosa entre os homens e as demais criaturas.[29] É nesta ruptura de origem que se há de buscar a raiz mais profunda de todos os males que insidiam as relações sociais entre as pessoas humanas, de todas as situações que, na vida econômica e política, atentam contra a dignidade da pessoa, contra a justiça e a solidariedade.

---

[29] Cf. Concílio Vaticano II, Const. past. *Gaudium et spes*, 13: *AAS* 58 (1966) 1035.

# II. JESUS CRISTO:
## CUMPRIMENTO DO DESÍGNIO DE AMOR DO PAI

a) **Em Jesus Cristo cumpre-se o evento decisivo da história de Deus com os homens**

**28** *A benevolência e a misericórdia, que inspiram o agir de Deus e oferecem a sua chave de interpretação, tornam-se tão próximas do homem a ponto de assumir os traços do homem Jesus, o Verbo feito carne.* Na narração de Lucas, Jesus descreve o Seu ministério messiânico com as palavras de Isaías que evocam o significado profético do jubileu: "O Espírito do Senhor está sobre mim, porque me ungiu e enviou-me para anunciar a boa nova aos pobres, para sarar os contritos do coração, para anunciar aos cativos a redenção, aos cegos a restauração da vista, para pôr em liberdade os cativos, para publicar o ano da graça do Senhor" (4,18-19; cf. Is 61,1-2). *Jesus se coloca na linha do cumprimento, não só porque cumpre o que tinha sido prometido e que, portanto, era esperado por Israel, mas também no sentido mais profundo de que nEle se cumpre o evento definitivo da história de Deus com os homens.* Com efeito, Ele proclama: "Aquele que me viu, viu também o Pai" (Jo 14,9). Jesus, em outras palavras, manifesta de modo tangível e definitivo quem é Deus e como Ele se comporta com os homens.

**29** *O amor que anima o ministério de Jesus entre os homens é aquele mesmo experimentado pelo Filho na união íntima com o Pai.* O Novo Testamento nos permite penetrar na experiência que Jesus mesmo vive e comunica do amor de Deus Seu Pai — Abbá — e, portanto, no próprio coração da vida divina. Jesus anuncia a misericórdia libertadora de Deus para com aqueles que encontra no Seu caminho, a começar pelos pobres, pelos marginalizados, pelos pecadores, e convida à Seu seguimento, pois Ele por primeiro, e de modo todo singular, obedece ao desígnio do amor de Deus como Seu enviado no mundo.

A consciência que Jesus tem de ser o Filho expressa precisamente esta experiência originária. O Filho recebeu tudo, e gratuitamente, do Pai: "Tudo o que o Pai possui é meu" (Jo 16,15). Ele, por Sua vez, tem a missão de tornar todos os homens partícipes desse dom e dessa relação filial: "Já não vos chamo servos, porque o servo não sabe o que faz o seu senhor. Mas chamei-vos amigos, porque vos dei a conhecer tudo o que ouvi de meu Pai" (Jo 15,15).

*Reconhecer o amor do Pai significa para Jesus inspirar a Sua ação na própria gratuidade e misericórdia de Deus, geradoras de vida nova, e tornar-se assim, com a Sua própria existência, exemplo e modelo para os Seus discípulos*. Estes são chamados a viver *como Ele* e, depois da Sua Páscoa de morte e ressurreição, também *nEle* e *dEle*, graças ao dom sobreabundante do Espírito Santo, o Consolador que interioriza nos corações o estilo de vida de Cristo mesmo.

### b) A revelação do Amor Trinitário

**30** *O testemunho do Novo Testamento, com o deslumbramento sempre novo de quem foi atingido pelo fulgor do amor de Deus* (cf. Rm 8,26), *colhe na luz da plena revelação do Amor trinitário proporcionada pela Páscoa de Jesus Cristo, o significado último da Encarnação do Filho de Deus e da Sua missão entre os homens.* Escreve São Paulo: "Se Deus é por nós, quem será contra nós? Aquele que não poupou o seu próprio Filho, mas que por todos nós o entregou, como não nos dará também, com ele todas as coisas?" (Rm 8,31-32). Semelhante linguagem usa-a também São João: "Nisto consiste o amor: não em termos nós amado a Deus, mas em termos Ele amado e enviado seu Filho para expiar os nossos pecados" (1Jo 4,10).

**31** *O Rosto de Deus, progressivamente revelado na história da salvação, resplandece plenamente no Rosto de Jesus Cristo Crucificado e Ressuscitado. Deus é Trindade: Pai, Filho, Espírito Santo, realmente distintos e realmente um, porque comunhão infinita de amor.* O amor gratuito de Deus pela humanidade se revela, antes de tudo, como o amor fontal do Pai, de quem tudo provém; como comunicação gratuita que o Filho faz dEle, entregando-se ao Pai e doando-se aos homens; como fecundidade sempre nova do amor divino que o Espírito Santo derrama no coração dos homens (cf. Rm 5,5).
　　*Com palavras e obras, e de modo pleno e definitivo com a Sua morte e ressurreição,*[30] *Jesus revela à humanidade que Deus é Pai e que todos somos chamados por graça a ser filhos dEle no Espírito* (cf. Rm 8,15; Gl 4,6), *e por isso irmãos e irmãs entre nós.* É por esta razão que a Igreja crê firmemente que "a chave, o centro e o fim de toda a história humana se encontram no seu Senhor e Mestre".[31]

**32** *Contemplando a inefável gratuidade e sobreabundância do dom divino do Filho por parte do Pai, que Jesus ensinou e testemunhou doando a Sua vida por nós, o Apóstolo predileto do Senhor daí aufere o profundo sentido e a mais lógica conseqüência:* "Caríssimos, se Deus assim nos amou, também nós devemos amar-nos uns aos outros. Ninguém jamais viu a Deus. Se nos

---

[30] Cf. Concílio Vaticano II, Const. dogm. *Dei Verbum*, 4: *AAS* 58 (1966) 819.
[31] Cf. Concílio Vaticano II, Const. past. *Gaudium et spes*, 10: *AAS* 58 (1966) 1033.

amarmos mutuamente, Deus permanece em nós, e o seu amor em nós é perfeito" (1Jo 4,11-12). A reciprocidade do amor é exigida pelo mandamento que Jesus mesmo define como novo e Seu: "Como eu vos tenho amado, assim também vós deveis amar-vos uns aos outros" (Jo 13,34). O mandamento do amor recíproco traça a via para viver em Cristo a vida trinitária na Igreja, Corpo de Cristo, e transformar com Ele a história até ao seu pleno cumprimento na Jerusalém Celeste.

**33** *O mandamento do amor recíproco, que constitui a lei de vida do povo de Deus*,[32] *deve inspirar, purificar e elevar todas as relações humanas na vida social e política*: "Humanidade significa chamada à comunhão interpessoal",[33] porque a imagem e semelhança do Deus trinitário são a raiz de "todo o 'ethos' humano ... cujo vértice é o mandamento do amor".[34] O fenômeno cultural, social, econômico e político hodierno da interdependência, que intensifica e torna particularmente evidentes os vínculos que unem a família humana, ressalta uma vez mais, à luz da Revelação, "um novo *modelo de unidade* do gênero humano, no qual deve inspirar-se em última instância a solidariedade. Este *supremo modelo de unidade*, reflexo da vida íntima de Deus, uno em três Pessoas, é o que nós cristãos designamos com a palavra *'comunhão'*".[35]

## III. A PESSOA HUMANA NO DESÍGNIO DE AMOR DE DEUS

### a) O Amor Trinitário, origem e meta da pessoa humana

**34** *A revelação em Cristo do mistério de Deus como Amor trinitário é também a revelação da vocação da pessoa humana ao amor. Tal revelação ilumina a dignidade e a liberdade pessoal do homem e da mulher, bem como a intrínseca sociabilidade humana em toda a profundidade*: "Ser pessoa à imagem e semelhança de Deus comporta ... um existir em relação, em referência ao outro 'eu'",[36] porque Deus mesmo, uno e trino, é comunhão do Pai, do Filho e do Espírito Santo.

---

[32] Cf. Concílio Vaticano, Const. dogm. *Lumen gentium*, 9: *AAS* 57 (1965) 12-14.
[33] João Paulo II, Carta apost. *Mulieris dignitatem*, 7: *AAS* 80 (1988) 1666.
[34] João Paulo II, Carta apost. *Mulieris dignitatem*, 7: *AAS* 80 (1988) 1665-1666.
[35] João Paulo II, Carta enc. *Sollicitudo rei socialis*, 40: *AAS* 80 (1988) 569.
[36] João Paulo II, Carta apost. *Mulieris dignitatem*, 7: *AAS* 80 (1988) 1664.

*Na comunhão de amor que é Deus, em que as três Pessoas divinas se amam reciprocamente e são o Único Deus, a pessoa humana é chamada a descobrir a origem e a meta da sua existência e da história.* Os Padres Conciliares, na Constituição Pastoral *"Gaudium et spes"*, ensinam que "quando o Senhor Jesus reza ao Pai que "todos sejam um..., como nós somos um" (Jo 17,21-22), abre caminhos impérvios à razão humana, sugere alguma semelhança entre a união das Pessoas divinas e a união dos filhos de Deus na verdade e na caridade. Esta semelhança manifesta que o homem, a única criatura na terra que Deus quis por si mesma, não pode realizar-se plenamente senão pelo dom sincero de si mesmo (cf. Lc 17,33)".[37]

**35** *A revelação cristã projeta uma nova luz sobre a identidade, sobre a vocação e sobre o destino último da pessoa e do gênero humano.* Toda a pessoa é por Deus criada, amada e salva em Jesus Cristo, e se realiza tecendo multíplices relações de amor, de justiça e de solidariedade com as outras pessoas, à medida que desenvolve a sua multiforme atividade no mundo. O agir humano, quando tende a promover a dignidade e a vocação integral da pessoa, a qualidade das suas condições de existência, o encontro e a solidariedade dos povos e das nações, é conforme ao desígnio de Deus, que nunca deixa de mostrar o Seu amor e a Sua Providência para com Seus filhos.

**36** *As páginas do primeiro livro da Sagrada Escritura, que descrevem a criação do homem e da mulher à imagem e semelhança de Deus* (cf. Gn 1,26-27), *encerram um ensinamento fundamental sobre a identidade e a vocação da pessoa humana.* Dizem-nos que a criação do homem e da mulher é um ato livre e gratuito de Deus; que o homem e a mulher constituem, porque livres e inteligentes, o *tu* criado de Deus e que somente na relação com Ele podem descobrir e realizar o significado autêntico e pleno de sua vida pessoal e social; que estes, precisamente na sua complementaridade e reciprocidade, são a imagem do Amor Trinitário no universo criado; que a eles, que são o ápice da criação, o Criador confia a tarefa de ordenar segundo o desígnio do seu Criador a natureza criada (cf. Gn 1,28).

**37** *O livro do Gênesis nos propõe algumas linhas mestras da antropologia cristã*: a inalienável dignidade da pessoa humana, que tem a sua raiz e a sua garantia no desígnio criador de Deus; a sociabilidade constitutiva do ser humano, que tem o seu protótipo na relação de origem entre o homem e a mulher, "união esta que constituiu a primeira forma de comunhão de pessoas";[38]

---

[37] Concílio Vaticano II, Const. past. *Gaudium et spes*, 24: *AAS* 58 (1966) 1045.
[38] Concílio Vaticano II, Const. past. *Gaudium et spes*, 12: *AAS* 58 (1966) 1034.

O *desígnio de amor de Deus a toda a humanidade*

o significado do agir humano no mundo, que é ligado à descoberta e ao respeito da lei natural que Deus imprimiu no universo criado, para que a humanidade o habite e guarde segundo o Seu projeto (cf. 2Pd 3,13). Esta visão da pessoa humana, da sociedade e da história é radicada em Deus e é iluminada pela realização do Seu desígnio de salvação.

## b) A salvação cristã: para todos os homens e do homem todo

**38** *A salvação que, por iniciativa de Deus Pai, é oferecida em Jesus Cristo e é atualizada e difundida por obra do Espírito Santo, é salvação para todos os homens e do homem todo: é salvação universal e integral. Diz respeito à pessoa humana em todas as suas dimensões: pessoal e social, espiritual e corpórea, histórica e transcendente.* Começa a realizar-se já na história, porque tudo o que é criado é bom e querido por Deus e porque o Filho de Deus se fez um de nós.[39] O seu cumprimento, porém, encontra-se no futuro que Deus nos reserva, quando formos chamados, com toda a criação (cf. Rm 8), a participar da ressurreição de Cristo e da comunhão eterna de vida com o Pai, na alegria do Espírito Santo. Esta perspectiva indica precisamente o erro e o engano das visões puramente imanentistas do sentido da história e das pretensões de auto-salvação do homem.

**39** *A salvação que Deus oferece aos Seus filhos requer a sua livre resposta e adesão.* Nisso consiste a fé, "pela qual o homem livremente se entrega todo a Deus",[40] respondendo ao Amor preveniente e superabundante de Deus (cf. 1Jo 4,10) com o amor concreto aos irmãos e com firme esperança, "porque é fiel Aquele cuja promessa aguardamos" (Hb 10,23). O plano divino de salvação, na verdade, não coloca a criatura humana num estado de mera passividade o de menoridade em relação ao seu Criador, porque a relação com Deus, que Jesus Cristo nos manifesta e no qual nos introduz gratuitamente por obra do Espírito Santo, é uma relação de filiação: a mesma que Jesus vive em relação ao Pai (cf. Jo 15–17; Gl 4,6-7).

**40** *A universalidade e a integralidade da salvação, doada em Jesus Cristo, tornam inseparável o nexo entre a relação que a pessoa é chamada a ter com Deus e a responsabilidade ética para com o próximo, na concretude das situações históricas.* Isto se intui, ainda que confusamente e não sem erros, na universal busca humana de verdade e de sentido, mas torna-se estrutura

---

[39] Cf. Concílio Vaticano II, Const. past. *Gaudium et spes*, 22: *AAS* 58 (1966) 1043.
[40] Concílio Vaticano II, Const. dogm. *Dei Verbum*, 5: *AAS* 58 (1966) 819.

36                                                                                           *Capítulo I*

fundamental da Aliança de Deus com Israel, como testemunham, por exemplo, as tábuas da Lei e a pregação profética.

*Tal nexo é expresso com clareza e em perfeita síntese no ensinamento de Jesus Cristo e confirmado definitivamente pelo testemunho supremo do dom de Sua vida, em obediência à vontade do Pai e por amor aos irmãos.* Ao escriba que lhe pergunta: "Qual é o primeiro de todos os mandamentos?" (Mc 12,28), Jesus responde: "O primeiro de todos os mandamentos é este: *Ouve, Israel, o Senhor nosso Deus é o único Senhor; amarás o Senhor teu Deus com todo teu coração, com toda tua alma,* com todo teu espírito *e com toda as tuas forças.* E o segundo é este: *Amarás o teu próximo como a ti mesmo.* Outro mandamento maior do que estes não existe" (Mc 12,29-31).

*No coração da pessoa humana se entrelaçam indissoluvelmente a relação com Deus, reconhecido como Criador e Pai, fonte e termo da vida e da salvação, e a abertura ao amor concreto pelo homem, que deve ser tratado como um outro "eu", ainda que seja um inimigo* (cf. Mt 5,43-44). Na dimensão interior e espiritual do homem se radicam, ao fim e ao cabo, o empenho pela justiça e pela solidariedade, pela edificação de uma vida social, econômica e política conforme com o desígnio de Deus.

### c) O discípulo de Cristo como nova criatura

**41** *A vida pessoal e social, assim como o agir humano no mundo é sempre insidiada pelo pecado,* mas Jesus Cristo, "padecendo por nós, não só nos deu o exemplo para que sigamos Seus passos, mas ainda abriu novo caminho: se nós o seguirmos, a vida e a morte se santificam e adquirem nova significação".[41] O discípulo de Cristo adere, na fé e mediante os sacramentos, ao mistério pascal de Jesus, de sorte que o seu *homem velho,* com as suas más inclinações, é crucificado com Cristo. Como nova criatura, ele então fica habilitado na graça a caminhar numa "vida nova" (Rm 6,4). Tal caminho, porém, "vale não somente para os cristãos, mas também para todos os homens de boa vontade em cujos corações a graça opera de modo invisível. Com efeito, tendo Cristo morrido por todos e sendo uma só a vocação última do homem, isto é, divina, devemos admitir que o Espírito Santo oferece a todos a possibilidade de se associarem, de modo conhecido por Deus, a este mistério pascal".[42]

---

[41]   CONCÍLIO VATICANO II, Const. past. *Gaudium et spes,* 22: *AAS* 58 (1966) 1043.
[42]   CONCÍLIO VATICANO II, Const. past. *Gaudium et spes,* 22: *AAS* 58 (1966) 1043.

O designio de amor de Deus a toda a humanidade

37

**42** *A transformação interior da pessoa humana, na sua progressiva con-formação a Cristo, é pressuposto essencial de uma real renovação das suas relações com as outras pessoas:* "É preciso, então, apelar às capacidades espirituais e morais da pessoa e à exigência permanente de sua conversão interior, a fim de obter mudanças sociais que estejam realmente a seu servi-ço. A prioridade reconhecida à conversão do coração não elimina absoluta-mente, antes impõe, a obrigação de trazer às instituições e às condições de vida, quando estas provocam o pecado, o saneamento conveniente, para que sejam conformes às normas da justiça e favoreçam o bem, em vez de pôr-lhe obstáculos".[43]

**43** *Não é possível amar o próximo como a si mesmo e perseverar nesta atitude sem a firme e constante determinação de empenhar-se em prol do bem de todos e de cada um, porque todos nós somos verdadeiramente res-ponsáveis por todos.*[44] Segundo o ensinamento conciliar, "o respeito e a ca-ridade devem se estender também àqueles que em assuntos sociais, políticos e mesmo religiosos pensam e agem de maneira diferente da nossa. Aliás, quanto mais intimamente com humanidade e caridade compreendemos o seu modo de pensar, tanto maior será a facilidade para poder iniciar um diálogo com eles".[45] Nesse caminho é necessária a graça, que Deus oferece ao ho-mem para ajudá-lo a superar as falhas, para arrancá-lo da voragem da menti-ra e da violência, para sustentá-lo e incentivá-lo a tecer de novo, com espírito sempre renovado e disponível, a rede das relações verdadeiras e sinceras com os seus semelhantes.[46]

**44** *Também a relação com o universo criado e as diversas atividades que o homem dedica ao seu cuidado e transformação, quotidianamente ameaçadas pela soberba e amor desordenado de si, devem ser purificadas e levadas à perfeição pela cruz e ressurreição de Cristo:* "Remido por Cristo e tornado criatura nova no Espírito Santo, o homem pode e deve amar as próprias coi-sas criadas por Deus. Pois ele as recebe de Deus e as olha e respeita como que saindo de Suas mãos. Agradece ao Benfeitor os objetos e usa-os e frui-os na pobreza e liberdade de espírito. É assim introduzido na verdadeira posse do mundo, como quem nada tivesse mas possuísse tudo: 'Tudo é vosso, mas vós sois de Cristo, e Cristo é de Deus' (1Cor 3,22-23)".[47]

---

[43] *Catecismo da Igreja Católica*, 1888.
[44] Cf. João Paulo II, Carta enc. *Sollicitudo rei socialis*, 38: *AAS* 80 (1988) 565-566.
[45] Concílio Vaticano II, Const. past. *Gaudium et spes*, 28: *AAS* 58 (1966) 1048.
[46] Cf. *Catecismo da Igreja Católica*, 1889.
[47] Concílio Vaticano II, Const. past. *Gaudium et spes*, 37: *AAS* 58 (1966) 1055.

## d) Transcendência da salvação e autonomia das realidades terrestres

**45** *Jesus Cristo é o Filho de Deus feito homem, no qual e graças ao qual o mundo e o homem haurem a sua autêntica e plena verdade.* O mistério da infinita proximidade de Deus em relação ao homem — realizado na Encarnação de Jesus Cristo, levado até ao abandono na cruz e à morte — mostra que *quanto mais o humano é visto à luz do desígnio de Deus e vivido em comunhão com Ele, tanto mais ele é potenciado e libertado na sua identidade e na mesma liberdade que lhe é própria.* A participação na vida filial de Cristo, tornada possível pela Encarnação e pelo dom pascal do Espírito, longe de enfraquecer, tem o efeito de fazer desabrochar a autêntica e autônoma consistência e identidade dos seres humanos, em todas as suas expressões.

Esta perspectiva orienta para uma *visão mais correta das realidades terrestres e da sua autonomia,* que é bem sublinhada pelo ensinamento do Concílio Vaticano II: "Se por autonomia das realidades terrestres entendemos que as coisas criadas e as próprias sociedades gozam de leis e valores próprios, a serem conhecidos, usados e ordenados gradativamente pelo homem, é necessário absolutamente exigi-la... [isso] está de acordo com a vontade do Criador. Pela própria condição da criação, todas as coisas são dotadas de fundamento próprio, verdade, bondade, leis e ordem específicas. O homem deve respeitar tudo isto, reconhecendo os métodos próprios de cada ciência e arte".[48]

**46** *Não há conflituosidade entre Deus e o homem, mas uma relação de amor na qual o mundo e os frutos do agir do homem no mundo são objeto de recíproco dom entre o Pai e os filhos, e dos filhos entre si, em Cristo Jesus: nEle e graças a Ele, o mundo e o homem alcançam o seu significado autêntico e de origem.* Em uma visão universal do amor de Deus que abraça tudo o que é, Deus mesmo se nos revelou em Cristo como Pai e Doador de vida, e o homem nos é revelado como aquele que, em Cristo, tudo recebe de Deus como dom, em humildade e liberdade, e tudo possui verdadeiramente como seu, quando conhece e vive tudo como coisa de Deus, por Deus originada e a Deus destinada. A este propósito, o Concílio Vaticano II ensina: "Porém, se pelas palavras *autonomia das realidades temporais* se entende que as coisas criadas não dependem de Deus, e o homem as pode usar sem referência ao Criador, todo aquele que admite Deus percebe o quanto sejam falsas tais máximas. Na verdade, sem o Criador, a criatura esvai-se".[49]

---

[48] Concílio Vaticano II, Const. past. *Gaudium et spes*, 36: *AAS* 58 (1966) 1054; Cf. Id., Decr. *Apostolicam actuositatem*, 7: *AAS* 58 (1966) 843-844.

[49] Concílio Vaticano II, Const. past. *Gaudium et spes*, 36: *AAS* 58 (1966) 1054.

O desígnio de amor de Deus a toda a humanidade 39

**47** *A pessoa humana, em si mesma e na sua vocação, transcende o horizonte do universo criado, da sociedade e da história: o seu fim último é o próprio Deus,*[50] *que se revelou aos homens para convidá-los e recebê-los na comunhão com Ele.*[51] "O homem não se pode doar a um projeto somente humano da realidade, nem a um ideal abstrato ou a falsas utopias. Ele, enquanto pessoa, consegue doar-se a uma outra pessoa ou outras pessoas e, enfim, a Deus, que é o autor do seu ser e o único que pode acolher plenamente o seu dom".[52] Por isso "alienado é o homem que recusa transcender-se a si próprio e viver a experiência do dom de si e da formação de uma autêntica comunidade humana, orientada para o seu destino último, que é Deus. Alienada é a sociedade que, nas suas formas de organização social, de produção e de consumo, torna mais difícil a realização deste dom e a constituição dessa solidariedade inter-humana".[53]

**48** *A pessoa humana não pode e não deve ser instrumentalizada por estruturas sociais, econômicas e políticas, pois todo homem tem a liberdade de orientar-se para o seu fim último. Por outro lado, toda a realização cultural, social, econômica e política, em que atuam historicamente a sociabilidade da pessoa e a sua atividade transformadora do universo, deve sempre ser considerada também no seu aspecto de realidade relativa e provisória, porque* "a figura desse mundo passa!" (1Cor 7,31). Trata-se de uma *relatividade escatológica*, no sentido de que o homem e o mundo vão ao encontro do fim, que é o cumprimento do seu destino em Deus; e de uma *relatividade teológica*, enquanto o dom de Deus, mediante o qual se cumprirá o destino definitivo da humanidade e da criação, supera infinitamente as possibilidades e as expectativas do homem. Qualquer visão totalitária da sociedade e do Estado e qualquer ideologia puramente intramundana do progresso são contrárias à verdade integral da pessoa humana e ao desígnio de Deus na história.

## IV. DESÍGNIO DE DEUS E MISSÃO DA IGREJA

### a) A Igreja, sinal e tutela da transcendência da pessoa humana

**49** *A Igreja, comunidade daqueles que são convocados pelo Cristo Ressuscitado e se põem no seu seguimento, é o* "sinal e a salvaguarda do caráter

---

[50] Cf. *Catecismo da Igreja Católica*, 2244.
[51] Cf. Concílio Vaticano II, Const. dogm. *Dei verbum*, 2: *AAS* 58 (1966) 818.
[52] João Paulo II, Carta enc. *Centesimus annus*, 41: *AAS* 83 (1991) 844.
[53] João Paulo II, Carta enc. *Centesimus annus*, 41: *AAS* 83 (1991) 844-845.

*transcendente da pessoa humana"*.[54] Ela "é em Cristo como que o sacramento ou o sinal e instrumento da íntima união com Deus e da unidade de todo o gênero humano".[55] A missão da Igreja é a de anunciar e comunicar a salvação realizada em Jesus Cristo, que Ele chama "Reino de Deus" (Mc 1,15), ou seja, a comunhão com Deus e entre os homens. O fim da salvação, o Reino de Deus, abraça todos os homens e se realizará plenamente além da história, em Deus. A Igreja recebeu "a missão de anunciar o Reino de Cristo e de Deus, de estabelecê-lo em todos os povos e deste Reino constituiu na terra o germe e o início".[56]

**50**  *A Igreja põe-se concretamente ao serviço do Reino de Deus, antes de mais nada anunciando e comunicando o Evangelho da salvação e constituindo novas comunidades cristãs.* Ela, ademais, "serve ao Reino, difundindo pelo mundo os 'valores evangélicos', que são a expressão do Reino, e ajudam os homens a acolher o desígnio de Deus. É verdade que a realidade incipiente do Reino pode encontrar-se também fora dos confins da Igreja, em toda a humanidade à medida que ela viva os 'valores evangélicos' e se abra à ação do Espírito que sopra onde e como quer (cf. Jo 3,8); mas é preciso acrescentar, logo a seguir, que esta dimensão temporal do Reino está incompleta, enquanto não se ordenar ao Reino de Cristo, presente na Igreja, em constante tensão para a plenitude escatológica".[57] Donde deriva, em particular, que *a Igreja não se confunde com a comunidade política e nem está ligada a nenhum sistema político.*[58] A comunidade política e a Igreja, no próprio campo, são efetivamente *independentes e autônomas* uma em relação à outra, e estão ambas, embora a diferentes títulos, "a serviço da vocação pessoal e social dos próprios homens".[59] Pode-se, antes, afirmar que a distinção entre religião e política e o princípio da liberdade religiosa constituem uma aquisição específica do cristianismo, de grande relevo no plano histórico e cultural.

**51**  *À identidade e à missão da Igreja no mundo, segundo o projeto de Deus realizado em Cristo, corresponde "um fim salvífico e escatológico, que não pode ser atingido plenamente senão na vida futura".*[60] Justo por isso, a Igre-

---

[54]  CONCÍLIO VATICANO II, Const. past. *Gaudium et spes*, 76: *AAS* 58 (1966) 1099.
[55]  CONCÍLIO VATICANO II, Const. dogm. *Lumen gentium*, 1: *AAS* 57 (1965) 5.
[56]  CONCÍLIO VATICANO II, Const. dogm. *Lumen gentium*, 5: *AAS* 57 (1965) 8.
[57]  JOÃO PAULO II, Carta enc. *Redemptoris missio*, 20: *AAS* 83 (1991) 267.
[58]  Cf. CONCÍLIO VATICANO II, Const. past. *Gaudium et spes*, 76: *AAS* 58 (1966) 1099; *Catecismo da Igreja Católica*, 2245.
[59]  CONCÍLIO VATICANO II, Const. past. *Gaudium et spes*, 76: *AAS* 58 (1966) 1099.
[60]  CONCÍLIO VATICANO II, Const. past. *Gaudium et spes*, 40: *AAS* 58 (1966) 1058.

*O desígnio de amor de Deus a toda a humanidade*  41

ja oferece um contributo original e insubstituível à comunidade humana com a solicitude que a impele a tornar mais humana a família dos homens e a sua história, e a pôr-se como baluarte contra qualquer tentação totalitarista, indicando ao homem a sua vocação integral e definitiva.[61]

Com a pregação do Evangelho, a graça dos sacramentos e a experiência da comunhão fraterna, a Igreja "restabelece e eleva a dignidade da pessoa humana, fortalece a coesão da sociedade humana e reveste de sentido mais profundo e de significação a atividade cotidiana dos homens".[62] No plano das dinâmicas históricas concretas, não se pode compreender o advento do Reino de Deus na perspectiva de uma organização social, econômica e política definida e definitiva. Ele é antes testemunhado pelo progresso de uma sociabilidade humana que é para os homens fermento de realização integral, de justiça e de solidariedade, na abertura ao Transcendente como termo referencial para a própria definitiva e plena realização pessoal.

### b) Igreja, Reino de Deus e renovação das relações sociais

**52** *Deus, em Cristo, redime não somente a pessoa individual, mas também as relações sociais entre os homens.* Como ensina o apóstolo Paulo, a vida em Cristo faz vir à tona de modo pleno e novo a identidade e a sociabilidade da pessoa humana, com as suas concretas conseqüências no plano histórico e social: "Todos sois filhos de Deus pela fé em Jesus Cristo. Todos vós que fostes batizados em Cristo, revestiste-vos de Cristo. Já não há judeu nem grego, nem escravo nem livre, nem homem nem mulher, pois todos vós sois um só em Cristo Jesus" (Gl 3,26-28). Nesta perspectiva, as comunidades eclesiais, convocadas pela mensagem de Jesus Cristo e reunidas no Espírito Santo ao redor do Ressuscitado (cf. Mt 18,20; 28,19-20; Lc 24,46-49), se propõem como lugar de comunhão, de testemunho e de missão e como fermento de redenção e de transformação das relações sociais. A pregação do Evangelho de Jesus induz os discípulos a antecipar o futuro, renovando as relações recíprocas.

**53** *A transformação das relações sociais que responde às exigências do Reino de Deus não está estabelecida nas suas determinações concretas uma vez por todas. Trata-se antes de uma tarefa confiada à comunidade cristã, que a deve elaborar e realizar através da reflexão e da práxis inspiradas no Evangelho.* É o próprio Espírito do Senhor que conduz o povo de Deus e,

---

[61] Cf. *Catecismo da Igreja Católica*, 2244.
[62] Concílio Vaticano II, Const. past. *Gaudium et spes*, 40: *AAS* 58 (1966) 1058.

concomitantemente, preenche o universo,[63] inspirando, de tempos em tempos, soluções novas e atuais à criatividade responsável dos homens,[64] à comunidade dos cristãos inserida nos dinamismos do mundo e da história e, por isso mesmo, aberta ao diálogo com todas as pessoas de boa vontade, na busca comum dos germes de verdade e de liberdade disseminados no vasto campo da humanidade.[65] A dinâmica de uma tal renovação deve estar ancorada nos princípios imutáveis da lei natural, impressa por Deus Criador na Sua criatura (cf. Rm 2,14-15) e iluminada escatologicamente mediante Jesus Cristo.

**54** *Jesus Cristo revela-nos que "Deus é amor"* (1Jo 4,8) *e nos ensina que "a lei fundamental da perfeição humana, e portanto da transformação do mundo, é o mandamento novo do amor.* Destarte, aos que crêem no amor divino dá-lhes a certeza de que abrir o caminho do amor a todos os homens e instaurar a fraternidade universal não são coisas vãs".[66] Esta lei é chamada a tornar-se a medida e a norma última de todas as dinâmicas nas quais se desdobram as relações humanas. Em síntese, é o próprio mistério de Deus, o Amor trinitário, que funda o significado e o valor da pessoa, da sociabilidade e do agir do homem no mundo, na medida em que foi revelado e comunicado à humanidade, por meio de Cristo, no Seu Espírito.

**55** *A transformação do mundo se apresenta como uma instância fundamental também do nosso tempo. A esta exigência o Magistério social da Igreja quer oferecer as respostas que os sinais dos tempos invocam, indicando primeiramente no amor recíproco entre os homens, sob o olhar de Deus, o instrumento mais potente de mudança, no plano pessoal assim como no social.* Com efeito, o amor recíproco, na participação no amor infinito de Deus, é o autêntico fim, histórico e transcendente, da humanidade. Portanto, "ainda que o progresso terreno deva ser cuidadosamente distinguido do aumento do Reino de Cristo, contudo é de grande interesse para o Reino de Deus, na medida em que pode contribuir para organizar a sociedade humana".[67]

---

[63]   Cf. Concílio Vaticano II, Const. past. *Gaudium et spes*, 11: *AAS* 58 (1966) 1033.

[64]   Cf. Paulo VI, Carta apost. *Octogesima adveniens*, 37: *AAS* 63 (1971) 426-427.

[65]   Cf. João Paulo II, Carta enc. *Redemptor hominis*, 11: *AAS* 71 (1979) 276: "Justamente os Padres da Igreja viam nas diversas religiões como que outros tantos reflexos de uma única verdade, como que 'germes do Verbo', os quais testemunham que, embora por caminhos diferentes, está contudo voltada para uma mesma direção a mais profunda aspiração do espírito humano".

[66]   Concílio Vaticano II, Const. past. *Gaudium et spes*, 38: *AAS* 58 (1966) 1055-1056.

[67]   Concílio Vaticano II, Const. past. *Gaudium et spes*, 39: *AAS* 58 (1966) 1057.

O *desígnio de amor de Deus a toda a humanidade* 43

## c) **Novos céus e nova terra**

**56** *A promessa de Deus e a ressurreição de Jesus Cristo suscitam nos cristãos a fundada esperança de que para todas as pessoas humanas é preparada uma nova e eterna morada, uma terra em que habita a justiça* (cf. 2Cor 5,1-2; 2Pd 3,13). "Vencida a morte, os filhos de Deus ressuscitarão em Cristo, e o que foi semeado na fraqueza e na corrupção revestir-se-á de incorruptibilidade. Permanecerão o amor e a sua obra e será libertada da servidão da vaidade toda aquela criação que Deus fez para o homem".[68] Esta esperança, longe de atenuar, deve antes impulsionar a solicitude pelo trabalho referente à realidade presente.

**57** *Os bens, tais como a dignidade do homem, a fraternidade e a liberdade, todos os bons frutos da natureza e da nossa operosidade, esparsos pela terra no Espírito do Senhor e de acordo com o Seu preceito, limpos de toda a mancha, iluminados e transfigurados, pertencem ao Reino de verdade e de vida, de santidade e de graça, de justiça, de amor e de paz que Cristo entregará ao Pai e lá os encontraremos novamente.* Ressoarão então para todos, na sua solene verdade, as palavras de Cristo: "Vinde, benditos de meu Pai, tomai posse do Reino que vos está preparado desde a criação do mundo, porque tive fome e destes-me de comer; tive sede e destes-me de beber; era peregrino e acolhestes-me; nu e me vestistes; enfermo e me visitastes; estava na prisão e viestes a mim... todas as vezes que fizestes isto a um destes meus irmãos mais pequeninos, foi a mim mesmo que o fizestes" (Mt 25,34-36.40).

**58** *A realização da pessoa humana, posta em ato em Cristo graças ao dom do Espírito, matura na história e é mediada pelas relações da pessoa com as outras pessoas, relações que, por sua vez, alcançam a sua perfeição graças ao empenho por melhorar o mundo, na justiça e na paz.* O agir humano na história é em si mesmo significativo e eficaz para a instauração definitiva do Reino, ainda que este continue a ser dom de Deus, plenamente transcendente. Tal agir, quando respeitoso da ordem objetiva da realidade temporal e iluminado pela verdade e pela caridade, torna-se instrumento para uma atuação sempre mais plena e integral da justiça e da paz e antecipa no presente o Reino prometido.

*Configurando-se a Cristo Redentor, o homem se percebe como criatura querida por Deus e por Ele eternamente escolhida, chamada à graça e à glória, na plenitude do mistério de que se tornou partícipe em Jesus Cristo.*[69]

---

[68] Concílio Vaticano II, Const. past. *Gaudium et spes*, 39: *AAS* 58 (1966) 1057.
[69] Cf. João Paulo II, Carta enc. *Redemptor hominis*, 13: *AAS* 71 (1979) 283-284.

A configuração a Cristo e a contemplação do Seu Rosto[70] infundem no cristão um anelo indelével por antecipar neste mundo, no âmbito das relações humanas, o que será realidade no mundo definitivo, empenhando-se em dar de comer, de beber, de vestir, uma casa, a cura, o acolhimento e a companhia ao Senhor que bate à porta (cf. Mt 25,35-37).

### d) Maria e o Seu *"fiat"* ao desígnio de amor de Deus

**59** *Herdeira da esperança dos justos de Israel e primeira dentre os discípulos de Jesus Cristo é Maria, Sua Mãe.* Ela, com o Seu *"fiat"* ao desígnio de amor de Deus (cf. Lc 1,38), em nome de toda a humanidade, acolhe na história o enviado do Pai, o Salvador dos homens. No canto do *"Magnificat"* proclama o advento do Mistério da Salvação, a vinda do "Messias dos pobres" (cf. Is 11,4; 61,1). O Deus da Aliança, cantado pela Virgem de Nazaré na exultação do Seu espírito, é Aquele que derruba os poderosos de seus tronos e exalta os humildes, sacia de bens os famintos e despede os ricos de mãos vazias, dispersa os soberbos e conserva a Sua misericórdia para aqueles que O temem (cf. Lc 1,50-53).

Haurindo no coração de Maria, da profundidade da Sua fé expressa nas palavras do *"Magnificat"*, os discípulos de Cristo são chamados a renovar cada vez melhor em si mesmos "essa própria certeza de que *não se pode separar a verdade a respeito de Deus que salva*, de Deus que é fonte de toda a dádiva, *da manifestação do seu amor preferencial pelos pobres e pelos humildes*, amor que, depois de cantado no *Magnificat*, se encontra expresso nas palavras e nas obras de Jesus".[71] Maria, totalmente dependente de Deus e toda orientada para Ele com o impulso da sua fé, "é a imagem mais perfeita da liberdade e da libertação da humanidade e do cosmo".[72]

---

[70] Cf. João Paulo II, Carta apost. *Novo millennio ineunte*, 16-28: *AAS* 93 (2001) 276-285.

[71] João Paulo II, Carta enc. *Redemptoris Mater*, 37: *AAS* 79 (1987) 410.

[72] Congregação para a Doutrina da Fé, Instr. *Libertatis conscientia*, 97: *AAS* 79 (1987) 597.

# CAPÍTULO II
# MISSÃO DA IGREJA E DOUTRINA SOCIAL

## I. EVANGELIZAÇÃO E DOUTRINA SOCIAL

### a) A Igreja, morada de Deus com os homens

**60** *A Igreja, partícipe das alegrias e esperanças, das angústias e das tristezas dos homens, é solidária com todo homem e com toda mulher,* de todo lugar e de todo tempo, e leva-lhes a Boa Nova do Reino de Deus, que com Jesus Cristo veio e vem em meio a eles.[73] A Igreja é, na humanidade e no mundo, o sacramento do amor de Deus e, por isso mesmo, da esperança maior, que ativa e sustém todo autêntico projeto e empenho de libertação e promoção humana. É, em meio aos homens, a tenda da companhia de Deus — *"o tabernáculo* de Deus com os homens" (Ap 21,3) — de modo que o homem não se encontra só, perdido ou transtornado no seu empenho de humanizar o mundo, mas encontra amparo no amor redentor de Cristo. Ela é ministra de salvação, não em abstrato ou em sentido meramente espiritual, mas no contexto da história e do mundo em que o homem vive,[74] onde o alcançam o amor de Deus e a vocação a corresponder ao projeto divino.

**61** *Único e irrepetível na sua individualidade, todo homem é um ser aberto à relação com os outros na sociedade.* O con-viver social na rede de relações que interliga indivíduos, famílias, grupos intermédios, em relações de encontro, de comunicação e de reciprocidade, assegura ao viver uma qualidade melhor. O bem comum que eles buscam e conseguem, formando a comunidade social, é garantia do bem pessoal, familiar e associativo.[75] Por estas razões, se origina e ganha forma a sociedade, com os seus componentes estruturais, ou seja, políticos, econômicos, jurídicos, culturais. Ao homem

---

[73] Cf. Concílio Vaticano II, Const. past. *Gaudium et spes*, 1: *AAS* 58 (1966) 1025-1026.

[74] Cf. Concílio Vaticano II, Const. past. *Gaudium et spes*, 40: *AAS* 58 (1966) 1057-1059; João Paulo II, Carta enc. *Centesimus annus*, 53-54: *AAS* 83 (1991) 959-960; Id., Carta enc. *Sollicitudo rei socialis*, 1: *AAS* 80 (1988) 513-514.

[75] Cf. Concílio Vaticano II, Const. past. *Gaudium et spes*, 32: *AAS* 58 (1966) 1051.

"enquanto inserido na complexa rede de relações das sociedades modernas",[76] a Igreja se dirige com a sua doutrina social. "Perita em humanidade",[77] a Igreja é apta a compreendê-lo na sua vocação e nas suas aspirações, nos seus limites e nos seus apuros, nos seus direitos e nas suas tarefas, e a ter para ele uma palavra de vida que ressoe nas vicissitudes históricas e sociais da existência humana.

## b) Fecundar e fermentar com o Evangelho a sociedade

**62**   *Com o seu ensinamento social a Igreja quer anunciar e atualizar o Evangelho na complexa rede de relações sociais.* Não se trata simplesmente de alcançar o homem na sociedade — o homem qual destinatário do anúncio evangélico —, mas de *fecundar e fermentar com o Evangelho a própria sociedade.*[78] Cuidar do homem significa, para a Igreja, envolver também a sociedade na sua solicitude missionária e salvífica. A convivência social, com efeito, não raro determina a qualidade da vida e, por conseguinte, as condições em que cada homem e cada mulher se compreendem a si próprios e decidem de si mesmos e da própria vocação. Por esta razão, a Igreja não é indiferente a tudo o que na sociedade se decide, se produz e se vive, numa palavra, à qualidade moral, autenticamente humana e humanizadora, da vida social. A sociedade e, com ela, a política, a economia, o trabalho, o direito, a cultura não constituem um âmbito meramente secular e mundano e portanto marginal e alheio à mensagem e à economia da salvação. Efetivamente, a sociedade — com tudo o que nela se realiza — diz respeito ao homem. É a sociedade dos homens, que são *"a primeira e fundamental via da Igreja".*[79]

**63**   *Com a sua doutrina social a Igreja assume a tarefa de anúncio que o Senhor lhe confiou. Ela atualiza no curso da história a mensagem de libertação e de redenção de Cristo, o Evangelho do Reino.* A Igreja, anunciando o Evangelho, "testemunha ao homem, em nome de Cristo, sua dignidade própria e sua vocação à comunhão de pessoas; ensina-lhe as exigências da justiça e da paz, de acordo com a sabedoria divina".[80]

*Evangelho que, mediante a Igreja, ressoa no hoje do homem,*[81] *a doutrina social é palavra que liberta.* Isso significa que tem a eficácia de verdade e de

---

[76]   João Paulo II, Carta enc. *Centesimus annus*, 54: *AAS* 83 (1991) 859.

[77]   Paulo VI, Carta enc. *Populorum progressio*, 13: *AAS* 59 (1967) 263.

[78]   Cf. Concílio Vaticano II, Const. past. *Gaudium et spes*, 40: *AAS* 58 (1966) 1057-1059.

[79]   João Paulo II, Carta enc. *Redemptor hominis*, 14: *AAS* 71 (1979) 284.

[80]   *Catecismo da Igreja Católica*, 2419.

[81]   Cf. João Paulo II, *Homilia da Missa de Pentecostes no centenário da "Rerum novarum"* (19 de maio de 1991): *L'Osservatore Romano*, ed. em português, 26 de maio de 1991, pp. 1. 7.

Missão da Igreja e doutrina social 47

graça do Espírito Santo, que penetra os corações, dispondo-os a cultivar pensamentos e projetos de amor, de justiça, de liberdade e de paz. Evangelizar o social é, pois, infundir no coração dos homens a carga de sentido e de libertação do Evangelho, de modo a promover uma sociedade à medida do homem porque à medida de Cristo: é construir uma cidade do homem mais humana porque mais conforme com o Reino de Deus.

**64** *A Igreja, com a sua doutrina social, não só não se afasta da própria missão, mas lhe é rigorosamente fiel.* A redenção realizada por Cristo e confiada à sua missão salvífica é certamente de ordem sobrenatural. Esta dimensão não é expressão limitativa, mas integral da salvação.[82] O sobrenatural não deve ser concebido como uma entidade ou um espaço que começa onde termina o natural, mas como uma elevação deste, de modo que nada da ordem da criação e do humano é alheio ou excluído da ordem sobrenatural e teologal da fé e da graça, antes aí é reconhecido, assumido e elevado: "Em Jesus Cristo, o mundo visível, criado por Deus para o homem (cf. Gn 1,26-30) — aquele mundo que, entrando nele o pecado, "foi submetido à caducidade" (Rm 8,20; cf. ibid., 8,19-22) — readquire novamente o vínculo originário com a mesma fonte divina da Sapiência e do Amor. Com efeito, "Deus amou tanto o mundo que lhe deu o seu Filho unigênito" (Jo 3,16). Assim como no homem-Adão este vínculo foi quebrado, assim no Homem-Cristo foi de novo reatado (cf. Rm 5,12-21)".[83]

**65** *A Redenção começa com a Encarnação, mediante a qual o Filho de Deus assume tudo do homem, exceto o pecado, segundo as solidariedades instituídas pela Sabedoria criadora divina, e tudo abraça em seu dom de Amor redentor.* Por este Amor o homem é abraçado na inteireza do seu ser: ser corpóreo e espiritual, em relação solidária com os outros. O homem todo — não uma alma separada ou um ser encerrado na sua individualidade, mas a pessoa e a sociedade das pessoas — fica implicado na economia salvífica do Evangelho. Portadora da mensagem de Encarnação e de Redenção do Evangelho, a Igreja não pode percorrer outra via: com a sua doutrina social e com a ação eficaz que ela ativa, não somente não falseia o seu rosto e a sua missão, mas é fiel a Cristo e se revela aos homens como "sacramento universal da salvação".[84] Isto é

---

[82] Cf. Paulo VI, Exort. apost. *Evangelii nuntiandi*, 9; 30: *AAS* 68 (1976) 10-11. 25-26; João Paulo II, *Discurso à Terceira Conferência Geral do Episcopado Latino-Americano*, Puebla (28 de janeiro de 1979), III/4-7: *L'Osservatore Romano*, ed. em português, 4 de fevereiro de 1979, pp. 11-12; Congregação para a Doutrina da Fé, Instr. *Libertatis conscientia*, 63-64; 80: *AAS* 79 (1987) 581-582. 590-591.

[83] João Paulo II, Carta enc. *Redemptor hominis*, 8: *AAS* 71 (1979) 270.

[84] Concílio Vaticano II, Const. dogm. *Lumen gentium*, 48: *AAS* 57 (1965) 53.

particularmente verdadeiro numa época como a nossa, caracterizada por uma crescente interdependência e por uma mundialização das questões sociais.

## c) **Doutrina social, evangelização e promoção humana**

**66** *A doutrina social é parte integrante do ministério de evangelização da Igreja*. Daquilo que diz respeito à comunidade dos homens — situações e problemas referentes à justiça, à libertação, ao desenvolvimento, às relações entre os povos, à paz — nada é alheio à evangelização, e esta não seria completa se não levasse em conta o recíproco apelo que continuamente se fazem o Evangelho e a vida concreta, pessoal e social do homem.[85] Entre evangelização e promoção humana há laços profundos: "Laços de ordem antropológica, dado que o homem que há de ser evangelizado não é um ser abstrato, mas é sim um ser condicionado pelo conjunto de problemas sociais e econômicos; laços de ordem teológica, porque não se pode nunca dissociar o plano da criação do plano da Redenção, um e outro a abrangerem as situações bem concretas da injustiça que há de ser combatida e da justiça a ser restaurada; laços daquela ordem eminentemente evangélica, qual é a ordem da caridade: como se poderia proclamar o mandamento novo, sem promover na justiça e na paz o verdadeiro e autêntico progresso do homem?".[86]

**67** *A doutrina social, "por si mesma, tem o valor de um instrumento de evangelização"*[87] e se desenvolve no encontro sempre renovado entre a mensagem evangélica e a história humana. Assim entendida, tal doutrina é via peculiar para o exercício do ministério da Palavra e da função profética da Igreja:[88] "para a Igreja, ensinar e difundir a doutrina social pertence à sua missão evangelizadora e faz parte essencial da mensagem cristã, porque essa doutrina propõe as suas conseqüências diretas na vida da sociedade e enquadra o trabalho diário e as lutas pela justiça no testemunho de Cristo Salvador".[89] Não estamos na presença de um interesse ou de uma ação marginal, que se apõe à missão da Igreja, mas no coração mesmo da sua ministerialidade: com a doutrina social a Igreja "anuncia Deus e o mistério de salvação em Cristo a cada homem e, pela mesma razão, revela o homem a si mesmo".[90] Este é um ministério que procede não só do anúncio, mas também do testemunho.

---

[85] Cf. Paulo VI, Exort. apost. *Evangelii nuntiandi*, 29: *AAS* 68 (1976) 25.

[86] Paulo VI, Exort. apost. *Evangelii nuntiandi*, 31: *AAS* 68 (1976) 26.

[87] João Paulo II, Carta enc. *Centesimus annus*, 54: *AAS* 83 (1991) 860.

[88] Cf. João Paulo II, Carta enc. *Sollicitudo rei socialis*, 41: *AAS* 80 (1988) 570-572.

[89] João Paulo II, Carta enc. *Centesimus annus*, 5: *AAS* 83 (1991) 799.

[90] João Paulo II, Carta enc. *Centesimus annus*, 54: *AAS* 83 (1991) 860.

*Missão da Igreja e doutrina social*  49

**68** *A Igreja não se ocupa da vida em sociedade em todos os seus aspectos, mas com a sua competência própria, que é a do anúncio de Cristo Redentor*:[91] "A missão própria que Cristo confiou à sua Igreja por certo não é de ordem política, econômica e social. Pois a finalidade que Cristo lhe prefixou é de ordem religiosa. Mas, na verdade, desta mesma missão religiosa decorrem benefícios, luzes e forças que podem auxiliar a organização e o fortalecimento da comunidade humana segundo a Lei de Deus".[92] Isto quer dizer que a Igreja, com a sua doutrina social, não entra em questões técnicas e não institui nem propõe sistemas ou modelos de organização social:[93] isto não faz parte da missão que Cristo lhe confiou. *A Igreja tem a competência que lhe vem do Evangelho*: da mensagem de libertação do homem anunciada e testemunhada pelo Filho de Deus humanado.

### d) Direito e dever da Igreja

**69** *Com a sua doutrina social, a Igreja "propõe-se assistir o homem no caminho da salvação"*:[94] trata-se do seu fim precípuo e único. Não há outros objetivos tendentes a sub-rogar ou invadir atribuições de outrem, negligenciando as próprias; ou a perseguir objetivos alheios à sua missão. Tal missão configura *o direito e juntamente o dever da Igreja* de elaborar uma doutrina social própria e com ela exercer influxo sobre a sociedade e as suas estruturas, mediante as responsabilidades e as tarefas que esta doutrina suscita.

**70** *A Igreja tem o direito de ser para o homem mestra de verdades da fé: da verdade não só do dogma, mas também da moral que dimana da própria natureza humana e do Evangelho.*[95] A palavra do Evangelho, efetivamente, não deve somente ser ouvida, mas também posta em prática (cf. Mt 7,24; Lc 6,46-47; Jo 14,21.23-24; Tg 1,22): a coerência nos comportamentos manifesta a adesão do crente e não se restringe ao âmbito estritamente eclesial e espiritual, mas abarca o homem em todo o seu viver e segundo todas as suas responsabilidades. Conquanto seculares, estas têm como sujeito o homem, vale dizer, aquele a quem Deus chama, mediante a Igreja, a participar do Seu dom salvífico.

Ao dom da salvação o homem deve corresponder, não com uma adesão parcial, abstrata ou verbal, mas com a sua vida inteira, segundo todas as

---

[91] Cf. *Catecismo da Igreja Católica*, 2420.
[92] Concílio Vaticano II, Const. past. *Gaudium et spes*, 42: *AAS* 58 (1966) 1060.
[93] Cf. João Paulo II, Carta enc. *Sollicitudo rei socialis*, 41: *AAS* 80 (1988) 570-572.
[94] João Paulo II, Carta enc. *Centesimus annus*, 54: *AAS* 83 (1991) 860.
[95] Cf. Concílio Vaticano II, *Dignitatis humanae*, 14: *AAS* 58 (1966) 940; João Paulo II, Carta enc. *Veritatis splendor*, 27. 64. 110: *AAS* 85 (1993) 1154-1155. 1183-1184. 1219-1220.

relações que a conotam, de modo que nada se relegue ao âmbito profano e mundano, irrelevante ou alheio à salvação. Por isso a doutrina social não representa para a Igreja um privilégio, uma digressão, uma conveniência ou uma ingerência: é *um direito seu evangelizar o social*, ou seja, fazer ressoar a palavra libertadora do Evangelho no complexo mundo da produção, do trabalho, do empresariado, das finanças, do comércio, da política, do direito, da cultura, das comunicações sociais, em que vive o homem.

**71** *Este direito é, ao mesmo tempo, um dever, pois a Igreja não pode renunciar a ele sem se desmentir a si mesma e a sua fidelidade a Cristo*: "Ai de mim, se eu não anunciar o Evangelho!" (1Cor 9,16). A admonição que São Paulo dirige a si próprio ressoa na consciência da Igreja como um apelo a percorrer todas as vias da evangelização; não somente as que levam às consciências individuais, mas também as que conduzem às instituições públicas: de um lado não se deve atuar uma "redução errônea do fato religioso à esfera exclusivamente privada",[96] de outro lado não se pode orientar a mensagem cristã a uma salvação puramente ultraterrena, incapaz de iluminar a presença sobre a terra.[97]

*Pela relevância pública do Evangelho e da fé e pelos efeitos perversos da injustiça, vale dizer, do pecado, a Igreja não pode ficar indiferente às vicissitudes sociais*:[98] "Compete à Igreja anunciar sempre e por toda parte os princípios morais, mesmo referentes à ordem social, e pronunciar-se a respeito de qualquer questão humana, enquanto o exigirem os direitos fundamentais da pessoa humana ou a salvação das almas".[99]

## II. A NATUREZA DA DOUTRINA SOCIAL

### a) Um saber iluminado pela fé

**72** *A doutrina social da Igreja não foi pensada desde o princípio como um sistema orgânico; mas foi se formando pouco a pouco, com progressivos pronunciamentos do Magistério sobre os temas sociais*. Tal gênese torna compreensível o fato que tenham podido intervir algumas oscilações acerca da natureza, do método e da estrutura epistemológica da doutrina social da

---

[96] João Paulo II, *Mensagem ao Secretário Geral das Nações Unidas por ocasião do trigésimo aniversário da Declaração Universal dos Direitos do Homem* (2 de dezembro de 1978): *L'Osservatore Romano*, ed. em português, 24 de dezembro de 1978, p. 6.

[97] Cf. João Paulo II, Carta enc. *Centesimus annus*, 5: *AAS* 83 (1991) 799.

[98] Cf. Paulo VI, Exort. apost. *Evangelii nuntiandi*, 34: *AAS* 68 (1976) 28.

[99] CIC cânon 747, § 2.

*Missão da Igreja e doutrina social* 51

Igreja. Precedido por um significativo aceno na *"Laborem exercens"*,[100] um esclarecimento decisivo nesse sentido está contido na Encíclica *"Sollicitudo rei socialis"*: a doutrina social da Igreja pertence, não ao campo da *ideologia*, mas ao "da *teologia* e precisamente da teologia moral".[101] Ela não é definível segundo parâmetros socioeconômicos. Não é um sistema ideológico ou pragmático, que visa definir e compor as relações econômicas, políticas e sociais, mas *uma categoria a se*. É "a *formulação acurada* dos resultados de uma reflexão atenta sobre as complexas realidades da existência do homem, na sociedade e no contexto internacional, à luz da fé e da tradição eclesial. A sua finalidade principal é *interpretar* estas realidades, examinando a sua conformidade ou desconformidade com as linhas do ensinamento do Evangelho sobre o homem e sobre a sua vocação terrena e ao mesmo tempo transcendente; visa, pois, *orientar* o comportamento cristão".[102]

**73** *A doutrina social, portanto, é de natureza teológica e especificamente teológico-moral,* "tratando-se de uma doutrina destinada a orientar o *comportamento das pessoas"*:[103] "Ela situa-se no cruzamento da vida e da consciência cristã com as situações do mundo e exprime-se nos esforços que indivíduos, famílias, agentes culturais e sociais, políticos e homens de Estado realizam para lhe dar forma e aplicação na história".[104] Efetivamente, a doutrina social reflete os três níveis do ensinamento teológico-moral: o nível *fundante* das motivações; o *diretivo* das normas do viver social; o *deliberativo* das consciências, chamadas a mediar as normas objetivas e gerais nas situações sociais concretas e particulares. Estes três níveis definem implicitamente também o método próprio e a específica estrutura epistemológica da doutrina social da Igreja.

**74** *A doutrina social tem o seu fundamento essencial na Revelação bíblica e na Tradição da Igreja.* Neste manancial, que vem do alto, ela haure a inspiração e a luz para compreender, julgar e orientar a experiência humana e a história. Antes e acima de tudo está o projeto de Deus sobre a criação e, em particular, sobre a vida e o destino do homem, chamado à comunhão trinitária.

*A fé, que acolhe a palavra divina e a põe em prática, interage eficazmente com a razão.* A inteligência da fé, em particular da fé orientada à práxis, é estruturada pela razão e vale-se de todos os contributos que esta lhe oferece.

---

[100] Cf. João Paulo II, Carta enc. *Laborem exercens*, 3: *AAS* 73 (1981) 583-584.
[101] João Paulo II, Carta enc. *Sollicitudo rei socialis*, 41: *AAS* 80 (1988) 571.
[102] João Paulo II, Carta enc. *Sollicitudo rei socialis*, 41: *AAS* 80 (1988) 571.
[103] João Paulo II, Carta enc. *Sollicitudo rei socialis*, 41: *AAS* 80 (1988) 572.
[104] João Paulo II, Carta enc. *Centesimus annus*, 59: *AAS* 83 (1991) 864-865.

52                                                               *Capítulo II*

Também a doutrina social, enquanto saber aplicado à contingência e à historicidade da práxis, conjuga juntas *"fides et ratio"*[105] e é expressão eloqüente da sua fecunda relação.

**75** *A fé e a razão constituem as duas vias cognoscitivas da doutrina social, em sendo duas as fontes nas quais esta haure: a Revelação e a natureza humana.* O conhecer da fé compreende e dirige a vida do homem à luz do mistério histórico-salvífico, do revelar-se e doar-se de Deus em Cristo por nós homens. Esta inteligência da fé inclui a razão, mediante a qual esta explica e compreende a verdade revelada e a integra com a verdade da natureza humana, hauridas no projeto divino expresso pela criação,[106] ou seja, a *verdade integral* da pessoa humana enquanto ser espiritual e corpóreo, em relação com Deus, com os outros seres humanos e com todas as demais criaturas.[107]

*O centrar-se sobre o mistério de Cristo, portanto, não enfraquece ou exclui o papel da razão e, por isso, não priva a doutrina social de plausibilidade racional e, portanto, da sua destinação universal.* Dado que o mistério de Cristo ilumina o mistério do homem, a doutrina social confere plenitude de sentido à compreensão da dignidade humana e das exigências morais que a tutelam. A doutrina social da Igreja é *um conhecer iluminado pela fé*, que — precisamente por isso — expressa a sua maior capacidade de conhecimento. Ela dá razão a todos das verdades que afirma e dos deveres que comporta: pode encontrar acolhimento e aceitação por parte de todos.

### b) Em diálogo cordial com todo o saber

**76** *A doutrina social da Igreja se vale de todos os contributos cognoscitivos, qualquer que seja o saber de onde provenham, e tem uma importante dimensão interdisciplinar:* "Para encarnar melhor nos diversos contextos sociais, econômicos e políticos em contínua mutação, essa doutrina entra em diálogo com diversas disciplinas que se ocupam do homem, assumindo em si os contributos que delas provêm".[108] A doutrina social vale-se dos contributos de significado da filosofia e igualmente dos contributos descritivos das ciências humanas.

---

[105]  Cf. João Paulo II, Carta enc. *Fides et ratio: AAS* 91 (1999) 5-88.
[106]  Cf. Concílio Vaticano II, *Dignitatis humanae*, 14: *AAS* 58 (1966) 940.
[107]  Cf. João Paulo II, Carta enc. *Veritatis splendor*, 13. 50. 79: *AAS* 85 (1993) 1143-1144. 1173-1174. 1197.
[108]  João Paulo II, Carta enc. *Centesimus annus*, 59: *AAS* 83 (1991) 864.

*Missão da Igreja e doutrina social*

**77** *Essencial é, em primeiro lugar, o contributo da filosofia, já mencionado ao se evocar a natureza humana como fonte, e a razão como via cognoscitiva da própria fé.* Mediante a razão, a doutrina social assume a filosofia na sua própria lógica interna, ou seja, no argumentar que lhe é próprio.

*Afirmar que a doutrina social deve ser adscrita antes à teologia que à filosofia não significa desconhecer ou menosprezar o papel e o aporte filosófico. A filosofia é, efetivamente, instrumento apto e indispensável para uma correta compreensão de conceitos basilares da doutrina social* — como a pessoa, a sociedade, a liberdade, a consciência, a ética, o direito, a justiça, o bem comum, a solidariedade, a subsidiariedade, o Estado —, compreensão tal que inspire uma convivência social harmoniosa. É a filosofia ainda a ressaltar a plausibilidade racional da luz que o Evangelho projeta sobre a sociedade e a exigir de cada inteligência e consciência a abertura e o assentimento à verdade.

**78** *Um significativo contributo à doutrina social da Igreja provém das ciências humanas e sociais:*[109] *em vista da parte de verdade de que é portador, nenhum saber é excluído.* A Igreja reconhece e acolhe tudo quanto contribui para a compreensão do homem na sempre mais extensa, mutável e complexa rede das relações sociais. Ela é consciente do fato de que não se chega a um conhecimento profundo do homem somente com a teologia, sem a contribuição de muitos saberes, aos quais a própria teologia faz referência.

*A abertura atenta e constante às ciências faz com que a doutrina social da Igreja adquira competência, concretude e atualidade.* Graças a elas, a Igreja pode compreender de modo mais preciso o homem na sociedade, falar aos homens do próprio tempo de modo mais convincente e cumprir de modo eficaz a sua tarefa de encarnar, na consciência e na sensibilidade social do nosso tempo, a palavra de Deus e a fé, da qual a doutrina social "parte".[110]

Este diálogo interdisciplinar compele também as ciências a colher as perspectivas de significado, de valor e de empenhamento que a doutrina social desvela e "a abrir-se numa dimensão mais ampla ao serviço de cada pessoa, conhecida e amada na plenitude da sua vocação".[111]

---

[109] É significativa, a este propósito, a instituição da Pontifícia Academia das Ciências Sociais; no *Motu proprio* de ereção se lê: "As investigações das ciências sociais podem contribuir, de modo eficaz, para o melhoramento das relações humanas, como demonstram os progressos realizados nos diversos setores da convivência, sobretudo no decurso do século que caminha já para o seu termo. Por este motivo, a Igreja, sempre solícita do verdadeiro bem do homem, tem se voltado com crescente interesse para esse campo da investigação científica, para dele tirar indicações concretas no cumprimento das suas tarefas de magistério": João Paulo II, Motu proprio *Socialium Scientiarum* (1º de janeiro de 1994): *L'Osservatore Romano*, ed. em português, 29 de janeiro de 1994, p. 2.

[110] João Paulo II, Carta enc. *Centesimus annus*, 54: *AAS* 83 (1991) 860.

[111] João Paulo II, Carta enc. *Centesimus annus*, 59: *AAS* 83 (1991) 864.

## c) **Expressão do ministério de ensinamento da Igreja**

**79** *A doutrina social é da Igreja porque a Igreja é o sujeito que a elabora, difunde e ensina*. Essa não é prerrogativa de uma componente do corpo eclesial, mas da comunidade inteira: expressão do modo como a Igreja compreende a sociedade e se coloca em relação às suas estruturas e às suas mudanças. Toda a comunidade eclesial — sacerdotes, religiosos e leigos — concorre para constituir a doutrina social, segundo a diversidade, no seu interior, de tarefas, carismas e ministérios.

*Os contributos multíplices e multiformes — expressões estas também do "senso sobrenatural da fé* (sensus fidei) *de todo o povo"*[112] *— são assumidos, interpretados e unificados pelo Magistério, que promulga o ensinamento social como doutrina da Igreja*. O Magistério compete na Igreja àqueles que estão investidos do *"munus docendi"*, ou seja, do ministério de ensinar no campo da fé e da moral com a autoridade recebida de Cristo. A doutrina social não é somente o fruto do pensamento e da obra de pessoas qualificadas, mas é o pensamento da Igreja, enquanto obra do Magistério, o qual ensina com a autoridade que Cristo conferiu aos Apóstolos e aos seus sucessores: o Papa e os Bispos em comunhão com ele.[113]

**80** *Na doutrina social da Igreja atua o Magistério em todas as suas componentes e expressões*. Primário é o Magistério universal do Papa e do Concílio: é este Magistério que determina a direção e assinala o desenvolvimento da doutrina social. Ele, por sua vez, é integrado pelo Magistério episcopal, que especifica, traduz e atualiza o seu ensino na concretude e peculiaridade das múltiplas e diferentes situações locais.[114] O ensinamento social dos Bispos oferece valiosos contributos e estímulos ao Magistério do Romano Pontífice. Realiza-se assim uma circularidade, que exprime de fato a colegialidade dos Pastores unidos ao Papa no ensinamento social da Igreja. O complexo doutrinal que daí resulta compreende e integra assim o ensinamento universal dos Papas e o particular dos Bispos.

*Enquanto parte do ensinamento moral da Igreja, a doutrina social reveste a mesma dignidade e possui autoridade idêntica à de tal ensinamento*. Ela é *Magistério autêntico*, que exige a aceitação e a adesão por parte dos fiéis.[115] O peso doutrinal dos vários ensinamentos e o assentimento que requerem devem ser ponderados em função da sua natureza, do seu grau de

---

[112] Concílio Vaticano II, Const. dogm. *Lumen gentium*, 12: *AAS* 58 (1965) 16.
[113] Cf. *Catecismo da Igreja Católica*, 2034.
[114] Cf. Paulo VI, Carta apost. *Octogesima adveniens*, 3-5: *AAS* 63 (1971) 402-405.
[115] Cf. *Catecismo da Igreja Católica*, 2037.

*Missão da Igreja e doutrina social* 55

independência em relação a elementos contingentes e variáveis, e da freqüência com que são reafirmados.[116]

### d) Por uma sociedade reconciliada na justiça e no amor

**81** *O objeto da doutrina social da Igreja é essencialmente o mesmo que constitui e motiva a sua razão de ser: o homem chamado à salvação e como tal confiado por Cristo à cura e à responsabilidade da Igreja.*[117] Com a doutrina social, a Igreja se preocupa com a vida humana na sociedade, ciente de que da qualidade da experiência social, ou seja, das relações de justiça e de amor que a tecem, depende de modo decisivo a tutela e a promoção das pessoas, para as quais toda comunidade é constituída. Efetivamente, na sociedade estão em jogo a dignidade e os direitos das pessoas e a paz nas relações entre pessoas e entre comunidades de pessoas. Bens estes que a comunidade social deve perseguir e garantir.

Nesta perspectiva, a doutrina social cumpre uma função de *anúncio* e também de *denúncia*.

*Em primeiro lugar, o anúncio do que a Igreja tem de próprio*: "uma visão global do homem e da humanidade".[118] E isso não só no nível teórico, mas também prático. A doutrina social, com efeito, não oferece somente significados, valores e critérios de juízo, mas também as normas e as diretrizes de ação que daí decorrem.[119] Com a sua doutrina social, a Igreja não persegue fins de estruturação e organização da sociedade, mas de cobrança, orientação e formação das consciências.

*A doutrina social comporta também um dever de denúncia*, em presença do pecado: é o pecado de injustiça e de violência que de vário modo atravessa a sociedade e nela toma corpo.[120] Tal denúncia se faz juízo e defesa dos direitos ignorados e violados, especialmente dos direitos dos pobres, dos pequenos, dos fracos,[121] e tanto mais se intensifica quanto mais as injustiças

---

[116] Cf. Congregação para a Doutrina da Fé, Instr. *Donum veritatis*, 16-17. 23: *AAS* 82 (1990) 1557-1558. 1559-1560.

[117] Cf. João Paulo II, Carta enc. *Centesimus annus*, 53: *AAS* 83 (1991) 859.

[118] Paulo VI, Carta enc. *Populorum progressio*, 13: *AAS* 59 (1967) 264.

[119] Cf. Paulo VI, Carta apost. *Octogesima adveniens*, 4: *AAS* 63 (1971) 403-404; João Paulo II, Carta enc. *Sollicitudo rei socialis*, 41: *AAS* 80 (1988) 570-572; *Catecismo da Igreja Católica*, 2423; Congregação para a Doutrina da Fé, Instr. *Libertatis conscientia*, 72: *AAS* 79 (1987) 586.

[120] Cf. Concílio Vaticano II, Const. past. *Gaudium et spes*, 25: *AAS* 58 (1966) 1045-1046.

[121] Cf. Concílio Vaticano II, Const. past. *Gaudium et spes*, 76: *AAS* 58 (1966) 1099-1100; Pio XII, *Radiomensagem em comemoração do 50º aniversário da "Rerum novarum"*: *AAS* 33 (1941) 196-197.

56                                                                    *Capítulo II*

e as violências se estendem, envolvendo inteiras categorias de pessoas e amplas áreas geográficas do mundo, e dão lugar a *questões sociais*, ou seja, a opressões e desequilíbrios que conturbam as sociedades. Boa parte do ensinamento social da Igreja é solicitado e determinado pelas grandes questões sociais, de que quer ser resposta de *justiça social*.

**82** *O intento da doutrina social da Igreja é de ordem religiosa e moral.*[122] *Religiosa* porque a missão evangelizadora e salvífica da Igreja abraça o homem "na plena verdade da sua existência, do seu ser pessoal e, ao mesmo tempo, do seu ser comunitário e social".[123] *Moral* porque a Igreja visa a um "humanismo total",[124] vale dizer à "libertação de tudo aquilo que oprime o homem"[125] e ao "desenvolvimento integral do homem todo e de todos os homens".[126] A doutrina social indica e traça os caminhos a percorrer por uma sociedade reconciliada e harmonizada na justiça e no amor, antecipadora na história, de modo incoativo e prefigurativo, daqueles "novos céus e uma nova terra, nos quais habitará a justiça" (2Pd 3,13).

### e) Uma mensagem para os filhos da Igreja e para a humanidade

**83** *A primeira destinatária da doutrina social é a comunidade eclesial em todos os seus membros, porque todos têm responsabilidades sociais a assumir.* A consciência é interpelada pelo ensinamento social a reconhecer e cumprir os deveres de justiça e de caridade na vida social. Tal ensinamento é luz de verdade moral, que suscita respostas apropriadas segundo a vocação e o ministério próprios de cada cristão. Nas tarefas de evangelização, a saber, de ensinamento, de catequese e de formação, que a doutrina social da Igreja suscita, essa é destinada a todo cristão, segundo as competências, os carismas, os ofícios e a missão de anúncio próprios de cada um.[127]

---

[122] Cf. Pio XI, Carta enc. *Quadragesimo anno*: *AAS* 23 (1931) 190; Pio XII, *Radiomensagem em comemoração do 50º aniversário da "Rerum novarum"*: *AAS* 33 (1941) 196-197; Concilio Vaticano II, Const. past. *Gaudium et spes*, 42: *AAS* 58 (1966) 1079; João Paulo II, Carta enc. *Sollicitudo rei socialis*, 41: *AAS* 80 (1988) 570-572; Id., Carta enc. *Centesimus annus*, 53: *AAS* 83 (1991) 859; Congregação para a Doutrina da Fé, Instr. *Libertatis conscientia*, 72: *AAS* 79 (1987) 585-586.

[123] João Paulo II, Carta enc. *Redemptor hominis*, 14: *AAS* 71 (1979) 284; cf. Id., *Discurso à Terceira Conferência Geral do Episcopado Latino-Americano*, Puebla (28 de janeiro de 1979), III/2: *L'Osservatore Romano*, ed. em português, 4 de fevereiro de 1979, p. 11.

[124] Paulo VI, Carta enc. *Populorum progressio*, 42: *AAS* 59 (1967) 278.

[125] Paulo VI, Exort. apost. *Evangelii nuntiandi*, 9: *AAS* 68 (1976) 10.

[126] Paulo VI, Carta enc. *Populorum progressio*, 42: *AAS* 59 (1967) 278.

[127] Cf. *Catecismo da Igreja Católica*, 2039.

*Missão da Igreja e doutrina social* 57

*A doutrina social implica, igualmente, responsabilidades referentes à construção, à organização e ao funcionamento da sociedade: obrigações políticas, econômicas, administrativas, vale dizer, de natureza secular*, que pertencem aos fiéis leigos, não aos sacerdotes e aos religiosos.[128] Tais responsabilidades competem aos leigos de modo peculiar, em razão da *condição secular* do seu estado de vida e da *índole secular* da sua vocação:[129] mediante essas responsabilidades, os leigos põem em prática o ensinamento social e cumprem a missão secular da Igreja.[130]

**84** *Além da destinação, primária e específica, aos filhos da Igreja, a doutrina social tem uma destinação universal.* A luz do Evangelho, que a doutrina social reverbera sobre a sociedade, ilumina todos os homens, e cada consciência e inteligência se torna apta a colher a profundidade humana dos significados e dos valores por ela expressos, bem como a carga de humanidade e de humanização das suas normas de ação. De modo que todos, em nome do homem, da sua dignidade una e única, e da sua tutela e promoção na sociedade, todos, em nome do único Deus, Criador e fim último do homem, são destinatários da doutrina social da Igreja.[131] *A doutrina social é um ensinamento expressamente dirigido a todos os homens de boa vontade*[132] e efetivamente é escutada pelos membros de outras Igrejas e comunidades eclesiais, pelos seguidores de outras tradições religiosas e por pessoas que não pertencem a algum grupo religioso.

### f) No signo da continuidade e da renovação

**85** *Orientada pela luz perene do Evangelho e constantemente atenta à evolução da sociedade, a doutrina social da Igreja caracteriza-se pela continuidade e pela renovação.*[133]

---

[128] Cf. *Catecismo da Igreja Católica*, 2442.
[129] Cf. João Paulo II, Exort. apost. *Christifideles laici*, 15: *AAS* 81 (1989) 413; Concílio Vaticano II, Const. dogm. *Lumen gentium*, 31: *AAS* 57 (1965) 37.
[130] Cf. Concílio Vaticano II, Const. past. *Gaudium et spes*, 43: *AAS* 58 (1966) 1061-1064; Paulo VI, Carta enc. *Populorum progressio*, 81: *AAS* 59 (1967) 296-297.
[131] Cf. João XXIII, Carta enc. *Mater et Magistra*, 204: *AAS* 53 (1961) 453.
[132] A partir da Encíclica *Pacem in terris* de João XXIII tal destinação é expressa na saudação inicial de todo documento.
[133] Cf. João Paulo II, Carta enc. *Sollicitudo rei socialis*, 3: *AAS* 80 (1988) 515; Pio XII, *Discurso aos participantes da Convenção da Ação Católica* (29 de abril de 1945): *Discorsi e Radiomessaggi di Pio XII*, VII, 37-38; João Paulo II, *Discurso ao Simpósio Internacional "Dalla Rerum novarum alla Laborem exercens: verso l'anno 2000"* (3 de abril de 1982): *L'Osservatore Romano*, ed. em português, 11 de abril de 1982, p. 6.

58  *Capítulo II*

Essa manifesta em primeiro lugar a *continuidade* de um ensinamento que remonta aos valores universais que derivam da Revelação e da natureza humana. Por este motivo a doutrina social da Igreja não depende das diversas culturas, das diferentes ideologias, das várias opiniões: *ela é um ensinamento constante,* que "se mantém idêntico na sua inspiração de fundo, nos seus "princípios de reflexão", nos seus "critérios de julgamento", nas suas basilares "diretrizes de ação" e, sobretudo, na sua ligação vital com o Evangelho do Senhor".[134] Neste seu núcleo principal e permanente a doutrina social da Igreja atravessa a história, sem sofrer os condicionamentos e não corre o risco da dissolução.

Por outro lado, no seu constante voltar-se à história, deixando-se interpelar pelos eventos que nela se produzem, *a doutrina social da Igreja manifesta uma capacidade de contínua renovação.* A firmeza nos princípios não faz dela um sistema de ensinamentos rígido e inerte, mas um Magistério capaz de abrir-se às *coisas novas,* sem se desnaturar nelas:[135] um ensinamento sempre novo, "sujeito a necessárias e oportunas adaptações, sugeridas pela mudança das condições históricas e pelo incessante fluir dos acontecimentos, que incidem no desenrolar da vida dos homens e das sociedades".[136]

**86**  *A doutrina social da Igreja se apresenta assim como um "canteiro" sempre aberto, em que a verdade perene penetra e permeia a novidade contingente, traçando caminhos inéditos de justiça e de paz.* A fé não pretende aprisionar num esquema fechado a mutável realidade sociopolítica.[137] É verdade antes o contrário: a fé é fermento de novidade e criatividade. O ensinamento que nela sempre se inicia "se desenvolve por meio de uma reflexão que é feita em permanente contato com as situações deste mundo, sob o impulso do Evangelho como fonte de renovação".[138]

*Mãe e Mestra, a Igreja não se fecha nem se retrai em si mesma, mas está sempre exposta, inclinada e voltada para o homem, cujo destino de salvação é a sua própria razão de ser.* Ela é entre os homens o ícone vivente do Bom Pastor, que vai buscar e encontrar o homem onde ele se encontra, na condição existencial e histórica do seu viver. Aqui a Igreja se torna para ele encontro com o Evangelho, mensagem de libertação e de reconciliação, de justiça e de paz.

---

[134]  João Paulo II, Carta enc. *Sollicitudo rei socialis*, 3: *AAS* 80 (1988) 515.

[135]  Cf. Congregação para a Doutrina da Fé, Instr. *Libertatis conscientia*, 72: *AAS* 79 (1987) 585-586.

[136]  João Paulo II, Carta enc. *Sollicitudo rei socialis*, 3: *AAS* 80 (1988) 515.

[137]  Cf. João Paulo II, Carta enc. *Centesimus annus*, 46: *AAS* 83 (1991) 850-851.

[138]  Paulo VI, Carta apost. *Octogesima adveniens*, 42: *AAS* 63 (1971) 431.

# III. A DOUTRINA SOCIAL DO NOSSO TEMPO: ACENOS HISTÓRICOS

## a) O início de um novo caminho

**87** A locução *doutrina social* remonta a Pio XI[139] e designa o corpus doutrinal referente à sociedade que, a partir da Encíclica *Rerum novarum*[140] (1891) de Leão XIII, se desenvolveu na Igreja através do Magistério dos Romanos Pontífices e dos Bispos em comunhão com eles.[141] A solicitude social certamente não teve início com tal documento, porque a Igreja jamais deixou de se interessar pela sociedade; não obstante a *Encíclica "Rerum novarum" dá início a um novo caminho*: inserindo-se numa tradição plurissecular, ela assinala um novo início e um substancial desenvolvimento do ensinamento em campo social.[142]

*Na sua contínua atenção ao homem na sociedade, a Igreja acumulou assim um rico patrimônio doutrinal.* Ele tem as suas raízes na Sagrada Escritura, especialmente no Evangelho e nos escritos apostólicos, e tomou forma e corpo na doutrina dos Padres da Igreja, dos grandes Doutores da Idade Média, constituindo uma doutrina na qual, mesmo sem pronunciamentos magisteriais explícitos e diretos, a Igreja se foi pouco a pouco reconhecendo.

**88** *Os eventos de natureza econômica que se deram no século XIX tiveram conseqüências sociais, políticas e culturais lacerantes.* Os acontecimentos ligados à revolução industrial subverteram a secular organização da sociedade, levantando graves problemas de justiça e pondo a primeira grande questão social, *a questão operária,* suscitada pelo conflito entre capital e trabalho. Nesse quadro, a Igreja advertiu a necessidade de intervir de modo novo: as *"res novae",* constituídas por tais eventos, representavam um desafio ao seu ensinamento e motivavam uma especial solicitude pastoral para com as

---

[139] Cf. Pio XI, Carta enc. *Quadragesimo anno: AAS* 23 (1931) 179; Pio XII, na *Radiomensagem em comemoração do 50º aniversário da "Rerum novarum": AAS* 33 (1941) 197, fala de "doutrina social católica", e na Exort. apost. *Menti nostrae,* de 23 de setembro de 1950: *AAS* 42 (1950) 657, de "doutrina social da Igreja". João XXIII conserva as expressões "doutrina social da Igreja" (Carta enc. *Mater et Magistra: AAS* 53 [1961] 453; Carta enc. *Pacem in terris: AAS* 55 [1963] 300-301) ou ainda "doutrina social cristã" (Carta enc. *Mater et Magistra: AAS* 53 [1961] 453), ou "doutrina social católica" (Carta enc. *Mater et Magistra: AAS* 53 [1961] 454).

[140] Cf. Leão XIII, Carta enc. *Rerum novarum: Acta Leonis XIII,* 11 (1892) 97-144.

[141] Cf. João Paulo II, Carta enc. *Laborem exercens,* 3: *AAS* 73 (1981) 583-584; Id., Carta enc. *Sollicitudo rei socialis,* 1: *AAS* 80 (1988) 513-514.

[142] Cf. *Catecismo da Igreja Católica,* 2421.

60 *Capítulo II*

ingentes massas de homens e mulheres. Era necessário um renovado discernimento da situação, apto a delinear soluções apropriadas para problemas insólitos e inexplorados.

## b) Da *"Rerum novarum"* aos nossos dias

**89** *Em resposta à primeira grande questão social, Leão XIII promulga a primeira encíclica social, a "Rerum novarum".*[143] Ela examina a condição dos trabalhadores assalariados, particularmente penosa para os operários das indústrias, afligidos por uma indigna miséria. A *questão operária* é tratada segundo a sua real amplitude: é explorada em todas as suas articulações sociais e políticas, para ser adequadamente avaliada à luz dos princípios doutrinais baseados na Revelação, na lei e na moral natural.

A *"Rerum novarum"* enumera os erros que provocam o mal social, exclui o socialismo como remédio e expõe, precisando-a e atualizando-a, "a doutrina católica acerca do trabalho, do direito de propriedade, do princípio de colaboração contraposto à luta de classe como meio fundamental para a mudança social, sobre o direito dos fracos, sobre a dignidade dos pobres e sobre as obrigações dos ricos, sobre o aperfeiçoamento da justiça mediante a caridade, sobre o direito a ter associações profissionais".[144]

A *"Rerum novarum" tornou-se a "carta magna" da atividade cristã em campo social.*[145] O tema central da doutrina social da Encíclica é o da instauração de uma ordem social justa, em vista do qual é mister individuar critérios de juízo que ajudem a avaliar os ordenamentos sociopolíticos existentes e formular linhas de ação para uma sua oportuna transformação.

**90** A *"Rerum novarum"* enfrentou a *questão operária* com um método que se tornará *"um paradigma permanente"*[146] para o desenvolvimento da doutrina social. Os princípios afirmados por Leão XIII serão retomados e aprofundados pelas encíclicas sociais sucessivas. Toda a doutrina social poderia ser entendida como uma atualização, um aprofundamento e uma expansão do núcleo original de princípios expostos na *"Rerum novarum"*. Com este texto, corajoso e de longo alcance, o Papa Leão XIII "conferiu à Igreja

---

[143] Cf. Leão XIII, Carta enc. *Rerum novarum: Acta Leonis XIII*, 11 (1892) 97-144.

[144] Congregação para a Educação Católica, *Orientações para o estudo e o ensino da Doutrina Social na formação sacerdotal*, 20: Tipografia Poliglota Vaticana, Cidade do Vaticano 1988, p. 24.

[145] Cf. Pio XI, Carta enc. *Quadragesimo anno*, 39: *AAS* 23 (1931) 189; Pio XII, *Radiomensagem em comemoração do 50º aniversário da "Rerum novarum": AAS* 33 (1941) 198.

[146] João Paulo II, Carta enc. *Centesimus annus*, 5: *AAS* 83 (1991) 799.

*Missão da Igreja e doutrina social*   61

quase um "estatuto de cidadania" no meio das variáveis realidades da vida pública"[147] e "escreveu esta palavra decisiva",[148] que se tornou "um elemento permanente da doutrina social da Igreja",[149] afirmando que os graves problemas sociais "só podiam ser resolvidos pela colaboração entre todas as forças intervenientes"[150] e acrescentando também: "Quanto à Igreja, não deixará de modo nenhum faltar a sua quota-parte".[151]

**91**  No início dos anos Trinta, em seguida à grave crise econômica de 1929, o Papa Pio XI publica a Encíclica *"Quadragesimo anno"* (1931),[152] comemorativa dos quarenta anos da *"Rerum novarum"*. O Papa relê o passado à luz de uma situação econômico-social em que, à industrialização se ajuntara a expansão do poder dos grupos financeiros, em âmbito nacional e internacional. Era o período pós-bélico, em que se iam afirmando na Europa os regimes totalitários, enquanto se exacerbava a luta de classe. A encíclica adverte acerca da falta de respeito à liberdade de associação e reafirma os princípios de solidariedade e de colaboração para superar as antinomias sociais. As relações entre capital e trabalho devem dar-se sob o signo da colaboração.[153]

A *"Quadragesimo anno"* reafirma o princípio segundo o qual o salário deve ser proporcionado não só às necessidades do trabalhador, mas também às de sua família. O Estado, nas relações com o setor privado, deve aplicar o *princípio de subsidiariedade*, princípio que se tornará um elemento permanente da doutrina social. A encíclica refuta o liberalismo entendido como concorrência ilimitada das forças econômicas, mas reconfirma o direito à propriedade privada, evocando-lhe a sua função social. Em uma sociedade por reconstruir desde as bases econômicas, que se torna ela mesma e toda inteira "a questão" a enfrentar, "Pio XI sentiu o dever e a responsabilidade de promover um maior conhecimento, uma mais exata interpretação e uma urgente aplicação da lei moral reguladora das relações humanas..., para superar o conflito de classes e estabelecer uma nova ordem social baseada na justiça e na caridade".[154]

---

[147]  João Paulo II, Carta enc. *Centesimus annus*, 5: *AAS* 83 (1991) 799.
[148]  João Paulo II, Carta enc. *Centesimus annus*, 56: *AAS* 83 (1991) 862.
[149]  João Paulo II, Carta enc. *Centesimus annus*, 60: *AAS* 83 (1991) 865.
[150]  João Paulo II, Carta enc. *Centesimus annus*, 60: *AAS* 83 (1991) 865.
[151]  Leão XIII, Carta enc. *Rerum novarum*: *Acta Leonis XIII*, 11 (1892) 143. Cf. João Paulo II, Carta enc. *Centesimus annus*, 56: *AAS* 83 (1991) 862.
[152]  Cf. Pio XI, Carta enc. *Quadragesimo anno*: *AAS* 23 (1931) 177-228.
[153]  Cf. Pio XI, Carta enc. *Quadragesimo anno*: *AAS* 23 (1931) 186-189.
[154]  Congregação para a Educação Católica, *Orientações para o estudo e o ensino da Doutrina Social na formação sacerdotal*, 21: Tipografia Poliglota Vaticana, Cidade do Vaticano 1988, p. 24.

**92** *Pio XI não deixou de elevar a voz contra os regimes totalitários que durante o seu pontificado se afirmaram na Europa.* Já no dia 29 de junho de 1931 Pio XI havia protestado contra os abusos do regime totalitário fascista na Itália com a Encíclica *"Non abbiamo bisogno"*.[155] Em 1937 publicou a Encíclica *"Mit brennender Sorge"*, sobre a situação da Igreja Católica no Reich Germânico (14 de março de 1937).[156] O texto da *"Mit brennender Sorge"* foi lido do púlpito em todas as igrejas católicas da Alemanha, depois de ter sido distribuído no máximo segredo. A encíclica aparecia após anos de abusos e de violências e fora expressamente pedida a Pio XI pelos bispos alemães, após as medidas cada vez mais coativas e repressivas tomadas pelo Reich em 1936, particularmente em relação aos jovens, obrigados a inscrever-se na "Juventude hitlerista". O Papa dirige-se diretamente aos sacerdotes e aos religiosos, aos fiéis leigos, para os incentivar e chamar à resistência, enquanto uma verdadeira paz entre a Igreja e o Estado não se restabelecesse. Em 1938, perante a difusão do anti-semitismo, Pio XI afirmou: "Somos espiritualmente semitas".[157]

Com a Carta encíclica *"Divini Redemptoris"*, sobre o comunismo ateu e sobre a doutrina social cristã (19 de março de 1937),[158] Pio XI criticou de modo sistemático o comunismo, definido como *"intrinsecamente perverso"*,[159] e indicou, como meios principais para pôr remédio aos males por ele produzidos, a renovação da vida cristã, o exercício da caridade evangélica, o cumprimento dos deveres de justiça no plano interpessoal e social, em vista do bem comum, a institucionalização de corpos profissionais e interprofissionais.

**93** As *Radiomensagens natalinas* de Pio XII,[160] juntamente com outros importantes pronunciamentos em matéria social, aprofundam a reflexão

---

[155] Cf. Pio XI, Carta enc. *Non abbiamo bisogno: AAS* 23 (1931) 285-312.

[156] Texto oficial (em alemão): *AAS* 29 (1937) 145-167.

[157] Pio XI, *Discurso aos jornalistas belgas da rádio* (6 de setembro de 1938), in João Paulo II, *Discurso aos dirigentes da "Anti-Defamation League of B'nai B'rith"* (22 de março de 1984): *Insegnamenti di Giovanni Paolo II*, VII, 1 (1984) 740-742.

[158] Texto oficial (em latim): *AAS* 29 (1937) 4. 65-106.

[159] Cf. Pio XI, Carta enc. *Divini Redemptoris*, 58: *AAS* 29 (1937) 130.

[160] Cf. Pio XII, *Radiomensagens natalinas*: sobre a paz e a ordem internacional, dos anos 1939: *AAS* 32 (1940) 5-13; 1940: *AAS* 33 (1941) 5-14; 1941: *AAS* 34 (1942) 10-21; 1945: *AAS* 38 (1946) 15-25; 1946: *AAS* 39 (1947) 7-17; 1948: *AAS* 41 (1949) 8-16; 1950: *AAS* 43 (1951) 49-59; 1951: *AAS* 44 (1952) 5-15; 1954: *AAS* 47 (1955) 15-28; 1955: *AAS* 48 (1956) 26-41; sobre a ordem interna das nações de 1942: *AAS* 35 (1943) 9-24; sobre a democracia de 1944: *AAS* 37 (1945) 10-23; sobre a função da civilização cristã de 1º de setembro de 1944: *AAS* 36 (1944) 249-258; sobre o retorno a Deus na generosidade e na fraternidade, de 1947: *AAS* 40 (1948) 8-16; sobre o ano do grande retorno e do grande perdão, de 1949: *AAS* 42 (1950) 121-133; sobre a despersonalização do homem de 1952: *AAS* 45 (1953) 33-46; sobre o papel do progresso técnico e a paz dos povos, de 1953: *AAS* 46 (1954) 5-16.

# Missão da Igreja e doutrina social

magisterial sobre uma nova ordem social, governada pela moral e pelo direito e fundada na justiça e na paz. Durante o seu pontificado, Pio XII atravessou os anos terríveis da Segunda Guerra Mundial e os tempos difíceis da reconstrução. Ele não publicou encíclicas sociais, mas manifestou constantemente, em numerosos contextos, a sua preocupação com a ordem internacional subvertida: "Nos anos da guerra e do após-guerra, o Magistério social de Pio XII representou para muitos povos de todos os continentes e para milhões de crentes e não crentes a voz da consciência universal, interpretada e proclamada em íntima ligação com a Palavra de Deus. Com a sua autoridade moral e o seu prestígio, Pio XII levou a luz da sabedoria cristã a inumeráveis homens de todas as categorias e níveis sociais".[161]

*Uma das características fundamentais dos pronunciamentos de Pio XII está na importância dada à conexão entre moral e direito.* O Papa insiste sobre a noção de direito natural, como alma de um ordenamento social concretamente operante quer no plano nacional quer no plano internacional. Um outro aspecto importante do ensinamento de Pio XII está na atenção dada às categorias profissionais e empresariais, chamadas a concorrer em plena consciência para a consecução do bem comum: "Pela sua sensibilidade e inteligência em detectar os 'sinais dos tempos', Pio XII pode considerar-se o precursor imediato do Concílio Vaticano II e do ensinamento social dos Papas que lhe sucederam".[162]

**94** Os anos Sessenta abrem horizontes promissores: o reinício após as devastações da guerra, a descolonização da África, os primeiros tímidos sinais de um *desgelo* nas relações entre os dois blocos, americano e soviético. Neste clima, o beato João XXIII lê em profundidade os "sinais dos tempos".[163] A *questão social está se universalizando e abarca todos os países*: ao lado da questão operária e da revolução industrial, se delineiam os problemas da agricultura, das áreas em via de desenvolvimento, do incremento demográfico e os referentes à necessidade de cooperação econômica mundial. As desigualdades, antes advertidas no interior das nações, aparecem no âmbito internacional e fazem emergir cada vez mais a situação dramática em que se encontra o Terceiro Mundo.

---

[161] CONGREGAÇÃO PARA A EDUCAÇÃO CATÓLICA, *Orientações para o estudo e o ensino da Doutrina Social da Igreja na formação sacerdotal*, 22: Tipografia Poliglota Vaticana, Cidade do Vaticano 1988, p. 25.

[162] CONGREGAÇÃO PARA A EDUCAÇÃO CATÓLICA, *Orientações para o estudo e o ensino da Doutrina Social da Igreja na formação sacerdotal*, 22: Tipografia Poliglota Vaticana, Cidade do Vaticano 1988, p. 25.

[163] JOÃO XXIII, Carta enc. *Pacem in terris*: *AAS* 55 (1963) 267-269. 278-279. 291. 295-296.

João XXIII, na Encíclica *"Mater et Magistra"*[164] (1961), "pretende atualizar os documentos já conhecidos e avançar no sentido de comprometer toda a comunidade cristã".[165] As palavras-chave da encíclica são *comunidade* e *socialização*:[166] a Igreja é chamada, na verdade, na justiça e no amor, a colaborar com todos os homens para construir uma autêntica *comunhão*. Por tal via o crescimento econômico não se limitará a satisfazer as necessidades dos homens, mas poderá promover também a sua dignidade.

**95** Com a Encíclica *"Pacem in terris"*,[167] João XXIII põe de realce o tema da paz, numa época marcada pela proliferação nuclear. A *"Pacem in terris"* contém, ademais, uma primeira aprofundada reflexão da Igreja sobre os direitos; é a Encíclica da paz e da dignidade humana. Ela prossegue e completa o discurso da *"Mater et Magistra"* e, na direção indicada por Leão XIII, sublinha a importância da colaboração entre todos: é a primeira vez que um documento da Igreja é dirigido também a *"todas as pessoas de boa vontade"*,[168] que são chamados a uma "imensa tarefa de recompor as relações da convivência na verdade, na justiça, no amor, na liberdade".[169] A *"Pacem in terris"* se detém sobre os *poderes públicos da comunidade mundial*, chamados a "enfrentar e resolver os problemas de conteúdo econômico, social, político ou cultural... da alçada do bem comum universal".[170] No décimo aniversário da *"Pacem in terris"*, o Cardeal Maurice Roy, Presidente da Comissão Pontifícia Justiça e Paz, enviou a Paulo VI uma Carta juntamente com um documento com uma série de reflexões sobre a capacidade do ensinamento da Encíclica joanina de iluminar os problemas novos relacionados com a promoção da paz.[171]

**96** A Constituição pastoral *"Gaudium et spes"*[172] (1965), do Concílio Vaticano II, constitui uma significativa resposta da Igreja às expectativas do mundo contemporâneo. Na citada Constituição, "em sintonia com a renovação

---

[164] Cf. João XXIII, Carta enc. *Mater et Magistra* (15 de maio de 1961): *AAS* 53 (1961) 401-464.

[165] Congregação para a Educação Católica, *Orientações para o estudo e o ensino da Doutrina Social da Igreja na formação sacerdotal*, 23: Tipografia Poliglota Vaticana, Cidade do Vaticano 1988, p. 26.

[166] Cf. João XXIII, Carta enc. *Mater et Magistra*, 45-55: *AAS* 53 (1961) 415-418.

[167] Cf. João XXIII, Carta enc. *Pacem in terris*: *AAS* 55 (1963) 257-304.

[168] João XXIII, Carta enc. *Pacem in terris*, Cabeçalho: *AAS* 55 (1963) 257.

[169] João XXIII, Carta enc. *Pacem in terris*: *AAS* 55 (1963) 301.

[170] João XXIII, Carta enc. *Pacem in terris*: *AAS* 55 (1963) 294.

[171] Cf. Roy Card. Maurice, *Carta a Paulo VI e Documento por ocasião do décimo aniversário da "Pacem in terris"*: *L'Osservatore Romano*, 11 de abril de 1973, pp. 3-6.

[172] Cf. Concílio Vaticano II, Const. past. *Gaudium et spes*: *AAS* 58 (1966) 1025-1120.

*Missão da Igreja e doutrina social* 65

eclesiológica, se reflete numa nova concepção de ser comunidade dos crentes e povo de Deus. Ela suscitou, portanto, novo interesse pela doutrina contida nos documentos precedentes acerca do testemunho e da vida dos cristãos, como caminhos autênticos para tornar visível a presença de Deus no mundo".[173] A *"Gaudium et spes"* traça o rosto de uma Igreja "verdadeiramente solidária com o gênero humano e com a sua história",[174] que caminha juntamente com a humanidade inteira e experimenta com o mundo a mesma sorte terrena, mas que ao mesmo tempo "é como que o fermento e a alma da sociedade humana, destinada a ser renovada em Cristo e transformada na família de Deus".[175]

A *"Gaudium et spes"* aborda organicamente os temas da cultura, da vida econômico-social, do matrimônio e da família, da comunidade política, da paz e da comunidade dos povos, à luz da visão antropológica cristã e da missão da Igreja. Tudo é considerado a partir da pessoa e em vista da pessoa: "a única criatura na terra que Deus quis por si mesma".[176] A sociedade, as suas estruturas e o seu desenvolvimento não podem ser queridos por si mesmos mas para o "aperfeiçoamento da pessoa humana".[177] Pela primeira vez o Magistério solene da Igreja, no seu mais alto nível, se exprime tão amplamente acerca dos diversos aspectos temporais da vida cristã: "Deve reconhecer-se que a atenção da Constituição em relação às mudanças sociais, psicológicas, políticas, econômicas, morais e religiosas estimulou cada vez mais... a preocupação pastoral da Igreja pelos problemas dos homens e o diálogo com o mundo".[178]

**97** Um outro documento do Concílio Vaticano II muito importante no *"corpus"* da doutrina social da Igreja é a declaração *"Dignitatis humanae"*[179] (1965), no qual se proclama o *direito à liberdade religiosa*. O documento trata o tema em dois capítulos. No primeiro, de caráter geral, se afirma que o direito à liberdade religiosa tem o seu fundamento na dignidade da pessoa humana, e que ele deve ser reconhecido e sancionado como direito civil no ordenamento jurídico da sociedade. O segundo capítulo aborda o tema à luz da Revelação, esclarecendo as suas implicações pastorais, recordando tratar-

---

[173] Congregação para a Educação Católica, *Orientações para o estudo e o ensino da Doutrina Social da Igreja na formação sacerdotal*, 24: Tipografia Poliglota Vaticana, Cidade do Vaticano 1988, p. 27.
[174] Concílio Vaticano II, Const. past. *Gaudium et spes*, 1: *AAS* 58 (1966) 1026.
[175] Concílio Vaticano II, Const. past. *Gaudium et spes*, 40: *AAS* 58 (1966) 1058.
[176] Concílio Vaticano II, Const. past. *Gaudium et spes*, 24: *AAS* 58 (1966) 1045.
[177] Concílio Vaticano II, Const. past. *Gaudium et spes*, 25: *AAS* 58 (1966) 1045.
[178] Congregação para a Educação Católica, *Orientações para o estudo e o ensino da Doutrina Social da Igreja na formação sacerdotal*, 25: Tipografia Poliglota Vaticana, Cidade do Vaticano 1988, p. 29.
[179] Cf. Concílio Vaticano II, Decl. *Dignitatis humanae: AAS* 58 (1966) 929-946.

**66** *Capítulo II*

se de um direito que concerne não somente às pessoas individualmente consideradas, mas também às diversas comunidades.

**98** "O desenvolvimento é o novo nome da paz"[180] proclama solenemente Paulo VI na Encíclica *"Populorum progressio"*[181] (1967), que pode ser considerada uma amplificação do capítulo sobre a vida econômico-social da *"Gaudium et spes"*, com a introdução porém de algumas novidades significativas. Em particular ela traça as coordenadas de um desenvolvimento integral do homem e de um desenvolvimento solidário da humanidade: "Duas temáticas estas que devem considerar-se como eixos à volta dos quais se estrutura o tecido da encíclica. Querendo convencer os destinatários da urgência de uma ação solidária, o Papa apresenta o desenvolvimento como 'a passagem de condições menos humanas a condições mais humanas' e especifica as suas características".[182] Esta *passagem* não está circunscrita às dimensões meramente econômicas e técnicas, mas implica para cada pessoa a aquisição da cultura, o respeito da dignidade dos outros, o reconhecimento "dos valores supremos, e de Deus que é a origem e o termo deles".[183] O desenvolvimento favorável de todos responde a uma exigência de justiça em escala mundial que garanta uma paz planetária e torne possível a realização de "um humanismo total",[184] governado pelos valores espirituais.

**99** Nesta perspectiva, Paulo VI instituiu, em 1967, a Pontifícia Comissão *"Iustitia et Pax"*, realizando um voto dos Padres Conciliares, para os quais é "muito oportuna a criação de um organismo da Igreja universal, com o fim de despertar a comunidade dos católicos para que se promovam o progresso das regiões indigentes e a justiça social entre as nações".[185] Por iniciativa de Paulo VI, a começar de 1968, a Igreja celebra no primeiro dia do ano o *Dia Mundial da Paz*. O mesmo Pontífice dá início à feliz tradição das Mensagens que se ocupam do tema de cada *Dia Mundial da Paz*, acrescendo assim o *"corpus"* da doutrina social.

**100** No início dos anos Setenta, num clima turbulento de contestação fortemente ideológica, Paulo VI retoma a mensagem social de Leão XIII e a

---

[180] Cf. PAULO VI, Carta enc. *Populorum progressio*, 76-80: *AAS* 59 (1967) 294-296.

[181] PAULO VI, Carta enc. *Populorum progressio*: *AAS* 59 (1967) 257-299.

[182] CONGREGAÇÃO PARA A EDUCAÇÃO CATÓLICA, *Orientações para o estudo e o ensino da Doutrina Social da Igreja na formação sacerdotal*, 25: Tipografia Poliglota Vaticana, Cidade do Vaticano 1988, p. 28-29.

[183] Cf. PAULO VI, Carta enc. *Populorum progressio*, 20-21: *AAS* 59 (1967) 267.

[184] PAULO VI, Carta enc. *Populorum progressio*, 42: *AAS* 59 (1967) 278.

[185] CONCÍLIO VATICANO II, Const. past. *Gaudium et spes*, 90 c: *AAS* 58 (1966) 1112.

*Missão da Igreja e doutrina social* 67

atualiza, por ocasião do octogésimo aniversário da *"Rerum novarum"*, com a Carta apostólica *"Octogesima adveniens"*.[186] O Papa reflete sobre a sociedade pós-industrial com todos os seus complexos problemas, salientando a insuficiência das ideologias para responder a tais desafios: a urbanização, a condição juvenil, a condição da mulher, o desemprego, as discriminações, a emigração, o incremento demográfico, o influxo dos meios de comunicação social, o ambiente natural.

**101** Noventa anos depois da *"Rerum novarum"* João Paulo II dedica a Encíclica *"Laborem exercens"*[187] ao *trabalho*: bem fundamental para a pessoa, fator primário da atividade econômica e chave de toda a questão social. A *"Laborem exercens"* delineia uma espiritualidade e uma ética do trabalho, no contexto de uma profunda reflexão teológica e filosófica. O trabalho não deve ser entendido somente em sentido objetivo e material, mas há que se levar em conta a sua dimensão subjetiva, enquanto atividade que exprime sempre a pessoa. Além de ser o paradigma decisivo da vida social, o trabalho tem toda a dignidade de um âmbito no qual deve encontrar realização a vocação natural e sobrenatural da pessoa.

**102** Com a Encíclica *"Sollicitudo rei socialis"*,[188] João Paulo II comemora o vigésimo aniversário da *"Populorum progressio"* e aborda novamente o tema do desenvolvimento, para sublinhar dois dados fundamentais: "Por um lado, a situação dramática do mundo contemporâneo, sob o aspecto do desenvolvimento que falta no Terceiro Mundo, e por outro lado, o sentido, as condições e as exigências dum desenvolvimento digno do homem".[189] A Encíclica introduz a diferença entre progresso e desenvolvimento, e afirma que "o verdadeiro desenvolvimento não pode limitar-se à multiplicação dos bens e dos serviços, isto é, àquilo que se possui, mas deve contribuir para a plenitude do "ser" do homem. Deste modo pretende-se delinear com clareza a natureza moral do verdadeiro desenvolvimento".[190] João Paulo II, evocando o moto

---

[186] Cf. Paulo VI, Carta apost., *Octogesima adveniens* (14 de maio de 1971): *AAS* 63 (1971), 401-441.

[187] Cf. João Paulo II, Carta enc. *Laborem exercens* (14 de setembro de 1981): *AAS* 73 (1981) 577-647.

[188] Cf. João Paulo II, Carta enc. *Sollicitudo rei socialis* (30 de dezembro de 1987): *AAS* 80 (1988) 513-586.

[189] Congregação para a Educação Católica, *Orientações para o estudo e o ensino da Doutrina Social da Igreja na formação sacerdotal*, 26: Tipografia Poliglota Vaticana, Cidade do Vaticano 1988, p. 30.

[190] Congregação para a Educação Católica, *Orientações para o estudo e o ensino da Doutrina Social da Igreja na formação sacerdotal*, 26: Tipografia Poliglota Vaticana, Cidade do Vaticano 1988, p. 30.

68 *Capítulo II*

do pontificado de Pio XII, *"Opus iustitiae pax"*, a paz como fruto da justiça, comenta: "Hoje poder-se-ia dizer, com a mesma justeza e com a mesma força de inspiração bíblica (cf. Is 32,17; Tg 3,18), *Opus solidarietatis pax*, a paz como fruto da solidariedade".[191]

**103** No centésimo aniversário da *"Rerum novarum"*, João Paulo II promulga a sua terceira encíclica social, a *"Centesimus annus"*,[192] da qual emerge a continuidade doutrinal de cem anos de Magistério social da Igreja. Retomando um dos princípios basilares da concepção cristã da organização social e política, que fora o tema central da Encíclica precedente, o Papa escreve: "O princípio, que hoje designamos de solidariedade... várias vezes Leão XIII o enuncia, com o nome 'amizade'...; desde Pio XI é designado pela expressão mais significativa 'caridade social', enquanto Paulo VI, ampliando o conceito na linha das múltiplas dimensões atuais da questão social, falava de 'civilização do amor'".[193] João Paulo II realça como o ensinamento social da Igreja corre ao longo do eixo da reciprocidade entre Deus e o homem: reconhecer a Deus em cada homem e cada homem em Deus é a condição de um autêntico desenvolvimento humano. A análise articulada e aprofundada das *"res novae"*, e especialmente da grande guinada de 1989, com a derrocada do sistema soviético, contém um apreço pela democracia e pela economia livre, no quadro de uma indispensável solidariedade.

## c) À luz e sob o impulso do Evangelho

**104** *Os documentos aqui evocados constituem as pedras fundamentais do caminho da doutrina social da Igreja dos tempos de Leão XIII aos nossos dias.* Esta resenha sintética alongar-se-ia muito se se levassem em conta todos os pronunciamentos motivados, mais do que por um tema específico, pela "preocupação pastoral de propor à comunidade cristã e a todos os homens de boa vontade os princípios fundamentais, os critérios universais e as orientações idôneas para sugerir as opções de fundo e a práxis coerente para cada situação concreta".[194]

Na elaboração e no ensinamento desta doutrina, a Igreja foi e é animada por intentos não teoréticos, mas pastorais, quando se encontra diante das

---

[191] João Paulo II, Carta enc. *Sollicitudo rei socialis*, 39: *AAS* 80 (1988) 568.
[192] Cf. João Paulo II, Carta enc. *Centesimus annus*: *AAS* 83 (1991) 793-867.
[193] João Paulo II, Carta enc. *Centesimus annus*, 10: *AAS* 83 (1991) 805.
[194] Congregação para a Educação Católica, *Orientações para o estudo e o ensino da Doutrina Social da Igreja na formação sacerdotal*, 27: Tipografia Poliglota Vaticana, Cidade do Vaticano 1988, p. 33.

*Missão da Igreja e doutrina social*

69

repercussões das mutações sociais sobre os seres humanos individualmente tomados, sobre multidões de homens e mulheres, sobre a sua própria dignidade humana, nos contextos em que "se procura com afã uma organização temporal mais perfeita, sem que o crescimento espiritual progrida ao mesmo tempo".[195] Por estas razões, se constituiu e desenvolveu a doutrina social: "um corpo doutrinal atualizado, que se articula à medida em que a Igreja, dispondo da plenitude da Palavra revelada por Cristo Jesus e com a assistência do Espírito Santo (cf. Jo 14,16.26; 16,13-15), vai lendo os acontecimentos, enquanto eles se desenrolam no decurso da história".[196]

---

[195] Concílio Vaticano II, Const. past. *Gaudium et spes*, 4: *AAS* 58 (1966) 1028.
[196] João Paulo II, Carta enc. *Sollicitudo rei socialis*, 1: *AAS* 80 (1988) 514; cf. *Catecismo da Igreja Católica*, 2422.

# CAPÍTULO III
# A PESSOA HUMANA E OS SEUS DIREITOS

## I. DOUTRINA SOCIAL E PRINCÍPIO PERSONALISTA

**105** *A Igreja vê no homem, em cada homem, a imagem viva do próprio Deus; imagem que encontra e é chamada a encontrar, sempre mais profundamente, a plena explicação de si mesma no mistério de Cristo, Imagem perfeita de Deus, revelador de Deus ao homem e do homem a si mesmo.* A este homem, que recebeu do próprio Deus uma incomparável e inalienável dignidade, a Igreja se volta e lhe presta o serviço mais alto e singular, chamando-o constantemente à sua altíssima vocação, para que dela seja cada vez mais cônscio e digno. Cristo, o Filho de Deus, "por Sua encarnação, uniu-Se de algum modo a todo homem";[197] por isso a Igreja reconhece como sua tarefa fundamental fazer com que tal união possa continuamente realizar e renovar-se. Em Cristo Senhor, a Igreja indica e quer, ela mesma por primeiro, percorrer a via do homem,[198] que convida a reconhecer em toda e qualquer pessoa, próxima ou distante, conhecido ou desconhecido, e sobretudo no pobre e em quem sofre, um irmão "pelo qual Cristo morreu" (1Cor 8,11; Rm 14,15).[199]

**106** *Toda a vida social é expressão do seu inconfundível protagonista: a pessoa humana.* De tal fato a Igreja sempre soube, amiúde e de muitos modos, fazer-se intérprete autorizada, reconhecendo e afirmando a centralidade da pessoa humana em todo âmbito e manifestação da sociabilidade: "A sociedade humana é objeto da doutrina social da Igreja, visto que ela não se encontra nem fora nem acima dos homens socialmente unidos, mas existe exclusivamente neles e, portanto, para eles".[200] Este importante reconhecimento

---

[197] CONCÍLIO VATICANO II, Const. past. *Gaudium et spes*, 22: *AAS* 58 (1966) 1042.
[198] Cf. JOÃO PAULO II, Carta enc. *Redemptor hominis*, 14: *AAS* 71 (1979) 284.
[199] Cf. *Catecismo da Igreja Católica*, 1931.
[200] CONGREGAÇÃO PARA A EDUCAÇÃO CATÓLICA, *Orientações para o estudo e o ensino da Doutrina Social na formação sacerdotal*, 35: Tipografia Poliglota Vaticana, Cidade do Vaticano 1988, p. 39.

encontra expressão na afirmação de que "longe de ser o objeto e o elemento passivo da vida social", o homem, pelo contrário, "é, e deve ser e permanecer, o sujeito, o fundamento e o fim dela".[201] Nele, portanto, tem origem a vida social, que não pode renunciar a reconhecê-lo como seu sujeito ativo e responsável, e toda e qualquer modalidade expressiva da sociedade deve tê-lo por finalidade.

**107** *O homem, tomado na sua concretude histórica, representa o coração e a alma do ensinamento social católico.*[202] *Toda a doutrina social se desenvolve, efetivamente, a partir do princípio que afirma a intangível dignidade da pessoa humana.*[203] Mediante as múltiplas expressões dessa consciência, a Igreja quis, antes de tudo, tutelar a dignidade humana em face de toda tentativa de se voltar a propor imagens redutivas e distorcidas; ademais, repetidas vezes ela tem denunciado as muitas violações de tal dignidade. A história atesta que da trama das relações sociais emergem algumas dentre as mais amplas possibilidades de elevação do homem, mas aí se aninham também as mais execráveis desconsiderações da sua dignidade.

## II. A PESSOA HUMANA "IMAGO DEI"

### a) Criatura à imagem de Deus

**108** *A mensagem fundamental da Sagrada Escritura anuncia que a pessoa humana é criatura de Deus* (cf. Sl 139,14-18) *e identifica o elemento que a caracteriza e distingue no seu ser à imagem de Deus*: "Deus criou o homem à sua imagem, à imagem ele o criou, homem e mulher os criou" (Gn 1,27). Deus põe a criatura humana no centro e no vértice da criação: no homem (em hebraico "*Adam*"), plasmado com a terra ("*adamah*"), Deus insufla pelas narinas o hálito da vida (cf. Gn 2,7). Portanto, "por ser à imagem de Deus, o indivíduo humano tem a dignidade de *pessoa*: ele não é apenas uma coisa, mas alguém. É capaz de conhecer-se, de possuir-se e de doar-se livremente e entrar em comunhão com outras pessoas, e é chamado, por graça, a uma aliança com o seu Criador, a oferecer-lhe uma resposta de fé e de amor, que ninguém mais pode dar em seu lugar".[204]

---

[201] Pio XII, *Radiomensagem* (24 de dezembro de 1944), 5: *AAS* 37 (1945) 12.
[202] Cf. João Paulo II, Carta enc. *Centesimus annus*, 11: *AAS* 83 (1991) 807.
[203] Cf. João XXIII, Carta enc. *Mater et Magistra*: *AAS* 53 (1961) 453, 459.
[204] *Catecismo da Igreja Católica*, 357.

*A pessoa humana e os seus direitos*  73

**109** *A semelhança com Deus põe em luz o fato de que a essência e a existência do homem são constitucionalmente relacionadas com Deus do modo mais profundo.*[205] É uma relação que existe por si mesma, não começa, por assim dizer, num segundo momento e não se acrescenta a partir de fora. Toda a vida do homem é uma pergunta e uma busca de Deus. Esta relação com Deus pode ser tanto ignorada como esquecida ou removida, mas nunca pode ser eliminada. Dentre todas as criaturas, com efeito, somente o homem é "'capaz' de Deus" (*"homo est Dei capax"*).[206] O ser humano é um ser pessoal criado por Deus para a relação com Ele, que somente na relação pode viver e exprimir-se, e que tende naturalmente a Ele.[207]

**110** *A relação entre Deus e o homem reflete-se na dimensão relacional e social da natureza humana.* O homem, com efeito, não é um ser solitário, mas "por sua natureza íntima, um ser social" e "sem relações com os outros não pode nem viver nem desenvolver seus dotes".[208] Em relação a isso é muito significativo o fato de que Deus criou *o ser humano como homem e mulher* (cf. Gn 1,27).[209] Muito eloqüente é, efetivamente, "aquela insatisfação que se apodera da vida do homem no Éden, quando lhe resta como única referência o mundo vegetal e animal (cf. Gn 2,20). Somente a aparição da mulher, isto é, de um ser que é carne da sua carne e osso dos seus ossos (cf. Gn 2,23) e no qual vive igualmente o espírito de Deus Criador, pode satisfazer a exigência de diálogo interpessoal, tão vital para a existência humana. No outro, homem ou mulher, reflete-se o próprio Deus, abrigo definitivo e plenamente feliz de toda a pessoa".[210]

**111** *O homem e a mulher têm a mesma dignidade e são de igual nível e valor,*[211] *não só porque ambos, na sua diversidade, são imagem de Deus, mas ainda mais profundamente porque é imagem de Deus o dinamismo de reciprocidade que anima o nós do casal humano.*[212] Na relação de comunhão recíproca, homem e mulher realizam-se a si próprios profundamente,

---

[205] Cf. *Catecismo da Igreja Católica*, 356. 358.

[206] Cf. *Catecismo da Igreja Católica*, título da seção I, cap. I, parte I; Concílio Vaticano II, Const. past. *Gaudium et spes*, 12: *AAS* 58 (1966) 1034; João Paulo II, Carta enc. *Evangelium vitae*, 34: *AAS* 87 (1995) 440.

[207] Cf. João Paulo II, Carta enc. *Evangelium vitae*, 35: *AAS* 87 (1995) 440-441; *Catecismo da Igreja Católica*, 1721.

[208] Concílio Vaticano II, Const. past. *Gaudium et spes*, 12: *AAS* 58 (1966) 1034.

[209] Cf. *Catecismo da Igreja Católica*, 369.

[210] João Paulo II, Carta enc. *Evangelium vitae*, 35: *AAS* 87 (1995) 440.

[211] Cf. *Catecismo da Igreja Católica*, 2334.

[212] Cf. *Catecismo da Igreja Católica*, 371.

74                                                                    *Capítulo III*

redescobrindo-se como pessoas através do dom sincero de si.[213] Seu pacto de união é apresentado nas Sagradas Escrituras como uma imagem do Pacto de Deus com os homens (cf. Os 1–3; Is 54; Ef 5,21-33) e, ao mesmo tempo, como um serviço à vida.[214] O casal humano pode participar, assim, da criatividade de Deus: "Deus abençoou-os: 'Frutificai e multiplicai-vos, enchei a terra'" (Gn 1,28).

**112** *O homem e a mulher estão em relação com os outros antes de tudo como guardiães de sua vida.*[215] "E ao homem que matar o seu irmão, eu pedirei contas da alma do homem" (Gn 9,5), reafirma Deus a Noé após o dilúvio. Nesta perspectiva, a relação com Deus exige que se considere *a vida do homem sagrada e inviolável.*[216] O quinto mandamento "Não matarás" (Ex 20,13; Dt 5,17) tem valor porque só Deus é Senhor da vida e da morte.[217] O respeito que se deve à inviolabilidade e à integridade da vida física tem o seu cume no mandamento positivo: "Amarás o teu próximo como a ti mesmo" (Lv 19,18), com que Jesus Cristo obriga a responsabilizar-se pelo próximo (cf. Mt 22,37-40; Mc 12,29-31; Lc 10,27-28).

**113** *Com esta particular vocação para a vida, o homem e a mulher se encontram também diante de todas as outras criaturas. Eles podem e devem submetê-las ao próprio serviço e usufruir delas, mas o seu senhorio sobre o mundo exige o exercício da responsabilidade, não é uma liberdade de desfrute arbitrário e egoístico.* Toda a criação, na verdade, tem o valor de "coisa boa" (cf. Gn 1,10.12.18.21.25) aos olhos de Deus, que é o seu Autor. O homem deve descobrir e respeitar este valor: é este um desafio maravilhoso à sua inteligência, que o deve elevar como uma asa[218] rumo à contemplação da verdade de todas as suas criaturas, ou seja, daquilo que Deus viu de bom nelas. O livro do *Gênesis* ensina, efetivamente, que o domínio do homem sobre o mundo consiste em dar nome às coisas (cf. Gn 2,19-20): com a denominação o homem deve reconhecer as coisas por aquilo que são e estabelecer com cada uma delas uma relação de responsabilidade.[219]

---

[213] Cf. João Paulo II, Carta às famílias *Gratissimam sane*, 6. 8. 14. 16. 19-20: *AAS* 86 (1994) 873-874. 876-878. 893-896. 899-903. 910-919.
[214] Cf. Concílio Vaticano II, Const. past. *Gaudium et spes*, 50: *AAS* 58 (1966) 1070-1072.
[215] Cf. João Paulo II, Carta Enc. *Evangelium vitae*, 19: *AAS* 87 (1995) 421-422.
[216] Cf. *Catecismo da Igreja Católica*, 2258.
[217] Cf. Concílio Vaticano II, Const. past. *Gaudium et spes*, 27: *AAS* 58 (1966) 1047-1048; *Catecismo da Igreja Católica*, 2259-2261.
[218] Cf. João Paulo II, Carta Enc. *Fides et ratio*. Prólogo: *AAS* 91 (1999) 5.
[219] Cf. *Catecismo da Igreja Católica*, 373.

*A pessoa humana e os seus direitos* 75

**114** *O homem está em relação também consigo mesmo e pode refletir sobre si próprio.* As Sagradas Escrituras falam, nesse sentido, do *coração do homem*. O coração designa precisamente a interioridade espiritual do homem, ou seja, aquilo que o distingue de todas as outras criaturas: com efeito, "todas as coisas que Deus fez são boas, a seu tempo. Ele pôs, além disso, no seu coração, a duração inteira, sem que ninguém possa compreender a obra divina de um extremo ao outro" (Ecl 3,11). O coração indica, ao fim e ao cabo, as faculdades espirituais mais próprias do homem, que são suas prerrogativas, enquanto criado à imagem do seu Criador: a razão, o discernimento do bem e do mal, a vontade livre.[220] Quando escuta a aspiração profunda do seu coração, o homem não pode deixar de fazer suas as palavras de Santo Agostinho: "Criastes-nos para Vós, Senhor, e o nosso coração vive inquieto enquanto não repousa em Vós".[221]

## b) O drama do pecado

**115** *A admirável visão da criação do homem por parte de Deus é inseparável do quadro dramático do pecado das origens.* Com uma afirmação lapidar, o apóstolo Paulo sintetiza a narração da queda do homem contida nas primeiras páginas da Bíblia: "Por meio de um só homem o pecado entrou no mundo e, pelo pecado, a morte" (Rm 5,12). O homem, contra a proibição de Deus, se deixa seduzir pela serpente e deita a mão à árvore da vida, caindo em poder da morte. Com esse gesto, o homem tenta forçar seu limite de criatura, desafiando a Deus, único Senhor do homem e fonte da vida. Um pecado de desobediência (cf. Rm 5,19) que separa o homem de Deus.[222]

*Da Revelação sabemos que Adão, o primeiro homem, com a transgressão do mandamento de Deus, perde a santidade e a justiça em que estava constituído, recebidas não somente para si, mas para toda a humanidade:* "Ao cederem ao Tentador, Adão e Eva cometem um pecado pessoal, mas este pecado afeta a natureza humana, que vão transmitir em um estado decaído. É um pecado que será transmitido por propagação à humanidade inteira, isto é, pela transmissão de uma natureza humana privada da santidade e da justiça originais".[223]

---

[220] Cf. João Paulo II, Carta Enc. *Evangelium vitae*, 34: *AAS* 87 (1995) 438-440.

[221] S. Agostinho, *Confissões*, 1, 1: PL 32, 661: "Tu excitas, ut laudare te delectet; quia fecisti nos ad te, et inquietum est cor nostrum, donec requiescat in te".

[222] Cf. *Catecismo da Igreja Católica*, 1850.

[223] *Catecismo da Igreja Católica*, 404.

**116** *Na raiz das lacerações pessoais e sociais, que ofendem em vária medida o valor e a dignidade da pessoa humana, encontra-se uma ferida no íntimo do homem*: "À luz da fé chamamos-lhe pecado: a começar do pecado original, que cada um traz consigo desde o nascimento, como uma herança recebida dos primeiros pais, até ao pecado que cada um comete, abusando da própria liberdade".[224] A conseqüência do pecado, enquanto ato de separação de Deus, é precisamente a alienação, isto é, a ruptura do homem não só com Deus, como também consigo mesmo, com os demais homens e com o mundo circunstante: "A ruptura com Deus desemboca dramaticamente na divisão entre os irmãos. Na descrição do 'primeiro pecado', a ruptura com Iahweh espedaçou, ao mesmo tempo, o fio da amizade que unia a família humana; tanto assim que as páginas do Gênesis que se seguem nos mostram o homem e a mulher, como que a apontarem com o dedo acusador um contra o outro (cf. Gn 3,12); o irmão que, hostil ao irmão, acaba por tirar-lhe a vida (cf. Gn 4,2-16). Segundo a narração dos fatos de Babel, a conseqüência do pecado é a desagregação da família humana, que já começara com o primeiro pecado e agora chega ao extremo na sua forma social".[225] Refletindo sobre o mistério do pecado, não se pode deixar de considerar esta trágica concatenação de causa e efeito.

**117** *O mistério do pecado se compõe de uma dúplice ferida, que o pecador abre no seu próprio flanco e na relação com o próximo. Por isso se pode falar de pecado pessoal e social*: todo pecado é pessoal sob um aspecto; sob outro aspecto, todo pecado é social, enquanto e porque tem também conseqüências sociais. O pecado, em sentido verdadeiro e próprio, é sempre um ato da pessoa, porque é um ato de liberdade de um homem, individualmente considerado, e não propriamente de um grupo ou de uma comunidade, mas a cada pecado se pode atribuir indiscutivelmente o caráter de pecado social, tendo em conta o fato de que "em virtude de uma solidariedade humana tão misteriosa e imperceptível quanto real e concreta, o pecado de cada um repercute, de algum modo, sobre os outros".[226] Não é todavia legítima e aceitável uma acepção do pecado social que, mais ou menos inconscientemente,

---

[224] João Paulo II, Exort. apost. *Reconciliatio et paenitentia*, 2: *AAS* 77 (1985) 188; cf. *Catecismo da Igreja Católica*, 1849.

[225] João Paulo II, Exort. apost. *Reconciliatio et paenitentia*, 15: *AAS* 77 (1985) 212-213.

[226] João Paulo II, Exort. apost. *Reconciliatio et paenitentia*, 16: *AAS* 77 (1985) 214. O texto explica, ademais, que esta *lei da descida*, e esta *comunhão no pecado*, em razão da qual uma alma que se rebaixa pelo pecado arrasta consigo a Igreja, e, de certa maneira, o mundo inteiro, corresponde uma *lei de elevação*, o profundo e magnífico mistério da *Comunhão dos Santos*, graças à qual se pode dizer que cada alma que se eleva, eleva o mundo.

leve a diluir e quase a eliminar o seu componente pessoal, para admitir somente as culpas e responsabilidades sociais. No fundo de cada situação de pecado encontra-se, sempre, a pessoa que peca.

**118** *Alguns pecados, ademais, constituem, pelo próprio objeto, uma agressão direta ao próximo. Tais pecados, em particular, se qualificam como pecados sociais.* É igualmente social todo pecado cometido contra a justiça, quer nas relações de pessoa a pessoa, quer nas da pessoa com a comunidade, quer, ainda, nas da comunidade com a pessoa. É social todo pecado contra os direitos da pessoa humana, a começar pelo direito à vida, incluindo a do nascituro, ou contra a integridade física de alguém; todo pecado contra a liberdade de outrem, especialmente contra a suprema liberdade de crer em Deus e de adorá-lo; todo o pecado contra a dignidade e a honra do próximo. Social é todo o pecado contra o bem comum e contra as suas exigências, em toda a ampla esfera dos direitos e dos deveres dos cidadãos. Enfim, é social aquele pecado que "diz respeito às relações entre as várias comunidades humanas. Estas relações nem sempre estão em sintonia com a desígnio de Deus, que no mundo quer justiça, liberdade e paz entre os indivíduos, os grupos, os povos".[227]

**119** *As conseqüências do pecado alimentam as estruturas de pecado, que radicam no pecado pessoal e, portanto, estão sempre coligadas aos atos concretos das pessoas, que as introduzem, consolidam e tornam difíceis de remover.* E assim se reforçam, se difundem e se tornam fontes de outros pecados, condicionando a conduta dos homens.[228] Trata-se de condicionamentos e obstáculos que duram muito mais do que as ações feitas no breve arco da vida de um indivíduo e que interferem também no processo de desenvolvimento dos povos, cujo atraso ou lentidão devem ser julgados também sob este aspecto.[229] As ações e as atitudes opostas à vontade de Deus e ao bem do próximo, e as estruturas a que elas induzem parecem ser hoje sobretudo duas: "Por um lado, há a avidez exclusiva do lucro; e, por outro lado, a sede do poder, com o objetivo de impor aos outros a própria vontade. A cada um destes comportamentos pode juntar-se, para os caracterizar melhor, a expressão: 'a qualquer preço'".[230]

---

[227] João Paulo II, Exort. apost. *Reconciliatio et paenitentia*, 16: *AAS* 77 (1985) 216.
[228] Cf. *Catecismo da Igreja Católica*, 1869.
[229] Cf. João Paulo II, Carta enc. *Sollicitudo rei socialis*, 36: *AAS* 89 (1988) 561-563.
[230] João Paulo II, Carta enc. *Sollicitudo rei socialis*, 37: *AAS* 89 (1988) 563.

# 78 *Capítulo III*

## c) Universalidade do pecado e universalidade da salvação

**120** *A doutrina do pecado original, que ensina a universalidade do pecado, tem uma importância fundamental:* "Se dizemos que não temos pecado, enganamo-nos a nós mesmos, e a verdade não está em nós" (1Jo 1,8). Esta doutrina induz o homem a não permanecer na culpa e a não tomá-la com leviandade, buscando continuamente bodes expiatórios nos outros homens e justificações no ambiente, na hereditariedade, nas instituições, nas estruturas e nas relações. Trata-se de um ensinamento que desmascara tais engodos.

*A doutrina da universalidade do pecado, todavia, não deve ser desligada da consciência da universalidade da salvação em Jesus Cristo.* Se dela isolada, gera uma falsa angústia do pecado e uma consideração pessimista do mundo e da vida, que induz a desprezar as realizações culturais e civis dos homens.

**121** *O realismo cristão vê os abismos do pecado, mas os vê à luz da esperança, maior do que todo e qualquer mal, dada pelo ato redentor de Cristo que destruiu o pecado e a morte* (cf. Rm 5,18-21; 1Cor 15,56-57): "NEle, Deus reconciliou o homem consigo".[231] Cristo, Imagem de Deus (cf. 2Cor 4,4; Cl 1,15), é Aquele que ilumina plenamente e leva a cumprimento a imagem e semelhança de Deus no homem. A Palavra que se fez homem em Jesus Cristo é desde sempre a vida e a luz do homem, luz que ilumina todo homem (cf. Jo 1,4.9). Deus quer no único mediador Jesus Cristo, Seu Filho, a salvação de todos os homens (cf. 1Tm 2,4-5). Jesus é, ao mesmo tempo, o Filho de Deus e o novo Adão, ou seja, o novo homem (cf. 1Cor 15,47-49; Rm 5,14): "Novo Adão, na própria revelação do mistério do Pai e do seu amor, Cristo manifesta plenamente o homem ao próprio homem e lhe descobre a sua altíssima vocação".[232] NEle fomos por Deus predestinados a ser "conformes à imagem de seu Filho, a fim de que este seja o primogênito entre uma multidão de irmãos" (Rm 8,29).

**122** *A realidade nova, que Jesus nos dá, não se enxerta na natureza humana, não se lhe acresce a partir de fora: é, antes, aquela realidade de comunhão com o Deus trinitário para a qual os homens desde sempre estão orientados no mais profundo do seu ser, graças à sua semelhança criatural com Deus*; mas trata-se também de uma realidade que eles não podem alcançar somente com as próprias forças. Mediante o Espírito de Jesus Cristo, Filho encarnado de Deus, no qual tal realidade de comunhão é já realizada de modo

---

[231] João Paulo II, Exort. apost. *Reconciliatio et paenitentia*, 10: *AAS* 77 (1985) 205.
[232] Concílio Vaticano II, Const. past. *Gaudium et spes*, 22: *AAS* 58 (1966) 1042.

A pessoa humana e os seus direitos 79

singular, os homens são acolhidos como filhos de Deus (cf. Rm 8,14-17; Gl 4,4-7). Por meio de Cristo, participamos da natureza de Deus, que se doa infinitamente mais "do que tudo quanto pedimos ou entendemos" (Ef 3,20). O que os homens já receberam não é senão uma antecipação ou um "penhor" (2Cor 1,22; Ef 1,14) daquilo que obterão completamente somente diante de Deus, visto "face a face" (1Cor 13,12), ou seja, um penhor da vida eterna: "Ora, a vida eterna consiste em que te conheçam a ti, um só Deus verdadeiro, e a Jesus Cristo que enviaste" (Jo 17,3).

**123** *A universalidade desta esperança cristã inclui, além dos homens e das mulheres de todos os povos, também o céu e a terra:* "Que os céus, das alturas, derramem o seu orvalho, que as nuvens façam chover a vitória; abra-se a terra e brote a felicidade e ao mesmo tempo faça germinar a justiça! Sou eu, o Senhor, a causa de tudo isso" (Is 45,8). Segundo o Novo Testamento, com efeito, a criação inteira, juntamente com toda a humanidade, aguarda o Redentor: submetida à caducidade, avança plena de esperança, entre gemidos e dores de parto, esperando ser libertada da corrupção (cf. Rm 8,18-22).

### III. A PESSOA HUMANA E OS SEUS VÁRIOS PERFIS

**124** *Enriquecendo-se com a memória da admirável mensagem bíblica, a doutrina social da Igreja se detém, antes de tudo, sobre as principais e inseparáveis dimensões da pessoa humana, de modo a poder captar os matizes mais relevantes do seu mistério e da sua dignidade.* Com efeito, não faltaram no passado, e aparecem ainda dramaticamente no cenário da história atual, múltiplas concepções redutivas, de caráter ideológico ou devidas simplesmente a formas difusas do costume e do pensamento, referentes à consideração do homem, da sua vida e dos seus destinos, unificadas pela tentativa de ofuscar-lhe a imagem através da enfatização de uma só das suas características, em detrimento das demais.[233]

**125** *A pessoa não pode jamais ser pensada unicamente como absoluta individualidade, edificada por si mesma ou sobre si mesma, como se as suas características próprias não dependessem senão de si mesmas. Nem pode ser pensada como pura célula de um organismo disposto a reconhecer-lhe, quando muito, um papel funcional no interior de um sistema.* As concepções redutivas da plena verdade do homem foram já, freqüentes vezes, objeto da solicitude social da Igreja, que não deixou de elevar sua voz contra estas e

---

[233] Cf. PAULO VI, Carta apost. *Octogesima adveniens*, 26-39: *AAS* 63 (1971) 420-428.

80 *Capítulo III*

outras perspectivas, drasticamente redutivas, preocupando-se, antes, em anunciar que "os indivíduos não nos aparecem desligados entre si quais grãos de areia, mas sim unidos por relações... orgânicas, harmoniosas e mútuas"[234] e que, vice-versa, o homem não pode ser considerado "simplesmente como um elemento e uma molécula do organismo social",[235] cuidando destarte que à afirmação do primado da pessoa não correspondesse uma visão individualista ou massificada.

**126** *A fé cristã, ao mesmo tempo que convida a procurar em toda parte o que é bom e digno do homem* (cf. 1Ts 5,21), *"situa-se num plano superior e, algumas vezes, oposto ao das ideologias,* na medida em que ela reconhece Deus, transcendente e criador, o qual interpela o homem como liberdade responsável, através de toda a gama do criado".[236]

A doutrina social ocupa-se de diferentes dimensões do mistério do homem, que exige ser abordado "na plena verdade da sua existência, do seu ser pessoal e, ao mesmo tempo, do seu ser comunitário e social",[237] com uma atenção específica, de sorte a consentir a sua valoração mais pontual.

A) A UNIDADE DA PESSOA

**127** *O homem foi criado por Deus como unidade de alma e corpo.*[238] "A alma espiritual e imortal é o princípio de unidade do ser humano, é aquilo pelo qual este existe como um todo — *"corpore et anima unus"* — enquanto pessoa. Estas definições não indicam apenas que o corpo, ao qual é prometida a ressurreição, também participará da glória; elas lembram igualmente a ligação da razão e da vontade livre com todas as faculdades corpóreas e sensíveis. *A pessoa, incluindo o corpo, está totalmente confiada a si própria, e é na unidade da alma e do corpo que ela é o sujeito dos próprios atos morais".*[239]

**128** *Mediante sua corporeidade, o homem unifica em si os elementos do mundo material,* "que nele assim atinge sua plenitude e apresenta livremente

---

[234] Pio XII, Carta enc. *Summi Pontificatus*: *AAS* 31 (1939) 463.

[235] João Paulo II, Carta enc. *Centesimus annus*, 13: *AAS* 83 (1991) 809.

[236] Cf. Paulo VI, Carta apost. *Octogesima adveniens*, 27: *AAS* 63 (1971) 421.

[237] João Paulo II, Carta enc. *Redemptor hominis*, 14: *AAS* 71 (1979) 284.

[238] Cf. Concílio Lateranense IV, Cap. 1, *De fide catholica*: DS 800, p. 259; Concílio Vaticano I, Cost. dogm. *Dei Filius*, c.1 : *De Deo rerum omnium Creatore*: DS 3002, p. 587; Id., *Ibidem*, cânones 2.5: DS 3022. 3025, pp. 592. 593.

[239] João Paulo II, Carta enc. *Veritatis splendor*, 48: *AAS* 85 (1993) 1172.

*A pessoa humana e os seus direitos*                                                  81

ao Criador uma voz de louvor".[240] Esta dimensão permite ao homem inserir-se no mundo material, lugar da sua realização e da sua liberdade, não como numa prisão ou num exílio. Não é lícito desprezar a vida corporal; o homem, ao contrário, "deve estimar e honrar o seu corpo, porque criado por Deus e destinado à ressurreição no último dia".[241] A dimensão corporal, contudo, após a ferida original, faz com que o homem experimente as rebeliões do corpo e as perversas inclinações do coração, sobre as quais ele deve sempre vigiar para não se deixar escravizar e para não se tornar vítima de uma visão puramente terrena da vida.

*Com a espiritualidade, o homem supera a totalidade das coisas e penetra na estrutura espiritual mais profunda da realidade.* Quando se volta ao seu coração, isto é, quando reflete sobre o próprio destino, o homem se descobre superior ao mundo material, pela sua dignidade única de interlocutor de Deus, sob cujo olhar decide a sua própria sorte. Ele, na sua vida interior, transcende o universo sensível e material, reconhece "em si mesmo a alma espiritual e imortal" e sabe não ser "somente uma partícula da natureza ou um elemento anônimo da cidade humana".[242]

**129** *O homem, portanto, tem duas diferentes características: é um ser material, ligado a este mundo mediante o seu corpo, e um ser espiritual, aberto à transcendência* e à descoberta de "uma verdade mais profunda", em razão de sua inteligência, com a qual participa "da luz da inteligência divina".[243] A Igreja afirma: "A unidade da alma e do corpo é tão profunda que se deve considerar a alma como a 'forma' do corpo; ou seja, é graças à alma espiritual que o corpo constituído de matéria é um corpo humano e vivo; o espírito e a matéria no homem não são duas naturezas unidas, mas a união deles forma uma única natureza".[244] Nem o espiritualismo, que despreza a realidade do corpo, nem o materialismo, que considera o espírito mera manifestação da matéria, dão conta da natureza complexa, da totalidade e da unidade do ser humano.

---

[240] Cf. Concílio Vaticano II, Const. past. *Gaudium et spes*, 14: *AAS* 58 (1966) 1035; cf. *Catecismo da Igreja Católica*, 364.

[241] Concílio Vaticano II, Const. past. *Gaudium et spes*, 14: *AAS* 58 (1966) 1035.

[242] Concílio Vaticano II, Const. past. *Gaudium et spes*, 14: *AAS* 58 (1966) 1036; cf. *Catecismo da Igreja Católica*, 363; 1703.

[243] Concílio Vaticano II, Const. past. *Gaudium et spes*, 15: *AAS* 58 (1966) 1036.

[244] *Catecismo da Igreja Católica*, 365.

# 82 Capítulo III

## B) Abertura à transcendência e unicidade da pessoa

### a) Aberta à transcendência

**130** *À pessoa humana pertence a abertura à transcendência: o homem é aberto ao infinito e a todos os seres criados.* É aberto antes de tudo ao infinito, isto é, a Deus, porque com a sua inteligência e a sua vontade se eleva acima de toda a criação e de si mesmo, torna-se independente das criaturas, é livre perante todas as coisas criadas e tende à verdade e ao bem absolutos. É aberto também ao outro, aos outros homens e ao mundo, porque somente enquanto se compreende em referência a um *tu* pode dizer *eu*. Sai de si, da conservação egoística da própria vida, para entrar numa relação de diálogo e de comunhão com o outro.

*A pessoa é aberta à totalidade do ser, ao horizonte ilimitado do ser.* Tem em si a capacidade de transcender cada objeto particular que conhece, efetivamente, graças a esta sua abertura ao ser sem limites. A alma humana é, num certo sentido, pela sua dimensão cognoscitiva, todas as coisas: "Todas as coisas imateriais gozam de uma certa infinitude, enquanto abraçam tudo, ou porque se trata da essência de uma realidade espiritual que serve de modelo e semelhança de tudo, como é no caso de Deus, ou porque possui a semelhança de cada coisa, ou em ato como nos Anjos, ou em potência como nas almas".[245]

### b) Única e irrepetível

**131** *O homem existe como ser único e irrepetível, existe como "eu", capaz de autocompreender-se, de autopossuir-se, de autodeterminar-se.* A pessoa humana é um ser inteligente e consciente, capaz de refletir sobre si mesma e, portanto, de ter consciência dos próprios atos. Não são, porém, a inteligência, a consciência e a liberdade a definir a pessoa, mas é a pessoa que está na base dos atos de inteligência, de consciência, de liberdade. Tais atos podem mesmo faltar, sem que por isso o homem cesse de ser pessoa.

*A pessoa humana há de ser sempre compreendida na sua irrepetível e ineliminável singularidade.* O homem existe, com efeito, antes de tudo como

---

[245] S. Tomás de Aquino, *Commentum in tertium librum Sententiarum*, d. 27, q. 1, a. 4: "Ex utraque autem parte res immateriales infinitatem habent quodammodo, quia sunt quodammodo omnia, sive inquantum essentia rei immaterialis est exemplar et similitudo omnium, sicut in Deo accidit, sive quia habet similitudinem omnium vel actu vel potentia, sicut accidit in Angelis et animabus"; cf. Id., *Summa theologiae*, I, q. 75, a. 5: Ed. Leon. 5, 201-203.

*A pessoa humana e os seus direitos* 83

*subjetividade*, como centro de *consciência* e de *liberdade*, cuja história, única e não comparável com nenhuma outra, expressa a sua irredutibilidade a toda e qualquer tentativa de constrangê-lo dentro de esquemas de pensamento ou sistemas de poder, ideológicos ou não. Isto impõe, antes de tudo, a exigência não somente do simples *respeito* por parte de todos, e especialmente das instituições políticas e sociais e dos seus responsáveis nos cuidados para com cada homem desta terra, mas bem mais, isto comporta que o primeiro compromisso de cada um em relação ao outro e sobretudo destas mesmas instituições, seja precisamente a promoção do desenvolvimento integral da pessoa.

## c) O respeito da dignidade humana

**132** *Uma sociedade justa só pode ser realizada no respeito pela dignidade transcendente da pessoa humana. Esta representa o fim último da sociedade, que a ela é ordenada*: "Portanto, a ordem social e o seu progresso devem ordenar-se incessantemente ao bem das pessoas, pois a organização das coisas deve subordinar-se à ordem das pessoas e não ao contrário".[246] O respeito pela dignidade da pessoa não pode absolutamente prescindir da obediência ao princípio de considerar "o próximo como 'outro eu', sem excetuar nenhum, levando em consideração antes de tudo a sua vida e os meios necessários para mantê-la dignamente".[247] É necessário, portanto, que todos os programas sociais, científicos e culturais sejam orientados pela consciência do primado de cada ser humano.[248]

**133** *Em nenhum caso a pessoa humana pode ser instrumentalizada para fins alheios ao seu próprio progresso, que pode encontrar cumprimento pleno e definitivo somente em Deus e no Seu projeto salvífico*: efetivamente o homem, na sua interioridade, transcende o universo e é a única criatura que Deus quis por si mesma.[249] Por esta razão, nem a sua vida, nem o desenvolvimento do seu pensamento, nem os seus bens, nem os que compartilham a sua história pessoal e familiar, podem ser submetidos a injustas restrições no exercício dos próprios direitos e da própria liberdade.

*A pessoa não pode ser instrumentalizada para projetos de caráter econômico, social e político* impostos por qualquer que seja a autoridade,

---

[246] Concílio Vaticano II, Const. past. *Gaudium et spes*, 26: *AAS* 58 (1966) 1046-1047.
[247] Concílio Vaticano II, Const. past. *Gaudium et spes*, 27: *AAS* 58 (1966) 1047.
[248] Cf. *Catecismo da Igreja Católica*, 2235.
[249] Cf. Concílio Vaticano II, Const. past. *Gaudium et spes*, 24: *AAS* 58 (1966) 1045; *Catecismo da Igreja Católica*, 27, 356 e 358.

mesmo que em nome de pretensos progressos da comunidade civil no seu conjunto ou de outras pessoas, no presente e no futuro. É necessário, portanto, que as autoridades públicas vigiem com atenção, para que toda a restrição da liberdade ou qualquer gênero de ônus imposto ao agir pessoal nunca seja lesivo da dignidade pessoal e para que seja garantida a efetiva praticabilidade dos direitos humanos. Tudo isto, uma vez mais, se funda na visão do homem como *pessoa*, ou seja, como sujeito *ativo* e *responsável* do próprio processo de crescimento, juntamente com a comunidade de que faz parte.

**134** *As autênticas transformações sociais são efetivas e duradouras somente se fundadas sobre mudanças decididas da conduta pessoal.* Nunca será possível uma autêntica moralização da vida social, senão a partir das pessoas e em referência a elas: efetivamente: "O exercício da vida moral atesta a dignidade da pessoa".[250] Às pessoas cabe evidentemente o desenvolvimento daquelas atitudes morais fundamentais em toda a convivência que se queira dizer verdadeiramente humana (justiça, honestidade, veracidade, etc.), que de modo algum poderá ser simplesmente esperada dos outros ou delegada às instituições. A todos, e de modo particular àqueles que de qualquer modo detêm responsabilidades políticas, jurídicas ou profissionais em relação aos outros, incumbe o dever de ser consciência vígil da sociedade e, eles mesmos por primeiro, ser testemunhas de uma convivência civil e digna do homem.

## C) A LIBERDADE DA PESSOA

### a) Valor e limites da liberdade

**135** *O homem pode orientar-se para o bem somente na liberdade que Deus lhe deu como sinal altíssimo da Sua imagem:*[251] "Deus quis 'deixar ao homem o poder de decidir' (cf. Eclo 15,14), para que assim procure espontaneamente o seu Criador, a ele adira livremente e chegue à perfeição plena e feliz. Portanto, a dignidade do homem exige que possa agir de acordo com uma opção consciente e livre, isto é, movido e levado por convicção pessoal, e não por força de um impulso interno cego ou debaixo de mera coação externa".[252]

---

[250] *Catecismo da Igreja Católica*, 1706.
[251] Cf. *Catecismo da Igreja Católica*, 1705.
[252] CONCÍLIO VATICANO II, Const. past. *Gaudium et spes*, 17: *AAS* 58 (1966) 1037; *Catecismo da Igreja Católica*, 1730-1732.

*A pessoa humana e os seus direitos*

85

O homem, justamente, aprecia a liberdade, e com paixão a busca: justamente quer e deve formar e guiar, de sua livre iniciativa, sua vida pessoal e social, assumindo por ela plena responsabilidade.[253] A liberdade, com efeito, não só muda convenientemente o estado de coisas externas ao homem, mas determina o crescimento do seu ser pessoa, mediante escolhas conformes ao verdadeiro bem:[254] desse modo, o homem gera-se a si próprio, *é pai* do próprio ser,[255] constrói a ordem social.[256]

**136** *A liberdade não se opõe à dependência criatural do homem para com Deus.*[257] *A Revelação ensina que o poder de determinar o bem e o mal não pertence ao homem, mas somente a Deus* (cf. Gn 2,16-17). "O homem é certamente livre, uma vez que pode compreender e acolher os mandamentos de Deus. E goza de uma liberdade bastante ampla, já que pode comer 'de todas as árvores do jardim'. Mas esta liberdade não é ilimitada: deve deter-se diante da 'árvore da ciência do bem e do mal', chamada que é a aceitar a lei moral que Deus dá ao homem. Na verdade, a liberdade do homem encontra sua verdadeira e plena realização precisamente nesta aceitação".[258]

**137** *O reto exercício do livre arbítrio exige precisas condições de ordem econômica, social, política e cultural* que "são muitas vezes desprezadas e violadas. Estas situações de cegueira e injustiça prejudicam a vida moral e levam tanto os fortes como os frágeis à tentação de pecar contra a caridade. Fugindo da lei moral, o homem prejudica sua própria liberdade, acorrenta-se a si mesmo, rompe a fraternidade com seus semelhantes e rebela-se contra a verdade divina".[259] *A libertação das injustiças promove a liberdade e a dignidade humana*: porém é "necessário, antes de tudo, apelar para as capacidades espirituais e morais da pessoa e para a exigência permanente de conversão interior, se se quiserem obter mudanças econômicas e sociais que estejam realmente ao serviço do homem".[260]

---

[253] João Paulo II, Carta enc. *Veritatis splendor*, 34: *AAS* 85 (1993) 1160-1161; Concílio Vaticano II, Const. past. *Gaudium et spes*, 17: *AAS* 58 (1966) 1038.

[254] Cf. *Catecismo da Igreja Católica*, 1733.

[255] Cf. S. Gregório de Nissa, *De vita Moysis*, 2, 2-3: PG 44, 327B-328B: "...unde fit, ut nos ipsi patres quodammodo simus nostri...vitii ac virtutis ratione fingentes".

[256] João Paulo II, Carta enc. *Centesimus annus*, 13: *AAS* 83 (1991) 809-810.

[257] Cf. *Catecismo da Igreja Católica*, 1706.

[258] João Paulo II, Carta enc. *Veritatis splendor*, 35: *AAS* 85 (1993) 1161-1162.

[259] *Catecismo da Igreja Católica*, 1740.

[260] Congregação para a Doutrina da Fé, Instr. *Libertatis conscientia*, 75: *AAS* 79 (1987) 587.

# 86 — Capítulo III

## b) O vínculo da liberdade com a verdade e a lei natural

**138** *No exercício da liberdade, o homem leva a termo atos moralmente bons, construtivos da pessoa e da sociedade, quando obedece à verdade, ou seja, quando não pretende ser criador e senhor absoluto desta última e das normas éticas.*[261] A liberdade, com efeito, "não tem o seu ponto de partida absoluto e incondicionado em si própria, mas na existência em que se encontra e que representa para ela, simultaneamente, um limite e uma possibilidade. É a liberdade de uma criatura, ou seja, uma liberdade dada, que deve ser acolhida como um germe e fazer-se amadurecer com responsabilidade".[262] Caso contrário, morre como liberdade, destrói o homem e a sociedade.[263]

**139** *A verdade sobre o bem e o mal é reconhecida, prática e concretamente, pelo juízo da consciência, o qual leva a assumir a responsabilidade do bem realizado e do mal cometido*: "Desta forma, *no juízo prático da consciência*, que impõe à pessoa a obrigação de cumprir um determinado ato, *revela-se o vínculo da liberdade com a verdade.* Precisamente por isso a consciência se exprime com atos de 'juízo' que refletem a verdade do bem, e não com 'decisões' arbitrárias. E a maturidade e a responsabilidade daqueles juízos — e, em definitivo, do homem que é o seu sujeito — medem-se, não pela libertação da consciência da verdade objetiva em favor de uma suposta autonomia das próprias decisões, mas, ao contrário, por uma procura insistente da verdade, deixando-se guiar por ela no agir".[264]

**140** *O exercício da liberdade implica a referência a uma lei moral natural, de caráter universal, que precede e unifica todos os direitos e deveres.*[265] A Lei natural "não é senão a luz do intelecto infusa por Deus em nós, graças à qual conhecemos o que se deve fazer e o que se deve evitar. Esta luz ou esta lei, deu-a Deus ao homem na criação"[266] e consiste na participação na Sua lei

---

[261] Cf. *Catecismo da Igreja Católica*, 1749-1756.

[262] João Paulo II, Carta enc. *Veritatis splendor*, 86: *AAS* 85 (1993) 1201.

[263] Cf. João Paulo II, Carta enc. *Veritatis splendor*, 44. 99: *AAS* 85 (1993) 1168-1169. 1210-1211.

[264] João Paulo II, Carta enc. *Veritatis splendor*, 61: *AAS* 85 (1993) 1181-1182.

[265] Cf. João Paulo II, Carta enc. *Veritatis splendor*, 50: *AAS* 85 (1993) 1173-1174.

[266] S. Tomás de Aquino, *In duo praecepta caritatis et in decem Legis praecepta expositio*, c. 1: "Nunc autem de *scientia operandorum* intendimus: ad quam tractandam *quadruplex* lex invenitur. *Prima* dicitur lex naturae; et haec nihil aliud est nisi lumen intellectus insitum nobis a Deo, per quod cognoscimus quid agendum et quid vitandum. Hoc lumen et hanc legem dedit Deus homini in creatione": Divi Thomae Aquinatis, Doctoris Angelici, *Opuscola Theologica*, v. II: *De re spirituali*, cura et studio P. Fr. Raymundi Spiazzi o.p., Marietti ed., Taurini–Romae 1954, p. 245.

A pessoa humana e os seus direitos

87

eterna, que se identifica com o próprio Deus.[267] Esta lei é chamada natural porque a razão que a promulga é própria da natureza humana. Ela é universal, estende-se a todos os homens enquanto estabelecida pela razão. Nos seus preceitos principais, a lei divina e natural é exposta no Decálogo e indica as normas primeiras e essenciais que regulam a vida moral.[268] Ela tem como eixo a aspiração e a submissão a Deus, fonte e juiz de todo bem, e também do sentido do outro como igual a si mesmo. A lei natural exprime a dignidade da pessoa humana e estabelece as bases dos seus direitos e dos seus deveres fundamentais.[269]

**141** *Na diversidade das culturas, a lei natural liga os homens entre si, impondo princípios comuns.* Muito embora sua aplicação requeira adaptações à multiplicidade de condições de vida, segundo os lugares, as épocas e as circunstâncias,[270] ela é *imutável*, permanece "sob o fluxo das idéias e dos costumes e constitui a base para o seu progresso... Mesmo que alguém negue até os seus princípios, não é possível destruí-la nem arrancá-la do coração do homem. Sempre torna a ressurgir na vida dos indivíduos e das sociedades".[271]

Os seus preceitos, todavia, não são percebidos por todos de modo claro e imediato. As verdades religiosas e morais podem ser conhecidas "por todos e sem dificuldade, com firme certeza e sem mescla de erro",[272] somente com a ajuda da Graça e da Revelação. A lei natural é um fundamento preparado por Deus para a Lei revelada e para a Graça, em plena harmonia com a obra do Espírito.[273]

**142** *A lei natural, que é lei de Deus, não pode ser cancelada pela iniqüidade humana.*[274] Ela coloca o fundamento moral indispensável para edificar a comunidade dos homens e para elaborar a lei civil, que tira conseqüências de natureza concreta e contingente dos princípios da lei natural.[275] Ofuscada a percepção da universalidade da lei moral, não se pode edificar uma comunhão real e duradoura com o outro, porque sem uma convergência para a verdade e

---

[267] Cf. S. Tomás de Aquino, *Summa theologiae*, I-II, q. 91, a. 2, c: Ed. Leon. 7,154: "...partecipatio legis aeternae in rationali creatura lex naturalis dicitur".
[268] Cf. *Catecismo da Igreja Católica*, 1955.
[269] Cf. *Catecismo da Igreja Católica*, 1956.
[270] Cf. *Catecismo da Igreja Católica*, 1957.
[271] *Catecismo da Igreja Católica*, 1958.
[272] Concílio Vaticano I, Cons. dogm. *Dei filius*, c. 2: *DS* 3005, p. 588; cf. Pio XII, Carta enc. *Humani generis*: *AAS* 42 (1950) 562.
[273] Cf. *Catecismo da Igreja Católica*, 1960.
[274] Cf. S. Agostinho, *Confessiones*, 2, 4, 9: PL 32, 678: "Furtum certe punit lex tua, Domine, et lex scripta in cordibus hominum, quam ne ipsa quidem delet iniquitas".
[275] Cf. *Catecismo da Igreja Católica*, 1959.

88                                                                          *Capítulo III*

o bem, "de forma imputável ou não, os nossos atos ferem a comunhão das pessoas, com prejuízo para todos".[276] Somente uma liberdade radicada na comum natureza pode tornar todos os homens responsáveis e é capaz de justificar a moral pública. Quem se autoproclama medida única das coisas e da verdade não pode conviver e colaborar com os próprios semelhantes.[277]

**143** *A liberdade é misteriosamente inclinada a trair a abertura à verdade e ao bem humano e, muito freqüentemente, prefere o mal e o fechamento egoístico, arvorando-se em divindade criadora do bem e do mal*: "Constituído por Deus em estado de justiça, o homem, contudo, seduzido pelo Maligno, desde o início da história — lê-se na *Gaudium et spes* —, abusou da própria liberdade. Levantou-se contra Deus, desejando atingir seu fim fora dele. ... Recusando muitas vezes a reconhecer Deus como seu princípio, o homem destruiu a devida ordem em relação ao fim último e, ao mesmo tempo, toda a sua harmonia consigo mesmo, com os outros homens e as coisas criadas".[278] *A liberdade do homem necessita, portanto, de ser libertada.* Cristo, com a força do Seu mistério pascal, liberta o homem do amor desordenado a si mesmo,[279] que é fonte do desprezo do próximo e das relações caracterizadas pelo domínio sobre o outro; Ele revela que a liberdade se realiza no dom sincero de si[280] e, com o Seu sacrifício na Cruz, reintroduz todo homem na comunhão com Deus e com os próprios semelhantes.

D) A IGUALDADE EM DIGNIDADE DE TODAS AS PESSOAS

**144** *"Deus não faz acepção de pessoas"* (At 10,34; cf. Rm 2,11; Gl 2,6; Ef 6,9), *pois todos os homens têm a mesma dignidade de criaturas à Sua imagem e semelhança.*[281] A Encarnação do Filho de Deus manifesta a igualdade de todas as pessoas quanto à dignidade: "Já não há judeu nem grego, nem escravo nem livre, nem homem nem mulher, pois todos vós sois um só em Cristo Jesus" (Gl 3,28; cf. Rm 10,12; 1Cor 12,13; Cl 3,11).

*Posto que no rosto de cada homem resplandece algo da glória de Deus, a dignidade de cada homem diante de Deus é o fundamento da dignidade do homem perante os outros homens.*[282] Este é o fundamento último da radical

---

[276] João Paulo II, Carta enc. *Veritatis splendor*, 51: *AAS* 85 (1993) 1175.

[277] Cf. João Paulo II, Carta enc. *Evangelium vitae*, 19-20: *AAS* 87 (1995) 421-424.

[278] Concílio Vaticano II, Const. past. *Gaudium et spes*, 13: *AAS* 58 (1966) 1034-1035.

[279] Cf. *Catecismo da Igreja Católica*, 1741.

[280] Cf. João Paulo II, Carta enc. *Veritatis splendor*, 87: *AAS* 85 (1993) 1202-1203.

[281] Cf. *Catecismo da Igreja Católica*, 1934.

[282] Cf. Concílio Vaticano II, Const. past. *Gaudium et spes*, 29: *AAS* 58 (1966) 1048-1049.

*A pessoa humana e os seus direitos*                                    89

igualdade e fraternidade entre os homens, independentemente da sua raça, nação, sexo, origem, cultura, classe.

**145** *Somente o reconhecimento da dignidade humana pode tornar possível o crescimento comum e pessoal de todos* (cf. Tg 2,1-9). Para favorecer um semelhante crescimento é necessário, em particular, apoiar os últimos, assegurar efetivamente condições de igual oportunidade entre homem e mulher, garantir uma objetiva igualdade entre as diversas classes sociais perante a lei.[283]

*Também nas relações entre povos e Estados, condições de eqüidade e de paridade são o pressuposto para um autêntico progresso da comunidade internacional.*[284] Apesar dos avanços nesta direção, não se deve esquecer que existem ainda muitas desigualdades e formas de dependência.[285]

*A uma igualdade no reconhecimento da dignidade de cada homem e de cada povo, deve corresponder a consciência de que a dignidade humana poderá ser salvaguardada e promovida somente de forma comunitária, por parte de toda a humanidade.* Somente pela ação concorde dos homens e dos povos sinceramente interessados no bem de todos os outros, é que se pode alcançar uma autêntica fraternidade universal;[286] de modo contrário, a permanência de condições de gravíssima disparidade e desigualdade empobrece a todos.

**146** *O "masculino" e o "feminino" diferenciam dois indivíduos de igual dignidade, que porém não refletem uma igualdade estática, porque o específico feminino é diferente do específico masculino, e esta diversidade na igualdade é enriquecedora e indispensável para uma harmoniosa convivência humana:* "A condição para assegurar a justa presença da mulher na Igreja e na sociedade é a análise mais penetrante e mais cuidada dos *fundamentos antropológicos da condição* masculina e feminina, de forma a determinar a identidade pessoal própria da mulher na sua relação de diversidade e de recíproca complementaridade com o homem, não só no que se refere às posições que deve manter e às funções que deve desempenhar, mas também e mais profundamente no que concerne à sua estrutura e ao seu significado pessoal".[287]

---

[283]   Cf. Paulo VI, Carta apost. *Octogecima adveniens*, 16: *AAS* 63 (1971) 413.

[284]   Cf. João XXIII, Carta enc. *Pacem in terris*: *AAS* 55 (1963) 279-281; Paulo VI, *Discurso à Assembléia Geral das Nações Unidas* (4 de outubro de 1965), 5: *AAS* 57 (1965) 881; João Paulo II, *Discurso por ocasião do 50º Aniversário da Organização das Nações Unidas* (5 de outubro de 1995), 13: *L'Osservatore Romano*, ed. em português, 14 de outubro de 1995, p. 4; *Insegnamenti di Giovanni Paolo II*, XVIII, 2 (1995), 739-741.

[285]   Cf. Concílio Vaticano II, Const. past. *Gaudium et spes*, 84: *AAS* 58 (1966) 1107-1108.

[286]   Cf. Paulo VI, *Discurso à Assembléia Geral das Nações Unidas* (4 de outubro de 1965), 5: *AAS* 57 (1965) 881; Id., Carta enc. *Populorum progressio*, 43-44: *AAS* 59 (1967) 278-279.

[287]   João Paulo II, Exort. apost. *Christifideles laici*, 50: *AAS* 81 (1989) 489.

**147** *A mulher é o complemento do homem, como o homem é o complemento da mulher: mulher e homem se completam mutuamente, não somente do ponto de vista físico e psíquico, mas também ontológico.* É somente graças a essa dualidade do "masculino" e do "feminino" que o "humano" se realiza plenamente. É "a unidade dos dois",[288] ou seja, uma "unidualidade" relacional, que permite a cada um sentir a própria relação interpessoal e recíproca como um dom que é, ao mesmo tempo, uma missão: "A esta 'unidade dos dois', está confiada por Deus não só a obra da procriação e a vida da família, mas a construção mesma da história".[289] "A mulher é 'ajuda' para o homem, como o homem é 'ajuda' para a mulher!":[290] no encontro de ambos realiza-se uma concepção unitária da pessoa humana, baseada não na lógica do egocentrismo e da auto-afirmação, mas na lógica do amor e da solidariedade.

**148** *As pessoas deficientes são sujeitos plenamente humanos, titulares de direitos e deveres*: "Apesar das limitações e dos sofrimentos inscritos no seu corpo e nas suas faculdades, põem mais em relevo a dignidade e a grandeza do homem".[291] Dado que a pessoa deficiente é um sujeito com todos os seus direitos, ela deve ser ajudada a participar na vida familiar e social em todas as suas dimensões e em todos os níveis acessíveis às suas possibilidades.

*É necessário promover, com medidas eficazes e apropriadas, os direitos da pessoa deficiente*: "Seria algo radicalmente indigno do homem e seria uma negação da humanidade comum admitir à vida da sociedade, e portanto ao trabalho, só os membros na plena posse das funções do seu ser, porque, procedendo desse modo, recair-se-ia numa forma grave de discriminação, a dos fortes e sãos contra os fracos e doentes".[292] Uma grande atenção deverá ser reservada não só às condições físicas e psicológicas de trabalho, à justa remuneração, à possibilidade de promoções e à eliminação dos diversos obstáculos, mas também às dimensões afetivas e sexuais da pessoa deficiente: "Também ela precisa amar e ser amada, precisa de ternura, de proximidade, de intimidade",[293] segundo as próprias possibilidades e no respeito da ordem moral, que é a mesma para os sãos e para os que têm uma deficiência.

---

[288] João Paulo II, Carta apost. *Mulieris dignitatem*, 11: *AAS* 80 (1988) 1678.

[289] João Paulo II, *Carta às mulheres*, 8: *AAS* 87 (1995) 808.

[290] João Paulo II, *Angelus Domini* (9 de julho de 1995): *L'Osservatore Romano*, ed. em português, 15 de julho de 1995, p. 1; cf. Congregação para a Doutrina da Fé, *Carta aos Bispos da Igreja Católica sobre a colaboração do homem e da mulher na Igreja e no mundo*, Libreria Editrice Vaticana, Cidade do Vaticano 2004.

[291] João Paulo II, Carta enc. *Laborem exercens*, 22: *AAS* 73 (1981) 634.

[292] João Paulo II, Carta enc. *Laborem exercens*, 22: *AAS* 73 (1981) 634.

[293] João Paulo II, *Mensagem ao Simpósio Internacional "Dignidade e direitos da pessoa com deficiência mental"* (5 de janeiro de 2004): *L'Osservatore Romano*, ed. em português, 17 de janeiro de 2004, p. 3.

A pessoa humana e os seus direitos                                    91

E) Sociabilidade humana

**149** *A pessoa é constitutivamente um ser social,*[294] *porque assim a quis Deus que a criou.*[295] A natureza do homem se patenteia, destarte, como natureza de um ser que responde às próprias necessidades com base numa *subjetividade relacional*, ou seja, à maneira de um ser livre e responsável, que reconhece a necessidade de integrar-se e de colaborar com os próprios semelhantes e é *capaz de comunhão* com eles na ordem do conhecimento e do amor: "Uma *sociedade* é um conjunto de pessoas ligadas de maneira orgânica por um princípio de unidade que ultrapassa cada uma delas. Assembléia ao mesmo tempo visível e espiritual, uma sociedade que perdura no tempo; ela recolhe o passado e prepara o futuro".[296]

*Importa pôr de manifesto que a vida comunitária é uma característica natural que distingue o homem do resto das criaturas terrenas.* O agir social comporta um sinal particular do homem e da humanidade, o de uma pessoa operante em uma comunidade de pessoas: este sinal determina a sua qualificação interior e constitui, num certo sentido, a sua própria natureza.[297] Tal característica relacional, à luz da fé, adquire um sentido mais profundo e estável. Feita à imagem e semelhança de Deus (cf. Gn 1,26), e constituída no universo visível para viver em sociedade (cf. Gn 2,20.23) e dominar a terra (cf. Gn 1, 26.28-30), a pessoa humana é, por isso, desde o princípio, chamada à vida social: "Deus não criou o homem como um 'ser solitário', mas o quis 'ser social'. A vida social, portanto, não é algo de exterior ao homem: este não pode crescer e realizar a sua vocação senão em relação com os outros".[298]

**150** *A sociabilidade humana não desemboca automaticamente na comunhão das pessoas, no dom de si.* Por causa da soberba e do egoísmo, o homem descobre em si germes de insociabilidade, de fechamento individualista e de

---

[294] Cf. Concílio Vaticano II, Const. past. *Gaudium et spes*, 12: *AAS* 58 (1966) 1034; *Catecismo da Igreja Católica*, 1879.

[295] Cf. Pio XII, *Radiomensagem* (24 de dezembro de 1942), 6: *AAS* 35 (1943) 11-12; João XXIII, Carta enc. *Pacem in terris*, 16: *AAS* 55 (1963) 264-265

[296] *Catecismo da Igreja Católica*, 1880.

[297] A natural sociabilidade do homem põe também de manifesto que a origem da sociedade não se encontra num "contrato" ou "pacto" convencional, mas na própria natureza humana; e daí deriva a possibilidade de realizar livremente diversos pactos de associação. Não se há de esquecer de que as ideologias do contrato social se apóiam numa antropologia falsa; por conseguinte, os seus resultados não podem ser — de fato nunca o foram — profícuos para a sociedade e para as pessoas. O Magistério qualificou tais opiniões como abertamente absurdas e sumamente funestas: cf. Leão XIII, Carta enc. *Libertas praestantissimum*: *Acta Leonis XIII*, 8 (1889) 226-227.

[298] Congregação para a Doutrina da Fé, Instr. *Libertatis conscientia*, 32: *AAS* 79 (1987) 567.

92 *Capítulo III*

opressão ao outro.[299] Toda sociedade digna desse nome pode considerar estar na verdade quando cada membro seu, graças à própria capacidade de conhecer o bem, persegue-o para si e para os outros. É por amor do bem próprio e de outrem que se dá a união em grupos estáveis, tendo como fim a conquista de um bem comum. Também as várias sociedades devem entrar em relações de solidariedade, de comunicação e de colaboração, a serviço do homem e do bem comum.[300]

**151** *A sociabilidade humana não é uniforme, mas assume múltiplas expressões.* O bem comum depende, efetivamente, de um são *pluralismo social.* As múltiplas sociedades são chamadas a constituir um tecido unitário e harmônico, onde cada uma possa conservar e desenvolver a própria fisionomia e autonomia. Algumas sociedades, como a família, a comunidade civil e a comunidade religiosa, são mais imediatamente conexas com a íntima natureza do homem, enquanto outras procedem da vontade livre: "A fim de favorecer a participação do maior número na vida social, é preciso encorajar a criação de associações e instituições de livre escolha, 'com fins econômicos, culturais, sociais, esportivos, recreativos, profissionais, políticos, tanto no âmbito interno das comunidades políticas como no plano mundial'. Esta 'socialização' exprime, igualmente, a tendência natural que impele os seres humanos a se associarem, para atingir objetivos que ultrapassam as capacidades individuais. Desenvolve as qualidades da pessoa, particularmente seu espírito de iniciativa e de responsabilidade. Ajuda a garantir seus direitos".[301]

## IV. OS DIREITOS HUMANOS

### a) O valor dos direitos humanos

**152** *O movimento rumo à identificação e à proclamação dos direitos do homem é um dos mais relevantes esforços para responder de modo eficaz às exigências imprescindíveis da dignidade humana.*[302] A Igreja entrevê em tais direitos a extraordinária ocasião que o nosso tempo oferece para que, mediante o seu afirmar-se, a dignidade humana seja mais eficazmente reconhecida e promovida universalmente como característica impressa pelo Deus Criador

---

[299] Cf. Concílio Vaticano II, Const. past. *Gaudium et spes*, 25: *AAS* 58 (1966) 1045-1046.
[300] Cf. João Paulo II, Carta enc. *Sollicitudo rei socialis*, 26: *AAS* 80 (1988) 544-547; Concílio Vaticano II, Const. past. *Gaudium et spes*, 76: *AAS* 58 (1966) 1099-1100.
[301] *Catecismo da Igreja Católica*, 1882.
[302] Cf. Concílio Vaticano II, Decl. *Dignitatis humanae*, 1: *AAS* 58 (1966) 929-930.

*A pessoa humana e os seus direitos*

93

na Sua criatura.[303] O Magistério da Igreja não deixou de apreciar positivamente a *Declaração Universal dos Direitos do Homem*, proclamada pelas Nações Unidas em 10 de dezembro de 1948, que João Paulo II definiu como "uma pedra miliária no caminho do progresso moral da humanidade".[304]

**153** *A raiz dos direitos do homem, com efeito, há de ser buscada na dignidade que pertence a cada ser humano.*[305] Tal dignidade, conatural à vida humana e igual em cada pessoa, se apreende antes de tudo com a razão. O fundamento natural dos direitos se mostra ainda mais sólido se, à luz sobrenatural, se considerar que a dignidade humana, doada por Deus e depois profundamente ferida pelo pecado, foi assumida e redimida por Jesus Cristo mediante a Sua encarnação, morte e ressurreição.[306]

*A fonte última dos direitos humanos não se situa na mera vontade dos seres humanos,*[307] *na realidade do Estado, nos poderes públicos, mas no próprio homem e em Deus seu Criador.* Tais direitos são "universais, invioláveis e inalienáveis".[308] *Universais*, porque estão presentes em todos os seres humanos, sem exceção alguma de tempo, de lugar e de sujeitos. *Invioláveis*, enquanto "inerentes à pessoa humana e à sua dignidade"[309] e porque "seria vão proclamar os direitos, se simultaneamente não se envidassem todos os esforços a fim de que seja devidamente assegurado o seu respeito por parte de todos, em toda parte e em relação a quem quer que seja".[310] *Inalienáveis*, enquanto "ninguém pode legitimamente privar destes

---

[303] Cf. Concílio Vaticano II, Const. past. *Gaudium et spes*, 41: *AAS* 58 (1966) 1059-1060; Congregação para a Educação Católica, *Orientação para o estudo e o ensinamento da doutrina social da Igreja na formação sacerdotal*, 32: Tipografia Poliglota Vaticana, Cidade do Vaticano 1988, pp. 36-37.

[304] João Paulo II, *Discurso à Assembléia Geral das Nações Unidas* (21 de outubro de 1979), 7: *L'Osservatore Romano*, ed. em português, 7 de outubro de 1979, p. 8; para João Paulo II tal *Declaração* "permanece uma das mais altas expressões da consciência humana do nosso tempo": João Paulo II, *Discurso por ocasião do 50º aniversário da Organização das Nações Unidas* (5 de outubro de 1995), 2: *L'Osservatore Romano*, ed. em português, 14 de outubro de 1995, p. 3.

[305] Concílio Vaticano II, Const. past. *Gaudium et spes*, 27: *AAS* 58 (1966) 1047-1048; *Catecismo da Igreja Católica*, 1930.

[306] Cf. João XXIII, Carta enc. *Pacem in terris*: *AAS* 55 (1963) 259; Concílio Vaticano II, Const. past. *Gaudium et spes*, 22: *AAS* 58 (1966) 1079.

[307] Cf. João XXIII, Carta enc. *Pacem in terris*: *AAS* 55 (1963) 278-279.

[308] João XXIII, Carta enc. *Pacem in terris*: *AAS* 55 (1963) 259.

[309] João Paulo II, *Mensagem para a celebração do Dia Mundial da Paz 1999*, 3: *AAS* 91 (1999) 379.

[310] Paulo VI, *Mensagem à Conferência Internacional sobre os Direitos do Homem* (15 de abril de 1968): *AAS* 60 (1968) 285.

direitos um seu semelhante, seja ele quem for, porque isso significaria violentar a sua natureza".[311]

**154** *Os direitos do homem hão de ser tutelados, não só cada um singularmente, mas no seu conjunto: uma proteção parcial traduzir-se-ia em uma espécie de não-reconhecimento.* Eles correspondem às exigências da dignidade humana e comportam, em primeiro lugar, a satisfação das necessidades essenciais da pessoa, em campo espiritual e material: "Tais direitos tocam todas as fases da vida e todo o contexto político, social, econômico ou cultural. Formam um conjunto unitário, visando resolutamente à promoção do bem, em todos os seus aspectos, da pessoa e da sociedade... A promoção integral de todas as categorias dos direitos humanos é a verdadeira garantia do pleno respeito de cada um deles".[312] Universalidade e indivisibilidade são os traços distintivos dos direitos humanos: "São dois princípios orientadores que postulam a exigência de radicar os direitos humanos nas diversas culturas e aprofundar a sua delineação jurídica para lhes assegurar o pleno respeito".[313]

## b) A especificação dos direitos

**155** *Os ensinamentos de João XXIII,*[314] *do Concílio Vaticano II,*[315] *de Paulo VI*[316] ofereceram amplas indicações da concepção dos direitos humanos delineada pelo Magistério. Na Encíclica *"Centesimus annus"* João Paulo II sintetizou-as num elenco: "O direito à vida, do qual é parte integrante o direito a crescer à sombra do coração da mãe depois de ser gerado; o direito a *viver em* uma família unida e num ambiente moral favorável ao desenvolvimento da própria personalidade; o direito a maturar a sua inteligência e *liberdade* na procura e no conhecimento da *verdade*; o direito a participar no trabalho para valorizar os bens da terra e a obter dele o sustento próprio e dos seus familiares; o direito *a fundar livremente* uma família e a acolher e educar os filhos, exercitando responsavelmente a sua sexualidade. *Fonte e síntese*

---

[311] João Paulo II, *Mensagem para a celebração do Dia Mundial da Paz 1999*, 3: *AAS* 91 (1999) 379.

[312] João Paulo II, *Mensagem para a celebração do Dia Mundial da Paz 1999*, 3: *AAS* 91 (1999) 379.

[313] João Paulo II, *Mensagem para a celebração do Dia Mundial da Paz 1998*, 2: *AAS* 90 (1998) 149.

[314] Cf. João XXIII, Carta enc. *Pacem in terris*: *AAS* 55 (1963) 259-264.

[315] Cf. Concílio Vaticano II, Const. past. *Gaudium et spes*, 26: *AAS* 58 (1966) 1046-1047.

[316] Cf. Paulo VI, *Discurso à Assembléia Geral das Nações Unidas* (4 de outubro de 1965), 6: *AAS* 57 (1965) 883-884; Id., *Mensagem aos Bispos reunidos para o Sínodo* (23 de outubro de 1974): *AAS* 66 (1974) 631-639.

*A pessoa humana e os seus direitos*

95

destes direitos é, em certo sentido, a *liberdade* religiosa, entendida como direito a viver na verdade da própria fé e em conformidade com a dignidade transcendente da pessoa".[317]

*O primeiro direito a ser enunciado neste elenco é direito à vida, desde o momento da sua concepção até ao seu fim natural,*[318] que condiciona o exercício de qualquer outro direito e comporta, em particular, a ilicitude de toda forma de aborto procurado e de eutanásia.[319] *É sublinhado o altíssimo valor do direito à liberdade religiosa:* "Os homens todos devem ser imunes da coação tanto por parte de pessoas particulares quanto de grupos sociais e de qualquer poder humano, de tal sorte que em assuntos religiosos ninguém seja obrigado a agir contra a própria consciência, nem se impeça de agir de acordo com ela, em particular e em público, só ou associado a outrem, dentro de certos limites".[320] O respeito de tal direito assume um valor emblemático "do autêntico progresso do homem em todos os regimes, em todas as sociedades e em todos os sistemas ou ambientes".[321]

## c) **Direitos e deveres**

**156** *Intimamente conexo com o tema dos direitos é o tema dos deveres do homem*, que encontra nos pronunciamentos do Magistério uma adequada acentuação. Freqüentemente se evoca a recíproca complementaridade entre direitos e deveres, indissoluvelmente unidos, em primeiro lugar na pessoa humana que é o seu sujeito titular.[322] Tal liame apresenta também uma dimensão social: "No relacionamento humano, a determinado direito natural de uma pessoa corresponde o dever de reconhecimento e respeito desse direito por parte dos demais".[323] *O Magistério sublinha a contradição ínsita numa afirmação dos direitos que não contemple uma correlativa responsabilidade:* "Os que reivindicam os próprios direitos, mas se esquecem por

---

[317] João Paulo II, Carta enc. *Centesimus annus*, 47: *AAS* 83 (1991) 851-852; cf. também Id., *Discurso à Assembléia Geral das Nações Unidas* (2 de outubro de 1979), 13: *L'Osservatore Romano*, ed. em português, 7 de outubro de 1979, p. 9.

[318] Cf. João Paulo II, Carta enc. *Evangelium vitae*, 2: *AAS* 87 (1995) 402.

[319] Cf. Concílio Vaticano II, Const. past. *Gaudium et spes*, 27: *AAS* 58 (1966) 1047-1048; João Paulo II, Carta enc. *Veritatis splendor*, 80: *AAS* 85 (1993) 1197-1198; Id., Carta enc. *Evangelium vitae*, 7-28: *AAS* 87 (1995) 408-433.

[320] Cf. Concílio Vaticano II, Decl. *Dignitatis humanae*, 2: *AAS* 58 (1966) 930-931.

[321] João Paulo II, Carta enc. *Redemptor hominis*, 17: *AAS* 71 (1979) 300.

[322] Cf. João XXIII, Carta enc. *Pacem in terris*: *AAS* 55 (1963) 259-264; Concílio Vaticano II, Const. past. *Gaudium et spes*, 26: *AAS* 58 (1966) 1046-1047.

[323] Cf. João XXIII, Carta enc. *Pacem in terris*, 30: *AAS* 55 (1963) 264.

completo de seus deveres ou lhes dão menor atenção, assemelham-se a quem constrói um edifício com uma das mãos e, com a outra, o destrói".[324]

## d) Direitos dos povos e das nações

**157** *O campo dos direitos humanos se expandiu aos direitos dos povos e das nações*:[325] com efeito, "o que é verdadeiro para o homem é verdadeiro também para os povos".[326] O Magistério recorda que o direito internacional "se funda no princípio de igual respeito dos Estados, do direito à autodeterminação de cada povo e da livre cooperação em vista do bem comum superior da humanidade".[327] A paz funda-se não só no respeito dos direitos do homem como também no respeito do direito dos povos, sobretudo o direito à independência.[328]

Os direitos das nações "não são outra coisa senão os 'direitos humanos' compreendidos neste específico nível da vida comunitária".[329] A nação tem "um fundamental direito o direito à existência"; à "própria língua e cultura, mediante as quais um povo exprime e promove... a sua originaria 'soberania' espiritual"; a "modelar a própria vida segundo as suas tradições, excluindo, naturalmente, toda a violação dos direitos humanos fundamentais e, em particular, a opressão das minorias"; a "edificar o próprio futuro, oferecendo às gerações mais jovens uma educação apropriada".[330] A ordem internacional requer um *equilíbrio entre particularidade e universalidade*, ao qual são chamadas todas as nações, para as quais o primeiro dever é o de viver em atitude de paz, respeito e solidariedade com as outras nações.

---

[324]  Cf. João XXIII, Carta enc. *Pacem in terris*, 30: *AAS* 55 (1963) 264.

[325]  Cf. João Paulo II, Carta enc. *Sollicitudo rei socialis*, 33: *AAS* 80 (1988) 557-559 ; Id., Carta enc. *Centesimus annus*, 21: *AAS* 83 (1991) 818-819.

[326]  João Paulo II, Carta *No Qüinquagésimo aniversário do início da Segunda Guerra Mundial*, 8: *AAS* 82 (1990) 56.

[327]  João Paulo II, Carta *No Qüinquagésimo aniversário do início da Segunda Guerra Mundial*, 8: *AAS* 82 (1990) 56.

[328]  Cf. João Paulo II, *Discurso ao Corpo Diplomático* (9 de janeiro de 1988), 7-8: *L'Osservatore Romano*, ed. em português, 24 de janeiro de 1988, p. 6.

[329]  João Paulo II, *Discurso por ocasião do 50º Aniversário da Organização das Nações Unidas* (5 de outubro de 1995), 8: *L'Osservatore Romano*, ed. em português, 14 de outubro de 1995, p. 4.

[330]  João Paulo II, *Discurso por ocasião do 50º Aniversário da Organização das Nações Unidas* (5 de outubro de 1995), 8: *L'Osservatore Romano*, ed. em português, 14 de outubro de 1995, p. 4.

A pessoa humana e os seus direitos 97

## e) Colmatar a distância entre letra e espírito

**158** *A solene proclamação dos direitos do homem é contraditada por uma dolorosa realidade de violações,* guerras e violências de todo tipo, em primeiro lugar os genocídios e as deportações em massa, a difusão, quase que por toda parte, de formas sempre novas de escravidão, tais como o tráfico de seres humanos, as crianças-soldado, a exploração dos trabalhadores, o tráfico de drogas, a prostituição: "Também nos países onde vigoram formas de governo democrático, nem sempre estes direitos são totalmente respeitados".[331]

*Existe, infelizmente, uma distância entre a "letra" e o "espírito" dos direitos do homem*[332] aos quais freqüentemente se vota um respeito puramente formal. A doutrina social, em consideração ao privilégio conferido pelo Evangelho aos pobres, reafirma repetidas vezes que "os mais favorecidos devem renunciar a alguns dos seus direitos, para poder colocar, com mais liberalidade, os seus bens ao serviço dos outros" e que uma afirmação excessiva de igualdade "pode dar azo a um individualismo em que cada qual reivindica os seus direitos, sem querer ser responsável pelo bem comum".[333]

**159** *A Igreja, cônscia de que a sua missão essencialmente religiosa inclui a defesa e a promoção dos direitos fundamentais do homem,*[334] "admite e aprecia muito o dinamismo do tempo de hoje que promove estes direitos por toda parte".[335] A Igreja adverte profundamente a exigência de respeitar dentro do seu próprio âmbito a justiça[336] e os direitos do homem.[337]

*O empenho pastoral se desenvolve numa dúplice direção, de anúncio do fundamento cristão dos direitos do homem e de denúncia das violações de tais direitos:*[338] em todo caso, "o *anúncio* é sempre mais importante do que a *denúncia*; e esta não pode prescindir daquele, pois é isso que lhe dá a verdadeira solidez e a força da motivação mais alta".[339] Para ser mais eficaz, tal empenho é aberto à colaboração ecumênica, ao diálogo com as outras

---

[331] João Paulo II, Carta enc. *Centesimus annus,* 47: *AAS* 83 (1991) 852.

[332] João Paulo II, Carta enc. *Redemptor hominis,* 17: *AAS* 71 (1979) 295-300.

[333] Paulo VI, Carta apost. *Octogesima adveniens,* 23: *AAS* 63 (1971) 418.

[334] Cf. João Paulo II, Carta enc. *Centesimus annus,* 54: *AAS* 83 (1991) 859-860.

[335] Cf. Concílio Vaticano II, Const. past. *Gaudium et spes,* 41: *AAS* 58 (1966) 1060.

[336] Cf. João Paulo II, *Discurso aos Oficiais e Advogados do Tribunal da Rota Romana* (17 de fevereiro de 1979), 4: *L'Osservatore Romano,* ed. em português, 25 de fevereiro de 1979, p. 2.

[337] Cf. CIC, cân. 208-223.

[338] Cf. Pontifícia Comissão "Iustitia et Pax", *A Igreja e os direitos do homem,* 70-90, Tipografia Poliglota Vaticana, Cidade do Vaticano 1975, pp. 47-55.

[339] João Paulo II, Carta enc. *Sollicitudo rei socialis,* 41: *AAS* 80 (1988) 572.

religiões, a todos os oportunos contactos com os organismos, governamentais e não governamentais, nos planos nacional e internacional. A Igreja confia, sobretudo, na ajuda do Senhor e do Seu Espírito que, derramado nos corações, é a garantia mais segura do respeito da justiça e dos direitos humanos, e de contribuir, portanto, para a paz: "Promover a justiça e a paz, penetrar com a luz e o fermento evangélico todos os campos da existência social, tem sido sempre um constante empenho da Igreja em nome do mandato que ela recebeu do Senhor".[340]

---

[340] PAULO VI, Motu proprio *Iustitiam et Pacem* (10 de dezembro de 1976): *AAS* 68 (1976) 700.

# CAPÍTULO IV

# OS PRINCÍPIOS DA DOUTRINA SOCIAL DA IGREJA

## I. SIGNIFICADO E UNIDADE DOS PRINCÍPIOS

**160** *Os princípios permanentes da doutrina social da Igreja*[341] *constituem os verdadeiros e próprios gonzos do ensinamento social católico: trata-se do princípio da dignidade da pessoa humana* — já tratado no capítulo anterior — no qual todos os demais princípios ou conteúdos da doutrina social da Igreja têm fundamento,[342] do *bem comum*, da *subsidiariedade* e da *solidariedade*. Estes princípios, expressões da verdade inteira sobre o homem conhecida através da razão e da fé, promanam "do encontro da mensagem evangélica e de suas exigências, resumidas no mandamento supremo do amor, com os problemas que emanam da vida da sociedade".[343] A Igreja, no curso da história e à luz do Espírito, refletindo com sabedoria no seio da própria tradição de fé, pôde dar-lhes fundamentação e configuração cada vez mais acuradas, individualizando-os progressivamente no esforço de responder com coerência às exigências dos tempos e aos contínuos progressos da vida social.

**161** *Estes princípios têm um caráter geral e fundamental, pois que se referem à realidade social no seu conjunto*: das relações interpessoais, caracterizadas pela proximidade e por serem imediatas, às mediadas pela política, pela economia e pelo direito; das relações entre indivíduos ou grupos às relações entre os povos e as nações. Pela sua *permanência no tempo* e *universalidade de significado*, a Igreja os indica como primeiro e fundamental

---

[341] Cf. CONGREGAÇÃO PARA A EDUCAÇÃO CATÓLICA, *Orientações para o estudo e o ensino da doutrina social da Igreja na formação sacerdotal*, 29-42: Tipografia Poliglota Vaticana, Cidade do Vaticano 1988, 35-43.

[342] Cf. JOÃO XXIII, Carta enc. *Mater et Magistra*: *AAS* 53 (1961) 453.

[343] CONGREGAÇÃO PARA A DOUTRINA DA FÉ, Instr. *Libertatis conscientia*, 72: *AAS* 79 (1987) 585.

# 100 Capítulo IV

parâmetro de referência para a interpretação e o exame dos fenômenos sociais, necessários porque deles se podem apreender os critérios de discernimento e de orientação do agir social, em todos os âmbitos.

**162** *Os princípios da doutrina social devem ser apreciados na sua unidade, conexão e articulação.* Uma tal exigência tem suas raízes no significado que a Igreja mesma atribui à própria doutrina social; *"corpus"* doutrinal unitário que interpreta de modo orgânico as realidade sociais.[344] A atenção a cada princípio na sua especificidade não deve levar a seu emprego parcial e errado, como acontece quando evocado de modo desarticulado e desconexo em relação aos demais. O aprofundamento teórico e a própria aplicação, ainda que somente de um dos princípios sociais, fazem vir à tona com clareza a reciprocidade, a complementaridade, os nexos que os estruturam. Estes eixos fundamentais da doutrina da Igreja representam, além disso, bem mais do que um patrimônio permanente de reflexão que, diga-se a propósito, é parte essencial da mensagem cristã, pois indicam todos os caminhos possíveis para edificar uma vida social verdadeira, boa, autenticamente renovada.[345]

**163** *Os princípios da vida social, no seu conjunto, constituem aquela primeira articulação da verdade da sociedade, pela qual cada consciência é interpelada e convidada a interagir com todas as demais, na liberdade, em plena co-responsabilidade com todos e em relação a todos. À questão da verdade e do sentido do viver social,* com efeito, o homem não se pode furtar, pois a sociedade não é uma realidade estranha a seu mesmo existir.

*Estes princípios têm um significado profundamente moral, porque remetem aos fundamentos últimos e ordenadores da vida social.* Para compreendê-los plenamente, é preciso agir na sua direção, na via do desenvolvimento por eles indicado para uma vida digna do homem. A exigência moral inserida nos grandes princípios sociais concerne quer ao agir pessoal dos indivíduos, enquanto primeiros e insubstituíveis sujeitos da vida social em todos os níveis, quer, ao mesmo tempo, às instituições, representadas por leis, normas de costume e estruturas civis, dada a sua capacidade de influenciar e condicionar as opções de muitos e por muito tempo. Os princípios recordam, com efeito, que a sociedade historicamente existente promana do entrelaçamento das liberdades de todas as pessoas que nela interagem, contribuindo, mediante suas opções, para edificá-la ou para empobrecê-la.

---

[344] Cf. João Paulo II, Carta enc. *Sollicitudo rei socialis,* 41: *AAS* 80 (1988) 513-514.

[345] Cf. Congregação para a Educação Católica, *Orientações para o estudo e o ensino da doutrina social da Igreja na formação sacerdotal,* 47: Tipografia Poliglota Vaticana, Cidade do Vaticano 1988, 45.

# II. O PRINCÍPIO DO BEM COMUM

## a) Significado e principais implicações

**164** *Da dignidade, unidade e igualdade de todas as pessoas deriva, antes de tudo, o princípio do bem comum, a que se deve relacionar cada aspecto da vida social para encontrar pleno sentido.* Segundo uma primeira e vasta acepção, por *bem comum* se entende: "O conjunto daquelas condições da vida social que permitem aos grupos e a cada um dos seus membros atingirem de maneira mais completa e desembaraçadamente a própria perfeição".[346]

*O bem comum não consiste na simples soma dos bens particulares de cada sujeito do corpo social. Sendo de todos e de cada um, é e permanece comum, porque indivisível e porque somente juntos é possível alcançá-lo, aumentá-lo e conservá-lo, também em vista do futuro.* Assim como o agir moral do indivíduo se realiza em fazendo o bem, assim o agir social alcança a plenitude realizando o bem comum. O bem comum pode ser entendido como a dimensão social e comunitária do bem moral.

**165** *Uma sociedade que, em todos os níveis, quer intencionalmente estar ao serviço do ser humano é a que se propõe como meta prioritária o bem comum, enquanto bem de todos os homens e do homem todo.*[347] *A pessoa não pode encontrar plena realização somente em si mesma, prescindindo do seu ser "com" e "pelos" outros.* Essa verdade impõe-lhe não uma simples convivência nos vários níveis da vida social e relacional, mas a busca incansável, de modo prático e não só ideal, do bem ou do sentido e da verdade que se podem encontrar nas formas de vida social existentes. Nenhuma forma expressiva da sociabilidade — da família ao grupo social intermédio, à associação, à empresa de caráter econômico, à cidade, à região, ao Estado, até à comunidade dos povos e das nações — pode evitar a interrogação sobre o próprio bem comum, que é constitutivo do seu significado e autêntica razão de ser da sua própria subsistência.[348]

---

[346] Concílio Vaticano II, Const. apost. *Gaudium et spes*, 26: *AAS* 58 (1966) 1046; cf. *Catecismo da Igreja Católica*, 1905-1912; João XXIII, Carta enc. *Mater et Magistra*: *AAS* 53 (1961) 417-421; Id., Carta enc. *Pacem in terris*: *AAS* 55 (1963) 272-273; Paulo VI, Carta apost. *Octogesima adveniens*, 46: *AAS* 63 (1971) 433-435.

[347] Cf. *Catecismo da Igreja Católica*, 1912.

[348] Cf. João XXIII, Carta enc. *Pacem in terris*: *AAS* 55 (1963) 272.

102                                                                    Capítulo IV

b) A responsabilidade de todos pelo bem comum

**166** *As exigências do bem comum derivam das condições sociais de cada época e estão estreitamente conexas com o respeito e com a promoção integral da pessoa e dos seus direitos fundamentais.*[349] Essas exigências referem-se, antes de mais nada, ao empenho pela paz, à organização dos poderes do Estado, a um sólido ordenamento jurídico, à salvaguarda do ambiente, à prestação dos serviços essenciais à pessoa, alguns dos quais são ao mesmo tempo direitos do homem: alimentação, habitação, trabalho, educação e acesso à cultura, transporte, saúde, livre circulação das informações e tutela da liberdade religiosa.[350] Não se há de olvidar o aporte que cada nação tem o dever de dar para uma verdadeira cooperação internacional, em vista do bem comum da humanidade inteira, inclusive para as gerações futuras.[351]

**167** *O bem comum empenha todos os membros da sociedade: ninguém está escusado de colaborar, de acordo com as próprias possibilidades, na sua busca e no seu desenvolvimento.*[352] O bem comum exige ser servido plenamente, não segundo visões redutivas subordinadas às vantagens de parte que se podem tirar, mas com base em uma lógica que tende à mais ampla responsabilização. O bem comum correspondente às mais elevadas inclinações do homem,[353] mas é um bem árduo de alcançar, porque exige a capacidade e a busca constante do bem de outrem como se fosse próprio.

*Todos têm também o direito de fruir das condições de vida social criadas pelos resultados da consecução do bem comum.* Soa ainda atual o ensinamento de Pio XI: "Deve procurar-se que a repartição dos bens criados seja pautada pelas normas do bem comum e da justiça social. Hoje, porém, à vista do clamoroso contraste entre o pequeno número dos ultra-ricos e a multidão inumerável dos pobres, não há homem prudente que não reconheça os gravíssimos inconvenientes da atual repartição da riqueza".[354]

---

[349] Cf. *Catecismo da Igreja Católica*, 1907.
[350] Cf. Concílio Vaticano II, Const. apost. *Gaudium et spes*, 26: *AAS* 58 (1966) 1046-1047.
[351] Cf. João XXIII, Carta enc. *Mater et Magistra*: *AAS* 53 (1961) 421.
[352] Cf. João XXIII, Carta enc. *Mater et Magistra*: *AAS* 53 (1961) 417; Paulo VI, Carta apost. *Octogesima adveniens*, 46: *AAS* 63 (1971) 433-435; *Catecismo da Igreja Católica*, 1913.
[353] S. Tomás de Aquino coloca no nível mais alto e mais específico das "*inclinationes naturales*" do homem o "conhecer a verdade sobre Deus" e o "viver em sociedade" (*Summa theologiae*, I-II, q. 94, a.2, Ed. Leon. 7, 170: "Secundum igitur ordinem inclinationum naturalium est ordo praeceptorum legis naturae… Tertio modo inest homini inclinatio ad bonum secundum naturam rationis, quae est sibi propria; sicut homo habet naturalem inclinationem ad hoc quod veritatem cognoscat de Deo, et ad hoc quod in societate vivat").
[354] Pio XI, Carta enc. *Quadragesimo anno*, 58: *AAS* 23 (1931) 197

*Os princípios da doutrina social da Igreja*  103

## c) As tarefas da comunidade política

**168** *A responsabilidade de perseguir o bem comum compete não só às pessoas consideradas individualmente, mas também ao Estado, pois que o bem comum é a razão de ser da autoridade política.*[355] Na verdade, o Estado deve garantir coesão, unidade e organização à sociedade civil de que é expressão,[356] de modo que o bem comum possa ser conseguido com o contributo de todos os cidadãos. O indivíduo humano, a família, as corpos intermédios não são capazes por si próprios de chegar a seu pleno desenvolvimento; daí serem necessárias as instituições políticas, cuja finalidade é tornar acessíveis às pessoas os bens necessários — materiais, culturais, morais, espirituais — para levar uma vida verdadeiramente humana. O fim da vida social é o bem comum historicamente realizável.[357]

**169** *Para assegurar o bem comum, o governo de cada País tem a tarefa específica de harmonizar com justiça os diversos interesses setoriais.*[358] A correta conciliação dos bens particulares de grupos e de indivíduos é uma das funções mais delicadas do poder público. Além disso, não se há de olvidar que, no Estado democrático — no qual as decisões são geralmente tomadas pela maioria dos representantes da vontade popular —, aqueles que têm responsabilidade de governo estão obrigados a interpretar o bem comum do seu País não só segundo as orientações da maioria, mas também na perspectiva do bem efetivo de todos os membros da comunidade civil, inclusive dos que estão em posição de minoria.

**170** *O bem comum da sociedade não é um fim isolado em si mesmo; ele tem valor somente em referência à obtenção dos fins últimos da pessoa e ao bem comum universal de toda a criação.* Deus é o fim último de suas criaturas e por motivo algum se pode privar o bem comum da sua dimensão transcendente, que excede, mas também dá cumprimento à dimensão histórica.[359] Esta perspectiva atinge a sua plenitude em virtude da fé na Páscoa de Jesus, que oferece plena luz acerca da realização do verdadeiro bem comum da humanidade. A nossa história — o esforço pessoal e coletivo de elevar a

---

[355] Cf. *Catecismo da Igreja Católica*, 1910.
[356] Cf. Concílio Vaticano II, Const. apost. *Gaudium et spes*, 74: *AAS* 58 (1966) 1095-1097; João Paulo II, Carta enc. *Redemptor hominis*, 17: *AAS* 71 (1979) 295-300.
[357] Cf. Leão XIII, Carta enc. *Rerum novarum: Acta Leonis XIII*, 11 (1892) 133-135; Pio XII, *Radiomensagem em comemoração do 50º aniversário da "Rerum novarum"*: *AAS* 33 (1941) 200.
[358] Cf. *Catecismo da Igreja Católica*, 1908.
[359] Cf. João Paulo II, Carta enc. *Centesimus annus*, 41: *AAS* 83 (1991) 843-845.

104 *Capítulo IV*

condição humana — começa e culmina em Jesus: graças a Ele, por meio dEle e em vista dEle, toda a realidade, inclusa a sociedade humana, pode ser conduzida ao seu Bem Sumo, à sua plena realização. Uma visão puramente histórica e materialista acabaria por transformar o bem comum em simples *bem-estar econômico*, destituído de toda finalização transcendente ou bem da sua mais profunda razão de ser.

## III. A DESTINAÇÃO UNIVERSAL DOS BENS

### a) Origem e significado

**171** *Dentre as múltiplas implicações do bem comum, assume particular importância o princípio da destinação universal dos bens*: "Deus destinou a terra, com tudo que ela contém, para o uso de todos os homens e de todos os povos, de tal modo que os bens criados devem bastar a todos, com eqüidade, segundo a regra da justiça, inseparável da caridade".[360] Este princípio se baseia no fato de que: "A origem primeira de tudo o que é bem é o próprio ato de Deus que criou a terra e o homem, e ao homem deu a terra para que a domine com o seu trabalho e goze dos seus frutos (cf. Gn 1,28-29). Deus deu a terra a todo o gênero humano, para que ela sustente todos os seus membros sem excluir nem privilegiar ninguém. Está aqui a *raiz do destino universal dos bens da terra*. Esta, pela sua própria fecundidade e capacidade de satisfazer as necessidades do homem, constitui o primeiro dom de Deus para o sustento da vida humana".[361] A pessoa não pode prescindir dos bens materiais que respondem às suas necessidades primárias e constituem as condições basilares para a sua existência; estes bens lhe são absolutamente indispensáveis para alimentar-se e crescer, para comunicar-se, para associar-se e para poder conseguir as mais altas finalidades a que é chamada.[362]

**172** *O princípio da destinação universal dos bens da terra está na base do direito universal ao uso dos bens*. Todo homem deve ter a possibilidade de usufruir do bem-estar necessário para o seu pleno desenvolvimento: o princípio do uso comum dos bens é o "primeiro princípio de toda a ordem ético-social"[363] e "princípio típico da doutrina social cristã".[364] Por esta razão, a

---

[360] CONCÍLIO VATICANO II, Const. past. *Gaudium et spes*, 69: *AAS* 58 (1966) 1090.

[361] JOÃO PAULO II, Carta enc. *Centesimus annus*, 31: *AAS* 83 (1991) 831.

[362] Cf. PIO XII, *Radiomensagem em comemoração do 50º aniversário da "Rerum novarum"*: *AAS* 33 (1941) 199-200.

[363] JOÃO PAULO II, Carta enc. *Laborem exercens*, 19: *AAS* 73 (1981) 525.

[364] JOÃO PAULO II, Carta enc. *Sollicitudo rei socialis*, 42: *AAS* 80 (1988) 573.

Igreja considerou necessário precisar-lhe a natureza e as características. Trata-se, antes de tudo, de um direito *natural*, inscrito na natureza do homem e não de um direito somente positivo, ligado à contingência histórica; ademais, tal direito é *"original"*.[365] É inerente à pessoa singularmente considerada, a cada pessoa, e é *prioritário* em relação a qualquer intervenção humana sobre os bens, a qualquer regulamentação jurídica dos mesmos, a qualquer sistema e método econômico-social: "Todos os outros direitos, quaisquer que sejam, incluindo os de propriedade e de comércio livre, lhe estão subordinados [à destinação universal dos bens]: não devem portanto impedir, mas, pelo contrário, facilitar a sua realização; e é um dever social grave e urgente conduzi-los à sua finalidade primeira".[366]

**173** *A atuação concreta do princípio da destinação universal dos bens, segundo os diferentes contextos culturais e sociais, implica uma precisa definição dos modos, dos limites, dos objetos.* Destinação e uso universal não significam que tudo esteja à disposição de cada um ou de todos, e nem mesmo que a mesma coisa sirva ou pertença a cada um ou a todos. Se é verdade que todos nascem com o direito ao uso dos bens, é igualmente verdadeiro que, para assegurar o seu exercício eqüitativo e ordenado, são necessárias intervenções regulamentadas, fruto de acordos nacionais e internacionais, e uma ordem jurídica que determine e especifique tal exercício.

**174** *O princípio da destinação universal dos bens convida a cultivar uma visão da economia inspirada em valores morais que permitam nunca perder de vista nem a origem, nem a finalidade de tais bens, de modo a realizar um mundo eqüitativo e solidário,* em que a formação da riqueza possa assumir uma função positiva. A riqueza, com efeito, apresenta esta valência, na multiplicidade das formas que podem exprimi-la como o resultado de um processo produtivo de elaboração técnico-econômica dos recursos disponíveis, naturais e derivados, guiado pela inventiva, pela capacidade de concretizar projetos, pelo trabalho dos homens, e empregada como meio útil para promover o bem-estar dos homens e dos povos e para contrastar-lhes a exclusão e exploração.

**175** *A destinação universal dos bens comporta, portanto, um esforço comum que mira obter para toda pessoa e para todos os povos as condições necessárias ao desenvolvimento integral, de modo que todos possam contribuir para a promoção de um mundo mais humano,* "onde cada um possa dar

---

[365] Pio XII, *Radiomensagem em comemoração do 50º aniversário da "Rerum novarum"*: *AAS* 33 (1941) 199.

[366] Paulo VI, Carta enc. *Populorum progressio*, 22: *AAS* 59 (1967) 268.

106 *Capítulo IV*

e receber, e onde o progresso de uns não seja mais um obstáculo ao desenvolvimento de outros, nem um pretexto para a sua sujeição".[367] Este princípio corresponde ao apelo que o Evangelho incessantemente dirige ao homem e às sociedades de todos os tempos, sempre expostos às tentações da avidez da posse, a que o próprio Senhor Jesus quis submeter-se (cf. Mc 1,12-13; Mt 4,1-11; Lc 4,1-13) ensinando-nos o caminho para superá-la com a sua graça.

### b) Destinação universal dos bens e propriedade privada

**176** *Mediante o trabalho, o homem, usando a sua inteligência, consegue dominar a terra e torná-la sua digna morada*: "Deste modo, ele apropria-se de uma parte da terra, adquirida precisamente com o trabalho. Está aqui a origem da propriedade individual".[368] A propriedade privada e as outras formas de domínio privado dos bens "conferem a cada um a extensão absolutamente necessária à autonomia pessoal e familiar e devem ser consideradas como um prolongamento da liberdade humana... Enfim, porque aumentam o estímulo no desempenho do trabalho e das responsabilidades, constituem uma das condições das liberdades civis".[369] A propriedade privada é elemento essencial de uma política econômica autenticamente social e democrática e é garantia de uma reta ordem social. *A doutrina social requer que a propriedade dos bens seja eqüitativamente acessível a todos*,[370] de modo que todos sejam, ao menos em certa medida, proprietários, e exclui o recurso a formas de "domínio comum e promíscuo".[371]

**177** *A tradição cristã nunca reconheceu o direito à propriedade privada como absoluto e intocável*: "Pelo contrário, sempre o entendeu no contexto mais vasto do direito comum de todos a utilizarem os bens da criação inteira: *o direito à propriedade privada está subordinado ao direito ao uso comum*, subordinado à destinação universal dos bens".[372] O princípio da destinação

---

[367] Cf. Congregação para a Doutrina da Fé, Instr. *Libertatis conscientia*, 90: *AAS* 79 (1987) 594.

[368] João Paulo II, Carta enc. *Centesimus annus*, 31: *AAS* 83 (1991) 832.

[369] Concílio Vaticano II, Const. past. *Gaudium et spes*, 71: *AAS* 58 (1966) 1092-1093; Leão XIII, Carta enc. *Rerum novarum: Acta Leonis XIII*, 11 (1892) 103-104; Pio XII, *Radiomensagem em comemoração do 50º aniversário da "Rerum novarum": AAS* 33 (1941) 199; Id., *Radiomensagem natalina* (24 de dezembro de 1942): *AAS* 35 (1943) 17; Id., *Radiomensagem* (1º de setembro de 1944): *AAS* 36 (1944) 253; João XXIII, Carta enc. *Mater et Magistra: AAS* 53 (1961) 428-429.

[370] Cf. João Paulo II, Carta enc. *Centesimus annus*, 6: *AAS* 83 (1991) 800-801.

[371] Leão XIII, Carta enc. *Rerum novarum: Acta Leonis XIII*, 11 (1892) 102.

[372] João Paulo II, Carta enc. *Laborem exercens*, 14: *AAS* 73 (1981) 613.

*Os princípios da doutrina social da Igreja*  107

universal dos bens afirma seja o pleno e perene senhorio de Deus sobre toda a realidade, seja a exigência de que os bens da criação tenham por finalidade e destino o desenvolvimento de todo homem e de toda a humanidade, e de que neles assim permaneçam.[373] Este princípio, porém, não se opõe ao direito de propriedade;[374] indica antes a necessidade de regulamentá-lo. *A propriedade privada, com efeito, quaisquer que sejam as formas concretas dos regimes e das normas jurídicas que lhes digam respeito, é, na sua essência, somente um instrumento para o respeito do princípio da destinação universal dos bens, e portanto, em última análise, não um fim, mas um meio.*[375]

**178** *O ensinamento social da Igreja exorta a reconhecer a função social de qualquer forma de posse privada,*[376] com a clara referência às exigências imprescindíveis do bem comum.[377] O homem "que possui legitimamente as coisas materiais não as deve ter só como próprias dele, mas também como comuns, no sentido em que elas possam ser úteis não somente a ele mas também aos outros".[378] *A destinação universal dos bens comporta vínculos ao seu uso por parte dos legítimos proprietários.* Cada pessoa, ao agir, não pode prescindir dos efeitos do uso dos próprios recursos, mas deve atuar de modo a perseguir, além da vantagem pessoal e familiar, igualmente o bem comum. Donde decorre o dever dos proprietários de não manterem ociosos os bens possuídos e de os destinarem à atividade produtiva, também confiando-os a quem tem desejo e capacidade de os fazer produzir.

**179** *A atual fase histórica, colocando à disposição da sociedade bens novos, de todo desconhecidos até mesmo recentemente, impõe uma releitura do princípio da destinação universal dos bens da terra, tornando necessário estendê-lo de sorte que compreenda também os frutos do recente progresso econômico e tecnológico.* A propriedade dos novos bens, fruto do conhecimento, da técnica e do saber, torna-se cada vez mais decisiva, pois "a riqueza das nações industrializadas funda-se muito mais sobre este tipo de propriedade, do que sobre a dos recursos naturais".[379]

---

[373] Cf. Concílio Vaticano II, Const. apost. *Gaudium et spes*, 69: *AAS* 58 (1966) 1090-1092; *Catecismo da Igreja Católica*, 2402-2406.
[374] Cf. Leão XIII, Carta enc. *Rerum novarum: Acta Leonis XIII*, 11 (1892) 102.
[375] Cf. Paulo VI, Carta enc. *Populorum progressio*, 22-23: *AAS* 59 (1967) 268-269.
[376] Cf. João XXIII, Carta enc. *Mater et Magistra: AAS* 53 (1961) 430-431; João Paulo II, *Discurso à Terceira Conferência Geral do Episcopado Latino-Americano*, Puebla (28 de janeiro de 1979), III/4: *L'Osservatore Romano*, ed. em português, 4 de fevereiro de 1979, pp. 12-12.
[377] Cf. Pio XI, Carta enc. *Quadragesimo anno: AAS* 23 (1931) 191-192. 193-194. 196-197.
[378] Concílio Vaticano II, Const. apost. *Gaudium et spes*, 69: *AAS* 58 (1966) 1090.
[379] João Paulo II, Carta enc. *Centesimus annus*, 32: *AAS* 83 (1991) 832.

108 *Capítulo IV*

*Os novos conhecimentos técnicos e científicos devem ser postos a serviço das necessidades primárias do homem, para que se possa acrescer gradualmente o patrimônio comum da humanidade.* A plena atuação do princípio da destinação universal dos bens requer, portanto, ações no plano internacional e iniciativas programadas por todos os países: "Torna-se necessário quebrar as barreiras e os monopólios que deixam tantos povos à margem do progresso, e garantir a todos os indivíduos e nações as condições basilares que lhes permitam participar no desenvolvimento".[380]

**180** *Se no processo de desenvolvimento econômico e social adquirem notável relevância formas de propriedade desconhecidas no passado, não se podem, todavia, esquecer as tradicionais. A propriedade individual não é a única forma legítima de posse. Reveste também particular importância a antiga forma de propriedade comunitária* que, mesmo se presentes nos países economicamente avançados, caracteriza, de modo particular, a estrutura social de numerosos povos indígenas. É uma forma de propriedade que incide com uma profundidade tal na vida econômica, cultural e política daqueles povos, que chega a constituir um elemento fundamental para a sua sobrevivência e bem-estar. A defesa e a valorização da propriedade comunitária não devem, todavia, excluir a consciência do fato de que também este tipo de propriedade é destinado a evoluir. Se se agisse de modo a garantir-lhe tãosomente a conservação, correr-se-ia o risco de atá-la ao passado e, deste modo, de comprometê-la.[381]

*Permanece sempre crucial, sobretudo nos países em via de desenvolvimento ou que saíram de sistemas coletivistas ou de colonização, a distribuição eqüitativa da terra.* Nas zonas rurais a possibilidade de acesso à terra mediante a oportunidade oferecida também pelos mercados do trabalho e do crédito é condição necessária para o acesso aos outros bens e serviços; além de constituir um caminho eficaz para a salvaguarda do ambiente, tal possibilidade representa um sistema de segurança social realizável também nos países que têm uma estrutura administrativa frágil.[382]

**181** *Da propriedade deriva para o sujeito possessor, quer seja um indivíduo, quer seja uma comunidade, uma série de objetivas vantagens*: melhores condições de vida, segurança para o futuro, oportunidades de escolha mais

---

[380] João Paulo II, Carta enc. *Centesimus annus*, 35: *AAS* 83 (1991) 837.
[381] Concílio Vaticano II, Const. apost. *Gaudium et spes*, 69: *AAS* 58 (1966) 1090-1092.
[382] Cf. Pontifício Conselho "Justiça e Paz", *Para uma melhor distribuição da terra. O desafio da reforma agrária* (23 de novembro de 1997), 27-31: Libreria Editrice Vaticana, Cidade do Vaticano 1997, pp. 25-28.

Os princípios da doutrina social da Igreja 109

amplas. *Da propriedade, por outro lado, pode provir também uma série de promessas ilusórias e tentadoras.* O homem ou a sociedade que chegam ao ponto de absolutizar o papel da propriedade, acabam por experimentar a mais radical escravidão. Nenhuma posse, com efeito, pode ser considerada indiferente pelo influxo que tem tanto sobre os indivíduos quanto sobre as instituições: o possessor que incautamente idolatra os seus bens (cf. Mt 6,24; 19, 21-26; Lc 16,13) acaba por ser, mais do que nunca, possuído e escravizado.[383] Somente reconhecendo sua dependência em relação a Deus Criador e ordenando-os ao bem comum é possível conferir aos bens materiais a função de instrumentos úteis ao crescimento dos homens e dos povos.

### c) Destinação universal dos bens e opção preferencial pelos pobres

**182** *O princípio da destinação universal dos bens requer que se cuide com particular solicitude dos pobres, daqueles que se acham em posição de marginalidade e, em todo caso, das pessoas cujas condições de vida lhes impedem um crescimento adequado.* A esse propósito deve ser reafirmada, em toda a sua força, a opção preferencial pelos pobres.[384] "Trata-se de uma opção, ou de uma *forma especial* de primado na prática da caridade cristã, testemunhada por toda a Tradição da Igreja. Ela concerne à vida de cada cristão, enquanto deve ser imitação da vida de Cristo; mas aplica-se igualmente às nossas *responsabilidades sociais* e, por isso, ao nosso viver e às decisões que temos de tomar, coerentemente, acerca da propriedade e do uso dos bens. Mais ainda: hoje, dada a dimensão mundial que a questão social assumiu, este amor preferencial, com as decisões que ele nos inspira, não pode deixar de abranger as imensas multidões de famintos, mendigos, sem-teto, sem assistência médica e, sobretudo, sem esperança de um futuro melhor".[385]

**183** *A miséria humana é o sinal manifesto da condição de fragilidade do homem e da sua necessidade de salvação.*[386] Dela teve compaixão Cristo

---

[383] Cf. João Paulo II, Carta enc. *Sollicitudo rei socialis*, 27-34. 37: *AAS* 80 (1988) 547-560. 563-564; Id., Carta enc. *Centesimus annus*, 41: *AAS* 83 (1991) 843-845.

[384] Cf. João Paulo II, *Discurso à Terceira Conferência Geral do Episcopado Latino-Americano*, Puebla (28 de janeiro de 1979), I/ 8: *AAS* 71 (1979) 194-195.

[385] João Paulo II, Carta enc. *Sollicitudo rei socialis*, 42: *AAS* 80 (1988) 572-573; cf. Id., Carta enc. *Evangelium vitae*, 32: *AAS* 87 (1995) 436-437; Id., Carta apost. *Tertio millennio adveniente*, 51: *AAS* 87 (1995) 36; Id., Carta apost. *Novo millennio ineunte*, 49-50: *AAS* 93 (2001) 302-303.

[386] Cf. *Catecismo da Igreja Católica*, 2448.

110 *Capítulo IV*

Salvador, que se identificou com os Seus "irmãos mais pequeninos" (Mt 25, 40.45): "Jesus Cristo reconhecerá seus eleitos pelo que tiverem feito pelos pobres. Temos o sinal da presença de Cristo quando 'os pobres são evangelizados' (Mt 11,5)".[387]

Jesus diz: "Pobres sempre os tereis convosco, mas a mim nem sempre me tereis" (Mt 26,11; cf. Mc 14,7; Jo 12,1-8) não para contrapor ao serviço dos pobres a atenção que se Lhe devota. O realismo cristão, enquanto por um lado aprecia os louváveis esforços que se fazem para vencer a pobreza, por outro põe em guarda contra posições ideológicas e messianismos que alimentam a ilusão de que se possa suprimir por completo deste mundo o problema da pobreza. Isto acontecerá somente no Seu retorno, quando Ele estará de novo conosco para sempre. Neste interregno, *os pobres ficam confiados a nós e quanto a esta responsabilidade seremos julgados no fim* (cf. Mt 25,31-46): "Nosso Senhor adverte-nos de que seremos separados dele se deixarmos de ir ao encontro das necessidades dos pobres e dos pequenos que são Seus irmãos".[388]

**184** *O amor da Igreja pelos pobres inspira-se no Evangelho das bemaventuranças, na pobreza de Jesus e na Sua atenção aos pobres. Tal amor refere-se à pobreza material e também às numerosas formas de pobreza cultural e religiosa.*[389] A Igreja, "desde as suas origens, apesar das falhas de muitos de seus membros, não deixou nunca de trabalhar por aliviá-los, defendê-los e libertá-los. Ela o faz por meio de inúmeras obras de beneficência, que continuam a ser, sempre e por toda parte, indispensáveis".[390] Inspirada no preceito evangélico: "De graça recebestes, de graça dai" (Mt 10,8), a Igreja ensina a socorrer o próximo nas suas várias necessidades e difunde na comunidade humana inúmeras *obras de misericórdia corporais e espirituais.* "Dentre estes gestos de misericórdia, a esmola dada aos pobres é um dos principais testemunhos da caridade fraterna: é também uma prática de justiça que agrada a Deus",[391] ainda que a prática da caridade não se reduza à esmola, mas implique a atenção à dimensão social e política do problema da pobreza. A esta relação entre caridade e justiça o ensinamento da Igreja retorna constantemente: "Quando damos aos pobres as coisas indispensáveis, não praticamos com eles grande generosidade pessoal, mas lhes devolvemos o que é deles. Mais que cumprir uma obra de misericórdia, saldamos um débito

---

[387] *Catecismo da Igreja Católica*, 2443.
[388] *Catecismo da Igreja Católica*, 1033.
[389] Cf. *Catecismo da Igreja Católica*, 2444.
[390] *Catecismo da Igreja Católica*, 2448.
[391] *Catecismo da Igreja Católica*, 2447.

de justiça".[392] Os Padres Conciliares recomendam fortemente que se cumpra tal dever "para que não se dê como caridade o que já é devido a título de justiça".[393] O amor pelos os pobres é certamente "incompatível com o amor imoderado pelas riquezas ou o uso egoístico delas"[394] (cf. Tg 5,1-6).

## IV. O PRINCÍPIO DE SUBSIDIARIEDADE

### a) Origem e significado

**185** *A subsidiariedade está entre as mais constantes e características diretrizes da doutrina social da Igreja,* presente desde a primeira grande encíclica social.[395] É impossível promover a dignidade da pessoa sem que se cuide da família, dos grupos, das associações, das realidades territoriais locais, em outras palavras, daquelas expressões agregativas de tipo econômico, social, cultural, desportivo, recreativo, profissional, político, às quais as pessoas dão vida espontaneamente e que lhes tornam possível um efetivo crescimento social.[396] É este o âmbito da *sociedade civil,* entendida como o conjunto das relações entre indivíduos e entre sociedades intermédias, que se realizam de forma originária e graças à "subjetividade criadora do cidadão".[397] A rede destas relações inerva o tecido social e constitui a base de uma verdadeira comunidade de pessoas, tornando possível o reconhecimento de formas mais elevadas de sociabilidade.[398]

**186** *A exigência de tutelar e de promover as expressões originárias da sociabilidade é realçada pela Igreja na Encíclica "Quadragesimo anno", em que o*

---

[392] S. Gregório Magno, *Regula pastoralis*, 3, 21: SC 382, 394 (PL 77, 87): "Nam cum quaelibet necessaria indigentibus ministramus, sua illis reddimus, non nostra largimur; iustitiae potius debitum soluimus, quam misericordiae opera implemus".

[393] Concílio Vaticano II, Decr. *Apostolicam actuositatem*, 8: *AAS* 58 (1966) 845; cf. *Catecismo da Igreja Católica*, 2446.

[394] *Catecismo da Igreja Católica*, 2445.

[395] Cf. Leão XIII, Carta enc. *Rerum novarum*: *Acta Leonis XIII*, 11 (1892) 101-102. 123.

[396] Cf. *Catecismo da Igreja Católica*, 1882.

[397] João Paulo II, Carta enc. *Sollicitudo rei socialis*, 15: *AAS* 80 (1988) 529; cf. Pio XI, Carta enc. *Quadragesimo anno*: *AAS* 23 (1931) 203; João XXIII, Carta enc. *Mater et Magistra*: *AAS* 53 (1961) 439; Concílio Vaticano II, Const. apost. *Gaudium et spes*, 65: *AAS* 58 (1966) 1086-1087; Congregação para a Doutrina da Fé, Instr. *Libertatis consciencia*, 73. 85-86: *AAS* 79 (1987) 586. 592-593; João Paulo II, Carta enc. *Centesimus annus*, 48: *AAS* 83 (1991) 852-854; *Catecismo da Igreja Católica*, 1883-1885.

[398] Cf. João Paulo II, Carta enc. *Centesimus annus*, 49: *AAS* 83 (1991) 854-856 e também Id., Carta enc. *Sollicitudo rei socialis*, 15: *AAS* 80 (1988) 528-530.

*princípio de subsidiariedade é indicado como princípio importantíssimo da "filosofia social"*: "Assim como é injusto subtrair aos indivíduos o que eles podem efetuar com própria iniciativa e indústria, para confiar à coletividade, do mesmo modo passar para uma sociedade maior e mais elevada o que sociedades menores e inferiores podiam conseguir é uma injustiça, um grave dano e perturbação da ordem social. O fim natural da sociedade e da sua ação é coadjuvar os seus membros e não destruí-los nem absorvê-los".[399]

*Com base neste princípio, todas as sociedades de ordem superior devem pôr-se em atitude de ajuda ("subsidium") — e portanto de apoio, promoção e incremento — em relação às menores.* Desse modo os corpos sociais intermédios podem cumprir adequadamente as funções que lhes competem, sem que tenham de cedê-las injustamente a outras agremiações sociais de nível superior, pelas quais acabariam por ser absorvidos e substituídos, e por verem ser-lhes negadas, ao fim e ao cabo, dignidade própria e espaço vital.

À subsidiariedade entendida em *sentido positivo*, como ajuda econômica, institucional, legislativa oferecida às entidades sociais menores, corresponde uma série de *implicações em negativo*, que impõem ao Estado abster-se de tudo o que, de fato, venha a restringir o espaço vital das células menores e essenciais da sociedade. Não se deve suplantar sua iniciativa, liberdade e responsabilidade.

## b) Indicações concretas

**187** *O princípio de subsidiariedade protege as pessoas dos abusos das instâncias sociais superiores e solicita estas últimas a ajudarem os indivíduos e os corpos intermédios a desempenhar as próprias funções. Este princípio impõe-se porque cada pessoa, família e corpo intermédio tem algo de original para oferecer à comunidade.* A experiência revela que a negação da subsidiariedade, ou a sua limitação em nome de uma pretensa democratização ou igualdade de todos na sociedade, limita e às vezes também anula o espírito de liberdade e de iniciativa.

Com o princípio de subsidiariedade estão em *contraste* formas de centralização, de burocratização, de assistencialismo, de presença injustificada e excessiva do Estado e do aparato público: "Ao intervir diretamente, irresponsabilizando a sociedade, o Estado assistencial provoca a perda de energias humanas e o aumento exagerado do setor estatal, dominando mais

---

[399] Pio XI, Carta enc. *Quadragesimo anno*, 79: *AAS* 23 (1931) 203; cf. João Paulo II, Carta enc. *Centesimus annus*, 48: *AAS* 83 (1991) 852-854; *Catecismo da Igreja Católica*, 1883.

*Os princípios da doutrina social da Igreja*

113

por lógicas burocráticas do que pela preocupação de servir os usuários com um acréscimo enorme das despesas".[400] A falta de reconhecimento ou o reconhecimento inadequado da iniciativa privada, também econômica, e da sua função pública, bem como os monopólios, concorrem para mortificar o princípio de subsidiariedade.

À atuação do princípio de subsidiariedade *correspondem*: o respeito e a promoção efetiva do primado da pessoa e da família; a valorização das associações e das organizações intermédias, nas próprias opções fundamentais e em todas as que não podem ser delegadas ou assumidas por outros; o incentivo oferecido à iniciativa privada, de tal modo que cada organismo social, com as próprias peculiaridades, permaneça ao serviço do bem comum; a articulação pluralista da sociedade e a representação das suas forças vitais; a salvaguarda dos direitos humanos e das minorias; a descentralização burocrática e administrativa; o equilíbrio entre a esfera pública e a privada, com o conseqüente reconhecimento da função *social* do privado; uma adequada responsabilização do cidadão no seu "ser parte" ativa da realidade política e social do País.

**188** *Diversas circunstâncias podem aconselhar que o Estado exerça uma função de suplência.*[401] Pense-se, por exemplo, nas situações em que é necessário que o Estado mesmo promova a economia, por causa da impossibilidade de a sociedade civil assumir autonomamente a iniciativa; pense-se também nas realidades de grave desequilíbrio e injustiça social, em que só a intervenção pública pode criar condições de maior igualdade, de justiça e de paz. À luz do princípio de subsidiariedade, porém, esta suplência institucional não se deve prolongar e estender além do estritamente necessário, já que encontra justificação somente no *caráter excepcional* da situação. Em todo caso, o bem comum corretamente entendido, cujas exigências não deverão de modo algum estar em contraste com a tutela e a promoção do primado da pessoa e das suas principais expressões sociais, deverá continuar a ser o critério de discernimento acerca da aplicação do princípio de subsidiariedade.

---

[400] João Paulo II, Carta enc. *Centesimus annus*, 48: *AAS* 83 (1991) 854.
[401] Cf. João Paulo II, Carta enc. *Centesimus annus*, 48: *AAS* 83 (1991) 852-854.

# V. A PARTICIPAÇÃO

## a) Significado e valor

**189** *Conseqüência característica da subsidiariedade é a participação,[402] que se exprime, essencialmente, em uma série de atividades mediante as quais o cidadão, como indivíduo ou associado com outros, diretamente ou por meio de representantes, contribui para a vida cultural, econômica, política e social da comunidade civil a que pertence:[403] a participação é um dever a ser conscientemente exercitado por todos, de modo responsável e em vista do bem comum.[404]*

*Ela não pode ser delimitada ou reduzida a alguns conteúdos particulares da vida social,* dada a sua importância para o crescimento, humano antes de tudo, em âmbitos como o mundo do trabalho e as atividades econômicas nas suas dinâmicas internas,[405] a informação e a cultura e, em grau máximo, a vida social e política até aos níveis mais altos, como são aqueles dos quais depende a colaboração de todos os povos para a edificação de uma comunidade internacional solidária.[406] Nesta perspectiva, torna-se imprescindível a exigência de favorecer a participação sobretudo dos menos favorecidos, bem como a alternância dos dirigentes políticos, a fim de evitar que se instaurem privilégios ocultos; é necessária ademais uma forte tensão moral para que a gestão da vida pública seja fruto da co-responsabilidade de cada um em relação ao bem comum.

## b) Participação e democracia

**190** *A participação na vida comunitária não é somente uma das maiores aspirações do cidadão, chamado a exercitar livre e responsavelmente o próprio papel cívico* com e pelos *outros,[407] mas também uma das pilastras de*

---

[402] Cf. Cf. Paulo VI, Carta apost. *Octogesima adveniens*, 22.46: *AAS* 63 (1971) 417. 433-435; Congregação para a Educação Católica, *Orientações para o estudo e o ensino da doutrina social da Igreja na formação sacerdotal*, 40: Tipografia Poliglota Vaticana, Cidade do Vaticano 1988, 41-42.

[403] Cf. Concílio Vaticano II, Const. apost. *Gaudium et spes*, 75: *AAS* 58 (1966) 1097-1099.

[404] Cf. *Catecismo da Igreja Católica*, 1913-1917.

[405] Cf. João XXIII, Carta enc. *Mater et Magistra*: *AAS* 53 (1961) 423-425; João Paulo II, Carta enc. *Laborem exercens*, 14: *AAS* 73 (1981) 612-616; Id., Carta enc. *Centesimus annus*, 35 : *AAS* 83 (1991) 836-838.

[406] Cf. João Paulo II, Carta enc. *Sollicitudo rei socialis*, 44-45: *AAS* 80 (1988) 575-578.

[407] Cf. João XXIII, Carta enc. *Pacem in terris*: *AAS* 55 (1963) 278.

*Os princípios da doutrina social da Igreja* 115

*todos os ordenamentos democráticos, além de ser uma das maiores garantias de permanência da democracia.* O governo democrático, com efeito, é definido a partir da atribuição por parte do povo de poderes e funções, que são exercitados em seu nome, por sua conta e em seu favor; é evidente, portanto, que *toda democracia deve ser participativa.*[408] Isto implica que os vários sujeitos da comunidade civil, em todos os seus níveis, sejam informados, ouvidos e envolvidos no exercício das funções que ela desempenha.

**191** *A participação pode ser obtida em todas as possíveis relações entre o cidadão e as instituições: para tanto, particular atenção deve ser dada aos contextos históricos e sociais em que ela pode verdadeiramente ser posta em prática.* A superação dos obstáculos culturais, jurídicos e sociais, que não raro se interpõem como verdadeiras barreiras à *participação solidária* dos cidadãos à sorte da própria comunidade, exige uma autêntica obra informativa e educativa.[409] Merecem uma preocupada consideração, neste sentido, todas as atitudes que levam o cidadão a formas participativas insuficientes ou incorretas e à generalizada desafeição por tudo o que concerne à esfera da vida social e política: atente-se, por exemplo, para as tentativas dos cidadãos de "negociar" as condições mais vantajosas para si com as instituições, como se estas últimas estivessem a serviço das necessidades egoísticas, e para a práxis de limitar-se à expressão da opção eleitoral, chegando também, em muitos casos, a abster-se dela.[410]

No âmbito da participação, uma ulterior *fonte de preocupação é representada pelos países de regime totalitário ou ditatorial,* em que o fundamento do direito a participar da vida pública é negado na raiz, porque considerado como uma ameaça para o próprio Estado;[411] por outros países em que tal direito é só formalmente declarado, mas concretamente não se pode exercer; por outros ainda em que a elefantíase do aparato burocrático nega de fato ao cidadão a possibilidade de se propor como um verdadeiro ator da vida social e política.[412]

---

[408]  Cf. João Paulo II, Carta enc. *Centesimus annus*, 46: *AAS* 83 (1991) 850-851.

[409]  Cf. *Catecismo da Igreja Católica*, 1917.

[410]  Cf. Concílio Vaticano II, Const. apost. *Gaudium et spes*, 30-31: *AAS* 58 (1966) 1049-1050; João Paulo II, Carta enc. *Centesimus annus*, 47: *AAS* 83 (1991) 851-852.

[411]  Cf. João Paulo II, Carta enc. *Centesimus annus*, 44-45: *AAS* 83 (1991) 848-849.

[412]  Cf. João Paulo II, Carta enc. *Sollicitudo rei socialis*, 15: *AAS* 80 (1988) 528-530; cf. Pio XII, *Radiomensagem* (24 de dezembro de 1952): *AAS* 45 (1953) 37; Paulo VI, *Octogesima adveniens*, 47: *AAS* 63 (1971) 435-437.

# 116 Capítulo IV

## VI. O PRINCÍPIO DE SOLIDARIEDADE

### a) Significado e valor

**192** *A solidariedade confere particular relevo à intrínseca sociabilidade da pessoa humana, à igualdade de todos em dignidade e direitos, ao caminho comum dos homens e dos povos para uma unidade cada vez mais convicta.* Nunca como hoje houve uma consciência tão generalizada do *liame de interdependência entre os homens e os povos*, que se manifesta em qualquer nível.[413] A rapidíssima multiplicação das vias e dos meios de comunicação "em tempo real", como são os telemáticos, os extraordinários progressos da informática, o crescente volume dos intercâmbios comerciais e das informações estão a testemunhar que, pela primeira vez desde o início da história da humanidade, ao menos tecnicamente, é já possível estabelecer relações também entre pessoas muito distantes umas das outras ou desconhecidas.

*Em face do fenômeno da interdependência e da sua constante dilatação, subsistem, por outro lado, em todo o mundo, desigualdades muito fortes entre países desenvolvidos e países em desenvolvimento*, alimentadas também por diversas formas de exploração, de opressão e de corrupção, que influem negativamente na vida interna e internacional de muitos Estados. *O processo de aceleração da interdependência entre as pessoas e os povos deve ser acompanhado com um empenho no plano ético-social igualmente intensificado*, para evitar as nefastas conseqüências de uma situação de injustiça de dimensões planetárias, destinada a repercutir muito negativamente até nos próprios países atualmente mais favorecidos.[414]

### b) A solidariedade como princípio social e como virtude moral

**193** *As novas relações de interdependência entre homens e povos, que são de fato formas de solidariedade, devem transformar-se em relações tendentes a uma verdadeira e própria solidariedade ético-social*, que é a exigência moral inerente a todas as relações humanas. A solidariedade, portanto, se

---

[413] À *interdependência* pode ser *associado* o clássico tema da *socialização*, muitas vezes examinado pela doutrina social da Igreja; cf. João XXIII, Carta enc. *Mater et Magistra*: *AAS* 53 (1961) 415-417; Concílio Vaticano II, Const. apost. *Gaudium et spes*, 42: *AAS* 58 (1966) 1060-1061; João Paulo II, Carta enc. *Laborem exercens*, 14-15: *AAS* 73 (1981) 612-618.

[414] Cf. João Paulo II, Carta enc. *Sollicitudo rei socialis*, 11-22: *AAS* 80 (1988) 525-540.

Os princípios da doutrina social da Igreja

117

apresenta sob dois aspectos complementares: o de *princípio social*[415] e o de *virtude moral.*[416]

A solidariedade deve ser tomada, antes de mais nada, no seu valor de princípio social ordenador das instituições, com base no qual as "estruturas de pecado",[417] que dominam as relações entre as pessoas e os povos, devem ser superadas e transformadas em *estruturas de solidariedade*, mediante a criação ou a oportuna modificação de leis, regras do mercado, ordenamentos.

*A solidariedade é também uma verdadeira e própria virtude moral*, não "um sentimento de compaixão vaga ou de enternecimento superficial pelos males sofridos por tantas pessoas próximas ou distantes. Pelo contrário, é a *determinação firme e perseverante* de se empenhar pelo *bem comum*; ou seja, pelo bem de todos e de cada um, porque *todos* nós somos verdadeiramente responsáveis *por todos*".[418] A solidariedade eleva-se ao grau de *virtude social* fundamental, pois se coloca na dimensão da justiça, virtude orientada por excelência para o *bem comum*, e na "aplicação em prol do bem do próximo, com a disponibilidade, em sentido evangélico, para 'perder-se' em benefício do próximo em vez de o explorar, e para 'servi-lo' em vez de o oprimir para proveito próprio (cf. Mt 10,40-42; 20,25; Mc 10,42-45; Lc 22,25-27)".[419]

## c) Solidariedade e crescimento comum dos homens

**194** *A mensagem da doutrina social acerca da solidariedade põe em realce a existência de estreitos vínculos entre solidariedade e bem comum, solidariedade e destinação universal dos bens, solidariedade e igualdade entre os homens e os povos, solidariedade e paz no mundo.*[420] O termo "solidariedade",

---

[415] Cf. *Catecismo da Igreja Católica*, 1939-1941.

[416] Cf. *Catecismo da Igreja Católica*, 1942.

[417] João Paulo II, Carta enc. *Sollicitudo rei socialis*, 36.37: *AAS* 80 (1988) 561-564; cf. João Paulo II, Exort. apost. *Reconciliatio et pænitentia*, 16: *AAS* 77 (1985) 213-217.

[418] João Paulo II, Carta enc. *Sollicitudo rei socialis*, 38: *AAS* 80 (1988) 565-566.

[419] João Paulo II, Carta enc. *Sollicitudo rei socialis*, 38: *AAS* 80 (1988) 566. Cf. ainda: João Paulo II, Carta enc. *Laborem exercens*, 8: *AAS* 73 (1981) 594-598; João Paulo II, Carta enc. *Centesimus annus*, 57, 57: *AAS* 83 (1991) 862-863.

[420] Cf. João Paulo II, Carta enc. *Sollicitudo rei socialis*, 17. 39. 45: *AAS* 80 (1988) 532-533. 566-568. 577-578. Também a solidariedade internacional é uma exigência de ordem moral; a paz do mundo depende em larga medida desta: cf. Concílio Vaticano II, Const. past. *Gaudium et spes*, 83-86: *AAS* 58 (1966) 1107-1110; Paulo VI, Carta enc. *Populorum progressio*, 48: *AAS* 59 (1967) 281; Pontifícia Comissão "Justiça e Paz", *Al servicio de la comunidad humana: una consideración ética de la deuda internacional* (27 de dezembro de 1986), I, 1, *L'Osservatore Romano*, ed. em português, 8 de fevereiro de 1987, p. 5; *Catecismo da Igreja Católica*, 1941 e 2438.

118                                                                    *Capítulo IV*

amplamente empregado pelo Magistério,[421] exprime em síntese a exigência de reconhecer, no conjunto dos liames que unem os homens e os grupos sociais entre si, o espaço oferecido à liberdade humana para prover ao crescimento comum, compartilhado por todos. A aplicação nesta direção se traduz no positivo contributo que não se há de deixar faltar à causa comum e na busca dos pontos de possível acordo, mesmo quando prevalece uma lógica de divisão e fragmentação; na disponibilidade a consumir-se pelo bem do outro, para além de todo individualismo e particularismo.[422]

**195** *O princípio da solidariedade implica que os homens do nosso tempo cultivem uma maior consciência do débito que têm para com a sociedade em que estão inseridos*: são devedores daquelas condições que tornam possível a existência humana, bem como do patrimônio, indivisível e indispensável, constituído da cultura, do conhecimento científico e tecnológico, dos bens materiais e imateriais, de tudo aquilo que a história da humanidade produziu. Um tal débito há de ser honrado nas várias manifestações do agir social, de modo que o caminho dos homens não se interrompa, mas continue aberto às gerações presentes e às futuras, chamadas juntas, umas e outras, a compartilhar na solidariedade do mesmo dom.

### d) A solidariedade na vida e na mensagem de Jesus Cristo

**196** *O vértice insuperável da perspectiva indicada é a vida de Jesus de Nazaré, o Homem novo, solidário com a humanidade até à "morte de cruz"*

---

[421] A solidariedade, mesmo que ainda falte a expressão explícita, é um dos princípios basilares da "*Rerum novarum*" (cf. João XXIII, Carta enc. *Mater et magistra: AAS* 53 [1961] 407). "O princípio, que hoje designamos de solidariedade ... várias vezes Leão XIII o enuncia, com o nome 'amizade', que encontramos já na filosofia grega; desde Pio XI é designado pela expressão mais significativa 'caridade social', enquanto Paulo VI, ampliando o conceito na linha das múltiplas dimensões atuais da questão social, falava de 'civilização do amor'" (João Paulo II, Carta enc. *Centesimus annus*, 10: *AAS* 83 [1991] 805). A solidariedade é um dos princípios basilares de todo o ensinamento social da Igreja (Cf. Congregação para a Doutrina da Fé, Instr. *Libertatis conscientia*, 73: *AAS* 79 [1987] 586). A partir de Pio XII (cf. Carta enc. *Summi Pontificatus: AAS* 31 [1939] 426-427), o termo "*solidariedade*" é empregado com crescente freqüência e com amplitude de significado cada vez maior: daquele de "lei" na mesma Encíclica, ao de "princípio" (Cf. João XXIII, Carta enc. *Mater et magistra: AAS* 53 [1961] 407), de "dever" (cf. Paulo VI, Carta enc. *Populorum progressio*, 17. 48: *AAS* 59 [1967] 265-266. 281) e de "valor" (cf. João Paulo II, Carta enc. *Sollicitudo rei socialis*, 38: *AAS* 80 (1988) 564-566), e, enfim, ao de "virtude" (cf. João Paulo II, Carta enc. *Sollicitudo rei socialis*, 38. 40: *AAS* 80 [1988] 564-566. 568-569).

[422] Cf. Congregação para a Educação Católica, *Orientações para o estudo e o ensino da Doutrina Social na formação sacerdotal*, 38: Tipografia Poliglota Vaticana, Cidade do Vaticano 1988, pp. 40-41.

*Os princípios da doutrina social da Igreja*                                    119

(Fl 2,8): nEle é sempre possível reconhecer o Sinal vivente daquele amor incomensurável e transcendente do *Deus-conosco*, que assume as enfermidades do seu povo, caminha com ele, salva-o e o constitui na unidade.[423] NEle a solidariedade alcança as dimensões do próprio agir de Deus. NEle, e graças a Ele, também a vida social pode ser redescoberta, mesmo com todas as suas contradições e ambigüidade, como lugar de vida e de esperança, enquanto sinal de uma graça que de contínuo é a todos oferecida e que, enquanto dom, convida às formas mais altas e abrangentes de partilha.

*Jesus de Nazaré faz resplandecer, aos olhos de todos os homens, o nexo entre solidariedade e caridade, iluminando todo o seu significado:*[424] "À luz da fé, a solidariedade tende a superar-se a si mesma, a revestir as dimensões *especificamente cristãs* da gratuidade total, do perdão e da reconciliação. O próximo, então, não é só um ser humano com os seus direitos e a sua igualdade fundamental em relação a todos os demais; mas torna-se a *imagem viva* de Deus Pai, resgatada pelo sangue de Jesus Cristo e tornada objeto da ação permanente do Espírito Santo. Por isso, ele deve ser amado, ainda que seja inimigo, com o mesmo amor com que o ama o Senhor; e é preciso estarmos dispostos ao sacrifício por ele, mesmo ao sacrifício supremo: 'Dar a vida pelos próprios irmãos' (cf. 1Jo 3,16)".[425]

## VII. OS VALORES FUNDAMENTAIS DA VIDA SOCIAL

### a) Relação entre princípios e valores

**197** *A doutrina social da Igreja, além dos princípios que devem presidir à edificação de uma sociedade digna do homem, indica também valores fundamentais.* A relação entre princípios e valores é indubitavelmente de reciprocidade, na medida em que os valores sociais expressam o apreço que se deve atribuir àqueles determinados aspectos do bem moral que os princípios se propõem conseguir, oferecendo-se como pontos de referência para a oportuna estruturação e a condução ordenada da vida social. Os valores requerem, portanto, quer a prática dos princípios fundamentais da vida social, quer o exercício pessoal das virtudes, e, portanto, das atitudes morais correspondentes aos valores mesmos.[426]

---

[423]  Cf. Concílio Vaticano II, Const. past. *Gaudium et spes*, 32: *AAS* 58 (1966) 1051.
[424]  Cf. João Paulo II, Carta enc. *Sollicitudo rei socialis*, 40: *AAS* 80 (1988) 568: "A *solidariedade* é indubitavelmente uma *virtude cristã*. Na exposição que precede já foi possível entrever numerosos pontos de contacto entre ela e a *caridade*, sinal distintivo dos discípulos de Cristo (cf. Jo 13,35)".
[425]  João Paulo II, Carta enc. *Sollicitudo rei socialis*, 40: *AAS* 80 (1988) 569.
[426]  Cf. *Catecismo da Igreja Católica*, 1886.

# 120                                                    *Capítulo IV*

*Todos os valores sociais são inerentes à dignidade da pessoa humana, da qual favorecem o autêntico desenvolvimento e são, essencialmente: a verdade, a liberdade, a justiça, o amor.*[427] A sua prática constitui a via segura e necessária para alcançar um aperfeiçoamento pessoal e uma convivência social mais humana; eles constituem a referência imprescindível para os responsáveis pela coisa pública, chamados a realizar "as reformas substanciais das estruturas econômicas, políticas, culturais e tecnológicas e as mudanças necessárias nas instituições".[428] O respeito pela legítima autonomia das realidades terrestres faz com que a Igreja não se reserve competências específicas de ordem técnica o temporal,[429] mas não a impede de se pronunciar para mostrar como, nas diferentes opções do homem, tais valores são afirmados ou, pelo contrário, negados.[430]

## b) A verdade

**198** *Os homens estão obrigados de modo particular a tender continuamente à verdade, a respeitá-la e a testemunhá-la responsavelmente.*[431] *Viver na verdade* tem um significado especial nas relações sociais: a convivência entre os seres humanos em uma comunidade é efetivamente ordenada, fecunda e condizente com a sua dignidade de pessoas quando se funda na verdade.[432] Quanto mais as pessoas e os grupos sociais se esforçam por resolver os problemas sociais segundo a verdade, tanto mais se afastam do arbítrio e se conformam às exigências objetivas da moralidade.

*O nosso tempo exige uma intensa atividade educativa*[433] *e um correspondente empenho por parte de todos, para que a investigação da verdade,* não redutível ao conjunto ou a alguma das diversas opiniões, seja promovida

---

[427]   Cf. Concílio Vaticano II, Const. past. *Gaudium et spes*, 26: *AAS* 58 (1966) 1046-1047; João XXIII, Carta enc. *Pacem in terris*: *AAS* 55 (1963) 265-266.

[428]   Congregação para a Educação Católica, *Orientações para o estudo e o ensino da Doutrina Social na formação sacerdotal*, 43: Tipografia Poliglotta Vaticana, Cidade do Vaticano 1988, pp. 43-44.

[429]   Cf. Concílio Vaticano II, Const. past. *Gaudium et spes*, 36: *AAS* 58 (1966) 1053-1054.

[430]   Cf. Concílio Vaticano II, Const. past. *Gaudium et spes*, 1: *AAS* 58 (1966) 1025-1026; Paulo VI, Carta enc. *Populorum progressio*, 13: *AAS* 59 (1967) 263-264.

[431]   Cf. *Catecismo da Igreja Católica*, 2467.

[432]   Cf. João XXIII, Carta enc. *Pacem in terris*: *AAS* 55 (1963) 265-266. 281.

[433]   Cf. Concílio Vaticano II, Const. past. *Gaudium et spes*, 61: *AAS* 58 (1966) 1081-1082; Paulo VI, Carta enc. *Populorum progressio*, 35. 40: *AAS* 59 (1967) 274-275. 277; João Paulo II, Carta enc. *Sollicitudo rei socialis*, 44: *AAS* 80 (1988) 575-577. Para a reforma da sociedade "a tarefa prioritária, que condiciona o êxito de todas as demais, é de ordem educativa": Congregação para a Doutrina da Fé, Instr. *Libertatis conscientia*, 99: *AAS* 79 (1987) 599.

Os princípios da doutrina social da Igreja                    121

em todos os âmbitos, e prevaleça sobre toda tentativa de relativizar-lhe as exigências ou de causar-lhe qualquer tipo de ofensa.[434] É uma questão que incumbe especialmente ao mundo da comunicação pública e ao da economia. Neles, o uso descomedido do dinheiro faz com que surjam questões cada vez mais urgentes, que necessariamente reclamam uma necessidade de transparência e honestidade no agir pessoal e social.

## c) A liberdade

**199** *A liberdade é no homem sinal altíssimo da imagem divina e, conseqüentemente, sinal da sublime dignidade de toda pessoa humana:*[435] "A liberdade se exerce no relacionamento entre os seres humanos. Toda pessoa humana, criada à imagem de Deus, tem o direito natural de ser reconhecida como ser livre e responsável. Todos devem a cada um esta obrigação de respeito. *O direito ao exercício da liberdade é uma exigência inseparável da dignidade da pessoa humana*".[436] Não se deve restringir o significado da liberdade, considerando-a numa perspectiva puramente individualista e reduzindo-a ao exercício arbitrário e incontrolado da própria autonomia pessoal: "Longe de cumprir-se em uma total autonomia do eu e na ausência de relações, a liberdade só existe verdadeiramente quando laços recíprocos, regidos pela verdade e pela justiça, unem as pessoas".[437] A compreensão da liberdade torna-se profunda e ampla na medida em que é tutelada, também no âmbito social, na totalidade das suas dimensões.

**200** *O valor da liberdade, enquanto expressão da singularidade de cada pessoa humana, é respeitado e honrado na medida em que se consente a cada membro da sociedade realizar a própria vocação pessoal*; buscar a verdade e professar as próprias idéias religiosas, culturais e políticas; manifestar as próprias opiniões; decidir o próprio estado de vida e, na medida do possível, o próprio trabalho; assumir iniciativas de caráter econômico, social e político. Isto deve acontecer dentro de um "sólido contexto jurídico",[438]

---

[434] Cf. Concílio Vaticano II, Const. past. *Gaudium et spes*, 16: *AAS* 58 (1966) 1037; *Catecismo da Igreja Católica*, 2464-2487.

[435] Cf. Concílio Vaticano II, Const. past. *Gaudium et spes*, 17: *AAS* 58 (1966) 1037-1038; *Catecismo da Igreja Católica*, 1705. 1730; Congregação para a Doutrina da Fé, Instr. *Libertatis conscientia*, 28: *AAS* 79 (1987) 565.

[436] *Catecismo da Igreja Católica*, 1738.

[437] Congregação para a Doutrina da Fé, Instr. *Libertatis conscientia*, 26: *AAS* 79 (1987) 564-565.

[438] João Paulo II, Carta enc. *Centesimus annus*, 42: *AAS* 83 (1991) 846. A afirmação diz respeito à iniciativa econômica, todavia parece corretamente extensível também aos outros âmbitos do agir pessoal.

# 122

*Capítulo IV*

nos limites do bem comum e da ordem pública e, em cada caso, sob o signo da responsabilidade.

*A liberdade deve desdobrar-se, por outro lado, também como capacidade de recusa de tudo o que é moralmente negativo, seja qual for a forma em que se apresente,*[439] como capacidade de efetivo desapego de tudo o que possa obstar o crescimento pessoal, familiar e social. A plenitude da liberdade consiste na capacidade de dispor de si em vista do autêntico bem, no horizonte do bem comum universal.[440]

## d) A justiça

**201** *A justiça é um valor, que acompanha o exercício da correspondente virtude moral cardeal.*[441] Segundo a sua formulação mais clássica, ela "consiste na vontade constante e firme de dar a Deus e ao próximo o que lhes é devido".[442] Do ponto de vista subjetivo, a justiça se traduz na atitude *determinada pela vontade de reconhecer o outro como pessoa,* ao passo que, do ponto de vista objetivo, ela constitui *o critério determinante da moralidade no âmbito inter-subjetivo e social.*[443]

*O Magistério social evoca a respeito das formas clássicas da justiça:* a *comutativa,* a *distributiva,* a *legal.*[444] Um relevo cada vez maior no Magistério tem adquirido a justiça social,[445] que representa um verdadeiro e próprio desenvolvimento da *justiça geral,* reguladora dos relações sociais com base no critério da observância da *lei.* A *justiça social,* exigência conexa com a *questão social,* que hoje se manifesta em uma dimensão mundial, diz respeito aos aspectos sociais, políticos e econômicos e, sobretudo, à dimensão estrutural dos problemas e das respectivas soluções.[446]

**202** *A justiça mostra-se particularmente importante no contexto atual, em que o valor da pessoa, da sua dignidade e dos seus direitos, a despeito das proclamações de intentos, é seriamente ameaçado pela generalizada ten-*

---

[439] Cf. João Paulo II, Carta enc. *Centesimus annus,* 17: *AAS* 83 (1991) 814-815.

[440] Cf. João XXIII, Carta enc. *Pacem in terris: AAS* 55 (1963) 289-290.

[441] Cf. S. Tomás de Aquino, *Summa theologiae,* I-II, q. 6: Ed. Leon. 6, 55-63.

[442] *Catecismo da Igreja Católica,* 1807. Cf. S. Tomás de Aquino, *Summa theologiae,* II-II, q. 58, a. 1: Ed. Leon. 9, 9-10: "iustitia est perpetua et constans voluntas ius suum unicuique tribuendi".

[443] Cf. João XXIII, Carta enc. *Pacem in terris: AAS* 55 (1963) 282-283.

[444] Cf. *Catecismo da Igreja Católica,* 2411.

[445] Cf. *Catecismo da Igreja Católica,* 1928-1942, 2425-2449, 2832; Pio XI, Carta enc. *Divini Redemptoris: AAS* 29 (1937) 92.

[446] Cf. João Paulo II, Carta enc. *Laborem exercens,* 2: *AAS* 73 (1981) 580-583.

*Os princípios da doutrina social da Igreja* 123

dência a recorrer exclusivamente aos critérios da utilidade e do ter. Também a justiça, com base nestes critérios, é considerada de modo redutivo, ao passo que adquire um significado mais pleno e autêntico na antropologia cristã. A justiça, com efeito, não é uma simples convenção humana, porque o que é "justo" não é originalmente determinado pela lei, mas pela identidade profunda do ser humano.[447]

**203** *A plena verdade sobre o homem permite superar a visão contratualista da justiça, que é visão limitada, e abrir também para a justiça o horizonte da solidariedade e do amor:* "A justiça sozinha não basta; e pode mesmo chegar a negar-se a si própria, se não se abrir àquela força mais profunda que é o amor".[448] Ao valor da justiça, a doutrina social da Igreja aproxima o da solidariedade, enquanto via privilegiada da paz. Se a paz é fruto da justiça, "hoje poder-se-ia dizer, com a mesma justeza e com a mesma força de inspiração bíblica (cf. Is 32,17; Tg 3,18), *Opus solidarietatis pax*: a paz é o fruto da solidariedade".[449] A meta da *paz*, com efeito, "será certamente alcançada com a realização da justiça social e internacional; mas contar-se-á também com a prática das virtudes que favorecem a convivência e nos ensinam a viver unidos, a fim de, *unidos*, construirmos, dando e recebendo, uma sociedade nova e um mundo melhor".[450]

## VIII. A VIA DA CARIDADE

**204** *Entre as virtudes no seu conjunto e, em particular, entre virtudes, valores sociais e caridade, subsiste um profundo liame, que deve ser cada vez mais acuradamente reconhecido.* A caridade, não raro confinada ao âmbito das relações de proximidade, ou limitada aos aspectos somente subjetivos do agir para com o outro, deve ser reconsiderada no seu autêntico valor de *critério supremo e universal de toda a ética social.* Dentre todos os caminhos, mesmo os procurados e percorridos para enfrentar as formas sempre novas da atual *questão social,* o "que ultrapassa a todos" (1Cor 12,31) é *a via traçada pela caridade.*

**205** *Os valores da verdade, da justiça, do amor e da liberdade nascem e se desenvolvem do manancial interior da caridade:* a convivência humana é

---

[447] Cf. João Paulo II, Carta enc. *Sollicitudo rei socialis*, 40: *AAS* 80 (1988) 568; *Catecismo da Igreja Católica*, 1929.

[448] João Paulo II, *Mensagem para a celebração do Dia Mundial da Paz 2004*, 10: *AAS* 96 (2004) 121.

[449] João Paulo II, Carta enc. *Sollicitudo rei socialis*, 39: *AAS* 80 (1988) 568.

[450] João Paulo II, Carta enc. *Sollicitudo rei socialis*, 39: *AAS* 80 (1988) 568.

ordenada, fecunda de bens e condizente com a dignidade do homem, quando se funda na verdade; realiza-se segundo a justiça, ou seja, no respeito efetivo pelos direitos e no leal cumprimento dos respectivos deveres; é realizada na liberdade que condiz com a dignidade dos homens, levados pela sua própria natureza racional a assumir a responsabilidade pelo próprio agir; é vivificada pelo amor, que faz sentir como próprias as carências e as exigências alheias e torna sempre mais intensas a comunhão dos valores espirituais e a solicitude pelas necessidades materiais.[451] Estes valores constituem pilastras das quais recebe solidez e consistência o edifício do viver e do agir: são valores que determinam a qualidade de toda a ação e instituição social.

**206** *A caridade pressupõe e transcende a justiça*: esta última "deve ser completada pela caridade".[452] Se a justiça "é, em si mesma, apta para 'servir de árbitro' entre os homens na recíproca repartição justa dos bens materiais, o amor, pelo contrário, e somente o amor (e portanto também o amor benevolente que chamamos 'misericórdia'), é capaz de restituir o homem a si próprio".[453] *Não se podem regular as relações humanas unicamente com a medida da justiça*: "A experiência do passado e do nosso tempo demonstra que a justiça, por si só, não basta e que pode até levar à negação e ao aniquilamento de si própria, se não se permitir *àquela força mais profunda, que é o amor*, plasmar a vida humana nas suas várias dimensões. Foi precisamente a experiência da realidade histórica que levou à formulação do axioma: *summum ius, summa iniuria*".[454] A justiça, com efeito, "em toda a gama das relações entre os homens, deve submeter-se, *por assim dizer, a uma 'correção' notável*, por parte daquele amor que, como proclama São Paulo, 'é paciente' e 'benevolente', ou por outras palavras, que encerra em si as características do *amor misericordioso*, tão essenciais para o Evangelho e para o Cristianismo".[455]

**207** *Nenhuma legislação, nenhum sistema de regras ou de pactos conseguirá persuadir homens e povos a viver na unidade, na fraternidade e na paz, nenhuma argumentação poderá superar o apelo da caridade*. Somente a caridade, na sua qualidade de *"forma virtutum"*,[456] pode animar e plasmar o

---

[451] Cf. João XXIII, Carta enc. *Pacem in terris*: *AAS* 55 (1963) 265-266.
[452] João Paulo II, *Mensagem para a celebração do Dia Mundial da Paz 2004*, 10: *AAS* 96 (2004) 120.
[453] João Paulo II, Carta enc. *Dives in misericordia*, 14: *AAS* 72 (1980) 1223.
[454] João Paulo II, Carta enc. *Dives in misericordia*, 12: *AAS* 72 (1980) 1216.
[455] João Paulo II, Carta enc. *Dives in misericordia*, 14: *AAS* 72 (1980) 1224; cf. *Catecismo da Igreja Católica*, 2212.
[456] S. Tomás de Aquino, *Summa theologiae*, II-II, q. 23, a. 8: Ed. Leon. 8, 172; *Catecismo da Igreja Católica*, 1827.

*Os princípios da doutrina social da Igreja*                                    125

agir social no contexto de um mundo cada vez mais complexo. Para que tudo isto aconteça, é necessário que se cuide de mostrar a caridade não só como inspiradora da ação individual, mas também como força capaz de suscitar novas vias para enfrentar os problemas do mundo de hoje e para renovar profundamente, desde o interior das estruturas, organizações sociais, ordenamentos jurídicos. Nesta perspectiva, a caridade se torna *caridade social e política*: a caridade social nos leva a amar o bem comum[457] e a buscar efetivamente o bem de todas as pessoas, consideradas não só individualmente, mas também na dimensão social que as une.

**208** *A caridade social e política não se esgota nas relações entre as pessoas, mas se desdobra na rede em que tais relações se inserem, que é precisamente a comunidade social e política, e sobre esta intervém, visando ao bem possível para a comunidade no seu conjunto.* Sob tantos aspectos, o próximo a ser amado se apresenta *"em sociedade"*, de sorte que amá-lo realmente, prover às suas necessidades ou à sua indigência pode significar algo de diferente do bem que se lhes pode querer no plano puramente inter-individual: *amá-lo no plano social significa, de acordo com as situações, valer-se das mediações sociais para melhorar sua vida ou remover os fatores sociais que causam a sua indigência.* Sem dúvida alguma, é um ato de caridade a obra de misericórdia com que se responde *aqui e agora* a uma necessidade real e imperiosa do próximo, mas é um ato de caridade igualmente indispensável o empenho com vistas a *organizar e estruturar a sociedade* de modo que o próximo não venha a encontrar-se na miséria, sobretudo quando esta se torna a situação em que se debate um incomensurável número de pessoas e mesmo povos inteiros, situação esta que assume hoje as proporções de uma verdadeira e própria *questão social mundial.*

---

[457] Paulo VI, *Discurso à sede da FAO, no XXV aniversário da instituição* (16 de novembro de 1970): *Insegnamenti di Paolo VI*, vol. VIII, p. 1153.

# SEGUNDA PARTE

"... a *doutrina social*, por si mesma, tem o valor
de um *instrumento de evangelização*: enquanto tal, anuncia Deus
e o mistério de salvação em Cristo a cada homem e,
pela mesma razão, revela o homem a si mesmo.
A esta luz, e somente nela, se ocupa do resto:
dos direitos humanos de cada um e, em particular, do 'proletariado',
da família e da educação, dos deveres do Estado,
do ordenamento da sociedade nacional e internacional,
da vida econômica, da cultura, da guerra e da paz,
do respeito pela vida desde o momento da concepção até à morte".

(*Centesimus annus*, 54)

# CAPÍTULO V

# A FAMÍLIA,
# CÉLULA VITAL DA SOCIEDADE

## I. A FAMÍLIA, PRIMEIRA SOCIEDADE NATURAL

**209** *A importância e a centralidade da família, em vista da pessoa e da sociedade, é repetidamente sublinhada na Sagrada Escritura:* "Não é bom que o homem esteja só" (Gn 2,18). Desde os textos que narram a criação do homem (cf. Gn 1,26-28; 2,7-24), vem à tona como — no desígnio de Deus — o casal constitui "a primeira forma de comunhão de pessoas".[458] Eva é criada semelhante a Adão, como aquela que, na sua alteridade, o completa (cf. Gn 2,18) para formar com ele "uma só carne" (cf. Gn 2,24; cf. Mt 19,5-6).[459] Ao mesmo tempo, ambos estão empenhados na tarefa da procriação, que faz deles colaboradores do Criador: "Sede fecundos e multiplicai-vos, enchei a terra" (Gn 1,28). A família delineia-se, no desígnio do Criador, como "lugar primário da 'humanização' da pessoa e da sociedade" e "berço da vida e do amor".[460]

**210** *Na família se aprende a conhecer o amor e a fidelidade do Senhor e a necessidade de corresponder-lhe* (cf. Ex 12,25-27; 13,8.14-15; Dt 6,20-25; 13,7-11; 1Sm 3,13); os filhos aprendem as primeiras e mais decisivas lições da sabedoria prática com que são conexas as virtudes (cf. Pr 1,8-9; 4,1-4; 6,20-21; Sir 3,1-16; 7,27-28). Por tudo isso, o Senhor se faz garante do amor e da fidelidade conjugal (cf. Mc 2,14-15).

---

[458] CONCÍLIO VATICANO II, Const. apost. *Gaudium et spes*, 12: *AAS* 58 (1966) 1034.

[459] Cf. *Catecismo da Igreja Católica*, 1605.

[460] Cf. JOÃO PAULO II, Exort. apost. *Christifideles laici*, 40: *AAS* 81 (1989) 469.

130                                                                        *Capítulo V*

*Jesus nasceu e viveu em uma família concreta, acolhendo todas as características próprias desta vida*[461] *e conferiu uma excelsa dignidade ao instituto matrimonial,* constituindo-o como sacramento da nova aliança (cf. Mt 19,3-9). Nesta perspectiva, o casal encontra toda a sua dignidade, e a família, a sua própria solidez.

**211** *Iluminada pela luz da mensagem bíblica, a Igreja considera a família como a primeira sociedade natural, titular de direitos próprios e originários, e a põe no centro da vida social:* relegar a família "a um papel subalterno e secundário, excluindo-a da posição que lhe compete na sociedade, significa causar um grave dano ao autêntico crescimento do corpo social inteiro".[462] Efetivamente, a família, que nasce da íntima comunhão de vida e de amor fundada no matrimônio entre um homem e uma mulher,[463] possui uma dimensão social própria, específica e originária, enquanto lugar primário de relações interpessoais, *célula primeira e vital da sociedade:*[464] esta é uma instituição divina que está colocada como fundamento da vida das pessoas, como protótipo de todo ordenamento social.

## a) A importância da família para a pessoa

**212** *A família é importante e central em relação à pessoa.* Neste berço da vida e do amor, o homem *nasce e cresce:* quando *nasce* uma criança, à sociedade é oferecido o dom de uma nova pessoa, que é "chamada, desde o seu íntimo, à *comunhão* com os outros e à *doação* aos outros".[465] Na família, portanto, o dom recíproco de si por parte do homem e da mulher unidos em matrimônio cria um ambiente de vida, no qual a criança pode nascer e "desenvolver as suas potencialidades, tornar-se consciente da sua dignidade e preparar-se para enfrentar o seu único e irrepetível destino".[466]

---

[461] A Sagrada Família é um exemplo preclaro de "vida familiar. Que Nazaré nos ensine o que é a família, a sua comunhão de amor, a sua beleza austera e simples, o seu caráter sagrado e inviolável; aprendamos de Nazaré como é preciosa e insubstituível a educação familiar e como é fundamental e incomparável a sua função no plano social. Enfim, aprendamos uma lição de trabalho": Paulo VI, *Discurso em Nazaré* (5 de janeiro de 1964): *AAS* 56 (1964) 168.

[462] João Paulo II, Carta às famílias *Gratissimam sane,* 17: *AAS* 86 (1994) 906.

[463] Cf. Concílio Vaticano II, Const. apost. *Gaudium et spes,* 48: *AAS* 58 (1966) 1067-1069.

[464] Cf. Concílio Vaticano II, Decr. *Apostolicam actuositatem,* 11: *AAS* 58 (1966) 848.

[465] João Paulo II, Exort. apost. *Christifideles laici,* 40: *AAS* 81 (1989) 468.

[466] João Paulo II, Carta enc. *Centesimus annus,* 39: *AAS* 83 (1991) 841.

*A família, célula vital da sociedade*
131

No clima de natural afeto que liga os membros de uma comunidade familiar, as pessoas são reconhecidas e responsabilizadas na sua integralidade: "Primeira e fundamental estrutura a favor da 'ecologia humana' é a família, no seio da qual o homem recebe as primeiras e determinantes noções acerca da verdade e do bem, aprende o que significa amar e ser amado e, conseqüentemente, o que quer dizer, em concreto, ser uma pessoa".[467] As obrigações dos seus membros, de fato, não estão limitadas pelos termos de um contrato, mas derivam da essência mesma da família, fundada num pacto conjugal irrevogável e estruturada pelas relações que dele derivam após a geração ou a adoção dos filhos.

## b) A importância da família para a sociedade

**213** *A família, comunidade natural na qual se experimenta a sociabilidade humana, contribui de modo único e insubstituível para o bem da sociedade.* A comunidade familiar nasce da comunhão das pessoas. "A *'comunhão'* diz respeito à relação pessoal entre o 'eu' e o 'tu'. A *'comunidade'*, pelo contrário, supera este esquema na direção de uma 'sociedade', de um 'nós'. A família, comunidade de pessoas, é, pois, a primeira 'sociedade' humana".[468]

*Uma sociedade à medida da família é a melhor garantia contra toda a deriva de tipo individualista ou coletivista, porque nela a pessoa está sempre no centro da atenção enquanto fim e nunca como meio.* É de todo evidente que o bem das pessoas e o bom funcionamento da sociedade, portanto, estão estreitamente conexos "ao bem-estar da comunidade conjugal e familiar".[469] Sem famílias fortes na comunhão e estáveis no compromisso, os povos se debilitam. Na família são inculcados, desde os primeiros anos de vida, os valores morais, transmitem-se o patrimônio espiritual da comunidade religiosa e o cultural da nação. Nela se dá a aprendizagem das responsabilidades sociais e da solidariedade.[470]

**214** *Há que se afirmar a prioridade da família em relação à sociedade e ao Estado.* A família, de fato, ao menos na sua função procriadora, é a condição mesma da sua existência. Nas outras funções a favor de cada um dos seus membros ela precede, por importância e valor, as funções que a sociedade e

---

[467] João Paulo II, Carta enc. *Centesimus annus*, 39: *AAS* 83 (1991) 841.

[468] João Paulo II, Carta às famílias *Gratissimam sane*, 7: *AAS* 86 (1994) 875; cf. *Catecismo da Igreja Católica*, 2206.

[469] Concílio Vaticano II, Const. apost. *Gaudium et spes*, 47: *AAS* 58 (1966) 1067; cf. *Catecismo da Igreja Católica*, 2210; 2250.

[470] Cf. *Catecismo da Igreja Católica*, 2224.

132  *Capítulo V*

o Estado também devem cumprir.[471] A família, sujeito titular de direitos nativos e invioláveis, encontra a sua legitimação na natureza humana e não no reconhecimento do Estado. *Ela não é, portanto, para a sociedade e para o Estado; antes, a sociedade e o Estado são para a família.*

*Todo modelo social que pretenda servir ao bem do homem não pode prescindir da centralidade e da responsabilidade social da família. A sociedade e o Estado, nas suas relações com a família, têm o dever de ater-se ao princípio de subsidiariedade.* Por força de tal princípio, as autoridades públicas não devem subtrair à família aquelas tarefas que pode bem perfazer sozinha ou livremente associada com outras famílias; por outro lado, as autoridades têm o dever de apoiar a família, assegurando-lhe todos os auxílios de que ela necessita para desempenhar de modo adequado a todas as suas responsabilidades.[472]

## II. O MATRIMÔNIO, FUNDAMENTO DA FAMÍLIA

### a) O valor do matrimônio

**215** *A família tem o seu fundamento na livre vontade dos cônjuges de se unirem em matrimônio, no respeito dos significados e dos valores próprios deste instituto, que não depende do homem, mas do próprio Deus:* "No intuito do bem, seja dos esposos como da prole e da sociedade, esse vínculo sagrado não depende do arbítrio humano. Mas o próprio Deus é o autor do matrimônio, dotado de vários valores e fins".[473] O instituto do matrimônio — "íntima comunhão de vida e de amor conjugal que o Criador fundou e dotou com Suas leis"[474] — não é, portanto, uma criação devida a convenções humanas e a imposições legislativas, mas deve a sua estabilidade ao ordenamento divino.[475] É um instituto que nasce, mesmo para a sociedade, "do ato humano pelo qual os cônjuges se doam e recebem mutuamente"[476] e se funda sobre a mesma natureza do amor conjugal que, enquanto dom total e exclusivo, de pessoa a pessoa, comporta um compromisso definitivo expresso

---

[471] Cf. SANTA SÉ, *Carta dos Direitos da Família* (22 de outubro de 1983), Preâmbulo, *D-E*: Tipografia Poliglota Vaticana, Cidade do Vaticano 1983, p. 6.

[472] Cf. JOÃO PAULO II, Exort. apost. *Familiaris consortio*, 45: *AAS* 74 (1982) 136-137; *Catecismo da Igreja Católica*, 2209.

[473] CONCÍLIO VATICANO II, Const. apost. *Gaudium et spes*, 48: *AAS* 58 (1966) 1067-1068.

[474] CONCÍLIO VATICANO II, Const. apost. *Gaudium et spes*, 48: *AAS* 58 (1966) 1067.

[475] Cf. *Catecismo da Igreja Católica*, 1603; 2203.

[476] CONCÍLIO VATICANO II, Const. apost. *Gaudium et spes*, 48: *AAS* 58 (1966) 1067.

*A família, célula vital da sociedade*  133

com o consentimento recíproco, irrevogável e público.[477] Tal empenho comporta que as relações entre os membros da família sejam caracterizadas pelo sentido da justiça e, portanto, pelo respeito dos direitos e deveres recíprocos.

**216** *Nenhum poder pode abolir o direito natural ao matrimônio nem lhe modificar as características e a finalidade. O matrimônio, com efeito, é dotado de características próprias, originárias e permanentes.* Não obstante as numerosas mudanças que pôde sofrer no curso dos séculos, nas várias culturas, estruturas sociais e atitudes espirituais, em todas as culturas, há um certo sentido da dignidade da união matrimonial, se bem que não transpareça por toda parte com a mesma clareza.[478] Tal dignidade deve ser respeitada nas suas características específicas, que exigem ser salvaguardadas diante de toda tentativa de deturpá-la. A sociedade não pode dispor do laço matrimonial, com o qual os dois esposos prometem mútua fidelidade, assistência e acolhimento dos filhos, mas está habilitada a disciplinar-lhe os efeitos civis.

**217** *O matrimônio tem como traços característicos: a totalidade*, em força da qual os cônjuges se doam reciprocamente em todas as componentes da pessoa, físicas e espirituais; a unidade que os torna "uma só carne" (Gn 2,24); *a indissolubilidade* e *a fidelidade* que a doação recíproca definitiva exige; *a fecundidade* à qual ela naturalmente se abre.[479] O sapiente desígnio de Deus sobre o matrimônio — desígnio acessível à razão humana, não obstante as dificuldades devidas à dureza do coração (cf. Mt 19,8; Mc 10,5) — não pode ser avaliado exclusivamente à luz dos comportamentos de fato e das situações concretas que dele se afastam. É uma negação radical do desígnio original de Deus a *poligamia*, "porque contrária à igual dignidade pessoal entre o homem e a mulher, que no matrimônio se doam com um amor total e por isso mesmo único e exclusivo".[480]

**218** *O matrimônio, na sua verdade "objetiva", está ordenado à procriação e à educação dos filhos.*[481] A união matrimonial, de fato, leva a viver em plenitude aquele dom sincero de si, cujo fruto são os filhos, dom, por sua vez, para os pais, para a família toda e para toda a sociedade.[482] *O matrimônio, porém, não*

---

[477] Cf. *Catecismo da Igreja Católica*, 1639.
[478] Cf. *Catecismo da Igreja Católica*, 1603.
[479] Cf. João Paulo II, Exort. apost. *Familiaris consortio*, 13: *AAS* 74 (1982) 93-96.
[480] João Paulo II, Exort. apost. *Familiaris consortio*, 19: *AAS* 74 (1982) 102.
[481] Cf. Concílio Vaticano II, Const. apost. *Gaudium et spes*, 48. 50: *AAS* 58 (1966) 1067-1069. 1070-1072.
[482] João Paulo II, Carta às famílias *Gratissimam sane*, 11: *AAS* 86 (1994) 883-886.

134                                                            *Capítulo V*

*foi instituído unicamente em vista da procriação:*[483] o seu caráter indissolúvel e o seu valor de comunhão permanecem mesmo quando os filhos, ainda que vivamente desejados, não chegam a completar a vida conjugal. Neste caso, os esposos "podem mostrar a sua generosidade adotando crianças desamparadas ou prestando relevantes serviços em favor do próximo".[484]

### b) O sacramento do matrimônio

**219** *A realidade humana e originária do matrimônio é vivida pelos batizados, por instituição de Cristo, na forma sobrenatural do sacramento, sinal e instrumento de Graça.* A história da salvação é perpassada pelo tema da aliança esponsal, expressão significativa da comunhão de amor entre Deus e os homens e chave simbólica para compreender as etapas da grande aliança entre Deus e o Seu povo.[485] O centro da revelação do projeto de amor divino é o dom que Deus faz à humanidade do Filho Seu Jesus Cristo, "o Esposo que ama e se doa como Salvador da humanidade, unindo-a a Si como seu corpo. Ele revela a verdade originária do matrimônio, a verdade do "princípio" (cf. Gn 2,24; Mt 19,5) e, libertando o homem da dureza do seu coração, torna-o capaz de a realizar inteiramente".[486] Do amor esponsal de Cristo pela Igreja, que mostra a sua plenitude na oferta consumada na Cruz, promana a sacramentalidade do matrimônio, cuja Graça conforma o amor dos esposos ao Amor de Cristo pela Igreja. O matrimônio, enquanto sacramento, é uma aliança de um homem e uma mulher no amor.[487]

**220** *O sacramento do matrimônio assume a realidade humana do amor conjugal em todas as implicações* e "habilita e empenha os cônjuges e os pais cristãos a viver a sua vocação de leigos, e portanto a 'procurar o Reino de Deus

---

[483] Cf. Concílio Vaticano II, Const. apost. *Gaudium et spes*, 50: *AAS* 58 (1966) 1070-1072.

[484] *Catecismo da Igreja Católica*, 2379.

[485] Cf. João Paulo II, Exort. apost. *Familiaris consortio*, 12: *AAS* 74 (1982) 93: "É por isto que a palavra central da Revelação, 'Deus ama o seu povo', é também pronunciada através das palavras vivas e concretas com que o homem e a mulher se declaram o seu amor conjugal. O seu vínculo de amor torna-se a imagem e o símbolo da Aliança que une Deus e o seu povo (cf. por ex. Os 2,21; Jr 3,6-13; Is 54). E o mesmo pecado, que pode ferir o pacto conjugal, torna-se imagem da infidelidade do povo para com o seu Deus: a idolatria é prostituição (cf. Ez 16,25), a infidelidade é adultério, a desobediência à lei é abandono do amor nupcial para com o Senhor. Mas a infidelidade de Israel não destrói a fidelidade eterna do Senhor e, portanto, o amor sempre fiel de Deus põe-se como exemplar das relações do amor fiel que devem existir entre os esposos (cf. Os 3)".

[486] João Paulo II, Exort. apost. *Familiaris consortio*, 13: *AAS* 74 (1982) 93-94.

[487] Cf. Concílio Vaticano II, Const. apost. *Gaudium et spes*, 47: *AAS* 58 (1966) 1067-1069.

A família, célula vital da sociedade

135

tratando das realidades temporais e ordenando-as segundo Deus'".[488] Intimamente unida à Igreja por força do vínculo sacramental que a torna *Igreja doméstica* ou *pequena Igreja,* a família cristã é chamada "a ser sinal de unidade para o mundo e a exercer deste modo o seu papel profético, testemunhando o Reino e a paz de Cristo, para os quais o mundo inteiro caminha".[489]

A caridade conjugal, que promana da caridade mesma de Cristo, oferecida através do Sacramento, torna os cônjuges cristãos testemunhas de uma sociabilidade nova, inspirada no Evangelho e no Mistério Pascal. A dimensão natural do seu amor é constantemente purificada, consolidada e elevada pela graça sacramental. Deste modo, os cônjuges cristãos, além de ajudar-se reciprocamente no caminho de santificação, convertem-se em sinal e instrumento da caridade de Cristo no mundo. Com a sua própria vida eles são chamados a ser testemunhas e anunciadores do significado religioso do matrimônio, que a sociedade atual sente sempre mais dificuldade em reconhecer, especialmente quando acolhe visões que tendem a relativizar até mesmo o fundamento natural do instituto matrimonial.

## III. A SUBJETIVIDADE SOCIAL DA FAMÍLIA

### a) O amor e a formação de uma comunidade de pessoas

**221** *A família propõe-se como espaço daquela comunhão, tão necessária em uma comunidade cada vez mais individualística, no qual faz crescer uma autêntica comunidade de pessoas,[490] graças ao incessante dinamismo do amor, que é a dimensão fundamental da experiência humana e que tem precisamente na família um lugar privilegiado para manifestar-se:* "O amor faz com que o homem se realize através do dom sincero de si: amar significa dar e receber aquilo que não se pode comprar nem vender, mas apenas livre e reciprocamente oferecer".[491]

*Graças ao amor, realidade essencial para definir o matrimônio e a família, toda pessoa, homem e mulher, é reconhecida, acolhida e respeitada na sua dignidade.* Do amor nascem relações vividas sob o signo da gratuidade, a qual "respeitando e favorecendo em todos e em cada um a dignidade pessoal

---

[488] João Paulo II, Exort. apost. *Familiaris consortio,* 47: *AAS* 74 (1982) 139. A nota interna refere-se a: Concílio Vaticano II, *Lumen gentium,* 31: *AAS* 57 (1965) 37.

[489] João Paulo II, Exort. apost. *Familiaris consortio,* 48: *AAS* 74 (1982) 140; cf. *Catecismo da Igreja Católica,* 1656-1657; 2204.

[490] João Paulo II, Exort. apost. *Familiaris consortio,* 18: *AAS* 74 (1982) 100-101.

[491] João Paulo II, Carta às famílias *Gratissimam sane,* 11: *AAS* 86 (1994) 883.

# 136 — Capítulo V

como único título de valor, se torna acolhimento cordial, encontro e diálogo, disponibilidade desinteressada, serviço generoso, solidariedade profunda".[492] A existência de famílias que vivem em tal espírito põem a nu as carências e as contradições de uma sociedade orientada preponderantemente, quando não exclusivamente, por critérios de eficiência e de funcionalidade. A família, que vive construindo todos os dias uma rede de relações interpessoais, internas e externas, coloca-se por sua vez como "a primeira e insubstituível escola de sociabilidade, exemplo e estímulo para as mais amplas relações comunitárias na mira do respeito, da justiça, do diálogo, do amor".[493]

**222** *O amor se expressa também mediante uma pressurosa atenção para com os anciões que vivem na família: a sua presença pode assumir um grande valor.* Eles são o exemplo de conexão entre as gerações, uma riqueza para o bem-estar da família e de toda a sociedade: "Não só podem dar testemunho de que existem aspectos da vida, como os valores humanos e culturais, morais e sociais, que não se medem em termos econômicos e funcionais, mas oferecer também o seu contributo eficaz no âmbito do trabalho e no da responsabilidade. Trata-se, por fim, não só de fazer algo pelos idosos, mas de aceitar também estas pessoas como colaboradores responsáveis, com modalidades que tornem isso realmente possível, como agentes de projetos partilhados, em fase de programação, de diálogo ou de realização".[494] Como diz a Sagrada Escritura, as pessoas "até na velhice darão frutos" (Sl 91,15). Os anciões constituem uma importante escola de vida, capaz de transmitir valores e tradições e de favorecer o crescimento dos mais jovens, os quais desse modo aprendem a buscar não somente o próprio bem, mas também o de outrem. Se os anciões se encontram em uma situação de sofrimento e dependência, necessitam não só de cuidados médicos e de uma assistência apropriada, mas sobretudo de ser tratados com amor.

**223** *O ser humano é feito para amar e sem amor não pode viver.* Quando se manifesta no dom total de duas pessoas na sua complementaridade, o amor não pode ser reduzido às emoções e aos sentimentos, nem tampouco à sua mera expressão sexual. Uma sociedade que tende cada vez mais a relativizar e a banalizar a experiência do amor e da sexualidade, exalta os aspectos efêmeros da vida e obscurece os seus valores fundamentais: torna-se cada

---

[492] João Paulo II, Exort. apost. *Familiaris consortio*, 43: *AAS* 74 (1982) 134.
[493] João Paulo II, Exort. apost. *Familiaris consortio*, 43: *AAS* 74 (1982) 134.
[494] João Paulo II, *Carta por ocasião da Segunda Assembléia Mundial sobre o Envelhecimento* (3 de abril de 2002): *AAS* 94 (2002) 582; cf. Id., Exort. apost. *Familiaris consortio*, 27: *AAS* 74 (1982) 113-114.

A família, célula vital da sociedade

137

vez mais urgente anunciar e testemunhar *a verdade* do amor e da sexualidade conjugal, que só existe onde se realiza um dom pleno e total das pessoas com as características da *unidade* e da *fidelidade*.[495] Tal verdade, fonte de alegria, de esperança e de vida, permanece impenetrável e inatingível enquanto se estiver fechado no relativismo e no ceticismo.

**224** *Em face das teorias que consideram a identidade de gênero somente o produto cultural e social que deriva da interação entre a comunidade e o indivíduo, prescindindo da identidade sexual pessoal e sem referência alguma ao verdadeiro significado da sexualidade, a Igreja não se cansará de reafirmar o próprio ensinamento:* "Cabe a cada um, homem e mulher, reconhecer e aceitar sua identidade sexual. A *diferença* e a *complementaridade* físicas, morais e espirituais são orientadas para os bens do casamento e para o desabrochar da vida familiar. A harmonia do casal e da sociedade depende, em parte, da maneira como se vivem entre os sexos a complementaridade, a necessidade e o apoio mútuos".[496] Esta é uma perspectiva que faz considerar imprescindível *a conformação* do direito positivo com a lei natural, segundo a qual *a identidade sexual é indisponível*, porque é a condição objetiva para formar um casal no matrimônio.

**225** *A natureza do amor conjugal exige a estabilidade da relação matrimonial e a sua indissolubilidade.* A falta destes requisitos prejudica a relação de amor exclusivo e total próprio do vínculo matrimonial, com graves sofrimentos para os filhos, com reflexos dolorosos também no tecido social.

A estabilidade e a indissolubilidade da união matrimonial não devem ser confiadas exclusivamente à intenção e ao empenho de cada uma das pessoas envolvidas: a responsabilidade da tutela e da promoção da família como instituição natural fundamental, precisamente em consideração dos seus aspectos vitais e irrenunciáveis, compete à sociedade toda. A necessidade de conferir um caráter institucional ao matrimônio, fundando-o em um ato público, social e juridicamente reconhecido, deriva de exigências basilares de natureza social.

*A introdução do divórcio nas legislações civis, pelo contrário, tem alimentado uma visão relativista do laço conjugal* e se manifestou amplamente como uma "verdadeira praga social".[497] Os casais que conservam e desenvolvem o bem da indissolubilidade "cumprem ... de um modo humilde e

---

[495] Cf. Concílio Vaticano II, Const. apost. *Gaudium et spes*, 48: *AAS* 58 (1966) 1067-1069; *Catecismo da Igreja Católica*, 1644-1651.
[496] *Catecismo da Igreja Católica*, 2333.
[497] *Catecismo da Igreja Católica*, 2385; cf. também 1650-1651.2384.

138 *Capítulo V*

corajoso, o dever que lhes foi confiado de ser no mundo um "sinal" — pequeno e precioso sinal, submetido também às vezes à tentação, mas sempre renovado — da fidelidade infatigável com que Deus e Jesus Cristo amam todos os homens e cada homem".[498]

**226** *A Igreja não abandona a si próprios aqueles que, após um divórcio, tornaram a casar-se. A Igreja reza por eles, anima-os nas dificuldades de ordem espiritual que encontram e os sustém na fé e na esperança.* De sua parte, estas pessoas, enquanto batizadas podem, antes devem, participar da vida eclesial: são exortadas a escutar a Palavra de Deus, a freqüentar o sacrifício da Missa, a perseverar na oração, a dar incremento às obras de caridade e às iniciativas da comunidade a favor da justiça e da paz, a educar os filhos na fé, a cultivar o espírito e as obras de penitência para assim implorar, dia após dia, a graça de Deus.

A reconciliação no sacramento da penitência — que abriria a estrada ao sacramento eucarístico — pode ser concedida somente aos que, arrependidos, estão sinceramente dispostos a uma forma de vida não mais em contradição com a indissolubilidade do matrimônio.[499]

Assim agindo, a Igreja professa a própria fidelidade a Cristo e à Sua verdade; ao mesmo tempo se comporta com ânimo materno em relação a estes filhos seus, especialmente para com aqueles que, sem sua culpa, foram abandonados pelo legítimo cônjuge. Com firme confiança ela crê que mesmo aqueles que se afastaram do mandamento do Senhor, e em tal estado ainda vivem, poderão obter de Deus a graça da conversão e da salvação, se tiverem perseverado na oração, na penitência e na caridade.[500]

**227** *As uniões de fato, cujo número tem aumentado progressivamente, baseiam-se em uma falsa concepção da liberdade de opção dos indivíduos[501] e em uma concepção de todo privatista do matrimônio e da família.* O matrimônio, de fato, não é um simples pacto de convivência, mas uma relação com uma dimensão social única em relação a todas as outras, enquanto a

---

[498] João Paulo II, Exort. apost. *Familiaris consortio*, 20: *AAS* 74 (1982) 104.

[499] O respeito devido quer ao sacramento do matrimônio, quer aos próprios cônjuges e a seus familiares, quer ainda à comunidade dos fiéis, veda a todo pastor, por qualquer que seja o motivo ou pretexto mesmo pastoral, pôr em andamento, a favor dos divorciados que se casaram novamente, cerimônias de todo e qualquer gênero. Cf. João Paulo II, Exort. apost. *Familiaris consortio*, 20: *AAS* 74 (1982) 104.

[500] Cf. João Paulo II, Exort. apost. *Familiaris consortio*, 77. 84: *AAS* 74 (1982) 175-178. 184-186.

[501] Cf. João Paulo II, Carta às famílias *Gratissimam sane*, 14: *AAS* 86 (1994) 893-896; *Catecismo da Igreja Católica*, 2390.

*A família, célula vital da sociedade*                                            139

família, provendo à procriação e à educação dos filhos, se configura como instrumento primário para o crescimento integral de cada pessoa e para a sua positiva inserção na vida social.

*A eventual equiparação legislativa entre família e "uniões de fato" traduzir-se-ia em um descrédito do modelo de família,* que não se pode realizar em uma precária relação entre pessoas,[502] mas somente em uma união permanente originada por um matrimônio, isto é, pelo pacto entre um homem e uma mulher, fundado sobre uma escolha recíproca e livre que implica a plena comunhão conjugal orientada para a procriação.

**228** *Uma problemática particular ligada às uniões de fato é a concernente à demanda de reconhecimento jurídico das uniões homossexuais,* cada vez mais objeto de debate público. Somente uma antropologia correspondente à plena verdade do homem pode dar uma resposta apropriada ao problema, que apresenta diversos aspectos, quer no plano social quer no eclesial.[503] À luz de tal antropologia revela-se "como é incongruente a pretensão de atribuir uma realidade 'conjugal' à união entre pessoas do mesmo sexo. A ela opõe-se, antes de tudo, a impossibilidade objetiva de fazer frutificar o conúbio mediante a transmissão da vida, segundo o projeto inscrito por Deus na própria estrutura do ser humano. Serve de obstáculo, além disso, a ausência dos pressupostos para aquela complementaridade interpessoal que o Criador quis, tanto no plano físico-biológico quanto no plano eminentemente psicológico, entre o homem e a mulher. É só na união entre duas pessoas sexualmente diferentes que se pode realizar o aperfeiçoamento do indivíduo, numa síntese de unidade e de mútua completamentação psicofísica".[504]

*A pessoa homossexual deve ser plenamente respeitada na sua dignidade*[505] *humana e encorajada a seguir o plano de Deus com um empenho particular no exercício da castidade.*[506] O respeito que se lhes deve não significa legitimação de comportamentos não conformes com a lei moral, nem tampouco o reconhecimento de um direito ao matrimônio entre pessoas do

---

[502]  Cf. *Catecismo da Igreja Católica*, 2390.

[503]  Cf. Congregação para a Doutrina da Fé, *Carta sobre o atendimento pastoral das pessoas homossexuais* (1º de outubro de 1986), 1-2: *L'Osservatore Romano*, ed. em português, 9 de novembro de 1986, p. 12.

[504]  João Paulo II, *Discurso ao Tribunal da Rota Romana* (21 de janeiro de 1999), 5: *L'Osservatore Romano*, ed. em português, 30 de janeiro de 1999, p. 23.

[505]  Cf. Congregação para a Doutrina da Fé, *Algumas reflexões acerca da resposta a propostas legislativas sobre a não discriminação das pessoas homossexuais* (23 de julho de 1992): *L'Osservatore Romano*, ed. em português, 9 de agosto de 1992, p. 6; Id., Decl. *Persona humana* (29 de dezembro de 1975), 8: *AAS* 68 (1976) 84-85.

[506]  Cf. Catecismo da Igreja Católica, 2357-2359.

mesmo sexo, com a conseqüente equiparação de tal união à família:[507] "Se, do ponto de vista legal, o matrimônio entre duas pessoas de sexo diferente for considerado apenas como um dos matrimônios possíveis, o conceito de matrimônio sofrerá uma alteração radical, com grave prejuízo para o bem comum. Colocando a união homossexual num plano jurídico análogo ao do matrimônio ou da família, o Estado comporta-se de modo arbitrário e entra em contradição com os próprios deveres".[508]

**229** *A solidez do núcleo familiar é um recurso determinante para a qualidade da convivência social; por isso a comunidade civil não pode ficar indiferente face às tendências desagregadoras que minam na base as suas pilastras fundamentais.* Se uma legislação pode por vezes tolerar comportamentos moralmente inaceitáveis,[509] *não deve jamais debilitar o reconhecimento do matrimônio monogâmico indissolúvel como única forma autêntica da família.* É portanto necessário que se atue "também junto das autoridades públicas, para que, resistindo a estas tendências desagregadoras da própria sociedade e prejudiciais à dignidade, segurança e bem-estar dos cidadãos, a opinião pública não seja induzida a menosprezar a importância institucional do matrimônio e da família".[510]

É tarefa da comunidade cristã e de todos aqueles que tomam a peito o bem da sociedade reafirmar que "a família constitui, mais do que uma unidade jurídica, social e econômica, uma comunidade de amor e de solidariedade, insubstituível para o ensino e a transmissão dos valores culturais, éticos, sociais, espirituais e religiosos, essenciais para o desenvolvimento e o bem-estar dos próprios membros e da sociedade".[511]

---

[507] Cf. João Paulo II, *Discurso aos Bispos da Espanha em visita "ad Limina"* (19 de fevereiro de 1998), 4: *L'Osservatore Romano*, ed. em português, 7 de março de 1998, p. 6; Pontifício Conselho para a Família, *Família, matrimônio e "uniões de fato"* (26 de julho de 2000), 23; Libreria Editrice Vaticana, Cidade do Vaticano 2000, pp. 42-44; Congregação para a Doutrina da Fé, *Considerações sobre os projetos de reconhecimento legal das uniões entre pessoas homossexuais* (3 de junho de 2003): Libreria Editrice Vaticana, Cidade do Vaticano 2003.

[508] Congregação para a Doutrina da Fé, *Considerações sobre os projetos de reconhecimento legal das uniões entre pessoas homossexuais* (3 de junho de 2003), 8: Libreria Editrice Vaticana, Cidade do Vaticano 2003, p. 9.

[509] Cf. João Paulo II, Carta enc. *Evangelium vitae*, 71: *AAS* 87 (1995) 483; S. Tomás de Aquino, *Summa theologiae*, I-II, q. 96, a. 2 ("Utrum ad legem humanam pertineat omnia vitia cohibere"): Ed. Leon. 7, 181.

[510] João Paulo II, Exort. apost. *Familiaris consortio*, 81: *AAS* 74 (1982) 183.

[511] Santa Sé, *Carta dos Direitos da Família*, 24 de novembro de 1983, Preâmbulo, *E*: Tipografia Poliglota Vaticana, Cidade do Vaticano 1983, p. 6.

*A família, célula vital da sociedade* 141

## b) A família é o santuário da vida

**230** *O amor conjugal é por sua natureza aberto ao acolhimento da vida.*[512] Na tarefa procriadora revela-se de modo eminente a dignidade do ser humano, chamado a ser intérprete da bondade e da fecundidade que provêm de Deus: "A paternidade e a maternidade humana, mesmo sendo *biologicamente semelhantes* às de outros seres da natureza, têm em si mesmas, de modo essencial e exclusivo, uma '*semelhança*' *com Deus,* sobre a qual se funda a família, concebida como comunidade de vida humana, como comunidade de pessoas unidas no amor *(communio personarum)*".[513]

*A procriação expressa a subjetividade social da família e dá início a um dinamismo de amor e de solidariedade entre as gerações que está na base da sociedade.* É preciso redescobrir o valor social de partícula do bem comum inerente a cada novo ser humano: cada criança "faz de si um dom aos irmãos, às irmãs, aos pais, à família inteira. *A sua vida torna-se dom para os próprios doadores da vida,* que não poderão deixar de sentir a presença do filho, a sua participação na existência deles, o seu contributo para o bem comum deles e da família".[514]

**231** *A família fundada no matrimônio é deveras o santuário da vida,* "o lugar onde a vida, dom de Deus, pode ser convenientemente acolhida e protegida contra os múltiplos ataques a que está exposta, e pode desenvolver-se segundo as exigências de um crescimento humano autêntico".[515] Determinante e insubstituível é e deve ser considerado o seu papel para promover e construir a cultura da vida[516] contra a difusão de uma "'*anticivilização*' destruidora, como se confirma hoje por tantas tendências e situações de fato".[517]

*As famílias cristãs, em virtude do sacramento recebido, têm a missão peculiar de ser testemunhas e anunciadoras do Evangelho da vida.* É um empenho que assume na sociedade o valor de verdadeira e corajosa profecia. É por este motivo que "servir o *Evangelho da vida* implica que as famílias, nomeadamente tomando parte em apropriadas associações, se empenhem por que as leis e as instituições do Estado não lesem de modo algum o direito à vida, desde a sua concepção até à morte natural, mas o defendam e promovam".[518]

---

[512] Cf. *Catecismo da Igreja Católica,* 1652.
[513] João Paulo II, Carta às famílias *Gratissimam sane,* 6: *AAS* 86 (1994) 874; cf. *Catecismo da Igreja Católica,* 2366.
[514] João Paulo II, Carta às famílias *Gratissimam sane,* 11: *AAS* 86 (1994) 884.
[515] João Paulo II, Carta enc. *Centesimus annus,* 39: *AAS* 83 (1991) 842.
[516] Cf. João Paulo II, Carta enc. *Evangelium vitae,* 92: *AAS* 87 (1995) 505-507.
[517] João Paulo II, Carta às famílias *Gratissimam sane,* 13: *AAS* 86 (1994) 891.
[518] João Paulo II, Carta enc. *Evangelium vitae,* 93: *AAS* 87 (1995) 507-508.

**232** *A família contribui de modo eminente para o bem social através da paternidade e da maternidade responsáveis, formas peculiares da especial participação dos cônjuges na obra criadora de Deus.*[519] O ônus de uma semelhante responsabilidade não pode ser invocado para justificar fechamentos egoísticos, mas deve guiar as escolhas dos cônjuges para um generoso acolhimento da vida: "Em relação às condições físicas, econômicas, psicológicas e sociais, a paternidade responsável exerce-se tanto com a deliberação ponderada e generosa de fazer crescer uma família numerosa, como com a decisão, tomada por motivos graves e com respeito pela lei moral, de evitar temporariamente, ou mesmo por tempo indeterminado, um novo nascimento".[520] As motivações que devem guiar os esposos no exercício responsável da paternidade e da maternidade derivam do pleno reconhecimento dos próprios deveres para com Deus, para consigo próprios, para com a família e para com a sociedade, numa justa hierarquia de valores.

**233** *Quanto aos "meios" para atuar a procriação responsável, há que se excluir como moralmente ilícitos tanto a esterilização como o aborto.*[521] Este último, em particular, é um abominável delito e constitui sempre uma desordem moral particularmente grave;[522] longe de ser um direito, é antes um triste fenômeno que contribui gravemente para a difusão de uma mentalidade contra a vida, ameaçando perigosamente uma convivência social justa e democrática.[523]

*É igualmente de excluir o recurso aos meios contraceptivos nas suas diversas formas:*[524] *tal rejeição tem o seu fundamento numa concepção correta e integral da pessoa e da sexualidade humana*[525] *e tem o valor de uma ins-*

---

[519] Cf. Concílio Vaticano II, Const. apost. *Gaudium et spes*, 50: *AAS* 58 (1966) 1070-1072; *Catecismo da Igreja Católica*, 2367.

[520] Paulo VI, Carta enc. *Humanae vitae*, 10: *AAS* 60 (1968) 487; cf. Concílio Vaticano II, Const. apost. *Gaudium et spes*, 50: *AAS* 58 (1966) 1070-1072.

[521] Cf. Paulo VI, Carta enc. *Humanae vitae*, 14: *AAS* 60 (1968) 490-491.

[522] Cf. Concílio Vaticano II, Const. apost. *Gaudium et spes*, 51: *AAS* 58 (1966) 1072-1073; *Catecismo da Igreja Católica*, 2271-2272; João Paulo II, Carta às famílias *Gratissimam sane*, 21: *AAS* 86 (1994) 919-920; Id., Carta enc. *Evangelium vitae*, 58. 59. 61-62: *AAS* 87 (1995) 466-468. 470-472.

[523] Cf. João Paulo II, Carta enc. *Evangelium vitae*, 72; 101: *AAS* 87 (1995) 484-485. 516-518; *Catecismo da Igreja Católica*, 2273.

[524] Cf.; Concílio Vaticano II, Const. apost. *Gaudium et spes*, 51: *AAS* 58 (1966) 1072-1073; Paulo VI, Carta enc. *Humanae vitae*, 14: *AAS* 60 (1968) 490-491; João Paulo II, Exort. apost. *Familiaris consortio*, 32: *AAS* 74 (1982) 118-120; *Catecismo da Igreja Católica*, 2370; Pio XI, Carta enc. *Casti connubii*: *AAS* 22 (1930), 559-561.

[525] Cf. Paulo VI, Carta enc. *Humanae vitae*, 7: *AAS* 60 (1968) 485; João Paulo II, Exort. apost. *Familiaris consortio*, 32: *AAS* 74 (1982) 118-120.

*A família, célula vital da sociedade*                                    143

*tância moral em defesa da verdadeira humanização dos povos.*[526] As mesmas razões de ordem antropológica justificam, pelo contrário, como lícito o recurso à abstinência periódica nos períodos de fertilidade feminina.[527] Rejeitar a contracepção e recorrer aos métodos naturais de regulação da fertilidade significa modelar as relações interpessoais entre os cônjuges com base no respeito recíproco e no total acolhimento, com reflexos positivos também para a realização de uma ordem social mais humana.

**234** *O juízo acerca do intervalo entre os nascimentos e o número dos filhos a procriar compete somente aos esposos.* Este é um seu direito inalienável, a ser exercitado diante de Deus, considerando os deveres para consigo mesmos, para com os filhos já nascidos, a família e a sociedade.[528] A intervenção dos poderes públicos, no âmbito das suas competências, para a difusão de uma informação apropriada e a adoção de medidas oportunas em campo demográfico, deve ser efetuada no respeito das pessoas e da liberdade dos casais: ninguém os pode substituir nas suas opções;[529] tampouco o podem fazer as várias organizações que atuam neste setor.

*São moralmente condenáveis, como atentados à dignidade da pessoa e da família, todos os programas de ajuda econômica destinados a financiar campanhas de esterilização e de contracepção ou subordinadas à aceitação de tais campanhas.* A solução das questões conexas ao crescimento demográfico deve ser antes buscada no simultâneo respeito tanto da moral sexual como da moral social, promovendo uma maior justiça e autêntica solidariedade para dar por toda parte dignidade à vida, a começar das condições econômicas, sociais e culturais.

**235** *O desejo de maternidade ou paternidade não funda algum "direito ao filho", ao passo que, pelo contrário, são evidentes os direitos do nascituro, a quem devem ser garantidas as condições ótimas de existência, através da estabilidade da família fundada sobre o matrimônio e a complementaridade das duas figuras, paterna e materna.*[530] O rápido progresso da pesquisa e das aplicações técnicas na esfera da reprodução traz consigo novas e delicadas

---

[526] Cf. Paulo VI, Carta enc. *Humanae vitae*, 17: *AAS* 60 (1968) 493-494.

[527] Cf. Paulo VI, Carta enc. *Humanae vitae*, 16: *AAS* 60 (1968) 491-492; João Paulo II, Exort. apost. *Familiaris consortio*, 32: *AAS* 74 (1982) 118-120; *Catecismo da Igreja Católica*, 2370.

[528] Cf. Concílio Vaticano II, Const. apost. *Gaudium et spes*, 50: *AAS* 58 (1966) 1070-1072; *Catecismo da Igreja Católica*, 2368; Paulo VI, Carta enc. *Populorum progressio*, 37: *AAS* 59 (1967) 275-276.

[529] Cf. *Catecismo da Igreja Católica*, 2372.

[530] Cf. *Catecismo da Igreja Católica*, 2378.

144                                                                 *Capítulo V*

questões que chamam em causa a sociedade e as normas que regulam a convivência humana.

É preciso reafirmar que não são eticamente aceitáveis todas as *técnicas reprodutivas* — tais como a doação de esperma ou de ovócitos; a maternidade substitutiva; a fecundação artificial heteróloga — que prevêem o recurso ao útero ou a gametas de pessoas estranhas ao casal conjugal, lesando o direito do filho a nascer de um pai e de uma mãe que sejam tais do ponto de vista tanto biológico como jurídico, ou dissociam o ato unitivo do ato procriador, recorrendo a técnicas de laboratório, como a inseminação e a fecundação artificial homóloga, de modo que o filho aparece mais como o resultado de um ato técnico do que como o fruto natural do ato humano de plena e total doação dos cônjuges.[531] Evitar o recurso às diversas formas da chamada *procriação assistida,* substitutiva do ato conjugal, significa respeitar — seja nos pais seja nos filhos que eles pretendem gerar — a dignidade integral da pessoa humana.[532] São lícitos, pelo contrário, os meios que se configuram como ajuda ao ato conjugal ou à consecução dos seus efeitos.[533]

**236** *Uma questão de particular relevância social e cultural, pelas múltiplas e graves implicações morais que apresenta, é a referente à clonagem humana, termo que, por si mesmo, em sentido genérico, significa reprodução de uma entidade biológica geneticamente idêntica à de origem.* Ela tem assumido, no pensamento e na prática experimental, diversos significados que supõem, por sua vez, procedimentos diversos do ponto de vista das modalidades técnicas de realização, bem como finalidades diferentes. Pode significar a simples *replicação* em laboratório de células ou de porções de DNA. Mas hoje, especificamente, se entende a reprodução de indivíduos, no estado embrional, com modalidades diferentes da fecundação natural e de modo que sejam geneticamente idênticos ao indivíduo de quem têm origem. Este tipo de clonagem pode ter a finalidade *reprodutiva* de embriões humanos ou a chamada *terapêutica,* tendente a utilizar tais embriões para fins de pesquisa científica ou mais especificamente para a reprodução de células-tronco.

Do ponto de vista ético, a simples *replicação* de células normais ou de porções de DNA não apresenta problemas éticos particulares. Bem distinto é o juízo do Magistério sobre a clonagem propriamente dita. É contrária à dignidade da procriação humana, porque se realiza em ausência total do ato de

---

[531] Cf. CONGREGAÇÃO PARA A DOUTRINA DA FÉ, Instr. *Donum vitae*, II, 2.3.5: *AAS* 80 (1988) 88-89. 92-94; *Catecismo da Igreja Católica*, 2376-2377.

[532] Cf. CONGREGAÇÃO PARA A DOUTRINA DA FÉ, Instr. *Donum vitae*, II, 7: *AAS* 80 (1988) 95-96.

[533] Cf. *Catecismo da Igreja Católica*, 2375.

A família, célula vital da sociedade     145

amor pessoal entre os esposos, sendo uma reprodução agâmica e assexuada.[534] Em segundo lugar, este tipo de reprodução representa uma forma de domínio total sobre o indivíduo reproduzido por parte de quem o reproduz.[535] O fato de que seja realizada a clonagem para reproduzir embriões para deles tirar células que possam ser usadas para a terapia, não atenua a gravidade moral, mesmo porque para tirar tais células o embrião deve ser primeiro produzido e depois suprimido.[536]

**237** *Os pais, como ministros da vida, não devem nunca esquecer que a dimensão espiritual da procriação merece uma consideração superior à reservada a qualquer outro aspecto:* "A paternidade e a maternidade representam *uma tarefa de natureza não simplesmente física, mas espiritual*; através dela, passa realmente a genealogia da pessoa, que tem o seu princípio eterno em Deus e a Ele deve conduzir".[537] Acolhendo a vida humana na unidade das suas dimensões, físicas e espirituais, as famílias contribuem para a *"comunhão das gerações"* e dão, deste modo, um contributo essencial e insubstituível para o progresso da sociedade. Por isto, "a família tem o direito à assistência da sociedade no que se refere aos seus deveres na procriação e educação dos filhos. Os casais casados com família numerosa têm direito a uma ajuda adequada e não devem ser discriminados".[538]

c) **A tarefa educativa**

**238** *Com a obra educativa, a família forma o homem para a plenitude da sua dignidade pessoal, segundo todas as suas dimensões, inclusive a social.* A família constitui, efetivamente, "uma comunidade de amor e de solidarie-

---

[534] Cf. João Paulo II, *Discurso à Pontifícia Academia para a Vida* (21 de fevereiro de 2004), 2: *L'Osservatore Romano*, ed. em português, 28 de fevereiro de 2004, p. 6.

[535] Cf. Pontifícia Academia para a Vida, *Reflexões sobre a clonagem*, Libreria Editrice Vaticana, Cidade do Vaticano 1997; Pontifício Conselho "Justiça e Paz", *La Iglesia ante el Racismo. Contribuición de la Santa Sede a la Conferencia Mundial contra el Racismo, la Discriminación Racial, la Xenofobia y las Formas Conexas de Intolerancia*, 21, Tipografia Vaticana, Cidade do Vaticano 2001, p. 23, nº 21.

[536] Cf. João Paulo II, *Discurso ao 18º Congresso Internacional da Sociedade dos Transplantes* (29 de agosto de 2000), 8: *AAS* 92 (2000) 826.

[537] João Paulo II, Carta às famílias *Gratissimam sane*, 10: *AAS* 86 (1994) 881.

[538] Santa Sé, *Carta dos Direitos da Família*, art. 3, c, Tipografia Poliglota Vaticana, Cidade do Vaticano 1983, p. 9. A *Declaração Universal dos direitos do homem* afirma que "a família é o núcleo natural e fundamental da sociedade e tem direito à proteção da sociedade e do Estado" (Art. 16.3): *Declaração Universal dos direitos do homem*, Fonte: Centro dos Direitos do Homem das Nações Unidas, publicação GE.94-15440.

dade, insubstituível para o ensino e a transmissão dos valores culturais, éticos, sociais, espirituais e religiosos, essenciais para o desenvolvimento e bem-estar de seus próprios membros e da sociedade".[539] Exercendo a sua missão educativa, a família contribui para o bem comum e constitui a primeira escola das virtudes sociais, de que todas as sociedades necessitam.[540] As pessoas são ajudadas, em família, a crescer na liberdade e na responsabilidade, requisitos indispensáveis para se assumir qualquer tarefa na sociedade. Com a educação, ademais, são comunicados, para serem assimilados e tornados próprios por cada um, alguns valores fundamentais, necessários para serem cidadãos livres, honestos e responsáveis.[541]

**239** *A família tem um papel de todo original e insubstituível na educação dos filhos.*[542] O amor dos pais, pondo-se a serviço dos filhos para ajudá-los a extrair deles (*"e-ducere"*) o melhor de si, encontra sua plena realização precisamente na tarefa educativa: "O amor dos pais de *fonte* torna-se *alma* e, portanto, *norma*, que inspira e guia toda a ação educativa concreta, enriquecendo-a com aqueles valores de docilidade, constância, bondade, serviço, desinteresse, espírito de sacrifício, que são o fruto mais precioso do amor".[543]

O direito-dever dos pais de educar a prole se qualifica "como *essencial*, ligado como está à transmissão da vida humana; como *original e primário,* em relação ao dever de educar dos outros, pela unicidade da relação de amor que subsiste entre pais e filhos; como *insubstituível e inalienável,* e, portanto, não delegável totalmente a outros ou por outros usurpável".[544] Os pais têm o direito-dever de oferecer uma educação religiosa e uma formação moral aos seus filhos:[545] direito que não pode ser cancelado pelo Estado, mas deve ser respeitado e promovido; dever primário, que a família não pode descurar nem delegar.

---

[539] Santa Sé, *Carta dos Direitos da Família*, Preâmbulo, *E*: Tipografia Poliglota Vaticana, Cidade do Vaticano 1983, p. 6.

[540] Cf. Concílio Vaticano II, Decr. *Gravissimum educationis*, 3: *AAS* 58 (1966) 731-732; Id., Const. past. *Gaudium et spes*, 52: *AAS* 58 (1966) 1073-1074; João Paulo II, Exort. apost. *Familiaris consortio*, 37: *AAS* 74 (1982) 127-129; *Catecismo da Igreja Católica*, 1653. 2228.

[541] Cf. João Paulo II, Exort. apost. *Familiaris consortio*, 43: *AAS* 74 (1982) 134-135.

[542] Cf. Concílio Vaticano II, Decr. *Gravissimum educationis*, 3: *AAS* 58 (1966) 731-732; Id, Const. apost. *Gaudium et spes*, 61: *AAS* 58 (1966) 1081-1082; Santa Sé, *Carta dos Direitos da Família*, art. 5: Tipografia Poliglota Vaticana, Cidade do Vaticano 1983, pp. 10-11; *Catecismo da Igreja Católica*, 2223. O *Código de Direito Canônico* dedica a este direito-dever dos pais os cânones 793-799 e o cânone 1136.

[543] João Paulo II, Exort. apost. *Familiaris consortio*, 36: *AAS* 74 (1982) 127.

[544] João Paulo II, Exort. apost. *Familiaris consortio*, 36: *AAS* 74 (1982) 126; *Catecismo da Igreja Católica*, 2221.

[545] Cf. Concílio Vaticano II, Decl. *Dignitatis humanae*, 5: *AAS* 58 (1966) 933; João Paulo II, *Mensagem para a celebração do Dia Mundial da Paz 1994*, 5: *AAS* 86 (1994) 159-160.

*A família, célula vital da sociedade* 147

**240** *Os pais são os primeiros, mas não os únicos, educadores de seus filhos. Compete, pois, a eles exercer com sentido de responsabilidade a sua obra educativa em colaboração estreita e vigilante com os organismos civis e eclesiais:* "A dimensão comunitária, civil e eclesial do homem exige e conduz a uma obra mais ampla e articulada, que seja o fruto da colaboração ordenada das diversas forças educativas. Estas forças são todas elas necessárias, mesmo que cada uma possa e deva intervir com a sua competência e o seu contributo próprio".[546] Os pais têm o direito de escolher os instrumentos formativos correspondentes às próprias convicções e de buscar os meios que possam ajudá-los da melhor maneira na sua tarefa de educadores, mesmo no âmbito espiritual e religioso. As autoridades públicas têm o dever de garantir tal direito e de assegurar as condições concretas que permitem o seu exercício.[547] Neste contexto, se coloca, antes de mais, o tema da colaboração entre a família e a instituição escolar.

**241** *Os pais têm o direito de fundar e manter instituições educativas.* As autoridades públicas devem assegurar que "se distribuam as subvenções públicas de modo tal que os pais sejam verdadeiramente livres para exercer este direito, sem ter de suportar ônus injustos. Os pais não devem ser constrangidos a fazer, nem direta nem indiretamente, despesas suplementares que impeçam ou limitem injustamente o exercício desta liberdade".[548] Deve-se, portanto, considerar uma injustiça negar a subvenção econômica pública às escolas não estatais que dela necessitem e que prestam um serviço à sociedade civil: "Quando o Estado reivindica o monopólio escolar, ele excede os seus direitos e ofende a justiça... O Estado não pode, sem injustiça, contentar-se em tolerar as chamadas escolas privadas. Estas prestam um serviço público e têm, por conseguinte, o direito de serem ajudadas economicamente".[549]

**242** *A família tem a responsabilidade de oferecer uma educação integral.* Toda verdadeira educação, efetivamente, "visa ao aprimoramento da pessoa humana em relação a seu fim último e ao bem das sociedades de que o homem é membro, e em cujas tarefas, uma vez adulto, terá de participar".[550]

---

[546] Cf. João Paulo II, Exort. apost. *Familiaris consortio*, 40: *AAS* 74 (1982) 131.

[547] Cf. Concílio Vaticano II, Decr. *Gravissimum educationis*, 6: *AAS* 58 (1966) 733-734; *Catecismo da Igreja Católica*, 2229.

[548] Santa Sé, *Carta dos Direitos da Família*, art. 5, *b*, Tipografia Poliglota Vaticana, Cidade do Vaticano 1983, p. 11; cf. também: Concílio Vaticano II, Decl. *Dignitatis humanae*, 5: *AAS* 58 (1966) 933.

[549] Congregação para a Doutrina da Fé, Instr. *Libertatis conscientia*, 94: *AAS* 79 (1987) 595-596.

[550] Concílio Vaticano II, decr. *Gravissimum educationis*, 1: *AAS* 58 (1966) 729.

148                                                                   *Capítulo V*

A integralidade fica assegurada quando os filhos — com o testemunho de vida e com a palavra — são educados para o diálogo, para o encontro, para a sociabilidade, para a legalidade, para a solidariedade e para a paz, mediante o cultivo das virtudes fundamentais da justiça e da caridade.[551]

*Na educação dos filhos, o papel paterno e o materno são igualmente necessários.*[552] Os pais devem, pois, agir conjuntamente. A autoridade deve ser por eles exercida com respeito e delicadeza, mas também com firmeza e vigor: deve ser crível, coerente, sábia e sempre orientada ao bem integral dos filhos.

**243** *Os pais têm ainda uma particular responsabilidade na esfera da educação sexual.* É de fundamental importância, para um crescimento equilibrado, que os filhos aprendam, de modo ordenado e progressivo, o significado da sexualidade e aprendam a apreciar os valores humanos e morais relativos a ela: "Pelos laços estreitos que ligam a dimensão sexual da pessoa e os seus valores éticos, o dever educativo deve conduzir os filhos a conhecer e a estimar as normas morais como necessária e preciosa garantia para um crescimento pessoal responsável na sexualidade humana".[553] Os pais têm a obrigação de verificar o modo como se realiza a educação sexual nas instituições educativas, a fim de garantir que um tema tão importante e delicado seja abordado de modo apropriado.

### d) A dignidade e os direitos das crianças

**244** *A doutrina social da Igreja indica constantemente a exigência de respeitar a dignidade das crianças:* "Na família, comunidade de pessoas, deve reservar-se uma especialíssima atenção à criança, desenvolvendo uma estima profunda pela sua dignidade pessoal como também um grande respeito e um generoso serviço pelos seus direitos. Isto vale para cada criança, mas adquire uma urgência singular quanto mais pequena e desprovida, doente, sofredora ou diminuída for a criança".[554]

*Os direitos das crianças devem ser protegidos pelos ordenamentos jurídicos.* É necessário, antes de tudo, o reconhecimento público em todos os

---

[551]  Cf. João Paulo II, Exort. apost. *Familiaris consortio*, 43: *AAS* 74 (1982) 134-135.

[552]  Cf. Concílio Vaticano II, Const. apost. *Gaudium et spes*, 52: *AAS* 58 (1966) 1073-1074.

[553]  João Paulo II, Exort. apost. *Familiaris consortio*, 37: *AAS* 74 (1982) 128; cf. Pontifício Conselho para a Família, *Sexualidade humana: verdade e significado. Orientações educativas em família* (8 de dezembro de 1995): Libreria Editrice Vaticana, Cidade do Vaticano 1995.

[554]  João Paulo II, Exort. apost. *Familiaris consortio*, 26: *AAS* 74 (1982) 111-112.

*A família, célula vital da sociedade*                                      149

países do valor social da infância: "Nenhum país do mundo, nenhum sistema político pode pensar no próprio porvir diversamente, senão através da imagem destas novas gerações que hão de assumir de seus progenitores o multíplice patrimônio dos valores, dos deveres e das aspirações da nação à qual pertencem, juntamente com o patrimônio de toda a família humana".[555] O primeiro direito da criança é o direito "a nascer numa verdadeira família",[556] um direito cujo respeito sempre foi problemático e que hoje conhece novas formas de violação devidas ao progresso das técnicas genéticas.

**245** *A situação de uma grande parte das crianças no mundo está longe de ser satisfatória, por falta de condições que favoreçam seu crescimento integral, apesar da existência de um instrumento jurídico internacional específico para a tutela dos direitos da criança,*[557] que empenha quase todos os membros da comunidade internacional. Trata-se de condições ligadas à falta de serviços sanitários, de uma alimentação adequada, de possibilidade de receber um mínimo de formação escolar e de uma casa. Permanecem sem solução, ademais, alguns problemas gravíssimos: o tráfico de crianças, o trabalho infantil, o fenômeno dos "meninos de rua", o uso de crianças em conflitos armados, o matrimônio das meninas, o uso de crianças para o comércio de material pornográfico, também através dos mais modernos e sofisticados instrumentos de comunicação social. É indispensável combater, em âmbito nacional e internacional, as gravíssimas ofensas à dignidade dos meninos e das meninas derivadas da exploração sexual, das pessoas dadas à pedofilia e das violências de todo e qualquer tipo, sofridas por estas pessoas humanas mais indefesas.[558] Trata-se de atos gravíssimos e delituosos, que devem ser eficazmente combatidos, com medidas preventivas e penais, através de uma ação enérgica das autoridades.

---

[555] João Paulo II, *Discurso à Assembléia Geral das Nações Unidas* (2 de outubro de 1979), 21: *L'Osservatore Romano*, ed. em português, 7 de outubro de 1979, p. 10; cf. também Id., *Mensagem ao Secretário Geral das Nações Unidas por ocasião do Encontro Mundial sobre as Crianças* (22 de setembro de 1990): *L'Osservatore Romano*, ed. em português, 14 de outubro de 1990, p. 13.

[556] João Paulo II, *Discurso ao Comitê dos jornalistas europeus pelos direitos da criança* (13 de janeiro de 1979): *L'Osservatore Romano*, ed. em português, 21 de janeiro de 1979, p. 5.

[557] Cf. *Convenção sobre os direitos da criança*, em vigor desde 1990; ratificada também pela Santa Sé.

[558] Cf. João Paulo II, *Mensagem para a celebração do Dia Mundial da Paz 1996*, 2-6: *AAS* 88 (1996) 104-107.

# IV. A FAMÍLIA, PROTAGONISTA DA VIDA SOCIAL

## a) Solidariedade familiar

**246** *A subjetividade social das famílias, tanto singularizadas como associadas, exprime-se ademais com múltiplas manifestações de solidariedade e de partilha, não somente entre as próprias famílias, como também mediante várias formas de participação na vida social e política.* Trata-se da conseqüência da realidade familiar fundada no amor: nascendo do amor e crescendo no amor, a solidariedade pertence à família como dado constitutivo e estrutural.

É uma solidariedade que pode assumir o aspecto do serviço e da atenção a quantos vivem na pobreza e na indigência, aos órfãos, aos deficientes, aos enfermos, aos anciões, a quem está em luto, a todos os que estão na dúvida, na solidão ou no abandono; uma solidariedade que se abre ao acolhimento, à guarda ou à adoção; que sabe fazer-se voz de toda a situação de mal-estar junto das instituições, para que estas intervenham de acordo com as próprias finalidades específicas.

**247** *As famílias, longe de ser somente objeto de ação política, podem e devem ser sujeito de tal atividade,* diligenciando "para que as leis e as instituições do Estado não só não ofendam, mas sustentem e defendam positivamente os seus direitos e deveres. Em tal sentido, as famílias devem crescer na consciência de serem 'protagonistas' da chamada 'política familiar' e assumir a responsabilidade de transformar a sociedade".[559] Para tanto, deve ser corroborado o associacionismo familiar: "As famílias têm o direito de formar associações com outras famílias e instituições, para desempenhar o papel da família de modo conveniente e efetivo, como também para proteger os direitos, promover o bem e representar os interesses da família. No plano econômico, social, jurídico e cultural, deve ser reconhecido o legítimo papel das famílias e das associações familiares na elaboração e na atuação dos programas que dizem respeito à vida da família".[560]

---

[559] João Paulo II, Exort. apost. *Familiaris consortio*, 44: *AAS* 74 (1982) 136; cf. Santa Sé, *Carta dos Direitos da Família*, art. 9: Tipografia Poliglota Vaticana, Cidade do Vaticano 1983, p. 13.

[560] Santa Sé, *Carta dos Direitos da Família*, art. 8, *a-b*: Tipografia Poliglota Vaticana, Cidade do Vaticano 1983, p. 12.

*A família, célula vital da sociedade* 151

## b) Família, vida econômica e trabalho

**248** *A relação que intercorre entre a família e a vida econômica é particularmente significativa.* Por uma parte, com efeito, a *"eco-nomia"* nasceu do trabalho doméstico: a casa foi por longo tempo, e ainda — em muitos lugares — continua a ser, unidade de produção e centro de vida. O dinamismo da vida econômica, por outra parte, se desenvolve com a iniciativa das pessoas e se realiza, segundo círculos concêntricos, em redes cada vez mais vastas de produção e de troca de bens e de serviços, que envolvem em medida crescente as famílias. A família, portanto, há de ser considerada, com todo o direito, como protagonista essencial da vida econômica, orientada não pela lógica do mercado, mas segundo a lógica da partilha e da solidariedade entre as gerações.

**249** *Uma relação absolutamente particular liga a família e o trabalho:* "A família constitui um dos mais importantes termos de referência, segundo os quais tem de ser formada a ordem ético-social do trabalho humano".[561] Tal relação tem suas raízes na relação que intercorre entre a pessoa e o seu direito a possuir o fruto do próprio trabalho, e diz respeito não somente ao indivíduo enquanto tal, mas também como membro de uma família, concebida como "sociedade doméstica".[562]

*O trabalho é essencial enquanto representa a condição que torna possível a fundação de uma família, cujos meios de subsistência se obtêm mediante o trabalho.* O trabalho condiciona também o processo de crescimento das pessoas, pois uma família vítima do desemprego corre o risco de não realizar plenamente as suas finalidades.[563]

*O contributo que a família pode oferecer à realidade do trabalho é precioso e, sob muitos aspectos, insubstituível.* É um contributo que se expressa quer em termos econômicos quer mediante os grandes recursos de solidariedade que a família possui e que constituem um importante apoio para quem, dentro dela, se acha sem trabalho ou está à procura de um emprego. Sobretudo e mais radicalmente, é um contributo que se realiza com a educação para o sentido do trabalho e mediante a oferta de orientações e apoios em face das próprias opções profissionais.

**250** *Para tutelar esta relação essencial entre família e trabalho, um elemento a estimar e salvaguardar é o salário-família,* ou seja, um salário suficiente

---

[561] João Paulo II, Carta enc. *Laborem exercens*, 10: *AAS* 73 (1981) 601.
[562] Cf. Leão XIII, Carta enc. *Rerum novarum: Acta Leonis XIII*, 11 (1892) 104.
[563] Cf. João Paulo II, Carta enc. *Laborem exercens*, 10: *AAS* 73 (1981) 600-602.

para manter e fazer viver dignamente a família.[564] Tal salário deve também permitir a realização de uma poupança que favoreça a aquisição de uma certa propriedade, como garantia de liberdade: o direito à propriedade é estreitamente ligado à existência das famílias, que se põem ao abrigo da necessidade também graças à poupança e à constituição de uma propriedade familiar. Vários podem ser os modos para concretizar o salário familiar.[565] Concorrem para determiná-lo algumas importantes medidas sociais, como os abonos familiares e outros contributos para as pessoas que dependem da família, como também a remuneração do trabalho doméstico de um dos genitores.[566]

**251** *Nas relações entre família e trabalho, uma atenção particular deve ser reservada ao trabalho da mulher em família,* o assim chamado *trabalho de cuidados,* que chama em causa também as responsabilidades do homem como marido e como pai. O trabalho de cuidados, a começar pelos da mãe, precisamente por terem por fim e se dedicarem ao serviço da qualidade da vida, constituem um tipo de atividade laboral eminentemente pessoal e personalizante, que deve ser socialmente reconhecida e valorizada,[567] também através de uma remuneração econômica pelo menos equivalente à de outros trabalhos.[568] Ao mesmo tempo, é necessário eliminar todos os obstáculos que impedem aos esposos exercer livremente a sua responsabilidade procriadora e, em particular, os que constrangem a mulher a não realizar plenamente as suas funções maternas.[569]

---

[564] Cf. Pio XI, Carta enc. *Quadragesimo anno*: *AAS* 23 (1931) 200; Concílio Vaticano II, Const. apost. *Gaudium et spes*, 67: *AAS* 58 (1966) 1088-1089; João Paulo II, Carta enc. *Laborem exercens*, 19: *AAS* 73 (1981) 625-629.

[565] Cf. Leão XIII, Carta enc. *Rerum novarum*: *Acta Leonis XIII*, 11 (1892) 105; Pio XI, Carta enc. *Quadragesimo anno*: *AAS* 23 (1931) 193-194.

[566] Cf. João Paulo II, Carta enc. *Laborem exercens*, 19: *AAS* 73 (1981) 625-629; Santa Sé, *Carta dos Direitos da Família*, art. 10, *a*: Tipografia Poliglota Vaticana, Cidade do Vaticano 1983, p. 14.

[567] Cf. Pio XII, *Alocução às mulheres sobre a dignidade e a missão da mulher* (21 de outubro de 1945): *AAS*, 37 (1945) 284-295; João Paulo II, Carta enc. *Laborem exercens*, 19: *AAS* 73 (1981) 625-629; Id., Carta enc. *Familiaris consortio*, 23: *AAS* 74 (1982) 107-109; Santa Sé, *Carta dos direitos da família*, art. 10, *b*: Tipografia Poliglota Vaticana, Cidade do Vaticano 1983, p. 14.

[568] Cf. João Paulo II, Carta às famílias *Gratissimam sane*, 17: *AAS* 86 (1994) 903-906.

[569] Cf. João Paulo II, Carta enc. *Laborem exercens*, 19: *AAS* 73 (1981) 625-629; Id., Carta enc. *Familiaris consortio*, 23: *AAS* 74 (1982) 107-109.

*A família, célula vital da sociedade*  153

## V. A SOCIEDADE A SERVIÇO DA FAMÍLIA

**252** *O ponto de partida para uma relação correta e construtiva entre a família e a sociedade é o reconhecimento da subjetividade e da prioridade social da família.* A sua íntima relação impõe que "a sociedade não abandone o seu dever fundamental de respeitar e de promover a família".[570] A sociedade e, em particular, as instituições estatais — no respeito da prioridade e "antecedência" da família — são chamadas a *garantir e a favorecer a genuína identidade da vida familiar* e a evitar e combater tudo o que a altere ou fira. Isto requer que a ação política e legislativa salvaguarde os valores da família, desde a promoção da intimidade e da convivência familiar, até ao respeito da vida nascente, à efetiva liberdade de opção na educação dos filhos. A sociedade e o Estado não podem, portanto, nem absorver, nem substituir, nem reduzir a dimensão social da família mesma; devem antes honrá-la, reconhecê-la, respeitá-la e promovê-la segundo *o princípio de subsidiariedade.*[571]

**253** *O serviço da sociedade à família se concretiza no reconhecimento, no respeito e na promoção dos direitos da família.*[572] *Tudo isto requer a realização de políticas familiares autênticas e eficazes* com intervenções precisas aptas para responder às necessidades que derivam dos direitos da família como tal. Nesse sentido, é necessário o pré-requisito, essencial e irrenunciável, do *reconhecimento* — que comporta a tutela, a valorização e a promoção — da identidade da família, *sociedade natural fundada sobre o matrimônio.* Tal reconhecimento traça uma linha de demarcação clara entre a família propriamente entendida e as outras convivências, que da família — pela sua natureza — não podem merecer nem o nome nem o estatuto.

**254** *O reconhecimento, por parte das instituições civis e do Estado, da prioridade da família sobre qualquer outra comunidade e sobre a própria realidade estatal, leva a superar as concepções meramente individualistas e a assumir a dimensão familiar como perspectiva, cultural e política, irrenunciável na consideração das pessoas.* Isto não se põe como alternativa, mas como suporte e tutela dos direitos mesmos que as pessoas têm individualmente. Tal perspectiva torna possível elaborar critérios normativos para uma solução correta dos diversos problemas sociais, pois as pessoas não devem ser consideradas só singularmente, como também em relação aos núcleos familiares em que estão inseridas, cujos valores específicos e exigências se devem ter na devida conta.

---

[570] João Paulo II, Carta enc. *Familiaris consortio*, 45: *AAS* 74 (1982) 136.
[571] Cf. *Catecismo da Igreja Católica*, 2211.
[572] Cf. João Paulo II, Exort. apost. *Familiaris consortio*, 46: *AAS* 74 (1982) 137-139.

# CAPÍTULO VI

# O TRABALHO HUMANO

## I. ASPECTOS BÍBLICOS

### a) O dever de cultivar e guardar a terra

**255** *O Antigo Testamento apresenta Deus como criador onipotente* (cf. Gn 2,2; Jó 38–41; Sl 104; Sl 147), *que plasma o homem à Sua imagem e o convida a cultivar a terra* (cf. Gn 2,5-6) *e a guardar o jardim do Éden em que o pôs* (cf. Gn 2,15). Ao primeiro casal humano Deus confia a tarefa de submeter a terra e de dominar sobre todo ser vivente (cf. Gn 1,28). Todavia, o domínio do homem sobre os demais seres viventes não deve ser despótico e destituído de bom senso; pelo contrário, ele deve "cultivar e guardar" (cf. Gn 2,15) os bens criados por Deus: bens que o homem não criou, mas os recebeu como um dom precioso posto pelo Criador sob a sua responsabilidade. Cultivar a terra significa não abandoná-la a si mesma; exercer domínio sobre ela é cuidar dela e guardá-la, assim como um rei sábio cuida do seu povo e um pastor, da sua grei.

*No desígnio do Criador, as realidades criadas, boas em si mesmas, existem em função do homem.* O deslumbramento ante o mistério da grandeza do homem leva o salmista a exclamar: "Que é o homem, para pensardes nele? Que são os filhos de Adão, para que vos ocupeis deles? Entretanto, vós o fizestes quase igual aos anjos, de glória e honra o coroastes. Destes-lhe poder sobre as obras das vossas mãos, vós lhe submetestes todo o universo" (Sl 8,5-7).

**256** *O trabalho pertence à condição originária do homem e precede a sua queda; não é, portanto, nem punição nem maldição.* Ele se torna fadiga e pena por causa do pecado de Adão e Eva, que quebrantam o seu relacionamento confiante e harmonioso com Deus (cf. Gn 3,6-8). A proibição de comer "da árvore do conhecimento do bem e do mal" (Gn 2,17) lembra ao homem que ele recebeu tudo como dom e que continua a ser uma criatura e não o Criador. O pecado de Adão e Eva foi provocado precisamente por esta tentação: "Sereis como deuses" (Gn 3,5). Eles quiseram ter o domínio absoluto sobre todas as coisas, sem se submeterem à vontade do Criador. Desde então o solo se torna avaro, ingrato, surdamente hostil (cf. Gn 4,12); somente com o suor da fronte será possível extrair dele alimento (cf. Gn 3,17.19). Não obstante o pecado dos progenitores, permanecem inalterados, todavia, o desígnio do Criador, o sentido das Suas criaturas e, dentre elas, do homem, chamado a ser cultivador e guardião da criação.

**257** *O trabalho deve ser honrado porque fonte de riqueza ou pelo menos de condições de vida decorosas e, em geral, é instrumento eficaz contra a pobreza (cf. Pr 10,4), mas não se deve ceder à tentação de idolatrá-lo, pois que nele não se pode encontrar o sentido último e definitivo da vida. O trabalho é essencial, mas é Deus — não o trabalho — a fonte da vida e o fim do homem.* O princípio fundamental da Sabedoria, com efeito, é o temor do Senhor; a exigência da justiça, que daí deriva, precede a do lucro: "Vale mais o pouco com o temor do Senhor / que um grande tesouro com a inquietação" (Pr 15,16). "Mais vale o pouco com justiça / do que grandes lucros com iniqüidade" (Pr 16,8).

**258** *Ápice do ensinamento bíblico sobre o trabalho é o mandamento do repouso sabático.* Para o homem, ligado à necessidade do trabalho, o repouso abre a perspectiva de uma liberdade mais plena, a do Sábado eterno (cf. Hb 4,9-10). O repouso permite aos homens recordar e reviver as obras de Deus, da Criação à Redenção, e reconhecerem-se a si próprios como obra Sua (cf. Ef 2,10), darem-Lhe graças pela própria vida e subsistência a Ele, que é seu autor.

*A memória e a experiência do sábado constituem um baluarte contra a escravização do homem ao trabalho, voluntário ou imposto, contra toda forma de exploração, encoberta ou manifesta.* O repouso sabático, de fato, mais que para permitir a participação no culto de Deus, foi instituído em defesa do pobre; tem também uma função liberatória das degenerações anti-sociais do trabalho humano. Tal repouso, que pode durar até mesmo um ano, comporta uma expropriação dos frutos da terra a favor dos pobres e a suspensão dos direitos de propriedade dos donos do solo: "Durante seis anos semearás a terra e recolherás o produto. Mas, no sétimo ano, deixa-la-ás repousar em alqueive; os pobres de teu povo comerão o seu produto, e os animais selvagens comerão o resto. Farás o mesmo com a tua vinha e o teu olival" (Ex 23,10-11). Este costume corresponde a uma intuição profunda: o acúmulo de bens por parte de alguns pode tornar-se uma subtração de bens a outros.

O trabalho humano                                                              157

### b) Jesus, homem do trabalho

**259** *Na Sua pregação Jesus ensina a apreciar o trabalho.* Ele mesmo "se tornou semelhante a nós em tudo, passando a maior parte dos anos da vida sobre a terra junto de um banco de carpinteiro,[573] dedicando-se ao *trabalho manual*", na oficina de José (cf. Mt 13,55; Mc 6,3), a quem estava submisso (cf. Lc 2,51). Jesus condena o comportamento do servo indolente, que esconde debaixo da terra o talento (cf. Mt 25,14-30) e louva o servo fiel e prudente que o patrão encontra aplicado em cumprir a tarefa que lhe fora confiada (cf. Mt 24,46). *Ele descreve a Sua própria missão como um trabalhar:* "Meu Pai *trabalha* até agora e eu também *trabalho*" (Jo 5,17); e os seus discípulos como *operários* na *messe do Senhor*, que é a humanidade a evangelizar (cf. Mt 9,37-38). Para estes operários vale o princípio geral segundo o qual "o operário é digno do seu salário" (Lc 10,7); eles estão autorizados a permanecer nas casas em que forem acolhidos, a comer e a beber do que lhes for servido (cf. ibidem).

**260** *Na Sua pregação, Jesus ensina aos homens a não se deixarem escravizar pelo trabalho. Eles devem preocupar-se, antes de tudo, com a sua alma; ganhar o mundo inteiro não é o escopo de sua vida* (cf. Mc 8,36). Os tesouros da terra, com efeito, se consomem, ao passo que os tesouros do céu são imperecedouros: a estes se deve ligar o próprio coração (cf. Mt 6,19-21). O trabalho não deve afligir (cf. Mt 6,25.31.34): preocupado e agitado por muitas coisas, o homem corre o risco de negligenciar o Reino de Deus e a Sua justiça (cf. Mt 6,33), de que verdadeiramente necessita; tudo mais, inclusive o trabalho, encontra o seu lugar, o seu sentido e o seu valor somente se orientado para esta única coisa necessária, que jamais lhe será tirada (cf. Lc 10,40-42).

**261** *Durante o Seu ministério terreno, Jesus trabalha incansavelmente, realizando obras potentes para libertar o homem da doença, do sofrimento e da morte.* O sábado, que o Antigo Testamento propusera como dia de libertação e que, observado só formalmente, era esvaziado do seu autêntico conteúdo, é reafirmado por Jesus no seu valor originário: "O sábado foi feito para o homem, e não o homem para o sábado!" (Mc 2,27). Com as curas, realizadas neste dia de repouso (cf. Mt 12,9-14; Mc 3,1-6; Lc 6,6-11; 13,10-17; 14,1-6), Ele quer demonstrar que o sábado é Seu, porque Ele é verdadeiramente o Filho de Deus, e que é o dia em que se deve dedicar a Deus e aos outros. Libertar do mal, praticar a fraternidade e a partilha é conferir ao trabalho o

---

[573] JOÃO PAULO II, Carta enc. *Laborem exercens*, 6: *AAS* 73 (1981) 591.

seu significado mais nobre, aquele que permite à humanidade encaminhar-se para o Sábado eterno, no qual o repouso se torna a festa a que o homem interiormente aspira. Precisamente na medida em que orienta a humanidade a fazer experiência do sábado de Deus e da Sua vida convival, o trabalho inaugura sobre a terra a nova criação.

**262** *A atividade humana de enriquecimento e de transformação do universo pode e deve fazer vir à tona as perfeições nele escondidas, que no Verbo incriado têm o seu princípio e o seu modelo.* Os escritos paulinos e joaninos ressaltam, de fato, a dimensão trinitária da criação e, em particular, o liame que intercorre entre o Filho-Verbo, o "Logos", e a criação (cf. Jo 1,3; 1Cor 8,6; Cl 1,15-17). Criado nEle e por meio dEle, redimido por Ele, o universo não é um amontoado casual, mas um "cosmo",[574] cuja ordem o homem deve descobrir, secundar e levar à plenitude: "Em Jesus Cristo, o mundo visível, criado por Deus para o homem — aquele mundo que, entrando nele o pecado, 'foi submetido à caducidade' (Rm 8,20; cf. ibid., 8,19-22) — readquire novamente o vínculo de origem com a mesma fonte divina da Sapiência e do Amor".[575] De tal modo, ou seja, descobrindo, em crescente progressão, "a insondável riqueza de Cristo" (Ef 3,8), na criação, o trabalho humano se transforma num serviço prestado à grandeza de Deus.

**263** *O trabalho representa uma dimensão fundamental da existência humana como participação na obra não só da criação, mas também da redenção.* Quem suporta a penosa fadiga do trabalho em união com Jesus, num certo sentido, coopera com o Filho de Deus na Sua obra redentora e se mostra discípulo Cristo levando a Cruz, cada dia, na atividade que é chamado a levar a cabo. Nesta perspectiva, o trabalho pode ser considerado como um meio de santificação e uma animação das realidades terrenas no Espírito de Cristo.[576] Assim concebido, o trabalho é expressão da plena humanidade do homem, na sua condição histórica e na sua orientação escatológica: a sua ação livre e responsável revela a sua íntima relação com o Criador e o seu potencial criativo, enquanto todos os dias combate o desfiguramento do pecado, também ganhando o pão com o suor da fronte.

---

[574] João Paulo II, Carta enc. *Redemptor hominis*, 1: *AAS* 71 (1979) 257.

[575] João Paulo II, Carta enc. *Redemptor hominis*, 8: *AAS* 71 (1979) 270.

[576] Cf. *Catecismo da Igreja Católica*, 2427; João Paulo II, Carta enc. *Laborem exercens*, 27: *AAS* 73 (1981) 644-647.

O trabalho humano

## c) O dever de trabalhar

**264** *A consciência da transitoriedade da "figura deste mundo"* (cf. 1Cor 7,31) *não isenta de nenhum empenho histórico, muito menos do trabalho* (cf. 2Ts 3,7-15), *que é parte integrante da condição humana, mesmo não sendo a única razão de vida.* Nenhum cristão, pelo fato de pertencer a uma comunidade solidária e fraterna, deve sentir-se no direito de não trabalhar e de viver à custa dos outros (cf. 2Ts 3,6-12); todos, antes, são exortados pelo Apóstolo Paulo a tomar como um ponto de *"honra"* o *trabalhar com as próprias mãos* de modo a não ter "necessidade de ninguém" (1Ts 4,11-12) e a praticar uma solidariedade também material, compartilhando os frutos do trabalho com "os necessitados" (Ef 4,28). São Tiago defende os direitos conculcados dos trabalhadores: "Eis que o salário, que defraudastes dos trabalhadores que ceifaram os vossos campos, clama, e os gritos dos ceifeiros chegaram aos ouvidos do Senhor dos exércitos" (Tg 5,4). Os crentes devem viver o trabalho com o estilo de Cristo e torná-lo ocasião de testemunho cristão "em presença dos de fora" (1Ts 4, 12).

**265** *Os Padres da Igreja nunca consideram o trabalho como "opus servile" — assim era concebido, pelo contrário, na cultura a eles contemporânea —, mas sempre como "opus humanum", e tendem a honrar todas as suas expressões.* Mediante o trabalho, o homem governa com Deus o mundo, juntamente com Ele é sempre seu senhor, e realiza coisas boas para si e para os outros. O ócio é nocivo ao ser do homem, enquanto a atividade favorece o seu corpo e o seu espírito.[577] O cristão é chamado a trabalhar não só para conseguir o pão, mas também por solicitude para com o próximo mais pobre, ao qual o Senhor ordena dar de comer, de beber, de vestir, acolhimento, atenção e companhia (cf. Mt 25,35-36).[578] Cada trabalhador, afirma Santo Ambrósio, é a mão de Cristo que continua a criar e a fazer o bem.[579]

**266** *Com o seu trabalho e a sua laboriosidade, o homem, partícipe da arte e da sabedoria divina, torna mais bela a criação, o cosmo já ordenado pelo Pai;[580] suscita aquelas energias sociais e comunitárias que alimentam o bem comum,[581] a favor sobretudo dos mais necessitados.* O trabalho humano, que

---

[577] Cf. São João Crisóstomo, *Homilias sobre os Atos*, in *Acta Apostolorum Homiliae* 35, 3: PG 60, 258.

[578] Cf. São Basílio Magno, *Regulae fusius tractatae*, 42: PG 31, 1023-1027; Santo Atanásio de Alexandria, *Vita S. Antonii*, c. 3: PG 26, 846.

[579] Cf. Santo Ambrósio, *De obitu Valentiniani consolatio*, 62: PL 16, 1438.

[580] Cf. Santo Irineu de Lion, *Adversus haereses*, 5, 32, 2: PG 7, 1210-1211.

[581] Cf. Teodoreto de Ciro, *De Providentia, Orationes* 5-7: PG 83, 625-686.

# 160

*Capítulo VI*

tem por fim a caridade, converte-se em ocasião de contemplação, transforma-se em devota oração, em ascese vigilante e em intrépida esperança do dia sem ocaso: "Nesta visão superior, o trabalho, pena e ao mesmo tempo prêmio da atividade humana, comporta uma outra relação, aquela essencialmente religiosa, que foi felizmente expressa na fórmula beneditina: "Ora et labora"! O fato religioso confere ao trabalho humano uma espiritualidade animadora e redentora. Tal parentesco entre trabalho e religião reflete a aliança misteriosa, mas real, que medeia entre o operar humano e o providencial de Deus".[582]

## II. O VALOR PROFÉTICO DA "RERUM NOVARUM"

**267** *O curso da história está marcado por profundas transformações e por exaltantes conquistas do trabalho, mas também pela exploração de tantos trabalhadores e pelas ofensas à sua dignidade. A revolução industrial lançou à Igreja um grande desafio, ao qual o Magistério social respondeu com a força da profecia, afirmando princípios de valor universal e de perene atualidade, em favor do homem que trabalha e de seus direitos.*

Destinatária da mensagem da Igreja fora por séculos uma sociedade de tipo agrário, caracterizada por ritmos regulares e cíclicos; agora o Evangelho deveria ser anunciado e vivido num novo *areópago*, no tumulto dos acontecimentos sociais de uma sociedade mais dinâmica, levando em conta a complexidade dos novos fenômenos e das impensáveis transformações possibilitadas pela técnica. No centro da solicitude pastoral da Igreja impunha-se mais e mais urgentemente *a questão operária*, ou seja, o problema da exploração dos trabalhadores, conseqüência da nova organização industrial do trabalho, de matriz capitalista, e o problema, não menos grave, da instrumentalização ideológica, socialista e comunista, das justas reivindicações do mundo do trabalho. No seio deste horizonte histórico se colocam as reflexões e as advertências da Encíclica *"Rerum novarum"* de Leão XIII.

**268** *A "Rerum novarum" é antes de tudo uma vívida defesa da inalienável dignidade dos trabalhadores,* à qual anexa a importância do direito de propriedade, do princípio de colaboração entre as classes, dos direitos dos fracos e dos pobres, das obrigações dos trabalhadores e dos empregadores, do direito de associação.

---

[582] João Paulo II, *Discurso durante a visita a Pomezia*, Itália (14 de setembro de 1979), 3: *L'Osservatore Romano*, ed. em português, 23 de setembro de 1979, p. 3.

*O trabalho humano*  161

As orientações ideais expressas na encíclica reforçam o empenho de animação cristã da vida social, que se manifestou no nascimento e na consolidação de numerosas iniciativas de alto caráter civil: uniões e centros de estudos sociais, associações, sociedades operárias, sindicatos, cooperativas, bancos rurais, seguros sociais, obras de assistência. Tudo isto deu um notável impulso à legislação do trabalho para a proteção dos operários, sobretudo das crianças e das mulheres; à instrução e à melhora dos salários e da higiene.

**269** *Desde a "Rerum Novarum", a Igreja jamais deixou de considerar os problemas do trabalho no contexto de uma questão social que foi progressivamente assumindo dimensões mundiais.*[583] A Encíclica *"Laborem exercens"*, enriquece a visão personalista do trabalho característica dos precedentes documentos sociais, indicando a necessidade de um aprofundamento dos significados e das tarefas que o trabalho comporta, em consideração do fato de que "surgem sempre novas interrogações e novos problemas, nascem novas esperanças, como também motivos de temor e ameaças, ligados com esta dimensão fundamental da existência humana, pela qual é construída cada dia a vida do homem, da qual esta recebe a própria dignidade específica, mas na qual está contido, ao mesmo tempo, o parâmetro constante dos esforços humanos, do sofrimento, bem como dos danos e das injustiças que podem impregnar profundamente a vida social no interior de cada uma das nações e no plano internacional".[584] O trabalho, com efeito, "chave essencial"[585] de toda a questão social, condiciona o desenvolvimento não só econômico, mas também cultural e moral, das pessoas, da família, da sociedade e de todo o gênero humano.

## III. A DIGNIDADE DO TRABALHO

### a) A dimensão subjetiva e objetiva do trabalho

**270** *O trabalho humano tem uma dúplice dimensão: objetiva e subjetiva.* Em sentido objetivo é o conjunto de atividades, recursos, instrumentos e técnicas de que o homem se serve para produzir, para *dominar a terra*, segundo as palavras do livro do *Gênesis*. O trabalho em *sentido subjetivo* é o agir do homem enquanto ser dinâmico, capaz de levar a cabo várias ações

---

[583] Cf. João Paulo II, Carta enc. *Laborem exercens*, 2: *AAS* 73 (1981) 580-583.
[584] João Paulo II, Carta enc. *Laborem exercens*, 1: *AAS* 73 (1981) 579.
[585] João Paulo II, Carta enc. *Laborem exercens*, 3: *AAS* 73 (1981) 584.

162            *Capítulo VI*

que pertencem ao processo do trabalho e que correspondem à sua vocação pessoal: "O homem deve submeter a terra, deve dominá-la, porque, como 'imagem de Deus', é uma pessoa; isto é, um ser dotado de subjetividade, capaz de agir de maneira programada e racional, capaz de decidir de si mesmo e tendente a realizar-se a si mesmo. É como pessoa, pois, que o homem é sujeito do trabalho".[586]

*O trabalho em sentido objetivo constitui o aspecto contingente da atividade do homem,* que varia incessantemente nas suas modalidades com o mudar das condições técnicas, culturais, sociais e políticas. *Em sentido subjetivo se configura, por seu turno, como a sua dimensão estável,* porque não depende do que o homem realiza concretamente nem do gênero de atividade que exerce, mas só e exclusivamente da sua dignidade de ser pessoal. A distinção é decisiva tanto para compreender qual é o fundamento último do valor e da dignidade do trabalho, quanto em vista do problema de uma organização dos sistemas econômicos e sociais respeitosa dos direitos do homem.

**271** *A subjetividade confere ao trabalho a sua peculiar dignidade, que impede de considerá-lo como uma simples mercadoria ou um elemento impessoal da organização produtiva.* O trabalho, independentemente do seu menor ou maior valor objetivo, é expressão essencial da pessoa, é "actus personae". Qualquer forma de materialismo e de economicismo que tentasse reduzir o trabalhador a mero instrumento de produção, a simples força de trabalho, a valor exclusivamente material, acabaria por desnaturar irremediavelmente a essência do trabalho, privando-o da sua finalidade mais nobre e profundamente humana. *A pessoa é o parâmetro da dignidade do trabalho:* "Não há dúvida nenhuma, realmente, de que o trabalho humano tem seu valor ético, o qual, sem meios-termos, permanece diretamente ligado ao fato de aquele que o realiza ser uma pessoa".[587]

*A dimensão subjetiva do trabalho deve ter a preeminência sobre a objetiva,* porque é aquela do homem mesmo que realiza o trabalho, determinando-lhe a qualidade e o valor mais alto. Se faltar esta consciência ou se não se quiser reconhecer esta verdade, o trabalho perde o seu significado mais verdadeiro e profundo: neste caso, lamentavelmente freqüente e difundido, a atividade trabalhista e as mesmas técnicas utilizadas se tornam mais importantes do que o próprio homem e, de aliadas, se transformam em inimigas da sua dignidade.

---

[586] João Paulo II, Carta enc. *Laborem exercens*, 6: *AAS* 73 (1981) 589-590.
[587] João Paulo II, Carta enc. *Laborem exercens*, 6: *AAS* 73 (1981) 590.

*O trabalho humano*                                                                                163

**272** *O trabalho não somente procede da pessoa, mas é também essencialmente ordenado a ela e a tem por finalidade.* Independentemente do seu conteúdo objetivo, o trabalho deve ser orientado para o sujeito que o realiza, pois a finalidade do trabalho, de qualquer trabalho, permanece sempre o homem. Ainda que não possa ser ignorada a importância do componente objetivo do trabalho sob o aspecto da sua qualidade, tal componente, todavia, deve ser subordinado à realização do homem, e portanto à dimensão subjetiva, graças à qual é possível afirmar que *o trabalho é para o homem e não o homem para o trabalho* e que "a finalidade do trabalho, de todo e qualquer trabalho realizado pelo homem — ainda que seja o trabalho mais humilde de um 'serviço' e o mais monótono na escala do modo comum de apreciação e até o mais marginalizador — permanece sempre o próprio homem".[588]

**273** *O trabalho humano possui também uma intrínseca dimensão social.* O trabalho de um homem, com efeito, se entrelaça naturalmente com o de outros homens: "Hoje mais do que nunca, trabalhar é um trabalhar *com os outros* e um *trabalhar para os outros:* torna-se cada vez mais um fazer qualquer coisa para alguém".[589] Também os frutos do trabalho oferecem ocasião de intercâmbios, de relações e de encontro. O trabalho, portanto, não pode ser avaliado eqüitativamente, se não se leva em conta a sua natureza social: "Já que, se não subsiste um corpo realmente social e orgânico; se a ordem social e jurídica não protege o exercício da atividade; se as várias partes, dependentes como são entre si, não se unem entre si e não se completam mutuamente; se, enfim e mais ainda, não se associam a inteligência, o capital e o trabalho, quase que a formar uma coisa só, a atividade humana não pode produzir os seus frutos: portanto, não pode ela ser com justiça avaliada nem remunerada eqüitativamente, se não se tem em conta a sua natureza social e individual".[590]

**274** *O trabalho é também "uma obrigação, ou seja, um dever do homem".*[591] O homem deve trabalhar seja porque o Criador lho ordenou, seja para responder às exigências de manutenção e desenvolvimento da sua própria humanidade. O trabalho se perfila como obrigação moral em relação ao próximo, que é em primeiro lugar a própria família, mas também à sociedade, à qual se pertence; à nação, da qual se é filho ou filha; a toda a família humana, da qual se é membro: somos herdeiros do trabalho de gerações e ao mesmo tempo artífices do futuro de todos os homens que viverão depois de nós.

---

[588] João Paulo II, Carta enc. *Laborem exercens*, 6: *AAS* 73 (1981) 592; cf. *Catecismo da Igreja Católica*, 2428.
[589] João Paulo II, Carta enc. *Centesimus annus*, 31: *AAS* 83 (1991) 832.
[590] Pio XI, Carta enc. *Quadragesimo anno*: *AAS* 23 (1931) 200.
[591] João Paulo II, Carta enc. *Laborem exercens*, 16: *AAS* 73 (1981) 619.

# 164          *Capítulo VI*

**275** *O trabalho confirma a profunda identidade do homem criado à imagem e semelhança de Deus:* "O homem, ao tornar-se — mediante o seu trabalho — cada vez mais senhor da terra, e ao consolidar — ainda mediante o trabalho — o seu domínio sobre o mundo visível, em qualquer hipótese e em todas as fases deste processo, permanece na linha daquela disposição original do Criador, a qual se mantém necessária e indissoluvelmente ligada ao fato de o homem ter sido criado, como varão e mulher, 'à imagem de Deus'".[592] Isto qualifica a atividade do homem no universo: ele não é seu proprietário, mas o fiduciário, chamado a refletir no próprio agir o sinal dAquele de que é imagem.

## b) As relações entre trabalho e capital

**276** *O trabalho, pelo seu caráter subjetivo ou pessoal, é superior a todo e qualquer outro fator de produção: este princípio vale, em particular, no que tange ao capital.* Hoje, o termo "capital" tem diversas acepções: às vezes indica os meios materiais de produção na empresa, às vezes os recursos financeiros investidos numa iniciativa produtiva ou também em operações nos mercados financeiros. Fala-se também, de modo não de todo apropriado, de "*capital humano*", para indicar os recursos humanos, ou seja, os homens mesmos, enquanto capazes de esforço laboral, de conhecimento, de criatividade, de intuição das exigências dos próprios semelhantes, de mútua compreensão enquanto membros de uma organização. Fala-se de "*capital social*" quando se quer indicar a capacidade de colaboração de uma coletividade, fruto do investimento em liames fiduciários recíprocos. Esta multiplicidade de significados oferece ulteriores elementos para refletir sobre o que possa significar, hoje, a relação entre trabalho e capital.

**277** *A doutrina social tem enfrentado as relações entre trabalho e capital, salientando seja a prioridade do primeiro sobre o segundo, seja a sua complementaridade.*

*O trabalho tem uma prioridade intrínseca em relação ao capital:* "Este princípio diz respeito diretamente ao próprio processo de produção, relativamente ao qual o trabalho é sempre uma causa eficiente primária, enquanto o 'capital', sendo o conjunto dos meios de produção, permanece apenas um instrumento, ou causa instrumental. Este princípio é uma verdade evidente, que resulta de toda a experiência histórica do homem".[593] Ele "pertence ao patrimônio estável da doutrina da Igreja".[594]

---

[592] João Paulo II, Carta enc. *Laborem exercens*, 4: *AAS* 73 (1981) 586.
[593] João Paulo II, Carta enc. *Laborem exercens*, 12: *AAS* 73 (1981) 606.
[594] João Paulo II, Carta enc. *Laborem exercens*, 12: *AAS* 73 (1981) 608.

*O trabalho humano*

165

*Entre capital e trabalho deve haver complementaridade:* é a mesma lógica intrínseca ao processo produtivo a mostrar a necessidade da sua recíproca compenetração e a urgência de dar vida a sistemas econômicos nos quais a antinomia entre trabalho e capital seja superada.[595] Em tempos nos quais, no interior de um sistema econômico menos complexo, o "capital" e o "trabalho assalariado" identificavam com uma certa precisão não só dois fatores produtivos, mas também e sobretudo duas concretas classes sociais, a Igreja afirmava que ambos são em si legítimos:[596] "De nada vale o capital sem o trabalho, nem o trabalho sem o capital".[597] Trata-se de uma verdade que vale também para o presente, porque "é inteiramente falso atribuir ou só ao capital ou só ao trabalho o produto do concurso de ambos; e é deveras injusto que um deles, negando a eficácia do outro, se arrogue a si todos os frutos".[598]

**278** *Na consideração das relações entre trabalho e capital, sobretudo em face das imponentes transformações dos nossos tempos, se deve entender que "o principal recurso" e o "fator decisivo"[599] nas mãos do homem é o próprio homem,* e que "o desenvolvimento integral da pessoa humana no trabalho não contradiz, antes favorece a maior produtividade e eficácia do próprio trabalho".[600] O mundo do trabalho está, efetivamente, descobrindo cada vez mais que o valor do *"capital humano"* tem expressão no conhecimento dos trabalhadores, na sua disponibilidade em tecer relações, na criatividade, na própria qualidade empresarial, na capacidade de enfrentar conscientemente o novo, de trabalhar juntos e de saber perseguir objetivos comuns. Trata-se de qualidades eminentemente pessoais, que pertencem ao sujeito do trabalho mais que aos aspectos objetivos, técnicos, operativos do trabalho mesmo. Tudo isto comporta uma perspectiva nova nas relações entre trabalho e capital: pode-se afirmar que, contrariamente ao que acontecia na velha organização do trabalho, em que o sujeito acabava por ser nivelado ao objeto, à máquina, nos dias de hoje dimensão subjetiva do trabalho tende a ser mais decisiva e importante do que a objetiva.

**279** *A relação entre trabalho e capital não raro apresenta traços de conflituosidade, que assume novas características com o mudar dos contextos sociais e econômicos.* Ontem, o conflito entre capital e trabalho era originado, sobretudo, "pelo fato de que os operários punham as suas forças à disposição

---

[595] Cf. João Paulo II, Carta enc. *Laborem exercens*, 13: *AAS* 73 (1981) 608-612.
[596] Cf. Pio XI, Carta enc. *Quadragesimo anno: AAS* 23 (1931) 194-198.
[597] Leão XIII, Carta enc. *Rerum novarum: Acta Leonis XIII*, 11 (1892) 109.
[598] Pio XI, Carta enc. *Quadragesimo anno: AAS* 23 (1931) 195.
[599] João Paulo II, Carta enc. *Centesimus annus*, 32: *AAS* 83 (1991) 833.
[600] João Paulo II, Carta enc. *Centesimus annus*, 43: *AAS* 83 (1991) 847.

do grupo dos patrões e empresários, e de que este, guiado pelo princípio do maior lucro da produção, procurava manter o mais baixo possível o salário para o trabalho executado pelos operários".[601] *Atualmente, a conflituosidade de tal relação apresenta aspectos novos e, talvez, mais preocupantes:* os progressos científicos e tecnológicos e a mundialização dos mercados, por si mesma fonte de desenvolvimento e de progresso, expõem os trabalhadores ao risco de serem explorados pelas engrenagens da economia e pela busca desenfreada de produtividade.[602]

**280** *Não se deve julgar erroneamente que o processo de superação da dependência do trabalho em relação à matéria seja capaz por si de superar a alienação no trabalho e do trabalho.* A referência não é só aos grandes bolsões de não-trabalho, de trabalho clandestino, de trabalho infantil, de trabalho sub-remunerado, de trabalho explorado que ainda persistem, mas também às novas formas, muito mais sutis, da exploração dos novos trabalhos, ao super-trabalho, ao trabalho-carreira que às vezes rouba espaço a dimensões igualmente humanas e necessárias para a pessoa, à excessiva flexibilidade do trabalho que torna precária e não raro impossível a vida familiar, à modularidade do trabalho que corre o risco de ter graves repercussões sobre a percepção unitária da própria existência e sobre a estabilidade das relações familiares. Se o homem é alienado quando inverte meios e fins, também no novo contexto de trabalho imaterial, leve, qualitativo mais que quantitativo, podem dar-se elementos de alienação "conforme cresça a ... participação [do homem] numa autêntica comunidade humana solidária, ou então cresça o seu isolamento num complexo de relações de exacerbada competição e de recíproco alheamento".[603]

### c) O trabalho, título de participação

**281** *A relação entre trabalho e capital se expressa também através da participação dos trabalhadores na propriedade, na gestão e nos seus frutos.* É esta uma exigência descurada com expressiva freqüência, que, pelo contrário, deve ser valorizada ao máximo: "Cada um dos que a compõem, com base no próprio trabalho, tiver garantido o pleno direito a considerar-se co-proprietário do grande 'banco' de trabalho em que se empenha juntamente

---

[601] João Paulo II, Carta enc. *Laborem exercens*, 11: *AAS* 73 (1981) 604.

[602] Cf. João Paulo II, *Discurso à Pontifícia Academia das Ciências Sociais* (6 de março 1999), 2: *AAS* 91 (1999) 889.

[603] João Paulo II, Carta enc. *Centesimus annus*, 41: *AAS* 83 (1991) 844.

*O trabalho humano* 167

com todos os demais. E uma das vias para alcançar tal objetivo poderia ser o de associar o trabalho, na medida do possível, à propriedade do capital e dar possibilidades de vida a uma série de corpos intermediários com finalidades econômicas, sociais e culturais: corpos estes que hão de usufruir de uma efetiva autonomia em relação aos poderes públicos e que hão de procurar conseguir os seus objetivos específicos mantendo entre si relações de leal colaboração recíproca, subordinadamente às exigências do bem comum, e que hão de, ainda, apresentar-se sob a forma e com a substância de uma comunidade viva; quer dizer, de molde a que neles os respectivos membros sejam considerados e tratados como pessoas e estimulados a tomar parte ativa na sua vida".[604] A nova organização do trabalho, em que o saber conta mais do que a mera propriedade dos meios de produção, atesta de maneira concreta que o trabalho, pelo seu caráter subjetivo, é título de participação: é indispensável ancorar-se nesta consciência para aquilatar a justa posição do trabalho no processo produtivo e para encontrar modalidades de participação consoantes com a subjetividade do trabalho nas peculiaridades das várias situações concretas.[605]

### d) Relação entre trabalho e propriedade privada

**282** *O Magistério social da Igreja articula a relação entre trabalho e capital também em relação ao instituto da propriedade privada, ao respectivo direito e ao seu uso.* O direito à propriedade privada subordina-se ao princípio da destinação universal dos bens e não deve constituir motivo de impedimento ao trabalho e ao crescimento de outrem. A propriedade, que se adquire antes de tudo através do trabalho, deve servir ao trabalho. Isto vale de modo particular no que diz respeito à posse dos meios de produção; mas tal princípio concerne também aos bens próprios do mundo financeiro, técnico, intelectual, pessoal.

Os meios de produção "não podem ser possuídos contra o trabalho, como não podem ser possuídos para possuir".[606] A sua posse passa a ser ilegítima quando a propriedade "não é valorizada ou serve para impedir o trabalho dos outros, para obter um ganho que não provém da expansão global do trabalho humano e da riqueza social, mas antes da sua repressão, da ilícita exploração, da especulação, e da ruptura da solidariedade no mundo do trabalho".[607]

---

[604] João Paulo II, Carta enc. *Laborem exercens*, 14: *AAS* 73 (1981) 616.
[605] Cf. Concílio Vaticano II, Const. past. *Gaudium et spes*, 9: *AAS* 58 (1966) 1031-1032.
[606] João Paulo II, Carta enc. *Laborem exercens*, 14: *AAS* 73 (1981) 613.
[607] João Paulo II, Carta enc. *Centesimus annus*, 43: *AAS* 83 (1991) 847.

168                                                      *Capítulo VI*

**283** *A propriedade privada e pública, e também os vários mecanismos do sistema econômico devem ser predispostos para uma economia ao serviço do homem,* de modo que contribuam a atuar o princípio da destinação universal dos bens. Nesta perspectiva ganha relevo a questão referente à propriedade e ao uso das novas tecnologias e conhecimentos, que constituem, no nosso tempo, uma outra forma particular de propriedade, de importância não inferior à da terra e do capital.[608] Tais recursos, como todos os outros bens, têm uma *destinação universal;* também estes devem ser inseridos num contexto de normas jurídicas e de regras sociais que garantam um uso inspirado em critérios de justiça, de eqüidade e de respeito dos direitos do homem. Os novos saberes e as tecnologias, graças à sua enorme potencialidade, podem dar um contributo decisivo à promoção do progresso social, mas correm o risco de se converterem em fonte de desemprego e de ampliarem a distância entre zonas desenvolvidas e zonas de subdesenvolvimento, se permanecem concentrados nos países mais ricos ou nas mãos de grupos restritos de poder.

### e) O repouso festivo

**284** *O repouso festivo é um direito.*[609] Tendo Deus "terminado no sétimo dia a obra que tinha feito, descansou do seu trabalho" (Gn 2,2): também os homens, criados à Sua imagem, devem gozar de suficiente repouso e tempo livre que lhes permita cuidar da vida familiar, cultural, social e religiosa.[610] Para tanto contribui a instituição do dia do Senhor.[611] Os fiéis, durante o domingo e nos demais dias santos de guarda, devem abster-se de "trabalhos ou atividades que impedem o culto devido a Deus, a alegria própria do dia do Senhor, a prática das obras de misericórdia e o descanso conveniente do espírito e do corpo".[612] Necessidades familiares ou exigências de utilidade social podem legitimamente isentar do repouso dominical, mas não devem criar hábitos prejudiciais à religião, à vida de família e à saúde.

**285** *O domingo é um dia a ser santificado com uma caridade operosa, reservando atenções à família e aos parentes, bem como aos doentes, aos enfermos, aos idosos;* não se devem tampouco esquecer aqueles "irmãos que têm as mesmas necessidades e os mesmos direitos mas não podem repousar

---

[608]   Cf. João Paulo II, Carta enc. *Centesimus annus*, 32: *AAS* 83 (1991) 832-833.

[609]   Cf. João Paulo II, Carta enc. *Laborem exercens*, 19: *AAS* 73 (1981) 625-629; Id., Carta enc. *Centesimus annus*, 9: *AAS* 83 (1991) 804.

[610]   Cf. Concílio Vaticano II, Const. past. *Gaudium et spes*, 67: *AAS* 58 (1966) 1088-1089.

[611]   Cf. *Catecismo da Igreja Católica*, 2184.

[612]   *Catecismo da Igreja Católica*, 2185.

O trabalho humano                                                        169

por causa da pobreza e da miséria";[613] *ademais é um tempo propício para a reflexão, o silêncio, o estudo, que favorecem o crescimento da vida interior e cristã.* Os fiéis devem distinguir-se, também neste dia, pela sua moderação, evitando todos os excessos e as violências que não raro caracterizam as diversões de massa.[614] O dia do Senhor deve ser sempre vivido como o dia da libertação, que faz participar "da reunião de festa desta assembléia dos primogênitos cujos nomes estão inscritos nos céus" (Hb 12,22-23) e antecipa a celebração da Páscoa definitiva na glória do céu.[615]

**286** *As autoridades públicas têm o dever de vigiar para que não se subtraia aos cidadãos, por motivos de produtividade econômica, o tempo destinado ao repouso e ao culto divino.* Os empregadores têm uma obrigação análoga em relação aos seus empregados.[616] Os cristãos devem envidar esforços, no respeito à liberdade religiosa e ao bem comum de todos, para que as leis reconheçam os domingos e os dias de festa da Igreja como feriados: "A todos têm de dar um exemplo público de oração, de respeito e de alegria e defender suas tradições como uma contribuição preciosa para a vida espiritual da sociedade humana".[617] Todo cristão deverá "evitar impor sem necessidade a outrem o que o impediria de guardar o dia do Senhor".[618]

## IV. O DIREITO AO TRABALHO

### a) O trabalho é necessário

**287** *O trabalho é um direito fundamental e é um bem para o homem:*[619] *um bem útil, digno dele porque apto a exprimir e a acrescer a dignidade humana. A Igreja ensina o valor do trabalho não só porque este é sempre pessoal, mas também pelo caráter de necessidade.*[620] O trabalho é necessário para

---

[613] *Catecismo da Igreja Católica,* 2186.
[614] Cf. *Catecismo da Igreja Católica,* 2187.
[615] Cf. JOÃO PAULO II, Carta apost. *Dies Domini,* 26: *AAS* 90 (1998) 729: "A celebração do domingo, dia simultaneamente 'primeiro' e 'oitavo', orienta o cristão para a meta da vida eterna".
[616] Cf. LEÃO XIII, Carta enc. *Rerum novarum: Acta Leonis XIII,* 11 (1892) 110.
[617] *Catecismo da Igreja Católica,* 2188.
[618] *Catecismo da Igreja Católica,* 2187.
[619] Cf. CONCÍLIO VATICANO II, Const. past. *Gaudium et spes,* 26: *AAS* 58 (1966) 1046-1047; JOÃO PAULO II, Carta enc. *Laborem exercens,* 9.18: *AAS* 73 (1981) 598-600. 622-625; ID., *Discurso à Pontifícia Academia das Ciências Sociais* (25 de abril de 1997), 3: *L'Osservatore Romano,* ed. em português, 24 de maio de 1997, p. 4; ID., *Mensagem para a celebração do Dia Mundial da Paz de 1999,* 8: *AAS* 91 (1999) 382-383.
[620] Cf. LEÃO XIII, Carta enc. *Rerum novarum: Acta Leonis XIII,* 11 (1892) 128.

170 *Capítulo VI*

formar e manter uma família,[621] para ter direito à propriedade,[622] para contribuir para o bem comum da família humana.[623] A consideração das implicações morais que a questão do trabalho comporta na vida social induz a Igreja a qualificar o desemprego como uma "verdadeira calamidade social",[624] sobretudo em relação às jovens gerações.

**288** *O trabalho é um bem de todos, que deve ser disponível para todos aqueles que são capazes de trabalhar. O "pleno emprego" é, portanto, um objetivo obrigatório para todo o ordenamento econômico orientado para a justiça e para o bem comum.* Uma sociedade em que o direito ao trabalho seja esvaziado ou sistematicamente negado e na qual as medidas de política econômica não permitam aos trabalhadores alcançar níveis satisfatórios de emprego, "não pode conseguir nem a sua legitimação ética nem a paz social".[625] Um papel importante e, portanto, uma responsabilidade específica e grave, competem, neste âmbito, ao "empregador indireto",[626] ou seja àqueles sujeitos — pessoas ou instituições de vário tipo — que estão aptas a orientar, no plano nacional ou internacional, a política do trabalho e da economia.

**289** *A capacidade de fazer projetos de uma sociedade orientada para o bem comum e projetada para o futuro se mede também e sobretudo com base nas perspectivas de trabalho que ela é capaz de oferecer.* O alto índice de desemprego, a presença de sistemas de instrução obsoletos e de dificuldades duradouras no acesso à formação e ao mercado do trabalho constituem, para muitos jovens sobretudo, um forte obstáculo na estrada da realização humana e profissional. Quem é desempregado ou subempregado, com efeito, sofre as conseqüências profundamente negativas que tal condição determina na personalidade e corre o risco de ser posto à margem da sociedade, de se tornar uma vítima da exclusão social.[627] Este é um drama que afeta, em geral, além dos jovens, as mulheres, os trabalhadores menos especializados, os deficientes, os imigrantes, os ex-carcerários, os analfabetos, todos os sujeitos que encontram maiores dificuldades na busca de uma colocação no mundo do trabalho.

---

[621] Cf. João Paulo II, Carta enc. *Laborem exercens*, 10: *AAS* 73 (1981) 600-602.

[622] Cf. Leão XIII, Carta enc. *Rerum novarum: Acta Leonis XIII*, 11 (1892) 103; João Paulo II, Carta enc. *Laborem exercens*, 14: *AAS* 73 (1981) 612-616; Id., Carta enc. *Centesimus annus*, 31: *AAS* 83 (1991) 831-832.

[623] Cf. João Paulo II, Carta enc. *Laborem exercens*, 16: *AAS* 73 (1981) 618-620.

[624] João Paulo II, Carta enc. *Laborem exercens*, 18: *AAS* 73 (1981) 623.

[625] João Paulo II, Carta enc. *Centesimus annus*, 43: *AAS* 83 (1991) 848; cf. *Catecismo da Igreja Católica*, 2433.

[626] Cf. João Paulo II, Carta enc. *Laborem exercens*, 17: *AAS* 73 (1981) 620-622.

[627] Cf. *Catecismo da Igreja Católica*, 2436.

*O trabalho humano*

171

**290** *A manutenção do emprego depende cada vez mais das capacidades profissionais.*[628] *O sistema de instrução e de educação não deve descurar a formação humana, tão necessária para desempenhar com proveito as tarefas requeridas.* A necessidade cada vez maior de mudar várias vezes de emprego no arco da vida obriga o sistema educativo a favorecer a disponibilidade das pessoas a uma permanente atualização e requalificação. Os jovens devem aprender a agir autonomamente, a se tornarem capazes de assumir responsavelmente a tarefa de enfrentar com competências adequadas os riscos ligados a um contexto econômico mutável e não raro imprevisível nos seus cenários evolutivos.[629] É igualmente indispensável a oferta de oportunas ocasiões formativas aos adultos em busca de requalificação e aos desempregados. Cada vez mais , o percurso de trabalho das pessoas deve encontrar novas formas concretas de apoio, a começar precisamente do sistema formativo, de modo que seja menos difícil atravessar fases de mudança, de incerteza, de precariedade.

b) **O papel do Estado e da sociedade civil na promoção do direito ao trabalho**

**291** *Os problemas do emprego chamam em causa as responsabilidades do Estado, ao qual compete o dever de promover políticas ativas do trabalho,* tais que favoreçam a criação de oportunidades de trabalho no território nacional, incentivando para tal fim o mundo produtivo. O dever do Estado não consiste tanto em assegurar diretamente o direito ao trabalho de todos os cidadãos, regulando toda a vida econômica e mortificando a livre iniciativa de cada indivíduo, quanto em "secundar a atividade das empresas, criando as condições que garantam ocasiões de trabalho, estimulando-a onde for insuficiente e apoiando-a nos momentos de crise".[630]

**292** *Perante as dimensões planetárias rapidamente assumidas pelas relações econômico-financeiras e pelo mercado do trabalho, deve-se promover uma colaboração internacional eficaz entre os Estados,* mediante tratados, acordos e planos de ação comuns que salvaguardem o direito ao trabalho também nas fases mais críticas do ciclo econômico, em âmbito nacional e internacional. É necessário estar cientes do fato de que o trabalho humano é um direito do qual dependem diretamente a promoção da justiça social e da

---

[628] Cf. Concílio Vaticano II, Const. past. *Gaudium et spes*, 66: *AAS* 58 (1966) 1087-1088.
[629] Cf. João Paulo II, Carta enc. *Laborem exercens*, 12: *AAS* 73 (1981) 605-608.
[630] João Paulo II, Carta enc. *Centesimus annus*, 48: *AAS* 83 (1991) 853.

172 *Capítulo VI*

paz civil. Importantes tarefas nesta direção cabem às Organizações internacionais e às sindicais: coligando-se nas formas mais oportunas, elas devem empenhar-se, antes de tudo, em tecer "uma trama sempre mais espessa de disposições jurídicas que protegem o trabalho dos homens, das mulheres, dos jovens, e lhe asseguram conveniente retribuição".[631]

**293** *Para a promoção do direito ao trabalho, é importante, hoje como nos tempos da "Rerum Novarum", que haja um "processo livre de auto-organização da sociedade"*.[632] Testemunhos significativos e exemplos de auto-organização podem ser encontradas nas numerosas iniciativas, empresariais e sociais, caracterizadas por formas de participação, de cooperação e de autogestão, que revelam a fusão das energias solidárias. Eles se oferecem ao mercado como um variegado setor de atividades trabalhistas que se distinguem por uma atenção particular à componente relacional dos bens produzidos e dos serviços dispensados em múltiplos âmbitos: instrução, tutela da saúde, serviços sociais de base, cultura. As iniciativas do chamado "setor terciário" constituem uma oportunidade sempre mais relevante de desenvolvimento do trabalho e da economia.

### c) A família e o direito ao trabalho

**294** *O trabalho é "o fundamento sobre o qual se edifica a vida familiar, que é um direito fundamental e uma vocação do homem"*:[633] ele assegura os meios de subsistência e garante o processo educativo dos filhos.[634] Família e trabalho, assim estreitamente interdependentes na experiência da grande maioria das pessoas, merecem finalmente uma consideração mais adequada à realidade, uma atenção que as compreenda juntas, sem os limites de uma concepção privatista da família e economicista do trabalho. A tal propósito, é necessário que as empresas, as organizações profissionais, os sindicatos e o Estado se tornem promotores de políticas do trabalho que não penalizem, mas favoreçam o núcleo familiar do ponto de vista do emprego. A vida de família e o trabalho, efetivamente, se condicionam reciprocamente de vários modos.

---

[631] Paolo VI, *Discurso à Organização Internacional do Trabalho* (10 de junho de 1969), 21: *AAS* 61 (1969) 500; cf. João Paulo II, *Discurso à Organização Internacional do Trabalho* (15 de junho de 1982), 13: *AAS* 74 (1982) 1004-1005.

[632] João Paulo II, Carta enc. *Centesimus annus*, 16: *AAS* 83 (1991) 813.

[633] João Paulo II, Carta enc. *Laborem exercens*, 10: *AAS* 73 (1981) 600.

[634] Cf. João Paulo II, Carta enc. *Laborem exercens*, 10: *AAS* 73 (1981) 600-602; Id., Exort. apost. *Familiaris consortio*, 23: *AAS* 74 (1982) 107-109.

*O trabalho humano*

O pendularismo, a dupla jornada de trabalho e a fadiga física e psicológica reduzem o tempo dedicado à vida familiar;[635] as situações de desemprego têm repercussões materiais e espirituais sobre as famílias, assim como as tensões e as crises familiares influem negativamente sobre as atitudes e sobre o rendimento no campo do trabalho.

### d) As mulheres e o direito ao trabalho

**295** *O gênio feminino é necessário em todas as expressões da vida social, por isso deve ser garantida a presença das mulheres também no âmbito do trabalho.* O primeiro e indispensável passo em tal direção é a concreta possibilidade de acesso a uma formação profissional. *O reconhecimento e a tutela dos direitos das mulheres no contexto do trabalho dependem, em geral, da organização do trabalho, que deve levar em conta a dignidade e a vocação da mulher,* cuja "verdadeira promoção ... exige que o trabalho seja estruturado de tal maneira que ela não se veja obrigada a pagar a própria promoção com o ter de abandonar a sua especificidade e com detrimento da sua família, na qual ela, como mãe, tem um papel insubstituível".[636] É uma questão sobre a qual se medem a *qualidade da sociedade* e a *efetiva tutela* do direito das mulheres ao trabalho.

A persistência de muitas formas de discriminação ofensivas à dignidade e vocação da mulher na esfera do trabalho é devida a uma longa série de condicionamentos penalizantes para a mulher, que foi e ainda é "deturpada nas suas prerrogativas, não raro marginalizada e, até mesmo, reduzida à escravidão".[637] Estas dificuldades, lamentavelmente, não estão superadas, como bem mostram por toda parte as várias situações que aviltam as mulheres, sujeitando-as também a formas de verdadeira e própria exploração. A urgência de um efetivo reconhecimento dos direitos das mulheres no trabalho se adverte especialmente sob o aspecto retributivo, de seguridade e previdenciário.[638]

---

[635] Cf. Santa Sede, *Carta dos direitos da família*, art. 10: Tipografia Poliglota Vaticana, Cidade do Vaticano 1983, p. 14.

[636] João Paulo II, Carta enc. *Laborem exercens*, 19: *AAS* 73 (1981) 628.

[637] João Paulo II, *Carta às mulheres* (29 de junho de 1995), 3: *AAS* 87 (1995) 804.

[638] Cf. João Paulo II, Exort. apost. *Familiaris consortio*, 24: *AAS* 74 (1982) 109-110.

# 174

*Capítulo VI*

## e) Trabalho infantil

**296** *O trabalho infantil, nas suas formas intoleráveis, constitui um tipo de violência menos evidente do que outros, mas nem por isso menos terrível.*[639] Uma violência que, para além de todas as implicações políticas, econômicas e jurídicas, é sempre essencialmente um problema moral. Eis a advertência de Leão XIII: "Quanto aos infantes, cuide-se não os admitir nas oficinas antes que a idade lhes tenha desenvolvido suficientemente as forças físicas, intelectuais e morais. As forças, que na puerícia brotam semelhantemente à erva em flor, um movimento precoce as dissipa, tornando portanto impossível a própria educação dos infantes".[640] A chaga do trabalho infantil, a mais de cem anos de distância, não foi ainda debelada.

Mesmo com a consciência de que, ao menos por ora, em certos países o contributo dado pelo trabalho das crianças ao orçamento familiar e às economias nacionais é irrenunciável e que, em todo caso, algumas formas de trabalho realizadas a tempo parcial podem ser frutuosas para as próprias crianças, a doutrina social denuncia o aumento da "exploração trabalhista dos menores em condições de verdadeira escravidão".[641] Tal exploração constitui uma grave violação da dignidade humana de que todo indivíduo, "por pequeno ou aparentemente insignificante que seja em termos de utilidade",[642] é portador.

## f) A emigração e o trabalho

**297** *A imigração pode ser antes um recurso que um obstáculo para o desenvolvimento.* No mundo atual, em que se agrava o desequilíbrio entre países ricos e países pobres e nos quais o progresso das comunicações reduz rapidamente as distâncias, crescem as migrações das pessoas em busca de melhores condições de vida, provenientes das zonas menos favorecidas da terra: a sua chegada aos países desenvolvidos é não raro percebida como uma ameaça para os elevados níveis de bem-estar alcançados graças a decênios de crescimento econômico. Os imigrados, todavia, na maioria dos casos, respondem a uma demanda de trabalho que, do contrário, ficaria insatisfeita,

---

[639] Cf. João Paulo II, Mensagem para a celebração do Dia Mundial da Paz 1996, 5: *AAS* 88 (1996) 106-107.

[640] Leão XIII, Carta enc. *Rerum novarum*: *Acta Leonis XIII*, 11 (1892) 129.

[641] Cf. João Paulo II, Mensagem para a celebração do Dia Mundial da Paz 1998, 6: *AAS* 90 (1998) 153.

[642] João Paulo II, Mensagem ao Secretário Geral das Nações Unidas por ocasião do Encontro Mundial sobre as Crianças, (22 de setembro de 1990): *L'Osservatore Romano*, ed. em português, 14 de outubro de 1990, p. 13.

*O trabalho humano* 175

em setores e em territórios nos quais a mão-de-obra local é insuficiente ou não está disposta a fornecer o próprio contributo em trabalho.

**298** *As instituições dos países anfitriões devem vigiar cuidadosamente para que não se difunda a tentação de explorar a mão-de-obra estrangeira, privando-a dos direitos garantidos aos trabalhadores nacionais, que devem ser assegurados a todos sem discriminação.* A regulamentação dos fluxos migratórios segundo critérios de eqüidade e de equilíbrio[643] é uma das condições indispensáveis para conseguir que as inserções sejam feitas com as garantias exigidas pela dignidade da pessoa humana. Os imigrantes devem ser acolhidos enquanto pessoas e ajudados, junto com as suas famílias, a integrar-se na vida social.[644] Em tal perspectiva *deve ser respeitado e promovido o direito a ver reunida a família.*[645] Ao mesmo tempo, na medida do possível, devem ser favorecidas todas as condições que permitem o aumento das possibilidades de trabalho nas próprias regiões de origem.[646]

### g) O mundo agrícola e o direito ao trabalho

**299** *Uma particular atenção merece o trabalho agrícola, pelo papel social, cultural e econômico que detém nos sistemas econômicos de muitos países, pelos numerosos problemas que deve enfrentar no contexto de uma economia cada vez mais globalizada, pela sua crescente importância na salvaguarda do ambiente natural:* "Portanto, são necessárias mudanças radicais e urgentes, para restituir à agricultura — e aos homens dos campos — o seu justo valor como base de uma sã economia, no conjunto do desenvolvimento da comunidade social".[647]

As profundas e radicais transformações em curso no plano social e cultural, também na agricultura e no vasto mundo rural, repropõem com urgência um

---

[643] Cf. João Paulo II, *Mensagem para a celebração do Dia Mundial da Paz de 2001*, 13: *AAS* 93 (2001) 241; Pontifício Conselho Cor Unum – Pontifício Conselho para a Pastoral dos Migrantes e Itinerantes, *Os refugiados, um desafio à solidariedade*, 6: Libreria Editrice Vaticana, Cidade do Vaticano 1992, p. 8.

[644] Cf. *Catecismo da Igreja Católica*, 2241.

[645] Cf. Santa Sé, *Carta dos direitos da família*, art. 12: Tipografia Poliglota Vaticana, Cidade do Vaticano 1983, 14; João Paulo II, Exort. apost. *Familiaris consortio*, 77: *AAS* 74 (1982) 175-178.

[646] Cf. Concílio Vaticano II, Const. past. *Gaudium et spes*, 66: *AAS* 58 (1966) 1087-1088; João Paulo II, *Mensagem para a celebração do Dia Mundial da Paz 1993*, 3: *AAS* 85 (1993) 431-433. Cf. Paulo VI, Carta enc. *Populorum progressio*, 23: *AAS* 59 (1967) 268-269.

[647] João Paulo II, Carta enc. *Laborem exercens*, 21: *AAS* 73 (1981) 634.

176 *Capítulo VI*

aprofundamento sobre o significado do trabalho agrícola nas suas múltiplas dimensões. Trata-se de um desafio de notável importância, que deve ser enfrentado com políticas agrícolas e ambientais capazes de superar uma certa concepção residual e assistencial e de elaborar novas perspectivas para uma agricultura moderna, apta a cumprir um papel significativo na vida social e econômica.

**300** *Em alguns países é indispensável uma redistribuição da terra, no âmbito de eficazes políticas de reforma agrária, a fim de superar o impedimento que o latifúndio improdutivo, condenado pela doutrina social da Igreja,*[648] *representa a um autêntico desenvolvimento econômico:* "Os países em via de desenvolvimento podem combater eficazmente o atual processo de concentração da propriedade da terra, se afrontarem algumas situações que se podem classificar como verdadeiros e próprios nós estruturais. Tais são as carências e os atrasos a nível legislativo quanto ao reconhecimento do título de propriedade da terra e em relação ao mercado de crédito; o desinteresse pela investigação e formação em agricultura; a negligência a propósito de serviços sociais e de infra-estruturas nas áreas rurais".[649] A reforma agrária torna-se, portanto, além de uma necessidade política, uma obrigação moral, dado que a sua não-realização obstaculiza nestes países os efeitos benéficos que derivam da abertura dos mercados e, em geral, daquelas ocasiões profícuas de crescimento que a globalização em curso pode oferecer.[650]

## V. DIREITOS DOS TRABALHADORES

### a) Dignidade dos trabalhadores e respeito dos seus direitos

**301** *Os direitos dos trabalhadores, como todos os demais direitos, se baseiam na natureza da pessoa humana e na sua dignidade transcendente.* O Magistério social da Igreja houve por bem enumerar alguns deles, auspiciando o seu reconhecimento nos ordenamentos jurídicos: o direito a uma justa remuneração;[651] o direito ao repouso;[652] o direito "a dispor de ambientes de

---

[648] Cf. PAULO VI, Carta Enc. *Populorum progressio* 23: *AAS* 59 (1967) 268-269

[649] Cf. PONTIFÍCIO CONSELHO "JUSTIÇA E PAZ", *Para uma melhor distribuição da terra. O desafio da reforma agrária* (23 de novembro de 1997), 13: Libreria Editrice Vaticana, Cidade do Vaticano 1997, p. 15.

[650] Cf. PONTIFÍCIO CONSELHO "JUSTIÇA E PAZ", *Por uma melhor distribuição da terra. O desafio da reforma agrária* (23 de novembro de 1997), 35: Libreria Editrice Vaticana, Cidade do Vaticano 1997, pp. 30-31.

[651] Cf. JOÃO PAULO II, Carta enc. *Laborem exercens*, 19: *AAS* 73 (1981) 625-629.

[652] JOÃO PAULO II, Carta enc. *Laborem exercens*, 19: *AAS* 73 (1981) 625-629.

*O trabalho humano*

177

trabalho e de processos de laboração que não causem dano à saúde física dos trabalhadores nem lesem a sua integridade moral";[653] o direito a ver salvaguardada a própria personalidade no lugar de trabalho, "sem serem violados seja de que modo for na própria consciência ou dignidade";[654] o direito a convenientes subvenções indispensáveis para a subsistência dos trabalhadores desempregados e das suas famílias;[655] o direito à pensão bem como ao seguro para a velhice, para a doença e para o caso de acidentes de trabalho;[656] o direito a disposições sociais referentes à maternidade;[657] o direito de reunir-se e de associar-se.[658] Tais direitos são freqüentemente desrespeitados, como confirmam os tristes fenômenos do trabalho sub-remunerado, desprovido de tutela ou não representado de modo adequado. Dá-se com freqüência que as condições de trabalho para homens, mulheres e crianças, especialmente nos países em via de desenvolvimento, sejam tão desumanas, que ofendem a sua dignidade e prejudicam a sua saúde.

### b) O direito à remuneração eqüitativa e distribuição da renda

**302** *A remuneração é o instrumento mais importante para realizar a justiça nas relações de trabalho.*[659] O "salário justo é o fruto legítimo do trabalho";[660] comete grave injustiça quem o recusa ou não o dá no tempo devido e em proporção eqüitativa ao trabalho realizado (cf. Lv 19,13; Dt 24,14-15; Tg 5,4). O salário é o instrumento que permite ao trabalhador aceder aos bens da terra: "O trabalho deve ser remunerado de tal modo que ofereça ao homem a possibilidade de manter dignamente a sua vida e a dos seus, sob o aspecto material, social, cultural e espiritual, considerando-se a tarefa e a produção de cada um, assim como as condições da empresa e o bem comum".[661]

---

[653] Cf. João Paulo II, Carta enc. *Laborem exercens*, 19: *AAS* 73 (1981) 629.

[654] João Paulo II, Carta enc. *Centesimus annus*, 15: *AAS* 83 (1991) 812.

[655] Cf. João Paulo II, Carta enc. *Laborem exercens*, 18: *AAS* 73 (1981) 622-625

[656] Cf. João Paulo II, Carta enc. *Laborem exercens*, 19: *AAS* 73 (1981) 625-629.

[657] Cf. João Paulo II, Carta enc. *Laborem exercens*, 19: *AAS* 73 (1981) 625-629.

[658] Cf. Leão XIII, Carta enc. *Rerum novarum*: *Acta Leonis XIII*, 11 (1892) 135; Pio XI, Carta enc. *Quadragesimo anno*: *AAS* 23 (1931) 186; Pio XII, Carta enc. *Sertum laetitiae*: *AAS* 31 (1939) 643; João XXIII, Carta enc. *Pacem in terris*: *AAS* 55 (1963) 262-263; Concílio Vaticano II, Const. past. *Gaudium et spes*, 68: *AAS* 58 (1966) 1089-1090; João Paulo II, Carta enc. *Laborem exercens*, 20: *AAS* 73 (1981) 629-632; Id., Carta enc. *Centesimus annus*, 7: *AAS* 83 (1991) 801-802.

[659] Cf. João Paulo II, Carta enc. *Laborem exercens*, 19: *AAS* 73 (1981) 625-629.

[660] *Catecismo da Igreja Católica*, 2434.; cf. Pio XI, Carta enc. *Quadragesimo anno*: *AAS* 23 (1931) 198-202: "O justo salário" é o título do capítulo 4 da Parte II.

[661] Concílio Vaticano II, Const. past. *Gaudium et spes*, 67: *AAS* 58 (1966) 1088-1089.

178 *Capítulo VI*

O simples acordo entre empregado e empregador acerca do montante da remuneração não basta para qualificar como "justa" a remuneração acordada, porque ela "não deve ser inferior ao sustento"[662] do trabalhador: a justiça natural é anterior e superior à liberdade do contrato.

**303** *O bem-estar econômico de um País não se mede exclusivamente pela quantidade de bens produzidos, mas também levando em conta o modo como são produzidos e o grau de eqüidade na distribuição das rendas,* que a todos deveria consentir ter à disposição o que é necessário para desenvolvimento e o aperfeiçoamento da própria pessoa. Uma distribuição eqüitativa da renda deve ser buscada com base em critérios não só de justiça comutativa, mas também de justiça social, ou seja, considerando, além do valor objetivo das prestações de trabalho, a dignidade humana dos sujeitos que as realizam. Um bem-estar econômico autêntico se persegue também através de adequadas *políticas sociais de redistribuição da renda* que, tendo em conta as condições gerais, considerem oportunamente os méritos e as necessidades de cada cidadão.

## c) **O direito de greve**

**304** *A doutrina social reconhece a legitimidade da greve* "quando se apresenta como recurso inevitável, e mesmo necessário, em vista de um benefício proporcionado",[663] depois de se terem revelado ineficazes todos os outros recursos para a composição dos conflitos.[664] A greve, uma das conquistas mais penosas do associacionismo sindical, pode ser definida como a recusa coletiva e concertada, por parte dos trabalhadores, de prestar o seu trabalho, com o objetivo de obter, por meio da pressão assim exercida sobre os empregadores, sobre o Estado e sobre a opinião pública, melhores condições de trabalho e da sua situação social. Também a greve, conquanto se perfile "como ... uma espécie de ultimato",[665] deve ser sempre um método pacífico de reivindicação e de luta pelos próprios direitos; torna-se "moralmente inaceitável quando é acompanhada de violências ou ainda quando se lhe atribuem objetivos não diretamente ligados às condições de trabalho ou contrários ao bem comum".[666]

---

[662] Leão XIII, Carta enc. *Rerum novarum: Acta Leonis XIII*, 11 (1892) 131.

[663] *Catecismo da Igreja Católica*, 2435.

[664] Cf. Concílio Vaticano II, Cost. past. *Gaudium et spes*, 68: *AAS* 58 (1966) 1089-1090; João Paulo II, Carta enc. *Laborem exercens*, 20: *AAS* 73 (1981) 629-632; *Catecismo da Igreja Católica*, 2430.

[665] João Paulo II, Carta enc. *Laborem exercens*, 20: *AAS* 73 (1981) 632.

[666] *Catecismo da Igreja Católica*, 2435.

# VI. SOLIDARIEDADE ENTRE OS TRABALHADORES

## a) A importância dos sindicatos

**305** *O Magistério reconhece o papel fundamental cumprido pelos sindicatos dos trabalhadores, cuja razão de ser consiste no direito dos trabalhadores a formar associações ou uniões para defender os interesses vitais dos homens empregados nas várias profissões.* Os sindicatos "cresceram a partir da luta dos trabalhadores, do mundo do trabalho e, sobretudo, dos trabalhadores da indústria, pela tutela dos seus justos direitos, em confronto com os empresários e os proprietários dos meios de produção".[667] As organizações sindicais, perseguindo o seu fim específico ao serviço do bem comum, são um fator construtivo de ordem social e de solidariedade e, portanto, um elemento indispensável da vida social. O reconhecimento dos direitos do trabalho constitui desde sempre um problema de difícil solução, porque se atua no interior de processos históricos e institucionais complexos, e ainda hoje pode considerar-se incompleto. Isto torna mais que nunca atual e necessário o exercício de uma autêntica solidariedade entre os trabalhadores.

**306** *A doutrina social ensina que as relações no interior do mundo do trabalho devem ser caracterizadas pela colaboração: o ódio e a luta para eliminar o outro constituem métodos de todo inaceitáveis,* mesmo porque, em todo o sistema social, são indispensáveis para o processo de produção tanto o *trabalho* quanto o *capital*. À luz desta concepção, a doutrina social "não pensa que os sindicatos sejam somente o reflexo de uma estrutura "de classe" da sociedade, como não pensa que eles sejam o expoente de uma luta de classe, que inevitavelmente governe a vida social".[668] Os sindicatos são propriamente os promotores da luta pela justiça social, pelos direitos dos homens do trabalho, nas suas específicas profissões: "Esta 'luta' deve ser compreendida como um empenhamento normal das pessoas 'em prol' do justo bem: ... não é uma luta 'contra' os outros".[669] O sindicato, sendo antes de tudo instrumento de solidariedade e de justiça, não pode abusar dos instrumentos de luta; em razão da sua vocação, deve vencer as tentações do corporativismo, saber auto-regular-se e avaliar as conseqüências das próprias opções em relação ao horizonte do bem comum.[670]

---

[667] João Paulo II, Carta enc. *Laborem exercens*, 20: *AAS* 73 (1981) 629.
[668] João Paulo II, Carta enc. *Laborem exercens*, 20: *AAS* 73 (1981) 630.
[669] João Paulo II, Carta enc. *Laborem exercens*, 20: *AAS* 73 (1981) 630.
[670] Cf. *Catecismo da Igreja Católica*, 2430.

# 180            *Capítulo VI*

**307** *Ao sindicato, além das funções defensivas e reivindicativas, competem tanto uma representação com o fim de "colaborar na boa organização da vida econômica",*[671] *quanto a educação da consciência social dos trabalhadores,* a fim de que estes se sintam parte ativa, segundo as capacidades e aptidões de cada um, no conjunto do desenvolvimento econômico e social, bem como na realização do bem comum universal. O sindicato e as outras formas de associacionismo dos trabalhadores devem assumir uma função de colaboração com os outros sujeitos sociais e interessar-se pela gestão da coisa pública. As organizações sindicais têm o dever de influenciar o poder político, de modo a sensibilizá-lo devidamente aos problemas do trabalho e a empenhá-lo a favorecer a realização dos direitos dos trabalhadores. Os sindicatos, todavia, não têm o caráter de "partidos políticos" que lutam pelo poder, nem devem tampouco ser submetidos às decisões dos partidos políticos ou ter com estes liames muito estreitos: "Se for esta a situação, eles perdem facilmente o contato com aquilo que é seu papel específico, que é o de garantirem os justos direitos dos homens do trabalho no quadro do bem comum de toda a sociedade, e, ao contrário, tornam-se *um instrumento da luta para outros fins".*[672]

## b) Novas formas de solidariedade

**308** *O contexto socioeconômico hodierno, caracterizado por processos de globalização econômico-financeira cada vez mais rápidos, concita os sindicatos a renovar-se. Atualmente os sindicatos são chamados a atuar de novas formas,*[673] ampliando o raio da própria ação de solidariedade de modo que sejam tutelados, além das categorias de trabalho tradicionais, os trabalhadores com contrato *atípicos* ou por tempo determinado; os trabalhadores cujo emprego é colocado em perigo pelas fusões de empresas que ocorrem com freqüência cada vez maior, também em plano internacional; aqueles que não têm um emprego, os imigrantes, os trabalhadores sazonais, aqueles que por falta de atualização profissional foram excluídos do mercado de trabalho e não podem reingressar sem adequados cursos de requalificação.

*Face às modificações que se deram no mundo do trabalho, a solidariedade poderá ser recuperada e quiçá mais bem fundada em relação ao passado se houver um empenho para uma redescoberta do valor subjetivo do trabalho:*

---

[671]  Cf. Concílio Vaticano II, Const. past. *Gaudium et spes,* 68: *AAS* 58 (1966) 1090.

[672]  João Paulo II, Carta enc. *Laborem exercens,* 20: *AAS* 73 (1981) 631.

[673]  Cf. João Paulo II, *Discurso à Conferência Internacional para os representantes sindicais* (2 de dezembro de 1996), 4: *L'Osservatore Romano,* ed. em português, 17 de dezembro de 1996, p. 10.

*O trabalho humano*

181

"É necessário prosseguir a interrogar-se sobre o sujeito do trabalho e sobre as condições da sua existência". Para tanto, "é preciso que haja sempre novos movimentos de solidariedade dos homens do trabalho e de solidariedade com os homens do trabalho".[674]

**309** *Procurando "novas formas de solidariedade",[675] as associações dos trabalhadores devem orientar-se em direção a assunção de maiores responsabilidades,* não apenas em relação aos tradicionais mecanismos de redistribuição, mas também em relação à produção da riqueza e da criação de condições sociais, políticas e culturais que permitam, a todos os que podem e desejam trabalhar, exercer o seu direito ao trabalho, no pleno respeito de sua dignidade de trabalhadores. A superação gradual do modelo organizativo baseado no trabalho assalariado na grande empresa, de mais a mais, torna oportuna uma atualização das normas e dos sistemas de segurança social, mediante os quais os trabalhadores estiveram até agora tutelados, sem prejuízo dos seus direitos fundamentais.

## VII. AS "RES NOVAE" DO MUNDO DO TRABALHO

### a) Uma fase de transição epocal

**310** *Um dos estímulos mais significativos à atual transformação da organização do trabalho é dado pelo fenômeno da globalização, que permite experimentar novas formas de produção, com o deslocamento das instalações em áreas diferentes daquelas em que são tomadas as decisões estratégicas e distantes dos mercados de consumo.* Dois são os fatores que dão impulso a este fenômeno: a extraordinária velocidade de comunicação sem limites de espaço e de tempo e a relativa facilidade para transportar mercadorias e pessoas de um lado ao outro do globo. Isto comporta uma conseqüência fundamental sobre os processos produtivos: a propriedade é cada vez mais distante, não raro, indiferente aos efeitos sociais das opções que faz. Por outro lado, se é verdade que a globalização, a priori, não é nem boa nem má em si, mas depende do uso que dela faz o homem,[676] deve-se afirmar que é necessária uma globalização das tutelas, dos direitos mínimos essenciais, da eqüidade.

---

[674] João Paulo II, Carta enc. *Laborem exercens*, 8: *AAS* 73 (1981) 597.

[675] João Paulo II, *Mensagem aos participantes do Encontro Internacional sobre o Trabalho* (14 de setembro de 2001), 4: *L'Osservatore Romano*, ed. em português, 22 de setembro de 2001, p.11.

[676] Cf. João Paulo II, *Discurso à Pontifícia Academia das Ciências Sociais* (27 de abril de 2001), 2: *L'Osservatore Romano*, ed. em português, 5 de maio de 2001, p. 5.

**311** *Uma das características mais relevantes da nova organização do trabalho é a fragmentação física do ciclo produtivo, promovida para conseguir uma maior eficiência e maiores lucros.* Nesta perspectiva, as tradicionais coordenadas espaço-tempo, no interior das quais se configurava o ciclo produtivo, sofrem uma transformação sem precedentes, que determina uma mudança na estrutura mesma do trabalho. Tudo isto tem conseqüências relevantes na vida dos indivíduos e das comunidades, submetidos a mudanças radicais tanto no plano das condições materiais como no plano cultural e dos valores. Este fenômeno está envolvendo, em âmbito global e local, milhões de pessoas, independentemente da profissão que exercem, da sua condição social, da preparação cultural. A reorganização do tempo, a sua regularização e as mudanças em curso no uso do espaço — comparáveis, pela sua magnitude, à primeira revolução industrial, na medida em que envolvem todos os setores produtivos, em todos os continentes, independentemente do seu grau de desenvolvimento — devem considerar-se, portanto, um desafio decisivo, mesmo em nível ético e cultural, no campo da definição de um sistema renovado de tutela do trabalho.

**312** *A globalização da economia, com a liberalização dos mercados, o acentuar-se da concorrência, com o aumento de empresas especializadas no fornecimento de produtos e serviços, requer maior flexibilidade no mercado do trabalho e na organização e na gestão dos processos produtivos.* No juízo sobre esta delicada matéria, parece oportuno reservar uma maior atenção moral, cultural e no âmbito dos projetos, ao orientar o agir social e político sobre as temáticas ligadas à identidade e aos conteúdos do novo trabalho, num mercado e numa economia que também são novos. As modificações do mercado do trabalho, não raro, são um efeito da modificação do trabalho mesmo e não a sua causa.

**313** *O trabalho, sobretudo no interior dos sistemas econômicos dos países mais desenvolvidos, atravessa uma fase que assinala a passagem de uma economia industrial a uma economia essencialmente concentrada sobre serviços e sobre a inovação tecnológica.* Ocorre que os serviços e as atividades caracterizadas por um forte conteúdo informativo crescem de modo mais rápido do que as dos tradicionais setores primário e secundário, com conseqüências de largo alcance na organização da produção e das trocas, no conteúdo e na forma das prestações de trabalho e nos sistemas de proteção social.

*Graças às inovações tecnológicas, o mundo do trabalho se enriquece de profissões novas, enquanto outras desaparecem.* Na atual fase de transição, com efeito, se assiste a uma contínua passagem de empregados da indústria aos serviços. Enquanto perde terreno o modelo econômico e social

*O trabalho humano*                                                              183

ligado à grande fábrica e ao trabalho de uma classe operária homogênea, melhoram as perspectivas de emprego no terciário e aumentam, em particular, as atividades de trabalho no setor dos serviços à pessoa, das prestações em *tempo parcial*, interinas e "atípicas", ou seja, formas de trabalho que não são enquadráveis nem como trabalho dependente nem como trabalho autônomo.

**314** *A transição em curso assinala a passagem do trabalho contratado por tempo indeterminado, entendido como emprego fixo, a um percurso profissional caracterizado por uma pluralidade de atividades profissionais;* de um mundo do trabalho compacto, definido e reconhecido, a um universo de trabalhos, variegado, fluido, rico de promessas, mas também impregnado de interrogações preocupantes, especialmente em face da crescente incerteza acerca das perspectivas de emprego, de fenômenos persistentes de desemprego estrutural, da inadequação dos atuais sistemas de seguridade social. As exigências da competição, da inovação tecnológica e da complexidade dos fluxos financeiros devem ser harmonizadas com a defesa do trabalhador e dos seus direitos.

A insegurança e a precariedade não dizem respeito somente à condição de trabalho dos homens que vivem nos países mais desenvolvidos, mas se referem também, e sobretudo, às realidades economicamente menos avançadas do planeta, aos países em via de desenvolvimento e aos países com economias em transição. Estes últimos, além dos complexos problemas ligados com a mudança dos modelos econômicos e produtivos, devem enfrentar quotidianamente as difíceis exigências que provêm da globalização em curso. A situação se mostra particularmente dramática para o mundo do trabalho, submetido a vastas e radicais mudanças culturais e estruturais, em contextos freqüentemente desprovidos de suportes legislativos, formativos e de assistência social.

**315** *A descentralização produtiva, que atribui às empresas menores múltiplas funções, antes concentrados nas grandes unidades produtivas, faz com que as pequenas e médias empresas adquiram vigor, imprimindo-lhes novo impulso.* Vêm à tona assim, ao lado do artesanato tradicional, novas empresas caracterizadas por pequenas unidades produtivas que atuam em setores de produção modernos ou em atividades descentradas das empresas maiores. Muitas atividades que ontem exigiam trabalho dependente, hoje são realizadas de formas novas, que favorecem o trabalho independente e se caracterizam por um maior componente de risco e de responsabilidade .

*O trabalho nas pequenas e médias empresas, o trabalho artesanal e o trabalho independente podem constituir uma ocasião para tornar mais hu-*

184 *Capítulo VI*

*mana a experiência do trabalho,* tanto pela possibilidade de estabelecer positivas relações interpessoais em comunidades de pequenas dimensões, quanto pelas oportunidades oferecidas por uma maior iniciativa e empreendimento; mas não são poucos, nestes setores, os casos de tratamentos injustos, de trabalho mal remunerado e sobretudo inseguro.

**316** *Nos países em via de desenvolvimento, ademais, se difundiu, nestes últimos anos, o fenômeno da expansão de atividades econômicas "informais" ou "submersas", que representa um sinal de crescimento econômico promissor, mas levanta problemas éticos e jurídicos.* O significativo aumento da oferta de trabalho suscitado por tais atividades deve-se, de fato, à ausência de especialização de grande parte dos trabalhadores locais e ao desenvolvimento desordenado dos setores econômicos formais. Um número elevado de pessoas fica assim obrigado a trabalhar em condições de grave precariedade e num quadro desprovido das regras que tutelem a dignidade do trabalhador. Os níveis de produtividade, rendas e teor de vida são extremamente baixos e freqüentemente se revelam insuficientes para garantir aos trabalhadores e às suas famílias a possibilidade de atingir o limiar da subsistência.

## b) Doutrina social e "res novae"

**317** *Em face das imponentes "res novae" do mundo do trabalho, a doutrina social da Igreja recomenda, antes de tudo, evitar o erro de considerar que as mudanças em curso ocorram de modo determinista.* O fator decisivo e "o árbitro" desta complexa fase de mudança é *uma vez mais o homem,* que deve continuar a ser o verdadeiro protagonista do seu trabalho. Ele pode e deve assumir de modo criativo e responsável as atuais inovações e reorganizações, de modo que sirvam ao crescimento da pessoa, da família, das sociedades e da inteira família humana.[677] É esclarecedora para todos a referência à *dimensão subjetiva do trabalho,* à qual a doutrina social da Igreja ensina a dar a devida prioridade, porque o trabalho humano "procede imediatamente das pessoas criadas à imagem de Deus, e chamadas a prolongar, ajudando-se mutuamente, a obra da criação, dominando a terra".[678]

**318** *As interpretações de tipo mecanicista e economicista da atividade produtiva, ainda que prevalentes e em todo caso influentes, resultam superadas pela própria análise científica dos problemas relacionados com o trabalho.*

---

[677] Cf. João Paulo II, Carta enc. *Laborem exercens,* 10: *AAS* 73 (1981) 600-602.
[678] *Catecismo da Igreja Católica,* 2427.

*O trabalho humano*

185

Tais concepções se mostram hoje mais do que ontem de todo inadequadas para interpretar os fatos, que demonstram cada vez mais o valor do trabalho, enquanto atividade livre e criativa do homem. Também dos dados concretos deve derivar o impulso para superar sem demora horizontes teóricos e critérios operativos restritos e insuficientes em relação às dinâmicas em curso, intrinsecamente incapazes de divisar as concretas e urgentes necessidades humanas na sua vasta gama, que se estende para muito além das categorias somente econômicas. A Igreja bem sabe, e desde sempre o ensina, que o homem, à diferença dos demais seres vivos, tem necessidades certamente não limitadas somente ao "ter",[679] porque a sua natureza e a sua vocação estão em relação indissolúvel com o Transcendente. A pessoa humana se entrega à aventura da transformação das coisas, mediante o seu trabalho, para satisfazer necessidades e carências antes de tudo materiais, mas o faz seguindo um impulso que a impele sempre para além dos resultados conseguidos, em busca do que possa corresponder mais profundamente às suas indeléveis exigências interiores.

**319** *Mudam as formas históricas em que se exprime o trabalho humano, mas não devem mudar as suas exigências permanentes, que confluem no respeito dos direitos inalienáveis do homem que trabalha.* Ante o risco de ver negados estes direitos, devem ser imaginadas e construídas novas formas de solidariedade, levando em conta a interdependência que liga entre si os homens do trabalho. Quanto mais profundas são as mudanças, tanto mais decidido deve ser o empenho da inteligência e da vontade para tutelar a dignidade do trabalho, reforçando, nos vários níveis, as instituições envolvidas. Esta perspectiva permite orientar do melhor modo as atuais transformações na direção, tão necessária, da complementaridade entre a dimensão econômica local e a global; entre economia "velha" e "nova"; entre a inovação tecnológica e a exigência de salvaguardar o trabalho humano; entre o crescimento econômico e a compatibilidade ambiental do desenvolvimento.

**320** *Para a solução das vastas e complexas problemáticas do trabalho, que em algumas áreas assumem dimensões dramáticas, os cientistas e os homens de cultura são chamados a oferecer o seu contributo específico, tão importante para a escolha de soluções justas.* É uma responsabilidade que os insta a por em evidência as oportunidades e os riscos que se perfilam nas

---

[679] Cf. Concílio Vaticano II, Const. past. *Gaudium et spes*, 35: *AAS* 58 (1966) 1053; Paolo VI, Carta enc. *Populorum progressio*, 19: *AAS* 59 (1967), 266-267; João Paulo II, Carta enc. *Laborem exercens*, 20: *AAS* 73 (1981) 629-632; Id., Carta enc. *Sollicitudo rei socialis*, 28: *AAS* 80 (1988) 548-550.

186                                                                    *Capítulo VI*

mudanças e sobretudo a sugerir linhas de ação para guiar a mudança no sentido mais favorável ao desenvolvimento da inteira família humana. Incumbe-lhes o grave encargo de ler e interpretar os fenômenos sociais com inteligência e amor pela verdade, sem preocupações ditadas por interesses de grupo ou pessoais. O seu contributo, com efeito, justamente porque de natureza teórica, se torna uma referência essencial para a concreta atuação das políticas econômicas.[680]

**321** *Os atuais cenários de profunda transformação do trabalho humano tornam, portanto, ainda mais urgente um desenvolvimento autenticamente global e solidário, capaz de abarcar todas as regiões do mundo, inclusive as menos favorecidas.* Para estas últimas, o início de um processo de desenvolvimento solidário de vasto alcance não só representa uma concreta possibilidade para criar novos empregos, mas também se configura como uma verdadeira e própria condição de sobrevivência para povos inteiros: "É necessário globalizar a solidariedade".[681]

*Os desequilíbrios econômicos e sociais existentes no mundo do trabalho devem ser enfrentados restabelecendo a justa hierarquia dos valores e pondo em primeiro lugar a dignidade da pessoa que trabalha:* "As novas realidades, que acometem com vigor o processo produtivo, como a globalização das finanças, da economia, do comércio e do trabalho, jamais devem violar a dignidade e a centralidade da pessoa humana, nem a liberdade e a democracia dos povos. A solidariedade, a participação e a possibilidade de governar estas mudanças radicais constituem, se não a solução, sem dúvida a necessária garantia ética para que as pessoas e os povos não se tornem instrumentos mas protagonistas do seu futuro. Tudo isto pode ser realizado e, dado que é possível, se torna imperioso".[682]

**322** *Mostra-se cada vez mais necessária uma cuidadosa ponderação da nova situação do trabalho no atual contexto da globalização, numa perspectiva que valorize a propensão natural dos homens a entabular relações.* A tal propósito, se deve afirmar que a universalidade é uma dimensão do homem,

---

[680] Cf. João Paulo II, *Mensagem aos participantes do Encontro Internacional sobre o Trabalho* (14 de setembro de 2001), 5: *L'Osservatore Romano*, ed. em português, 22 de setembro de 2001, p. 11.

[681] João Paulo II, *Discurso do Santo Padre no encontro com os trabalhadores no final da concelebração eucarística* (1º de maio de 2000), 2: *L'Osservatore Romano*, ed. em português, 6 de maio de 2000, p. 7.

[682] João Paulo II, *Homilia durante a Santa Missa no Jubileu dos trabalhadores* (1º de maio de 2000), 3: *L'Osservatore Romano*, ed. em português, 6 de maio de 2000, p. 6.

*O trabalho humano*

não das coisas. A técnica poderá ser a causa instrumental da globalização, mas é a universalidade da família humana a sua causa última. Portanto, também o trabalho tem uma dimensão universal própria, na medida em que se funda na relacionalidade humana. As técnicas, especialmente eletrônicas, têm permitido dilatar este aspecto relacional do trabalho a todo o planeta, imprimindo à globalização um ritmo particularmente acelerado. O fundamento último deste dinamismo é o homem que trabalha, é sempre o elemento subjetivo e não o objetivo. Também o trabalho globalizado tem origem, portanto, no fundamento antropológico da intrínseca dimensão relacional do trabalho. Os aspectos negativos da globalização do trabalho não devem mortificar as possibilidades que se abriram para todos de *dar expressão a um humanismo do trabalho em âmbito planetário,* a uma solidariedade do mundo do trabalho neste nível, a fim de que, trabalhando em semelhante contexto, dilatado e interconexo, o homem compreenda cada vez mais a sua vocação unitária e solidária.

# CAPÍTULO VII

# A VIDA ECONÔMICA

## I. ASPECTOS BÍBLICOS

### a) O homem, pobreza e riqueza

**323** *No Antigo Testamento se percebe uma dupla postura em relação aos bens econômicos e à riqueza. Por um lado, apreço quanto à disponibilidade dos bens materiais considerados necessários à vida:* por vezes a abundância — mas não a riqueza e o luxo — é vista como uma bênção de Deus. Na literatura sapiencial, a pobreza é descrita como uma conseqüência negativa do ócio e da falta de laboriosidade (cf. Pv 10,4), mas também como fato natural (cf. Pv 22,2). *Por um outro lado, os bens econômicos e a riqueza não são condenados por si mesmos, mas pelo seu mau uso.* A tradição profética estigmatiza as fraudes, a usura, a exploração, as injustiças manifestas, freqüentes em relação aos mais pobres (cf. Is 58,3-11; Jr 7,4-7; Os 4,1-2; Am 2,6-7; Mq 2,1-2). Tais tradições, mesmo considerando um mal a pobreza dos oprimidos, dos fracos, dos indigentes, neles vê também um símbolo da situação do homem diante de Deus; dEle provêm todos os bens como dom a ser administrado e a ser partilhado.

**324** *Aquele que reconhece a própria pobreza diante de Deus, qualquer que seja a situação que esteja vivendo, é objeto de particular atenção da parte de Deus:* quando o pobre O procura, o Senhor responde; quando grita, Ele o escuta. Aos pobres se dirigem as promessas divinas: eles serão os herdeiros da aliança entre Deus e o seu povo. A intervenção salvífica de Deus se atenuará através de um novo Davi (cf. Ez 34,22-31), o qual, tanto e mais que o Rei Davi, será defensor dos pobres e promotor da justiça; ele estabelecerá uma nova aliança e escreverá uma nova lei no coração dos fiéis (cf. Jr 31,31-34).

*A pobreza, quando é aceita ou procurada com espírito religioso, predispõe ao reconhecimento e à aceitação da ordem criatural;* o "rico", nesta

190 *Capítulo VII*

perspectiva, é aquele que deposita sua confiança nas coisas que possui mais que em Deus, o homem que se faz forte pela obra de suas mãos e que confia somente nesta força. A pobreza assume o valor moral, quando se manifesta como humilde disponibilidade e abertura para com Deus, confiança nEle. Estas atitudes tornam o homem capaz de reconhecer a relatividade dos bens econômicos e tratá-los como dons divinos a administrar e compartilhar, porque a propriedade original de todos os bens pertence a Deus.

**325** *Jesus assume toda a tradição do Antigo Testamento também sobre os bens econômicos, sobre a riqueza e sobre a pobreza, conferindo-lhe uma definitiva clareza e plenitude* (cf. Mt 6,24 e 13,22; Lc 6,20-24 e 12,15-21; Rm 14,6-8 e 1Tm 4,4). Doando o Seu Espírito e mudando o coração, Ele vem instaurar o "Reino de Deus", de modo a tornar possível uma nova convivência na justiça, na fraternidade, na solidariedade e na partilha. O Reino inaugurado por Cristo aperfeiçoa a bondade original da criação e da atividade humana, comprometida pelo pecado. Liberto do mal e reintroduzido na comunhão com Deus, cada homem pode continuar a obra de Jesus, com a ajuda do Seu Espírito: fazer justiça aos pobres, resgatar os oprimidos, consolar os aflitos, buscar ativamente uma nova ordem social, em que se ofereçam adequadas soluções à pobreza material e sejam contidas mais eficazmente as forças que dificultam as tentativas dos mais fracos de se liberarem de uma condição de miséria e de escravidão. Quando isto acontece, o Reino de Deus se faz já presente sobre esta terra, embora não lhe pertença. Nisto encontrarão finalmente cumprimento as promessas dos Profetas.

**326** *À luz da Revelação, a atividade econômica deve ser considerada e desenvolvida como resposta agradecida à vocação que Deus reserva a cada homem.* Ele é colocado no jardim para cultivá-lo e guardá-lo, usando-o dentro de limites bem precisos (cf. Gn 2,16-17), no esforço de aperfeiçoamento (cf. Gn 1,26-30; 2,15-16; Sb 9,2-3). Tornando-se testemunha da grandeza e da bondade do Criador, o homem caminha para a plenitude da liberdade em que Deus o chama. Uma boa administração dos dons recebidos, também dos dons materiais, é obra de justiça para consigo mesmo e para com os outros homens: aquilo que se recebe deve ser bem utilizado, conservado, acrescido, tal como ensina a parábola dos talentos (cf. Mt 25,14-31; Lc 19,12-27).

*A atividade econômica e o progresso material devem ser colocados a serviço do homem e da sociedade*; se a eles nos dedicarmos com a fé, a esperança e a caridade dos discípulos de Cristo, a própria economia e o progresso podem ser transformados em lugares de salvação e de santificação; nestes âmbitos também é possível dar expressão a um amor e a uma solidariedade mais que humanas e contribuir para o crescimento de uma humanidade

*A vida econômica*

191

nova, que prefigure o mundo dos últimos tempos.[683] Jesus sintetiza toda a Revelação pedindo ao crente *enriquecer diante de Deus* (cf. Lc 12,21): também a economia é útil para este propósito, quando não trai a sua função de instrumento para o crescimento global do homem e das sociedades, da qualidade humana da vida.

**327** *A fé em Jesus Cristo permite uma correta compreensão do progresso social, no contexto de um humanismo integral e solidário.* Para tal fim, é assaz útil o contributo da reflexão teológica oferecido pelo Magistério social: "A *fé em Cristo Redentor,* ao mesmo tempo que ilumina, a partir de dentro, a natureza do desenvolvimento, orienta também no trabalho de colaboração. Na Carta de São Paulo aos Colossenses lemos que Cristo é 'o primogênito de toda a criatura', e que 'tudo foi criado por Ele e para Ele' (1,15-16). Com efeito, todas as coisas 'subsistem nele', porque 'foi do agrado de Deus que residisse nele toda a plenitude e, por seu intermédio, reconciliasse consigo todas as coisas' (Ibid. 1,20). Neste plano divino, que começa na eternidade em Cristo, 'imagem' perfeita do Pai, e culmina nele, 'primogênito dos redivivos' (Ibid. 1,15-18), *insere-se a nossa história,* marcada pelo nosso esforço pessoal e coletivo para elevar a condição humana, superar os obstáculos que reaparecem continuamente ao longo do nosso caminho, dispondo-nos assim a participar na plenitude que 'reside no Senhor' e que Ele comunica 'ao seu Corpo, que é a Igreja' (Ibid. 1,18; cf. Ef 1,22-23); enquanto o pecado, o qual sempre nos insidia e compromete as nossas realizações humanas, é vencido e resgatado pela 'reconciliação' operada por Cristo (cf. Cl 1,20)".[684]

## b) As riquezas existem para serem partilhadas

**328** *Os bens, ainda que legitimamente possuídos, mantêm sempre uma destinação universal: é imoral toda a forma de acumulação indébita, porque em aberto contraste com a destinação universal consignada por Deus Criador a todos os bens.* A salvação cristã é, efetivamente, uma libertação integral do homem, libertação da necessidade, mas também em relação às próprias posses: "Porque a raiz de todos os males é o amor ao dinheiro. Acossados pelo cobiça, alguns desviaram-se da fé" (1Tm 6,10). Os Padres da Igreja insistem sobre a necessidade da conversão e da transformação das consciências dos fiéis, mais do que sobre as exigências de mudança das estruturas sociais e políticas de seu tempo, solicitando a quem desempenha

---

[683] João Paulo II, Carta enc. *Laborem exercens*, 25-27: *AAS* 73 (1981) 638-647.
[684] João Paulo II, Carta enc. *Sollicitudo rei socialis*, 31: *AAS* 80 (1988) 554-555.

192                                                                                           *Capítulo VII*

uma atividade econômica e possui bens a considerar-se administradores de quanto Deus lhes confiou.

**329** *As riquezas realizam a sua função de serviço ao homem quando destinadas a produzir benefícios para os outros e para a sociedade:*[685] "Como poderíamos fazer o bem ao próximo — interroga-se Clemente de Alexandria — se todos não possuíssem nada?".[686] Na visão de São João Crisóstomo, as riquezas pertencem a alguns, para que estes possam adquirir mérito partilhando com os outros.[687] Elas são um bem que vem de Deus: quem o possuir, deve usá-lo e fazê-lo circular, de sorte que também os necessitados possam fruir; o mal está no apego desmedido às riquezas, no desejo de açambarcá-las. São Basílio Magno convida os ricos a abrir as portas de seus armazéns e exclama: "Um grande rio se derrama, em mil canais, sobre o terreno fértil: de igual modo, tu, por mil vias, faze chegar a riqueza à habitação dos pobres".[688] A riqueza, explica São Basílio, é como a água que flui mais pura da fonte à medida que dela se haure com mais freqüência, mas que apodrece se a fonte permanece inutilizada.[689] O rico, dirá mais tarde São Gregório Magno, não é mais que um administrador daquilo que possui; dar o necessário a quem necessita é obra a ser cumprida com humildade, porque os bens não pertencem a quem os distribui. Quem tem as riquezas somente para si não é inocente; dar a quem tem necessidade significa pagar um débito.[690]

## II. MORAL E ECONOMIA

**330** *A doutrina social da Igreja insiste sobre a conotação moral da economia.* Pio XI, em uma página da Encíclica *"Quadragesimo anno"*, enfrenta a relação entre a economia e a moral: "Pois ainda que a economia e a moral 'se regulem, cada uma no seu âmbito, por princípios próprios', é erro julgar a ordem econômica e a moral tão afastadas e alheias entre si, que de modo nenhum aquela dependa desta. Com efeito, as chamadas leis econômicas, deduzidas da própria natureza das coisas e da índole do corpo e da alma,

---

[685] Cf. Hermas, *Pastor*, Liber Tertium, *Similitudo I*: PG 2, 954.

[686] Clemente de Alexandria, *Quis dives salvetur*, 13: PG 9, 618.

[687] Cf. S. João Crisóstomo, *Homiliae XXI de Statuis ad populum Antiochenum habitae*, 2, 6-8: PG 49, 41-46.

[688] S. Basílio Magno, *Homilia in illud Lucae, Destruam horrea mea*, 5: PG 31, 271.

[689] Cf. S. João Paulo, *Homilia in illud Lucae, Destruam horrea mea*, 5: PG 31, 271.

[690] Cf. S. Gregório Magno, *Regula pastoralis*, 3, 21: PL 77, 87-89. Título do § 21: "Quomodo admonendi qui aliena non appetunt, sed sua retinent; et qui sua tribuentes, aliena tamen rapiunt".

A vida econômica                                                                     193

determinam quais os fins a que a atividade humana se não pode propor, e os que pode procurar no campo econômico, bem como os meios que deve usar para os conseguir, e a razão mostra claramente, da própria natureza das coisas e da natureza individual e social do homem, o fim imposto pelo Criador a toda a ordem econômica. Por sua parte, a lei moral manda-nos perseguir tanto o fim supremo e último em todo o exercício da nossa atividade, como, nos diferentes domínios por onde ela se reparte, os fins particulares impostos pela natureza, ou melhor, por Deus, autor da mesma, subordinando sempre estes fins àquele, como pede a boa ordem".[691]

**331** *A relação entre moral e economia é necessária e intrínseca: atividade econômica e comportamento moral se compenetram intimamente. A distinção entre moral e economia não implica uma separação entre os dois âmbitos, mas, ao contrário, uma importante reciprocidade.* Assim como no âmbito moral se devem ter em conta as razões e as exigências da economia, atuando no campo econômico é imperioso abrir-se às instâncias morais: "Também na vida econômico-social a dignidade da pessoa humana, com sua vocação integral, bem como de toda a sociedade, deve ser honrada e promovida. O homem com efeito, é o autor, o centro e o fim de toda a vida econômico-social".[692] Dar o justo e devido peso às razões próprias da economia não significa rejeitar como irracional qualquer consideração de ordem metaeconômica, precisamente porque o fim da economia não está na economia mesma, mas na sua destinação humana e social.[693] À economia, com efeito, tanto no âmbito científico, como em nível prático, não é confiado o fim da realização do homem e da boa convivência humana, mas uma tarefa parcial: a produção, a distribuição e o consumo dos bens materiais e de serviços.

**332** *A dimensão moral da economia faz tomar como finalidades indivisíveis, nunca separadas e alternativas, a eficiência econômica e a promoção de um desenvolvimento solidário da humanidade.* A moral, constitutiva da vida econômica, não é nem opositiva, nem neutra: inspira-se na justiça e na solidariedade, constitui um fator de eficiência social da própria economia. É um dever desempenhar de modo eficiente a atividade de produção dos bens, pois do contrário se desperdiçam recursos; mas não é aceitável um crescimento econômico obtido em detrimento dos seres humanos, de povos inteiros e de grupos sociais, condenados à indigência e à exclusão. A expansão da riqueza, visível na disponibilidade dos bens e dos serviços, e a exigência moral de

---

[691] Pio XI, Carta enc. *Quadragesimo anno: AAS* 23 (1931) 190-191.
[692] Concílio Vaticano II, Const. past. *Gaudium et spes*, 63: *AAS* 58 (1966) 1084.
[693] Cf. *Catecismo da Igreja Católica*, 2426.

194          *Capítulo VII*

uma difusão eqüitativa destes últimos devem estimular o homem e a sociedade como um todo a praticar a virtude essencial da solidariedade,[694] para combater, no espírito da justiça e da caridade, onde quer que se revele a sua presença, as "estruturas de pecado"[695] que geram e mantêm pobreza, subdesenvolvimento e degradação. Tais estruturas são edificadas e consolidadas por muitos atos concretos de egoísmo humano.

**333** *Para assumir um caráter moral, a atividade econômica deve ter como sujeitos todos os homens e todos os povos.* Todos têm o direito de participar da vida econômica e o dever de contribuir, segundo as próprias capacidades, do progresso do próprio país e de toda a família humana.[696] Se, em certa medida, todos são responsáveis por todos, cada qual tem o dever de esforçar-se pelo desenvolvimento econômico de todos:[697] é dever de solidariedade e de justiça, mas também o melhor caminho para fazer progredir a humanidade toda. Vivida moralmente, a economia é, pois, prestação de um serviço recíproco, mediante a produção dos bens e serviços úteis ao crescimento de cada um, e torna-se oportunidade para cada homem de viver a solidariedade e a vocação à "comunhão com os outros homens para a qual Deus o criou".[698] O esforço de conceber e realizar projetos econômico-sociais capazes de propiciar uma sociedade mais eqüitativa e um mundo mais humano representa um desafio árduo, mas também um dever estimulante, para todos os operadores econômicos e para os cultores das ciências econômicas.[699]

**334** *Objeto da economia é a formação da riqueza e o seu incremento progressivo, em termos não apenas quantitativos, mas qualitativos: tudo isto é moralmente correto se orientado para o desenvolvimento global e solidário do homem e da sociedade em que ele vive e atua.* O desenvolvimento, com efeito, não pode ser reduzido a mero processo de acumulação de bens e serviços. Ao contrário, a pura acumulação, ainda que em vista do bem comum, não é uma condição suficiente para a realização da autêntica felicidade humana. Nesse sentido, o Magistério social alerta para a insídia que um tipo de desenvolvimento tão-somente quantitativo esconde, pois a "*excessiva* disponibilidade de todo o gênero de bens materiais, em favor de algumas camadas

---

[694] Cf. João Paulo II, Carta enc. *Sollicitudo rei socialis*, 40: *AAS* 80 (1988) 568-569.

[695] João Paulo II, Carta enc. *Sollicitudo rei socialis*, 36: *AAS* 80 (1988) 561.

[696] Cf. Concílio Vaticano II, Const. past. *Gaudium et spes*, 65: *AAS* 58 (1966) 1086-1087.

[697] Cf. João Paulo II, Carta enc. *Sollicitudo rei socialis*, 32: *AAS* 80 (1988) 556-557.

[698] João Paulo II, Carta enc. *Centesimus annus*, 41: *AAS* 83 (1991) 844.

[699] Cf. João Paulo II, *Mensagem para a celebração do Dia Mundial da Paz 2000*, 15-16: *AAS* 92 (2000) 366-367.

*A vida econômica*

195

sociais, torna facilmente os homens escravos da 'posse' e do gozo imediato... É o que se chama de civilização do 'consumo', ou consumismo...".[700]

**335** *Na perspectiva do desenvolvimento integral e solidário, pode-se dar uma justa apreciação à avaliação moral que a doutrina social oferece sobre a economia de mercado ou, simplesmente, economia livre*: "Se por 'capitalismo' se indica um sistema econômico que reconhece o papel fundamental e positivo da empresa, do mercado, da propriedade privada e da conseqüente responsabilidade pelos meios de produção, da livre criatividade humana no setor da economia, a resposta é certamente positiva, embora talvez fosse mais apropriado falar de 'economia de empresa', ou de 'economia de mercado', ou simplesmente de 'economia livre'. Mas se por 'capitalismo' se entende um sistema onde a liberdade no setor da economia não está enquadrada num sólido contexto jurídico que a coloque ao serviço da liberdade humana integral e a considere como uma particular dimensão desta liberdade, cujo centro seja ético e religioso, então a resposta é sem dúvida negativa".[701] Assim se define a perspectiva cristã acerca das condições sociais e políticas da atividade econômica: não só as suas regras, mas também a sua qualidade moral e o seu significado.

### III. INICIATIVA PRIVADA E EMPRESA

**336** *A doutrina social da Igreja considera a liberdade da pessoa em campo econômico um valor fundamental e um direito inalienável a ser promovido e tutelado*: "Cada um tem o *direito de iniciativa econômica*, cada um usará legitimamente de seus talentos para contribuir para uma abundância que seja de proveito para todos, e para colher os justos frutos de seus esforços".[702] Tal ensinamento põe de guarda contra as conseqüências negativas que derivariam do enfraquecimento ou negação do direito de iniciativa econômica: "A experiência demonstra-nos que a negação deste direito ou a sua limitação, em nome de uma pretensa 'igualdade' de todos na sociedade, é algo que reduz, se é que não chega mesmo a destruir, de fato, o espírito de inicia-

---

[700] João Paulo II, Carta enc. *Sollicituto rei socialis*, 28: *AAS* 80 (1988) 548.

[701] João Paulo II, Carta enc. *Centesimus annus*, 42: *AAS* 83 (1991) 845-846.

[702] *Catecismo da Igreja Católica*, 2429; cf. Concílio Vaticano II, Const. past. *Gaudium et spes*, 63: *AAS* 58 (1966) 1084-1085; João Paulo II, Carta enc. *Centesimus annus*, 48: *AAS* 83 (1991) 852-854; Id., Carta enc. *Sollicitudo rei socialis*, 15: *AAS* 80 (1988) 528-530; Id., Carta enc. *Laborem exercens*, 17: *AAS* 73 (1981) 620-622; João XXIII, Carta enc. *Mater et magistra*: *AAS* 53 (1961) 413-415.

196  *Capítulo VII*

tiva, isto é, *a subjetividade criadora do cidadão*".[703] Nesta perspectiva, a iniciativa livre e responsável no campo econômico pode ser definida como um ato que revela a humanidade do homem enquanto sujeito criativo e relacional. Tal iniciativa deve gozar, portanto, de *um espaço amplo*. O Estado tem a obrigação moral de estabelecer vínculos restritivos somente em vista das incompatibilidades entre a busca do bem comum e o tipo de atividade econômica iniciada ou as suas modalidades de realização.[704]

**337** *A dimensão criativa é um elemento essencial do agir humano, também em campo empresarial, e se manifesta especialmente na aptidão a projetar e a inovar*: "Organizar um tal esforço produtivo, planear a sua duração no tempo, procurar que corresponda positivamente às necessidades que deve satisfazer, assumindo os riscos necessários: também esta é uma fonte de riqueza na sociedade atual. Assim aparece cada vez mais evidente e determinante o papel do trabalho humano disciplinado e criativo e — enquanto parte essencial desse trabalho — *das capacidades de iniciativa empresarial*".[705] A base de tal ensinamento, deve-se ver na convicção de que "a riqueza principal do homem é, em conjunto com a terra, o *próprio homem*. É a sua inteligência que o leva a descobrir as potencialidades produtivas da terra e as múltiplas modalidades através das quais podem ser satisfeitas as necessidades humanas".[706]

## a) A empresa e os seus fins

**338** *A empresa deve caracterizar-se pela capacidade de servir o bem comum da sociedade mediante a produção de bens e serviços úteis*. Procurando produzir bens e serviços em uma lógica de eficiência e de satisfação dos interesses dos diversos sujeitos implicados, ela cria riqueza para toda a sociedade: não só para os proprietários, mas também para os outros sujeitos interessados na sua atividade. Além de tal função tipicamente econômica, *a empresa cumpre também uma função social, criando oportunidades de encontro, de colaboração, de valorização das capacidades das pessoas envolvidas*. Na empresa, portanto, a dimensão econômica é condição para que se possam alcançar objetivos não apenas econômicos, mas também sociais e morais, a perseguir conjuntamente.

---

[703] João Paulo II, Carta enc. *Sollicitudo rei socialis*, 15: *AAS* 80 (1988) 529. Cf. *Catecismo da Igreja Católica*, 2429.

[704] Cf. João Paulo II, Carta enc. *Centesimus annus*, 16: *AAS* 83 (1991) 813-814.

[705] João Paulo II, Carta enc. *Centesimus annus*, 32: *AAS* 83 (1991) 833.

[706] João Paulo II, Carta enc. *Centesimus annus*, 32: *AAS* 83 (1991) 833.

*O objetivo da empresa deve ser realizado em termos e com critérios econômicos, mas não devem ser descurados os autênticos valores que permitem o desenvolvimento concreto da pessoa e da sociedade.* Nesta visão personalista e comunitária, "a empresa não pode ser considerada apenas como uma 'sociedade de capitais'; é simultaneamente uma 'sociedade de pessoas', da qual fazem parte, de modo diverso e com específicas responsabilidades, quer aqueles que fornecem o capital necessário para a sua atividade, quer aqueles que colaboram com o seu trabalho".[707]

**339** *Os componentes da empresa devem estar conscientes de que a comunidade na qual atuam representa um bem para todos e não uma estrutura que permite satisfazer exclusivamente os interesses pessoais de alguns.* Somente tal consciência permite chegar à construção de uma economia verdadeiramente ao serviço do homem e de elaborar um projeto de real cooperação entre as partes sociais.

*Um exemplo muito importante e significativo na direção indicada provém da atividade das empresas cooperativas, das empresas artesanais e das agrícolas de dimensões familiares.* A doutrina social tem sublinhado o valor do contributo que elas oferecem para a valorização do trabalho, para o crescimento do sentido de responsabilidade pessoal e social, para a vida democrática, para os valores humanos úteis ao progresso do mercado e da sociedade.[708]

**340** *A doutrina social reconhece a justa função do lucro, como primeiro indicador do bom andamento da empresa*: "Quando esta dá lucro, isso significa que os fatores produtivos foram adequadamente usados".[709] Isto não ofusca à consciência do fato de que *nem sempre o lucro indica que a empresa está servindo adequadamente à sociedade.*[710] É possível, por exemplo, "que a contabilidade esteja em ordem e simultaneamente os homens, que constituem o patrimônio mais precioso da empresa, sejam humilhados e ofendidos na sua dignidade".[711] É o que acontece quando a empresa está inserida em sistemas socioculturais caracterizados pela exploração das pessoas, inclinados a fugir às obrigações de justiça social e a violar os direitos dos trabalhadores.

*É indispensável que, no interior da empresa, a legítima busca do lucro se harmonize com a irrenunciável tutela da dignidade das pessoas que, a vário título, atuam na mesma empresa.* As duas exigências não estão absolu-

---

[707] João Paulo II, Carta enc. *Centesimus annus*, 43: *AAS* 83 (1991) 847.
[708] Cf. João XXIII, Carta enc. *Mater et magistra*: *AAS* 53 (1961) 422-423.
[709] João Paulo II, Carta enc. *Centesimus annus*, 35: *AAS* 83 (1991) 837.
[710] Cf. *Catecismo da Igreja Católica*, 2424.
[711] João Paulo II, Carta enc. *Centesimus annus*, 35: *AAS* 83 (1991) 837.

tamente em contraste uma com a outra, pois que, de um lado, não seria realista pensar em garantir o futuro da empresa sem a produção de bens e serviços e sem conseguir lucros que sejam fruto da atividade econômica realizada; por outro lado, ao permitir o crescimento da pessoa que trabalha, favorecem-se maior produtividade e maior eficácia do mesmo trabalho. A empresa deve ser uma comunidade solidária[712] não fechada nos interesses corporativos, tender a uma "ecologia social"[713] do trabalho, e contribuir para o bem comum mediante a salvaguarda do meio ambiente natural.

**341** *Se na atividade econômica e financeira a busca de um lucro eqüitativo é aceitável, o recurso à usura é moralmente condenado*: "Todo aquele que em seus negócios se der a práticas usurárias e mercantis que provoquem a fome e a morte de seus irmãos (homens) comete indiretamente um homicídio, que lhe é imputável".[714] Tal condenação estende-se também às relações econômicas internacionais, especialmente no que diz respeito à situação dos países menos avançados, aos quais não podem ser aplicados "sistemas financeiros abusivos e mesmo usurários".[715] O Magistério mais recente tem reservado palavras fortes e claras para uma prática ainda hoje dramaticamente espalhada: "Não se pratique a usura, chaga que também nos nossos dias é uma infame realidade, capaz de estrangular a vida de muitas pessoas".[716]

**342** *A empresa se move hoje no quadro de cenários econômicos de dimensões cada vez mais amplas*, nos quais os Estados nacionais mostram limites na capacidade de governar os processos de mudança por que passam as relações econômico-financeiras internacionais; esta situação induz as empresas a *assumir responsabilidades novas e maiores em relação ao passado*. Nunca como hoje o seu papel aparece determinante em vista de um desenvolvimento autenticamente solidário e integral da humanidade e é igualmente decisivo, neste sentido, o seu nível de consciência do fato de que o "desenvolvimento ou se torna comum a todas as partes do mundo, ou então sofre um processo de regressão mesmo nas zonas caracterizadas por um constante progresso. Este fenômeno é particularmente indicativo da natureza do desenvolvimento *autêntico*: ou nele participam todas as nações do mundo, ou não será na verdade desenvolvimento".[717]

---

[712]   Cf. João Paulo II, Carta enc. *Centesimus annus*, 43: *AAS* 83 (1991) 846-848.

[713]   João Paulo II, Carta enc. *Centesimus annus*, 38: *AAS* 83 (1991) 841.

[714]   *Catecismo da Igreja Católica*, 2269.

[715]   *Catecismo da Igreja Católica*, 2438.

[716]   João Paulo II, *Discurso na Audiência geral* (4 de fevereiro de 2004), 3: *L'Osservatore Romano*, ed. em português, 6-7 de fevereiro de 2004, p. 12.

[717]   João Paulo II, Carta enc. *Sollicitudo rei socialis*, 17: *AAS* 80 (1988) 532.

## b) O papel do empresário e do dirigente de empresa

**343** *A iniciativa econômica é expressão da inteligência humana e da exigência de responder às necessidades do homem de modo criativo e colaborativo.* Na criatividade e na cooperação está inscrita a autêntica concepção da competição empresarial: um *cum-petere*, ou seja, um buscar junto as soluções mais adequadas para responder do modo mais apropriado às necessidades que passo a passo vêm à tona. O sentido de responsabilidade que brota da livre iniciativa econômica se configura não só como *virtude individual* indispensável para o crescimento humano do indivíduo, mas também como *virtude social* necessária ao desenvolvimento de uma comunidade solidária: "Para este processo, concorrem importantes virtudes, tais como a diligência, a laboriosidade, a prudência em assumir riscos razoáveis, a confiança e fidelidade nas relações interpessoais, a coragem na execução de decisões difíceis e dolorosas, mas necessárias para o trabalho comum da empresa, e para enfrentar os eventuais reveses da vida".[718]

**344** *Os papéis do empresário e do dirigente revestem-se de uma importância central do ponto de vista social, porque se colocam no coração daquela rede de liames técnicos, comerciais, financeiros, culturais, que caracterizam a moderna realidade da empresa.* Dado que as decisões empresariais produzem, em razão da crescente complexidade da atividade empresarial, uma multiplicidade de efeitos conjuntos de grande relevância não só econômica, mas também social, o exercício das responsabilidades empresariais e dirigenciais exige, além de um esforço contínuo de atualização específica, uma constante reflexão sobre as motivações morais que devem guiar as opções pessoais de quem está investido de tais encargos.

*Os empresários e os dirigentes não podem levar em conta exclusivamente o objetivo econômico da empresa, os critérios de eficiência econômica, as exigências do cuidado do "capital" como conjunto dos meios de produção: é um dever específico deles também o concreto respeito à dignidade humana dos trabalhadores que atuam na empresa.*[719] Estes últimos constituem "o patrimônio mais precioso da empresa",[720] o fator decisivo da produção.[721] Nas grandes decisões estratégicas e financeiras, de compra ou de venda, de redimensionamento ou fechamento das filiais, na política das fusões, não se pode limitar exclusivamente a critérios de natureza financeira ou comercial.

---

[718] João Paulo II, Carta enc. *Centesimus annus*, 32: *AAS* 83 (1991) 833.
[719] Cf. *Catecismo da Igreja Católica*, 2432.
[720] João Paulo II, Carta enc. *Centesimus annus*, 35: *AAS* 83 (1991) 837.
[721] Cf. João Paulo II, Carta enc. *Centesimus annus*, 32-33: *AAS* 83 (1991) 832-835.

# 200 *Capítulo VII*

**345** *A doutrina social insiste na necessidade de que o empresário e o dirigente se empenhem em estruturar a atividade profissional nas suas empresas de modo a favorecer a família,* especialmente as mães de família no cumprimento das suas funções;[722] *respondam, à luz de uma visão integral do homem e do desenvolvimento, à demanda de qualidade* "das mercadorias a produzir e a consumir, qualidade dos serviços a serem utilizados, qualidade do ambiente e da vida em geral";[723] invistam, sempre que se apresentarem as condições econômicas e de estabilidade política, nos lugares e nos setores produtivos que oferecem a indivíduos e povos "a ocasião de valorizar o próprio trabalho".[724]

## IV. INSTITUIÇÕES ECONÔMICAS AO SERVIÇO DO HOMEM

**346** *Uma das questões prioritárias na economia é o emprego dos recursos,[725] isto é, de todos os bens e serviços aos quais os sujeitos econômicos, produtores e consumidores privados e públicos, atribuem um valor pela utilidade a eles inerente no campo da produção e do consumo.* Na natureza os recursos são quantitativamente escassos e isto implica, necessariamente, que cada sujeito econômico, assim como cada sociedade, deva elaborar alguma estratégia para empregá-los do modo mais racional possível, seguindo a lógica ditada pelo *princípio de economia.* Disto dependem quer seja a efetiva solução do problema econômico mais geral, e fundamentalmente, da limitação dos meios em relação às necessidades individuais e sociais, privados e públicos, quer seja a eficiência completiva, estrutural e funcional, de todo o sistema econômico. Tal eficiência põe diretamente em causa a responsabilidade e a capacidade de vários sujeitos, como o mercado, o Estado e os corpos sociais intermediários.

### a) O papel do livre mercado

**347** *O livre mercado é uma instituição socialmente importante pela sua capacidade de garantir resultados eficientes na produção de bens e serviços.* Historicamente, o mercado deu provas de saber impulsionar e manter, por

---

[722] Cf. João Paulo II, Carta enc. *Laborem exercens* ,19: *AAS* 73 (1981) 625-629.

[723] João Paulo II, Carta enc. *Centesimus annus*, 36: *AAS* 83 (1991) 838.

[724] João Paulo II, Carta enc. *Centesimus annus*, 36: *AAS* 83 (1991) 840.

[725] Quanto ao uso dos recursos e dos bens, a doutrina social da Igreja propõe o seu ensinamento sobre a destinação universal dos bens e a propriedade privada; cf. Capítulo IV, seção III.

*A vida econômica*

201

longo período, o desenvolvimento econômico. Existem boas razões para acreditar que, em muitas circunstâncias, *"o livre mercado* seja o instrumento mais eficaz para dinamizar os recursos e corresponder eficazmente às necessidades".[726] A doutrina social da Igreja aprecia as vantagens seguras que os mecanismos do livre mercado oferecem, seja para uma melhor utilização dos recursos, seja para facilitar a troca de produtos; estes mecanismos "sobretudo, põem no centro a vontade e as preferências da pessoa que, no contrato, se encontram com as de outrem".[727]

*Um verdadeiro mercado concorrencial é um instrumento eficaz para alcançar importantes objetivos de justiça*: moderar os excessos de lucros das empresas singulares; responder às exigências dos consumidores; realizar uma melhor utilização e economia dos recursos; premiar os esforços empresariais e a habilidade de inovação; fazer circular a informação, de maneira que seja verdadeiramente possível confrontar e adquirir os produtos em um contexto de saudável concorrência.

**348** *O livre mercado não pode ser julgado prescindindo dos fins que persegue e dos valores que transmite em nível social.* O mercado, de fato, não pode encontrar em si mesmo o princípio da própria legitimação. Cabe à consciência individual e à responsabilidade pública estabelecer uma justa relação entre meios e fim.[728] O *benefício individual* do operador econômico, se bem que legítimo, jamais deve tornar-se o único objetivo. Ao lado deste, existe um outro, também fundamental e superior, o da *utilidade social,* que deve encontrar realização não em contraste, mas em coerência com a lógica de mercado. Quando desempenha as importantes funções acima lembradas, o livre mercado torna-se funcional em relação ao bem e ao desenvolvimento integral do homem, enquanto a inversão da relação entre meios e fins pode fazê-lo degenerar em uma instituição desumana e alienante, com repercussões incontroláveis.

**349** *A doutrina social da Igreja, ainda que reconhecendo ao mercado a função de instrumento insubstituível de regulação no interior do sistema econômico, coloca em evidência a necessidade de ancorá-lo a finalidades morais, que assegurem e, ao mesmo tempo, circunscrevam adequadamente o espaço de sua autonomia.*[729] A idéia de que se possa confiar tão-somente ao mercado o fornecimento de todas as categorias de bens não é admissível,

---

[726] João Paulo II, Carta enc. *Centesimus annus*, 34: *AAS* 83 (1991) 835.
[727] João Paulo II, Carta enc. *Centesimus annus*, 40: *AAS* 83 (1991) 843.
[728] Cf. João Paulo II, Carta enc. *Centesimus annus*, 41: *AAS* 83 (1991) 843-845.
[729] Cf. Paulo VI, Carta apost. *Octogesima adveniens*, 41: *AAS* 63 (1971) 429-430.

porque baseada numa visão redutiva da pessoa e da sociedade.[730] Diante do concreto risco de uma "idolatria" do mercado, a doutrina social da Igreja lhe ressalta o limite, facilmente relevável na sua constatada incapacidade de satisfazer as exigências humanas importantes, pelas quais há a necessidade de bens que, "pela sua natureza, não são, nem podem ser simples mercadoria",[731] bens não negociáveis segundo a regra da "troca de equivalentes" e a lógica do contrato, típicas do mercado.

**350** *O mercado assume uma função social e relevante nas sociedades contemporâneas, por isso é importante individuar as potencialidades mais positivas e criar condições que permitam a sua concreta expansão.* Os operadores devem ser efetivamente livres para confrontar, avaliar e escolher entre as várias opções, mas a liberdade, no âmbito econômico, deve ser regulada por um apropriado quadro jurídico, capaz de pô-la ao serviço da liberdade humana integral: "A liberdade econômica é apenas um elemento da liberdade humana. Quando aquela se torna autônoma, isto é, quando o homem é visto mais como um produtor ou um consumidor de bens do que como um sujeito que produz e consome para viver, então ela perde a sua necessária relação com a pessoa humana e acaba por a alienar e oprimir".[732]

## b) A ação do Estado

**351** *A ação do Estado e dos outros poderes públicos deve conformar-se com o princípio da subsidiariedade para criar situações favoráveis ao livre exercício da atividade econômica; esta deve inspirar-se também no princípio de solidariedade e estabelecer os limites da autonomia das partes para defender a parte mais fraca.*[733] A solidariedade sem subsidiariedade pode, de fato, degenerar facilmente em assistencialismo, ao passo que a subsidiariedade sem a solidariedade se expõe ao risco de alimentar formas de localismo egoísta. Para respeitar estes dois princípios fundamentais, a intervenção do Estado em âmbito econômico não deve ser nem invasiva, nem carente, mas sim apropriada às reais exigências da sociedade: "O Estado tem o dever de secundar a atividade das empresas, criando condições que garantam ocasiões de trabalho, estimulando-a onde for insuficiente e apoiando-a nos momentos de crise. O Estado tem também o direito de intervir quando situações parti-

---

[730] Cf. João Paulo II, Carta enc. *Centesimus annus*, 34: *AAS* 83 (1991) 835-836.

[731] João Paulo II, Carta enc. *Centesimus annus*, 40: *AAS* 83 (1991) 843; cf. *Catecismo da Igreja Católica*, 2425.

[732] João Paulo II, Carta enc. *Centesimus annus*, 39: *AAS* 83 (1991) 843.

[733] Cf. João Paulo II, Carta enc. *Centesimus annus*, 15: *AAS* 83 (1991) 811-813.

*A vida econômica*

**203**

culares de monopólio criem atrasos ou obstáculos ao desenvolvimento. Mas, além destas tarefas de harmonização e condução do progresso, pode desempenhar *funções de suplência* em situações excepcionais".[734]

**352** *A tarefa fundamental do Estado em âmbito econômico é a de definir um quadro jurídico apto a regular as relações econômicas,* com a finalidade de "salvaguardar ... as condições primárias de uma livre economia, que pressupõe uma certa igualdade entre as partes, de modo que uma delas não seja tão mais poderosa que a outra, que praticamente possa reduzi-la à escravidão".[735] A atividade econômica, sobretudo num contexto de livre mercado, não pode desenrolar-se num vazio institucional, jurídico e político: pelo contrário, "supõe segurança no referente às garantias da liberdade individual e da propriedade, além de uma moeda estável e serviços públicos eficientes".[736] Para cumprir a sua tarefa, o Estado deve elaborar uma legislação apropriada, mas também orientar cuidadosamente as políticas econômicas, de modo a não se tornar prevaricador nas várias atividades de mercado, cuja atuação deve permanecer livre de superestruturas e coerções autoritárias ou, pior, totalitárias.

**353** *É necessário que mercado e Estado ajam de concerto um com o outro e se tornem complementares. O livre mercado pode produzir efeitos benéficos para a coletividade somente em presença de uma organização do Estado que defina e oriente a direção do desenvolvimento econômico,* que faça respeitar regras eqüitativas e transparentes, que intervenha, também de modo direto, pelo tempo estritamente necessário,[737] nos casos em que o mercado não consegue obter os resultados de eficiência desejados e quando se trata de traduzir em ato o princípio redistributivo. Na realidade, em alguns âmbitos, o mercado, apoiando-se nos próprios mecanismos, não é capaz de garantir uma distribuição eqüitativa de alguns bens e serviços essenciais ao crescimento humano dos cidadãos: neste caso a complementaridade entre Estado e mercado é sobremaneira necessária.

**354** *O Estado pode concitar os cidadãos e as empresas à promoção do bem comum, cuidando de levar a efeito uma política econômica que favoreça a participação de todos os seus cidadãos nas atividades produtivas.* O respeito do princípio de subsidiariedade deve mover as autoridades públicas a buscar

---

[734] João Paulo II, Carta enc. *Centesimus annus,* 48: *AAS* 83 (1991) 853; cf. *Catecismo da Igreja Católica,* 2431.

[735] João Paulo II, Carta enc. *Centesimus annus,* 15: *AAS* 83 (1991) 811.

[736] João Paulo II, Carta enc. *Centesimus annus,* 48: *AAS* 83 (1991) 852-853; cf. *Catecismo da Igreja Católica,* 2431.

[737] Cf. João Paulo II, Carta enc. *Centesimus annus,* 48: *AAS* 83 (1991) 852-854.

condições favoráveis ao desenvolvimento das capacidades de iniciativa individuais, da autonomia e da responsabilidade pessoais dos cidadãos, abstendo-se de qualquer intervenção que possa constituir um condicionamento indébito das forças empresariais.

*Em vista do bem comum, deve-se sempre perseguir com constante determinação o objetivo de um justo equilíbrio entre liberdade privada e ação pública, entendida quer como intervenção direta na economia, quer como atividade de suporte ao desenvolvimento econômico.* Em todo caso, a intervenção pública deverá ater-se a critérios de eqüidade, racionalidade e eficiência, e não substituir a ação dos indivíduos, contra o seu direito à liberdade de iniciativa econômica. O Estado, neste caso, se torna deletério para a sociedade: uma intervenção direta excessivamente açambarcadora acaba por desresponsabilizar os cidadãos e produz um crescimento excessivo de aparatos públicos guiados mais por lógicas burocráticas do que pela preocupação de satisfazer as necessidades das pessoas.[738]

**355** *A arrecadação fiscal e a despesa pública assumem uma importância econômica crucial para qualquer comunidade civil e política: o objetivo para o qual há de tender é uma finança pública capaz de se propor como instrumento de desenvolvimento e de solidariedade.* Uma finança pública eqüitativa, eficiente, eficaz, produz efeitos virtuosos sobre a economia, porque consegue favorecer o crescimento do emprego, amparar as atividades empresariais e as iniciativas sem fins lucrativos, e contribui para aumentar a credibilidade do Estado enquanto garante dos sistemas de previdência e de proteção social destinados em particular a proteger os mais fracos.

*As finanças públicas se orientam para o bem comum quando se atêm a alguns princípios fundamentais: o pagamento dos impostos*[739] *como especificação do dever de solidariedade; racionalidade e eqüidade na imposição dos tributos;*[740] *rigor e integridade na administração e na destinação dos recursos públicos.*[741] Ao redistribuir as riquezas, a finança pública deve seguir os princípios da solidariedade, da igualdade, da valorização dos talentos, e prestar grande atenção a amparar as famílias, destinando a tal fim uma adequada quantidade de recursos.[742]

---

[738] Cf. João Paulo II, Carta enc. *Centesimus annus*, 48: *AAS* 83 (1991) 852-854.

[739] Cf. Concílio Vaticano II, Const. past. *Gaudium et spes*, 30: *AAS* 58 (1966) 1049-1050.

[740] Cf. João XXIII, Carta enc. *Mater et magistra*: *AAS* 53 (1961) 433-434, 438.

[741] Cf. Pio XI, Carta enc. *Divini Redemptoris*: *AAS* 29 (1937) 103-104.

[742] Cf. Pio XII, *Radiomensagem em comemoração do 50º aniversário da "Rerum novarum"*: *AAS* 33 (1941) 202; João Paulo II, Carta enc. *Centesimus annus*, 49: *AAS* 83 (1991) 854-856; Id., Exort. apost. *Familiaris consortio*, 45: *AAS* 74 (1982) 136-137.

A vida econômica

205

## c) O papel dos corpos intermédios

**356** *O sistema econômico-social deve ser caracterizado pela co-presença de ação pública e privada, incluída a ação privada sem finalidade de lucro. Configura-se de tal modo uma pluralidade de centros decisórios e de lógicas de ação.* Há algumas categorias de bens, coletivos e de uso comum, cuja utilização não pode depender dos mecanismos do mercado[743] e não é nem mesmo de exclusiva competência do Estado. O dever do Estado, em relação a estes bens, é antes o de valorizar todas as iniciativas sociais e econômicas que têm efeitos públicos, promovidos pelas formações intermédias. A sociedade civil, organizada nos seus corpos intermédios, é capaz de contribuir para a consecução do bem comum pondo-se em uma relação de colaboração e de eficaz complementaridade em relação ao Estado e ao mercado, favorecendo assim o desenvolvimento de uma oportuna democracia econômica. Em um semelhante contexto, a intervenção do Estado deve ser caracterizada pelo exercício de uma verdadeira solidariedade, que como tal nunca deve ser separada da subsidiariedade.

**357** *As organizações privadas sem fins lucrativos têm um espaço específico em âmbito econômico: nos serviços sociais, na instrução, na saúde, na cultura. Caracteriza tais organizações a corajosa tentativa de unir harmoniosamente eficiência produtiva e solidariedade.* Constituem-se, geralmente, em base a um pacto associativo e são expressão de uma tensão ideal comum aos sujeitos que livremente decidem aderir às mesmas. O Estado é chamado a respeitar a natureza destas organizações e a valorizar as características, dando concreta atuação ao princípio de subsidiariedade, que postula precisamente um respeito e uma promoção da dignidade e da autônoma responsabilidade do sujeito "subsidiado".

## d) Poupança e consumo

**358** *Os consumidores, que em muitos casos dispõem de amplas margens de poder aquisitivo, bem além do limiar da subsistência, podem influenciar consideravelmente a realidade econômica com a sua livre escolha entre consumo e poupança.* A possibilidade de influir nas escolhas do sistema econômico está nas mãos de quem deve decidir sobre o destino dos próprios recursos financeiros. Hoje, mais do que no passado, é possível avaliar as alternativas disponíveis não somente tomando por base o rendimento previsto ou ao seu grau de risco, mas também exprimindo um juízo de valor sobre os projetos de investimento que os recursos irão financiar, na consciência de

---

[743] Cf. João Paulo II, Carta enc. *Centesimus annus*, 40: *AAS* 83 (1991) 843.

206              *Capítulo VII*

que "a opção de investir num lugar em vez de outro, neste setor produtivo e não naquele, é sempre uma escolha moral e cultural".[744]

**359** *O uso do próprio poder aquisitivo há de ser exercido no contexto das exigências morais da justiça e da solidariedade e de responsabilidades sociais precisas*: Não se há de esquecer "o dever da caridade, isto é, o dever de acorrer com o 'supérfluo', e às vezes até com o 'necessário' para garantir o indispensável à vida do pobre".[745] Tal responsabilidade confere aos consumidores a possibilidade de dirigir, graças à maior circulação de informações, o comportamento dos produtores, mediante a decisão — individual ou coletiva — de preferir os produtos de algumas empresas ao de outras, levando em conta não apenas os preços e a qualidade dos produtos, mas também a existência de corretas condições de trabalho nas empresas, bem como o grau de tutela assegurado para o ambiente natural que o circunda.

**360** *O fenômeno do consumismo mantém uma persistente orientação mais para o "ter" do que para o "ser"*. Ele impede de "distinguir corretamente as formas novas e mais elevadas de satisfação das necessidades humanas, das necessidades artificialmente criadas que se opõem à formação de uma personalidade madura".[746] Para contrastar este fenômeno é necessário esforçar-se por construir "estilos de vida, nos quais a busca do verdadeiro, do belo e do bom, e a comunhão com os outros homens, em ordem ao crescimento comum, sejam os elementos que determinam as opções do consumo, da poupança e do investimento".[747] É inegável que as influências do contexto social sobre os estilos de vida são notáveis: por isso o desafio cultural que hoje o consumismo apresenta deve ser enfrentado de modo mais incisivo, sobretudo se se consideram as gerações futuras, que arriscam ter de viver num ambiente saqueado por causa de um consumo excessivo e desordenado.[748]

## V. AS "RES NOVAE" EM ECONOMIA

### a) A globalização: as oportunidades e os riscos

**361** *O nosso tempo é marcado pelo complexo fenômeno da globalização econômico-financeira*, isto é, um processo de crescente integração das eco-

---

[744] João Paulo II, Carta enc. *Centesimus annus*, 36: *AAS* 83 (1991) 839-840.
[745] João Paulo II, Carta enc. *Centesimus annus*, 36: *AAS* 83 (1991) 839.
[746] João Paulo II, Carta enc. *Centesimus annus*, 36: *AAS* 83 (1991) 839.
[747] João Paulo II, Carta enc. *Centesimus annus*, 36: *AAS* 83 (1991) 839.
[748] Cf. João Paulo II, Carta enc. *Centesimus annus*, 37: *AAS* 83 (1991) 840.

A vida econômica

207

nomias nacionais, no plano do comércio de bens e serviços e das transações financeiras, no qual um número sempre maior de operadores assume um horizonte global pelas opções que deve efetuar em função das oportunidades de crescimento e de lucro. O novo horizonte da sociedade global não é dado simplesmente pela presença de liames econômicos e financeiros entre atores nacionais atuantes em países diversos, que, ademais, sempre existiram, quanto principalmente pelo caráter invasivo e pela natureza absolutamente inédita do sistema de relações que está se desenvolvendo. Torna-se cada vez mais decisivo e central o papel dos mercados financeiros, cujas dimensões, em seguida à liberalização das trocas e à circulação dos capitais, cresceram enormemente com uma velocidade impressionante, a ponto de pemitir aos operadores transferir "em tempo real", de uma parte a outra do globo, capitais em grande quantidade. Trata-se de uma realidade multiforme e não simples de decifrar, dado que se desenrola em vários níveis e evolui constantemente, ao longo de trajetórias dificilmente previsíveis.

**362** *A globalização alimenta novas esperanças, mas também suscita interrogações inquietantes.*[749]

*Ela pode produzir efeitos potencialmente benéficos para a humanidade inteira*: entrelaçando-se com o impetuoso desenvolvimento das telecomunicações, o percurso de crescimento do sistema de relações econômicas e financeiras tem permitido simultaneamente uma notável redução nos custos das telecomunicações e das novas tecnologias, bem como uma aceleração no processo de extensão em escala planetária dos intercâmbios comerciais e das transações financeiras. Em outras palavras, aconteceu que os dois fenômenos, globalização econômico-financeira e progresso tecnológico têm-se reforçado reciprocamente, tornando extremamente rápida a dinâmica completiva da atual fase econômica.

*Analisando o contexto atual, além de divisar as oportunidades que se abrem na era da economia global, percebem-se também os riscos ligados às novas dimensões das relações comerciais e financeiras*. Não faltam, efetivamente, indícios reveladores de uma tendência ao *aumento das desigualdades* quer entre países avançados e países em via de desenvolvimento, quer no interior dos países industrializados. À crescente riqueza econômica possibilitada pelos processos descritos acompanha um crescimento da pobreza relativa.

**363** *O zelo pelo bem comum exige que se aproveitem as novas ocasiões de redistribuição de poder e riqueza entre as diversas áreas do planeta, em*

---

[749] Cf. João Paulo II, Exort. ap. *Ecclesia in America*, 20: *AAS* (1999) 756.

208 *Capítulo VII*

*benefício das mais desfavorecidas e até agora excluídas ou à margem do progresso social e econômico*:[750] "O desafio, em suma, é o de assegurar uma globalização na solidariedade, uma globalização sem marginalização".[751] O próprio progresso tecnológico arrisca repartir iniquamente entre os países os próprios efeitos positivos. As inovações, com efeito, podem penetrar e difundir-se no interior de uma determinada coletividade, se os seus potenciais beneficiários atingem um patamar mínimo de saber e de recursos financeiros: é evidente que, em presença de fortes disparidades entre os países no acesso aos conhecimentos técnico-científicos e aos mais recentes produtos tecnológicos, o processo de globalização acaba por alargar, ao invés de reduzir, as distâncias entre os países em termos de desenvolvimento econômico e social. Dada a natureza das dinâmicas em curso, a livre circulação de capitais não é por si mesma suficiente para favorecer a aproximação dos países em via de desenvolvimento em relação aos mais avançados.

**364** *O comércio representa uma componente fundamental das relações econômicas internacionais, contribuindo de maneira determinante para a especialização produtiva e para o crescimento econômico dos diversos países.* Hoje mais do que nunca o comércio internacional, se oportunamente orientado, promove o desenvolvimento e é capaz de criar novos empregos e de fornecer úteis recursos. A doutrina social tem muitas vezes trazido à luz as distorções do sistema comercial internacional[752] que freqüentemente, por causa das políticas protecionistas adotadas pelos países desenvolvidos, discrimina os produtos provenientes dos países mais pobres e impede o crescimento de atividades industriais e a transferência de tecnologias para tais países.[753] A contínua deterioração nos termos do comércio de matérias-primas e o agravar-se da diferença entre países ricos e pobres levou o Magistério chamar a atenção para a importância dos critérios éticos que deveriam orientar as relações econômicas internacionais: a busca do bem comum e a destinação universal dos bens; a eqüidade nas relações comerciais; a atenção aos direitos e às necessidades dos mais pobres nas políticas comerciais e de cooperação internacional. Diversamente, os "pobres ficam sempre pobres e os ricos tornam-se cada vez mais ricos".[754]

---

[750] Cf. João Paulo II, Discurso aos membros da Fundação "Centesimus annus" (9 de maio de 1998), 2: *L'Osservatore Romano*, ed. em português, 23 de maio de 1998, p. 15.

[751] João Paulo II, Mensagem para a celebração do Dia Mundial da Paz 1998, 3: *AAS* 90 (1998) 150.

[752] Cf. Paulo VI, Carta enc. *Populorum progressio*, 61: *AAS* 59 (1967) 287.

[753] Cf. João Paulo II, Carta enc. *Sollicitudo rei socialis*, 43: *AAS* 80 (1988) 574-575.

[754] Paulo VI, Carta enc. *Populorum progressio*, 57: *AAS* 59 (1967) 285.

*A vida econômica*

**365** *Uma solidariedade adequada à era da globalização requer a defesa dos direitos humanos.* A este propósito o Magistério assinala que não só "a perspectiva... de uma autoridade pública internacional a serviço dos direitos humanos, da liberdade e da paz não se realizou ainda inteiramente, mas deve registrar-se, infelizmente, a hesitação bastante freqüente da comunidade internacional no seu dever de respeitar e aplicar os direitos humanos. Este dever engloba *todos* os direitos fundamentais, não permitindo escolhas arbitrárias que conduziriam a formas reais de discriminação e de injustiça. Ao mesmo tempo, somos testemunhas dum fosso preocupante que se vai alargando entre uma série de novos "direitos" promovidos nas sociedades tecnologicamente avançadas e os direitos humanos elementares que ainda não são respeitados, sobretudo em situações de subdesenvolvimento; penso, por exemplo, no direito à alimentação, à água potável, à casa, à autodeterminação e à independência".[755]

**366** *A extensão da globalização deve ser acompanhada por uma tomada de consciência mais madura por parte das organizações da sociedade civil, das novas tarefas a que são chamadas em âmbito mundial.* Também graças a uma ação incisiva da parte destas organizações será possível manter o atual processo de crescimento da economia e das finanças, em escala planetária, num horizonte que garanta um efetivo respeito dos direitos do homem e dos povos, bem como uma distribuição eqüitativa das riquezas, no interior de cada país e entre diferentes países: "A liberdade das transações só é eqüitativa quando sujeita às exigências da justiça social".[756]

*Particular atenção deve ser reservada às especificidades locais e às diversidades culturais, que correm o risco de serem comprometidas pelos processos econômico-financeiros em curso:* "A globalização não pode constituir um novo tipo de colonialismo. Pelo contrário, deve respeitar a diversidade das culturas que, no âmbito da harmonia universal dos povos, são as chaves interpretativas da vida. De forma especial, não deve privar os pobres daquilo que lhes resta de mais precioso, inclusivamente os credos e as práticas religiosas, porque as convicções religiosas genuínas constituem a manifestação mais clarividente da liberdade humana".[757]

**367** *Na época da globalização deve-se ressaltar com força a solidariedade entre as gerações:* "No passado a solidariedade entre as gerações era, em

---

[755] João Paulo II, *Mensagem para a celebração do Dia Mundial da Paz de 2003*, 5: *AAS* 95 (2003) 343.

[756] Paulo VI, Carta enc. *Populorum progressio*, 59: *AAS* 59 (1967) 286.

[757] João Paulo II, *Discurso à Pontifícia Academia das Ciências Sociais* (27 de abril de 2001), 4: *L'Osservatore Romano*, ed. em português, 5 de maio de 2001, p. 5.

muitos países, uma atitude natural por parte da família; hoje se tornou também um dever da comunidade".[758] É conveniente que tal solidariedade continue a ser perseguida nas comunidades políticas nacionais, mas hoje o problema se põe também para a comunidade política global, para que a mundialização não se realize em detrimento dos mais necessitados e dos mais fracos. A solidariedade entre as gerações requer que na planificação global se aja de acordo com o princípio da destinação universal dos bens, que torna moralmente ilícito e economicamente contraproducente descarregar os custos atuais nas gerações vindouras: moralmente ilícito porque significa não assumir as devidas responsabilidades, economicamente contraproducente porque a correção dos danos é mais dispendiosa do que a sua prevenção. Este princípio deve ser aplicado sobretudo — ainda que não apenas — no campo dos recursos da terra e da salvaguarda da criação, hoje particularmente delicado em virtude da globalização, que diz respeito a todo o planeta, entendido como um único ecossistema.[759]

## b) O sistema financeiro internacional

**368** *Os mercados financeiros não são certamente uma novidade da nossa época: já desde há muito tempo, por várias formas, eles cuidaram de responder à exigência de financiar atividades produtivas. A experiência histórica atesta que, na ausência de sistemas financeiros adequados, não teria havido crescimento econômico.* Os investimentos em larga escala, típicos das modernas economias de mercado, não teriam sido possíveis sem o papel fundamental de intermediação exercido pelos mercados financeiros, que permitiu, entre outras coisas, apreciar as funções positivas da poupança para o desenvolvimento integral do sistema econômico e social. Se, por um lado, a criação daquilo que se tem definido como o "mercado global dos capitais" produziu efeitos benéficos, graças ao fato de que a maior mobilidade dos capitais permitiu às atividades produtivas alcançar mais facilmente a disponibilidade de recursos, por outro lado a maior mobilidade também aumentou o risco de crises financeiras. O desenvolvimento da atividade financeira, cujas transações superaram sobejamente, em volume, as transações reais, corre o risco de seguir uma lógica voltada sobre si mesma, sem conexão com a base real da economia.

---

[758] João Paulo II, *Discurso à Pontifícia Academia das Ciências Sociais* (11 de abril de 2002), 3: *L'Osservatore Romano*, ed. em português, 20 de abril de 2002, p. 4.

[759] Cf. João Paulo II, *Discurso por ocasião da Audiência aos membros das Associações Cristãs dos Trabalhadores Italianos* (27 de abril de 2002), 4: *L'Osservatore Romano*, ed. em português, 4 de maio de 2002, p. 6.

# A vida econômica

**369** *Uma economia financeira, cujo fim seja ela própria, está destinada a contradizer as suas finalidades, pois que se priva das próprias raízes e da própria razão constitutiva, ou seja, do seu papel original e essencial de serviço à economia real e, ao fim e ao cabo, de desenvolvimento das pessoas e das comunidades humanas.* O quadro completo manifesta-se ainda mais preocupante à luz da configuração fortemente assimétrica que caracteriza o sistema financeiro internacional: os processos de inovação e de desregulamentação dos mercados financeiros tendem, de fato, a consolidar-se somente em algumas partes do globo. Isto é fonte de graves preocupações de natureza ética, porque os países excluídos dos processos descritos, mesmo não gozando dos benefícios destes produtos, não estão entretanto protegidos de eventuais conseqüências negativas da instabilidade financeira sobre os seus sistemas econômicos reais, sobretudo se frágeis e com atraso no desenvolvimento.[760]

A inopinada aceleração dos processos, tais como o enorme incremento no valor das carteiras administradas pelas instituições financeiras e o rápido proliferar de novos e sofisticados instrumentos financeiros, torna *deveras urgente divisar soluções institucionais capazes de favorecer eficazmente a estabilidade do sistema, sem reduzir-lhe as potencialidades e a eficiência.* É indispensável introduzir um quadro normativo que permita tutelar tal estabilidade em todas as suas complexas articulações, promover a concorrência entre os intermediários e assegurar a máxima transparência em benefício dos investidores.

## c) O papel da comunidade internacional na época da economia global

**370** *A perda de centralidade por parte dos atores estatais deve coincidir com um maior empenho da comunidade no exercício de um decidido papel de orientação econômica e financeira.* Uma importante conseqüência do processo de globalização consiste, com efeito, na gradual perda de eficácia do Estado nação na condução das dinâmicas econômico-financeiras nacionais. Os Governos de cada País vêem a própria ação em campo econômico e social sempre mais fortemente condicionada pelas expectativas dos mercados internacionais dos capitais e pelos sempre mais prementes pedidos de credibilidade provenientes do mundo financeiro. Por causa dos novos liames entre os operadores globais, as tradicionais medidas defensivas dos Estados parecem condenadas ao insucesso e, em face das novas áreas da competição, passa ao segundo plano a própria noção de mercado nacional.

---

[760] Cf. João Paulo II, *Discurso à Pontifícia Academia das Ciências Sociais* (25 de abril de 1997), 6: *L'Osservatore Romano*, ed. em português, 24 de maio de 1997, p. 4.

**371** *Quanto mais o sistema econômico-financeiro mundial alcança níveis elevados de complexidade organizativa e funcional, tanto mais se impõe como prioritária a tarefa de regular tais processos, orientando-os à consecução do bem comum da família humana. Vem à tona concretamente a exigência de que, além dos Estados nacionais, seja a comunidade internacional a assumir esta delicada função, com instrumentos políticos e jurídicos adequados e eficazes.*

É portanto indispensável que as instituições econômicas e financeiras internacionais saibam individuar as soluções institucionais mais apropriadas e elaborem as estratégias de ação mais oportunas com o escopo de orientar uma mudança que, passivamente sofrida e abandonada a si mesma, provocaria êxitos dramáticos sobretudo em detrimento dos estratos mais fracos e indefesos da população mundial.

Nos organismos internacionais devem ser eqüitativamente representados os interesses da grande família humana; é necessário que estas instituições, "ao avaliarem as conseqüências das suas decisões, tenham em devida conta aqueles povos e países que têm escasso peso no mercado internacional, mas em si concentram as necessidades mais graves e dolorosas, e necessitam de maior apoio para o seu desenvolvimento".[761]

**372** *Também a política, a par da economia, deve saber estender o próprio raio de ação para além das fronteiras nacionais, adquirindo rapidamente a dimensão operativa mundial que lhe pode permitir orientar os processos em curso à luz de parâmetros não só econômicos, mas também morais.* O objetivo de fundo será o de guiar tais processos assegurando o respeito à dignidade do homem e o desenvolvimento completo da sua personalidade, no horizonte do bem comum.[762] A assunção de uma tal tarefa comporta a responsabilidade de acelerar a consolidação das instituições existentes assim como a criação de novos órgãos aos quais confiar tais responsabilidades.[763] O desenvolvimento econômico, efetivamente, pode ser duradouro somente à medida que se desdobra no interior de um quadro claro e definido de normas e de um amplo projeto de crescimento moral, civil e cultural de toda a família humana.

---

[761] João Paulo II, Carta enc. *Centesimus annus*, 58: *AAS* 83 (1991) 864.

[762] Cf. Paulo VI, Carta apost. *Octogesima adveniens*, 43-44: *AAS* 63 (1971) 431-433.

[763] Cf. *Catecismo da Igreja Católica*, 2440; Paulo VI, Carta enc. *Populorum progressio*, 78: *AAS* 59 (1967) 295; João Paulo II, Carta enc. *Sollicitudo rei socialis*, 43: *AAS* 80 (1988) 574-575.

# A vida econômica

## d) Um desenvolvimento integral e solidário

**373** *Uma das tarefas fundamentais dos atores da economia internacional é a obtenção de um desenvolvimento integral e solidário para a humanidade,* vale dizer, "promover todos os homens e o homem todo".[764] Tal tarefa exige uma concepção da economia que garanta, no plano internacional, a distribuição eqüitativa dos recursos e responda à consciência da interdependência — econômica, política e cultural — que de agora em diante une definitivamente os povos entre si e faz com que se sintam ligados a um único destino.[765] Os problemas sociais assumem cada vez mais uma dimensão planetária: a paz, a ecologia, a alimentação, a droga, as doenças. Estado algum já os pode enfrentar e resolver sozinho. As gerações atuais tocam com as mãos a necessidade da solidariedade e advertem concretamente a necessidade de superar a cultura individualista.[766] Nota-se, sempre mais difusamente, a exigência de modelos de desenvolvimento que prevejam não apenas "elevar todos os povos ao nível que hoje gozam somente os países mais ricos, mas construir no trabalho solidário uma vida mais digna, fazer crescer efetivamente a dignidade e a criatividade de cada pessoa, a sua capacidade de corresponder à própria vocação e, portanto, ao apelo de Deus".[767]

**374** *Um desenvolvimento mais humano e solidário favorecerá também aos próprios países mais ricos.* Tais países "advertem com freqüência uma espécie de desorientação existencial, uma incapacidade de viver e de gozar retamente o sentido da vida, embora na abundância de bens materiais, uma alienação e uma perda da própria humanidade em muitas pessoas, que se sentem reduzidas ao papel de engrenagem no mecanismo da produção e do consumo e não encontram o modo de afirmar a própria dignidade de homens, feitos à imagem e semelhança de Deus".[768] Os países ricos mostraram ter a capacidade de criar bem-estar material, mas, não raro, às custas do homem e das faixas sociais mais débeis: "Não se pode ignorar que as fronteiras da riqueza e da pobreza passam pelo interior das próprias sociedades, quer desenvolvidas, quer em vias de desenvolvimento. De fato, assim como existem desigualdades sociais até aos extremos da miséria em países ricos, assim, em contraposição, nos países menos desenvolvidos também se vêem,

---

[764] Paulo VI, Carta enc. *Populorum progressio*, 14: *AAS* 59 (1967) 264.

[765] Cf. *Catecismo da Igreja Católica*, 2437-2438.

[766] Cf. João Paulo II, *Mensagem pelo Dia Mundial da Paz 2000*, 13-14: *AAS* 92 (2000) 365-366.

[767] João Paulo II, Carta enc. *Centesimus annus*, 29: *AAS* 83 (1991) 828-829; cf. Paulo VI, Carta enc. *Populorum progressio*, 40-42: *AAS* 59 (1967) 277-278.

[768] João Paulo II, *Discurso de 1º de Maio de 1991*: *L'Osservatore Romano*, ed. em português, 5 de maio de 1991, p. 20; cf. Id., Carta enc. *Sollicitudo rei socialis*, 9: *AAS* 80 (1988) 520-523.

214 Capítulo VII

não raro, manifestações de egoísmo e de ostentação de riqueza tão descon-
certantes quanto escandalosas".[769]

### e) A necessidade de uma grande obra educativa e cultural

**375** *Para a doutrina social, a economia "é apenas um aspecto e uma dimensão da complexa atividade humana.* Se ela for absolutizada, se a produção e o
consumo das coisas acabar por ocupar o centro da vida social, tornando-se o
único valor verdadeiro da sociedade, não subordinado a nenhum outro, a causa
terá de ser procurada não tanto no próprio sistema econômico, quanto no fato
de que todo o sistema sociocultural, ignorando a dimensão ética e religiosa,
ficou debilitado, limitando-se apenas à produção dos bens e dos serviços".[770] A
vida do homem, a par da vida social da coletividade, não pode ser reduzida a
uma dimensão materialística, ainda que os bens materiais sejam extremamente
necessários quer para a mera sobrevivência, quer para o melhoramento do teor
de vida: "Aumentar o significado de Deus e o conhecimento de si mesmo é a
base de todo *desenvolvimento completo da sociedade humana*".[771]

**376** *Em face do rápido andamento do progresso técnico-econômico e da
mutabilidade, igualmente rápida, dos processos de produção e de consumo,
o Magistério adverte a exigência de propor uma grande obra educativa e
cultural*: "O pedido de uma existência qualitativamente mais satisfatória e
mais rica é, em si mesmo, legítimo; mas devemos sublinhar as novas responsabilidades e os perigos conexos com esta fase histórica... Individuando novas necessidades e novas modalidades para a sua satisfação, é necessário
deixar-se guiar por uma imagem integral do homem, que respeite todas as
dimensões do seu ser e subordine as necessidades materiais e instintivas às
interiores e espirituais... O sistema econômico, em si mesmo, não possui
critérios que permitam distinguir corretamente as formas novas e mais elevadas de satisfação das necessidades humanas, das necessidades artificialmente criadas que se opõem à formação de uma personalidade madura. Torna-se, por isso, necessária e urgente uma *grande obra educativa e cultural*,
que abranja a educação dos consumidores para um uso responsável do seu
poder de escolha, a formação de um elevado sentido de responsabilidade nos
produtores, e, sobretudo, nos profissionais dos *mass-media*, além da necessária intervenção das Autoridades públicas".[772]

---

[769] Cf. João Paulo II, *Sollicitudo rei socialis*, 14: *AAS* 80 (1988) 526-527.

[770] João Paulo II, Carta enc. *Centesimus annus*, 39: *AAS* 83 (1991) 842.

[771] *Catecismo da Igreja Católica*, 2441.

[772] João Paulo II, Carta enc. *Centesimus annus*, 36: *AAS* 83 (1991) 838-839.

# CAPÍTULO VIII

# A COMUNIDADE POLÍTICA

## I. ASPECTOS BÍBLICOS

### a) O senhorio de Deus

**377** *O povo de Israel, na fase inicial da sua história, não tem reis, como os demais povos, porque reconhece tão-somente o senhorio de Iahweh. É Deus que intervém na história através de homens carismáticos,* conforme testemunha o livro dos *Juízes.* Ao último destes homens, Samuel, o povo pedirá um rei semelhante (cf. 1Sm 8,5; 10,18-19). Samuel põe os israelitas de sobreaviso acerca das conseqüências de um exercício despótico da realeza (cf. 1Sm 8,11-18); contudo, o poder régio pode ser experimentado como dom de Iahweh que vem em socorro de seu povo (cf. 1Sm 9,16). Finalmente, Saul receberá a unção real (cf. 1Sm 10,1-12). O episódio evidencia as tensões que levaram Israel a uma concepção de realeza diferente da dos povos vizinhos: o rei, escolhido por Iahweh (cf. Dt 17,15: 1Sm 9,16) e por Ele consagrado (cf. 1Sm 16,12-13) será visto como Seu filho (cf. Sl 2,7) e deverá tornar visível o senhorio e o desígnio de salvação (cf. Sl 72). Deverá ainda fazer-se defensor dos fracos e assegurar ao povo a justiça: as denúncias dos profetas apontarão precisamente para as inadimplências dos reis (cf. 1Rs 21; Am 2,6-8; Mq 3,1-4).

**378** *O protótipo de rei escolhido por Iahweh é Davi, cuja condição humilde o relato bíblico ressalta com complacência* (cf. 1Sm 16,1-13). Davi é o depositário da promessa (cf. 2Sm 7,13ss; Sl 89,2-38; 132,11-18), que o coloca na origem de uma tradição real, precisamente a tradição "messiânica", a qual, não obstante todos os pecados e as infidelidades do próprio Davi e de seus sucessores, culmina em Jesus Cristo, o "ungido de Iahweh" (isto é, "consagrado do Senhor" cf. 1Sm 2,35; 24,7.11; 26,9.16; Ex 30,22-32) por excelência, filho de Davi (cf. as duas genealogias em Mt 1,1-17 e Lc 3,23-38; ver também Rm 1,3).

*O fracasso, no plano histórico, da realeza não ocasionará o desaparecimento do ideal de um rei que, em fidelidade a Iahweh, governe com sa-*

216 *Capítulo VIII*

*bedoria e exerça a justiça.* Esta esperança reaparece repetidas vezes nos salmos (cf. Sl 2; 18; 20; 21; 72). Nos oráculos messiânicos é esperado, para um tempo escatológico, a figura de um rei dotado do Espírito do Senhor, pleno de sapiência e em condição de trazer justiça aos pobres (cf. Is 11,2-5; Jr 23,5-6). Verdadeiro pastor do povo de Israel (cf. Ez 34,23-24; 37,24) levará a paz aos povos (cf. Zc 9,9-10). Na literatura sapiencial, o rei é apresentado como aquele que emite justos juízos e aborrece a iniqüidade (cf. Pr 16,12), julga os pobres com eqüidade (cf. Pr 29,14) e é amigo do homem de coração puro (cf. Pr 22,11). Torna-se cada vez mais explícito o anúncio de tudo quanto os Evangelhos e os demais autores do Novo Testamento vêem realizado em Jesus de Nazaré, encarnação definitiva da figura do rei descrita no Antigo Testamento.

## b) Jesus e a autoridade política

**379** *Jesus rejeita o poder opressivo e despótico dos grandes sobre nações* (cf. Mc 10,42) *e suas pretensões de fazerem-se chamar benfeitores* (cf. Lc 21,25), *mas nunca contesta diretamente as autoridades de seu tempo.* Na diatribe sobre o tributo a ser pago a César (cf. Mc 12,13-17; Mt 22,15-22; Lc 20,20-26), Ele afirma que se deve dar a Deus o que é de Deus, condenando implicitamente toda tentativa de divinizar e de absolutizar o poder temporal: somente Deus pode exigir tudo do homem. Ao mesmo tempo, o poder temporal tem o direito àquilo que lhe é devido: Jesus não considera injusto o tributo a César.

*Jesus, o Messias prometido, combateu e desbaratou a tentação de um messianismo político, caracterizado pelo domínio sobre as nações* (cf. Mt 4,8-11; Lc 4,5-8). Ele é o Filho do Homem que veio "para servir e entregar a própria vida" (Mc 10,45; cf. Mt 20,24-28; Lc 22,24-27). Aos discípulos que discutem sobre qual é o maior, Jesus ensina a fazer-se último e a servir a todos (cf. Mc 9,33-35), indicando aos filhos de Zebedeu, Tiago e João, que ambicionam sentar-se à Sua direita, o caminho da cruz (cf. Mc 10,35-40; Mt 20,20-23).

## c) As primeiras comunidades cristãs

**380** *A submissão, não passiva, mas por razões de consciência* (Rm 13,5) *ao poder constituído corresponde à ordem estabelecida por Deus.* São Paulo define as relações e os deveres dos cristãos para com as autoridades (cf. Rm 13,1-7). Insiste no dever cívico de pagar os tributos: "Pagai a cada um o que lhe compete: o imposto, a quem deveis o imposto; o tributo, a quem deveis o

*A comunidade política*

217

tributo; o temor e o respeito, a quem deveis o temor e o respeito" (Rm 13,7). O Apóstolo certamente não pretende legitimar todo poder, pretende antes ajudar os cristãos a *"fazer o bem diante de todos os homens"* (Rm 12,7), também nas relações com a autoridade, na medida em que esta está ao serviço de Deus para o bem da pessoa (cf. Rm 13,4; 1Tm 2,1-1; Tt 3,1) e "para fazer justiça e exercer a ira contra aquele que pratica o mal" (Rm 13,4).

São Pedro exorta os cristãos a se submeterem *"a toda autoridade humana por amor a Deus"* (1Pd 2,13). O rei e os seus governadores têm a função de "punir os malfeitores e premiar os bons" (cf. 1Pd 2,14). Sua autoridade deve ser "honrada", isto é, reconhecida, porque Deus exige um comportamento reto, que *"emudeça a ignorância dos insensatos"* (1Pd 2,15). A liberdade não pode ser usada para cobrir a própria malícia, mas para servir a Deus (cf. ibidem). Trata-se, portanto, de uma obediência livre e responsável a uma autoridade que faz respeitar a justiça, assegurando o bem comum.

**381** *A oração pelos governantes, recomendada por São Paulo durante as perseguições, indica explicitamente o que a autoridade política deve garantir: uma vida calma e tranqüila a transcorrer com toda a piedade e dignidade* (cf. 1Tm 2,1-2). Os cristãos devem estar "prontos para qualquer boa obra" (Tt 3,1), sabendo "dar provas de toda mansidão para com todos os homens" (Tt 3,2), conscientes de terem sido salvos não pelas suas obras, mas pela misericórdia de Deus. Sem "o batismo da regeneração e renovação, pelo Espírito Santo, que nos foi concedido em profusão, por meio de Cristo, nosso salvador" (Tt 3,5-6), todos os homens são "insensatos, rebeldes, transviados, escravos de paixões de toda a espécie, vivendo na malícia e na inveja, detestáveis, odiando-nos uns aos outros" (Tt 3,3). Não se deve esquecer a miséria da condição humana, marcada pelo pecado e resgatada pelo amor de Deus.

**382** *Quando o poder humano sai dos limites da vontade de Deus, se autodiviniza e exige submissão absoluta, torna-se a Besta do Apocalipse, imagem do poder imperial perseguidor,* ébrio "do sangue dos santos e dos mártires de Jesus" (Ap 17,6). A Besta tem a seu serviço o "falso profeta" (Ap 19,20), que impele os homens a adorá-la com portentos que seduzem. Esta visão indica profeticamente todas as insídias usadas por Satanás para governar os homens, insinuando-se no seu espírito com a mentira. Mas Cristo é o Cordeiro Vencedor de todo poder que se absolutiza no curso da história humana. Em face de tais poderes, São João recomenda a resistência dos mártires: dessa maneira, os fiéis testemunham que o poder corrupto e satânico é vencido, porque já não tem ascendência alguma sobre eles.

**383** *A Igreja proclama que Cristo, vencedor da morte, reina sobre o universo que Ele mesmo resgatou. O Seu reino se estende a todo o tempo presente*

218                 *Capítulo VIII*

*e terá fim somente quando tudo for entregue ao Pai e a história humana se consumar com o juízo final* (cf. 1Cor 15,20-28). Cristo revela à autoridade humana, sempre tentada ao domínio, o seu significado autêntico e completo de serviço. Deus é o único Pai, e Cristo o único mestre para todos os homens, que são irmãos. A soberania pertence a Deus. O Senhor, todavia, "não quis reter só para Si o exercício de todos os poderes. Confia a cada criatura as funções que esta é capaz de exercer, segundo as capacidades da própria natureza. Este modo de governo deve ser imitado na vida social. O comportamento de Deus no governo do mundo, que demonstra tão grande consideração pela liberdade humana, deveria inspirar a sabedoria dos que governam as comunidades humanas. Estes devem comportar-se como ministros da providência divina".[773]

A mensagem bíblica inspira incessantemente o pensamento cristão sobre o poder político, recordando que ele tem sua origem em Deus e, como tal, é parte integrante da ordem por Ele criada. Tal ordem é percebida pelas consciências e se realiza na vida social mediante a verdade, a justiça e a solidariedade, que conduzem à paz.[774]

## II. O FUNDAMENTO
## E A FINALIDADE DA COMUNIDADE POLÍTICA

### a) Comunidade política, pessoa humana e povo

**384** *A pessoa humana é fundamento e fim da convivência política.*[775] Dotada de racionalidade, é responsável pelas próprias escolhas e capaz de perseguir projetos que dão sentido à sua vida, tanto no plano individual como no plano social. A abertura para a Transcendência e para os outros é o traço que a caracteriza e distingue: somente em relação com a Transcendência e com os outros, a pessoa humana alcança a plena e completa realização de si. Isto significa que para o homem, criatura naturalmente social e política, "a vida social não é... algo acrescentado ao homem",[776] mas uma dimensão essencial e incancelável.

---

[773] Cf. *Catecismo da Igreja Católica*, 1884.

[774] Cf. João XXIII, Carta enc. *Pacem in terris: AAS* 55 (1963) 266-267. 281-291. 301-302; João Paulo II, Carta enc. *Sollicitudo rei socialis*, 39: *AAS* 80 (1988) 566-568.

[775] Cf. Concílio Vaticano II, Const. apost. *Gaudium et spes*, 25; *Catecismo da Igreja Católica*, 1881; Congregação para a Doutrina da Fé, *Nota Doutrinal sobre algumas questões relativas ao empenho e ao comportamento dos católicos na vida política* (24 de novembro 2002), 3, Libreria Editrice Vaticana, Cidade do Vaticano, 2002, p. 8.

[776] Concílio Vaticano II, Const. apost. *Gaudium et spes*, 25: *AAS* 58 (1966) 1045.

*A comunidade política* procede, portanto, da natureza das pessoas, cuja consciência "manifesta e obriga peremptoriamente a observar"[777] a ordem esculpida por Deus em todas as Suas criaturas: "Uma ordem moral e religiosa, que, mais do que todos e quaisquer valores materiais, influi na direção e nas soluções que deve dar aos problemas da vida individual e comunitária, dentro das comunidades nacionais e nas relações entre estas".[778] Tal ordem deve ser gradualmente descoberta e desenvolvida pela humanidade. A comunidade política, realidade conatural aos homens, existe para obter um fim comum, inatingível de outra forma: o crescimento em plenitude de cada um de seus membros, chamados a colaborar de modo estável para a realização do bem comum,[779] sob o impulso da sua tensão natural para a verdade e para o bem.

**385** *A comunidade política tem na referência ao povo a sua autêntica dimensão*: ela "é, e deve ser, na realidade, a unidade orgânica e organizadora de um verdadeiro povo".[780] O povo não é uma multidão amorfa, uma massa inerte a ser manipulada e instrumentalizada, mas sim um conjunto de pessoas, cada uma das quais — "no próprio lugar e a seu modo"[781] — tem a possibilidade de formar a própria opinião a respeito da coisa pública e a liberdade de exprimir a própria sensibilidade política e de fazê-la valer em maneira consoante com o bem comum. O povo "vive da plenitude da vida dos homens que o compõem, cada um dos quais .... é uma pessoa consciente das próprias responsabilidades e das próprias convicções".[782] Os que pertencem a uma comunidade política, mesmo sendo *organicamente* unidos entre si, conservam, não obstante, uma insuprimível *autonomia* no âmbito da existência pessoal e dos fins a perseguir.

**386** *O que, em primeiro lugar, caracteriza um povo é a partilha de vida e de valores, que é fonte de comunhão no âmbito espiritual e moral*: "É que, acima de tudo, ... há de considerar-se a convivência humana como realidade eminentemente espiritual: como intercomunicação de conhecimentos à luz da verdade, exercício de direitos e cumprimento de deveres, incentivo e apelo aos bens morais, gozo comum do belo em todas as suas legítimas expressões, permanente disposição de fundir em tesouro comum o que de melhor cada qual possua, anelo de assimilação pessoal de valores espirituais. Valores esses nos quais se vivifica e orienta tudo o que diz respeito à cultura, ao

---

[777] Cf. João XXIII, Carta enc. *Pacem in terris*: *AAS* 55 (1963) 258.
[778] Cf. João XXIII, Carta enc. *Mater et magistra*, 205: *AAS* 53 (1961) 450.
[779] Cf. Concílio Vaticano II, *Gaudium et spes*, 74: *AAS* 58 (1966) 1095-1097.
[780] Pio XII, *Radiomensagem natalina* (24 de dezembro de 1944): *AAS* 37 (1945) 13.
[781] Pio XII, *Radiomensagem natalina* (24 de dezembro de 1944): *AAS* 37 (1945) 13.
[782] Pio XII, *Radiomensagem natalina* (24 de dezembro de 1944): *AAS* 37 (1945) 13.

desenvolvimento econômico, às instituições sociais, aos movimentos e regimes políticos, à ordem jurídica e aos demais elementos, através dos quais se articula e se exprime a convivência humana em incessante evolução".[783]

**387** *A cada povo corresponde em geral uma nação, mas, por razões diversas, nem sempre as fronteiras nacionais coincidem com os confins étnicos.*[784] *Aparece destarte a questão das minorias, que historicamente tem originado não poucos conflitos. O Magistério afirma que as minorias constituem grupos com direitos e deveres específicos.* Em primeiro lugar, um grupo minoritário tem direito à sua própria existência: "Este direito pode ser desatendido de diversas maneiras, até aos casos extremos em que é negado, mediante formas manifestas ou indiretas de genocídio".[785] Ademais, as minorias têm o direito de manter a sua cultura, incluindo a língua, bem como as suas convicções religiosas, incluindo a celebração do culto. Ao reivindicar legitimamente os próprios direitos, as minorias podem ser levadas a procurar uma maior autonomia ou até mesmo a independência: em tais delicadas circunstâncias, diálogo e negociação constituem o caminho para alcançar a paz. Em todo caso, o recurso ao terrorismo é injustificável e prejudicaria a causa que se pretende defender. As minorias têm também deveres a cumprir, entre os quais, antes de tudo, a cooperação para o bem comum do Estado em que estão inseridas. Em particular, "um grupo minoritário tem o dever de promover a liberdade e a dignidade de cada um dos seus membros, e de respeitar as opções de cada indivíduo seu, mesmo quando alguém decidisse passar à cultura majoritária".[786]

### b) Tutelar e promover os direitos humanos

**388** *Considerar a pessoa humana como fundamento e fim da comunidade política significa esforçar-se, antes de mais, pelo reconhecimento e pelo respeito da sua dignidade mediante a tutela e a promoção dos direitos fundamentais e inalienáveis do homem:* "No tempo moderno, a atuação do bem comum encontra a sua indicação de fundo nos direitos e nos deveres da pessoa".[787] Nos

---

[783] Cf. João XXIII, Carta enc. *Pacem in terris*, 36: *AAS* 55 (1963) 266.

[784] Cf. João XXIII, Carta enc. *Pacem in terris*: *AAS* 55 (1963) 283.

[785] João Paulo II, *Mensagem para a celebração do Dia Mundial da Paz 1989*, 5: *AAS* 81 (1989) 98.

[786] João Paulo II, *Mensagem para a celebração do Dia Mundial da Paz 1989*, 11: *AAS* 81 (1989) 101.

[787] Cf. João XXIII, Carta enc. *Pacem in terris*: *AAS* 55 (1963) 273; cf. *Catecismo da Igreja Católica*, 2237; João Paulo II, *Mensagem para a celebração do Dia Mundial da Paz de 2000*, 6: *AAS* 92 (2000) 362; Id., *Discurso por ocasião do 50º Aniversário da Organização das Nações Unidas* (5 de outubro de 1995), 3: *L'Osservatore Romano*, ed. em português, 14 de outubro de 1995.

A comunidade política                                                              221

direitos humanos estão condensadas as principais exigências morais e jurídicas que devem presidir à construção da comunidade política. Tais direitos constituem uma norma objetiva que está na base do direito positivo e que não pode ser ignorada pela comunidade política, porque a pessoa lhe é ontológica e teleologicamente anterior: o direito positivo deve garantir a satisfação das exigências humanas fundamentais.

**389** *A comunidade política persegue o bem comum atuando com vista à criação de um ambiente humano em que aos cidadãos seja oferecida a possibilidade de um real exercício dos direitos humanos e de um pleno cumprimento dos respectivos deveres*: "Atesta a experiência que, faltando por parte dos poderes públicos uma atuação apropriada com "respeito à economia, à administração pública, à instrução", sobretudo nos tempos atuais, as desigualdades entre os cidadãos tendem a exasperar-se cada vez mais, os direitos da pessoa tendem a perder todo seu conteúdo e compromete-se, ainda por cima, o cumprimento do dever".[788]

*A plena realização do bem comum requer que a comunidade política desenvolva, no âmbito dos direitos humanos, uma ação dúplice e complementar, de defesa e de promoção*: "Evite-se que, através de preferências outorgadas a indivíduos ou grupos, se criem situações de privilégio. Nem se venha a instaurar o absurdo de, ao intentar a autoridade tutelar os direitos da pessoa, chegue a coarctá-los".[789]

### c) A convivência baseada na amizade civil

**390** *O significado profundo da convivência civil e política não emerge imediatamente do elenco dos direitos e deveres da pessoa. Tal convivência só adquire todo o seu significado se for baseada na amizade civil e na fraternidade.*[790] De fato, o campo do direito é o do interesse tutelado e do

---

[788] João XXIII, Carta enc. *Pacem in terris*: *AAS* 55 (1963) 274.
[789] João XXIII, Carta enc. *Pacem in terris*: *AAS* 55 (1963) 275.
[790] Cf. S. Tomás de Aquino, *Sententiae Octavi Libri Ethicorum*, lect. 1: Ed. Leon. 47, 443: "Est enim naturalis amicitia inter eos qui sunt unius gentis ad invicem, inquantum communicant in moribus et convictu. Quartam rationem ponit ibi: *Videtur autem et civitates continere amicitia*. Et dicit quod per amicitiam videntur conservari civitates. Unde legislatores magis student ad amicitiam conservandam inter cives quam etiam ad iustitiam, quam quandoque intermittunt, puta in poenis inferendis, ne dissensio oriatur. Et hoc patet per hoc quod concordia assimulatur amicitiae, quam quidem, scilicet concordiam, legislatores maxime appetunt, contentionem autem civium maxime expellunt, quasi inimicam salutis civitatis. Et quia tota moralis philosophia videtur ordinari ad bonum civile, ut in principio dictum est, pertinet ad moralem considerare de amicitia".

respeito exterior, da proteção dos bens materiais e da sua repartição de acordo com regras estabelecidas; o campo da amizade é, pelo contrário, o do desinteresse, do desprendimento dos bens materiais, da sua doação, da disponibilidade interior às exigências do outro.[791] *A amizade civil*,[792] assim entendida, é a atuação mais autêntica do princípio de fraternidade, que é inseparável do de liberdade e de igualdade.[793] Trata-se de um princípio que permaneceu em grande parte não realizado nas sociedades políticas modernas e contemporâneas, sobretudo por causa da influência exercida pelas ideologias individualistas e coletivistas.

**391** *Uma comunidade é solidamente fundada quando tende para a promoção integral da pessoa e do bem comum: neste caso, o direito é definido, respeitado e vivido também de acordo com as modalidades da solidariedade e da dedicação ao próximo.* A justiça exige que cada um possa gozar dos próprios bens e dos próprios direitos e possa ser considerada como a medida mínima do amor.[794] A convivência torna-se tanto mais humana quanto mais é caracterizada pelo esforço em prol de uma consciência mais madura do ideal para o qual deve tender, a saber, a "civilização do Amor".[795]

*O homem é uma pessoa, não só um indivíduo.*[796] *O termo "pessoa" indica uma "natureza dotada de inteligência e vontade livre":*[797] *é portanto uma realidade bem superior à de um sujeito que se exprime nas necessidades produzidas pela mera dimensão material.* Com efeito, a pessoa humana, mesmo participando ativamente na obra que tem por objetivo a satisfação das necessidades no seio da sociedade familiar, civil e política, não encontra a sua realização completa enquanto não supera a lógica da necessidade para projetar-se na lógica da gratuidade e do dom, a qual corresponde mais plenamente à sua essência e à sua vocação comunitária.

---

[791] Cf. *Catecismo da Igreja Católica*, 2212-2213.

[792] Cf. S. Tomás de Aquino,, *De regno. Ad regem Cypri*, I, 10: Ed. Leon. 42, 461: "omnis autem amicitia super aliqua communione firmatur: eos enim qui conueniunt uel per nature originem uel per morum similitudinem uel per cuiuscumque communionem, uidemus amicitia coniungi... Non enim conseruatur amore, cum parua uel nulla sit amicitia subiecte multitudinis ad tyrannum, ut prehabitis patet".

[793] "Liberdade, igualdade, fraternidade" foi o moto da Revolução Francesa. "No fundo são idéias cristãs" afirmou João Paulo II, durante a sua primeira viagem à França: Homilia em Le Bourget (1º de Junho de 1980) 5: *L'Osservatore Romano*, ed. em português, 15 de junho de 1980, p. 5.

[794] Cf. S. Tomás de Aquino, *Summa Theologiae*, I-II, q. 99: Ed. Leon. 7, 199-205; Id., II-II, q. 23, a. 3, ad 1um: Ed Leon. 8, 168.

[795] Paulo VI, *Mensagem para a celebração do Dia Mundial da Paz 1977*: *AAS* 68 (1976) 709.

[796] Cf. *Catecismo da Igreja Católica*, 2212.

[797] João XXIII, Carta enc. *Pacem in terris*: *AAS* 55 (1963) 259.

*A comunidade política*

**392** *O preceito evangélico da caridade ilumina os cristãos sobre o significado mais profundo da convivência política.* Para torná-la verdadeiramente humana, "nada melhor do que desenvolver o sentido de justiça, de benevolência e de serviço do bem comum, e reforçar as convicções fundamentais acerca da verdadeira índole e também do fim da comunidade política, e corroborar o exercício reto e os limites da autoridade pública".[798] O objetivo que os fiéis se devem propor é o *da realização de relações comunitárias entre as pessoas.* A visão cristã da sociedade política confere o maior relevo ao valor da *comunidade,* seja como modelo organizativo da convivência, seja como estilo de vida quotidiana.

## III. A AUTORIDADE POLÍTICA

### a) O fundamento da autoridade política

**393** *A Igreja tem-se confrontado com diversas concepções de autoridade, tendo sempre o cuidado de defender e propor um modelo fundado na natureza social das pessoas*: "Com efeito, Deus criou os homens sociais por natureza e, já que sociedade alguma pode 'subsistir sem um chefe que, com o mesmo impulso eficaz, encaminhe todos para o fim comum, conclui-se que a comunidade humana tem necessidade de uma autoridade que a governe. Esta, assim como a sociedade, se origina da natureza, e por isso mesmo, vem de Deus'".[799] *A autoridade política é, portanto, necessária*[800] *em função das tarefas que lhe são atribuídas e deve ser uma componente positiva e insubstituível da convivência civil.*[801]

**394** *A autoridade política deve garantir a vida ordenada e reta da comunidade, sem tomar o lugar da livre atividade dos indivíduos e dos grupos, mas*

---

[798] Concílio Vaticano II, Const. apost. *Gaudium et spes*, 73: *AAS* 58 (1966) 1095.

[799] João XXIII, Carta enc. *Pacem in terris*: *AAS* 55 (1963) 269. Cf. Leão XIII, Carta enc. Immortale Dei: Acta Leonis XIII, 5 (1885), 120.

[800] Cf. *Catecismo da Igreja Católica*, 1898; S. Tomás de Aquino,, *De regno. Ad regem Cypri*, I,1: Ed. Leon. 42, 450: "Si igitur naturale est homini quod in societate multorum uiuat, necesse est in omnibus esse aliquid per quod multitudo regatur. Multis enim existentibus hominibus et unoquoque id quod est sibi congruum prouidente, multitudo in diuersa dispergetur nisi etiam esset aliquid de eo quod ad bonum multitudinis pertinet curam habens, sicut et corpus hominis et cuiuslibet animalis deflueret nisi esset aliqua uis regitiua communis in corpore, quae ad bonum commune omnium membrorum intenderet. Quod considerans Salomon dixit: 'Ubi non est gubernator, dissipabitur populus'".

[801] Cf. *Catecismo da Igreja Católica*, 1897; João XXIII, Carta enc. *Pacem in terris*: *AAS* 55 (1963) 279.

*disciplinando-a e orientando-a, no respeito e na tutela da independência dos sujeitos individuais e sociais, para a realização do bem comum.* A autoridade política é o instrumento de coordenação e direção, mediante o qual os indivíduos e os corpos intermédios se devem orientar para uma ordem cujas relações, instituições e procedimentos estejam ao serviço do crescimento humano integral. O exercício da autoridade política, com efeito, "seja na comunidade como tal, seja nos órgãos representativos do Estado, deve sempre ser realizado dentro dos limites da ordem moral, para procurar o bem comum, dinamicamente considerado, de acordo com a ordem jurídica legitimamente estabelecida ou por estabelecer. Então os cidadãos são obrigados em consciência a obedecer".[802]

**395** *O sujeito da autoridade política é o povo considerado na sua totalidade como detentor da soberania.* O povo, de diferentes modos, transfere o exercício da sua soberania para aqueles que elege livremente como seus representantes, mas conserva a faculdade de a fazer valer no controle da atuação dos governantes e também na sua substituição, caso não cumpram de modo satisfatório as suas funções. Se bem que este seja um direito válido em qualquer Estado e em qualquer regime político, o sistema da democracia, graças aos seus procedimentos de controle, permite e garante uma melhor realização do direito sobredito.[803] No entanto, o mero consenso popular não é suficiente para que as modalidades de exercício da autoridade política sejam consideradas justas.

### b) A autoridade como força moral

**396** *A autoridade, pois, deve deixar-se guiar pela lei moral: toda a sua dignidade deriva do desenrolar-se no âmbito da ordem moral,*[804] "a qual tem a Deus como princípio e fim".[805] Em razão da necessária referência à ordem moral, que a precede e funda, das suas finalidades e dos destinatários, a autoridade não pode ser entendida como uma força que encontra a sua norma em valores de caráter puramente sociológico e histórico: "Algumas, infelizmente, não reconhecem a existência da ordem moral: ordem transcendente, uni-

---

[802] Concílio Vaticano II, Cost. past. *Gaudium et spes*, 74: *AAS* 58 (1966) 1096.

[803] Cf. João Paulo II, Carta enc. *Centesimus annus*, 46: *AAS* 83 (1991) 850-851; João XXIII, Carta enc. *Pacem in terris*: *AAS* 55 (1963) 271.

[804] Cf. Concílio Vaticano II, Const. apost. *Gaudium et spes*, 74.

[805] João XXIII, Carta enc. *Pacem in terris*: *AAS* 55 (1963) 270; cf. Pio XII, *Radiomensagem natalina* (24 de dezembro de 1944): *AAS* 37 (1945) 15; *Catecismo da Igreja Católica*, 2235.

# A comunidade política

225

versal e absoluta, de igual valor para todos. Deste modo impossibilitam-se o contato e o entendimento pleno e confiante, à luz de uma mesma lei de justiça, por todos admitida e observada".[806] Esta ordem "não pode existir sem Deus: separada dEle, desintegra-se".[807] É precisamente desta ordem que a autoridade obtém a virtude de obrigar[808] e a própria legitimidade moral;[809] não do arbítrio ou da vontade de poder,[810] e está obrigada a traduzir tal ordem nas ações concretas para alcançar o bem comum.[811]

**397** *A autoridade deve reconhecer, respeitar e promover os valores humanos e morais essenciais.* Estes são inatos, "derivam da própria verdade do ser humano, e exprimem e tutelam a dignidade da pessoa: valores que nenhum indivíduo, nenhuma maioria e nenhum Estado poderá jamais criar, modificar ou destruir."[812] Estes não encontram fundamento nas "maiorias" de opinião provisórias e mutáveis, mas devem ser simplesmente reconhecidos, respeitados e promovidos como elementos de uma lei moral objetiva, lei natural inscrita no coração do homem (cf. Rm 2,15), e ponto de referência normativo da mesma lei civil.[813] Quando por um trágico obscurecimento da consciência coletiva, o ceticismo chegasse a pôr em dúvida os princípios fundamentais da lei moral,[814] o próprio ordenamento estatal e contrapostos seria abalado nos seus fundamentos, ficando reduzido a puro mecanismo de regulação pragmática dos diversos e contrapostos interesses.[815]

**398** *A autoridade deve exarar leis justas, isto é, em conformidade com a dignidade da pessoa humana e com os ditames da reta razão*: "A lei humana só tem valor de lei na medida em que é conforme a reta razão: e assim se põe de manifesto que deriva da lei eterna. Na medida em que, pelo contrário, uma lei se afasta da razão, se diz lei iníqua: e assim já não tem valor de

---

[806] João XXIII, Carta enc. *Mater et magistra: AAS* 53 (1961) 449-450.

[807] João XXIII, Carta enc. *Mater et magistra: AAS* 53 (1961) 450.

[808] Cf. João XXIII, Carta enc. *Pacem in terris: AAS* 55 (1963) 269-270.

[809] Cf. *Catecismo da Igreja Católica,* 1902.

[810] Cf. João XXIII, Carta enc. *Pacem in terris: AAS* 55 (1963) 258-259.

[811] Cf. Pio XII, Carta enc. *Summi Pontificatus: AAS* 31 (1939) 432-433.

[812] João Paulo II, Carta enc. *Evangelium vitae,* 71: *AAS* 87 (1995) 483.

[813] Cf. João Paulo II, Carta enc. *Evangelium vitae,* 70: *AAS* 87 (1995) 481-483; João XXIII, Carta enc. *Pacem in terris: AAS* 55 (1963) 258-259. 279-280.

[814] Cf. Pio XII, Carta enc. *Summi Pontificatus: AAS* 31 (1939) 423.

[815] Cf. João Paulo II, Carta enc. *Evangelium vitae,* 70: *AAS* 87 (1995) 481-483; Id., Carta enc. *Veritatis splendor,* 97 e 99: *AAS* 85 (1993) 1209-1211; Congregação para a Doutrina da Fé, *Nota Doutrinal sobre algumas questões relativas à participação e comportamento dos católicos na vida política* (24 de novembro de 2002), 5-6: Libreria Editrice Vaticana, Cidade do Vaticano 2002, pp. 12-15.

lei, e se torna antes um ato de violência".[816] A autoridade que comanda segundo a razão coloca o cidadão em relação, não tanto de sujeição a um outro homem, mas antes de obediência à ordem moral e, portanto, a Deus mesmo que é a sua fonte última.[817] Quem nega obediência à autoridade que age segundo a ordem moral "opõe-se à ordem estabelecida por Deus" (Rm 13,1-2).[818] Analogamente, a autoridade pública, que tem o seu fundamento na natureza humana e pertence à ordem preestabelecida por Deus,[819] caso não se esforce por realizar o bem comum, desatende ao seu fim próprio e por isso mesmo se deslegitima.

### c) O direito à objeção de consciência

**399** *O cidadão não está obrigado em consciência a seguir as prescrições das autoridades civis, se são contrárias às exigências da ordem moral, aos direitos fundamentais das pessoas ou aos ensinamentos do Evangelho.*[820] As leis injustas põem os homens moralmente retos diante de dramáticos problemas de consciência: *quando são chamados a colaborar em ações moralmente más, têm a obrigação de recusar-se.*[821] Além de ser um dever moral, esta recusa é também um direito humano basilar que, precisamente porque tal, a própria lei civil deve reconhecer e proteger: "Quem recorre à objeção de consciência deve ser salvaguardado não apenas de sanções penais, mas ainda de qualquer dano no plano legal, disciplinar, econômico e profissional".[822]

*É um grave dever de consciência não prestar colaboração, nem mesmo formal, àquelas práticas que, embora admitidas pela legislação civil, contrastam com a lei de Deus.* Tal colaboração, com efeito, nunca pode ser justificada, nem invocando o respeito da liberdade alheia, nem se apoiando no fato de que a lei civil a prevê e exige. À responsabilidade moral pelos atos efetuados ninguém poderá jamais subtrair-se, e sobre esta responsabilidade cada qual será julgado pelo próprio Deus (Rm 2,6; 14,12).

---

[816] S. Tomás de Aquino, *Summa theologiae*, I-II, q. 93, a. 3, ad 2um: Ed Leon. 7, 164: "Lex humana intantum habet rationem legis, inquantum est secundum rationem rectam: et secundum hoc manifestum est quod a lege aeterna derivatur. Inquantum vero a ratione recedit, sic dicitur lex iniqua: et sic non habet rationem legis, sed magis violentiae cuiusdam".

[817] Cf. João XXIII, Carta enc. *Pacem in terris*: *AAS* 55 (1963) 270.

[818] Cf. *Catecismo da Igreja Católica*, 1899-1900.

[819] Cf. Concílio Vaticano II, Exort. apost. *Gaudium et spes*, 74: *AAS* 58 (1966) 1095-1097; *Catecismo da Igreja Católica*, 1901.

[820] Cf. *Catecismo da Igreja Católica*, 2242.

[821] Cf. João Paulo II, Carta enc. *Evangelium vitae*, 73: *AAS* 87 (1995) 486-487.

[822] João Paulo II, Carta enc. *Evangelium vitae*, 74: *AAS* 87 (1995) 488.

# A comunidade política

## d) O direito de resistir

**400** *Reconhecer que o direito natural funda e limita o direito positivo significa admitir que é legítimo resistir à autoridade, caso viole grave e repetidamente os princípios do direito natural.* Santo Tomás de Aquino escreve que "se deve obedecer... na medida em que a ordem da justiça assim o exija".[823] Portanto, o fundamento do direito de resistência é direito de natureza.

Diversas podem ser as manifestações concretas que a realização de tal direito pode assumir. Vários podem ser também os *fins* perseguidos. A resistência à autoridade visa a reafirmar a validade de uma diferente visão das coisas, quer quando se procura obter uma mudança parcial, modificando por exemplo algumas leis, quer quando se pugna por uma mudança radical da situação.

**401** *A doutrina social indica os critérios para o exercício da resistência:* "A *resistência* à opressão do poder político não recorrerá legitimamente às armas, salvo quando ocorrerem conjuntamente as seguintes condições: 1. em caso de violações certas, graves e prolongadas dos direitos fundamentais; 2. depois de ter esgotado todos os outros recursos; 3. sem provocar desordens piores; 4. que haja uma esperança fundada de êxito; 5. se for impossível prever razoavelmente soluções melhores".[824] A luta armada é contemplada como extremo remédio para pôr fim a uma "tirania evidente e prolongada que ofendesse gravemente os direitos fundamentais da pessoa humana e prejudicasse o bem comum do país".[825] A gravidade dos perigos que o recurso à violência hoje comporta leva a considerar preferível o caminho da *resistência passiva*, "mais conforme aos princípios morais e não menos prometedor do êxito".[826]

## e) Infligir as penas

**402** *Para tutelar o bem comum, a legítima autoridade pública deve exercitar o direito e o dever de infligir penas proporcionadas à gravidade dos delitos.*[827] O Estado tem pois o dúplice dever de *reprimir* os comportamentos

---

[823] S. Tomás de Aquino, *Summa theologiae*, II-II, q. 104, a. 6, ad 3um: Ed. Leon. 9, 392: "principibus saecularibus intantum homo oboedire tenetur, inquantum ordo iustitiae requirit".

[824] *Catecismo da Igreja Católica*, 2243.

[825] Paulo VI, Carta enc. *Populorum progressio*, 31: *AAS* 59 (1967) 272.

[826] Congregação para a Doutrina da Fé, Instr. *Libertatis consciência*, 79: *AAS* 79 (1987) 590.

[827] Cf. *Catecismo da Igreja Católica*, 2266.

lesivos dos direitos do homem e das regras fundamentais de uma convivência civil, assim como de *reparar*, mediante o sistema das penas, a desordem causada pela ação delituosa. No *Estado de direito*, o poder de infligir as penas é corretamente confiado à Magistratura: "As Constituições dos Estados modernos, ao definirem as relações que devem existir entre o poder legislativo, o executivo e o judiciário, garantem a este último a necessária independência no âmbito da lei".[828]

**403** *A pena não serve unicamente para o fim de defender a ordem pública e de garantir a segurança das pessoas; esta torna-se, ainda, um instrumento de correção do culpado, um correção que assume também o valor moral de expiação, quando o culpado aceita voluntariamente a sua pena.*[829] A finalidade à qual há de tender é dúplice: de um lado, *deve favorecer a reinserção das pessoas condenadas*; de outro, *promover uma justiça reconciliadora*, capaz de restaurar as relações de convivência harmoniosa quebrantadas pelo ato criminoso.

*A este propósito, é importante a atividade que os capelães dos cárceres são chamados a desenvolver, não só sob o aspecto especificamente religioso, como também em defesa da dignidade das pessoas detidas.* Lamentavelmente, as condições em que cumprem a pena não favorecem sempre o respeito pela sua dignidade; não raro as prisões se tornam até mesmo cenário de novos crimes. Contudo, o ambiente dos institutos penais oferece um terreno privilegiado onde testemunhar, uma vez mais, a solicitude cristã no campo social: "estava na prisão e viestes ver-me" (Mt 25,35-36).

**404** *A atividade dos órgãos encarregados da apuração da responsabilidade penal, que é sempre de caráter pessoal, deve tender à rigorosa busca da verdade e deve ser conduzida no pleno respeito dos direitos da pessoa humana*: trata-se de assegurar tanto os direitos do culpado como os do inocente. Sempre se deve ter presente o princípio jurídico geral pelo qual não se pode cominar uma pena sem que antes se tenha provado o delito.

*No curso das investigações deve ser escrupulosamente observada a regra que interdita a prática da tortura*: "O discípulo de Cristo rejeita todo recurso a tais meios, de modo algum justificável e no qual a dignidade do homem é aviltada tanto naquele que é espancado quanto no seu algoz".[830] Os instrumentos jurídicos internacionais referentes aos direitos do homem indi-

---

[828] João Paulo II, *Discurso ao Congresso da Associação italiana de Magistrados* (31 de março de 2000), 4: *L'Osservatore Romano*, ed. em português, 8 de abril de 2000, p. 5.

[829] Cf. *Catecismo da Igreja Católica*, 2266.

[830] João Paulo II, *Discurso ao Comitê Internacional da Cruz Vermelha*, Genebra (15 de junho de 1982), 5: *L'Osservatore Romano*, ed. em português, 27 de junho de 1982, p. 5.

*A comunidade política*                                                    229

cam justamente a proibição da tortura como um princípio que em circunstância alguma se pode derrogar.

Há de ser, igualmente, excluído "o recurso a uma detenção motivada somente pela tentativa de obter notícias significativas para o processo".[831] Ademais, deve ser assegurada "a plena celeridade dos processos: a sua excessiva duração torna-se intolerável para os cidadãos e acaba por se traduzir em uma verdadeira e própria injustiça".[832]

*Os magistrados estão obrigados à devida reserva no desenrolar das suas diligências* para não violar o direito dos inquiridos e para não debilitar o princípio da presunção de inocência. Dado que um juiz também está sujeito a errar, é oportuno que a legislação determine uma indenização congruente para a vítima de um erro judiciário.

**405** *A Igreja vê como sinal de esperança "a aversão cada vez mais difusa na opinião pública à pena de morte* — mesmo vista só como instrumento de 'legítima defesa' social —, tendo em consideração as possibilidades que uma sociedade moderna dispõe para reprimir eficazmente o crime, de forma que, enquanto torna inofensivo aquele que o cometeu, não lhe tira definitivamente a possibilidade de se redimir".[833] Embora o ensinamento tradicional da Igreja não exclua — uma vez comprovadas cabalmente a identidade e a responsabilidade do culpado — a pena de morte, se ela for a única via praticável para defender eficazmente a vida humana contra o agressor injusto,[834] os métodos não cruentos de repressão e de punição são de preferir, "porque correspondem melhor às condições concretas do bem comum e estão mais conformes à dignidade da pessoa humana".[835] O crescente número de países que adotam medidas para abolir a pena de morte ou para suspender sua aplicação é também uma prova do fato de que os casos em que é absolutamente necessário suprimir o réu "são já muito raros, se não mesmo praticamente inexistentes".[836] A crescente aversão da opinião pública à pena de morte e às várias medidas em vista da sua abolição ou da suspensão da sua aplicação, constituem manifestações visíveis de uma maior sensibilidade moral.

---

[831] João Paulo II, *Discurso à Associação italiana de Magistrados* (31 de março de 2000), 4: *L'Osservatore Romano*, ed. em português, 8 de abril de 2000, p. 5.

[832] João Paulo II, *Discurso à Associação italiana de Magistrados* (31 de março de 2000), 4: *L'Osservatore Romano*, ed. em português, 8 de abril de 2000, p. 5.

[833] João Paulo II, Carta enc. *Evangelium vitae*, 27: *AAS* 87 (1995) 432.

[834] Cf. *Catecismo da Igreja Católica*, 2266.

[835] *Catecismo da Igreja Católica*, 2267.

[836] João Paulo II, Carta enc. *Evangelium vitae*, 56: *AAS* 87 (1995) 464; cf. também Id., *Mensagem para a celebração do Dia Mundial da Paz de 2001*: *AAS* 93 (2001) 244: o recurso à pena de morte é definido "recurso desnecessário", 19.

# IV. O SISTEMA DA DEMOCRACIA

**406** *Um juízo explícito e articulado sobre a democracia se encontra na Encíclica "Centesimus annus"*: "A Igreja encara com simpatia o sistema da democracia, enquanto assegura a participação dos cidadãos nas opções políticas e garante aos governados a possibilidade quer de escolher e controlar os próprios governantes, quer de os substituir pacificamente, quando tal se torne oportuno; ela não pode, portanto, favorecer a formação de grupos restritos de dirigentes, que usurpam o poder do Estado a favor dos seus interesses particulares ou dos objetivos ideológicos. Uma autêntica democracia só é possível num Estado de direito e sobre a base de uma reta concepção da pessoa humana. Aquela exige que se verifiquem as condições necessárias à promoção quer dos indivíduos através da educação e da formação nos verdadeiros ideais, quer da "subjetividade" da sociedade, mediante a criação de estruturas de participação e co-responsabilidade".[837]

## a) Os valores e a democracia

**407** *Uma autêntica democracia não é somente o resultado de um respeito formal de regras, mas é o fruto da convicta aceitação dos valores que inspiram os procedimentos democráticos: a dignidade da pessoa humana, o respeito dos direitos do homem, do fato de assumir o "bem comum" como fim e critério regulador da vida política.* Se não há um consenso geral sobre tais valores, perde-se o significado da democracia e compromete-se a sua estabilidade.

*A doutrina social individua um dos riscos maiores para as atuais democracias no relativismo ético, que induz a considerar inexistente um critério objetivo e universal para estabelecer o fundamento e a correta hierarquia dos valores*: "Hoje tende-se a afirmar que o agnosticismo e o relativismo céptico constituem a filosofia e o comportamento fundamental mais idôneos às formas políticas democráticas, e que todos quantos estão convencidos de conhecer a verdade e firmemente aderem a ela não são dignos de confiança do ponto de vista democrático, porque não aceitam que a verdade seja determinada pela maioria ou seja variável segundo os diversos equilíbrios políticos. A este propósito, é necessário notar que, se não existe nenhuma verdade última que guie e oriente a ação política, então as idéias e as convicções podem ser facilmente instrumentalizadas para fins de poder. Uma democracia sem valores converte-se facilmente num totalitarismo aberto ou dissimulado, como a história demonstra".[838] A democracia é fundamentalmente "um

---

[837] João Paulo II, Carta enc. *Centesimus annus*, 46: *AAS* 83 (1991) 850.

[838] João Paulo II, Carta enc. *Centesimus annus*, 46: *AAS* 83 (1991) 850.

*A comunidade política*

# 231

'ordenamento' e, como tal, um instrumento, não um fim. O seu caráter 'moral' não é automático, mas depende da conformidade com a lei moral, à qual se deve submeter como qualquer outro comportamento humano: por outras palavras, depende da moralidade dos fins que persegue e dos meios que usa".[839]

## b) Instituições e democracia

**408** *O Magistério reconhece a validade do princípio concernente à divisão dos poderes em um Estado*: "É preferível que cada poder seja equilibrado por outros poderes e outras esferas de competência que o mantenham no seu justo limite. Este é o princípio do 'Estado de direito', no qual é soberana a lei, e não a vontade arbitrária dos homens".[840]

*No sistema democrático, a autoridade política é responsável diante do povo.* Os organismos representativos devem estar submetidos a um efetivo controle por parte do corpo social. Este controle é possível antes de tudo através de eleições livres, que permitem a escolha assim como a substituição dos representantes. A obrigação, por parte dos eleitos, de *prestar contas* acerca da sua atuação, garantida pelo respeito dos prazos do mandato eleitoral, é elemento constitutivo da representação democrática.

**409** *No seu campo específico (elaboração de leis, atividade de governo e controle sobre a mesma), os eleitos devem empenhar-se na busca e na realização de tudo aquilo que possa favorecer ao bom andamento da convivência civil no seu conjunto.*[841] A obrigação que os governantes têm de responder aos governados não implica de modo algum que os representantes sejam simples agentes passivos dos eleitores. O controle exercido pelos cidadãos, de fato, não exclui a necessária liberdade de que devem gozar no cumprimento de seu mandato em relação aos objetivos a perseguir: estes não dependem exclusivamente de interesses de parte, mas em medida muito maior da função de síntese e de mediação em vista do bem comum, que constitui uma das finalidades essenciais e irrenunciáveis da autoridade política.

## c) Os componentes morais da representação política

**410** *Aqueles que têm responsabilidades políticas não devem esquecer ou subestimar a dimensão moral da representação*, que consiste no empenho

---

[839] João Paulo II, Carta enc. *Evangelium vitae*, 70: *AAS* 87 (1995) 482.
[840] João Paulo II, Carta enc. *Centesimus annus*, 44: *AAS* 83 (1991) 848.
[841] Cf. *Catecismo da Igreja Católica*, 2236.

232 *Capítulo VIII*

de compartilhar a sorte do povo e em buscar a solução dos problemas sociais. Nesta perspectiva, autoridade responsável significa também autoridade exercida mediante o recurso às virtudes que favorecem *o exercício do poder com espírito de serviço*[842] (paciência, caridade, modéstia, moderação, esforço de partilha); uma autoridade exercida por pessoas capazes de assumir autenticamente, como finalidade do próprio agir, o bem comum e não o prestígio ou a aquisição de vantagens pessoais.

**411** *Entre as deformações do sistema democrático, a corrupção política é uma das mais graves*[843] *porque trai, ao mesmo tempo, os princípios da moral e as normas da justiça social*; compromete o correto funcionamento do Estado, influindo negativamente na relação entre governantes e governados; introduzindo uma crescente desconfiança em relação à política e aos seus representantes, com o conseqüente enfraquecimento das instituições. A corrupção política distorce na raiz a função das instituições representativas, porque as usa como terreno de barganha política entre solicitações clientelares e favores dos governantes. Deste modo, as opções políticas favorecem os objetivos restritos de quantos possuem os meios para influenciá-las e impedem a realização do bem comum de todos os cidadãos.

**412** *A administração pública, em qualquer nível — nacional, regional, municipal —, como instrumento do Estado, tem por finalidade servir aos cidadãos*: "Posto ao serviço dos cidadãos, o Estado é o gestor dos bens do povo, que deve administrar tendo em vista o bem comum".[844] Contrasta com esta perspectiva o *excesso de burocratização*, que se verifica quando "as instituições, ao tornarem-se complexas na organização e pretendendo gerir todos os espaços disponíveis, acabam por se esvaziar, devido ao funcionalismo impessoal, à burocracia exagerada, aos interesses privados injustos e ao desinteresse fácil e generalizado".[845] O papel de quem trabalha na administração pública não se deve conceber como algo de impessoal e de burocrático, mas como uma ajuda pressurosa para os cidadãos, desempenhado com espírito de serviço.

---

[842] Cf. João Paulo II, Exort. apost. *Christifideles laici*, 42: *AAS* 81 (1989) 472-476.

[843] Cf. João Paulo II, Carta enc. *Sollicitudo rei socialis*, 44: *AAS* 80 (1988) 575-577; Id., Carta enc. *Centesimus annus*, 48: *AAS* 83 (1991) 852-854; Id, *Mensagem para a celebração do Dia Mundial da Paz 1999*, 6: *AAS* 91 (1999) 381-382.

[844] João Paulo II, *Mensagem para a celebração do Dia Mundial da Paz 1998*, 5: *AAS* 90 (1998) 152.

[845] João Paulo II, Exort. apost. *Christifideles laici*, 41: *AAS* 81 (1989) 471-472.

# A comunidade política

233

## d) Instrumentos de participação política

**413** *Os partidos políticos têm a função de favorecer uma participação difusa e o acesso de todos às responsabilidades públicas.* Os partidos são chamados a interpretar as aspirações da sociedade civil orientando-as para o bem comum,[846] oferecendo aos cidadãos a possibilidade efetiva de concorrer para a formação das opções políticas. Os partidos devem ser democráticos no seu interior, capazes de síntese política e de formulação de projetos.

*Um outro instrumento de participação política é o plebiscito,* em que se realiza uma forma direta de acesso às escolhas políticas. O instituto da representação, de fato, não exclui que os cidadãos possam ser interpelados diretamente em vista das escolhas de maior relevo da vida social.

## e) Informação e democracia

**414** *A Informação está entre os principais instrumentos de participação democrática.* Não é pensável participação alguma sem o conhecimento dos problemas da comunidade política, dos dados de fato e das várias propostas de solução dos problemas. É necessário assegurar um real pluralismo neste delicado âmbito da vida social, garantindo uma multiplicidade de formas e de instrumentos no campo da informação e da comunicação, facilitando também condições de igualdade na posse e no uso de tais instrumentos, mediante leis apropriadas. Entre os obstáculos que se opõem à realização plena do direito à objetividade da informação,[847] merece especial atenção o fenômeno das concentrações editoriais e televisivas, com perigosos efeitos para o inteiro sistema democrático, quando a tal fenômeno correspondem liames cada vez mais estreitos entre a atividade governativa, os poderes financeiros e a informação.

**415** *Os meios de comunicação social devem ser utilizados para edificar e apoiar a comunidade humana, nos vários setores, econômico, político, cultural, educativo, religioso:*[848] "A informação dos meios de comunicação so-

---

[846] Cf. Concílio Vaticano II, Const. Past. *Gaudium et spes*, 75: *AAS* 58 (1966) 1097-1099.
[847] Cf. João XXIII, Carta enc. *Pacem in terris*: *AAS* 55 (1963) 260.
[848] Cf. Concílio Vaticano II, Decr. *Inter mirifica*, 3: *AAS* 56 (1964) 146; Paulo VI, Exort. apost. Evangelii nuntiandi, 45: *AAS* 68 (1976) 35-36; João Paulo II, Carta enc. *Redemptoris missio*, 37: *AAS* 83 (1991) 282-286; Pontifício Conselho das Comunicações Sociais, *Communio et Progressio*, 126-134: *AAS* 63 (1971) 638-640; Id., *Aetatis novae*, 11: *AAS* 84 (1992) 455-456; Id. *Ética na publicidade* (22 de fevereiro de 1997), 4-8: Libreria Editrice Vaticana, Cidade do Vaticano 1997, pp. 10-15.

cial está a serviço do bem comum. A sociedade tem direito a uma informação fundada sobre a verdade, a liberdade, a justiça e a solidariedade".[849]

A questão essencial concernente ao atual sistema informativo é se ele contribui a tornar a pessoa humana verdadeiramente melhor, isto é, espiritualmente mais madura, mais consciente da dignidade da sua humanidade, mais responsável, mais aberta aos outros, sobretudo aos mais necessitados e aos mais pobres. Um outro aspecto de grande importância é a necessidade de que as novas tecnologias respeitem as legítimas diferenças culturais.

**416** *No mundo dos meios de comunicação social as dificuldades intrínsecas da comunicação não raro são agigantadas pela ideologia, pelo desejo de lucro e de controle político, por rivalidades e conflitos entre grupos, e por outros males sociais.* Os valores e os princípios morais valem também para o setor das comunicações sociais: "A dimensão ética está relacionada não só ao conteúdo da comunicação (a mensagem) e ao processo de comunicação (o modo de comunicar), mas também às questões fundamentais das estruturas e sistemas, que com freqüência incluem temas relativos à política de distribuição das tecnologias e produtos sofisticados (quem serão os ricos de informação e os pobres de informação?)".[850]

*Em todas as três áreas — da mensagem, do processo, das questões estruturais — é sempre válido um princípio moral fundamental: a pessoa e a comunidade humana são o fim e a medida do uso dos meios de comunicação social. Um segundo princípio é complementar ao primeiro: o bem das pessoas não pode realizar-se independentemente do bem comum das comunidades a que pertencem.*[851] É necessária uma participação no processo decisório referente à política das comunicações. Tal participação, de forma pública, deve ser autenticamente representativa e não voltada a favorecer grupos particulares, quando os meios de comunicação social perseguem fins lucrativos.[852]

---

[849] *Catecismo da Igreja Católica*, 2494; cf. Concílio Vaticano II, Decr. *Inter mirifica*, 11: *AAS* 56 (1964) 148-149.

[850] Pontifício Conselho das Comunicações Sociais, *Ética nas comunicações sociais* (4 de junho de 2000), 20: Libreria Editrice Vaticana, Cidade do Vaticano 2000, p. 24.

[851] Cf. Pontifício Conselho das Comunicações Sociais, *Ética nas comunicações sociais* (4 de junho de 2000), 22: Libreria Editrice Vaticana, Cidade do Vaticano 2000, pp. 26-27.

[852] Cf. Pontifício Conselho das Comunicações Sociais, *Ética nas comunicações sociais* (4 de junho de 2000), 24: Libreria Editrice Vaticana, Cidade do Vaticano 2000, pp. 29-30.

# V. A COMUNIDADE POLÍTICA A SERVIÇO DA SOCIEDADE CIVIL

## a) O valor da sociedade civil

**417** *A comunidade política é constituída para estar ao serviço da sociedade civil, da qual deriva.* Para a distinção entre comunidade política e sociedade civil, a Igreja contribuiu sobretudo com sua visão do homem, entendido como ser autônomo, relacional, aberto à Transcendência, contrastada quer pelas ideologias políticas de caráter individualista, quer pelas ideologias totalitárias tendentes a absorver a sociedade civil na esfera do Estado. O empenho da Igreja em favor do pluralismo social visa a conseguir uma realização mais adequada do bem comum e da própria democracia, segundo os princípios da solidariedade, da subsidiariedade e da justiça.

*A sociedade civil é um conjunto de realizações e de recursos culturais e associativos, relativamente autônomos em relação ao âmbito tanto político como econômico:* "O fim da sociedade civil é universal, porque é o que diz respeito ao bem comum, ao qual todos e cada um dos cidadãos têm direito na devida proporção".[853] Esta caracteriza-se pela própria capacidade de projeto, orientada a favorecer uma convivência social mais livre e mais justa, em que vários grupos de cidadãos, mobilizando-se para elaborar e exprimir as próprias orientações, para fazer frente às suas necessidades fundamentais, para defender interesses legítimos.

## b) O primado da sociedade civil

**418** *A comunidade política e a sociedade civil, embora reciprocamente coligadas e interdependentes, não são iguais na hierarquia dos fins.* A comunidade política está essencialmente ao serviço da sociedade civil e, em última análise, das pessoas e dos grupos que a compõem.[854] Portanto, a sociedade civil não pode ser considerada um apêndice ou uma variável da comunidade política: pelo contrário, ela tem a preeminência, porque é na mesma sociedade civil que a existência da comunidade política encontra justificação.

*O Estado deve fornecer um quadro jurídico adequado ao livre exercício das atividades dos sujeitos sociais e estar pronto a intervir, sempre que for necessário, e respeitando o princípio de subsidiariedade,* para orientar para

---

[853] LEÃO XIII, Carta enc. *Rerum novarum: Acta Leonis XIII*, 11 (1892) 134.
[854] Cf. *Catecismo da Igreja Católica*, 1910.

o bem comum a dialética entre as livres associações ativas na vida democrática. A sociedade civil é heterogênea e articulada, não desprovida de ambigüidades e de contradições: é também lugar de embate entre interesses diversos, com o risco de que o mais forte prevaleça sobre o mais indefeso.

### c) A aplicação do princípio de subsidiariedade

**419** *A comunidade política está obrigada regular as próprias relações com a sociedade civil de acordo com o princípio de subsidiariedade:*[855] é essencial que o crescimento da vida democrática tenha início no tecido social. As atividades da sociedade civil — sobretudo *voluntariado* e *cooperação* no âmbito do *privado-social*, sinteticamente definido como "setor terciário" para distingui-lo dos âmbitos do Estado e do mercado — constituem as modalidades mais adequadas para desenvolver a dimensão social da pessoa, que em tais atividades pode encontrar espaço para exprimir-se plenamente. A progressiva expansão das iniciativas sociais fora da esfera estatal cria novos espaços para a presença ativa e para a ação direta dos cidadãos, integrando as funções exercidas pelo Estado. Tal importante fenômeno freqüentemente se tem levado a efeito por caminhos e com instrumentos largamente informais, dando vida a modalidades novas e positivas de exercício dos direitos da pessoa, que enriquecem qualitativamente a vida democrática.

**420** *A cooperação, mesmo nas suas formas menos estruturadas, delineia-se como uma das respostas mais fortes à lógica do conflito e da concorrência sem limites, que hoje se revela prevalente.* As relações que se instauram num clima cooperativo e solidário superam as divisões ideológicas, estimulando a busca do que une para além do que divide.

*Muitas experiências de voluntariado constituem um ulterior exemplo de grande valor, que leva a considerar a sociedade civil como lugar onde é sempre possível a recomposição de uma ética pública centrada na solidariedade, na colaboração concreta, no diálogo fraterno.* Em face das potencialidades que assim se manifestam, os católicos são chamados a olhar com confiança e a oferecer a própria obra pessoal para o bem da comunidade em geral e, em particular, para o bem dos mais fracos e dos mais necessitados. É também dessa forma que se afirma o princípio da "subjetividade da sociedade".[856]

---

[855] Cf. Pio XI, Carta enc. *Quadragesimo Anno*: *AAS* 23 (1931) 203; *Catecismo da Igreja Católica*, 1883-1885.

[856] João Paulo II, Carta enc. *Centesimus annus*, 49: *AAS* 83 (1991) 855.

# VI. O ESTADO E AS COMUNIDADES RELIGIOSAS

A) A LIBERDADE RELIGIOSA, UM DIREITO HUMANO FUNDAMENTAL

**421** *O Concílio Vaticano II empenhou a Igreja Católica na promoção da liberdade religiosa.* A Declaração *"Dignitatis humanae"* precisa, no subtítulo, que tem em vista proclamar "o direito da pessoa e das comunidades à liberdade social e civil, em matéria religiosa". Para que tal liberdade, querida por Deus e inscrita na natureza humana, possa ser exercitada, não deve ser obstaculizada, dado que "a verdade não se impõe senão por força da própria verdade".[857] A dignidade da pessoa e a própria natureza da busca de Deus exigem que todos os homens gozem de imunidade de toda coação no campo religioso.[858] A sociedade e o Estado não devem forçar uma pessoa a agir contra a sua consciência, nem impedi-la de proceder de acordo com ela.[859] A liberdade religiosa, porém, não é licença moral de aderir ao erro, nem um implícito direito ao erro.[860]

**422** *A liberdade de consciência e de religião "diz respeito ao homem, individual e socialmente":*[861] o direito à liberdade religiosa deve ser reconhecido no ordenamento jurídico e sancionado como direito civil;[862] todavia, não é em si um direito ilimitado. Os *justos limites* ao exercício da liberdade religiosa devem ser determinados para cada situação social com a prudência política, segundo as exigências do bem comum, e ratificados pela autoridade civil mediante normas jurídicas conformes à ordem moral objetiva: tais normas são exigidas "para a eficaz tutela dos direitos em favor de todos os cidadãos e de uma composição pacífica de tais direitos; e ainda para a promoção adequada daquela honesta paz pública, que é a convivência ordenada na verdadeira justiça; e também para a devida custódia da moralidade pública".[863]

**423** *Em consideração dos seus liames históricos e culturais com uma nação, uma comunidade religiosa pode receber um especial reconhecimento*

---

[857] CONCÍLIO VATICANO II, Decl. *Dignitatis humanae*, 1: *AAS* 58 (1966) 929.

[858] Cf. CONCÍLIO VATICANO II, Decl. *Dignitatis humanae*, 2: *AAS* 58 (1966) 930-931; *Catecismo da Igreja Católica*, 2106.

[859] Cf. CONCÍLIO VATICANO II, Decl. *Dignitatis humanae*, 3: *AAS* 58 (1966) 931-932.

[860] Cf. *Catecismo da Igreja Católica*, 2108.

[861] *Catecismo da Igreja Católica*, 2105.

[862] Cf. CONCÍLIO VATICANO II, Decl. *Dignitatis humanae*, 2: *AAS* 58 (1966) 930-931; *Catecismo da Igreja Católica*, 2108.

[863] Cf. CONCÍLIO VATICANO II, Decl. *Dignitatis humanae*, 7: *AAS* 58 (1966) 935; cf. *Catecismo da Igreja Católica*, 2109.

*por parte do Estado: mas um tal reconhecimento jurídico não deve, de modo algum, gerar uma discriminação de ordem civil ou social para outros grupos religiosos.*[864] A visão das relações entre os Estados e as organizações religiosas, promovida pelo Concílio Vaticano II, corresponde às exigências do Estado de direito e às normas do direito internacional.[865] A Igreja é bem consciente de que tal visão não é aceita por todos: o direito à liberdade religiosa, infelizmente, "é violado por numerosos Estados, até ao extremo de que o dar, o mandar ministrar a catequese, ou o recebê-la se tornam um delito passível de sanções".[866]

B) Igreja Católica e Comunidade política

a) **Autonomia e independência**

**424** A *Igreja e a comunidade política, embora exprimindo-se ambas com estruturas organizativas visíveis, são de natureza diversa quer pela sua configuração, quer pela finalidade que perseguem.* O Concílio Vaticano II reafirmou solenemente: "Cada uma em seu próprio campo, a comunidade política e a Igreja são independentes e autônomas".[867] A Igreja organiza-se com formas aptas a satisfazer as exigências espirituais dos seus fiéis, ao passo que as diversas comunidades políticas geram relações e instituições ao serviço de tudo o que se compreende no bem comum temporal. A autonomia e a independência das duas realidades mostram-se claramente, sobretudo na ordem dos fins.

O dever de respeitar a liberdade religiosa impõe à comunidade política garantir à Igreja o espaço de ação necessário. A Igreja, por outro lado, não tem um campo de competência específica no que respeita à estrutura da comunidade política: "A Igreja respeita a *legítima autonomia da ordem democrática*, mas não é sua atribuição manifestar preferência por uma ou outra solução institucional ou constitucional"[868] e tampouco é tarefa da Igreja entrar no mérito dos programas políticos, a não ser por eventuais conseqüências religiosas ou morais.

---

[864] Cf. Concílio Vaticano II, Decl. *Dignitatis humanae*, 6 ; *Catecismo da Igreja Católica*, 2107.
[865] Cf. João Paulo II, *Mensagem para a celebração do Dia Mundial da Paz de 1999*, 5: *AAS* 91 (1999) 380-381.
[866] João Paulo II, Exort. apost. *Catechesi tradendae*, 14: *AAS* 71 (1979) 1289.
[867] Concílio Vaticano II, Const. past. *Gaudium et spes*, 76: *AAS* 58 (1966) 1099; cf. *Catecismo da Igreja Católica*, 2245.
[868] João Paulo II, Carta enc. *Centesimus annus*, 47: *AAS* 83 (1991) 852.

A comunidade política

239

## b) Colaboração

**425** *A autonomia recíproca da Igreja e da comunidade política não comporta uma separação tal que exclua a colaboração entre elas*: ambas, embora a títulos diferentes, estão ao serviço da vocação pessoal e social dos próprios homens. A Igreja e a comunidade política, com efeito, se exprimem em formas organizativas que não estão ao serviço delas próprias, mas ao serviço do homem, para consentir-lhe o pleno exercício dos seus direitos, inerentes à sua identidade de cidadão e de cristão, e um correto cumprimento dos correspondentes deveres. A Igreja e a comunidade política podem executar "tanto mais eficazmente..., para o bem de todos, este serviço, quanto melhor cultivarem entre si a sã cooperação, consideradas também as circunstâncias dos tempos e lugares".[869]

**426** *A Igreja tem o direito ao reconhecimento jurídico da própria identidade.* Precisamente porque a sua missão abraça toda a realidade humana, a Igreja, sentindo-se "verdadeiramente solidária com o gênero humano e com sua história",[870] reivindica a liberdade de exprimir o seu juízo moral sobre tal realidade, todas as vezes que a defesa dos direitos fundamentais da pessoa ou da salvação das almas assim o exigirem.[871]

A Igreja, portanto, pede: liberdade de expressão, de ensino, de evangelização; liberdade de manifestar o culto em público; liberdade de organizar-se e ter regulamentos internos próprios; liberdade de escolha, de educação, de nomeação e transferência dos próprios ministros; liberdade de construir edifícios religiosos; liberdade de adquirir e de possuir bens adequados à própria atividade; liberdade de associar-se para fins não só religiosos, mas também educativos, culturais, sanitários e caritativos.[872]

**427** *Para prevenir ou apaziguar os possíveis conflitos entre a Igreja e a comunidade política, a experiência jurídica da Igreja e do Estado tem delineado formas estáveis de acordos e instrumentos aptos a garantir relações harmoniosas.* Tal experiência é um ponto de referência essencial para todos os casos em que o Estado tenha a pretensão de invadir o campo de ação da Igreja, criando obstáculos para a sua livre atividade até mesmo perseguindo-a abertamente ou, vice-versa, nos casos em que organizações eclesiais não ajam corretamente em relação ao Estado.

---

[869] CONCÍLIO VATICANO II, Exort. apost. *Gaudium et spes*, 76: *AAS* 58 (1966) 1099.
[870] CONCÍLIO VATICANO II, Exort. apost. *Gaudium et spes*, 1: *AAS* 58 (1966) 1026.
[871] Cf. CIC, cânon 747, § 2; *Catecismo da Igreja Católica*, 2246.
[872] Cf. JOÃO PAULO II, *Carta aos Chefes de Estado firmatários do Ato final de Helsinque* (1º de setembro de 1980), 4: *AAS* 72 (1980) 1256-1258.

# CAPÍTULO IX
# A COMUNIDADE INTERNACIONAL

## I. ASPECTOS BÍBLICOS

### a) A unidade da família humana

**428** *Os relatos bíblicos sobre as origens demonstram a unidade do gênero humano e ensinam que o Deus de Israel é o Senhor da história e do cosmos:* a Sua ação abraça todo o mundo e a família humana inteira, à qual é destinada a obra da criação. A decisão de Deus de fazer o homem à Sua imagem e semelhança (cf. Gn 1,26-27) confere à criatura humana uma dignidade única, que se estende a todas as gerações (cf. Gn 5) e sobre toda a terra (cf. Gn 10). *O livro do Gênesis mostra, além disso, que o ser humano não foi criado isolado, mas no seio de um contexto* do qual fazem parte integrante o espaço vital que lhe assegura a liberdade (o jardim), a disponibilidade de alimentos (as árvores do jardim), o trabalho (o mandato para cultivar) e sobretudo a comunidade (o dom de um colaborador semelhante a ele) (cf. Gn 2,8-24). As condições que asseguram plenitude à vida humana são, em todo o Antigo Testamento, objeto da bênção divina. Deus quer garantir ao homem os bens necessários para o seu crescimento, a possibilidade de expressar-se livremente, o resultado positivo do trabalho, a riqueza de relações entre seres semelhantes.

**429** *A aliança de Deus com Noé* (cf. Gn 9,1-17), *e nele com toda a humanidade, após a destruição causada pelo dilúvio, manifesta que Deus quer manter para a comunidade humana a bênção de fecundidade,* a tarefa de dominar a criação e a absoluta dignidade e intangibilidade da vida humana que caracterizaram a primeira criação, não obstante nela se tenha introduzido, com o pecado, a degeneração da violência e da injustiça, punida com o dilúvio. O livro do *Gênesis* apresenta com admiração a variedade dos povos, obra da ação criadora de Deus (cf. Gn 10,1-32) e, simultaneamente, estigmatiza a não aceitação por parte do homem da sua condição de criatura, com o episódio da torre de Babel (cf. Gn 11,1-9). Todos os povos, no plano divino, tinham "uma só língua e ... as mesmas palavras" (Gn 11,1), mas os homens se dividem, voltando as costas ao Criador (cf. Gn 11,4).

242  *Capítulo IX*

**430** *A aliança estabelecida por Deus com Abraão, eleito "pai de uma multidão de povos"* (Gn 17,4), *abre o caminho para reunião da família humana ao seu Criador.* A história salvífica induz o povo de Israel a pensar que a ação divina seja restrita à sua terra, todavia se consolida pouco a pouco a convicção de que Deus opera também entre outras nações (cf. Is 19,18-25). Os Profetas anunciarão para um tempo escatológico a peregrinação de todos os povos ao templo do Senhor e uma era de paz entre as nações (cf. Is 2,2-5; 66,18-23). Israel, disperso no exílio, tomará definitivamente consciência de seu papel de testemunha do único Deus (cf. Is 44,6-8), Senhor do mundo e da história dos povos (cf. Is 44,24-28).

### b) Jesus Cristo, protótipo e fundamento da nova humanidade

**431** *O Senhor Jesus é o protótipo e o fundamento da nova humanidade.* NEle, verdadeira "imagem de Deus" (2Cor 4,4), o homem, criado por Deus à Sua imagem e à Sua semelhança, encontra sua realização. *No testemunho definitivo de amor que Deus manifestou na cruz de Cristo, todas as barreiras de inimizade já foram derrubadas* (cf. Ef 2,12-18) e para quantos vivem a vida nova em Cristo as diferenças raciais e culturais não são mais motivo de divisão (cf. Rm 10,12; Gl 3,26-28; Cl 3,11).

*Graças ao Espírito, a Igreja conhece o desígnio divino que abrange todo o gênero humano* (cf. At 17,26) e que tem por fim reunir, no mistério de uma salvação realizada sob o senhorio de Cristo (cf. Ef 1,8-10), toda a realidade criatural fragmentada e dispersa. Desde o dia de Pentecostes, quando a Ressurreição é anunciada aos diversos povos e entendida por cada qual na sua própria língua (cf. At 2,6), a Igreja dedica-se à própria tarefa de restaurar e testemunhar a unidade perdida em Babel: graças a este mistério eclesial, a família humana é chamada a recuperar a própria unidade e a reconhecer a riqueza de suas diferenças, para alcançar a "unidade total em Cristo".[873]

### c) A vocação universal do cristianismo

**432** *A mensagem cristã oferece uma visão universal da vida dos homens e dos povos sobre a terra,*[874] *que leva a compreender a unidade da família*

---

[873] Concílio Vaticano II, Const. dogm. *Lumen gentium*, 1: *AAS* 57 (1965) 5.

[874] Cf. Pio XII, *Discurso aos Juristas Católicos sobre as Comunidades dos Estados e dos povos* (6 de dezembro de 1953), 2: *AAS* 45 (1953) 795.

*humana*.[875] Tal unidade não se deve construir com a força das armas, do terror ou da opressão, mas é antes o êxito daquele "supremo *modelo de unidade*, reflexo da vida íntima de Deus, uno em três Pessoas, ... que nós cristãos designamos com a palavra 'comunhão'"[876] e uma conquista da *força moral e cultural da liberdade*.[877] A mensagem cristã foi decisiva para fazer a humanidade compreender que os povos tendem a unirem-se não apenas em razão das formas de organização, de vicissitudes políticas, de projetos econômicos ou em nome de um internacionalismo abstrato e ideológico, mas porque livremente se orientam em direção à cooperação, cônscios "de serem membros vivos de uma comunidade mundial",[878] que se deve propor sempre mais e sempre melhor como figura concreta da unidade querida pelo Criador: "A unidade universal do convívio humano é um fato perene. É que o convívio humano tem por membros os seres humanos que são todos iguais por dignidade natural. Por conseguinte, é também perene a exigência natural de realização, em grau suficiente, do bem comum *universal*, isto é, do bem comum de toda a família humana".[879]

## II. AS REGRAS FUNDAMENTAIS DA COMUNIDADE INTERNACIONAL

### a) Comunidade internacional e valores

**433** *A centralidade da pessoa humana e da aptidão natural das pessoas e dos povos a estreitar relações entre si são elementos fundamentais para construir uma verdadeira Comunidade Internacional, cuja organização deve tender ao efetivo bem comum universal.*[880] Não obstante seja amplamente difusa a aspiração por uma autêntica comunidade internacional, a unidade da família humana não encontra ainda realização, porque é obstaculizada por ideologias materialistas e nacionalistas que contradizem os valores de que é portadora a pessoa considerada integralmente, em todas as suas dimensões, materiais e espirituais, individuais e comunitárias. De modo particular, é

---

[875] Cf. Concílio Vaticano II, Const. Apost. *Gaudium et spes*, 42: *AAS* 80 (1966) 1060-1961.
[876] João Paulo II, Carta enc. *Sollicitudo rei socialis*, 40: *AAS* 80 (1988) 569.
[877] Cf. João Paulo II, *Discurso por ocasião do 50º Aniversário da Organização das Nações Unidas* (5 de outubro de 1995), 12: *L'Osservatore Romano*, ed. em português, 14 de outubro de 1995, p. 4.
[878] João XXIII, Carta enc. *Pacem in terris*: *AAS* 55 (1963) 296.
[879] João XXIII, Carta enc. *Pacem in terris*: *AAS* 55 (1963) 292.
[880] Cf. *Catecismo da Igreja Católica*, 1911.

244 *Capítulo IX*

moralmente inaceitável qualquer teoria ou comportamento caracterizado pelo racismo ou pela discriminação racial.[881]

*A convivência entre as nações funda-se nos mesmos valores que devem orientar a convivência entre os seres humanos: a verdade, a justiça, a solidariedade e a liberdade.*[882] O ensinamento da Igreja, acerca dos princípios constitutivos da Comunidade Internacional, exige que as relações entre os povos e as comunidades políticas encontrem a sua justa regulamentação na razão, na eqüidade, no direito, no acordo, ao passo que exclui o recurso à violência e à guerra, a formas de discriminação, de intimidação e de engano.[883]

**434** *O direito se coloca como instrumento de garantia da ordem internacional,*[884] a saber, da convivência entre as comunidades políticas que singularmente buscam o bem comum dos próprios cidadãos e que coletivamente devem tender ao bem comum de todos os povos,[885] na convicção de que o bem comum de uma nação é inseparável do bem da família humana inteira.[886]

*A Comunidade Internacional é uma comunidade jurídica fundada sobre a soberania de cada Estado membro, sem vínculos de subordinação que lhes neguem ou limitem a sua independência.*[887] Conceber deste modo a Comunidade Internacional *não significa de maneira alguma relativizar e tornar vãs as diferentes e peculiares características de um povo, mas favorecer-lhes a expressão.*[888] A valorização das diferentes identidades ajuda a superar as várias formas de divisão que tendem a separar os povos e a torná-los portadores de um egoísmo de efeitos desestabilizadores.

---

[881] Cf. Concílio Vaticano II, Decr. *Nostra aetate*, 5: *AAS* 58 (1966) 743-744; João XXIII, Carta enc. *Pacem in terris*: *AAS* 55 (1963) 268. 281; Paulo VI, Carta enc. *Populorum progressio*, 63: *AAS* 59 (1967) 288; Id., Carta apost. *Octogesima adveniens*, 16: *AAS* 63 (1971) 413; Pontifício Conselho "Justiça e Paz", *La Iglesia ante el Racismo. Contribuición de la Santa Sede a la Conferencia Mundial contra el Racismo, la Discrimación Racial, la Xenofobia y las Formas Conexas de Intolerancia*: Tipografia Vaticana, Cidade do Vaticano 2001.

[882] Cf. João XXIII, Carta enc. *Pacem in terris*: *AAS* 55 (1963) 279-280.

[883] Cf. Paulo VI, *Discurso às Nações Unidas* (4 de outubro de 1965), 2: *AAS* 57 (1965) 879-880.

[884] Cf. Pio XII, Carta enc. *Summi Pontificatus*: *AAS* 31 (1939) 438-439.

[885] Cf. João XXIII, Carta enc. *Pacem in terris*: *AAS* 55 (1963) 292; João Paulo II, Carta enc. *Centesimus annus*, 52: *AAS* 83 (1991) 857-858.

[886] Cf. João XXIII, Carta enc. *Pacem in terris*: *AAS* 55 (1963) 284.

[887] Cf. Pio XII, *Alocução Natalícia* (24 de dezembro de 1939): *AAS* (1940) 9-11; Id., *Discurso aos Juristas Católicos sobre Comunidades dos Estados e dos povos* (6 de dezembro de 1953); *AAS* 45 (1953); João XXIII, Carta enc. *Pacem in terris*: *AAS* 55 (1963) 289.

[888] Cf. João Paulo II, *Discurso por ocasião do 50º Aniversário da Organização das Nações Unidas* (5 de outubro de 1995), 10: *L'Osservatore Romano*, ed. em português, 14 de outubro de 1995, p. 4.

*A comunidade internacional*                                                245

**435** *O Magistério reconhece a importância da soberania nacional, conce-bida antes de tudo como expressão da liberdade que deve regular as rela-ções entre os Estados.*[889] A soberania representa a *subjetividade*[890] de uma nação sob o aspecto político, econômico e também cultural. A dimensão cul-tural adquire um valor particular como ponto de força para a resistência aos atos de agressão ou às formas de domínio que condicionam a liberdade de um País: a cultura constitui a garantia de conservação da identidade de um povo, exprime e promove a sua *soberania espiritual.*[891]

*A soberania nacional não é, porém, um absoluto. As nações podem re-nunciar livremente ao exercício de alguns de seus direitos, em vista de um objetivo comum,* com a consciência de formar uma única "família",[892] na qual devem reinar a confiança recíproca, o apoio e o respeito mútuo. Nessa perspectiva, merece uma consideração atenta a falta de um acordo internacio-nal que enfrente de modo adequado "os direitos das Nações",[893] cuja prepa-ração poderia enfrentar oportunamente questões acerca da justiça e da liber-dade no mundo contemporâneo.

## b) Relações fundadas na harmonia entre ordem jurídica e ordem moral

**436** *Para realizar e consolidar uma ordem internacional que garanta efi-cazmente a convivência pacífica entre os povos, a própria lei moral, que rege a vida dos homens, deve regular também as relações entre os Estados*: "Lei moral cuja observância deve ser inculcada e promovida pela opinião pública de todas as Nações e de todos os Estados com tal unanimidade de voz e de força, que ninguém possa atrever-se a pô-la em dúvida ou atenuar-lhe o vínculo obrigatório".[894] É necessário que a lei *moral universal,* inscrita no coração do homem, seja considerada efetiva e inderrogável como viva

---

[889] Cf. João XXIII, Carta enc. *Pacem in terris: AAS* 55 (1963) 289-290; João Paulo II, *Discurso por ocasião do 50º Aniversário da Organização das Nações Unidas* (5 de outubro de 1995), 15: *L'Osservatore Romano,* ed. em português, 14 de outubro de 1995, p. 5.

[890] João Paulo II, Carta enc. *Sollicitudo rei socialis,* 15: *AAS* 80 (1988) 528-530.

[891] Cf. João Paulo II, *Discurso à UNESCO* (2 de junho de 1980), 14: *L'Osservatore Romano,* ed. em português, 15 de junho de 1980, pp. 14-15.

[892] João Paulo II, *Discurso por ocasião do 50º Aniversário da Organização das Nações Unidas* (5 de outubro de 1995), 14: *L'Osservatore Romano,* ed. em português, 14 de outubro de 1995, p. 5; cf. também Id., *Discurso do Corpo Diplomático* (13 de janeiro de 2001), 8: *L'Osservatore Romano,* ed. em português, 20 de janeiro de 2001, p. 4.

[893] João Paulo II, *Discurso por ocasião do 50º Aniversário da Organização das Nações Unidas* (5 de outubro de 1995), 6: *L'Osservatore Romano,* ed. em português, 14 de outubro de 1995, p. 4.

[894] Pio XII, *Radiomensagem natalina* (24 de dezembro de 1941): *AAS* 34 (1942) 16.

246                                                                    *Capítulo IX*

expressão da consciência que a humanidade tem em comum, uma "gramática"[895] capaz de orientar o diálogo sobre o futuro do mundo.

**437** *O respeito universal dos princípios que inspiram uma "organização jurídica ajustada à ordem moral"[896] é uma condição necessária para a estabilidade da vida internacional. A busca de uma tal estabilidade favoreceu a elaboração gradual de um direito das nações[897] ("ius gentium"), que pode* ser considerado como o "antepassado do direito internacional".[898] A reflexão jurídica e teológica, ancorada no direito natural, formulou "princípios universais que são anteriores e superiores ao direito interno dos Estados",[899] como a unidade do gênero humano, a igualdade em dignidade de todos os povos, a recusa da guerra para superar as controvérsias, a obrigação de cooperar para o bem comum, a exigência de manter-se fiel aos compromissos subscritos (*"pacta sunt servanda"*). Este último princípio deve ser particularmente ressaltado para evitar "a tentação de apelar para o *direito da força* antes que para a *força do direito"*.[900]

**438** *Para resolver os conflitos que surgem entre as diversas comunidades políticas e que comprometem a estabilidade das nações e a segurança internacional, é indispensável referir-se a regras comuns confiadas à negociação, renunciando definitivamente à idéia de buscar a justiça mediante o recurso à guerra:*[901] "A Guerra pode terminar sem vencedores nem vencidos, num suicídio da humanidade, e então é necessário rejeitar a lógica que a ela conduz, ou seja, a idéia de que a luta pela destruição do adversário, a contradição e a própria guerra são fatores de progresso e avanço da história".[902]

---

[895]    João Paulo II, *Discurso por ocasião do 50º Aniversário da Organização das Nações Unidas* (5 de outubro de 1995), 3: *L'Osservatore Romano*, ed. em português, 14 de outubro de 1995, p. 3.

[896]    João XXIII, Carta enc. *Pacem in terris*: *AAS* 55 (1963) 277.

[897]    Cf. Pio XII, Carta enc. *Summi Pontificatus*: *AAS* 31 (1939) 438-439; Id., *Radiomensagem natalina* (24 de dezembro de 1941): *AAS* 34 (1942) 16-17; João XXIII, Carta enc. *Pacem in terris*: *AAS* 55 (1963) 290. 292.

[898]    João Paulo II, *Discurso ao Corpo Diplomático* (12 de janeiro de 1991), 8: *L'Osservatore Romano*, ed. em português, 20 de janeiro de 1991, p. 6.

[899]    João Paulo II, *Mensagem para a celebração do Dia Mundial da Paz 2004*, 5: *AAS* 96 (2004) 116.

[900]    João Paulo II, *Mensagem para a celebração do Dia Mundial da Paz 2004*, 5: *AAS* 96 (2004) 117; Cf. também Id., *Mensagem ao Reitor Magnífico da Pontifícia Universidade Lateranense* (21 de março de 2002), 6: *L'Osservatore Romano*, ed. em português, 30 de março de 2002, p. 6.

[901]    Cf. João Paulo II, Carta enc. *Centesimus annus*, 23: *AAS* 83 (1991) 820-821.

[902]    João Paulo II, Carta enc. *Centesimus annus*, 18: *AAS* 83 (1991) 816.

# A comunidade internacional

*A Carta das Nações Unidas interditou não somente o recurso à força, como também a simples ameaça de usá-la:*[903] tal disposição nasceu da trágica experiência da Segunda Guerra Mundial. O Magistério, durante aquele conflito, não deixou de individuar alguns fatores indispensáveis para edificar uma renovada ordem internacional: a liberdade e a integridade territorial de cada nação; a tutela dos direitos das minorias; uma divisão eqüitativa dos recursos da terra; a rejeição da guerra e a atuação do desarmamento; a observância dos pactos acordados; a cessação da perseguição religiosa.[904]

**439** *Para consolidar o primado do direito, vale acima de tudo o princípio da confiança recíproca.*[905] *Nesta perspectiva, os instrumentos normativos para a solução pacífica das controvérsias devem ser repensados de tal modo que lhe sejam reforçados o alcance e a obrigatoriedade.* Os institutos da negociação, da mediação, da conciliação, da arbitragem, que são expressões da legalidade internacional, devem ser apoiadas pela criação de "uma autoridade jurídica plenamente eficiente em um mundo pacificado".[906] Um avanço nesta direção permitirá à Comunidade Internacional propor-se não mais como simples momento de agregação da vida dos Estados, mas como uma estrutura em que os conflitos possam ser pacificamente resolvidos: "Como dentro dos Estados... o sistema da vingança privada e da represália foi substituído pelo império da lei, do mesmo modo é agora urgente que um progresso semelhante tenha lugar na Comunidade Internacional".[907] Finalmente, o direito internacional "deve evitar que prevaleça a lei do mais forte".[908]

## III. A ORGANIZAÇÃO DA COMUNIDADE INTERNACIONAL

### a) O valor das Organizações Internacionais

**440** *O caminho rumo a uma autêntica "comunidade" internacional, que assumiu uma direção precisa com a instituição da Organização das Nações*

---

[903] Cf. *Carta das Nações Unidas* (26 de junho de 1945), artt. 2.4. João Paulo II, *Mensagem para a celebração do Dia Mundial da Paz 2004*, 6: *AAS* 96 (2004) 117.

[904] Cf. Pio XII, *Radiomensagem natalina* (24 de dezembro de 1941): *AAS* 34 (1942) 18.

[905] Cf. Pio XII, *Radiomensagem natalina* (24 de dezembro de 1945): *AAS* 38 (1946) 22; João XXIII, Carta enc. *Pacem in terris*: *AAS* 55 (1963) 287-288.

[906] João Paulo II, *Discurso à Corte Internacional de Justiça de Haia* (13 de maio de 1985), 4: *AAS* 78 (1986) 520.

[907] João Paulo II, Carta enc. *Centesimus annus*, 52: *AAS* 83 (1991) 858.

[908] João Paulo II, *Mensagem para a celebração do Dia Mundial da Paz 2004*, 9: *AAS* 96 (2004) 120.

*Unidas em 1945, é acompanhado pela Igreja:* tal Organização "contribuiu notavelmente para promover o respeito à dignidade humana, à liberdade dos povos e à exigência do desenvolvimento, preparando o terreno cultural e institucional sobre o qual se há de construir a paz".[909] A doutrina social, em geral, considera positivamente o papel das Organizações intergovernamentais, em particular das que operam em setores específicos,[910] ainda que experimentando reservas quando elas enfrentam de modo incorreto os problemas.[911] O Magistério recomenda que a ação dos Organismos Internacionais responda às necessidades humanas na vida social e nos âmbitos relevantes para a pacífica e ordenada convivência das nações e dos povos.[912]

**441** *A solicitude por uma convivência ordenada e pacífica da família humana leva o Magistério a ressaltar a exigência de instituir "alguma autoridade pública universal, reconhecida por todos, que goze de poder eficiente, a fim de que sejam salvaguardadas a segurança, a observância da justiça e a garantia dos direitos".*[913] No curso da história, não obstante as mudanças de perspectiva das diversas épocas, advertiu-se constantemente a necessidade de uma semelhante autoridade para responder aos problemas de dimensão mundial postos pela busca do bem comum: é essencial que tal autoridade seja o fruto de um acordo e não de uma imposição, e que não seja tomado como um "super-estado global".[914]

---

[909] João Paulo II, *Mensagem para a celebração do Dia Mundial da Paz 2004*, 7: *AAS* 96 (2004) 118.

[910] Cf. João XXIII, Carta enc. *Mater et Magistra*: *AAS* 53 (1961) 426. 439; João Paulo II, *Discurso à 20ª Conferência Geral da FAO* (12 de novembro de 1979), n. 6: *L'Osservatore Romano*, ed. em português, 18 de novembro de 1979, p. 6; Id., *Alocução à Unesco* (2 de junho de 1980), 5. 8: *L'Osservatore Romano*, ed. em português, 15 de junho de 1980, pp. 13-14; Id., *Discurso ao Conselho dos Ministros da Conferência sobre a Segurança e a Cooperação em Europa* (CSCE) (30 de novembro de 1993), 3. 5: *L'Osservatore Romano*, ed. em português, 12 de dezembro de 1993, p. 3.

[911] Cf. João Paulo II, *Mensagem à Senhora Nafis Sadik, Secretária Geral da Conferência das Nações Unidas sobre População e Desenvolvimento* (18 de março de 1994): *L'Osservatore Romano*, ed. em português, 2 de abril de 1994, pp 4.11; Id., *Mensagem à Senhora Gertrude Mongella, Secretária Geral da IV Conferência Mundial da Organização das Nações Unidas sobre a Mulher* (26 de maio de 1995): *L'Osservatore Romano*, ed. em português, 10 de junho de 1995, pp. 6-7.

[912] Cf. Concílio Vaticano II, Const. past. *Gaudium et spes*, 84: *AAS* 58 (1966) 1107-1108.

[913] Concílio Vaticano II, Const. past. *Gaudium et spes*, 82: *AAS* 58 (1966) 1106 ; Cf. João XXIII, Carta enc. *Pacem in terris*: *AAS* 55 (1963) 293 e Paulo VI, Carta enc. *Populorum progressio*, 78: *AAS* 59 (1967) 295.

[914] João Paulo II, *Mensagem para a celebração do Dia Mundial da Paz de 2003*, 6: *AAS* 95 (2003) 344.

A comunidade internacional

249

*Uma autoridade política exercida no quadro da Comunidade Internacional deve ser regida pelo direito, ordenada ao bem comum e respeitar o princípio da subsidiariedade:* "Os poderes públicos da comunidade mundial não têm como fim limitar a esfera de ação dos poderes públicos de cada comunidade política, e nem sequer de substituir-se a eles. Em vez disso, devem procurar contribuir para a criação, em plano mundial, de um ambiente em que tanto os poderes públicos de cada comunidade política, como os respectivos cidadãos e grupos intermédios, com maior segurança, possam desempenhar as próprias funções, cumprir os seus deveres e fazer valer os seus direitos".[915]

**442** *Uma política internacional voltada para o objetivo da paz e do desenvolvimento mediante a adoção de medidas coordenadas*[916] mais do que nunca se tornou necessária em virtude da globalização dos problemas. O Magistério destaca que a interdependência entre os homens e as nações adquire uma dimensão moral e determina as relações no mundo atual sob o aspecto econômico, cultural, político e religioso. Nesse contexto, seria de desejar uma revisão, que "pressupõe a superação das rivalidades políticas e a renúncia a toda a pretensão de instrumentalizar as próprias Organizações, que têm como única razão de ser o *bem comum*",[917] com o objetivo de conseguir *"grau superior de ordenação em nível internacional"*.[918]

*Em particular, as estruturas intergovernamentais devem exercitar eficazmente as suas funções de controle e de guia no campo da economia*, dado que alcançar o bem comum torna-se uma meta inatingível aos Estados individualmente tomados, mesmo dominantes em termos de potência, riqueza e força política.[919] Os Organismos Internacionais devem ademais garantir aquela igualdade, que é o fundamento do direito de todos à participação no processo do pleno desenvolvimento, no respeito às legítimas diferenças.[920]

**443** *O Magistério avalia positivamente o papel dos agrupamentos que se formaram na sociedade civil para exercer uma importante função de sensibilização da opinião pública para com os diversos aspectos da vida internacional*, com uma atenção especial para o respeito dos direitos do homem, como revela "o número das associações privadas, recentemente insti-

---

[915] João XXIII, Carta enc. *Pacem in terris: AAS* 55 (1963) 294-295.
[916] Cf. Paulo VI, Carta enc. *Populorum progressio*, 51-55 e 77-79: *AAS* 59 (1967) 282-284 e 295-296.
[917] João Paulo II, Carta enc. *Sollicitudo rei socialis*, 43: *AAS* 80 (1988) 575.
[918] João Paulo II, Carta enc. *Sollicitudo rei socialis*, 43: *AAS* 80 (1988) 575; Cf. João Paulo II, *Mensagem para a celebração do Dia Mundial da Paz de 2004*, 7: *AAS* 96 (2004) 118.
[919] Cf. João Paulo II, Carta enc. *Centesimus annus*, 58: *AAS* 83 (1991) 863-864.
[920] Cf. João Paulo II, Carta enc. *Sollicitudo rei socialis*, 33. 39: *AAS* 80 (1988) 557-559. 566-568.

250 Capítulo IX

tuídas, algumas de alcance mundial, e quase todas empenhadas em seguir, com grande cuidado e louvável objetividade, os acontecimentos internacionais num campo tão delicado".[921]

Os Governos deveriam sentir-se encorajados por um semelhante empenho, que visa traduzir em prática os ideais que inspiram a comunidade internacional, "sobretudo através dos gestos concretos de solidariedade e de paz das numerosas pessoas que trabalham nomeadamente nas *Organizações Não-Governamentais* e nos *Movimentos* a favor dos direitos do homem".[922]

## b) A personalidade jurídica da Santa Sé

**444** *A Santa Sé — ou Sé Apostólica[923] — goza de plena subjetividade internacional enquanto autoridade soberana que realiza atos juridicamente próprios. Ela exerce uma soberania externa, reconhecida no quadro da Comunidade Internacional, que reflete a soberania exercida no seio da Igreja* e que se caracteriza pela *unidade organizativa* e pela *independência*. A Igreja vale-se das modalidades jurídicas que se mostrarem necessárias ou úteis para o cumprimento da sua missão.

*A atividade internacional da Santa Sé manifesta-se objetivamente sob diversos aspectos, entre os quais*: o direito ativo e passivo de legação; o exercício do *"ius contrahendi"*, com a estipulação de tratados; a participação em organizações intergovernamentais, como por exemplo as pertencentes ao sistema das Nações Unidas; as iniciativas de mediação em caso de conflitos. Tal atividade intenta oferecer um serviço desinteressado à Comunidade Internacional, pois que não busca vantagens de parte, mas tem como fim o bem comum da família humana toda. Nesse contexto, a Santa Sé vale-se do próprio pessoal diplomático.

**445** *O serviço diplomático da Santa Sé, fruto de uma antiga e consolidada prática, é um instrumento que atua não só pela* "libertas Ecclesiae", *mas também pela defesa e promoção da dignidade humana, bem como por uma ordem social baseada nos valores* da justiça, da liberdade e do amor: "Por um direito congênito inerente à nossa missão espiritual, favorecido por uma secular sucessão de acontecimentos históricos, nós enviamos também os nossos legados às autoridades supremas dos Estados nos quais está radicada ou

---

[921] João Paulo II, Carta enc. *Sollicitudo rei socialis*, 26: *AAS* 80 (1988) 544-547.

[922] João Paulo II, *Mensagem para a celebração do Dia Mundial da Paz 2004*, 7: *AAS* 96 (2004) 118.

[923] Cf. CIC, cânon 361.

*A comunidade internacional*

**251**

de algum modo é presente a Igreja Católica. É bem verdade que as finalidades da Igreja e do Estado são de ordem diferente, e que ambas são sociedades perfeitas, dotadas, portanto, de meios próprios, e são independentes na respectiva esfera de atuação, mas é também verdade que uma e outro agem em benefício de um sujeito comum, o homem, chamado por Deus à salvação eterna e posto na terra para permitir-lhe, com o auxílio da graça, consegui-la com uma vida de trabalho, que lhe proporcione bem-estar, na convivência pacífica".[924] O bem das pessoas e das comunidades humanas é favorecido por um diálogo estruturado entre a Igreja e as autoridades civis, que se exprime também através da estipulação de acordos mútuos. Tal diálogo tende a estabelecer ou reforçar relações de recíproca compreensão e colaboração, assim como a prevenir ou sanar eventuais desavenças, com o objetivo de contribuir para o progresso de cada povo e de toda a humanidade na justiça e na paz.

## IV. A COOPERAÇÃO INTERNACIONAL PARA O DESENVOLVIMENTO

### a) Colaboração para garantir o direito ao desenvolvimento

**446** *A solução do problema do desenvolvimento requer a cooperação entre as comunidades políticas*: "As comunidades políticas... se condicionam mutuamente e pode, mesmo, afirmar-se que cada uma atinge o próprio desenvolvimento, contribuindo para o desenvolvimento das outras. Por isso é que se impõem o entendimento e a colaboração mútuos".[925] O subdesenvolvimento parece uma situação impossível de eliminar, quase uma condenação fatal, se se considera o fato de que ele não é apenas o fruto de opções humanas erradas, mas também o resultado de "*mecanismos* econômicos, financeiros e sociais"[926] e de "estruturas de pecado"[927] que impedem o pleno desenvolvimento dos homens e dos povos.

*Estas dificuldades, todavia, devem ser enfrentadas com determinação firme e perseverante, porque o desenvolvimento não é apenas uma aspira-*

---

[924] Paulo VI, Carta apost. *Sollicitudo omnium ecclesiarum: AAS* 61 (1969) 476.
[925] João XXIII, Carta enc. *Mater et Magistra: AAS* 53 (1961) 449; Cf. Pio XII, *Radiomensagem natalina* (24 de dezembro de 1945): *AAS* 38 (1946) 22.
[926] João Paulo II, Carta enc. *Sollicitudo rei socialis*, 16: *AAS* 80 (1988) 531.
[927] João Paulo II, Carta enc. *Sollicitudo rei socialis*, 36-37. 39: *AAS* 80 (1988) 561-564. 567.

ção, mas um direito[928] que, como todo direito, implica uma obrigação: "A colaboração para o desenvolvimento do homem todo e de todos os homens é, efetivamente, um dever de todos para com todos e, ao mesmo tempo, há de ser comum às quatro partes do mundo: Leste e Oeste, Norte e Sul".[929] Na visão do Magistério, o direito ao desenvolvimento se funda nos seguintes princípios: unidade de origem e comunhão de destino da família humana; igualdade entre todas as pessoas e todas as comunidades baseada na dignidade humana; destinação universal dos bens da terra; integralidade da noção de desenvolvimento; centralidade da pessoa humana; solidariedade.

**447** *A doutrina social encoraja formas de cooperação capazes de incentivar o acesso ao mercado internacional dos países marcados pela pobreza e subdesenvolvimento*: "Há relativamente poucos anos, afirmou-se que o desenvolvimento dos países mais pobres dependeria do seu isolamento do mercado mundial, e da confiança apenas nas próprias forças. A recente experiência demonstrou que os países que foram excluídos registraram estagnação e recessão, enquanto conheceram o desenvolvimento aqueles que conseguiram entrar na corrente geral de interligação das atividades econômicas a nível internacional. O maior problema, portanto, parece ser a obtenção de um acesso eqüitativo ao mercado internacional, fundado não sobre o princípio unilateral do aproveitamento dos recursos naturais, mas sobre a valorização dos recursos humanos".[930] Entre as causas que predominantemente concorrem para determinar o desenvolvimento e a pobreza, além da impossibilidade de ascender ao mercado internacional,[931] devem ser enumerados o analfabetismo, a insegurança alimentar, a ausência de estruturas e serviços, a carência de medidas para garantir o saneamento básico, a falta de água potável, a corrupção, a precariedade das instituições e da própria vida política. Existe uma conexão entre a pobreza e a falta, em muitos países, de liberdade, de

---

[928] Cf. Paulo VI, Carta enc. *Populorum progressio*, 22: *AAS* 59 (1967) 268; Id., Carta. apost. *Octogesima adveniens*, 43: *AAS* 63 (1971) 431-432; João Paulo II, Carta enc. *Sollicitudo rei socialis*, 32-33: *AAS* 80 (1988) 556-559; Id., Carta enc. *Centesimus annus*, 35: *AAS* 83 (1991) 836-838; Cf. Também Paulo VI, *Discurso à Organização Internacional do Trabalho* (10 de junho de 1969), 22: *AAS* 61 (1969) 500-501; João Paulo II, *Discurso ao Congresso Europeu de Doutrina Social da Igreja* (20 de junho de 1997), 5: *L'Osservatore Romano*, ed. em português, 5 de julho de 1997, p. 5; Id., *Discurso aos Dirigentes de Sindicatos de Trabalhadores e de Grandes Empresas* (2 de maio de 2000), 3: *L'Osservatore Romano*, ed. em português, 6 de maio de 2000, p. 11.

[929] João Paulo II, Carta enc. *Sollicitudo rei socialis*, 32: *AAS* 80 (1988) 556.

[930] João Paulo II, Carta enc. *Centesimus annus*, 33: *AAS* 83 (1991) 835.

[931] Cf. Paulo VI, Carta enc. *Populorum progressio*, 56-61: *AAS* 59 (1967) 285-287.

*A comunidade internacional*                                                253

possibilidade de iniciativa econômica, de administração estatal capaz de predispor um sistema adequado de educação e de informação.

**448** *O espírito da cooperação internacional exige que acima da estrita lógica do mercado esteja a consciência de um dever de solidariedade, de justiça social e de caridade universal;*[932] efetivamente existe *"algo que é devido ao homem porque é homem*, com base na sua eminente dignidade".[933] A cooperação é a via que a Comunidade Internacional no seu conjunto deve empenhar-se a percorrer "segundo uma concepção adequada do bem comum dirigido a toda a família humana".[934] Dela derivarão efeitos muito positivos: um aumento da confiança nas potencialidades das pessoas pobres e, conseqüentemente, dos países pobres e uma eqüitativa distribuição dos bens.

## b) Luta contra a pobreza

**449** *No início do novo milênio, a pobreza de milhões de homens e mulheres é "a questão que, em absoluto, mais interpela a nossa consciência humana e cristã".*[935] A pobreza põe um dramático problema de justiça: a pobreza, nas suas diferentes formas e conseqüências, caracteriza-se por um crescimento desigual e não reconhece a cada povo "igual direito a 'sentar-se à mesa do banquete comum'".[936] Tal pobreza torna impossível a realização daquele *humanismo pleno* que a Igreja almeja e persegue, para que as pessoas e os povos possam "ser mais"[937] e viver em "condições mais humanas".[938]

*A luta contra a pobreza encontra uma forte motivação na opção, ou amor preferencial, da Igreja pelos pobres.*[939] Em todo o seu ensinamento social a Igreja não se cansa de reafirmar também outros princípios fundamentais seus: dentre todos prima o da *destinação universal dos bens*.[940] Com

---

[932] Cf. Paulo VI, Carta enc. *Populorum progressio*, 44: *AAS* 59 (1967) 279.

[933] João Paulo II, Carta enc. *Centesimus annus*, 34: *AAS* 83 (1991) 836.

[934] João Paulo II, Carta enc. *Centesimus annus*, 58: *AAS* 83 (1991) 863.

[935] João Paulo II, *Mensagem para a celebração do Dia Mundial da Paz 2000*, 14: *AAS* 92 (2000) 366; Cf. também Id., *Mensagem para a celebração do Dia Mundial da Paz 1993*, 1: *AAS* 85 (1993) 429-430.

[936] João Paulo II, Carta enc. *Sollicitudo rei socialis*, 33: *AAS* 80 (1988) 558. Cf. Paulo VI, Carta enc. *Populorum progressio*, 47: *AAS* 59 (1967) 280.

[937] Paulo VI, Carta enc. *Populorum progressio*, 6: *AAS* 59 (1967) 260; Cf. João Paulo II, Carta enc. *Sollicitudo rei socialis*, 28: *AAS* 80 (1988) 548-550.

[938] Paulo VI, Carta enc. *Populorum progressio*, 20-21: *AAS* 59 (1967) 267-268.

[939] Cf. João Paulo II, *Discurso à Terceira Conferência Geral do Episcopado Latino-Americano*, Puebla (28 de janeiro de 1979), I/8: *AAS* 71 (1979) 194-195.

[940] Cf. Paulo VI, Carta enc. *Populorum progressio*, 22: *AAS* 59 (1967) 268.

254 — *Capítulo IX*

a constante reafirmação do princípio da *solidariedade*, a doutrina social estimula a passar à ação para promover o "bem de todos e de cada um, porque *todos* nós somos verdadeiramente responsáveis *por todos*".[941] O princípio da solidariedade, também na luta contra a pobreza, deve ser sempre oportunamente flanqueado pelo da *subsidiariedade*, graças ao qual é possível estimular o espírito de iniciativa, base fundamental de todo desenvolvimento socioeconômico, nos países pobres:[942] aos pobres se deve olhar "*não como um problema, mas como possíveis sujeitos e protagonistas dum futuro novo e mais humano para todo o mundo*".[943]

### c) A dívida externa

**450** *Deve-se ter presente o direito fundamental dos povos ao desenvolvimento nas questões ligadas à crise dos débitos de muitos países pobres.*[944] Tais crises têm, na sua origem, causas complexas e de vário gênero, seja de caráter internacional — flutuações de câmbios, especulações financeiras, neocolonialismo econômico — seja no interior de cada um dos países endividados — corrupção, má gestão do dinheiro público, uso indevido dos empréstimos recebidos. Os sofrimentos maiores, atribuíveis à questões estruturais, mas também a comportamentos pessoais, atingem as populações dos países endividados e pobres, as quais não têm responsabilidade alguma. A comunidade internacional não pode ignorar uma semelhante situação: mesmo reafirmando o princípio que o débito contraído deve ser honrado, é preciso encontrar os caminhos para não comprometer o "direito fundamental dos povos à subsistência e ao progresso".[945]

---

[941] João Paulo II, Carta enc. *Sollicitudo rei socialis*, 38: *AAS* 80 (1988) 566.

[942] Cf. Paulo VI, Carta enc. *Populorum progressio*, 55: *AAS* 59 (1967) 284; João Paulo II, Carta enc. *Sollicitudo rei socialis*, 44: *AAS* 80 (1988) 575-577.

[943] João Paulo II, *Mensagem para a celebração do Dia Mundial da Paz 2000*, 14: *AAS* 92 (2000) 366.

[944] Cf. João Paulo II, Carta apost. *Tertio millennio adveniente*, 51: *AAS* 87 (1995) 36; Id., *Mensagem para a celebração do Dia Mundial da Paz 1998*, 4: *AAS* 90 (1998) 151-152; Id., *Discurso à Conferência da União Interparlamentar*, 30 de novembro de 1998: *L'Osservatore Romano*, ed. em português, 19 de dezembro de 1998, p. 23; Id., *Mensagem para a celebração do Dia Mundial da Paz 1999*, 9: *AAS* 91 (1999) 383-384.

[945] João Paulo II, Carta enc. *Centesimus annus*, 35: *AAS* 83 (1991) 838; Cf. também o documento *Al servicio de la comunidad humana*: una consideración ética de la deuda internacional, publicado da Pontifícia Comissão "Justiça e Paz" (27 de dezembro de 1986), Cidade do Vaticano 1986.

# CAPÍTULO X

# SALVAGUARDAR O AMBIENTE

## I. ASPECTOS BÍBLICOS

**451** *A experiência viva da presença divina na história é o fundamento da fé do povo de Deus*: "Éramos escravos do Faraó no Egito, e o Senhor nos tirou do Egito com mão forte" (Dt 6,21). A reflexão sobre a história permite reassumir o passado e descobrir a obra de Deus nas próprias raízes: "Meu pai era um arameu errante" (Dt 26,5); de Deus que pode dizer ao Seu povo: "Tomei vosso pai Abraão do outro lado do Jordão" (Js 24,3). É uma reflexão que permite olhar com confiança para o futuro, graças à promessa e à aliança que Deus renova continuamente: "Sereis o meu povo particular entre todos os povos" (Ex 19,5).

*A fé de Israel vive no tempo e no espaço deste mundo, visto não como um ambiente hostil ou um mal do qual libertar-se, mas freqüentemente como o próprio dom de Deus, o lugar e o projeto que Ele confia à responsável direção e operosidade do homem.* A natureza, obra da criação divina, não é uma perigosa concorrente. Deus, que fez todas as coisas, viu que cada uma delas "... era boa" (Gn 1,4.10.12.18.21.25). No ápice da Sua criação, como "muito bom" (Gn 1,31), o Criador coloca o homem. Só o homem e a mulher, entre todas as criaturas, foram queridos por Deus "à sua imagem" (Gn 1,27): a eles o Senhor confia a responsabilidade sobre toda a criação, a tarefa de tutelar a harmonia e o desenvolvimento (cf. Gn 1,26-30). O liame especial com Deus explica a privilegiada posição do casal humano na ordem da criação.

**452** *A relação do homem com o mundo é um elemento constitutivo da identidade humana. Trata-se de uma relação que nasce como fruto da relação, ainda mais profunda, do homem com Deus.* O Senhor quis o ser humano como Seu interlocutor: somente no diálogo com Deus a criatura humana encontra a própria verdade, da qual extrai inspiração e normas para projetar a história no mundo, um *jardim* que Deus lhe deu para que seja cultivado e guardado (cf. Gn 2,15). Nem o pecado elimina tal tarefa, mesmo agravando com dor e sofrimento a nobreza do trabalho (cf. Gn 3,17-19).

*A criação é sempre objeto do louvor na oração de Israel*: "Ó Senhor, como são variadas as vossas obras! Feitas, todas, com sabedoria" (Sl 103,24). A salvação é entendida como uma *nova criação,* que restabelece aquela harmonia e aquela potencialidade de crescimento que o pecado comprometeu: "Vou criar novos céus e uma nova terra" (Is 65,17) — diz o Senhor — "então, o deserto se mudará em vergel ... e a justiça residirá no vergel ... o meu povo habitará em mansão serena" (Is 32,15-18).

**453** *A salvação definitiva, que Deus oferece a toda a humanidade mediante o Seu próprio Filho, não se realiza fora deste mundo. Mesmo ferido pelo pecado, ele é destinado a conhecer uma purificação radical* (cf. 2Pd 3,10) da qual sairá renovado (cf. Is 65,17; 66,22; Ap 21,1), transformado finalmente no lugar onde "habitará a justiça" (cf. 2Pd 3,13).

*No Seu ministério público Jesus valoriza os elementos naturais.* Da natureza Ele é não só sábio interprete nas imagens que dela costuma oferecer e nas parábolas, mas também Senhor (cf. o episódio da tempestade acalmada em Mt 14,22-33; Mc 6,45-52; Jo 6,16-21): o Senhor a coloca ao serviço de Seu desígnio redentor. Ele chama os Seus discípulos a contemplar as coisas, as estações e os homens com a confiança dos filhos que sabem não poder ser abandonados por um Pai providente (cf. Lc 11,11-13). *Longe de se tornar escravo das coisas, o discípulo de Cristo deve saber servir-se delas para criar partilha e fraternidade* (cf. Lc 16,9-13).

**454** *O ingresso de Jesus Cristo na história do mundo culmina na Páscoa, onde a própria natureza participa do drama do Filho de Deus rejeitado e da vitória da Ressurreição* (cf. Mt 27,45.51; 28,2). Atravessando a morte e nela inserindo a novidade resplendente da Ressurreição, Jesus inaugura um mundo novo, no qual tudo é submetido a Ele (cf. 1Cor 15,20-28) e restabelece aquela relação de ordem e harmonia que o pecado havia destruído. A consciência dos desequilíbrios entre o homem e a natureza de ser acompanhada pelo conhecimento de que, em Jesus, se realizou a reconciliação do homem e do mundo com Deus, de sorte que cada ser humano, consciente do Amor divino, pode reencontrar a paz perdida: "Todo aquele que está em Cristo, é uma nova criatura. Passou o que era velho; eis que tudo se fez novo!" (2Cor 5,17). A natureza, que fora criada no Verbo, por meio do próprio Verbo, feito carne, foi reconciliada com Deus e pacificada (cf. Cl 1,15-20).

**455** *Não apenas a interioridade do homem é sanada, mas toda a sua corporeidade é tocada pela força redentora de Cristo; a criação inteira toma parte na renovação que brota da Páscoa do Senhor,* mesmo entre gemidos das dores do parto (cf. Rm 8,19-23), à espera de dar à luz "um novo céu e

*Salvaguardar o ambiente*

uma nova terra" (Ap 21,1) que são o dom do fim dos tempos, da salvação acabada. Nesse meio tempo, nada é estranho a tal salvação: em qualquer condição de vida, o cristão é chamado a servir a Cristo, a viver segundo o seu Espírito, deixando-se guiar pelo amor, princípio de uma vida nova, que restitui o mundo e o homem ao projeto das suas origens: "... o mundo, a vida, a morte, o presente, o futuro. Tudo é vosso; Mas vós sois de Cristo, e Cristo é de Deus" (1Cor 3,22-23).

## II. O HOMEM E O UNIVERSO DAS COISAS

**456** A visão bíblica inspira as atitudes dos cristãos em relação ao uso da terra, assim como ao desenvolvimento da ciência e da técnica. O Concílio Vaticano II afirma que "participando da luz da inteligência divina, com razão o homem se julga superior, por sua inteligência, à universalidade das coisas";[946] os Padres Conciliares reconhecem os progressos feitos graças à aplicação incansável do engenho humano ao longo dos séculos, nas ciências empíricas, nas artes técnicas e nas disciplinas liberais.[947] O homem hoje, "graças sobretudo à ciência e à técnica, estendeu e continuamente estende o seu domínio sobre quase toda a natureza".[948]

Visto que o homem, "criado à imagem de Deus, recebeu a missão de submeter a terra com tudo o que nela existe, de governar o mundo em justiça e santidade, e, reconhecendo a Deus como Criador de tudo, orientar para Ele o seu ser e tudo o mais, de maneira que, com submissão de todas as coisas ao homem, o nome de Deus seja glorificado em toda a terra", o Concílio ensina que a "a atividade humana, individual e coletiva, ou seja, aquele empenho gigantesco no qual os homens se esforçam no decorrer dos séculos para melhorar as suas condições de vida, considerado em si mesmo, corresponde ao plano de Deus".[949]

**457** *Os resultados da ciência e da técnica são, em si mesmos, positivos*: os cristãos, "bem longe de julgarem que as obras produzidas pelo talento e energia dos homens se opõem ao poder de Deus, e de considerarem a criatura racional em competição com o Criador..., estão antes convencidos de que as vitórias do gênero humano são um sinal da magnitude de Deus e fruto de seu inefável desígnio".[950] Os Padres Conciliares ressaltam também o fato de que

---

[946] Concílio Vaticano II, Const. past. *Gaudium et spes*, 15: *AAS* 58 (1966) 1036.
[947] Cf. Concílio Vaticano II, Const. past. *Gaudium et spes*, 15: *AAS* 58 (1966) 1036.
[948] Concílio Vaticano II, Const. past. *Gaudium et spes*, 33: *AAS* 58 (1966) 1052.
[949] Concílio Vaticano II, Const. past. *Gaudium et spes*, 34: *AAS* 58 (1966) 1052.
[950] Concílio Vaticano II, Const. past. *Gaudium et spes*, 34: *AAS* 58 (1966) 1053.

258 *Capítulo X*

"quanto mais... cresce o poder do homem, tanto mais se estende o campo da sua responsabilidade, seja pessoal seja comunitária",[951] e que toda atividade humana deve corresponder, segundo o desígnio de Deus e a Sua vontade, ao verdadeiro bem da humanidade.[952] Nesta perspectiva, o Magistério tem repetidas vezes sublinhado que a Igreja Católica não se opõe de modo algum ao progresso,[953] antes considera "a ciência e a tecnologia ... um produto maravilhoso da criatividade humana, que é dom de Deus, uma vez que nos forneceram possibilidades maravilhosas, de que nos beneficiamos com ânimo agradecido".[954] Por esta razão, "como crentes em Deus, que julgou 'boa' a natureza por Ele criada, nós gozamos dos progressos técnicos e econômicos que o homem, com a sua inteligência, consegue realizar".[955]

**458** *As considerações do Magistério sobre a ciência e sobre a tecnologia em geral valem também para a sua aplicação ao ambiente natural e à agricultura.* A Igreja aprecia "as vantagens que advêm — e que podem advir ainda — do estudo e das aplicações da biologia molecular, completada por outras disciplinas como a genética e a sua aplicação tecnológica na agricultura e na indústria".[956] Efetivamente "a técnica poderia constituir, com uma reta aplicação, um precioso instrumento útil para resolver graves problemas, a começar pelos da fome e da enfermidade, mediante a produção de variedades de plantas mais progredidas e resistentes, e de preciosos medicamentos".[957] Contudo, é importante reafirmar o conceito de "reta aplicação", porque "nós sabemos que este potencial não é neutro: pode ser usado tanto para o progresso do homem como para a sua degradação".[958] Por esta razão, "é

---

[951] Concílio Vaticano II, Const. past. *Gaudium et spes*, 34: *AAS* 58 (1966) 1053.

[952] Cf. Concílio Vaticano II, Const. past. *Gaudium et spes*, 35: *AAS* 58 (1966) 1053.

[953] Cf. João Paulo II, *Discurso pronunciado durante a visita a "Mercy Maternity Hospital"*, Melbourne (28 de novembro de 1986): *L'Osservatore Romano*, ed. em português, 14 de dezembro de 1986, p. 4.

[954] João Paulo II, *Discurso pronunciado durante o encontro com os cientistas e representantes da Universidade das Nações Unidas*, Hiroshima (25 de fevereiro de 1981), 3: *L'Osservatore Romano*, ed. em português, 15 de março de 1981, p. 11.

[955] João Paulo II, *Discurso aos trabalhadores das Oficinas Olivetti de Ivrea* (19 de março de 1990), 5: *L'Osservatore Romano*, ed. em português, 25 de março de 1990, p. 5.

[956] João Paulo II, *Discurso à Pontifícia Academia das Ciências* (3 de outubro de 1981), 3: *L'Osservatore Romano*, ed. em português, 11 de outubro de 1981, p. 8.

[957] João Paulo II, *Discurso aos participantes no Congresso promovido pela Academia Nacional das Ciências no bicentenário da fundação* (21 de setembro de 1982), 4: *L'Osservatore Romano*, ed. em português, 10 de outubro de 1982, pp. 12-13.

[958] João Paulo II, *Discurso pronunciado durante o encontro com os cientistas e representantes da Universidade das Nações Unidas*, Hiroshima (25 de fevereiro de 1981), 3: *L'Osservatore Romano*, ed. em português, 15 de março de 1981, p. 11.

*Salvaguardar o ambiente*

259

necessário... manter uma atitude de prudência e avaliar com olhar atento a natureza, a finalidade e os modos das várias formas de tecnologia aplicada".[959] Os cientistas, portanto, devem usar "verdadeiramente as suas pesquisas e as suas capacidades técnicas em serviço da humanidade",[960] sabendo subordiná-las "aos princípios e valores morais que respeitam e realizam na sua plenitude a dignidade do homem".[961]

**459** *Ponto de referência central para toda aplicação científica e técnica é o respeito ao homem, que deve acompanhar uma indispensável atitude de respeito para com as demais criaturas viventes.* Também quando se pensa numa alteração delas, "é preciso ter em conta a *natureza de cada ser e as ligações mútuas* entre todos, num sistema ordenado".[962] Neste sentido, as formidáveis possibilidades da pesquisa biológica suscitam profunda inquietude, porquanto "ainda não se estiver em condições de avaliar as perturbações provocadas na natureza por uma indiscriminada manipulação genética e pelo imprudente desenvolvimento de novas plantas e de novas formas de vida animal, para não falar já de inaceitáveis intervenções sobre as origens da própria vida humana".[963] Efetivamente, "já se verificou que a aplicação de algumas dessas descobertas, no campo industrial e agrícola, a longo prazo produzem efeitos negativos. Isto pôs cruamente em evidência que toda e qualquer intervenção numa área determinada do ecossistema não pode prescindir da consideração das suas conseqüências em outras áreas e, em geral, das conseqüências no bem-estar das futuras gerações".[964]

**460** *O homem não deve, portanto, esquecer que* "a sua capacidade de transformar e, de certo modo, criar o mundo com o próprio trabalho ... se desenrola sempre sobre a base da doação original das coisas por parte de Deus".[965] Ele não deve "dispor arbitrariamente da terra, submetendo-a sem reservas à sua vontade, como se ela não possuísse uma forma própria e um destino anterior que Deus lhe deu, e que o homem pode, sim, desenvolver, mas não

---

[959] João Paulo II, *Discurso aos trabalhadores das Oficinas Olivetti de Ivrea* (19 de março de 1990), 4: *L'Osservatore Romano,* ed. em português, 25 de março de 1990, p. 4.

[960] João Paulo II, *Homilia durante a Celebração no Victoriam Racing Club*, Melbourne (28 de novembro de 1986), 11: *L'Osservatore Romano,* ed. em português, 14 de dezembro de 1986, p. 4.

[961] João Paulo II, *Discurso à Pontifícia Academia das Ciências* (23 de outubro de 1982), 6: *Insegnamenti di Giovanni Paolo II*, V, 3 (1982) 898.

[962] João Paulo II, Carta enc. *Sollicitudo rei socialis*, 34: *AAS* 80 (1988) 559.

[963] João Paulo II, *Mensagem para a celebração do Dia Mundial da Paz de 1990*, 7: *AAS* 82 (1990) 151.

[964] João Paulo II, *Mensagem para a celebração do Dia Mundial da Paz de 1990*, 6: *AAS* 82 (1990) 150.

[965] João Paulo II, Carta enc. *Centesimus annus*, 37: *AAS* 83 (1991) 840.

deve trair".[966] Quando se comporta desse modo, "em vez de realizar o seu papel de colaborador de Deus na obra da criação, o homem substitui-se a Deus, e deste modo acaba por provocar a revolta da natureza, mais tiranizada que governada por ele".[967]

Se o homem intervém na natureza sem abusar e sem danificá-la, pode-se dizer que "intervém não para modificar a natureza, mas para a ajudar a desenvolver-se segundo a sua essência, aquela da criação, a mesma querida por Deus. Trabalhando neste campo, evidentemente delicado, o investigador adere ao desígnio de Deus. Aprouve a Deus que o homem fosse o rei da criação".[968] No fundo, é o próprio Deus que oferece ao homem a honra de cooperar com todas as forças da inteligência na obra da criação.

## III. A CRISE NA RELAÇÃO HOMEM–AMBIENTE

**461** *A mensagem bíblica e o Magistério eclesial constituem os pontos de referência para avaliar os problemas que se apresentam nas relações entre o homem e o ambiente.*[969] Na origem de tais problemas pode identificar-se a pretensão de exercitar um domínio incondicional sobre as coisas por parte do homem, um homem desatento àquelas considerações de ordem moral que devem caracterizar cada atividade humana.

*A tendência à "exploração inconsiderada"*[970] *dos recursos da criação é o resultado de um longo processo histórico e cultural*: "A época moderna registrou uma capacidade crescente de intervenção transformadora por parte do homem. O aspecto de conquista e de exploração dos recursos tornou-se predominante e invasivo, e hoje chega a ameaçar a própria capacidade acolhedora do ambiente: o ambiente como 'recurso' corre o perigo de ameaçar o ambiente como 'casa'. Por causa dos poderosos meios de transformação, oferecidos pela civilização tecnológica, parece às vezes que o equilíbrio homem–ambiente tenha alcançado um ponto crítico"[971]

**462** *A natureza aparece assim como um instrumento nas mãos do homem, uma realidade que ele deve constantemente manipular, especialmente mediante*

---

[966] João Paulo II, Carta enc. *Centesimus annus*, 37: *AAS* 83 (1991) 840.

[967] João Paulo II, Carta enc. *Centesimus annus*, 37: *AAS* 83 (1991) 840.

[968] João Paulo II, *Discurso à 35ª Assembléia geral da Associação Médica Mundial* (29 de outubro de 1983), 6: *L'Osservatore Romano,* ed. em português, 13 de novembro de 1983, p. 7.

[969] Cf. Paulo VI, Carta apost. *Octogesima adveniens*, 21: *AAS* 63 (1971) 416-417.

[970] Paulo VI, Carta apost. *Octogesima adveniens*, 21: *AAS* 63 (1971) 417.

[971] João Paulo II, *Discurso aos participantes do Congresso sobre ambiente e saúde* (24 de março de 1997), 2: *L'Osservatore Romano,* ed. em português, 5 de abril de 1997, p. 9.

*Salvaguardar o ambiente*

*a tecnologia.* A partir do pressuposto, que se revelou errado, de que existe uma quantidade ilimitada de energia e de recursos a serem utilizados, que a sua regeneração seja possível de imediato e que os efeitos negativos das manipulações da ordem natural podem ser facilmente absorvidos, se difundiu uma concepção redutiva que lê o mundo natural em chave mecanicista e o desenvolvimento em chave consumista; a primazia atribuída ao fazer e ao ter mais do que ao ser causa graves formas de alienação humana.[972]

*Uma semelhante postura não deriva da pesquisa científica e tecnológica, mas de uma ideologia cientificista e tecnocrática que tende a condicioná-la.* A ciência e a técnica, com o seu progresso, não eliminam a necessidade de transcendência e não são, por si mesmas, causa da secularização exasperada que conduz ao niilismo: enquanto avançam em seu caminho, suscitam interrogações sobre o seu sentido e fazem crescer a necessidade de respeitar a dimensão transcendente da pessoa humana e da própria criação.

**463** *Uma correta concepção do ambiente, se por um lado não pode reduzir de forma utilitarista a natureza a mero objeto de manipulação e desfrute, por outro lado não pode absolutizar a natureza e sobrepô-la em dignidade à própria pessoa humana.* Neste último caso, chega-se ao ponto de divinizar a natureza ou a terra, como se pode facilmente divisar em alguns movimentos ecologistas que querem que se dê um perfil institucional internacionalmente garantido às suas concepções.[973]

*O Magistério tem motivado a sua contrariedade a uma concepção do ambiente inspirada no ecocentrismo e no biocentrismo,* porque "se propõe eliminar a diferença ontológica e axiológica entre o homem e os outros seres vivos, considerando a biosfera como uma unidade biótica de valor indiferenciado. Chega-se assim a eliminar a superior responsabilidade do homem, em favor de uma consideração igualitária da 'dignidade' de todos os seres vivos".[974]

**464** Uma visão do homem e das coisas desligadas de qualquer referência à transcendência conduziu à negação do conceito de criação e a atribuir ao homem e à natureza uma existência completamente autônoma. O liame que une o mundo a Deus foi assim quebrado: tal ruptura acabou por desancorar

---

[972] Cf. João Paulo II, Carta enc. *Sollicitudo rei socialis,* 28: *AAS* 80 (1988) 548-550.

[973] Cf., por exemplo, Pontifício Conselho da Cultura – Pontifício Conselho para o Diálogo Inter-religioso, *Jesus Cristo portador da água viva. Uma reflexão sobre o "New Age",* Libreria Editrice Vaticana, Cidade do Vaticano 2003, p. 35.

[974] João Paulo II, *Discurso aos participantes do Congresso sobre ambiente e saúde* (24 de março de 1997), 5: *Insegnamenti di Giovanni Paolo II,* XX, 1 (1997) 522.

do mundo até mesmo o homem e, mais radicalmente, empobreceu sua própria identidade. O ser humano veio a considerar-se alheio ao contexto ambiental em que vive. É bem clara a conseqüência que daí decorre: "A relação que o homem tem com Deus é que determina a relação do homem com os seus semelhantes e com o seu ambiente. Eis por que a cultura cristã sempre reconheceu nas criaturas, que circundam o homem, outros tantos dons de Deus que devem ser cultivados e guardados, com sentido de gratidão para com o Criador. Em particular, as espiritualidades beneditina e franciscana têm testemunhado esta espécie de parentesco do homem com o ambiente da criação, alimentando nele uma atitude de respeito para com toda a realidade do mundo circunstante".[975] Há que se ressaltar principalmente a profunda conexão existente entre ecologia ambiental e *"ecologia humana"*.[976]

**465** *O Magistério enfatiza a responsabilidade humana de preservar um ambiente íntegro e saudável para todos*:[977] "A humanidade de hoje, se conseguir conjugar as novas capacidades científicas com uma forte dimensão ética, será certamente capaz de promover o ambiente como casa e como recurso, em favor do homem e de todos os homens; será capaz de eliminar os fatores de poluição, de assegurar condições de higiene e de saúde adequadas, tanto para pequenos grupos como para vastos aglomerados humanos. A tecnologia que polui pode também despoluir, a produção que acumula pode distribuir de modo eqüitativo, com a condição de que prevaleça a ética do respeito pela vida e a dignidade do homem, pelos direitos das gerações humanas presentes e daquelas vindouras".[978]

## IV. UMA RESPONSABILIDADE COMUM

### a) O ambiente, um bem coletivo

**466** *A tutela do ambiente constitui um desafio para toda a humanidade: trata-se do dever, comum e universal, de respeitar um bem coletivo*,[979] destinado a todos, impedindo que se possa fazer "impunemente uso das diversas categorias de seres, vivos ou inanimados — animais, plantas e elementos

---

[975] João Paulo II, *Discurso aos participantes do Congresso sobre ambiente e saúde* (24 de março de 1997), 4: *Insegnamenti di Giovanni Paolo II*, XX, 1 (1997) 521.

[976] João Paulo II, Carta enc. *Centesimus annus*, 38: *AAS* 83 (1991) 841.

[977] Cf. João Paulo II, Carta enc. *Sollicitudo rei socialis*, 34: *AAS* 80 (1988) 559-560.

[978] João Paulo II, *Discurso aos participantes do Congresso sobre ambiente e saúde* (24 de março de 1997), 5: *L'Osservatore Romano,* ed. em português, 5 de abril de 1997, p. 9.

[979] Cf. João Paulo II, Carta enc. *Centesimus annus*, 40: *AAS* 83 (1991) 843.

*Salvaguardar o ambiente*

263

naturais — como se quiser, em função das próprias exigências".[980] É uma responsabilidade que deve amadurecer com base na globalidade da presente crise ecológica e na conseqüente necessidade de enfrentá-la globalmente, na medida em que todos os seres dependem uns dos outros na ordem universal estabelecida pelo Criador: "É preciso ter em conta a *natureza de cada ser e as ligações mútuas* entre todos, num sistema ordenado, qual é exatamente o cosmos".[981]

Esta perspectiva reveste uma particular importância quando se considera, no contexto dos estreitos liames que unem vários ecossistemas entre si, *o valor da biodiversidade*, que deve ser tratada com sentido de responsabilidade e adequadamente protegida, porque constitui uma extraordinária riqueza para a humanidade toda. A tal propósito, cada um pode facilmente advertir, por exemplo, a importância da região amazônica, "um dos espaços naturais mais apreciados no mundo por sua diversidade biológica, que o torna vital para o equilíbrio ambiental de todo o planeta".[982] *As florestas* contribuem para manter equilíbrios naturais essenciais indispensáveis para a vida.[983] A sua destruição, também através de inconsiderados incêndios dolosos, acelera o processo de desertificação com perigosas conseqüências para as reservas de água e compromete a vida de muitos povos indígenas e o bem-estar das gerações futuras. Todos, indivíduos e sujeitos institucionais, devem sentir-se comprometidos a proteger o patrimônio florestal e, onde necessário, promover adequados programas de reflorestamento.

**467** *A responsabilidade em relação ao ambiente, patrimônio comum do gênero humano, se estende não apenas às exigências do presente, mas também às do futuro:* "Herdeiros das gerações passadas e beneficiários do trabalho dos nossos contemporâneos, temos obrigações para com todos, e não podemos desinteressar-nos dos que virão depois de nós aumentar o círculo da família humana. A solidariedade universal é para nós não só um fato e um benefício, mas também um dever".[984] *Trata-se de uma responsabilidade que as gerações presentes têm em relação às futuras,*[985] uma responsabilidade que pertence também a cada um dos Estados e à Comunidade Internacional.

---

[980] João Paulo II, Carta enc. *Sollicitudo rei socialis*, 34: *AAS* 80 (1988) 559.

[981] João Paulo II, Carta enc. *Sollicitudo rei socialis*, 34: *AAS* 80 (1988) 559.

[982] João Paulo II, Exort. apost. *Ecclesia in America*, 25: *AAS* 91 (1999) 760.

[983] João Paulo II, *Homilia em Val Visdende (Itália) na festa votiva de São João Gualberto* (12 de julho de 1987): *L'Osservatore Romano*, ed. em português, 19 de julho de 1987, pp. 1.3.

[984] Paulo VI, Carta enc. *Populorum progressio*, 17: *AAS* 59 (1967) 266.

[985] Cf. João Paulo II, Carta enc. *Centesimus annus*, 37: *AAS* 83 (1991) 840.

# 264                                                        *Capítulo X*

**468** *A responsabilidade em relação ao ambiente deve encontrar uma tradução adequada no campo jurídico.* É importante que a Comunidade Internacional elabore regras uniformes para que tal regulamentação permita aos Estados controlar com maior eficácia as várias atividades que determinam efeitos negativos no ambiente e preservar os ecossistemas, prevendo possíveis acidentes: "Compete a cada Estado, no âmbito do próprio território, a tarefa de prevenir a degradação da atmosfera e da biosfera, exercendo um controle atento, além do mais, sobre os efeitos das novas descobertas tecnológicas e científicas; e ainda, dando aos próprios cidadãos a garantia de não estarem expostos a agentes inquinantes e a emanações tóxicas".[986]

O conteúdo jurídico do *"direito a um ambiente são e seguro"*[987] é fruto de uma elaboração gradual, requerida pela preocupação da opinião pública em disciplinar o uso dos bens da criação segundo as exigências do bem comum e em uma vontade comum de introduzir sanções para aqueles que poluem. As normas jurídicas, todavia, por si sós não bastam;[988] a par destas, devem amadurecer um forte senso de responsabilidade, bem como uma efetiva mudança nas mentalidades e nos estilos de vida.

**469** *As autoridades, chamadas a tomar decisões para enfrentar riscos sanitários e ambientais, às vezes se encontram diante de situações em que os dados científicos disponíveis são contraditórios ou quantitativamente escassos: em tal caso pode ser oportuna uma avaliação inspirada pelo "princípio de precaução", que não comporta a aplicação de uma regra, mas uma orientação voltada a administrar situações de incerteza.* Tal orientação manifesta a exigência de uma decisão provisória e modificável, com base em novos conhecimentos, que eventualmente se venham a alcançar. A decisão deve ser proporcional às providências já tomadas em vista de outros riscos. As políticas cautelatórias, baseadas no princípio de precaução, exigem que decisões sejam baseadas em um confronto entre riscos e benefícios previsíveis para cada possível opção alternativa, inclusive a decisão de não atuar. À abordagem baseada no princípio de precaução liga-se a exigência de promover todo o esforço para adquirir conhecimentos mais aprofundados, mesmo sabendo

---

[986]  João Paulo II, *Mensagem para a celebração do Dia Mundial da Paz 1990*, 9: *AAS* 82 (1990) 152.

[987]  João Paulo II, *Discurso à Corte e à Comissão Européia dos Direitos Humanos*, Estrasburgo (8 de outubro de 1988), 5: *L'Osservatore Romano,* ed. em português, 16 de outubro de 1988, p. 4; cf. Id., *Mensagem para a celebração do Dia Mundial da Paz 1990*, 9: *AAS* 82 (1990) 152; Id., *Mensagem para a celebração do Dia Mundial da Paz 1999*, 10: *AAS* 91 (1999) 384-385.

[988]  Cf. João Paulo II, *Mensagem para a celebração do Dia Mundial da Paz 1999*, 10: *AAS* 91 (1999) 384-385.

*Salvaguardar o ambiente*                                                                 265

que a ciência não pode chegar rapidamente a conclusões acerca da ausência de riscos. As circunstâncias de incerteza e a provisoriedade tornam particularmente importante a transparência no processo decisório.

**470** *A programação do desenvolvimento econômico deve considerar atentamente a "necessidade de respeitar a integridade e os ritmos da natureza",[989] já que os recursos naturais são limitados e alguns não são renováveis.* O atual ritmo de exploração compromete seriamente a disponibilidade de alguns recursos naturais para o tempo presente e para o futuro.[990] A solução do problema ecológico exige que a atividade econômica respeite mais o ambiente, conciliando as exigências do desenvolvimento econômico com as da proteção ambiental. *Toda atividade econômica que se valer dos recursos naturais deve também preocupar-se com a salvaguarda do ambiente e prever-lhe os custos,* que devem ser considerados como "um item essencial dos custos da atividade econômica".[991] Neste contexto hão de ser consideradas as relações entre a atividade humana e as *mudanças climáticas* que, dada sua complexidade, devem ser oportuna e constantemente acompanhadas em nível científico, político e jurídico, nacional e internacional. O clima é um bem a ser protegido e exige que, no seu comportamento, os consumidores e os que exercem atividade industrial desenvolvam um maior senso de responsabilidade.[992]

*Uma economia respeitosa do ambiente não perseguirá unicamente o objetivo da maximização do lucro, porque a proteção ambiental não pode ser assegurada somente com base no cálculo financeiro de custos e benefícios.* O ambiente é um dos bens que os mecanismos de mercado não são aptos a defender ou a promover adequadamente.[993] Todos os países, sobretudo os desenvolvidos, devem perceber como urgente a obrigação de reconsiderar as modalidades do uso dos bens naturais. A busca de inovações capazes de reduzir o impacto sobre o ambiente provocado pela produção e pelo consumo deve ser eficazmente incentivada.

Atenção particular deverá ser reservada às complexas problemáticas concernentes aos *recursos energéticos.*[994] Os não renováveis, explorados pe-

---

[989] João Paulo II, Carta enc. *Sollicitudo rei socialis*, 26: *AAS* 80 (1988) 546.

[990] Cf. João Paulo II, Carta enc. *Sollicitudo rei socialis*, 34: *AAS* 80 (1988) 559-560.

[991] João Paulo II, *Alocução à XXV sessão da Conferência da FAO* (16 de novembro de 1989), 8: *L'Osservatore Romano,* ed. em português, 3 de dezembro de 1989, p. 5.

[992] Cf. João Paulo II, *Discurso a um Grupo de estudo da Pontifícia Academia das Ciências* (6 de novembro de 1987): *L'Osservatore Romano,* ed. em português, 15 de novembro de 1987, p. 1.

[993] Cf. João Paulo II, Carta enc. *Centesimus annus*, 40: *AAS* 83 (1991) 843.

[994] Cf. João Paulo II, *Discurso aos participantes na Assembléia Plenária da Pontifícia Academia das Ciências* (28 de outubro de 1994): *L'Osservatore Romano,* ed. em português, 12 de novembro de 1994, p. 22.

266 *Capítulo X*

los países altamente industrializados e pelos de recente industrialização, devem ser postos ao serviço de toda a humanidade. Em uma perspectiva moral caracterizada pela eqüidade e pela solidariedade entre as gerações, se deverá, também, continuar, mediante o contributo da comunidade científica, a identificar novas fontes energéticas, a desenvolver as alternativas e a elevar o nível de segurança da energia nuclear.[995] A utilização da energia, pela conexão que tem com as questões do desenvolvimento e do ambiente, chama em causa a responsabilidade política dos estados, da comunidade internacional e dos operadores econômicos; tais responsabilidades deverão ser iluminadas e guiadas pela busca contínua do bem comum universal.

**471** *Uma atenção especial merece a relação que os povos indígenas mantêm com sua terra e seus recursos: trata-se de uma expressão fundamental da sua identidade.*[996] Muitos povos já perderam ou correm o risco de perder, com vantagem para potentes interesses agro-industriais ou por força dos processos de assimilação e de urbanização, as terras em que vivem,[997] às quais está vinculado o próprio sentido de suas existências.[998] Os direitos dos povos indígenas devem ser oportunamente tutelados.[999] Estes povos oferecem um exemplo de vida em harmonia com o ambiente que eles aprenderam a conhecer e preservar:[1000] sua extraordinária experiência, que é uma riqueza insubstituível para toda a humanidade, corre o risco de se perder juntamente com o ambiente de que se origina.

---

[995] Cf. João Paulo II, *Discurso aos participantes de um Simpósio sobre a física* (18 de dezembro de 1982): *L'Osservatore Romano,* ed. em português, 9 de janeiro de 1983, p. 9.

[996] Cf. João Paulo II, *Discurso aos povos autóctones da Amazônia*, Manaus (10 de julho de 1980): *L'Osservatore Romano,* ed. em português, 27 de julho de 1980, p. 9.

[997] Cf. João Paulo II, *Homilia durante a liturgia da Palavra para as populações autóctones da Amazônia Peruana* (5 de fevereiro de 1985), 4: *AAS* 77 (1985) 897-898; Cf. também Pontifício Conselho "Justiça e Paz", *Para uma melhor distribuição da terra. O desafio da reforma agrária* (23 de novembro de 1997), 11: Libreria Editrice Vaticana, Cidade do Vaticano 1997, pp. 13-14.

[998] Cf. João Paulo II, *Discurso aos aborígines da Austrália* (29 de novembro de 1986), 4: *L'Osservatore Romano,* ed. em português, 14 de dezembro de 1986, p. 8.

[999] Cf. João Paulo II, *Discurso aos indígenas da Guatemala* (7 de março de 1983), 4: *L'Osservatore Romano,* ed. em português, 20 de março de 1983, p. 4; Id., *Discurso aos povos autóctones do Canadá* (18 de setembro de 1984), 7-8: *L'Osservatore Romano,* ed. em português, 7 de outubro de 1984, p. 7; Id., *Discurso aos povos autóctones do Equador* (31 de janeiro de 1985), II.1: *AAS* 77 (1985) 861; Id., *Discurso aos aborígines da Austrália* (29 de novembro de 1986), 10: *L'Osservatore Romano,* ed. em português, 14 de dezembro de 1986, pp. 8-9.

[1000] Cf. João Paulo II, *Discurso aos aborígines da Austrália*, 4: *L'Osservatore Romano,* ed. em português, 14 de dezembro de 1986, p. 8; Id., *Discurso aos Ameríndios* (14 de setembro de 1987), 4: *L'Osservatore Romano,* ed. em português, 4 de outubro de 1987, p. 5

*Salvaguardar o ambiente*

267

## b) O uso da biotecnologia

**472** *Nos últimos anos, impôs-se com força a questão do uso das novas biotecnologias para fins ligados à agricultura, à zootecnia, à medicina e à proteção do ambiente. As novas possibilidades oferecidas pelas atuais técnicas biológicas e biogenéticas suscitam, de um lado, esperanças e entusiasmos e, de outro, alarme e hostilidade.* As aplicações das biotecnologias, sua liceidade do ponto de vista moral, suas conseqüências para a saúde do homem, seu impacto sobre o ambiente e sobre a economia, constituem objeto de estudo aprofundado e de vívido debate. Trata-se de questões controversas que envolvem cientistas e pesquisadores, políticos e legisladores, economistas e ambientalistas, produtores e consumidores. Os cristãos não são indiferentes a estas problemáticas, cônscios da importância dos valores em jogo.[1001]

**473.** *A visão cristã da criação comporta um juízo positivo sobre a liceidade das intervenções do homem na natureza, aí inclusos também os outros seres vivos, e, ao mesmo tempo, uma forte chamada ao senso de responsabilidade.*[1002] De fato, a natureza não é uma realidade sacra ou divina, subtraída à ação humana. É, antes, um dom oferecido pelo Criador à comunidade humana, confiado à inteligência e à responsabilidade moral do homem. Por isso, ele não comete um ato ilícito quando, respeitando a ordem, a beleza e a utilidade de cada ser vivente e da sua função no ecossistema, intervém modificando-lhe algumas características e propriedades. São deploráveis as intervenções do homem quando danificam os seres viventes ou o ambiente natural, ao passo que são louváveis quando se traduzem no seu melhoramento. *A liceidade do uso das técnicas biológicas e biogenéticas não esgotam toda a problemática ética*: tal como no que concerne a qualquer comportamento humano, é necessário avaliar cuidadosamente a sua real utilidade, bem como as possíveis conseqüências, também em termos de riscos. No âmbito das intervenções técnico-científicas de forte e ampla incidência sobre os organismos viventes, com a possibilidade de notáveis repercussões a longo prazo, não é lícito agir com ligeireza e irresponsabilidade.

**474** *As modernas biotecnologias têm um forte impacto social, econômico e político, no plano local, nacional e internacional: hão de ser avaliadas de acordo com os critérios éticos que devem sempre orientar as atividades e as*

---

[1001] Cf. Pontifícia Academia para a vida, *Biotecnologias animais e vegetais. Novas fronteiras e novas responsabilidades*, Libreria Editrice Vaticana, Cidade do Vaticano 1999.
[1002] Cf. João Paulo II, *Discurso à Pontifícia Academia das Ciências* (23 de outubro de 1982), 6: *Insegnamenti di Giovanni Paolo II*, V, 3 (1982) 898.

*relações humanas no âmbito socioeconômico e político.*[1003] É necessário ter na devida conta sobretudo os critérios de justiça e solidariedade, aos quais se devem ater antes de tudo os indivíduos e os grupos que atuam na pesquisa e comercialização no campo das biotecnologias. Todavia, não se deve cair no erro de crer que a mera difusão dos benefícios ligados às novas tecnologias possa resolver todos os urgentes problemas de pobreza e de subdesenvolvimento que ainda corroem tantos países do planeta.

**475** *Em um espírito de solidariedade internacional, várias medidas podem ser postas em prática quanto ao uso de novas biotecnologias.* Deve ser facilitado, em primeiro lugar, *o intercâmbio comercial eqüitativo, livre de vínculos injustos.* A promoção do desenvolvimento dos povos mais desfavorecidos não será, porém, autêntica e eficaz, se se reduz ao intercâmbio de produtos. É indispensável favorecer também *a maturação de uma necessária autonomia científica e tecnológica* por parte daqueles mesmos povos, promovendo também *os intercâmbios de conhecimentos científicos e as tecnologias, bem como a transferência de tecnologias para os países em via de desenvolvimento.*

**476** *A solidariedade comporta também uma chamada à responsabilidade que têm os países em via de desenvolvimento e, em particular, os seus responsáveis políticos, em promover uma política comercial favorável aos seus povos e o intercâmbio de tecnologias capazes de melhorar as condições alimentares e sanitárias.* Em tais países deve crescer o investimento na pesquisa, com especial atenção às características e às necessidades particulares do próprio território e da própria população, sobretudo levando em conta que algumas pesquisas no campo das biotecnologias, potencialmente benéficas, requerem investimentos relativamente modestos. Para este fim seria útil a criação de Organismos nacionais dedicados à proteção do bem comum mediante uma atenta gestão dos riscos.

**477** *Os cientistas e técnicos empenhados no setor das biotecnologias são chamados a trabalhar com inteligência e perseverança na busca de melhores soluções para os graves e urgentes problemas da alimentação e da saúde.* Eles não devem se esquecer de que suas atividades dizem respeito a materiais, viventes e não viventes, que pertencem à humanidade como um patrimônio, destinado também às gerações futuras; para os que crêem, trata-se de um dom recebido do Criador, confiado à inteligência e à liberdade humanas, elas mesmas dons do Altíssimo. Saibam os cientistas empenhar

---

[1003] Cf. João Paulo II, *Discurso à Pontifícia Academia das Ciências* (3 de outubro de 1981): *L'Osservatore Romano,* ed. em português, 11 de outubro de 1981, p. 8.

*Salvaguardar o ambiente*

suas energias e suas capacidades em uma busca apaixonada, guiada por uma consciência límpida e honesta.[1004]

**478** *Os empresários e responsáveis pelas entidades públicas que se ocupam da pesquisa, da produção e do comércio dos produtos derivados das novas biotecnologias devem ter em conta não só o legítimo lucro, mas também o bem comum.* Este princípio, válido para todo tipo de atividade econômica, torna-se particularmente importante quando se trata de atividades que se relacionam com a alimentação, a medicina, a proteção da saúde e do ambiente. Com suas decisões, empresários e responsáveis pelas entidades públicas interessadas podem orientar os progressos no setor das biotecnologias para metas muito promissoras no que diz respeito à luta contra a fome, especialmente nos países mais pobres, à luta contra as doenças e à luta pela salvaguarda do ecossistema, patrimônio de todos.

**479** *Os políticos, os legisladores e os administradores públicos têm a responsabilidade de avaliar as potencialidades, as vantagens e os eventuais riscos conexos com o uso das biotecnologias.* Não é de desejar que as suas decisões, em plano nacional ou internacional, sejam ditadas por pressões provenientes de interesses de uma parte. As autoridades públicas devem favorecer também uma correta informação da opinião pública e saber, em qualquer caso, tomar as decisões convenientes para o bem comum.

**480** *Também os responsáveis pela informação têm uma tarefa importante a desempenhar com prudência e objetividade.* A sociedade espera da parte deles uma informação completa e objetiva, que ajude os cidadãos a formar uma opinião correta acerca dos produtos biotecnológicos, sobretudo porque se trata de algo que lhes diz respeito diretamente enquanto possíveis consumidores. Deve-se, portanto, evitar cair na tentação de uma informação superficial, alimentada por entusiasmos fáceis ou por alarmismos injustificados.

## c) Ambiente e partilha dos bens

**481** *Também no campo da ecologia a doutrina social convida a ter presente que os bens da terra foram criados por Deus para serem sabiamente usados por todos: tais bens devem ser divididos com eqüidade, segundo a justiça e a*

---

[1004] Cf. João Paulo II, *Discurso à Pontifícia Academia das Ciências* (23 de outubro de 1982): *Insegnamenti di Giovanni Paolo II*, V, 3 (1982) 895-898; Id., *Discurso aos participantes do Congresso promovido pela Academia Nacional das Ciências no bicentenário da fundação* (21 de setembro de 1982): *L'Osservatore Romano*, ed. em português, 10 de outubro de 1982, pp. 12-13.

270 Capítulo X

*caridade*. Trata-se essencialmente de impedir a injustiça de um açambarcamento dos recursos: a avidez, seja esta individual ou coletiva, é contrária à ordem da criação.[1005] *Os atuais problemas ecológicos, de caráter planetário, podem ser eficazmente enfrentados somente através de uma cooperação internacional capaz de garantir uma maior coordenação do uso dos recursos da terra.*

**482** *O princípio da destinação universal dos bens oferece uma fundamental orientação, moral e cultural, para desatar o complexo e dramático nó que liga crises ambientais e pobreza.* A atual crise ambiental atinge particularmente os mais pobres, seja porque vivem nas terras sujeitas à erosão e à desertificação, ou porque envolvidos em conflitos armados ou ainda constrangidos a migrações forçadas, seja porque não dispõem dos meios econômicos e tecnológicos para proteger-se das calamidades.

Muitíssimos destes pobres vivem nos subúrbios poluídos das cidades em alojamentos casuais ou em aglomerados de casas decadentes e perigosas. (*slums, bidonvilles, barrios, favelas*). Quando for o caso de se proceder à sua transferência de residência e para não acrescentar sofrimento a sofrimento, é necessário fornecer uma adequada e prévia informação, oferecer alternativas de alojamentos decorosos e envolver diretamente os interessados.

Ademais, tenha-se sempre presente a situação dos países penalizados pelas regras de comércio internacional não eqüitativo, nos quais prevalece uma escassez de capitais freqüentemente agravada pelo ônus da dívida externa: nestes casos a fome e a pobreza tornam quase inevitável uma exploração intensiva e excessiva do ambiente.

**483** *Que o estreito liame que existe entre o desenvolvimento dos países mais pobres, o crescimento demográfico e um uso razoável do ambiente não seja utilizado como pretexto para escolhas políticas e econômicas pouco conformes à dignidade da pessoa humana.* No norte do planeta se assiste a uma "quebra do índice de natalidade, com repercussões sobre o envelhecimento da população, que se torna incapaz mesmo de se renovar biologicamente",[1006] enquanto no sul a situação é diversa. Se é verdade que a desigual distribuição da população e dos recursos disponíveis cria obstáculos ao desenvolvimento e ao uso sustentável do ambiente, deve-se reconhecer que o crescimento demográfico é plenamente compatível com um desenvolvimento integral e solidário:[1007] "Existe uma opinião vastamente difundida, segundo a qual a política

---

[1005] Cf. Concílio Vaticano II, Const. past. *Gaudium et spes*, 69: *AAS* 58 (1966) 1090-1092; Paulo VI, Carta enc. *Populorum progressio*, 22: *AAS* 59 (1967) 268.

[1006] João Paulo II, Carta enc. *Sollicitudo rei socialis*, 25: *AAS* 80 (1988) 543; Cf. Id., Carta enc. *Evangelium vitae*, 16: *AAS* 87 (1995) 418.

[1007] Cf. João Paulo II, Carta enc. *Sollicitudo rei socialis*, 25: *AAS* 80 (1988) 543-544.

*Salvaguardar o ambiente*  271

demográfica é apenas uma parte da estratégia global sobre o desenvolvimento. Por conseguinte, é importante que qualquer debate acerca de políticas demográficas tenha em consideração o desenvolvimento presente e futuro, tanto das nações como das regiões. Ao mesmo tempo, é impossível pôr de parte a natureza mesma daquilo que a palavra 'desenvolvimento' significa. Qualquer desenvolvimento digno deste nome deve ser integral, ou seja, deve orientar-se para o verdadeiro bem de cada pessoa e de toda a pessoa".[1008]

**484** *O princípio da destinação universal dos bens se aplica naturalmente também à água, considerada nas Sagradas Escrituras como símbolo de purificação* (cf. Sl 50,4; Jo 13,8) *e de vida* (cf. Jo 3,5; Gl 3,27): "Como dom de Deus, a água é instrumento vital, imprescindível para a sobrevivência e, portanto, um direito de todos".[1009] A utilização da água e dos serviços conexos deve ser orientada à satisfação das necessidades de todos e sobretudo das pessoas que vivem em pobreza. Um acesso limitado à água potável incide no bem-estar de um número enorme de pessoas e é freqüentemente causa de doenças, sofrimentos, conflitos, pobreza e até mesmo de morte: para ser adequadamente resolvida, tal questão "deve ser enquadrada de forma a estabelecer critérios morais baseados precisamente no valor da vida e no respeito pelos direitos e pela dignidade de todos os seres humanos".[1010]

**485** *A água, pela sua própria natureza, não pode ser tratada como uma mera mercadoria entre outras, e o seu uso deve ser racional e solidário.* A sua distribuição tradicionalmente se enumera entre as responsabilidades dos órgãos públicos, porque a água sempre foi considerada como um bem público, característica que deve ser mantida caso a gestão venha a ser confiada ao setor privado. O direito à água,[1011] como todos os direitos do homem, se baseia na dignidade humana e não em considerações de tipo meramente quan-

---

[1008] João Paulo II, *Mensagem à Senhora Nafis Sadik, Secretária geral da Conferência Internacional sobre População e Desenvolvimento* (18 de março de 1994), 3: *L'Osservatore Romano,* ed. em português, 2 de abril de 1994, p. 4.

[1009] João Paulo II, *Mensagem ao Card. Geraldo Majella Agnelo por ocasião do início da Campanha da Fraternidade da Conferência Nacional dos Bispos do Brasil* (19 de janeiro de 2004): *L'Osservatore Romano,* ed. em português, 28 de fevereiro de 2004, p. 1.

[1010] João Paulo II, *Mensagem ao Card. Geraldo Majella Agnelo por ocasião do início da Campanha da Fraternidade da Conferência Nacional dos Bispos do Brasil* (19 de janeiro de 2004): *L'Osservatore Romano,* ed. em português, 28 de fevereiro de 2004, p. 1.

[1011] Cf. *Mensagem para a celebração do Dia Mundial da Paz de 2003,* 5: *AAS* 95 (2003) 343; Pontifício Conselho "Justiça e Paz", *Water, an Essential Element for Life. A Contribution of the Delegation of the Holy See on the occasion of the 3rd World Water Forum,* Kyoto, 16-23 março 2003.

272 *Capítulo X*

titativo, que consideram a água tão-somente como um bem econômico. Sem água a vida é ameaçada. Portanto, o direito à água é um direito universal e inalienável.

### d) Novos estilos de vida

**486** *Os graves problemas ecológicos exigem uma efetiva mudança de mentalidade que induza a adotar novos estilos de vida,*[1012] "nos quais a busca do verdadeiro, do belo e do bom, e a comunhão com os outros homens, em ordem ao crescimento comum, sejam os elementos que determinam as opções do consumo, da poupança e do investimento".[1013] Tais estilos de vida devem ser inspirados na sobriedade, na temperança, na autodisciplina, no plano pessoal e social. É necessário sair da lógica do mero consumo e promover formas de produção agrícola e industrial que respeitem a ordem da criação e satisfaçam as necessidades primárias de todos. Uma semelhante atitude, favorecida por uma renovada consciência da interdependência que une todos os habitantes da terra, concorre para eliminar diversas causas de desastres ecológicos e garante uma oportuna capacidade de resposta quando tais desastres atingem povos e territórios.[1014] A questão ecológica não deve ser abordada somente pelas aterrorizantes perspectivas que a degradação ambiental delineia: ela deve traduzir-se, sobretudo, em uma forte motivação para uma autêntica solidariedade de dimensão universal.

**487** *A atitude que deve caracterizar o homem perante a criação é essencialmente a da gratidão e do reconhecimento: de fato, o mundo nos reconduz ao mistério de Deus, que o criou e sustém.* Se tornamos incidental nossa relação com Deus, a natureza é esvaziada de seu significado profundo, e nós a depauperamos.

Se, ao contrário, chegamos a descobrir a natureza na sua dimensão de criatura, é possível estabelecer com ela uma relação comunicativa, colher o seu significado evocativo e simbólico, penetrar assim no horizonte do *mistério,* franqueando ao homem a abertura para Deus, Criador dos céus e da terra. *O mundo se oferece ao olhar do homem como pegadas de Deus,* lugar em que se desvela a Sua força criadora, providente e redentora.

---

[1012] Cf. João Paulo II, Carta enc. *Centesimus annus*, 36: *AAS* 83 (1991) 838-840.

[1013] João Paulo II, Carta enc. *Centesimus annus*, 36: *AAS* 83 (1991) 839.

[1014] Cf. João Paulo II, *Discurso ao Centro das Nações Unidas* (18 de agosto de 1985), Nairóbi, 5: *AAS* 78 (1986) 92.

# CAPÍTULO XI

# A PROMOÇÃO DA PAZ

## I. ASPECTOS BÍBLICOS

**488** *Mais que um dom de Deus para o homem e um projeto humano conforme o desígnio divino, a paz é primeiramente um atributo essencial de Deus: "Iahweh-shalom [Senhor-paz]"* (Jz 6,24). A criação, que é um reflexo da glória divina, almeja a paz. Deus cria todas as coisas, e toda a criação forma um conjunto harmônico, *bom* em todas as suas partes (cf. Gn 1,4.10.12.18.21.25.31).

A paz funda-se na relação primária entre cada ser humano e Deus mesmo, uma relação caracterizada pela retidão (cf. Gn 17,1). Em seguida ao ato voluntário com que o homem altera a ordem divina, o mundo conhece o derramamento de sangue e a divisão: a violência se manifesta nas relações interpessoais (cf. Gn 4,1-16) e sociais (cf. Gn 11,1-9). A paz e a violência não podem habitar na mesma morada, onde há violência aí Deus não pode estar (cf. 1Cr 22,8-9).

**489** *Na Revelação bíblica, a paz é muito mais do que a simples ausência de guerra: ela representa a plenitude da vida* (cf. Mt 2,5); longe de ser uma construção humana, é um sumo dom divino oferecido a todos os homens, que comporta a obediência ao plano de Deus. A paz é o efeito da bênção de Deus sobre o Seu povo: "O Senhor volva o seu rosto para ti e te dê a paz!" (Nm 6,26). Tal paz gera fecundidade (cf. Is 48,19), bem-estar (cf. Is 48,18), ausência de medo (cf. Lv 54,6) e alegria profunda (cf. Pr 12,20).

**490** *A paz é a meta da convivência social, como aparece de modo extraordinário na visão messiânica da paz: quando todos os povos forem para a casa do Senhor e Ele indicar-lhes os Seus caminhos, eles poderão caminhar ao longo das veredas da paz* (cf. Is 2,2-5). Um mundo novo de paz, que abraça toda a natureza, é prometido para a era messiânica (cf. Is 11,6-9) e o próprio Messias é definido "Príncipe-da-Paz" (Is 9,5). Quando reinar a Sua paz, quando ela for parcialmente antecipada, ninguém poderá mais lançar o povo de Deus no medo (cf. Sf 3,13). A paz será então duradoura, pois quando o rei governa segundo a

274 *Capítulo XI*

justiça de Deus, a retidão germina e a paz torna-se abundante, "até que cesse a lua de brilhar" (Sl 71,7). Deus aspira dar a paz ao Seu povo: "Ele diz palavras de paz ao seu povo, para seus fiéis, e àqueles cujos corações se voltam para ele" (Sl 85,9). O Salmista, escutando o que Deus tem a dizer a seu povo sobre a paz, ouve estas palavras: "A bondade e a fidelidade outra vez se irão unir, a justiça e a paz de novo se darão as mãos" (Sl 84,11).

**491** *A promessa de paz, que percorre todo o Antigo Testamento, encontra o seu cumprimento na Pessoa mesma de Jesus.* A paz, de fato, é o bem messiânico por excelência, em que estão compreendidos todos os outros bens salvíficos. A palavra hebraica *"shalom"*, no sentido etimológico de "completude", exprime o conceito de "paz" na plenitude do seu significado (cf. Is 9,5s; Mq 5,1-4). O reino do Messias é precisamente o reino da paz (cf. Jó 25,2; Sl 29,11; 37,11; 71,3.7; 84,9.11; 118,165; 124,5; 127,6; 147,3; Ct 8,10; Is 26,3.12; 32,17s; 52,7; 54,10; 57,19; 60,17; 66,12; Ag 2,9; Zc 9,10 *et alibi*). Jesus "é a nossa paz" (Ef 2,14), Ele, que abateu o muro divisório da inimizade entre os homens, reconciliando-os com Deus (cf. Ef 2,14): assim São Paulo, com simplicidade, indica a razão radical que motiva os cristãos a uma vida e a uma missão de paz.

Na vigília de Sua morte, Jesus fala de Sua relação de amor com o Pai e da força unificante que este amor irradia sobre os discípulos; é um discurso de despedida que mostra o sentido profundo da Sua vida e que pode ser considerado uma síntese de todo o Seu ensinamento. Sela o Seu testamento espiritual o dom da paz: "Deixo-vos a paz, dou-vos a minha paz. Não vo-la dou como o mundo dá" (Jo 14,27). As palavras do Ressuscitado não ressoarão diversamente; toda vez que Ele encontrar os Seus, eles receberão dEle a saudação e o dom da paz: "A paz esteja convosco!" (Lc 24,36; Jo 20,19.21.26).

**492** *A paz de Cristo é, antes de tudo, a reconciliação com o Pai, que se realiza mediante o missão apostólica confiada por Jesus aos Seus discípulos; ela tem início com um anúncio de paz:* "Em toda a casa em que entrardes, dizei primeiro: Paz a esta casa!" (Lc 10,5; cf. Rm 1,7). *A paz é, pois, reconciliação com os irmãos,* porque Jesus, na oração que nos ensinou, o *"Pai-Nosso"*, associa o perdão pedido à Deus ao oferecido aos irmãos: "Perdoai-nos as nossas ofensas, assim como nós perdoamos aos que nos ofenderam" (Mt 6,12). Com esta dupla reconciliação, o cristão pode tornar-se artífice da paz e, portanto, partícipe do reino de Deus, segundo o que o mesmo Jesus proclama: "Bem-aventurados os pacíficos, porque serão chamados filhos de Deus" (Mt 5,9).

**493** *A ação pela paz nunca é dissociada do anúncio do Evangelho, que é precisamente "a boa nova da paz"* (At 10,36; cf. Ef 6,15), *dirigida a todos os homens.* No centro do "Evangelho da paz" (Ef 6,15), está o mistério da Cruz,

*A promoção da paz* 275

porque a paz está inserida no sacrifício de Cristo (cf. Is 53,5: "O castigo que nos salva pesou sobre ele; fomos curados graças às suas chagas"): Jesus crucificado cancelou a divisão, instaurando a paz e a reconciliação precisamente "pela virtude da cruz, aniquilando nela a inimizade" (Ef 2,16) e dando aos homens a salvação da Ressurreição.

## II. A PAZ: FRUTO DA JUSTIÇA E DA CARIDADE

**494** *A paz é um valor*[1015] *e um dever universal*[1016] *e encontra seu fundamento na ordem racional e moral da sociedade que tem as suas raízes no próprio Deus,* "fonte primária do ser, verdade essencial e bem supremo".[1017] *A paz não é simplesmente ausência de guerra e tampouco um equilíbrio estável entre forças adversárias,*[1018] *mas se funda sobre uma correta concepção de pessoa humana*[1019] *e exige a edificação de uma ordem segundo a justiça e a caridade.*

*A paz é fruto da justiça* (cf. Is 32,17),[1020] entendida em sentido amplo como o respeito ao equilíbrio de todas as dimensões da pessoa humana. A paz está em perigo quando ao homem não lhe é reconhecido o que lhe é devido enquanto homem, quando não é respeitada a sua dignidade e quando a convivência não é orientada em direção ao bem comum. Para a construção de uma sociedade pacífica e o desenvolvimento integral de indivíduos, povos e nações, e essencial a defesa e a promoção dos direitos humanos.[1021]

*A paz é fruto também do amor:* "A verdadeira paz é mais matéria de caridade que de justiça, pois a função da justiça é somente remover os obstáculos para a paz: a ofensa e o dano; mas a paz, ela mesma, é ato próprio e específico da caridade".[1022]

---

[1015] Cf. JOÃO PAULO II, *Mensagem para a celebração do Dia Mundial da Paz 1986*, 1: *AAS* 78 (1986) 278-279.

[1016] Cf. PAULO VI, *Mensagem para a celebração do Dia Mundial da Paz 1969*: *AAS* 60 (1968) 771; JOÃO PAULO II, *Mensagem para a celebração do Dia Mundial da Paz 2004*, 4: *AAS* 96 (2004) 116.

[1017] JOÃO PAULO II, *Mensagem para a celebração do Dia Mundial da Paz 1982*, 4: *AAS* 74 (1982) 328.

[1018] Cf. CONCÍLIO VATICANO II, Const. past. *Gaudium et spes*, 78: *AAS* 58 (1966) 1101-1102.

[1019] Cf. JOÃO PAULO II, Carta enc. *Centesimus annus*, 51: *AAS* 83 (1991) 856-857.

[1020] Cf. PAULO VI, *Mensagem para a celebração do Dia Mundial da Paz 1972*: *AAS* 63 (1971) 868.

[1021] Cf. PAULO VI, *Mensagem para a celebração do Dia Mundial da Paz 1969*: *AAS* 60 (1968) 772; JOÃO PAULO II, *Mensagem para a celebração do Dia Mundial da Paz 1999*, 12: *AAS* 91 (1999) 386-387.

[1022] PIO XI, Carta enc. *Ubi arcano*: *AAS* 14 (1922) 686. Na Encíclica se faz referência a S. TOMÁS DE AQUINO, *Summa theologiae*, II-II, q. 29 art. 3, ad 3um: Ed. Leon. 8, 238; Cf. CONCÍLIO VATICANO II, Const. past. *Gaudium et spes*, 78: *AAS* 58 (1966) 1101-1102.

276         *Capítulo XI*

**495** *A paz se constrói dia a dia na busca da ordem querida por Deus*[1023] *e pode florescer somente quando todos reconhecem as próprias responsabilidades na sua promoção.*[1024] Para prevenir conflitos e violências, é absolutamente necessário que a paz comece a ser vivida, como valor profundo, no íntimo de cada pessoa: assim pode estender-se nas famílias e nas diversas formas de agremiação social, até envolver toda a comunidade política.[1025] Em um clima difuso de concórdia e de respeito à justiça, pode amadurecer uma autêntica *cultura de paz,*[1026] capaz de difundir-se também na Comunidade Internacional. A paz é, portanto, "fruto da ordem que o seu Fundador divino inseriu na sociedade humana. Deve ser realizada, em perfeição progressiva, pelos homens que têm sede da justiça".[1027] Tal ideal de paz "não é possível obter... sem que se garanta o bem-estar das pessoas , sem que os homens comuniquem entre si espontaneamente as riquezas do coração e da inteligência".[1028]

**496** *A violência nunca constitui uma resposta justa.* A Igreja proclama, com a convicção da sua fé em Cristo e com a consciência de sua missão, "que a violência é má, que a violência como solução para os problemas é inaceitável, que a violência é indigna do homem. A violência é uma mentira, pois que é contrária à verdade da nossa fé, à verdade da nossa humanidade. A violência destrói o que ambiciona defender: a dignidade, a vida, a liberdade dos seres humanos".[1029]

*Também o mundo atual necessita do testemunho dos profetas não armados, infelizmente objeto de escárnio em toda época:*[1030] "Aqueles que renunciam à ação violenta e sangrenta e, para proteger os direitos do homem, recorrem a meios de defesa ao alcance dos mais fracos, testemunham a caridade evangélica, contanto que isso seja feito sem lesar os direitos e as obrigações de outros homens e das sociedades. Atestam legitimamente a gravidade dos riscos físicos e morais do recurso à violência, com seu cortejo de mortes e ruínas".[1031]

---

[1023] Cf. Paulo VI, Carta enc. *Populorum progressio*, 76: *AAS* 59 (1967) 294-295

[1024] Cf. Paulo VI, *Mensagem para a celebração do Dia Mundial da Paz 1974: AAS* 65 (1973) 672.

[1025] Cf. *Catecismo da Igreja Católica*, 2317.

[1026] Cf. João Paulo II, *Discurso ao Corpo Diplomático* (13 de janeiro de 1997), 3: *L'Osservatore Romano,* ed. em português, 18 de janeiro de 1997, p. 6.

[1027] Concílio Vaticano II, Const. past. *Gaudium et spes*, 78: *AAS* 58 (1966) 1101; cf. *Catecismo da Igreja Católica*, 2304.

[1028] Concílio Vaticano II, Const. past. *Gaudium et spes*, 78: *AAS* 58 (1966) 1101.

[1029] João Paulo II, *Discurso em Drogheda*, Irlanda (29 de setembro de 1979), 9: *L'Osservatore Romano,* ed. em português, 7 de outubro de 1979, p. 5; cf. Paulo VI, Exort. apost. *Evangelii nuntiandi*, 37: *AAS* 68 (1976) 29.

[1030] Cf. João Paulo II, *Discurso à Pontifícia Academia das Ciências* (12 de novembro de 1983), 5: *L'Osservatore Romano,* ed. em português, 20 de novembro de 1983, p. 6.

[1031] *Catecismo da Igreja Católica*, 2306

# III. A FALÊNCIA DA PAZ: A GUERRA

**497** *O Magistério condena "a desumanidade da guerra"*[1032] *e pede que seja considerada com uma abordagem completamente nova:*[1033] de fato, "não é mais possível pensar que nesta nossa era atômica a guerra seja um meio apto para ressarcir direitos violados".[1034] A Guerra é um "flagelo"[1035] e não representa nunca um meio idôneo para resolver os problemas que surgem entre as nações: *"Nunca foi e jamais o será"*,[1036] porque gera conflitos novos e mais complexos.[1037] Quando deflagra, a guerra torna-se uma "carnificina inútil",[1038] uma "aventura sem retorno",[1039] que compromete o presente e coloca em risco o futuro da humanidade: *"Nada se perde com a paz, mas tudo pode ser perdido com a guerra".*[1040] Os danos causados por um conflito armado, de fato, não são apenas materiais, mas também morais:[1041] a guerra é, ao fim e ao cabo, "a falência de todo autêntico humanismo",[1042] "é sempre uma derrota da humanidade":[1043] "nunca mais uns contra os outros, nunca mais, nunca!... nunca mais a guerra, nunca mais a guerra!".[1044]

**498** A busca de soluções alternativas à guerra para resolver os conflitos internacionais assumiu atualmente um caráter de dramática urgência, porque "a terrível capacidade dos meios de destruição, acessíveis já às médias e pequenas potências, e a conexão cada vez mais estreita entre os povos de toda a terra tornam muito difícil ou praticamente impossível limitar as con-

---

[1032] Concílio Vaticano II, Const. past. *Gaudium et spes*, 77: *AAS* 58 (1966) 1100; cf. *Catecismo da Igreja Católica*, 2307-2317.

[1033] Cf. Concílio Vaticano II, Const. past. *Gaudium et spes*, 80: *AAS* 58 (1966) 1103-1104.

[1034] João XXIII, Carta enc. *Pacem in terris*: *AAS* 55 (1963) 291.

[1035] Leão XIII, *Alocução ao Colégio Cardinalício: Acta Leonis XIII*, 19 (1899) 270-272.

[1036] João Paulo II, *Encontro com os Oficiais do Vicariato de Roma* (17 de janeiro de 1991): *L'Osservatore Romano,* ed. em português, 27 de janeiro de 1991, p. 22; cf. João Paulo II, *Discurso aos Bispos de Rito Latino da região Árabe* (1º de outubro de 1990) 4: *AAS* 83 (1991) 475.

[1037] Cf. Paulo VI, *Discurso aos Cardeais* (24 de junho de 1965): *AAS* 57 (1965) 643-644.

[1038] Bento XV, *Apelo aos Chefes dos povos beligerantes* (1º de agosto de 1917): *AAS* 9 (1917) 423.

[1039] João Paulo II, *Oração pela Paz durante a Audiência Pública* (16 de janeiro de 1991): *L'Osservatore Romano,* ed. em português, 20 de janeiro de 1991, p. 1.

[1040] João XXIII, Carta enc. *Pacem in terris*: *AAS* 55 (1963) 288; cf. Pio XII, *Rádio Mensagem* (24 de agosto de 1939): *AAS* 31 (1931) 334; João Paulo II, *Mensagem para a Celebração do Dia Mundial da Paz 1993*, 4: *AAS* 85 (1993) 433-434.

[1041] Cf. Concílio Vaticano II, Const. past. *Gaudium et spes*, 79: *AAS* 58 (1966) 1102-1103.

[1042] João Paulo II, *Mensagem para o Dia Mundial da Paz 1999*, 11: *AAS* 91 (1999) 385.

[1043] João Paulo II, *Discurso ao Corpo Diplomático* (13 de janeiro 2003), 4: *L'Osservatore Romano,* ed. em português, 18 de janeiro de 2003, p. 6.

[1044] Paulo VI, *Discurso à Assembléia Geral das Nações Unidas* (4 de outubro de 1965), 5: *AAS* 57 (1965) 881.

seqüências de um conflito".[1045] É pois essencial a busca das causas que originam um conflito bélico, em primeiro lugar as que se ligam a situações estruturais de injustiça, de miséria, de exploração, sobre as quais é necessário intervir com o objetivo de removê-las: "Por isso, o outro nome da paz é o *desenvolvimento*. Como existe a responsabilidade coletiva de evitar a guerra, do mesmo modo há a responsabilidade coletiva de promover o desenvolvimento".[1046]

**499** *Os Estados nem sempre dispõem dos instrumentos adequados para promover eficazmente a própria defesa: disso resulta a necessidade e a importância das Organizações Internacionais e Regionais,* que devem ser capazes de colaborar para fazer frente aos conflitos e favorecer a paz, instaurando relações de confiança recíproca aptas a tornar impensável o recurso da guerra:[1047] "É lícito esperar que os homens, por meio de encontros e negociações, venham a conhecer melhor os laços comuns da natureza que os unem e assim possam compreender a beleza de uma das mais profundas exigências da natureza humana, a de que reine entre eles e seus respectivos povos não o temor, mas o amor, um amor que, antes de tudo, leve os homens a uma colaboração leal, multiforme, portadora de inúmeros bens".[1048]

## a) A legítima defesa

**500** *Uma guerra de agressão é intrinsecamente imoral. No trágico caso em que esta se desencadeie, os responsáveis por um Estado agredido têm o direito e o dever de organizar a defesa, inclusive recorrendo à força das armas.*[1049] O uso da força, para ser lícito, deve responder a algumas rigorosas condições: "Que: — o dano infligido pelo agressor à nação ou à comunidade das nações seja durável, grave e certo; — todos os outros meios de pôr fim se tenham revelado impraticáveis ou ineficazes; — estejam reunidas as condições sérias de êxito; — o emprego das armas não acarrete males e desordens mais graves que o mal a eliminar. O poderio dos meios modernos de destruição pesa muito na avaliação desta condição. Estes são os elementos tradicionais enumerados na chamada doutrina da "guerra justa". A avaliação dessas condições de legitimidade moral cabe ao juízo prudencial daqueles que estão encarregados do bem comum".[1050]

---

[1045] João Paulo II, Carta enc. *Centesimus annus*, 51: *AAS* 83 (1991) 857.

[1046] João Paulo II, Carta enc. *Centesimus annus*, 52: *AAS* 83 (1991) 858.

[1047] Cf. João XXIII, Carta enc. *Pacem in terris*: *AAS* 55 (1963) 288-289.

[1048] João XXIII, Carta enc. *Pacem in terris*: *AAS* 55 (1963) 291.

[1049] Cf. *Catecismo da Igreja Católica*, 2265.

[1050] *Catecismo da Igreja Católica*, 2309.

_A promoção da paz_ 279

Se tal responsabilidade justifica a posse de meios suficientes para exercer *o direito à defesa*, permanece para os Estados a obrigação de fazer todo o possível para "garantir as condições de paz não apenas sobre o próprio território, mas em todo o mundo".[1051] Não se deve esquecer que "uma coisa é cuidar de assuntos militares com o fim de defender com justiça os povos, outra o querer subjugar outras nações. E a força bélica não legitima todo e qualquer uso seu, para fins militares ou políticos. Nem, quando por infelicidade a guerra já se iniciou, torna-se tudo lícito entre as partes inimigas".[1052]

**501** *A Carta das Nações Unidas, nascida da tragédia da Segunda Guerra Mundial e voltada a preservar as gerações futuras do flagelo da guerra, se baseia na interdição generalizada do recurso à força para resolver as controvérsias entre os Estados, exceto em dois casos: a legítima defesa e as medidas tomadas pelo Conselho de Segurança no âmbito das suas responsabilidades para manter a paz.* Em todo caso, o exercício do direito a defender-se deve respeitar "os limites tradicionais de *necessidade* e de *proporcionalidade*".[1053]

*Quanto, ademais, a uma ação bélica preventiva, lançada sem provas evidentes de que uma agressão está para ser desferida, ela não pode deixar de levantar graves questões sob o aspecto moral e jurídico.* Portanto, somente uma decisão dos organismos competentes, com base em rigorosas averiguações e motivações fundadas, pode dar legitimação internacional ao uso da força armada, identificando determinadas situações como uma ameaça à paz e autorizando uma ingerência na esfera do domínio reservado de um Estado.

## b) Defender a paz

**502** *As exigências da legítima defesa justificam a existência, nos Estados, das forças armadas, cuja ação deve ser posta ao serviço da paz: os que com tal espírito tutelam a segurança e a liberdade de um País dão um autêntico contributo à paz.*[1054] Toda pessoa que presta serviço nas forças armadas é concretamente chamada a defender o bem, a verdade e a justiça no mundo;

---

[1051] PONTIFÍCIO CONSELHO "JUSTIÇA E PAZ", *El comercio internacional de armas* (1º de maio de 1994), I, 6: Libreria Editrice Vaticana, Cidade do Vaticano 1994, p. 12.
[1052] CONCÍLIO VATICANO II, Const. past. *Gaudium et spes*, 79: *AAS* 58 (1966) 1103.
[1053] JOÃO PAULO II, *Mensagem para a celebração do Dia Mundial da Paz 2004*, 6: *AAS* 96 (2004) 117.
[1054] Cf. CONCÍLIO VATICANO II, Const. apost. *Gaudium et spes*, 79: *AAS* 58 (1966) 1102-1103; *Catecismo da Igreja Católica*, 2310.

# 280

*Capítulo XI*

não poucos são aqueles que nas forças armadas sacrificaram a própria vida por tais valores e para defender vidas inocentes. O crescente número de militares que atuam no seio de forças multinacionais, no âmbito das "missões humanitárias e de paz", promovidas pelas Nações Unidas, é um fato significativo.[1055]

**503** *Todo membro das forças amadas está moralmente obrigado a opor-se às ordens que incitam a cumprir crimes contra o direito das nações e os seus princípios universais.*[1056] Os militares permanecem plenamente responsáveis pelas ações que cometem em violação dos direitos das pessoas e dos povos ou das normas do direito internacional humanitário. Tais atos não podem ser justificadas com o motivo da obediência a ordens superiores.

*Os objetores de consciência, que por princípio se recusam a efetuar o serviço militar nos casos em que este seja obrigatório, porque a sua consciência os leva a rejeitar qualquer forma de uso da força, ou mesmo a participação em um determinado conflito, devem estar disponíveis a desempenhar outros tipos de serviços:* "Parece justo que as leis contemplem o caso daqueles que por motivos de consciência recusam pegar em armas, desde que aceitem uma outra maneira de servir à comunidade humana".[1057].

## c) O dever de proteger os inocentes

**504** *O direito ao uso da força com o objetivo de legítima defesa é associado ao dever de proteger e ajudar as vítimas inocentes que não podem defender-se das agressões.* Nos conflitos da era moderna, freqüentemente no seio do próprio Estado, *as disposições do direito internacional humanitário devem ser plenamente respeitadas.* Em muitas circunstâncias a população civil é atingida, por vezes também como objetivo bélico. Em alguns casos, é brutalmente massacrada ou desenraizada das próprias casas e das próprias terras com transferências forçadas, sob o pretexto de uma "purificação étnica"[1058] inaceitável. Em tais trágicas circunstâncias, é necessário que as ajudas humanitárias cheguem à população civil e que não sejam jamais utilizadas para

---

[1055] Cf. JOÃO PAULO II, *Mensagem ao III Congresso Internacional dos Ordinários Militares* (11 de março de 1994), 4: *L'Osservatore Romano,* ed. em português, 19 de março de 1994, p. 7.

[1056] Cf. *Catecismo da Igreja Católica,* 2313.

[1057] CONCÍLIO VATICANO II, Const. past. *Gaudium et spes,* 79: *AAS* 58 (1966) 1103; cf. *Catecismo da Igreja Católica,* 2311.

[1058] JOÃO PAULO II, *Angelus Domini* (7 de março de 1993), 4: *L'Osservatore Romano,* ed. em português, 14 de março de 1993, p. 1; ID., *Discurso ao Conselho dos Ministros OSCE* (30 de novembro de 1993), 4: *AAS* 86 (1994) 751.

A promoção da paz

281

condicionar os beneficiados: o bem da pessoa humana deve ter precedência sobre os interesses das partes em conflito.

**505** *O princípio de humanidade, inscrito na consciência de cada pessoa e povo, comporta a obrigação de manter as populações civis ao abrigo dos efeitos da guerra:* "Aquele mínimo de proteção à dignidade de todo o ser humano, garantido pelo direito internacional humanitário, é com muita freqüência violado em nome de exigências militares ou políticas, que jamais deveriam prevalecer sobre o valor da pessoa humana. Sente-se hoje a necessidade de encontrar um novo consenso sobre os princípios humanitários e de consolidar os fundamentos, a fim de impedir o repetir-se de atrocidades e abusos".[1059]

Uma categoria particular de vítimas da guerra é a dos *refugiados*, constrangidos pelos combates a fugir dos lugares em que vivem habitualmente, até mesmo a encontrar abrigo em países diferentes daqueles em que nasceram. A Igreja está do lado deles, não só com a presença pastoral e com o socorro material, mas também com o empenho de defender a sua dignidade humana: "A solicitude pelos refugiados deve esforçar-se por reafirmar e sublinhar os direitos humanos, universalmente reconhecidos, e a pedir que para eles sejam efetivamente realizados".[1060]

**506** *As tentativas de eliminação de inteiros grupos nacionais, étnicos, religiosos ou lingüísticos são delitos contra Deus e contra a própria humanidade, e os responsáveis de tais crimes devem ser chamados a responder diante da justiça.*[1061] O século XX caracterizou-se tragicamente por vários genocídios: desde o dos armênios ao dos ucranianos, dos cambojanos aos ocorridos na África e nos Bálcãs. Dentre eles se destaca o holocausto do povo hebraico, a *Shoah*: "Os dias da Shoah marcaram uma verdadeira noite na história, registrando crimes inauditos contra Deus e contra o homem".[1062]

*A Comunidade Internacional, no seu conjunto, tem a obrigação moral de intervir em favor destes grupos, cuja própria sobrevivência é ameaçada,*

---

[1059] João Paulo II, *Discurso durante a Audiência Geral* (11 de agosto de 1999): *L'Osservatore Romano*, ed. em português, 14 de agosto de 1999, p. 12.
[1060] João Paulo II, *Mensagem para a Quaresma 1990*, 3: *AAS* 82 (1990) 802.
[1061] Cf. João Paulo II, *Mensagem para a celebração do Dia Mundial da Paz 1999*, 7: *AAS* 91 (1999) 382; Id., *Mensagem para a celebração do Dia Mundial da Paz 2000*, 7: *AAS* 92 (2000) 362.
[1062] João Paulo II, *Regina coeli* (18 de abril de 1993) 3: *L'Osservatore Romano*, ed. em português, 25 de abril de 1993, p. 2; cf. Comissão para as Relações Religiosas com o Judaísmo, *Nós recordamos: uma reflexão sobre a Shoah* (16 de março de 1998): Libreria Editrice Vaticana, Cidade do Vaticano 1998.

282            *Capítulo XI*

*ou daqueles cujos direitos fundamentais são maciçamente violados.* Os estados, enquanto parte de uma comunidade internacional, não podem ficar indiferentes: ao contrário, se todos os outros meios à disposição se revelarem ineficazes, é "legítimo e até forçoso empreender iniciativas concretas para desarmar o agressor".[1063] O princípio da soberania nacional não pode ser aduzido como motivo para impedir a intervenção em defesa das vítimas.[1064] As medidas adotadas devem ser realizadas no pleno respeito do direito internacional e do princípio fundamental da igualdade entre os Estados.

A Comunidade Internacional dotou-se também de uma *Corte Penal Internacional* para punir os responsáveis por atos particularmente graves: crimes de genocídio, crimes contra a humanidade, crimes de guerra, crimes de agressão. O Magistério não deixou de encorajar repetidamente tal iniciativa.[1065]

### d) Medidas contra quem ameaça a paz

**507** *As sanções, nas formas previstas do ordenamento internacional contemporâneo, visam a corrigir o comportamento do governo de um País que viola as regras da convivência internacional pacífica e ordenada ou que põe em prática formas graves de opressão sobre a população.* As finalidades das sanções devem ser especificadas de modo inequívoco e as medidas adotadas devem ser periodicamente verificadas pelos organismos competentes da Comunidade Internacional, para uma objetiva avaliação da sua eficácia e do seu real impacto sobre a população civil. *O verdadeiro objetivo de tais medidas é abrir o caminho para as tratativas e o diálogo. As sanções não devem jamais constituir um instrumento de punição direta contra toda uma população:* não é lícito que, devido às sanções, venham sofrer populações inteiras e, em especial, seus membros mais vulneráveis. *As sanções econômicas, em particular, são um instrumento a ser utilizado com grande ponderação e a*

---

[1063] JOÃO PAULO II, *Mensagem para a celebração do Dia Mundial da Paz 2000*, 11: *AAS* 92 (2000) 363.

[1064] Cf. JOÃO PAULO II, *Discurso ao Corpo Diplomático* (16 de janeiro de 1993), 13: *AAS* 85 (1993) 1247-1248; ID., *Discurso à Conferência sobre a Nutrição, promovida pela FAO e pela OMS* (5 de dezembro de 1992), 3: *L'Osservatore Romano,* ed. em português, 3 de janeiro de 1993, p. 7; ID., *Mensagem para a celebração do Dia Mundial da Paz 2004*, 9: *AAS* 96 (2004) 120.

[1065] Cf. JOÃO PAULO II, *Angelus Domini* (14 de junho de 1998): *L'Osservatore Romano,* ed. em português, 20 de junho de 1998, p. 1; ID., *Discurso ao Congresso Mundial sobre a Pastoral dos Direitos Humanos* (4 de julho de 1998), 5: *L'Osservatore Romano,* ed. em português, 18 de julho de 1998, p. 3; ID., *Mensagem para a celebração do Dia Mundial da Paz 1999*, 7: *AAS* 91 (1999) 382; cf. também PIO XII, *Discurso ao VI Congresso Internacional de Direito Penal* (3 de outubro de 1953): *AAS* 45 (1953) 730-744.

*A promoção da paz*

283

*ser submetidos a rígidos critérios jurídicos e éticos.*[1066] *O embargo econômico* deve ser limitado no tempo e não pode ser justificado quando os efeitos que produzem se revelam indiscriminados.

### e) O desarmamento

**508** *A doutrina social propõe a meta de um "desarmamento geral equilibrado e controlado".*[1067] *O enorme aumento das armas representa uma ameaça grave para a estabilidade e a paz. O princípio de suficiência, em virtude do qual um Estado pode possuir unicamente os meios necessários para a sua legítima defesa, deve ser aplicado seja pelos Estados que compram armas, seja por aqueles que as produzem e as fornecem.*[1068] Todo e qualquer acúmulo excessivo de armas ou seu comércio generalizado não podem ser justificados moralmente; tais fenômenos devem ser avaliados também à luz da normativa internacional em matéria de não-proliferação, produção, comércio e uso dos diferentes tipos de armamentos. As armas não devem jamais ser consideradas como os outros bens intercambiados em plano mundial ou nos mercados internos.[1069]

O Magistério, ademais, expressou uma avaliação moral do fenômeno da *dissuasão*: "A *acumulação de armas* parece a muitos uma maneira paradoxal de dissuadir da guerra os eventuais adversários. Vêem nisso o mais eficaz dos meios suscetíveis de garantir a paz entre as nações. Este procedimento de dissuasão impõe severas reservas morais. A *corrida aos armamentos* não garante a paz. Longe de eliminar as causas da guerra, corre o risco de agravá-las".[1070] As políticas de dissuasão nuclear, típicas do período da chamada Guerra Fria, devem ser substituídas por medidas concretas de desarmamento, baseadas no diálogo e na negociação multilateral.

**509** *As armas de destruição de massa — biológicas, químicas e nucleares — representam uma ameaça particularmente grave; os que as possuem têm*

---

[1066] Cf. João Paulo II, *Discurso ao Corpo Diplomático* (9 de janeiro de 1995), 7: *L'Osservatore Romano,* ed. em português, 14 de janeiro de 1995, p. 4.

[1067] João Paulo II, *Mensagem para o 40º aniversário da ONU* (18 de outubro de 1985), 6: *L'Osservatore Romano,* ed. em português, 27 de outubro de 1985, p. 7.

[1068] Cf. Pontifício Conselho "Justiça e Paz", *O comércio internacional de armas* (1º de maio de 1994), 9-11: Libreria Editrice Vaticana, Cidade do Vaticano 1994, p. 13-14.

[1069] Cf. *Catecismo da Igreja Católica,* 2316; João Paulo II, *Discurso ao Mundo do Trabalho,* Verona, Itália (17 de abril de 1988), 6: *L'Osservatore Romano,* ed. em português, 24 de abril de 1988, p. 6.

[1070] *Catecismo da Igreja Católica,* 2315.

*uma responsabilidade enorme diante de Deus e de toda a humanidade.*[1071] O princípio da não-proliferação das armas nucleares juntamente com as medidas de desarmamento nuclear, assim como a proibição dos testes nucleares, são objetivos estritamente ligados entre si, que devem ser atingidos o mais rápido possível mediante controles eficazes no plano internacional.[1072] A proibição de desenvolvimento, de aumento de produção, de acúmulo e de emprego das armas químicas e biológicas, assim como as decisões que impõem a sua destruição, completam o quadro normativo internacional para o abandono de tais armas nefastas,[1073] cujo uso é explicitamente reprovado pelo Magistério: "Qualquer ação bélica que visa à destruição indiscriminada de cidades inteiras e de vastas regiões com seus habitantes é um crime contra Deus e contra o próprio homem, a ser condenadado com firmeza e sem hesitações".[1074]

**510** *O desarmamento deve estender-se à interdição das armas que infligem efeitos traumáticos excessivos ou cujo efeito é indiscriminado, assim como as minas anti-homem, um tipo de pequenos dispositivos, desumanamente insidiosos, pois que continuam a provocar vítimas mesmo muito tempo depois do fim das hostilidades*: os Estados que as produzem, comercializam ou ainda usam são responsáveis por retardarem gravemente a definitiva interdição de tais instrumentos mortíferos.[1075] *A comunidade internacional deve continuar a empenhar-se na atividade de desativação das minas,* promovendo uma cooperação eficaz, inclusive a formação técnica, com os países que não dispõem de meios próprios adequados para efetuar a urgentíssima depuração de seus territórios e que não são capazes fornecer uma assistência adequada às vítimas das minas.

**511** *Medidas apropriadas são necessárias para o controle da produção, venda, importação e exportação de armas leves e individuais, que facilitam muitas manifestações de violência.* A venda e o tráfico de tais armas constituem séria ameaça para a paz: são as armas mais utilizadas nos conflitos

---

[1071] Cf. Concílio Vaticano II, Const. past. *Gaudium et spes*, 80: *AAS* 58 (1966) 1103-1104; *Catecismo da Igreja Católica*, 2314.

[1072] Cf. João Paulo II, *Discurso ao Corpo Diplomático* (13 de janeiro de 1996), 7: *L'Osservatore Romano*, ed. em português, 20 de janeiro de 1996, p. 3.

[1073] A Santa Sé houve por bem tornar-se parte dos instrumentos jurídicos relativos às armas nucleares, biológicas e químicas para apoiar as iniciativas da Comunidade Internacional nesse sentido.

[1074] Concílio Vaticano II, Const. past. *Gaudium et spes*, 80: *AAS* 58 (1966) 1104.

[1075] Cf. João Paulo II, *Mensagem para a celebração do Dia Mundial da Paz 1999*, 11: *AAS* 91 (1999) 385-386.

*A promoção da paz*

285

internacionais e a sua disponibilidade faz aumentar o risco de novos conflitos e a intensidade dos que estão em curso. A postura dos Estados que aplicam severos controles sobre a transferência internacional de armamentos pesados, mas não prevêem nunca, ou tão-somente em raras ocasiões, restrições sobre o comércio das armas leves e individuais, é uma contradição inaceitável. É indispensável e urgente que os governos adotem regras adequadas para controlar a produção, o acúmulo, a venda e o tráfico de tais armas[1076] de modo a fazer frente à crescente difusão, em grande parte, entre grupos de combatentes que não pertencem às forças militares de um Estado.

**512** *A utilização de crianças e adolescentes como soldados em conflitos armados — em que pese o fato de que sua muito jovem idade não deva permitir o seu recrutamento — deve ser denunciada.* Elas são coagidas com a força a combater, ou também o fazem por iniciativa própria, sem plena consciência das conseqüências. São crianças privadas não apenas da instrução que deveriam receber e de uma infância normal, mas também adestradas a matar: tudo isto constitui um crime intolerável. O seu emprego nas forças combatentes de qualquer tipo deve ser impedido; contemporaneamente, é preciso fornecer toda a ajuda possível para os cuidados, a educação e a reabilitação dos que foram envolvidos nos combates.[1077]

### f) A condenação ao terrorismo

**513** *O terrorismo é uma das formas mais brutais de violência que atualmente afligem a Comunidade Internacional: semeia ódio, morte, desejo de vingança e de represália.*[1078] De estratégia subversiva típica somente de algumas organizações extremistas, com finalidade de destruição das coisas e à morte de pessoas, o terrorismo se transformou em uma rede obscura de cumplicidades políticas, utiliza também meios técnicos sofisticados, vale-se freqüentemente de enormes recursos financeiros e elabora estratégias de vasta escala, atingindo pessoas totalmente inocentes, vítimas casuais das ações terroristas.[1079] Alvos dos ataques terroristas são, em geral, os lugares da vida cotidiana e

---

[1076] Cf. João Paulo II, *Mensagem para a celebração do Dia Mundial da Paz 1999*, 11: *AAS* 91 (1999) 385-386.

[1077] Cf. João Paulo II, *Mensagem para a celebração do Dia Mundial da Paz 1999*, 11: *AAS* 91 (1999) 385-386.

[1078] Cf. *Catecismo da Igreja Católica*, 2297.

[1079] Cf. João Paulo II, *Mensagem para a celebração do Dia Mundial da Paz 2002*, 4: *AAS* 94 (2002) 134.

286        *Capítulo XI*

não objetivos militares no contexto de uma guerra declarada. O terrorismo atua e ataca no escuro, fora das regras com que os homens procuraram disciplinar, por exemplo, mediante o direito internacional humanitário, os seus conflitos: "Em bastantes casos o recurso a métodos do terrorismo surge como nova maneira de guerra".[1080] Não se devem descurar as causas que podem motivar tal inaceitável forma de reivindicação. A luta contra o terrorismo pressupõe o dever moral de contribuir para criar as condições a fim de que ele não nasça ou se desenvolva.

**514** *O terrorismo deve ser condenado do modo mais absoluto. Ele manifesta o desprezo total da vida humana e nenhuma motivação pode justificá-lo, pois que o homem é sempre fim e nunca meio.* Os atos de terrorismo atentam contra a dignidade do homem e constituem uma ofensa à humanidade inteira: "Existe por isso um direito a defender-se do terrorismo".[1081] Tal direito não pode, todavia, ser exercido no vácuo de regras morais e jurídicas, pois que a luta contra o terrorismo deve ser conduzida no respeito dos direitos do homem e dos princípios de um Estado de direito.[1082] A identificação dos culpados deve ser devidamente provada, pois a responsabilidade penal é sempre pessoal e, portanto, não pode ser estendida às religiões, às nações, às etnias, a que pertencem os terroristas. A colaboração internacional contra a atividade terrorista *"não pode exaurir-se meramente em operações repressivas e punitivas. É essencial que o recurso necessário à força seja acompanhado por uma análise corajosa e lúcida das motivações subjacentes aos ataques terroristas"*.[1083] É necessário também um particular empenho no plano "político e pedagógico"[1084] para resolver, com coragem e determinação, os problemas que, em algumas dramáticas situações, possam alimentar o terrorismo: "O recrutamento dos terroristas, de fato, é mais fácil em contextos sociais onde os direitos são espezinhados e as injustiças longamente toleradas".[1085]

---

[1080] Concílio Vaticano II, Const. past. *Gaudium et spes*, 79: *AAS* 58 (1966) 1102.

[1081] João Paulo II, *Mensagem para a celebração do Dia Mundial da Paz 2002*, 5: *AAS* 94 (2002) 134.

[1082] Cf. João Paulo II, *Mensagem para a celebração do Dia Mundial da Paz 2004*, 8: *AAS* 96 (2004) 119.

[1083] João Paulo II, *Mensagem para a celebração do Dia Mundial da Paz 2004*, 8: *AAS* 96 (2004) 119.

[1084] João Paulo II, *Mensagem para a celebração do Dia Mundial da Paz 2004*, 8: *AAS* 96 (2004) 119.

[1085] João Paulo II, *Mensagem para a celebração do Dia Mundial da Paz 2002*, 5: *AAS* 94 (2002) 134.

# A promoção da paz

**515** *É profanação e blasfêmia proclamar-se terrorista em nome de Deus.*[1086] Neste caso se instrumentaliza também a Deus e não apenas o homem, enquanto se presume possuir totalmente a Sua verdade, em vez de procurar ser possuído por ela. Definir como "mártires" aqueles que morrem executando atos terroristas é distorcer o conceito de martírio, que é testemunho de quem se deixa matar por não renunciar a Deus, e não de quem mata em nome de Deus.

*Nenhuma religião pode tolerar o terrorismo e, menos ainda, pregá-lo.*[1087] As religiões estão antes empenhadas em colaborar para remover as causas do terrorismo e para promover a amizade entre os povos.[1088]

## IV. O CONTRIBUTO DA IGREJA PARA A PAZ

**516** *A promoção da paz no mundo é parte integrante da missão com que a Igreja continua a obra redentora de Cristo sobre a terra.* A Igreja, de fato, é, "em Cristo, 'sacramento', ou seja, *sinal e instrumento de paz no mundo e para o mundo*".[1089] A promoção da verdadeira paz é uma expressão da fé cristã no amor que Deus nutre por cada ser humano. Da fé libertadora no amor de Deus derivam uma nova visão do mundo e um novo modo de aproximar-se do outro, seja esse outro um indivíduo ou um povo inteiro: é uma fé que muda e renova a vida, inspirada pela paz que Cristo deixou aos Seus discípulos (cf. Jo 14,27). Movida unicamente por tal fé, a Igreja quer promover a unidade dos cristãos e uma fecunda colaboração com os crentes de outras religiões. As diferenças religiosas não podem e não devem constituir uma causa de conflito: a busca comum da paz por parte de todos os crentes é, antes, um forte fator de unidade entre os povos.[1090] A Igreja exorta pessoas, povos, Estados e nações a se tornarem participantes da sua preocupação com

---

[1086] Cf. João Paulo II, *Discurso aos representantes do mundo da cultura, da arte e da ciência*, Astana, Kazakhstan (24 de setembro de 2001), 5: *L'Osservatore Romano*, ed. em português, 29 de setembro de 2001, p. 11.

[1087] Cf. João Paulo II, *Mensagem para a celebração do Dia Mundial da Paz 2002*, 7: *AAS* 94 (2002) 135-136.

[1088] Cf. *Decálogo de Assis para a paz*, n. 1, contido na Carta enviada por João Paulo II aos Chefes de Estado e de Governo dia 24 de fevereiro de 2002: *L'Osservatore Romano*, ed. em português, 9 de março de 2002, p. 1.

[1089] João Paulo II, *Mensagem para a celebração do Dia Mundial da Paz 2000*, 20: *AAS* 92 (2000) 369.

[1090] Cf. João Paulo II, *Mensagem para a celebração do Dia Mundial da Paz 1988*, 3: *AAS* 80 (1988) 282-284.

288                                             *Capítulo XI*

o restabelecimento e a consolidação da paz, ressaltando em particular a importante função do direito internacional.[1091]

**517** *A Igreja ensina que uma verdadeira paz só é possível através do perdão e da reconciliação.*[1092] Não é fácil perdoar diante das conseqüências da guerra e dos conflitos, porque a violência, especialmente quando conduz "até aos abismos da desumanidade e da desolação",[1093] deixa sempre como herança um pesado fardo de dor, que pode ser aliviado somente por uma reflexão profunda, leal e corajosa, comum aos contendores, capaz de enfrentar as dificuldades do presente com uma atitude purificada pelo arrependimento. O peso do passado, que não pode ser esquecido, pode ser aceito somente na presença de um perdão reciprocamente oferecido e recebido: trata-se de um percurso longo e difícil, mas não impossível.[1094]

**518** *O perdão recíproco não deve anular as exigências da justiça nem, tampouco, bloquear o caminho que leva à verdade: justiça e verdade representam, pelo contrário, os requisitos concretos da reconciliação.* São oportunas as iniciativas que tendem a instituir Organismos judiciários internacionais. Semelhantes Organismos, valendo-se do princípio da jurisdição universal e apoiados em procedimentos adequados, respeitosos dos direitos dos imputados e das vítimas, podem apurar a verdade sobre crimes perpetrados durante os conflitos armados.[1095] É necessário, todavia, ir além das determinações dos comportamentos delituosos, tanto ativos como omissivos, e além das decisões referentes aos procedimentos de reparação, para chegar ao restabelecimento de relações de recíproco acolhimento entre os povos divididos, sob o signo da reconciliação.[1096] Ademais, é necessário promover o respeito do *direito à paz*: tal direito "favorece a construção duma sociedade

---

[1091] Cf. João Paulo II, *Mensagem para a celebração do Dia Mundial da Paz 2004*, 9: *AAS* 96 (2004) 120.

[1092] Cf. João Paulo II, *Mensagem para a celebração do Dia Mundial da Paz 2002*, 9: *AAS* 94 (2002) 136-137; Id., *Mensagem para o Dia Mundial da Paz 2004*, 10: *AAS* 96 (2004) 121.

[1093] João Paulo II, Carta *No qüinquagésimo aniversário do início da Segunda Guerra Mundial*, 2: *AAS* 82 (1990) 51.

[1094] Cf. João Paulo II, *Mensagem para a celebração do Dia Mundial da Paz 1997*, 3: *AAS* 89 (1997) 193.

[1095] Cf. Pio XII, *Discurso ao VI Congresso internacional de Direito Penal* (3 de outubro de 1953): *AAS* 65 (1953) 730-744; João Paulo II, *Discurso ao Corpo Diplomático* (13 de janeiro de 1997), 4: *L'Osservatore Romano*, ed. em português, 18 de janeiro de 1997, p. 6; Id., *Mensagem para a celebração do Dia Mundial da Paz 1999*, 7: *AAS* 91 (1999) 382.

[1096] Cf. João Paulo II, *Mensagem para a celebração do Dia Mundial da Paz 1997*, 3. 4. 6: *AAS* 89 (1997) 193. 196-197.

# A promoção da paz

no interior da qual as relações de força são substituídas por relações de colaboração em ordem ao bem comum".[1097]

**519** *A Igreja luta pela paz com a oração.* A oração abre o coração não só a uma profunda relação com Deus, como também ao encontro com o próximo sob o signo do respeito, da confiança, da compreensão, da estima e do amor.[1098] A oração infunde coragem e dá apoio a todos "os verdadeiros amigos da paz",[1099] os quais procuram promovê-la nas várias circunstâncias em que se encontram a viver. A oração litúrgica é "o cume para o qual tende a ação da Igreja e, ao mesmo tempo, é a fonte donde emana toda a sua força";[1100] em particular a celebração eucarística, "fonte e convergência de toda a vida cristã",[1101] é nascente inesgotável de todo autêntico compromisso cristão pela paz.[1102]

**520** *Os Dias Mundiais da Paz são celebrações de particular intensidade para a oração de invocação da paz e para o compromisso de construir um mundo de paz.* O Papa Paulo VI instituiu-os com o objetivo de "que se dedique aos pensamentos e aos propósitos da Paz uma celebração especial, no primeiro dia do ano civil".[1103] *As Mensagens pontifícias por ocasião de celebração anual constituem uma rica fonte de atualização e de desenvolvimento da doutrina social* e mostram o constante esforço da ação pastoral da

---

[1097] João Paulo II, *Mensagem para a celebração do Dia Mundial da Paz 1999*, 11: *AAS* 91 (1999) 385.

[1098] Cf. João Paulo II, *Mensagem para a celebração do Dia Mundial da Paz 1992*, 4: *AAS* 84 (1992) 323-324.

[1099] Paulo VI, *Mensagem para a celebração do Dia Mundial da Paz 1968*: *AAS* 59 (1967) 1098.

[1100] Concílio Vaticano II, Const. *Sacrosanctum Concilium*, 10: *AAS* 56 (1964) 102.

[1101] Concílio Vaticano II, Const. dogm. *Lumen gentium*, 11: *AAS* 57 (1965) 15.

[1102] A celebração eucarística tem início com uma saudação de paz, a saudação de Cristo aos discípulos. O *Glória* é uma súplica de paz para todo o povo de Deus sobre a terra. A oração pela paz, nas anáforas da Santa Missa, se articula num apelo pela paz e pela unidade da Igreja; pela paz para a toda a família de Deus nesta vida; pelo progresso da paz e pela salvação do mundo. Durante o rito da comunhão, a Igreja reza para que o Senhor dê "a paz aos nossos dias" e recorda o dom de Cristo que consiste na Sua paz, invocando "a paz e a unidade" do Seu reino. A Assembléia reza também para que o Cordeiro de Deus tire os pecados do mundo e "lhe dê a paz". Antes da comunhão, todos na Assembléia se saúdam com um gesto de paz; a celebração Eucarística se conclui com a despedida da Assembléia na paz de Cristo. Muitas são as orações que, durante a Santa Missa, invocam a paz no mundo; nelas a paz é, às vezes, associada à justiça, como por exemplo no caso da oração de abertura do Oitavo Domingo do Tempo Comum com a qual a Igreja pede a Deus que os eventos deste mundo se realizem sempre sob o signo da justiça e da paz, segundo a Sua vontade.

[1103] Paulo VI, *Mensagem para a celebração do Dia Mundial da Paz 1968*: *AAS* 59 (1967) 1100.

Igreja em favor da paz: "A Paz impõe-se somente com a paz, com aquela paz nunca disjunta dos deveres da justiça, mas alimentada pelo sacrifício de si próprio, pela clemência, pela misericórdia e pela caridade".[1104]

---

[1104] PAULO VI, *Mensagem para a celebração do Dia Mundial da Paz 1976: AAS* 67 (1975) 671.

# TERCEIRA PARTE

"Para a Igreja, a mensagem social do Evangelho
não deve ser considerada uma teoria,
mas sobretudo um fundamento
e uma motivação para a ação".
(*Centesimus annus*, 57)

# CAPÍTULO XII

# DOUTRINA SOCIAL E AÇÃO ECLESIAL

## I. A AÇÃO PASTORAL NO ÂMBITO SOCIAL

### a) Doutrina social e inculturação da fé

**521** *Consciente da força renovadora do cristianismo também em relação à cultura e à realidade social,*[1105] *a Igreja oferece o contributo do próprio ensinamento à construção da comunidade dos homens, mostrando o significado social do Evangelho.*[1106] Em fins do século XIX, o Magistério da Igreja enfrentou organicamente as graves questões sociais da época, estabelecendo "um paradigma permanente para a Igreja. Ela, com efeito, tem a sua palavra a dizer perante determinadas situações humanas, individuais e comunitárias, nacionais e internacionais, para as quais formula uma verdadeira doutrina, um *corpus*, que lhe permite analisar as realidades sociais, pronunciar-se sobre elas e indicar diretrizes para a justa solução dos problemas que daí derivam".[1107] O pronunciamento de Leão XIII sobre a realidade sociopolítica de seu tempo com a Encíclica *"Rerum novarum"* "conferiu à Igreja quase um 'estatuto de cidadania' no meio das variáveis realidades da vida pública, e isto confirmar-se-ia ainda mais em seguida".[1108]

**522** *A Igreja, com a sua doutrina social, oferece sobretudo uma visão integral e uma plena compreensão do homem, em sua dimensão pessoal e social.* A antropologia cristã, desvelando a dignidade inviolável de toda pessoa, introduz as realidades do trabalho, da economia, da política em uma perspectiva original, que ilumina os autênticos valores humanos e inspira e sustém o empenho do testemunho cristão nos múltiplos âmbitos da vida pessoal,

---

[1105] Cf. Congregação para o Clero, *Diretório geral para a catequese*, 18: Libreria Editrice Vaticana, Cidade do Vaticano 1997, p. 24.

[1106] Cf. João Paulo II, Carta enc. *Redemptoris missio*, 11: *AAS* 83 (1991) 259-260.

[1107] João Paulo II, Carta enc. *Centesimus annus*, 5: *AAS* 83 (1991) 799.

[1108] João Paulo II, Carta enc. *Centesimus annus*, 5: *AAS* 83 (1991) 799.

294

*Capítulo XII*

cultural e social. Graças às "primícias do Espírito" (Rm 8,23), o cristão se torna "capaz de cumprir a lei nova do amor (cf. Rm 8,1-11). Por este Espírito, "penhor da herança" (Ef 1,14) se renova interiormente todo o homem, na perspectiva da "redenção do corpo" (Rm 8,23).[1109] Nesse sentido, a doutrina social põe de manifesto como o fundamento da moralidade de todo o agir social consista no desenvolvimento humano da pessoa e individua a norma da ação social na correspondência ao verdadeiro bem da humanidade e no empenho de criar condições que permitam a todo homem realizar a sua vocação integral.

**523** *A antropologia cristã anima e sustém a obra pastoral de inculturação da fé, dedicada a renovar desde dentro, com a força do Evangelho, os critérios de juízo, os valores determinantes, as linhas de pensamento e os modelos de vida do homem contemporâneo*: "Com a inculturação, torna-se um sinal mais transparente daquilo que realmente ela é, e um instrumento mais apto para a missão".[1110] O mundo contemporâneo está marcado por uma ruptura entre Evangelho e cultura; uma visão secularizada da salvação tende a reduzir também o cristianismo a "uma sabedoria meramente humana, como se fosse a ciência do bom viver".[1111] A Igreja está cônscia de que deve dar "um *grande passo à frente* na sua evangelização, deve entrar *numa nova etapa histórica* do seu dinamismo missionário".[1112] Nesta perspectiva pastoral se situa o ensinamento social: "A 'nova evangelização', da qual o mundo moderno tem urgente necessidade..., deve incluir entre os seus componentes essenciais *o anúncio da doutrina social da Igreja*".[1113]

### b) Doutrina social e pastoral social

**524** *A referência essencial à doutrina social decide da natureza, do enfoque, da articulação e dos desenvolvimentos da pastoral social.* Esta é expressão do ministério de evangelização social, propenso a iluminar, estimular e assistir a integral promoção do homem, mediante a práxis da libertação cristã, na sua perspectiva terrena e transcendente. A Igreja vive e atua na história, interagindo com a sociedade e a cultura do próprio tempo, para cumprir a sua missão de comunicar a todos os homens a novidade do anúncio cristão, na

---

[1109] Concílio Vaticano II, Const. apost. *Gaudium et spes*, 22: *AAS* 58 (1966) 1043.

[1110] João Paulo II, Carta enc. *Redemptoris missio*, 52: *AAS* 83 (1991) 300; Paulo VI, Exort. apost. *Evangelii nuntiandi*, 20: *AAS* 68 (1976) 18-19.

[1111] João Paulo II, Carta enc. *Redemptoris missio*, 11: *AAS* 83 (1991) 259-260.

[1112] João Paulo II, Exort. apost. *Christifideles laici*, 35: *AAS* 81 (1989) 458.

[1113] João Paulo II, Carta enc. *Centesimus annus*, 5: *AAS* 83 (1991) 800.

*Doutrina social e ação eclesial*

concretude das suas dificuldades, lutas e desafios, de sorte que a fé os ilumine para compreendê-las na verdade de que "abrir-se ao amor de Cristo é a verdadeira libertação".[1114] A pastoral social é a expressão viva e concreta de uma Igreja plenamente consciente da própria missão evangelizadora das realidades sociais, econômicas, culturais e políticas do mundo.

**525** *A mensagem social do Evangelho deve orientar a Igreja a desempenhar uma dupla tarefa pastoral: ajudar os homens a descobrir a verdade e a escolher a via seguir; encorajar o esforço dos cristãos em testemunhar, com solicitude de serviço, o Evangelho no campo social:* "Hoje, mais do que nunca, a Palavra de Deus não poderá ser anunciada e ouvida senão na medida em que ela for acompanhada do testemunho do poder do Espírito Santo, que opera na ação dos cristãos a serviço dos seus irmãos, justamente nos pontos onde se joga sua existência e seu futuro".[1115] A necessidade de uma nova evangelização leva a Igreja a compreender "que sua mensagem social encontrará credibilidade primeiro no *testemunho das obras* e só depois na sua coerência e lógica interna".[1116]

**526** *A doutrina social dita os critérios fundamentais da ação pastoral no campo social: anunciar o Evangelho; confrontar a mensagem evangélica com a realidade social; projetar ações voltadas a renovar tais realidades, conformando-as com as exigências da moral cristã.* Uma nova evangelização do social requer, antes de mais, o anúncio do Evangelho: Deus em Jesus Cristo salva o homem todo e todos os homens. Tais anúncios revelam o homem a si mesmo e devem transformar-se em princípio de interpretação das realidades sociais. No anúncio do Evangelho, a dimensão social é essencial e ineludível, embora não sendo a única. Ela deve mostrar a inesgotável fecundidade da salvação cristã, mesmo que uma conformidade perfeita e definitiva das realidades sociais ao Evangelho não possa realizar-se na história: nenhum resultado, mesmo o mais bem-sucedido, pode fugir aos limites da liberdade humana e da tensão escatológica de cada realidade criada.[1117]

**527** *A ação pastoral da Igreja no âmbito social deve testemunhar, antes de tudo, a verdade sobre o homem.* A antropologia cristã permite um discernimento dos problemas sociais, para os quais não se pode encontrar boa solução se não se tutela o caráter transcendente da pessoa humana, plenamente

---

[1114] João Paulo II, Carta enc. *Redemptoris missio*, 11: *AAS* 83 (1991) 259.
[1115] Paulo VI, Carta apost. *Octogesima adveniens*, 51: *AAS* 63 (1971) 440.
[1116] João Paulo II, Carta enc. *Centesimus annus*, 57: *AAS* 83 (1991) 862.
[1117] Cf. João Paulo II, Carta enc. *Sollicitudo rei socialis*, 48: *AAS* 80 (1988) 583-584.

revelada na fé.[1118] *A ação social dos cristãos deve inspirar-se no princípio fundamental da centralidade do homem.*[1119] Da exigência de promover a identidade integral do homem nasce a proposta dos grandes valores que presidem a uma convivência ordenada e fecunda: verdade, justiça, amor e liberdade.[1120] A pastoral social esforça-se para que a renovação da vida pública seja vinculada a um efetivo respeito dos sobreditos valores. De tal modo, a Igreja, mediante o seu multiforme testemunho evangélico, visa a promover a consciência do bem de todos e de cada um, como recurso inexaurível para o progresso de toda a vida social.

## c) Doutrina social e formação

**528** *A doutrina social é um ponto de referência indispensável para uma formação cristã completa.* A insistência do Magistério em propor tal doutrina, como fonte inspiradora do apostolado e da ação social, nasce da persuasão de que ela constitui um extraordinário recurso formativo: "Sobretudo para os fiéis leigos, de várias formas empenhados no campo social e político, é absolutamente indispensável uma consciência mais exata da *doutrina social da Igreja*".[1121] Tal patrimônio doutrinal não é adequadamente ensinado e conhecido: também por esta razão não se traduz oportunamente nos comportamentos concretos.

**529** *O valor formativo da doutrina social se reconhece melhor na atividade catequética.*[1122] A catequese é o ensinamento orgânico e sistemático da doutrina cristã, dado com o fim de iniciar os fiéis na plenitude da vida evangélica.[1123] O objetivo último da catequese "é o de fazer com que alguém se ponha, não apenas em contato, mas em comunhão, em intimidade com Jesus Cristo",[1124] de modo que possa reconhecer a ação do Espírito Santo, da qual provém o dom da vida nova em Cristo.[1125] Em tal perspectiva de fundo, no seu serviço de educação à fé a catequese *não deve omitir*, mas "esclarecer,

---

[1118] Cf. Concílio Vaticano II, Const. past. *Gaudium et spes*, 76: *AAS* 58 (1966) 1099-1100.

[1119] Cf. João XXIII, Carta enc. *Mater et magistra*: *AAS* 53 (1961) 453; João Paulo II, Carta enc. *Centesimus annus*, 54: *AAS* 83 (1991) 859-860.

[1120] Cf. João XXIII, Carta enc. *Pacem in terris*: *AAS* 55 (1963) 265-266.

[1121] João Paulo II, Exort. apost. *Christifideles laici*, 60: *AAS* 81 (1989) 511.

[1122] Cf. Congregação para o Clero, *Diretório Geral para a Catequese*, 30: Libreria Editrice Vaticana, Cidade do Vaticano 1997, p. 33.

[1123] Cf. João Paulo II, Exort. apost. *Catechesi tradendae*, 18: *AAS* 71 (1979) 1291-1292.

[1124] João Paulo II, Exort. apost. *Catechesi tradendae*, 5: *AAS* 71 (1979) 1281.

[1125] Cf. Congregação para o Clero, *Diretório Geral para a Catequese*, 54: Libreria Editrice Vaticana, Cidade do Vaticano 1997, p. 56.

# Doutrina social e ação eclesial

como convém... algumas realidades, como a ação do homem para sua libertação integral, o empenho na busca de uma sociedade mais solidária e mais fraternal e as lutas pela justiça e pela construção da paz".[1126] Para este fim é necessário oferecer uma apresentação integral do Magistério social, em sua história, nos seus conteúdos e em suas metodologias. Uma leitura direta das encíclicas sociais, efetuada no contexto eclesial, enriquece a sua recepção e aplicação, graças ao aporte das diversas competências e profissionalismos presentes na comunidade.

**530** *Sobretudo no contexto da catequese, é importante que o ensino da doutrina social seja orientado para motivar a ação para a evangelização e a humanização das realidades temporais.* Com tal doutrina, de fato, a Igreja exprime um saber teórico-prático que apóia o empenho de transformação da vida social, para torná-la sempre mais conforme ao desígnio divino. A catequese social visa à formação de homens que, respeitosos da ordem moral, sejam amantes da genuína liberdade, homens que "julguem as coisas com critério próprio e à luz da verdade, que ordenem as suas atividades segundo o sentido da responsabilidade, fomentem tudo o que é verdadeiro e justo, associando de boa vontade a sua ação à dos outros".[1127] *Adquire um extraordinário valor formativo o testemunho oferecido pelo cristianismo vivido*: "É particularmente a *vida de santidade,* resplandecente em tantos membros do Povo de Deus, humildes e, com freqüência, despercebidos aos olhos dos homens, que constitui o caminho mais simples e fascinante, em que é permitido perceber imediatamente a beleza da verdade, a força libertadora do amor de Deus, o valor da fidelidade incondicional a todas as exigências da lei do Senhor, mesmo nas circunstâncias mais difíceis".[1128]

**531** *A doutrina social deve ser colocada na base de uma intensa e constante obra de formação, sobretudo da que se dirige aos cristãos leigos. Tal formação deve ter presente o seu empenho na vida civil:* "Compete aos leigos, pelas suas livres iniciativas e sem esperar passivamente ordens e diretrizes, imbuir de espírito cristão a mentalidade e os costumes, as leis e as estruturas da sua comunidade de vida".[1129] *O primeiro nível* da obra formativa dirigida aos cristãos leigos deve torná-los capazes de enfrentar eficazmente as tarefas cotidianas nos âmbitos culturais, sociais, econômicos e políticos, desenvol-

---

[1126] João Paulo II, Exort. apost. *Catechesi tradendae*, 29: *AAS* 71 (1979) 1301-1302; cf. também Congregação para o Clero, *Diretório Geral para a Catequese*, 17: Libreria Editrice Vaticana, Cidade do Vaticano 1997, p. 23.

[1127] Concílio Vaticano II, Decl. *Dignitatis humanae*, 8: *AAS* 58 (1966) 935.

[1128] João Paulo II, Carta enc. *Veritatis splendor*, 107: *AAS* 85 (1993) 1217.

[1129] Paulo VI, Carta enc. *Populorum progressio*, 81: *AAS* 59 (1967) 296-297.

298  Capítulo XII

vendo neles o sentido de dever praticado ao serviço do bem comum.[1130] *Um segundo nível diz respeito à formação da consciência política para preparar* os cristãos leigos para o exercício do poder político: "Os que são idôneos ou possam tornar-se capazes de exercer a difícil e ao mesmo tempo nobilíssima arte política, prepararem-se para ela e procurem exercê-la, esquecidos do proveito próprio e de vantagens materiais".[1131]

**532** *As instituições educativas católicas podem e devem desempenhar um precioso serviço formativo, esforçando-se com especial solicitude pela inculturação da mensagem cristã, ou seja, o encontro fecundo entre o Evangelho e os vários saberes.* A doutrina social é um instrumento necessário para uma eficaz educação cristã ao amor, à justiça, à paz, assim como para amadurecer a consciência dos deveres morais e sociais no âmbito das diversas competências culturais e profissionais.

*Um importante momento de formação é representado pelas "Semanas Sociais" dos católicos que o Magistério sempre encorajou.* Elas constituem um lugar qualificado de expressão e de crescimento dos fiéis leigos, capazes de promover, em um nível alto, o seu específico contributo à renovação da ordem temporal. A iniciativa, experimentada em vários países, é um verdadeiro *laboratório cultural* em que se comunicam e se confrontam reflexões e experiências, estudam-se os problemas emergentes e encontram-se novas orientações operativas.

**533** *Não menos relevante deve ser o esforço por utilizar a doutrina social na formação dos presbíteros e dos candidatos ao sacerdócio os quais, no horizonte da preparação ministerial, devem desenvolver um conhecimento qualificado do ensino e da ação pastoral da Igreja no âmbito social e um vivo interesse pelas questões sociais do próprio tempo.* O documento da Congregação para a Educação Católica, *"Orientações para o estudo e o ensino da doutrina social da Igreja na formação sacerdotal"*,[1132] oferece indicações e disposições precisas para uma correta e adequada programação dos estudos.

### d) **Promover o diálogo**

**534** *A doutrina social é um instrumento eficaz de diálogo entre as comunidades cristãs e a comunidade civil e política,* um instrumento apto para promover e para inspirar atitudes de correta e fecunda colaboração, segundo

---

[1130] Cf. Concílio Vaticano II, Const. past. *Gaudium et spes*, 75: *AAS* 58 (1966) 1097-1099.
[1131] Concílio Vaticano II, Const. past. *Gaudium et spes*, 75: *AAS* 58 (1966) 1098.
[1132] 30 de dezembro de 1988, Tipografia Poliglotta Vaticana, Cidade do Vaticano.

*Doutrina social e ação eclesial*

299

modalidades adequadas às circunstâncias. O esforço das autoridades civis e políticas, chamadas a servir à vocação pessoal e social do homem, de acordo com a própria competência e com os próprios meios, pode encontrar na doutrina social da Igreja um importante apoio e uma rica fonte de inspiração.

**535** *A doutrina social é um terreno fecundo para o cultivo do diálogo e da colaboração no campo ecumênico,* que se realizam em diversos âmbitos, atualmente em vasta escala: na defesa da dignidade da pessoa humana; na promoção da paz; na luta concreta e eficaz contra as misérias do nosso tempo, tais como a fome e a indigência, o analfabetismo, a distribuição não eqüitativa dos bens e a carência de moradas. Tal multiforme cooperação acresce a consciência da fraternidade em Cristo e facilita o caminho ecumênico.

**536** *Na comum tradição do Antigo Testamento, a Igreja Católica sabe poder dialogar com os irmãos judeus, também mediante a sua doutrina social, para construir juntos um futuro de justiça e de paz para todos os homens, filhos do único Deus.* O patrimônio espiritual comum favorece o conhecimento mútuo e a recíproca estima,[1133] com base nos quais pode crescer o acordo em vista da superação de toda a discriminação e da defesa da dignidade humana.

**537** *A doutrina social se caracteriza também por um constante apelo ao diálogo entre todos os crentes das religiões do mundo, para que saibam compartilhar a busca de formas mais oportunas de colaboração:* as religiões têm um papel importante para a consecução da paz, que depende do empenho comum em vista do desenvolvimento integral do homem.[1134] No espírito dos *Encontros de oração realizados em Assis,*[1135] a Igreja continua a convidar os crentes de outras religiões ao diálogo e a favorecer, em todo lugar, um testemunho eficaz dos valores comuns a toda a família humana.

### e) Os sujeitos da pastoral social

**538** *A Igreja, ao cumprir a sua missão, empenha todo o povo de Deus.* Nas suas várias articulações e em cada um dos seus membros, de acordo com os dons e as formas de exercício próprias de cada vocação, o povo de Deus deve corresponder ao *dever* de anunciar e testemunhar o Evangelho (cf. 1Cor 9,16), ciente de que *"a missão compete a todos os cristãos".*[1136]

---

[1133] Cf. Concílio Vaticano II, Decl. *Nostra aetate,* 4: *AAS* 58 (1966) 742-743.
[1134] Cf. João Paulo II, Carta enc. *Sollicitudo rei socialis,* 32: *AAS* 80 (1988) 556-557.
[1135] 27 de outubro de 1986; 24 de janeiro de 2002.
[1136] João Paulo II, Carta enc. *Redemptoris missio,* 2: *AAS* 83 (1991) 250.

*Também a obra pastoral em âmbito social é destinada a todos os cristãos, chamados a se transformarem em sujeitos ativos no testemunho da doutrina social* e a inserirem-se plenamente na consolidada tradição de "atividade fecunda de milhões e milhões de homens que, estimulados pelo ensinamento do Magistério social, procuraram inspirar-se nele para o próprio compromisso no mundo".[1137] Os cristãos de hoje, agindo individualmente, ou diversamente coordenados em grupos, associações e organizações, devem saber propor-se como "um *grande movimento empenhado na defesa da pessoa humana* e na tutela da sua dignidade".[1138]

**539** *Na Igreja particular, o primeiro responsável pelo empenho pastoral de evangelização do social é o Bispo,* coadjuvado pelos sacerdotes, pelos religiosos e pelas religiosas, pelos fiéis leigos. O Bispo tem a responsabilidade de promover, com particular referência à realidade local, o ensinamento e a difusão da doutrina social, de que se ocupa mediante instituições apropriadas.

*A ação pastoral do Bispo deve encontrar atuação no ministério dos presbíteros que participam da sua missão de ensinamento, santificação e guia da comunidade cristã.* Com a programação de itinerários formativos oportunos, o presbítero deve dar a conhecer a doutrina social e promover nos membros da sua comunidade a consciência do direito e dever de serem sujeitos ativos de tais doutrinas. Através das celebrações sacramentais, em particular da Eucaristia e da Reconciliação, o sacerdote ajuda a viver e empenho social como fruto do Mistério salvífico. Ele deve animar a ação pastoral no âmbito social, ocupando-se, com particular solicitude, da formação e do acompanhamento espiritual dos fiéis empenhados na vida social e política. O presbítero que desempenha o serviço pastoral nas pastorais das várias agregações eclesiais, especialmente nas de apostolado social, tem o dever de favorecer o crescimento com o necessário ensino da doutrina social.

**540** *A ação pastoral no âmbito social se vale também das obras das pessoas consagradas, de acordo com o seu carisma; os seus testemunhos luminosos, particularmente nas situações de maior pobreza, constituem para todos uma chamada aos valores da santidade e do serviço generoso ao próximo.* O dom total de si dos religiosos oferece-se à reflexão comum também como um sinal emblemático e profético da doutrina social: colocando-se totalmente ao serviço do mistério da caridade de Cristo para com o homem e o mundo, os religiosos antecipam e mostram na sua vida alguns traços da humanidade nova que a doutrina social quer propiciar. As pessoas consagradas na casti-

---

[1137] João Paulo II, Carta enc. *Centesimus annus*, 3: *AAS* 83 (1991) 795.
[1138] João Paulo II, Carta enc. *Centesimus annus*, 3: *AAS* 83 (1991) 796.

*Doutrina social e ação eclesial*

301

dade, na pobreza e na obediência colocam-se ao serviço da caridade pastoral sobretudo com a oração, graças à qual contemplam o projeto de Deus sobre o mundo, elevam súplicas ao Senhor para que abra o coração de cada homem para acolher em si o dom da humanidade nova, preço do sacrifício de Cristo.

## II. DOUTRINA SOCIAL E COMPROMISSO DOS CRISTÃOS LEIGOS

### a) O cristão leigo

**541** *A conotação essencial dos cristãos leigos, fiéis operários da vinha do Senhor* (cf. Mt 20,1-16), *é a índole secular de seu seguimento de Cristo, que se realiza propriamente no mundo:* "É porém específico dos leigos, por sua própria vocação, procurar o Reino de Deus exercendo funções temporais e ordenando-as segundo Deus".[1139] Com o Batismo, os leigos são inseridos em Cristo, tornam-se partícipes de Sua vida e da Sua missão segundo a sua peculiar identidade: "Pelo nome de leigos aqui são compreendidos todos os cristãos, exceto os membros de ordem sacra e do estado religioso aprovado na Igreja. Estes fiéis pelo Batismo foram incorporados a Cristo, constituídos no Povo de Deus, e a seu modo feitos partícipes do múnus sacerdotal, profético e régio de Cristo, pelo que exercem sua parte na missão de todo o povo cristão na Igreja e no mundo".[1140]

**542** *A identidade do cristão leigo nasce e se alimenta dos sacramentos:* do Batismo, da Crisma e da Eucaristia. O Batismo conforma a Cristo, Filho do Pai, primogênito de toda criatura, enviado como Mestre e Redentor a todos os homens. A Crisma ou Confirmação configura a Cristo, enviado para vivificar a criação e cada ser com a efusão do Seu Espírito. A Eucaristia torna o fiel partícipe do único e perfeito sacrifício que Cristo ofereceu ao Pai, na própria carne, para a salvação do mundo.

*O fiel leigo é discípulo de Cristo a partir dos sacramentos e por força deles, em virtude de tudo quando Deus operou nele, imprimindo-lhe a própria imagem do Seu Filho, Jesus Cristo.* Deste dom divino de graça, e não de concessões humanas, nasce o tríplice *"múnus"* (*dom e dever*), que qualifica o leigo como *profeta, sacerdote e rei,* segundo a sua índole secular.

**543** *É tarefa própria do fiel leigo anunciar o Evangelho com um exemplar testemunho de vida, radicada em Cristo e vivida nas realidades temporais:*

---

[1139] Concílio Vaticano II, Const. dogm. *Lumen gentium,* 31: *AAS* 57 (1965) 37.
[1140] Concílio Vaticano II, Const. dogm. *Lumen gentium,* 31: *AAS* 57 (1965) 37.

família; compromisso profissional no âmbito do trabalho, da cultura, da ciência e da pesquisa; exercício das responsabilidades sociais, econômicas, políticas. Todas as realidades humanas seculares, pessoais e sociais, ambientes e situações históricas, estruturas e instituições, são o lugar próprio do viver e do agir dos cristãos leigos. Estas realidades são destinatárias do amor de Deus; o empenho dos fiéis leigos deve corresponder a esta visão e qualificar-se como expressão da caridade evangélica: "O estar e o agir no mundo são para os fiéis leigos uma realidade, não só antropológica e sociológica, mas também e especificamente teológica e eclesial".[1141]

**544** *O testemunho do fiel leigo nasce de um dom de graça, reconhecido, cultivado e amadurecido.*[1142] É esta a motivação que torna significativo o seu compromisso no mundo e o coloca como antípoda da mística da ação, própria do humanismo ateu, destituída de fundamento último e circunscrita em perspectivas puramente temporais. O horizonte escatológico é a chave que permite compreender corretamente as realidades humanas: na perspectiva dos bens definitivos, o fiel leigo é capaz de fundar com autenticidade a própria atividade terrena. O nível de vida e a maior produtividade econômica não são os únicos indicadores válidos para medir a plena realização do homem nesta vida e valem ainda menos se referidos à vida futura: "O homem não está restrito apenas à ordem temporal, mas, vivendo na história humana, conserva integralmente a sua vocação eterna".[1143]

### b) A espiritualidade do cristão leigo

**545** Os fiéis leigos são chamados a cultivar uma autêntica espiritualidade laical, que os regenere como homens e mulheres novos, imersos no mistério de Deus e inseridos na sociedade, santos e santificadores. Uma semelhante espiritualidade edifica o mundo segundo o Espírito de Jesus: torna capaz de olhar para além da história, sem dela se afastar; de cultivar um amor apaixonado por Deus, sem tirar o olhar dos irmãos, que se conseguem ver como os vê o Senhor e amar como Ele os ama. É uma espiritualidade que foge tanto do espiritualismo intimista como do ativismo social e sabe exprimir-se em uma síntese vital que confere unidade, significado e esperança à existência, por tantas e várias razões, contraditória e fragmentada. Animados por semelhante espiritualidade, os fiéis leigos, "exercendo seu próprio ofício guiados pelo espírito evangélico, a modo de fermento, de dentro, podem contribuir

---

[1141] João Paulo II, Exort. apost. *Christifideles laici*, 15: *AAS* 81 (1989) 415.
[1142] Cf. João Paulo II, Exort. apost. *Christifideles laici*, 24: *AAS* 81 (1989) 433-435.
[1143] Concílio Vaticano II, Const. past. *Gaudium et spes*, 76: *AAS* 58 (1966) 1099.

*Doutrina social e ação eclesial*

303

para a santificação do mundo. E assim manifestam Cristo aos outros, especialmente pelo testemunho de sua vida".[1144]

**546** *Os cristãos leigos devem fortificar a sua vida espiritual e moral, amadurecendo as competências exigidas para o cumprimento dos próprios deveres sociais.* O aprofundamento das motivações interiores e a aquisição do estilo apropriado ao empenho em campo social e político são fruto de um percurso dinâmico e permanente de formação, orientado antes de tudo a alcançar uma harmonia entre a vida, na sua complexidade, e a fé. Na experiência do crente, de fato, "não pode haver... duas vidas paralelas: por um lado, a vida chamada 'espiritual', com os seus valores e exigências; e, por outro, a chamada vida 'secular', ou seja, a vida da família, do trabalho, das relações sociais, do empenho político e da cultura".[1145]

*A síntese entre fé e vida exige um caminho ritmado com sabedoria pelos elementos qualificadores do itinerário cristão:* a referência à Palavra de Deus; a celebração litúrgica do Mistério cristão; a oração pessoal; a experiência eclesial autêntica, enriquecida pelo particular serviço formativo de sábios guias espirituais; o exercício das virtudes sociais e o perseverante esforço de formação cultural e profissional.

### c) Agir com prudência

**547** *O fiel leigo deve agir segundo as exigências ditadas pela prudência: é esta a virtude que dispõe a discernir em cada circunstância o verdadeiro bem e a escolher os meios adequados para cumpri-lo. Graças a ela se aplicam corretamente os princípios morais aos casos particulares.* A prudência se articula em três momentos: clarifica a situação e a avaliação, inspira a decisão e dá impulso à ação. O primeiro momento é qualificado *pela reflexão e pela consulta* para estudar o argumento, buscando os necessários pareceres; o segundo é *o momento de avaliação da análise e do juízo* sobre a realidade à luz do projeto de Deus; o terceiro momento, o *da decisão*, se baseia sobre as fases precedentes, que tornam possíveis o discernimento das ações a serem realizadas.

**548** *A prudência torna capaz de tomar decisões coerentes, com realismo e senso de responsabilidade em relação às conseqüências das próprias ações.* A visão assaz difusa que identifica a prudência com a astúcia, o cálculo utilitarista, a desconfiança, ou ainda com a covardia e indecisão, está muito

---

[1144] Concílio Vaticano II, Const. dogm. *Lumen gentium*, 31: *AAS* 57 (1965) 37-38.
[1145] João Paulo II, Exort. apost. *Christifideles laici*, 59: *AAS* 81 (1989) 509.

304 *Capítulo XII*

longe da reta concepção desta virtude, própria da razão prática, que ajuda a decidir com *sensatez e coragem* as atitudes a serem tomadas, tornando-se *medida* das outras virtudes. A prudência afirma o bem como dever e mostra o modo como a pessoa se determina a cumpri-la.[1146] A prudência é, ao fim e ao cabo, uma virtude que exige o exercício maduro do pensamento e da responsabilidade, no conhecimento objetivo da situação e na reta vontade que guia as decisões.[1147]

### d) Doutrina social e experiência associativa

**549** *A doutrina social da Igreja deve entrar, como parte integrante, no caminho formativo do fiel leigo. A experiência demonstra que o trabalho de formação é possível, normalmente, no interior das agregações laicais eclesiais, que se guiam por precisos critérios de eclesialidade:*[1148] "Também os grupos, as associações e os movimentos têm o seu lugar na formação dos fiéis leigos: têm, com efeito, a possibilidade, cada qual pelos próprios métodos, de oferecer uma formação profundamente inserida na própria experiência de vida apostólica, bem como a oportunidade de integrar, concretizar e especificar a forma-

---

[1146] Cf. *Catecismo da Igreja Católica*, 1806.

[1147] O exercício da prudência comporta um itinerário formativo para adquirir as necessárias qualidades: a *"memoria"* (memória) como capacidade de conservar as próprias experiências passadas de modo objetivo, sem falsificações (cf. S. Tomás de Aquino, *Summa theologiae*, II-II, q. 49, a. 1: Ed. Leon. 8, 367); a *"docilitas"* (docilidade), que é a capacidade de deixar-se instruir e de tirar vantagem da experiência alheia com base no autêntico amor pela verdade (cf. S. Tomás de Aquino, *Summa theologiae*, II-II, q. 49, a. 3: Ed. Leon. 8, 368-369); a *"solertia"* (solércia), isto é, a habilidade de enfrentar os imprevistos agindo de forma objetiva, para orientar cada situação ao serviço do bem, vencendo as tentações de intemperança, injustiça e vileza (cf. S. Tomás de Aquino, *Summa theologiae*, II-II, q. 49, a. 4: Ed. Leon. 8, 369-370). Estas condições de tipo cognitivo permitem desenvolver os pressupostos necessários ao momento de decisão: a *"providentia"* (previdência), que é a capacidade de avaliar a eficácia de um comportamento tendo em vista a obtenção de um fim moral (cf. S. Tomás de Aquino, *Summa theologiae*, II-II, q. 49, a. 6: Ed. Leon. 8, 371), e a *"circumspectio"* (circunspecção), ou seja, a capacidade de avaliar as circunstâncias que concorrem para constituir a situação na qual deve ser efetuada a ação (cf. S. Tomás de Aquino, *Summa theologiae*, II-II, q. 49, a. 7: Ed. Leon. 8, 372). A prudência especifica-se, no âmbito da vida social, em duas formas particulares: a prudência *"regente"*, ou seja, a capacidade de ordenar cada coisa ao máximo de bem para a sociedade (cf. S. Tomás de Aquino, *Summa theologiae*, II-II, q. 50, a. 1: Ed. Leon. 8, 374), e a prudência *"política"* que leva o cidadão a obedecer, seguindo as indicações da autoridade (cf. S. Tomás de Aquino, *Summa theologiae*, II-II, q. 50, a. 2: Ed. Leon. 8, 375), sem comprometer a própria dignidade de pessoa (cf. S. Tomás de Aquino, *Summa theologiae*, II-II, qq. 47-56: Ed. Leon. 8, 348-406).

[1148] Cf. João Paulo II, Exort. apost. *Christifideles laici*, 30: *AAS* 81 (1989) 446-448.

*Doutrina social e ação eclesial*

305

ção que os seus adeptos recebem de outras pessoas e comunidades".[1149] A doutrina social da Igreja apóia e ilumina o papel das associações, dos movimentos e dos grupos laicos empenhados em vivificar de modo cristão os vários setores da ordem temporal:[1150] "A comunhão eclesial, já presente e operante na ação do indivíduo, encontra uma expressão específica no operar associado dos fiéis leigos, isto é, na ação solidária que eles desenvolvem ao participar responsavelmente da vida e na missão da Igreja".[1151]

**550** *A doutrina social da Igreja é importantíssima para as agregações eclesiais que têm como objetivo de seu esforço a ação pastoral no âmbito social.* Elas constituem um ponto de referência privilegiado enquanto atuam na vida social em conformidade à sua fisionomia eclesial e demonstram, deste modo, quão relevante é o valor da oração, da reflexão e do diálogo para enfrentar as realidades sociais e para melhorá-las. Vale, em cada caso, a distinção "entre as atividades que os fiéis, isoladamente ou em grupos, guiados pela consciência cristã, executam em seu nome e as que realizam em nome da Igreja, juntamente com os pastores".[1152]

*Também as associações de categoria, que unem os associados em nome da vocação e da missão cristã no interior de um determinado ambiente profissional ou cultural, podem desempenhar um precioso trabalho de amadurecimento cristão.* Assim — por exemplo — uma associação católica de médicos forma os seus associados através do exercício de discernimento diante a tantos problemas que a ciência médica, a biologia e outras ciências apresentam à competência profissional do médico, mas também à sua consciência e à sua fé. A mesma coisa se pode dizer de associações de docentes católicos, de juristas, de empresários, de trabalhadores, mas também de desportistas, de ecologistas... É em tal contexto que a doutrina social revela sua eficácia formativa diante da consciência de cada pessoa e da cultura de um País.

### e) O serviço nos diversos âmbitos da vida social

**551** *A presença do fiel leigo no campo social é caracterizada pelo serviço, sinal e expressão da caridade que se manifesta na vida familiar, cultural, profissional, econômica, política, segundo perfis específicos:* obtemperando às diversas exigências de seu particular âmbito de atuação, os fiéis leigos

---

[1149] João Paulo II, Exort. apost. *Christifideles laici*, 62: *AAS* 81 (1989) 516-517.
[1150] Cf. João XXIII, Carta enc. *Mater et magistra*: *AAS* 53 (1961) 455.
[1151] João Paulo II, Exort. apost. *Christifideles laici*, 29: *AAS* 81 (1989) 443.
[1152] Concílio Vaticano II, Const. past. *Gaudium et spes*, 76: *AAS* 58 (1966) 1099.

exprimem a verdade de sua fé e, ao mesmo tempo, a verdade da doutrina social da Igreja, que encontra a sua plena realização quando é vivida em termos concretos para a solução dos problemas sociais. A própria credibilidade da doutrina social reside de fato no testemunho das obras, antes mesmo que na sua coerência e lógica interna.[1153]

*Tendo entrado no terceiro milênio da era cristã, os fiéis leigos se abrem com o seu testemunho a todos os homens com os quais se encarregarão dos apelos mais urgentes do nosso tempo*: "As propostas feitas por este Sagrado Sínodo, tiradas do tesouro da doutrina da Igreja, pretendem ajudar todos os homens nos nossos tempos, quer os que crêem em Deus e quer os que não O admitem explicitamente, a perceber com mais clareza sua vocação integral, construir um mundo mais de acordo com a dignidade eminente do homem, aspirar a uma fraternidade universal apoiada sobre fundamentos mais profundos e corresponder, sob o impulso do amor, com esforço generoso e comunitário às exigências urgentes de nossa época".[1154]

## 1. O serviço à pessoa humana

**552** *Entre os âmbitos do empenho social dos fiéis leigos, vem à tona antes de tudo o serviço à pessoa humana*: a promoção da dignidade de toda pessoa, o bem mais precioso que o homem possui, é a tarefa essencial, ou antes, em certo sentido é "a tarefa central e unificadora do serviço que a Igreja, e nela os fiéis leigos, são chamados a prestar à família dos homens".[1155]

*A primeira forma em que se cumpre tal tarefa consiste no empenho e no esforço pela própria renovação interior*, porque a história da humanidade não é movida por um determinismo impessoal, mas por uma constelação de sujeitos de cujos atos livres depende a ordem social. As instituições não garantem por si, como que mecanicamente, o bem de todos: "A interna renovação do espírito cristão"[1156] *deve preceder* o empenho de melhorar a sociedade "segundo o espírito da Igreja, fazendo reflorescer a justiça e a caridade social".[1157]

*Da conversão do coração brota a solicitude para com o homem amado como irmão*. Esta solicitude faz compreender como uma obrigação o empenho de sanar as instituições, as estruturas e as condições de vida contrárias à

---

[1153] Cf. João XXIII, Carta enc. *Mater et magistra*: *AAS* 53 (1961) 454; João Paulo II, Carta enc. *Centesimus annus*, 57: *AAS* 83 (1991) 862-863.

[1154] Concílio Vaticano II, Const. past. *Gaudium et spes*, 91: *AAS* 58 (1966) 1113.

[1155] João Paulo II, Exort. apost. *Christifideles laici*, 37: *AAS* 81 (1989) 460.

[1156] Pio XI, Carta enc. *Quadragesimo anno*: *AAS* 23 (1931) 218.

[1157] Pio XI, Carta enc. *Quadragesimo anno*: *AAS* 23 (1931) 218.

*Doutrina social e ação eclesial*  307

dignidade humana. Os fiéis leigos devem, por isso, *esforçar-se contemporaneamente pela conversão dos corações e pelo melhoramento das estruturas,* levando em conta as situações históricas e usando meios lícitos, a fim de obter instituições em que a dignidade de todos os homens seja verdadeiramente respeitada e promovida.

**553** A promoção da dignidade humana implica, antes de tudo, a afirmação do direito inviolável à vida, desde a concepção até à morte natural, *primeiro entre todos e condição para todos os outros direitos da pessoa.*[1158] *O respeito da dignidade pessoal exige, ademais,* o reconhecimento da dimensão religiosa do homem, *que não é "uma exigência meramente "confessional",* *mas sim de uma exigência que mergulha a sua raiz inextirpável na própria realidade do homem".*[1159] *O reconhecimento efetivo do* direito à liberdade de consciência e à liberdade religiosa *é um dos bens mais altos e dos deveres mais graves de cada povo que queira, verdadeiramente, assegurar o bem da pessoa e da sociedade.*[1160] *No atual contexto cultural, assume singular urgência o empenho em* defender o matrimônio e a família, *que pode ser assumido adequadamente só na convicção do valor único e insubstituível destas realidades em vista do autêntico progresso da convivência humana.*[1161]

## 2. O serviço à cultura

**554** *A cultura deve constituir um campo privilegiado de presença e empenho pela Igreja e pelos cristãos individualmente considerados.* A separação entre a fé cristã e a vida cotidiana é julgada pelo Concílio Vaticano II como um dos erros mais graves do nosso tempo.[1162] O desaparecimento do horizonte metafísico; a perda da nostalgia de Deus no narcisismo auto-referencial e na fartura de meios de um estilo de vida consumista; o primado conferido à tecnologia e à pesquisa científica como fim em si mesma; a ênfase ao aparente, à busca da imagem, às técnicas de comunicação: todos estes fenômenos devem ser compreendidos em seu aspecto cultural e colocados em relação com o tema central da pessoa humana, do seu crescimento integral, da sua capacidade de comunicação e de relação com os outros homens, do seu contínuo interrogar-se sobre grandes questões que circundam a existência.

---

[1158] Cf. Congregação para a Doutrina da Fé, Instr. *Donum vitae* (22 de fevereiro de 1987): *AAS* 80 (1988) 70-102.

[1159] João Paulo II, Exort. apost. *Christifideles laici*, 39: *AAS* 81 (1989) 466.

[1160] Cf. João Paulo II, Exort. apost *Christifideles laici*, 39: *AAS* 81 (1989) 466.

[1161] Cf. João Paulo II, Exort. apost *Familiaris consortio*, 42-48: *AAS* 74 (1982) 134-140.

[1162] Cf. Concílio Vaticano II, Const. past. *Gaudium et spes*, 43: *AAS* 58 (1966) 1062.

# 308

Tenha-se presente que "a cultura é aquilo pelo qual o homem se torna mais homem, 'é' mais, aproxima-se mais do 'ser'".[1163]

**555** *Um campo particular de empenho dos fiéis leigos deve ser o cultivo de uma cultura social e política inspirada no Evangelho.* A história recente tem mostrado a fragilidade e a radical falência de perspectivas culturais que foram por longo tempo compartilhadas e hegemônicas, sobretudo no plano social e político. Neste âmbito, especialmente nos decênios posteriores à Segunda Guerra Mundial, os católicos, em vários países, souberam desenvolver um empenho alto, que testemunha, hoje com evidência cada vez maior, a consistência da sua inspiração e do seu patrimônio de valores. O empenho social e político dos católicos, com efeito, nunca se limitou à mera transformação das estruturas, porque o percorre na base uma cultura que acolhe e responde às solicitações que derivam da fé e da moral, pondo-as como fundamento e objetivo de projetos concretos. Quando esta consciência vem a faltar, os próprios católicos se condenam à diáspora cultural e tornam insuficientes e redutivas as suas propostas. Apresentar em termos culturais atualizados o patrimônio da Tradição Católica, os seus valores, os seus conteúdos, toda o patrimônio espiritual, intelectual e moral do catolicismo é também hoje a urgência prioritária. A fé em Jesus Cristo, que se definiu a Si próprio "o caminho, a verdade e a vida" (Jo 14,6), leva os cristãos a comprometer-se com empenho sempre renovado na construção de cultura social e política inspirada no Evangelho.[1164]

**556** *A perfeição integral da pessoa e o bem de toda a sociedade são os fins essenciais da cultura:*[1165] *a dimensão ética da cultura é, portanto, uma prioridade na ação social e política dos fiéis leigos.* A desatenção a tal dimensão transforma facilmente a cultura em um instrumento de empobrecimento da humanidade. Uma cultura pode tornar-se estéril e encaminhar-se para a decadência, quando "se fecha em si própria e procura perpetuar formas antiquadas de vida, recusando qualquer mudança e confronto com a verdade do homem".[1166] A formação de uma cultura capaz de enriquecer o homem exige, ao contrário, o envolvimento de toda a pessoa, que nela desenvolve a sua criatividade, a sua inteligência, o seu conhecimento do mundo e dos homens,

---

[1163] João Paulo II, *Discurso à UNESCO* (2 de junho de 1980), 7: *L'Osservatore Romano,* ed. em português, 15 de junho de 1980, p. 14.

[1164] Cf. Congregação para a Doutrina da Fé, *Nota Doutrinal sobre algumas questões relativas à participação e comportamento dos católicos na vida política* (24 de novembro de 2002), 7: Libreria Editrice Vaticana, Cidade do Vaticano 2002, pp. 16-17.

[1165] Cf. Concílio Vaticano II, Const. past. *Gaudium et spes,* 59: *AAS* 58 (1966) 1079-1080.

[1166] João Paulo II, Carta enc. *Centesimus annus,* 50: *AAS* 83 (1991) 856.

*Doutrina social e ação eclesial* 309

e investe, ademais, a sua capacidade de autodomínio, de sacrifício pessoal, de solidariedade e de disponibilidade a promover o bem comum.[1167]

**557** *O empenho social e político do fiel leigo no campo cultural assume atualmente algumas direções precisas. A primeira é a que procura garantir a cada um o direito de todos a uma cultura humana e civil* "conveninte à dignidade da pessoa humana, sem discriminação de raça, sexo, nação, religião ou condição social".[1168] Tal direito implica o direito das famílias e das pessoas a uma escola livre e aberta; à liberdade de acesso aos meios de comunicação social, pela qual deve ser evitada toda forma de monopólio e de controle ideológico; a liberdade de pesquisa, de expressão de pensamento, de debate e de confronto. Na raiz da pobreza de tantos povos, há várias formas de privação cultural e de falta de reconhecimento de *direitos culturais.* O empenho pela educação e pela formação da pessoa constitui desde sempre a primeira solicitude da ação social dos cristãos.

**558** *O segundo desafio ao empenho do fiel leigo diz respeito ao conteúdo da cultura, ou seja, a verdade.* A questão da verdade é essencial para a cultura, porque permanece em "cada homem o dever de salvar a integridade de sua personalidade, em que sobressaem os valores da inteligência, vontade, consciência e fraternidade".[1169] Uma correta antropologia é critério de iluminação e de verificação para todas as formas culturais históricas. O empenho do cristianismo no âmbito cultural se opõe a todas as visões redutivas e ideológicas do homem e da vida. O dinamismo de abertura à verdade é garantido, antes de tudo, pelo fato de que "as culturas das diversas nações constituem fundamentalmente modos diferentes de enfrentar a questão sobre o sentido da existência pessoal".[1170]

**559** *Os cristãos devem dedicar-se com todas as energias a dar plena valorização à dimensão religiosa da cultura; tal tarefa é muito importante e urgente para a qualidade da vida humana, em âmbito individual e social.* A interrogação que provém do mistério da vida e remete ao mistério maior, o de Deus, está no centro de toda cultura; quando eliminada, corrompem-se a cultura e a vida moral das nações.[1171] A autêntica dimensão religiosa é constitutiva do homem e consente-lhe abrir às suas variadas atividades o horizonte em que elas encontram significado e direção. A religiosidade ou

---

[1167] Cf. João Paulo II, *Discurso à UNESCO* (2 de junho de 1980), 11: *L'Osservatore Romano*, ed. em português, 15 de junho de 1980, p. 14.

[1168] Concílio Vaticano II, Const. past. *Gaudium et spes*, 60: *AAS* 58 (1966) 1081.

[1169] Concílio Vaticano II, Const. past. *Gaudium et spes*, 61: *AAS* 58 (1966) 1082.

[1170] João Paulo II, Carta enc. *Centesimus annus*, 24: *AAS* 83 (1991) 822.

[1171] Cf. João Paulo II, Carta enc. *Centesimus annus*, 24: *AAS* 83 (1991) 821-822.

espiritualidade do homem se manifesta nas formas da cultura, às quais confere vitalidade e inspiração. Testemunham-no as inúmeras obras de arte de todos os tempos. Quando a dimensão religiosa de uma pessoa ou de um povo é negada, a própria cultura é lesada: por vezes, se chega ao ponto de fazê-la desaparecer.

**560** *Na promoção de uma autêntica cultura, os fiéis leigos assegurarão grande relevo aos meios de comunicação de massa, considerando sobretudo os conteúdos das inúmeras escolhas realizadas pelas pessoas:* tais escolhas, mesmo variando de grupo para grupo e de indivíduo para indivíduo, possuem todas um peso moral e sob este aspecto devem ser avaliadas. Para escolher corretamente, é necessário conhecer as normas da ordem moral e aplicá-las fielmente.[1172] A Igreja oferece uma longa tradição de sabedoria, enraizada na Revelação divina e na reflexão humana,[1173] cuja orientação teológica serve como importante corretivo tanto no que se refere "à solução "atéia", que priva o homem de uma das suas componentes fundamentais, a espiritual, quanto no que diz respeito às soluções permissivas e consumísticas, que buscam, sob vários pretextos, convencê-lo da sua independência de toda a lei e de Deus".[1174] Mais do que julgar os meios de comunicação social, esta tradição se coloca ao seu serviço: "A cultura eclesial da sabedoria pode salvar a cultura mediática da informação, a fim de não se tornar um amontoar-se de fatos sem significado".[1175]

**561** *Os fiéis leigos olharão para as mídias como a possíveis e potentes instrumentos de solidariedade*: "A solidariedade aparece como uma conseqüência de uma comunicação verdadeira e justa, e da livre circulação das idéias que favoreçam o conhecimento e o respeito aos outros".[1176] Isto não ocorre quando os meios de comunicação social são usados para edificar e manter sistemas econômicos ao serviço da avidez e da cobiça. Diante das graves injustiças, a decisão de ignorar totalmente alguns aspectos do sofrimento humano reflete uma seleção indefensável.[1177] *As estruturas e as políticas de comunicação e a distribuição da tecnologia são fatores que contribuem realmente para fazer com que algumas pessoas sejam "ricas de informação" e outras*

---

[1172] Cf. CONCÍLIO VATICANO II, Decr. *Inter mirifica*, 4: *AAS* 56 (1964) 146.

[1173] Cf. JOÃO PAULO II, Carta enc. *Fides et ratio*, 36-48: *AAS* 91 (1999) 33-34.

[1174] JOÃO PAULO II, Carta enc. *Centesimus annus*, 55: *AAS* 83 (1991) 861.

[1175] JOÃO PAULO II, *Mensagem para o XXXIII Dia Mundial das Comunicações Sociais*, 1999, 3: *L'Osservatore Romano,* ed. em português, 6 de fevereiro de 1999, p. 2.

[1176] *Catecismo da Igreja Católica*, 2495.

[1177] Cf. PONTIFÍCIO CONSELHO DAS COMUNICAÇÕES SOCIAIS, *Ética nas Comunicações Sociais*, 14: Libreria Editrice Vaticana, Cidade do Vaticano 2000, pp. 16-17.

*Doutrina social e ação eclesial*

"*pobres*" *de informação, em uma época em que a prosperidade e até mesmo a sobrevivência dependem da informação*. Desse modo, portanto, os meios de comunicação social contribuem para as injustiças e os desequilíbrios que causam a mesma dor que, depois, referem como informação. A tecnologia da comunicação e da informação, juntamente com a formação no seu uso, devem visar a eliminar estas injustiças e estes desequilíbrios.

**562** *Os profissionais dos meios de comunicação social não são os únicos a ter deveres éticos. Os que deles fruem também têm obrigações. Os operadores que tentam assumir responsabilidades merecem um público consciente das próprias responsabilidades?* O primeiro dever dos utentes das comunicações sociais consiste no discernimento e na seleção. Os pais, as famílias e a Igreja têm responsabilidades precisas e irrenunciáveis. Para quantos atuam no campo das comunicações sociais ressoa forte e claro a admoestação de São Paulo: "Por isso, renunciai à mentira. Cada um diga a verdade ao seu próximo, pois somos membros uns dos outros... Nenhuma palavra má saia da vossa boca, mas só a que for útil para a edificação, sempre que possível, e benfazeja aos que ouvem" (Ef 4,25.29). O serviço à pessoa, mediante a edificação de uma comunidade humana baseada na solidariedade, na justiça e no amor, e a difusão da verdade sobre a vida humana e sobre a sua realização final em Deus são as exigências éticas fundamentais dos meios de comunicação social.[1178] À luz da fé, a comunicação humana deve ser considerada como um percurso de Babel a Pentecostes, ou seja, o empenho, pessoal e social, de superar o colapso da comunicação (cf. Gn 11,4-8) abrindo-se ao dom de línguas (cf. At 2,5-11), à comunicação restabelecida pela força do Espírito, enviado pelo Filho.

### 3. O serviço à economia

**563** *Diante da complexidade do contexto econômico contemporâneo, o fiel leigo se deixará guiar em sua ação pelos princípios do Magistério social.* É necessário que ditos princípios sejam conhecidos e acolhidos na atividade econômica mesma: quando estes princípios — em primeiro lugar o da centralidade da pessoa humana — são ignorados, a própria qualidade da atividade econômica fica comprometida.[1179]

---

[1178] Cf. Pontifício Conselho das Comunicações Sociais, *Ética nas Comunicações Sociais*, 33: Libreria Editrice Vaticana, Cidade do Vaticano 2000, pp. 43-44.

[1179] Cf. Congregação para a Doutrina da Fé, *Nota Doutrinal sobre algumas questões relativas à participação e comportamento dos católicos na vida política* (24 de novembro de 2002), 3: Libreria Editrice Vaticana, Cidade do Vaticano 2002, p. 8.

# 312

*Capítulo XII*

O empenho do cristão se traduzirá também no esforço de reflexão cultural voltada sobretudo para um *discernimento concernente aos atuais modelos de desenvolvimento econômico-social*. A redução da questão do desenvolvimento a um problema exclusivamente técnico produziria um esvaziamento de seu verdadeiro conteúdo que, na verdade, diz respeito à "dignidade do homem e dos povos".[1180]

**564** *Os cultores da ciência econômica, os operadores do setor e os responsáveis políticos devem aperceber-se da urgência de se repensar a economia,* considerando, de uma parte, a dramática pobreza material de milhões de pessoas e, de outra, o fato de que "as atuais estruturas econômicas, sociais e culturais sentem dificuldade em assumir as exigências dum autêntico progresso".[1181] As legítimas exigências da eficiência econômica deverão ser mais bem harmonizadas com as da participação política e da justiça social. Em concreto, isto significa entretecer de solidariedade as redes das interdependências econômicas, políticas e sociais, que os processos de globalização em curso tendem a acrescer.[1182] Neste esforço de reflexão, que se mostra articulado e tende a incidir nas concepções da realidade econômica, manifestam-se preciosas as agregações de inspiração cristã que atuam no campo econômico: associações de trabalhadores, de empreendedores e de economistas.

## 4. O serviço à política

**565** *Para os fiéis leigos, o compromisso político é uma expressão qualificada e exigente do compromisso cristão ao serviço dos outros.*[1183] A persecução do bem comum em um espírito de serviço; o desenvolvimento da justiça com uma atenção particular para com as situações de pobreza e sofrimento; o respeito pela autonomia das realidades terrenas; o princípio de subsidiariedade; a promoção do diálogo e da paz no horizonte da solidariedade; são estas as orientações em que os cristãos leigos devem inspirar sua ação política. Todos os que crêem, enquanto titulares de direitos e deveres de cidadãos, estão obrigados a respeitar tais orientações; aqueles que têm encargos diretos e institucionais na gestão das complexas problemáticas da coisa pública, seja nas administrações locais, seja nas instituições nacionais e internacionais, deverão tê-las especialmente em conta.

---

[1180] João Paulo II, Carta enc. *Sollicitudo rei socialis*, 41: *AAS* 80 (1988) 570.

[1181] João Paulo II, *Mensagem para a celebração do Dia Mundial da Paz 2000*, 14: *AAS* 92 (2000) 366.

[1182] Cf. João Paulo II, *Mensagem para a celebração do Dia Mundial da Paz 2000*, 17: *AAS* 92 (2000) 367-368.

[1183] Cf. Paulo VI, Carta apost. *Octogesima adveniens*, 46: *AAS* 63 (1971) 433-436.

*Doutrina social e ação eclesial*                                                      313

**566** *Os encargos de responsabilidade nas instituições sociais e políticas exigem um empenho severo e articulado, que saiba evidenciar, com os contributos de reflexão do debate político, com o planejamento e com as opções operativas, a absoluta necessidade de uma qualificação moral da vida social e política.* Uma atenção inadequada à dimensão moral conduz à desumanização da vida em sociedade e das instituições sociais e políticas, consolidando as "estruturas de pecado":[1184] "Viver e agir politicamente em conformidade com a própria consciência não significa acomodar-se passivamente em posições estranhas ao empenho político ou numa espécie de confessionalismo; é, em vez, a expressão com que os cristãos dão o seu coerente contributo para que, através da política, se instaure um ordenamento social mais justo e coerente com a dignidade da pessoa humana".[1185]

**567** *No contexto do compromisso político do fiel leigo, exige um cuidado específico a preparação para o exercício do poder, que os crentes devem assumir; especialmente quando são chamados a tais encargos pela confiança dos cidadãos, segundo as regras democráticas.* Eles devem apreciar o sistema da democracia, "enquanto assegura a participação dos cidadãos nas opções políticas e garante aos governados a possibilidade quer de escolher e controlar os próprios governantes, quer de os substituir pacificamente, quando tal se torne oportuno"[1186] e rejeitar grupos ocultos de poder que pretendem condicionar ou subverter o funcionamento das legítimas instituições. O exercício da autoridade deve assumir o caráter de serviço, que se deve desempenhar sempre no âmbito das leis morais para a consecução do bem comum:[1187] quem exerce a autoridade política deve fazer confluir as energias de todos os cidadãos rumo a tal objetivo, não de modo autoritário, mas valendo-se da força moral alimentada pela liberdade.

**568** *O fiel leigo é chamado a divisar, nas situações políticas concretas, os passos realisticamente possíveis para pôr em ato os princípios e os valores morais próprios da vida social. Isto exige um método de discernimento,*[1188] pessoal e comunitário, articulado em torno de alguns pontos cruciais: o co-

---

[1184] Cf. João Paulo II, Carta enc. *Sollicitudo rei socialis*, 36: *AAS* 80 (1988) 561-563.
[1185] Congregação para a Doutrina da Fé, *Nota Doutrinal sobre algumas questões relativas à participação e comportamento dos católicos na vida política* (24 de novembro de 2002), 6: Libreria Editrice Vaticana, Cidade do Vaticano 2002, p. 14.
[1186] João Paulo II, Carta enc. *Centesimus annus*, 46: *AAS* 83 (1991) 850.
[1187] Cf. Concílio Vaticano II, Const. past. *Gaudium et spes*, 74 : *AAS* 58 (1966) 1095-1097.
[1188] Cf. Congregação para a Educação Católica, *Orientações para o estudo e o ensino da Doutrina Social da Igreja na formação sacerdotal*, n. 8: Libreria Editrice Vaticana, Cidade do Vaticano 1988, 13-14.

314                                             *Capítulo XII*

nhecimento das situações, analisadas com a ajuda das ciências sociais e dos instrumentos adequados; a reflexão sistemática sobre tais realidades, à luz da mensagem imutável do Evangelho e do ensinamento social da Igreja; a individuação das opções orientadas a fazer evoluir em sentido positivo a situação presente. Da profundidade da escuta e da interpretação da realidade podem nascer opções operativas concretas e eficazes; a estas, todavia, não se deve jamais atribuir um valor absoluto, pois que nenhum problema pode ser resolvido de modo definitivo: "A fé nunca pretendeu manietar num esquema rígido os conteúdos sociopolíticos, bem sabendo que a dimensão histórica, em que o homem vive, impõe que se admita a existência de situações não perfeitas e, em muitos casos, em rápida mudança".[1189]

**569** *Uma situação emblemática para o exercício do discernimento é constituída pelo funcionamento do sistema democrático, atualmente concebido por muitos numa perspectiva agnóstica e relativista, que induz a conceber a verdade como produto determinado pela maioria e condicionado por equilíbrios políticos.*[1190] Num semelhante contexto, o discernimento é particularmente exigente, quando se exerce em âmbitos como o da objetividade e da integridade das informações, da pesquisa científica e das opções econômicas que incidem na vida dos mais pobres, ou em realidades que remetem a exigências morais fundamentais e irrenunciáveis, tais como a sacralidade da vida, a indissolubilidade do matrimônio, a promoção da família fundada no matrimônio entre um homem e uma mulher.

*Em tal situação, são úteis alguns critérios fundamentais:* a distinção e, ao mesmo tempo, a conexão entre a ordem legal e a ordem moral; a fidelidade à própria identidade e, ao mesmo tempo, a disponibilidade ao diálogo com todos; a necessidade de que no juízo e no compromisso social o cristão se refira à tríplice e inseparável fidelidade aos *valores naturais*, respeitando a legítima autonomia das realidades temporais, aos *valores morais*, promovendo a consciência da dimensão ética intrínseca de cada problema social e político, aos *valores sobrenaturais*, realizando a sua tarefa no espírito do Evangelho de Jesus Cristo.

**570** *Quando em âmbitos e realidades que remetem a exigências éticas fundamentais se propõem ou se efetuam opções legislativas e políticas contrárias aos princípios e aos valores cristãos, o Magistério ensina que "a cons-*

---

[1189] Congregação para a Doutrina da Fé, *Nota Doutrinal sobre algumas questões relativas à participação e comportamento dos católicos na vida política* (24 de novembro de 2002), 7: Libreria Editrice Vaticana, Cidade do Vaticano 2002, p. 16.

[1190] Cf. João Paulo II, Carta enc. *Centesimus annus*, 46: *AAS* 83 (1991) 850-851.

*Doutrina social e ação eclesial*

*ciência cristã bem formada não permite a ninguém favorecer, com o próprio voto, a atuação de um programa político ou de uma só lei, em que os conteúdos fundamentais da fé e da moral sejam subvertidos com a apresentação de propostas alternativas ou contrárias aos mesmos*".[1191]

Na consideração do caso em que não tenha sido possível evitar a atuação de tais programas políticos ou impedir ou ab-rogar tais leis, o Magistério ensina que um parlamentar, cuja absoluta oposição pessoal a eles fosse clara e notória a todos, poderia licitamente oferecer o próprio apoio a propostas destinadas a *limitar os danos* de tais programas e de tais leis e a diminuir os efeitos negativos no plano da cultura e da moralidade pública. A tal propósito, é emblemático o caso de uma lei abortista.[1192] O seu voto, em todo caso, não pode ser interpretado como adesão a uma lei iníqua, mas tão-somente como um contributo para reduzir as conseqüências negativas de uma disposição legislativa cuja completa responsabilidade recai em quem a propôs.

*Tenha-se presente que, em face das múltiplas exigências morais fundamentais e irrenunciáveis, o testemunho cristão deve considerar-se um dever inderrogável que pode chegar ao sacrifício da vida, ao martírio, em nome da caridade e da dignidade humana.*[1193] A história de vinte séculos, inclusive a do último, é rica de mártires da verdade cristã, testemunhos de fé, de esperança, de caridade evangélicas. O martírio é o testemunho da própria conformação pessoal a Jesus crucificado, que se expressa até na forma suprema de derramar o próprio sangue, de acordo com o ensinamento evangélico: "Se o grão de trigo que cai na terra... morrer, produzirá muito fruto" (Jo 12,24).

**571** *O empenho político dos católicos é freqüentemente posto em relação com a "laicidade", ou seja, a distinção entre a esfera política e a religiosa.*[1194] Tal distinção "é um valor adquirido e reconhecido pela Igreja, e faz parte do patrimônio de civilização já conseguido".[1195] A doutrina moral católica, todavia, exclui claramente a perspectiva de uma laicidade concebida como autonomia da lei moral: "A 'laicidade', de fato, significa, em primeiro lugar, a atitude de quem respeita as verdades resultantes do conhecimento

---

[1191] Congregação para a Doutrina da Fé, *Nota Doutrinal sobre algumas questões relativas à participação e comportamento dos católicos na vida política* (24 de novembro de 2002), 4: Libreria Editrice Vaticana, Cidade do Vaticano 2002, p. 9.

[1192] Cf. João Paulo II, Carta enc. *Evangelium vitae*, 73: *AAS* 87 (1995) 486-487.

[1193] Cf. João Paulo II, Exort. apost. *Christifideles laici*, 39: *AAS* 81 (1989) 466-468.

[1194] Cf. Concílio Vaticano II, Const. apost. *Gaudium et spes*, 76: *AAS* 58 (1996) 1099-1100.

[1195] Congregação para a Doutrina da Fé, *Nota Doutrinal sobre algumas questões relativas à participação e comportamento dos católicos na vida política* (24 de novembro de 2002), 6: Libreria Editrice Vaticana, Cidade do Vaticano 2002, p. 12.

natural que se tem do homem que vive em sociedade, mesmo que essas verdades sejam contemporaneamente ensinadas por uma religião específica, pois a verdade é uma só".[1196] Buscar sinceramente a verdade, promover e defender com meios lícitos as verdades morais concernentes à vida social — a justiça, a liberdade, o respeito à vida e aos demais direitos da pessoa —, é direito e dever de todos os membros de uma comunidade social e política.

Quando o Magistério da Igreja se pronuncia sobre questões inerentes à vida social e política, não desatende às exigências de uma correta interpretação da laicidade, porque "não pretende exercer um poder político nem eliminar a liberdade de opinião dos católicos em questões contingentes. Intenta, em vez — como é sua função própria — instruir e iluminar a consciência dos fiéis, sobretudo dos que se dedicam a uma participação na vida política, para que o seu operar esteja sempre ao serviço da promoção integral da pessoa e do bem comum. O ensinamento social da Igreja não é uma intromissão no governo de cada País. Não há dúvida, porém, que põe um dever moral de coerência aos fiéis leigos, no interior da sua consciência, que é única e unitária".[1197]

**572** *O princípio da laicidade comporta o respeito de toda confissão religiosa por parte do Estado, "que assegura o livre exercício das atividades cultuais, espirituais, culturais e caritativas das comunidades dos crentes. Numa sociedade pluralista, a laicidade é um lugar de comunicação entre as diferentes tradições espirituais e a nação".*[1198] Infelizmente, permanecem ainda, inclusive nas sociedades democráticas, expressões de laicismo intolerante, que hostilizam qualquer forma de relevância política e cultural da fé, procurando desqualificar o empenho social e político dos cristãos, porque se reconhecem nas verdades ensinadas pela Igreja e obedecem ao dever moral de serem coerentes com a própria consciência; chega-se também e mais radicalmente a negar a própria ética natural. Esta negação, que que faz entrever uma condição de anarquia moral cuja conseqüência é a prepotência do mais forte sobre o mais fraco, não pode ser acolhida por nenhuma forma legítima de pluralismo, porque mina as próprias bases da convivência humana. À luz deste estado de coisas, "a marginalização do Cristianismo... não poderia ser útil ao futuro projetual de uma sociedade e à concórdia entre os povos; seria,

---

[1196] CONGREGAÇÃO PARA A DOUTRINA DA FÉ, *Nota Doutrinal sobre algumas questões relativas à participação e comportamento dos católicos na vida política* (24 de novembro de 2002), 6: Libreria Editrice Vaticana, Cidade do Vaticano 2002, p. 13.

[1197] CONGREGAÇÃO PARA A DOUTRINA DA FÉ, *Nota Doutrinal sobre algumas questões relativas à participação e comportamento dos católicos na vida política* (24 de novembro de 2002), 6: Libreria Editrice Vaticana, Cidade do Vaticano 2002, pp. 13-14.

[1198] JOÃO PAULO II, *Discurso ao Corpo Diplomático* (12 de janeiro de 2004), 3: *L'Osservatore Romano*, ed. em português, 17 de janeiro de 2004, p. 7.

*Doutrina social e ação eclesial* 317

pelo contrário, uma ameaça para os próprios fundamentos espirituais e culturais da civilização".[1199]

**573** *Um âmbito particular de discernimento dos fiéis leigos diz respeito às escolhas dos instrumentos políticos, ou seja, à adesão a um partido e às outras expressões da participação política. É preciso fazer uma escolha coerente com os valores, tendo em conta as circunstâncias reais.* Em todo caso, qualquer escolha deve ser radicada na caridade e voltada para a busca do bem comum.[1200] As instâncias da fé cristã dificilmente podem ser encontradas numa única posição política: pretender que um partido ou uma corrente política correspondam completamente às exigências da fé e da vida cristã gera equívocos perigosos. O cristão não pode encontrar um partido que corresponda plenamente às exigências éticas que nascem da fé e da pertença à Igreja: a sua adesão a uma corrente política não será jamais ideológica, mas sempre crítica, a fim de que o partido e o seu projeto político sejam estimulados a realizar formas sempre mais atentas a obter o verdadeiro bem comum, inclusive os fins espirituais do homem.[1201]

**574** *A distinção, de um lado, entre instâncias da fé e opções sociopolíticas e, de outro, entre opções de cada cristão e as realizadas pela comunidade cristã enquanto tal, implica que a adesão a um partido ou corrente política seja considerada uma decisão a título pessoal, legítima ao menos nos limites dos partidos e posições não incompatíveis com a fé e os valores cristãos.*[1202] A escolha do partido, da corrente política, das pessoas a quem confiar a vida pública, mesmo empenhando a consciência de cada um, não pode ser entendida como uma escolha *exclusivamente* individual: "É às comunidades cristãs que cabe analisar, com objetividade, a situação própria do seu país, e procurar iluminá-la com a luz das palavras inalteráveis do Evangelho; a elas cumpre haurir princípios de reflexão, normas para julgar e diretrizes para a ação, na doutrina social da Igreja".[1203] Em todo caso, "não é lícito a ninguém reivindicar exclusivamente para a sua sentença a autoridade da Igreja":[1204] os crentes devem antes procurar "em diálogo sincero, esclarecer-se reciprocamente, conservando a caridade mútua, e preocupados em primeiro lugar com o bem comum".[1205]

---

[1199] CONGREGAÇÃO PARA A DOUTRINA DA FÉ, *Nota Doutrinal sobre algumas questões relativas à participação e comportamento dos católicos na vida política* (24 de novembro de 2002), 6: Libreria Editrice Vaticana, Cidade do Vaticano 2002, p. 15.
[1200] Cf. PAULO VI, Carta apost. *Octogesima adveniens*, 46: *AAS* 63 (1971) 433-435.
[1201] Cf. PAULO VI, Carta apost. *Octogesima adveniens*, 46: *AAS* 63 (1971) 433-435.
[1202] Cf. PAULO VI, Carta apost. *Octogesima adveniens*, 50: *AAS* 63 (1971) 439-440.
[1203] PAULO VI, Carta apost. *Octogesima adveniens*, 4: *AAS* 63 (1971) 403-404.
[1204] CONCÍLIO VATICANO II, Const. past. *Gaudium et spes*, 43: *AAS* 58 (1966) 1063.
[1205] CONCÍLIO VATICANO II, Const. past. *Gaudium et spes*, 43: *AAS* 58 (1966) 1063.

# CONCLUSÃO

# POR UMA CIVILIZAÇÃO DO AMOR

## a) A ajuda da Igreja ao homem contemporâneo

**575** *Percebe-se difusamente e vive-se na sociedade contemporânea uma nova necessidade de sentido.* "O homem, com efeito, desejará sempre conhecer, ao menos confusamente, o significado de sua vida, de sua atividade e de sua morte".[1206] Revelam-se árduas as tentativas de responder à exigência de projetar o futuro no novo contexto das relações internacionais, cada vez mais complexas e interdependentes, mas também menos ordenadas e pacíficas. A vida e a morte das pessoas parecem confiadas unicamente ao progresso científico e tecnológico, que avança muito mais velozmente do que a capacidade humana de estabelecer os seus fins e avaliar os seus custos. Muitos fenômenos indicam, contudo, que "o sentimento de progressiva insatisfação, que se difunde nos países de alto nível de vida, desfaz a ilusão do sonhado paraíso terrestre. E ao mesmo tempo, vão os homens tomando consciência, cada vez mais clara, dos direitos invioláveis e universais da pessoa e vai se tornando mais viva a aspiração a estreitar relações mais justas e mais humanas".[1207]

**576** *Às interrogações de fundo sobre o sentido e sobre o fim da aventura humana a Igreja responde com o anúncio do Evangelho de Cristo, que subtrai a dignidade da pessoa humana ao flutuar das opiniões, assegurando a liberdade do homem como nenhuma lei humana pode fazer.* O Concílio Vaticano II indicou que a missão da Igreja no mundo contemporâneo consiste em ajudar cada ser humano a descobrir em Deus o significado último da sua existência: a Igreja bem sabe que "só Deus, ao qual serve, responde às aspirações profundíssimas do coração humano, que nunca se sacia plenamente só com os alimentos terrestres".[1208] Somente Deus, que criou o homem à Sua imagem e o resgatou do pecado, pode oferecer às interrogações

---

[1206] Concílio Vaticano II, Const. past. *Gaudium et spes*, 41: *AAS* 58 (1966) 1059.
[1207] João XXIII, Carta enc. *Mater et Magistra*, 211: *AAS* 53 (1961) 451.
[1208] Concílio Vaticano II, Const. past. *Gaudium et spes*, 41: *AAS* 58 (1966) 1059.

320 *Conclusão*

humanas mais radicais uma resposta plenamente adequada por meio da Revelação plenamente realizada no Seu Filho feito homem: o Evangelho, com efeito, "anuncia e proclama a liberdade dos filhos de Deus, rejeita toda a servidão derivada em última análise do pecado, respeita escrupulosamente a dignidade da consciência e a sua decisão livre; adverte sem cansar que todos os talentos humanos devem ser reduplicados para o serviço de Deus e para o bem dos homens e, finalmente, recomenda todos à caridade de todos".[1209]

## b) Tornar a partir da fé em Cristo

**577** *A fé em Deus e em Jesus Cristo ilumina os princípios morais que são "o único e insubstituível alicerce daquela estabilidade e tranqüilidade, daquela ordem externa, e interna, privada e pública, única que pode gerar e salvaguardar a prosperidade dos Estados".*[1210] A vida social deve ser ancorada no desígnio divino: "A dimensão teológica revela-se necessária para interpretar e resolver os problemas atuais da convivência humana".[1211] Em face das graves formas de exploração e de injustiça social, "torna-se sempre mais ampla e sentida a *necessidade de uma radical renovação* pessoal e social, capaz de assegurar justiça, solidariedade, honestidade, transparência. É certamente longa e dura a estrada a percorrer; numerosos e ingentes são os esforços a cumprir para levar a cabo uma tal renovação, inclusive pela multiplicidade e gravidade das causas que geram e alimentam as situações de injustiça hoje presentes no mundo. Mas, como ensina a história e a experiência de cada um, não é difícil identificar, na base destas situações, causas propriamente 'culturais', isto é, relacionadas com determinadas visões do homem, da sociedade e do mundo. Na verdade, no âmago da *questão cultural* está o *sentido moral*, que, por sua vez, se fundamenta e se realiza no *sentido religioso*".[1212] Também no que diz respeito à "questão social" não se pode aceitar "a esperança ingênua de que possa haver uma fórmula mágica para os grandes desafios do nosso tempo; não será uma fórmula a salvar-nos, mas uma Pessoa, e a certeza que Ela nos infunde: *Eu estarei convosco!* Sendo assim, não se trata de inventar um 'programa novo'. O programa já existe: é o mesmo de sempre, expresso no Evangelho e na Tradição viva. Concentra-se, em última análise, no próprio Cristo, que temos de conhecer, amar, imitar, para nEle

---

[1209] Concílio Vaticano II, Const. past. *Gaudium et spes*, 41: *AAS* 58 (1966) 1059-1060.

[1210] Pio XII, Carta enc. *Summi Pontificatus*: *AAS* 31 (1939) 425.

[1211] João Paulo II, Carta enc. *Centesimus annus*, 55: *AAS* 83 (1991) 860-861.

[1212] João Paulo II, Carta enc. *Veritatis splendor*, 98: *AAS* 85 (1993) 1210; cf. Id., Carta enc. *Centesimus annus*, 24: *AAS* 83 (1991) 821-822.

*Por uma civilização do amor*                                      321

viver a vida trinitária e com Ele transformar a história até à sua plenitude na Jerusalém celeste".[1213]

### c) Uma firme esperança

**578** *A Igreja ensina ao homem que Deus lhe oferece a real possibilidade de superar o mal e de alcançar o bem.* O Senhor redimiu o homem, resgatou-o por um *"grande preço"* (1Cor 6,20). O sentido e o fundamento do empenho cristão no mundo derivam de tal certeza, capaz de *acender a esperança* não obstante o pecado que marca profundamente a história humana: a promessa divina garante que o mundo *não permanece fechado em si mesmo, mas está aberto para o Reino de Deus.* A Igreja conhece os efeitos do "mistério da iniqüidade" (2Ts 2,7), mas sabe também que "há na pessoa humana qualidades e energias suficientes, há nela 'bondade' fundamental (cf. Gn 1,31), porque é imagem do Criador, colocada sob o influxo redentor de Cristo, que 'se uniu de certo modo a cada homem', e porque a ação eficaz do Espírito Santo 'enche o mundo' (Sb 1,7)".[1214]

**579** *A esperança cristã imprime um grande impulso ao compromisso no campo social, infundindo confiança na possibilidade de construir um mundo melhor, na consciência de que não pode existir um "paraíso terrestre".*[1215] Os cristãos, especialmente os fiéis leigos, são exortados a comportar-se "para que brilhe a força do Evangelho na vida cotidiana, familiar e social. Eles se apresentam como filhos da promessa quando, fortes na fé e na esperança, aproveitam o momento presente (cf. Ef 5,16; Cl 4,5) e esperam a glória futura pela paciência (cf. Rm 8,25). Mas não escondam esta esperança no íntimo da alma, e sim pela renovação contínua e pela luta 'contra os dominadores do mundo das trevas, contra os espíritos da malícia', também a exprimam nas estruturas da vida secular".[1216] As motivações religiosas de tal empenho podem não ser compartilhadas, mas as convicções morais que dele decorrem constituem um ponto de encontro entre os cristãos e todos os homens de boa vontade.

---

[1213]  João Paulo II, Carta apost. *Novo millennio ineunte*, 29: *AAS* 93 (2001) 285.
[1214]  João Paulo II, Carta enc. *Sollicitudo rei socialis*, 47: *AAS* 80 (1988) 580.
[1215]  João XXIII, Carta enc. *Mater et magistra: AAS* 53 (1961) 451.
[1216]  Concílio Vaticano II, Const. dogm. *Lumen gentium*, 35: *AAS* 57 (1965) 40.

322  *Conclusão*

## d) **Construir a "civilização do amor"**

**580** *Finalidade imediata da doutrina social é a de propor os princípios e os valores que possam sustentar uma sociedade digna do homem. Entre estes princípios, o da solidariedade em certa medida compreende todos os demais*: ele constitui "um dos princípios basilares da concepção cristã da organização social e política".[1217]

*Tal princípio é iluminado pelo primado da caridade* "sinal distintivo dos discípulos de Cristo (cf. Jo 13,35)".[1218] Jesus "nos ensina que a lei fundamental da perfeição humana e, portanto, da transformação do mundo, é o mandamento novo do amor"[1219] (cf. Mt 22,40; Jo 15,12; Col 3,14; Tg 2,8). O comportamento da pessoa é plenamente humano quando nasce do amor, manifesta o amor e é ordenado ao amor. Esta verdade vale também no âmbito social: é necessário que os cristãos sejam testemunhas profundamente convictas e saibam mostrar, com a sua vida, como o amor é a única força (cf. 1Cor 12,31–14,1) que pode guiar à perfeição pessoal e social e mover a história rumo ao bem.

**581** *O amor deve estar presente e penetrar todas as relações sociais*:[1220] especialmente aqueles que têm o dever de prover o bem dos povos "alimentem em si e acendam nos outros, nos grandes e nos pequenos, a caridade, senhora e rainha de todas as virtudes. A salvação desejada deve ser principalmente fruto de uma grande efusão da caridade; entendemos dizer, aquela caridade cristã que compendia em si todo o Evangelho, e que, sempre pronta a sacrificar-se pelo próximo, é o antídoto mais seguro contra o orgulho e o egoísmo do século".[1221] Este amor pode ser chamado "caridade social"[1222] ou "caridade política"[1223] e deve ser estendido a todo o gênero humano.[1224]

---

[1217]  João Paulo II, Carta enc. *Centesimus annus*, 10: *AAS* 83 (1991) 805-806.

[1218]  João Paulo II, Carta enc. *Sollicitudo rei socialis*, 40: *AAS* 80 (1988) 568.

[1219]  Concílio Vaticano II, Const. past. *Gaudium et spes*, 38: *AAS* 58 (1966) 1055-1056; cf. Id., Const. dogm. *Lumen gentium*, 42: *AAS* 57 (1965) 47-48; *Catecismo da Igreja Católica*, 826.

[1220]  Cf. *Catecismo da Igreja Católica*, 1889.

[1221]  Leão XIII, Carta enc. *Rerum novarum*: *Acta Leonis XIII*, 11 (1892) 143; cf. Bento XV, Carta enc. *Pacem Dei*: *AAS* 12 (1920) 215.

[1222]  Cf. S. Tomás de Aquino, QD *De caritate*, a. 9, c; Pio XI, Carta enc. *Quadragesimo anno*: *AAS* 23 (1931) 206-207; João XXIII, Carta enc. *Mater et magistra*: *AAS* 53 (1961) 410; Paulo VI, *Discurso à FAO* (16 de novembro de 1970), 11: *AAS* 62 (1970) 837-838; João Paulo II, *Discurso aos membros do Pontifício Conselho "Justiça e Paz"* (9 de fevereiro de 1980), 7: *L'Osservatore Romano,* ed. em português, 24 de fevereiro de 1980, p. 3.

[1223]  Cf. Paulo VI, Carta apost. *Octogesima adveniens*, 46: *AAS* 63 (1971) 433-435.

[1224]  Cf. Concílio Vaticano II, Decr. *Apostolicam actuositatem*, 8: *AAS* 58 (1966) 844-845; Paulo VI, Carta enc. *Populorum progressio*, 44: *AAS* 59 (1967) 279; João Paulo II, Exort. apost. *Christifideles laici*, 42: *AAS* 81 (1989) 472-476; *Catecismo da Igreja Católica*, 1939.

*Por uma civilização do amor*

323

O "amor social"[1225] é antípoda do egoísmo e do individualismo: sem absolutizar a vida social, como acontece nas visões aplainadas com base nas leituras exclusivamente sociológicas, não se pode esquecer que o desenvolvimento integral da pessoa e o crescimento social se condicionam reciprocamente. O egoísmo, portanto, é o mais deletério inimigo de uma sociedade ordenada: a história mostra qual devastação dos corações se produz quando o homem não é capaz de reconhecer outro valor e outra realidade efetiva além dos bens materiais, cuja busca obsessiva sufoca e impede a sua capacidade de doar-se.

**582** *Para tornar a sociedade mais humana, mais digna da pessoa, é necessário revalorizar o amor na vida social — no plano político, econômico, cultural —, fazendo dele a norma constante e suprema do agir.* Se a justiça "é, em si mesma, apta para 'servir de árbitro' entre os homens na recíproca repartição justa dos bens materiais, o amor, pelo contrário, e somente o amor (e portanto também o amor benevolente que chamamos 'misericórdia'), é capaz de restituir o homem a si próprio".[1226] Não se podem regular as relações humanas unicamente com a medida da justiça: "O cristão sabe que o amor é o motivo pelo qual Deus entra em relação com o homem; e é o amor também que Ele espera do homem como resposta. Por isso, o amor é *a forma mais alta e mais nobre de relação* dos seres humanos inclusive entre si. Conseqüentemente, o amor deverá animar todos os setores da vida humana, estendendo-se também à ordem internacional. Só uma humanidade onde reine a 'civilização do amor' poderá gozar de uma paz autêntica e duradoura".[1227] Nessa perspectiva, o Magistério recomenda vivamente a solidariedade porque é capaz de garantir o bem comum, ajudando o desenvolvimento integral das pessoas: a caridade "faz ver no próximo um outro tu mesmo".[1228]

**583** *Só a caridade pode transformar completamente o homem.*[1229] Uma semelhante transformação não significa anulação da dimensão terrena numa espiritualidade desencarnada.[1230] Quem crê poder conformar-se com a virtude sobrenatural do amor sem levar em conta o seu correspondente fundamento natural, que inclui os deveres de justiça, engana-se a si mesmo: "A caridade representa o maior mandamento social. Respeita o outro e seus di-

---

[1225] João Paulo II, Carta enc. *Redemptor hominis*, 15: *AAS* 71 (1979) 288.

[1226] João Paulo II, Carta enc. *Dives in misericordia*, 14: *AAS* 72 (1980) 1223.

[1227] João Paulo II, *Mensagem para o Dia Mundial da Paz 2004*, 10: *AAS* 96 (2004) 121; cf. Id., Carta enc. *Dives in misericordia*, 14: *AAS* 72, (1980) 1224; *Catecismo da Igreja Católica*, 2212.

[1228] S. João Crisóstomo, Homilia *De perfecta caritate*, 1. 2: *PG* 56, 281-282.

[1229] Cf. João Paulo II, Carta apost. *Novo millennio ineunte*, 49-51: *AAS* 93 (2001) 302-304.

[1230] Cf. João Paulo II, Carta enc. *Centesimus annus*, 5: *AAS* 83 (1991) 798-800.

reitos. Exige a prática da justiça, e só ela nos torna capazes de praticá-la. Inspira uma vida de autodoação: 'Quem procurar ganhar sua vida vai perdê-la, e quem a perder vai conservá-la' (Lc 17,33)".[1231] Tampouco pode a caridade esgotar-se unicamente na dimensão terrena das relações humanas e das relações sociais, porque toda a sua eficácia deriva da referência a Deus: "Ao entardecer desta vida, comparecerei diante de Vós com as mãos vazias, pois não Vos peço, Senhor, que contabilizeis as minhas obras. Todas as nossas justiças têm manchas aos Vossos olhos. Quero, portanto, revestir-me da Vossa *justiça* e receber do Vosso *amor* a posse eterna de *Vós mesmo...*".[1232]

---

[1231] *Catecismo da Igreja Católica*, 1889.

[1232] SANTA TERESA DO MENINO JESUS, *Ato de oferecimento ao Amor misericordioso*: *Preghiere*: *Opere complete*, Libreria Editrice Vaticana, Cidade do Vaticano 1997, pp. 942-943, citado no *Catecismo da Igreja Católica*, 2011.

# ÍNDICES

# ÍNDICE DE REFERÊNCIAS

*A segunda coluna se refere aos números do Compêndio.*

*O asterisco que segue aos números relativos às referências bíblicas indica que elas se encontram em nota.*

## SAGRADA ESCRITURA

### Antigo Testamento

**Gênesis**

| | |
|---|---|
| 1,4.10.12.18. 21.25 | 113, 451 |
| 1,4.10.12.18. 21.25.31 | 488 |
| 1,26 | 149 |
| 1,26-27 | 26, 36, 428 |
| 1,26-28 | 209 |
| 1,26.28-30 | 149 |
| 1,26-30 | 64, 326, 451 |
| 1,27 | 108, 110, 451 |
| 1,28 | 36, 111, 209, 255 |
| 1,28-29 | 171 |
| 1,31 | 451, 578 |
| 2,2 | 255, 284 |
| 2,5-6 | 255 |
| 2,7 | 108 |
| 2,7-24 | 209 |
| 2,8-24 | 428 |
| 2,15 | 255, 452 |
| 2,15-16 | 326 |
| 2,16-17 | 136, 326 |

| | |
|---|---|
| 2,17 | 256 |
| 2,18 | 209 |
| 2,19-20 | 113 |
| 2,20 | 110 |
| 2,20.23 | 149 |
| 2,23 | 110 |
| 2,24 | 209. 217. 219 |
| 3,1-24 | 27 |
| 3,5 | 256 |
| 3,6-8 | 256 |
| 3,12 | 116 |
| 3,17-19 | 452 |
| 3,17.19 | 256 |
| 4,1-16 | 488 |
| 4,2-16 | 116 |
| 4,12 | 256 |
| 5 | 428 |
| 9,1-17 | 429 |
| 9,5 | 112 |
| 10 | 428 |
| 10,1-32 | 429 |
| 11,1 | 429 |
| 11,1-9 | 429, 488 |
| 11,4 | 429 |
| 11,4-8 | 562 |
| 17,1 | 488 |
| 17,4 | 430 |

## Êxodo

| | |
|---|---|
| 3,7-8 | 21 |
| 3,14 | 21 |
| 12,25-27 | 210 |
| 13,8.14-15 | 210 |
| 19–24 | 22 |
| 20,13 | 112 |
| 23 | 24* |
| 23,10-11 | 258 |
| 30,22-32 | 378 |
| 33,11 | 13 |
| 34,28 | 22 |

## Levítico

| | |
|---|---|
| 19,13 | 302 |
| 19,18 | 112 |
| 19,33-34 | 23 |
| 25 | 24* |
| 26,6 | 489 |

## Números

| | |
|---|---|
| 6,26 | 489 |

## Deuteronômio

| | |
|---|---|
| 4,13 | 22 |
| 5,17 | 112 |
| 6,20-25 | 210 |
| 6,21 | 451 |
| 10,4 | 22 |
| 13,7-11 | 210 |
| 15 | 24* |
| 15,7-8 | 23 |
| 17,15 | 377 |
| 24,14-15 | 302 |
| 26,5 | 451 |

## Josué

| | |
|---|---|
| 24,3 | 451 |

## Juízes

| | |
|---|---|
| 6,24 | 488 |

## Primeiro livro de Samuel

| | |
|---|---|
| 2,35 | 378 |
| 3,13 | 210 |
| 8,5 | 377 |
| 8,11-18 | 377 |
| 9,16 | 377 |
| 10,1-2 | 377 |
| 10,18-19 | 377 |
| 16,1-13 | 378 |
| 16,12-13 | 377 |
| 24,7.11 | 378 |
| 26,9.16 | 378 |

## Segundo livro de Samuel

| | |
|---|---|
| 7,13-16 | 378 |

## Primeiro livro dos Reis

| | |
|---|---|
| 21 | 377 |

## Primo livro das Crônicas

| | |
|---|---|
| 22,8-9 | 488 |

## Jó

| | |
|---|---|
| 25,2 | 491 |
| 38–41 | 255 |

## Salmos

| | |
|---|---|
| 2 | 378 |
| 2,7 | 377 |
| 8,5-7 | 255 |
| 18 | 378 |
| 20 | 378 |
| 21 | 378 |
| 29,11 | 491 |
| 37,11 | 491 |
| 51,4 | 484 |
| 72 | 377, 378 |
| 72,3.7 | 491 |
| 72,7 | 490 |
| 85,9 | 490 |

*Sagrada Escritura*

| | |
|---|---|
| 85,9.11 | 491 |
| 85,11 | 490 |
| 89,2-38 | 378 |
| 92,15 | 222 |
| 104 | 255 |
| 104,24 | 452 |
| 119,165 | 491 |
| 125,5 | 491 |
| 128,6 | 491 |
| 132,11-18 | 378 |
| 139,14-18 | 108 |
| 147 | 255 |
| 147,14 | 491 |

## Provérbios

| | |
|---|---|
| 1,8-9 | 210 |
| 4,1-4 | 210 |
| 6,20-21 | 210 |
| 10, 4 | 257, 323 |
| 12,20 | 489 |
| 15,16 | 257 |
| 16,8 | 257 |
| 16,12 | 378 |
| 22,2 | 323 |
| 22,11 | 378 |
| 29,14 | 378 |

## Eclesiastes (Qohelet)

| | |
|---|---|
| 3,11 | 114 |

## Cântico dos Cânticos

| | |
|---|---|
| 8,10 | 491 |

## Sabedoria

| | |
|---|---|
| 1,7 | 578 |
| 9,2-3 | 326 |

## Eclesiástico (Sirac)

| | |
|---|---|
| 3,1-16 | 210 |
| 7,27-28 | 210 |
| 15,14 | 135 |

## Isaías

| | |
|---|---|
| 2,2-5 | 430, 490 |
| 9,5 | 490 |
| 9,5s | 491 |
| 10,1-4 | 377 |
| 11,2-5 | 378 |
| 11,4 | 59 |
| 11,6-9 | 490 |
| 19,18-25 | 430 |
| 26,3.12 | 491 |
| 32,15-18 | 452 |
| 32,17 | 102, 203, 494 |
| 32,17s | 491 |
| 44,6-8 | 430 |
| 44,24-28 | 430 |
| 45,8 | 123 |
| 48,18 | 489 |
| 48,19 | 489 |
| 52,7 | 491 |
| 53,5 | 493 |
| 54 | 111, 219* |
| 54,10 | 491 |
| 54,13 | 489 |
| 57,19 | 491 |
| 58,3-11 | 323 |
| 60,17 | 491 |
| 61,1 | 59 |
| 61,1-2 | 28 |
| 65,17 | 452, 453 |
| 66,12 | 491 |
| 66,18-23 | 430 |
| 66,22 | 453 |

## Jeremias

| | |
|---|---|
| 3,6-13 | 219* |
| 7,4-7 | 323 |
| 23,5-6 | 378 |
| 31,31-34 | 324 |
| 31,33 | 25 |

## Baruc

| | |
|---|---|
| 3,38 | 13 |

## Ezequiel

| | |
|---|---|
| 16,25 | 219* |
| 34,22-31 | 324 |
| 34,23-24 | 378 |
| 36,26-27 | 25 |
| 37,24 | 378 |

## Oséias

| | |
|---|---|
| 1–3 | 111 |
| 2,21 | 219* |
| 3 | 219* |
| 4,1-2 | 323 |

## Amós

| | |
|---|---|
| 2,6-7 | 323 |
| 2,6-8 | 377 |
| 8,4-8 | 377 |

## Miquéias

| | |
|---|---|
| 2,1-2 | 323 |
| 3,1-4 | 377 |
| 5,1-4 | 491 |

## Sofonias

| | |
|---|---|
| 3,13 | 490 |

## Ageu

| | |
|---|---|
| 2,9 | 491 |

## Zacarias

| | |
|---|---|
| 9,9-10 | 378 |
| 9,10 | 491 |

## Malaquias

| | |
|---|---|
| 2,5 | 489 |
| 2,14-15 | 210 |

## Novo Testamento

### Evangelho segundo Mateus

| | |
|---|---|
| 1,1-17 | 378 |
| 4,1-11 | 175 |
| 4,8-11 | 379 |
| 5,9 | 492 |
| 5,43-44 | 40 |
| 6,12 | 492 |
| 6,19-21 | 260 |
| 6,24 | 181, 325 |
| 6,25.31.34 | 260 |
| 6,33 | 260 |
| 7,12 | 20 |
| 7,24 | 70 |
| 9,37-38 | 259 |
| 10,81 | 84 |
| 10,40-42 | 193 |
| 11,5 | 183 |
| 12,9-14 | 261 |
| 13,22 | 325 |
| 13,52 | 12 |
| 13,55 | 259 |
| 14,22-33 | 453 |
| 18,20 | 52 |
| 19,3-9 | 210 |
| 19,5 | 219 |
| 19,5-6 | 209 |
| 19,8 | 217 |
| 19,18 | 22 |
| 19,21-26 | 181 |
| 20,1-16 | 541 |
| 20,20-23 | 379 |
| 20,24-28 | 379 |
| 20,25 | 193 |
| 22,15-22 | 379 |
| 22,37-40 | 112 |
| 22,40 | 580 |
| 24,46 | 259 |
| 25,14-30 | 259, 326 |
| 25,31-46 | 183 |
| 25,34-36.40 | 57 |
| 25,35-36 | 265, 403 |

*Sagrada Escritura*

| | |
|---|---|
| 25,35-37 | 58 |
| 25,40.45 | 183 |
| 26,11 | 183 |
| 27,45.51 | 454 |
| 28,2 | 454 |
| 28,19-20 | 52 |

### Evangelho segundo Marcos

| | |
|---|---|
| 1,12-13 | 175 |
| 1,15 | 49 |
| 2,27 | 261 |
| 3,1-6 | 261 |
| 6,3 | 259 |
| 6,45-52 | 453 |
| 8,36 | 260 |
| 9,33-35 | 379 |
| 10,5 | 217 |
| 10,35-40 | 379 |
| 10,42 | 379 |
| 10,42-45 | 193 |
| 10,45 | 379 |
| 12,13-17 | 379 |
| 12,28 | 40 |
| 12,29-31 | 40, 112 |
| 14,7 | 183 |

### Evangelho segundo Lucas

| | |
|---|---|
| 1,38 | 59 |
| 1,50-53 | 59 |
| 2,51 | 259 |
| 3,23-38 | 378 |
| 4,1-13 | 175 |
| 4,5-8 | 379 |
| 4,18-19 | 28 |
| 6,6-11 | 261 |
| 6,20-24 | 325 |
| 6,46-47 | 70 |
| 10,5 | 492 |
| 10,7 | 259 |
| 10,27-28 | 112 |
| 10,40-42 | 260 |
| 11,11-13 | 453 |
| 12,15-21 | 325 |

| | |
|---|---|
| 12,21 | 326 |
| 13,10-17 | 261 |
| 14,1-6 | 261 |
| 16,9-13 | 453 |
| 16,13 | 181 |
| 17,33 | 34, 583 |
| 19,12-27 | 326 |
| 20,20-26 | 379 |
| 22,24-27 | 379 |
| 22,25 | 379 |
| 22,25-27 | 193 |
| 24,36 | 491 |
| 24,46-49 | 52 |

### Evangelho segundo João

| | |
|---|---|
| 1,3 | 262 |
| 1,4.9 | 121 |
| 3,5 | 484 |
| 3,8 | 50 |
| 3,16 | 3,64 |
| 5,17 | 259 |
| 6,16-21 | 453 |
| 10,9 | 1 |
| 12,8 | 183 |
| 12,24 | 570 |
| 13,8 | 484 |
| 13,34 | 32 |
| 13,35 | 196*, 580 |
| 14,6 | 1, 555 |
| 14,9 | 28 |
| 14,16.26 | 104 |
| 14,21.23-24 | 70 |
| 14,27 | 491, 516 |
| 15–17 | 39 |
| 15,12 | 580 |
| 15,14-15 | 13 |
| 15,15 | 29 |
| 16,13-15 | 104 |
| 16,15 | 29 |
| 17,3 | 122 |
| 17,14-16 | 18 |
| 17,21-22 | 34 |
| 20,19.21.26 | 491 |

## Atos dos Apóstolos

| | |
|---|---|
| 1,8 | 3, 453 |
| 2,5-11 | 562 |
| 2,6 | 431 |
| 10,34 | 144 |
| 10,36 | 493 |
| 17,26 | 431 |

## Epístola aos Romanos

| | |
|---|---|
| 1,3 | 378 |
| 1,7 | 492 |
| 2,6 | 399 |
| 2,11 | 144 |
| 2,14-15 | 53 |
| 2,15 | 397 |
| 5,5 | 31 |
| 5,12 | 115 |
| 5,12-21 | 64 |
| 5,14 | 121 |
| 5,18-21 | 121 |
| 5,19 | 115 |
| 6,4 | 41 |
| 8 | 38 |
| 8,1-11 | 522 |
| 8,14-17 | 122 |
| 8,15 | 31 |
| 8,18-22 | 123 |
| 8,19-22 | 64, 262 |
| 8,19-23 | 455 |
| 8,20 | 64, 262 |
| 8,23 | 522 |
| 8,25 | 579 |
| 8,26 | 30 |
| 8,29 | 121 |
| 8,31-32 | 30 |
| 10,12 | 144, 431 |
| 12,17 | 380 |
| 13,1-7 | 380 |
| 13,2 | 398 |
| 13,4 | 380 |
| 13,5 | 380 |
| 13,7 | 380 |
| 14,6-8 | 325 |
| 14,12 | 399 |
| 14,15 | 105 |

## Primeira Epístola aos Coríntios

| | |
|---|---|
| 3,22-23 | 44, 455 |
| 6,20 | 1, 578 |
| 7,31 | 48, 264 |
| 8,6 | 262 |
| 8,11 | 105 |
| 9,16 | 71, 538 |
| 12,13 | 144 |
| 12,31 | 204 |
| 12,31-14,1 | 580 |
| 13,12 | 122 |
| 15,20-28 | 383, 454 |
| 15,47-49 | 121 |
| 15,56-57 | 121 |

## Segunda Epístola aos Coríntios

| | |
|---|---|
| 1,22 | 122 |
| 4,4 | 121, 431 |
| 5,1-2 | 56 |
| 5,17 | 454 |

## Epístola aos Gálatas

| | |
|---|---|
| 2,6 | 144 |
| 3,26-28 | 52, 431 |
| 3,27 | 484 |
| 3,28 | 144 |
| 4,4-7 | 122 |
| 4,6 | 31 |
| 4,6-7 | 39 |

## Epístola aos Efésios

| | |
|---|---|
| 1,8-10 | 431 |
| 1,14 | 122, 522 |
| 1,22-23 | 327 |
| 2,10 | 258 |
| 2,12-18 | 431 |
| 2,14 | 491 |
| 2,14-16 | 491 |
| 2,16 | 493 |
| 3,8 | 262 |
| 3,20 | 122 |
| 4,25.29 | 562 |

*Sagrada Escritura*

| | |
|---|---|
| 4,28 | 264 |
| 5,16 | 579 |
| 5,21-33 | 111 |
| 6,9 | 144 |
| 6,12 | 579 |
| 6,15 | 493 |

### Epístola aos Filipenses

| | |
|---|---|
| 2,8 | 196 |

### Epístola aos Colossenses

| | |
|---|---|
| 1,15 | 121 |
| 1,15-16 | 327 |
| 1,15-17 | 262 |
| 1,15-18 | 327 |
| 1,15-20 | 454 |
| 1,18 | 327 |
| 1,20 | 327 |
| 3,11 | 144, 431 |
| 3,14 | 580 |
| 4,5 | 579 |

### Primeira Epístola aos Tessalonicenses

| | |
|---|---|
| 4,11-12 | 264 |
| 4,12 | 264 |
| 5,21 | 126 |

### Segunda Epístola aos Tessalonicenses

| | |
|---|---|
| 2,7 | 578 |
| 3,6-12 | 264 |
| 3,7-15 | 264 |

### Primeira Epístola a Timóteo

| | |
|---|---|
| 2,1-2 | 380, 381 |
| 2,4-5 | 121 |
| 4,4 | 325 |
| 6,10 | 328 |

### Segunda Epístola a Timóteo

| | |
|---|---|
| 4,2-5 | 2 |

### Epístola a Tito

| | |
|---|---|
| 3,1 | 380, 381 |
| 3,2 | 381 |
| 3,3 | 381 |
| 3,5-6 | 381 |

### Epístola aos Hebreus

| | |
|---|---|
| 4,9-10 | 258 |
| 10,23 | 39 |
| 12,22-23 | 285 |
| 13,20 | 1 |

### Epístola de Tiago

| | |
|---|---|
| 1,17 | 12 |
| 1,22 | 70 |
| 2,1-9 | 145 |
| 2,8 | 580 |
| 3,18 | 102, 203 |
| 5,1-6 | 184 |
| 5,4 | 264, 302 |

### Primeira Epístola de Pedro

| | |
|---|---|
| 1,18-19 | 1 |
| 2,13 | 380 |
| 2,14 | 380 |
| 2,15 | 380 |
| 2,17 | 380 |

### Segunda Epístola de Pedro

| | |
|---|---|
| 3,10 | 453 |
| 3,13 | 56, 82, 453 |

### Primeira Epístola de João

| | |
|---|---|
| 1,8 | 120 |
| 3,16 | 196 |
| 4,8 | 54 |
| 4,10 | 30, 39 |
| 4,11-12 | 32 |

## Apocalipse

| | |
|---|---|
| 17,6 | 382 |
| 19,20 | 382 |
| 21,1 | 453, 455 |
| 21,3 | 60 |

# CONCÍLIOS ECUMÊNICOS

*(citados segundo DS,
exceto o Concílio Vaticano II)*

## Concílio Lateranense IV

| | |
|---|---|
| 800 | 127* |

## Concílio Vaticano I

| | |
|---|---|
| 3002 | 127* |
| 3005 | 141 |
| 3022 | 127* |
| 3025 | 127* |

## Concílio Vaticano II

*Sacrosanctum Concilium*

| | |
|---|---|
| 10 | 519 |

*Inter mirifica*

| | |
|---|---|
| 3 | 415* |
| 4 | 560* |
| 11 | 415* |

*Lumen gentium*

| | |
|---|---|
| 1 | 19*, 49, 431 |
| 5 | 49 |
| 9 | 33* |
| 11 | 519 |
| 12 | 79 |
| 31 | 11, 83*, 220*, 541, 545 |
| 35 | 579 |
| 42 | 580* |
| 48 | 65 |

*Christus Dominus*

| | |
|---|---|
| 12 | 11 |

*Gravissimum educationis*

| | |
|---|---|
| 1 | 242 |
| 3 | 238*, 239* |
| 6 | 240* |

*Nostra aetate*

| | |
|---|---|
| 4 | 536* |
| 5 | 433* |

*Dei Verbum*

| | |
|---|---|
| 2 | 13, 47* |
| 4 | 31* |
| 5 | 39 |

*Apostolicam actuositatem*

| | |
|---|---|
| 7 | 45* |
| 8 | 184, 581* |
| 11 | 211* |

*Dignitatis humanae*

| | |
|---|---|
| | 97* |
| 1 | 152*, 421 |
| 2 | 155, 421 *, 422* |
| 3 | 421* |
| 5 | 239*, 241 * |
| 6 | 423* |
| 7 | 422 |
| 8 | 530 |
| 14 | 70*, 75* |

*Gaudium et spes*

| | |
|---|---|
| | 96* |
| 1 | 60*, 96, 197*, 426 |
| 3 | 13, 18 |
| 4 | 104 |
| 9 | 281* |
| 10 | 14*, 31 |
| 11 | 53* |
| 12 | 37, 109*, 110, 149*, 209 |
| 13 | 27*, 143 |
| 14 | 128 |
| 15 | 129, 456, 456* |
| 16 | 198* |
| 17 | 135, 135*, 199* |

| | |
|---|---|
| 22 | 38*, 41, 105, 121, 153*, 522 |
| 24 | 34, 96, 133* |
| 25 | 81*, 96, 150*, 384*, 384 |
| 26 | 132, 155*, 156*, 164, 166*, 197*, 287* |
| 27 | 112*, 132, 153*, 155* |
| 28 | 43 |
| 29 | 144* |
| 30 | 19, 191*, 355* |
| 31 | 191* |
| 32 | 61*, 196* |
| 33 | 456 |
| 34 | 456, 457 |
| 35 | 318*, 457* |
| 36 | 45, 46, 197* |
| 37 | 44 |
| 38 | 54, 580 |
| 39 | 55, 56 |
| 40 | 51, 60*, 62*, 96 |
| 41 | 152*, 159, 575, 576 |
| 42 | 68, 82*, 192*, 432* |
| 43 | 83*, 554*, 574 |
| 44 | 18* |
| 47 | 213 |
| 48 | 211*, 215, 218*, 219*, 223* |
| 50 | 111*, 218*, 232*, 234* |
| 51 | 233* |
| 52 | 238*, 242* |
| 59 | 556* |
| 60 | 557 |
| 61 | 198*, 239*, 558 |
| 63 | 331, 336* |
| 65 | 185*, 333* |
| 66 | 290*, 298* |
| 67 | 250*, 284*, 302 |
| 68 | 301*, 304*, 307 |
| 69 | 171, 177*, 178, 180*, 481* |
| 71 | 176 |
| 73 | 392 |
| 74 | 168*, 384*, 394, 396*, 398*, 567* |
| 75 | 189*, 413*, 531*, 531 |

| | |
|---|---|
| 76 | 49, 50*, 50, 81*, 150*, 424, 425, 527*, 544, 550, 571* |
| 77 | 497 |
| 78 | 494*, 495 |
| 79 | 497*, 500, 502*, 503, 513 |
| 80 | 497*, 509*, 509 |
| 82 | 441 |
| 83 | 194* |
| 84 | 145*, 194*, 440* |
| 85 | 194* |
| 86 | 194* |
| 90 | 99 |
| 91 | 551 |
| 92 | 12* |

## DOCUMENTOS PONTIFÍCIOS

### Leão XIII

Encíclica "*Immortale Dei*"
(1º de novembro de 1885)
393*

Encíclica "*Libertas praestantissimum*"
(20 de junho de 1888)
149*

Encíclica "*Rerum novarum*"
(15 de maio de 1891)
87, 87*, 89, 89*, 90, 91, 100, 101, 103, 168*, 176, 176*, 177*, 185*, 249, 250*, 267, 268, 269, 277, 286*, 287*, 293, 296, 301*, 302, 417, 521, 581

*Alocução ao Colégio dos Cardeais*
(1899)
497

### Bento XV

*Apelo aos chefes dos povos beligerantes*
(1º de agosto de 1917)
497

Encíclica *"Pacem Dei"*
(23 de maio de 1920)
581*

## Pio XI

Encíclica *"Ubi arcano"*
(23 de dezembro de 1922)
494

Encíclica *"Casti connubii"*
(31 de dezembro de 1930)
233*

Encíclica *"Quadragesimo anno"*
(15 de maio de 1931)
82*, 87*, 89*, 91, 91*,
167, 178*, 185*, 186,
250*, 273, 277*, 277,
301*, 302*, 330, 419*,
552, 581 *

Encíclica *"Non abbiamo bisogno"*
(29 de junho de 1931)
92

Encíclica *"Divini Redemptoris"*
(19 de março de 1937)
92, 201*, 355*

Encíclica *"Mit brennender Sorge"*
(17 de março de 1937)
92

*Discursos*

6 de setembro de 1938
92

## Pio XII

Encíclica *"Summi Pontificatus"*
(20 de outubro de 1939)
125, 194*, 396*, 397*,
434*, 437*, 577

Encíclica *"Sertum laetitiae"*
(1º de novembro de 1939)
301*

Encíclica *"Humani generis"*
( 12 de agosto de 1950)
141*

Exort. Ap. *"Menti nostrae"*
(23 de setembro de 1950)
87*

*Radiomensagem*
(24 de agosto de 1939)
497

*Radiomensagem de Natal*
(24 de dezembro de 1939)
93*, 434*

*Radiomensagem de Natal*
(24 de dezembro de 1940)
93*

*Radiomensagem pelo 50º aniversário
da Rerum novarum*
(1º de junho de 1941)
81*, 82*, 87*, 89*,
168*, 171*, 172, 176*,
355*

*Radiomensagem de Natal*
(24 de dezembro de 1941)
93*, 436, 437*, 438*

*Radiomensagem de Natal*
(24 de dezembro de 1942)
93*, 149*, 176*

*Radiomensagem*
(1º de setembro de 1944)
93*, 176*

*Documentos pontifícios*

## Radiomensagem de Natal
(24 de dezembro de 1944)
93*, 106, 385, 396*

## Radiomensagem de Natal
(24 de dezembro de 1945)
439*, 446*

## Radiomensagem de Natal
(24 de dezembro de 1946)
93*

## Radiomensagem de Natal
(24 de dezembro de 1947)
93*

## Radiomensagem de Natal
(24 de dezembro de 1948)
93*

## Radiomensagem de Natal
(24 de dezembro de 1949)
93*

## Radiomensagem de Natal
(24 de dezembro de 1950)
93*

## Radiomensagem de Natal
(24 de dezembro de 1951)
93*

## Radiomensagem de Natal
(24 de dezembro de 1952)
93*, 191*

## Radiomensagem de Natal
(24 de dezembro de 1953)
93*

## Radiomensagem de Natal
(24 de dezembro de 1954)
93*

## Radiomensagem de Natal
(24 de dezembro de 1955)
93*

*Discursos*

| | |
|---|---|
| 29 de abril de 1945 | 85* |
| 21 de outubro de 1945 | 251* |
| 6 de dezembro de 1953 | 432*, 434* |
| 3 de outubro de 1953 | 506*, 518* |

**João XXIII**

Encíclica *"Mater et Magistra"*
(15 de maio de 1961)
84*, 87*, 94*, 95, 107*,
160*, 164*, 166*, 167*,
176*, 178*, 185*, 189*,
192*, 194*, 336*, 339*,
355*, 384, 396, 440*,
446, 527*, 549*, 551*,
575, 579, 581*

Encíclica *"Pacem in terris"*
(11 de abril de 1963)
84*, 87*, 94, 95*, 95,
145*, 149*, 153*, 153,
155*, 156*, 156, 164*,
165*, 190*, 197*, 198*,
200*, 201*, 205*, 301*,
383*, 384, 386, 387*,
388, 389, 391, 393,
393*, 395*, 396, 396*,
397*, 398*, 414*, 432,
433*, 434*, 435*, 437,
437*, 439*, 441*, 441,
497, 497*, 499*, 499,
527*

**Paulo VI**

Encíclica *"Populorum progressio"*
(26 de março de 1967)

| | |
|---|---|
| | 98, 98*, 102 |
| 6 | 449 |
| 13 | 61, 81, 197* |
| 14 | 373 |

| | |
|---|---|
| 17 | 194*, 467 |
| 19 | 318* |
| 20 | 449 |
| 21 | 98, 449 |
| 22 | 172, 177*, 446*, 449*, 481* |
| 23 | 158, 177*, 300* |
| 31 | 401 |
| 35 | 198* |
| 37 | 234* |
| 40 | 198*, 373* |
| 41 | 373* |
| 42 | 82, 98, 373* |
| 43 | 145* |
| 44 | 145*, 448*, 581* |
| 47 | 449* |
| 48 | 194* |
| 51 | 442* |
| 52 | 442* |
| 53 | 442* |
| 54 | 442* |
| 55 | 442*, 449* |
| 56 | 447* |
| 57 | 364, 447* |
| 58 | 447* |
| 59 | 366, 447* |
| 60 | 447* |
| 61 | 364*, 447* |
| 63 | 433* |
| 76 | 98, 495* |
| 77 | 98, 442* |
| 78 | 98, 372*, 441 *, 442* |
| 79 | 98, 442* |
| 80 | 98 |
| 81 | 83*, 531 |

Encíclica "*Humanae vitae*"
(25 de julho de 1968)

| | |
|---|---|
| 7 | 233* |
| 10 | 232 |
| 14 | 233* |
| 16 | 233* |
| 17 | 233* |

Encíclica "*Sollicitudo omnium ecclesiarum*"
(29 de junho de 1969)

445

Encíclica "*Octogesima adveniens*"
(14 de maio de 1971)

| | |
|---|---|
| | 100, 100* |
| 3 | 80* |
| 4 | 11*, 80*, 81*, 574 |
| 5 | 80* |
| 16 | 145*, 433* |
| 21 | 461*, 461 |
| 22 | 189* |
| 23 | 158 |
| 26 | 124* |
| 27 | 124*, 126 |
| 28 | 124* |
| 29 | 124* |
| 30 | 124* |
| 31 | 124* |
| 32 | 124* |
| 33 | 124* |
| 34 | 124* |
| 35 | 124* |
| 36 | 124* |
| 37 | 53*, 124* |
| 38 | 124* |
| 39 | 124* |
| 41 | 349* |
| 42 | 86 |
| 43 | 372*, 446* |
| 44 | 372* |
| 46 | 164*, 167*, 189*, 565*, 573*, 581* |
| 47 | 191* |
| 50 | 574* |
| 51 | 525 |

Exort. ap. "*Evangelii nuntiandi*"
(8 de dezembro de 1975)

| | |
|---|---|
| 9 | 64*, 82 |
| 20 | 523* |
| 29 | 66* |
| 30 | 64* |

_Documentos pontifícios_ 339

| 31 | 66 |
| 34 | 71* |
| 37 | 496* |
| 45 | 415* |

Motu proprio _"Iustitiam et pacem promovere"_
(10 de dezembro de 1976)
159

_Mensagem para a Jornada Mundial da Paz_ (1968)
519, 520

_Mensagem para a Jornada Mundial da Paz_ (1969)
494*

_Mensagem para a Jornada Mundial da Paz_ (1972)
494*

_Mensagem para a Jornada Mundial da Paz_ (1974)
495*

_Mensagem para a Jornada Mundial da Paz_ (1976)
520

_Mensagem para a Jornada mundial da Paz_ (1977)
391

_Discursos e outras Mensagens_

| 5 de janeiro de 1964 | 210* |
| 24 de junho de 1965 | 497* |
| 4 de outubro de 1965 | 145*, 155*, 433*, 497 |
| 15 de abril de 1968 | 153 |
| 10 de junho de 1969 | 292, 446* |
| 16 de novembro de 1970 | 207*, 581* |
| 26 de outubro de 1974 | 155* |

_Carta do Card. Maurice Roy por ocasião do 10º aniversário da encíclica "Pacem in terris"_
(11 de abril de 1973)
95*

## João Paulo II

Encíclica _"Redemptor hominis"_
(4 de março de 1979)

| 1 | 262 |
| 8 | 64, 262 |
| 11 | 53* |
| 13 | 58* |
| 14 | 62, 82, 105*, 126 |
| 15 | 581 |
| 17 | 155, 158*, 168* |

Exort. ap. _"Catechesi tradendae"_
(16 de outubro de 1979)

| 5 | 529 |
| 14 | 423 |
| 18 | 529* |
| 29 | 529 |

Encíclica _"Dives in misericordia"_
(30 de novembro de 1980)

| 12 | 206 |
| 14 | 206, 582 |

Encíclica _"Laborem exercens"_
(14 de setembro de 1981 )

| | 72, 101*, 269 |
| 1 | 269 |
| 2 | 201*, 269* |
| 3 | 72*, 87*, 269 |
| 4 | 275 |
| 6 | 259, 270, 271, 272 |
| 8 | 193*, 308 |
| 9 | 287* |
| 10 | 249, 249*, 287*, 294, 294*, 317* |
| 11 | 279 |
| 12 | 277, 290* |

| | |
|---|---|
| 13 | 277* |
| 14 | 177, 189*, 192*, 281, 282, 287* |
| 15 | 192* |
| 16 | 274, 287* |
| 17 | 288*, 336* |
| 18 | 287*, 287, 301* |
| 19 | 172, 250*, 251*, 284*, 295, 301*, 301, 302*, 345* |
| 20 | 301*, 304*, 304, 305, 306, 307, 318* |
| 21 | 299 |
| 22 | 148 |
| 25 | 326* |
| 26 | 326* |
| 27 | 263*, 326* |

### Exort. ap. "Familiaris consortio"
(22 de novembro de 1982)

| | |
|---|---|
| 12 | 219* |
| 13 | 217*, 219 |
| 18 | 221* |
| 19 | 217 |
| 20 | 225 |
| 23 | 251*, 294* |
| 24 | 295* |
| 26 | 244 |
| 27 | 222* |
| 32 | 233* |
| 36 | 239 |
| 37 | 238*, 243 |
| 40 | 240 |
| 42 | 553* |
| 43 | 221, 238*, 242*, 553* |
| 44 | 247, 553* |
| 45 | 214*, 252, 355*, 553* |
| 46 | 253*, 553* |
| 47 | 220, 553* |
| 48 | 220, 553* |
| 77 | 226*, 298* |
| 81 | 229 |
| 84 | 226* |

### Exort. ap. "Reconciliatio et paenitentia"
(2 de dezembro de 1985)

| | |
|---|---|
| 2 | 116 |
| 10 | 121 |
| 15 | 116 |
| 16 | 117, 118, 193* |

### Encíclica "Redemptoris Mater"
(25 de março de 1987)

| | |
|---|---|
| 37 | 59 |

### Encíclica "Sollicitudo rei socialis"
(30 de dezembro de 1987)

| | |
|---|---|
| | 72, 102, 102* |
| 1 | 60*, 87*, 104, 162* |
| 3 | 85*, 85 |
| 9 | 374* |
| 11 | 192* |
| 12 | 192* |
| 14 | 192*, 374 |
| 15 | 185*, 191*, 192*, 336*, 336, 435* |
| 16 | 192*, 446 |
| 17 | 192*, 194*, 342 |
| 18 | 192* |
| 19 | 192* |
| 20 | 192* |
| 21 | 192* |
| 22 | 192* |
| 25 | 483, 483* |
| 26 | 150*, 443, 470 |
| 27 | 181* |
| 27 | 181*, 318*, 334, 449*, 462* |
| 29 | 181* |
| 30 | 181* |
| 31 | 181*, 327 |
| 32 | 181*, 333*, 446*, 446, 537* |
| 33 | 157*, 181*, 442*, 446*, 446, 449 |
| 34 | 181*, 459, 465*, 466, 470* |
| 36 | 119*, 193, 332, 446, 566 |
| 37 | 119, 181*, 193, 446 |

| | |
|---|---|
| 38 | 43*, 193, 194*, 449 |
| 39 | 102, 194*, 203, 383*, 442*, 446 |
| 40 | 33, 194*, 196*, 196, 202*, 332*, 432, 580 |
| 41 | 7, 67*, 68*, 72, 73, 81*, 82*, 159, 563 |
| 42 | 172, 182 |
| 43 | 364*, 372*, 442 |
| 44 | 189*, 198*, 411*, 449* |
| 45 | 189*, 194* |
| 47 | 578 |
| 48 | 526* |

Carta ap. "*Mulieris dignitatem*"
(15 de agosto de 1988)

| | |
|---|---|
| 7 | 33, 34 |
| 11 | 147 |

Exort. ap. "*Christifideles laici*"
(30 de dezembro de1988)

| | |
|---|---|
| 15 | 10, 83*, 543 |
| 24 | 544* |
| 29 | 549 |
| 30 | 549* |
| 35 | 523 |
| 37 | 552 |
| 39 | 553, 553*, 570* |
| 40 | 209, 212 |
| 41 | 412 |
| 42 | 410*, 581 * |
| 50 | 146 |
| 59 | 546 |
| 60 | 528 |
| 62 | 549 |

Carta ap. "*No qüinquagésimo aniversário do início da Segunda Guerra Mundial*"
(27 de agosto de 1989)

| | |
|---|---|
| 2 | 157 |
| 8 | 517 |

Encíclica "*Redemptoris missio*"
(7 de dezembro de 1990)

| | |
|---|---|
| 2 | 538 |

| | |
|---|---|
| 11 | 1, 521*, 523, 524 |
| 20 | 50 |
| 37 | 415* |
| 52 | 523 |

Encíclica "*Centesimus annus*"
(1º de maio de 1991)

| | |
|---|---|
| | 103* |
| 3 | 538 |
| 5 | 67, 71*, 90, 521, 523, 583* |
| 6 | 176* |
| 7 | 301* |
| 9 | 284* |
| 10 | 103, 194*, 580 |
| 11 | 107* |
| 13 | 125, 135* |
| 15 | 301, 351*, 352 |
| 16 | 293, 336* |
| 17 | 200* |
| 18 | 438 |
| 21 | 157* |
| 23 | 438* |
| 24 | 558, 559*, 577* |
| 29 | 373 |
| 31 | 171, 176, 273, 287* |
| 32 | 179, 278, 283*, 337, 343, 344* |
| 33 | 344*, 447 |
| 34 | 347, 349*, 448 |
| 35 | 179, 189*, 340, 344, 446*, 450 |
| 36 | 345, 358, 359, 360, 376, 486*, 486 |
| 37 | 360*, 460, 467* |
| 38 | 340, 464 |
| 39 | 212, 231, 350, 375 |
| 40 | 347, 349, 356*, 466*, 470* |
| 41 | 47, 170*, 181*, 280, 333, 348* |
| 42 | 200, 335 |
| 43 | 278, 282, 288, 338, 340* |
| 44 | 191*, 408 |
| 45 | 191* |

| 46 | 86*, 190*, 395*, 406, 407, 567, 569* |
| 47 | 155, 158, 191*, 424 |
| 48 | 185*, 186*, 187, 188*, 291, 336*, 351, 352, 353*, 354*, 411* |
| 49 | 185*, 355*, 420* |
| 50 | 556 |
| 51 | 494*, 498 |
| 52 | 434*, 439, 498 |
| 53 | 60*, 81*, 82* |
| 54 | 60*, 61, 67, 69, 78, 159*, 527* |
| 55 | 9*, 560, 577 |
| 56 | 90, 90* |
| 57 | 193*, 525, 551* |
| 58 | 371, 442*, 448 |
| 59 | 73, 76, 78 |
| 60 | 90 |

Encíclica "*Veritatis splendor*"
(6 de agosto de 1993)

| 13 | 75* |
| 27 | 70* |
| 34 | 135* |
| 35 | 136 |
| 44 | 138* |
| 48 | 127 |
| 50 | 75*, 140* |
| 51 | 142 |
| 61 | 139 |
| 64 | 70* |
| 79 | 75* |
| 80 | 155* |
| 86 | 138 |
| 87 | 143* |
| 97 | 22, 397* |
| 98 | 577 |
| 99 | 138*, 397* |
| 107 | 530 |
| 110 | 70* |

Motu proprio "*Socialium Scientiarum*"
(1º de janeiro de 1994)
78*

Carta às famílias "*Gratissimam sane*"
(2 de fevereiro 1994)

| 6 | 111*, 230 |
| 7 | 213 |
| 8 | 111* |
| 10 | 237 |
| 11 | 218*, 221, 230 |
| 13 | 231 |
| 14 | 111*, 227* |
| 16 | 111* |
| 17 | 211, 251* |
| 19 | 111* |
| 20 | 111* |
| 21 | 233* |

Carta. ap. "*Tertio millennio adveniente*"
(10 de novembro de 1994)

| 13 | 25* |
| 51 | 182*, 450* |

*Carta às mulheres*
(29 de junho de 1995)

| 3 | 295 |
| 8 | 147 |

Encíclica "*Evangelium vitae*"
(25 de março de 1995)

| 2 | 155* |
| 7 | 155* |
| 8 | 155* |
| 9 | 155* |
| 10 | 155* |
| 11 | 155* |
| 12 | 155* |
| 13 | 155* |
| 14 | 155* |
| 15 | 155* |
| 16 | 155*, 483* |
| 17 | 155* |
| 18 | 155* |
| 19 | 112*, 142*, 155* |
| 20 | 142*, 155* |
| 21 | 155* |
| 22 | 155* |
| 23 | 155* |

_Documentos pontifícios_ 343

| | |
|---|---|
| 24 | 155* |
| 25 | 155* |
| 26 | 155* |
| 27 | 155*, 405 |
| 28 | 155* |
| 32 | 182* |
| 34 | 109*, 114* |
| 35 | 109*, 110 |
| 56 | 405 |
| 58 | 233* |
| 59 | 233* |
| 61 | 233* |
| 62 | 233* |
| 70 | 397*, 407 |
| 71 | 229*, 397 |
| 72 | 233* |
| 73 | 399*, 570* |
| 74 | 399 |
| 92 | 231* |
| 93 | 231 |
| 101 | 233* |

Carta ap. "_Dies Domini_"
(31 de maio de 1998)

| | |
|---|---|
| 26 | 285* |

Encíclica "_Fides et ratio_"
(14 de setembro de 1998)

| | |
|---|---|
| | 74* |
| Prólogo | 113* |
| 36-48 | 560* |

Exort. ap. "_Ecclesia in America_"
(22 de janeiro de 1999)

| | |
|---|---|
| 20 | 362* |
| 25 | 466 |
| 54 | 7*, 8* |

Carta ap. "_Novo Millennio ineunte_"
(6 de janeiro de 2001)

| | |
|---|---|
| 1 | 1* |
| 16-28 | 58* |
| 29 | 577 |
| 49 | 182*, 583* |
| 50 | 5, 182*, 583* |
| 51 | 5, 583* |

_Mensagem para a Jornada Mundial da Paz_ (1982)

| | |
|---|---|
| 4 | 494 |

_Mensagem para a Jornada Mundial da Paz_ (1986)

| | |
|---|---|
| 1 | 494* |
| 2 | 509* |

_Mensagem para a Jornada Mundial da Paz_ (1988)

| | |
|---|---|
| 3 | 516* |

_Mensagem para a Jornada Mundial da Paz_ (1989)

| | |
|---|---|
| 5 | 387 |
| 11 | 387 |

_Mensagem para a Jornada Mundial da Paz_ (1990)

| | |
|---|---|
| 6 | 459 |
| 7 | 459 |
| 9 | 468, 468* |

_Mensagem para a Jornada Mundial da Paz_ (1992)

| | |
|---|---|
| 4 | 519* |

_Mensagem para a Jornada Mundial da Paz_ (1993)

| | |
|---|---|
| 1 | 449* |
| 3 | 298* |
| 4 | 497* |

Mensagem para a Jornada Mundial da Paz (1994)

| | |
|---|---|
| 5 | 239* |

_Mensagem para a Jornada Mundial da Paz_ (1996)

| | |
|---|---|
| 2-6 | 245* |
| 5 | 296* |

*Mensagem para a Jornada Mundial da Paz* (1997)

| | |
|---|---|
| 3 | 517*, 518* |
| 4 | 517*, 518* |
| 6 | 518* |

*Mensagem para a Jornada Mundial da Paz* (1998)

| | |
|---|---|
| 2 | 154 |
| 3 | 363 |
| 4 | 450* |
| 5 | 412 |
| 6 | 296 |

*Mensagem para a Jornada Mundial da Paz* (1999)

| | |
|---|---|
| 3 | 153, 154 |
| 5 | 423* |
| 6 | 411* |
| 7 | 506*, 518* |
| 8 | 287* |
| 9 | 450* |
| 10 | 468* |
| 11 | 497, 510*, 511*, 512*, 518 |
| 12 | 494* |

*Mensagem para a Jornada Mundial da Paz* (2000)

| | |
|---|---|
| 6 | 388* |
| 7 | 506* |
| 11 | 506 |
| 13 | 373* |
| 14 | 373*, 449, 564 |
| 15-16 | 333* |
| 17 | 564* |
| 20 | 516 |

*Mensagem para a Jornada Mundial da Paz* (2001)

| | |
|---|---|
| 13 | 298* |
| 19 | 405* |

*Mensagem para a Jornada Mundial da Paz* (2002)

| | |
|---|---|
| 4 | 513* |

| | |
|---|---|
| 5 | 514 |
| 7 | 515* |
| 9 | 517* |

*Mensagem para a Jornada Mundial da Paz* (2003)

| | |
|---|---|
| 5 | 365, 485* |
| 6 | 441 |

*Mensagem para a Jornada Mundial da Paz* (2004)

| | |
|---|---|
| 4 | 494* |
| 5 | 437 |
| 6 | 438*, 501 |
| 7 | 440, 442*, 443 |
| 8 | 514*, 514 |
| 9 | 439, 506*, 516* |
| 10 | 203, 206, 517*, 582 |

*Mensagem para a Quaresma* (1990)

| | |
|---|---|
| 3 | 505 |

*Mensagem para a XXXIII Jornada Mundial das Comunicações Sociais* (1999)

| | |
|---|---|
| 3 | 560 |

*Discursos, Cartas e outras Mensagens*

| | |
|---|---|
| 2 de dezembro de 1978 | 71 |
| 13 de janeiro de 1979 | 244 |
| 28 de janeiro de 1979 | 64*, 82*, 178*, 182*, 449* |
| 17 de fevereiro de 1979 | 159* |
| 14 de setembro de 1979 | 266 |
| 29 de setembro de 1979 | 496 |
| 2 de outubro de 1979 | 152, 155*, 244 |
| 12 de novembro de 1979 | 440* |
| 9 de fevereiro de 1980 | 581* |
| 1º de junho de 1980 | 390* |
| 2 de junho de 1980 | 435*, 440*, 554, 556* |
| 10 de julho de 1980 | 471* |
| 1º de setembro de 1980 | 426* |
| 25 de fevereiro de 1981 | 457, 458 |
| 3 de outubro de 1981 | 458, 474* |
| 3 de abril de 1982 | 85* |
| 15 de junho de 1982 | 292*, 404 |
| 21 de setembro de 1982 | 458, 477* |

*Documentos eclesiais*

| | |
|---|---|
| 23 de outubro de 1982 | 458, 473*, 477* |
| 18 de dezembro de1982 | 470* |
| 7 de março de 1983 | 471* |
| 19 de outubro de 1983 | 15 |
| 29 de outubro de 1983 | 460 |
| 12 de novembro de 1983 | 496* |
| 22 de março de 1984 | 92 |
| 18 de setembro de 1984 | 471* |
| 31 de janeiro de 1985 | 471* |
| 5 de fevereiro de 1985 | 471* |
| 13 de maio de 1985 | 439 |
| 18 de agosto de 1985 | 486* |
| 18 de outubro de 1985 | 508 |
| 28 de novembro de 1986 | 457*, 458 |
| 29 de novembro de 1986 | 471* |
| 12 de julho de 1987 | 466* |
| 14 de setembro de 1987 | 471* |
| 6 de novembro de 1987 | 470* |
| 9 de janeiro de 1988 | 157* |
| 17 de abril de 1988 | 508* |
| 8 outubro de 1988 | 468 |
| 16 de novembro de 1989 | 470 |
| 19 de março de 1990 | 457, 458, 505 |
| 22 de setembro de 1990 | 244*, 296 |
| 1º outubro de 1990 | 497* |
| 12 de janeiro de 1991 | 437 |
| 16 de janeiro de 1991 | 497 |
| 17 de janeiro de 1991 | 497 |
| 1º de maio de 1991 | 374 |
| 19 de maio de 1991 | 63* |
| 5 de dezembro de 1992 | 506* |
| 16 de janeiro de 1993 | 506* |
| 7 de março de 1993 | 504 |
| 18 de abril de 1993 | 506 |
| 30 de novembro de 1993 | 440*, 504* |
| 11 de março de 1994 | 502* |
| 18 de março de 1994 | 440*, 483 |
| 28 de outubro de 1994 | 470* |
| 9 de janeiro de 1995 | 507* |
| 26 de maio de 1995 | 440* |
| 9 de julho de 1995 | 147 |
| 5 de outubro de 1995 | 145*, 152*, 157, 388*, 432*, 434*, 435*, 435, 436 |

| | |
|---|---|
| 13 de janeiro de 1996 | 509* |
| 2 de dezembro de 1996 | 308* |
| 13 de janeiro de 1997 | 495*, 518* |
| 24 de março de 1997 | 461, 463, 464, 465 |
| 25 de abril de 1997 | 287*, 369* |
| 20 de junho de 1997 | 446* |
| 19 de fevereiro de 1998 | 228* |
| 9 de maio de 1998 | 363* |
| 14 de junho de 1998 | 506* |
| 4 de julho de 1998 | 506* |
| 30 de novembro de 1998 | 450* |
| 21 de janeiro de 1999 | 228 |
| 6 de março de 1999 | 279* |
| 11 de agosto de 1999 | 505 |
| 31 de março de 2000 | 402, 404 |
| 1º de maio de 2000 | 321 |
| 2 de maio de 2000 | 446* |
| 29 de agosto de 2000 | 236* |
| 13 de janeiro de 2001 | 435* |
| 27 de abril de 2001 | 310*, 366 |
| 14 de setembro de 2001 | 309, 320* |
| 24 de setembro de 2001 | 515* |
| 24 de fevereiro de 2002 | 515* |
| 21 de março de 2002 | 437* |
| 3 de abril de 2002 | 222 |
| 11 de abril de 2002 | 367 |
| 27 de abril de 2002 | 367* |
| 13 de janeiro de 2003 | 497 |
| 5 de janeiro de 2004 | 148 |
| 7 de janeiro de 2004 | 484 |
| 12 de janeiro de 2004 | 572 |
| 4 de fevereiro de 2004 | 341 |
| 21 de fevereiro de 2004 | 236* |

## DOCUMENTOS ECLESIAIS

### Catecismo da Igreja Católica

| | |
|---|---|
| título do c. 1º, sec. 1ª, parte 1ª | 109 |
| 24 | 8* |
| 27 | 133* |
| 356 | 109*, 133* |
| 357 | 108 |
| 358 | 109*, 133* |
| 363 | 128* |

| | | | |
|---|---|---|---|
| 364 | 128* | 1849 | 116* |
| 365 | 129 | 1850 | 115* |
| 369 | 110* | 1869 | 119* |
| 371 | 111* | 1879 | 149* |
| 373 | 113* | 1880 | 149 |
| 404 | 115 | 1881 | 384* |
| 826 | 580* | 1882 | 151, 185* |
| 1033 | 183 | 1883 | 185*,186*, 419* |
| 1603 | 215*, 216* | 1884 | 185*, 383, 419* |
| 1605 | 209* | 185 | 185*,419* |
| 1639 | 215* | 1886 | 197* |
| 1644 | 223* | 1888 | 42 |
| 1645 | 223* | 1889 | 43*, 581*, 583 |
| 1646 | 223* | 1897 | 393* |
| 1647 | 223* | 1898 | 393* |
| 1648 | 223* | 1899 | 398* |
| 1649 | 223* | 1900 | 398* |
| 1650 | 223*, 225* | 1901 | 398* |
| 1651 | 223*, 225* | 1902 | 396* |
| 1652 | 230* | 1905 | 164* |
| 1653 | 238* | 1906 | 164* |
| 1656 | 220* | 1907 | 164*, 166* |
| 1657 | 220* | 1908 | 164*, 169* |
| 1703 | 128* | 1909 | 164* |
| 1705 | 135*, 199* | 1910 | 164*, 168*, 418* |
| 1706 | 134, 136* | 1911 | 164*, 433* |
| 1721 | 109* | 1912 | 164*, 165* |
| 1730 | 135*, 199* | 1913 | 167*, 189* |
| 1731 | 135* | 1914 | 189* |
| 1732 | 135* | 1915 | 189* |
| 1733 | 135* | 1916 | 189* |
| 1738 | 199 | 1917 | 189*, 191* |
| 1740 | 137 | 1928 | 201* |
| 1741 | 143* | 1929 | 201*, 202* |
| 1749 | 138* | 1930 | 153*, 201* |
| 1750 | 138* | 1931 | 105*, 201* |
| 1751 | 138* | 1932 | 201* |
| 1752 | 138* | 1933 | 201* |
| 1753 | 138* | 1934 | 144*, 201* |
| 1754 | 138* | 1935 | 201* |
| 1755 | 138* | 1936 | 201* |
| 1756 | 138* | 1937 | 201* |
| 1789 | 20* | 1938 | 201* |
| 1806 | 548* | 1939 | 193*, 201*, 581 * |
| 1807 | 201 | 1940 | 193*, 201* |
| 1827 | 207* | 1941 | 193*, 194*, 201* |

# Documentos eclesiais

| | | | |
|------|------------------------|------|-------------|
| 1942 | 193*, 201* | 2259 | 112* |
| 1955 | 140* | 2260 | 112* |
| 1956 | 140* | 2261 | 112* |
| 1957 | 141* | 2265 | 500* |
| 1958 | 141 | 2266 | 402*, 403* |
| 1959 | 142* | 2267 | 405 |
| 1960 | 141* | 2269 | 341 |
| 1970 | 20* | 2271 | 233* |
| 2011 | 583* | 2272 | 233* |
| 2034 | 79* | 2273 | 233* |
| 2037 | 80* | 2297 | 513* |
| 2039 | 83* | 2304 | 495* |
| 2062 | 22 | 2306 | 496 |
| 2070 | 22 | 2307 | 497* |
| 2105 | 422 | 2308 | 497* |
| 2106 | 421* | 2309 | 497*, 500 |
| 2107 | 423* | 2310 | 497*, 502* |
| 2108 | 421*, 422* | 2311 | 497*, 503* |
| 2109 | 422* | 2312 | 497* |
| 2184 | 284* | 2313 | 497*, 503* |
| 2185 | 284 | 2314 | 497*, 509* |
| 2186 | 285 | 2315 | 497*, 508 |
| 2187 | 285*, 286 | 2316 | 497*, 508* |
| 2188 | 286 | 2317 | 495*, 497* |
| 2204 | 220* | 2333 | 224 |
| 2206 | 213* | 2334 | 111* |
| 2209 | 214* | 2357 | 228* |
| 2210 | 213* | 2358 | 228* |
| 2211 | 252* | 2359 | 228* |
| 2212 | 206*, 390*, 391*, 582* | 2366 | 230* |
| 2213 | 390* | 2367 | 232* |
| 2221 | 239* | 2368 | 234* |
| 2223 | 239* | 2370 | 233* |
| 2224 | 213* | 2372 | 234* |
| 2228 | 238* | 2375 | 235* |
| 2229 | 240* | 2376 | 235* |
| 2235 | 132*, 396* | 2377 | 235* |
| 2236 | 409* | 2378 | 235* |
| 2237 | 388* | 2379 | 218 |
| 2241 | 298* | 2384 | 225* |
| 2242 | 399* | 2385 | 225 |
| 2243 | 401 | 2390 | 227* |
| 2244 | 47*, 51* | 2402 | 177* |
| 2245 | 50*, 424* | 2403 | 177* |
| 2246 | 426* | 2404 | 177* |
| 2258 | 112* | 2405 | 177* |

| | |
|---|---|
| 2406 | 177* |
| 2411 | 201* |
| 2419 | 3, 63 |
| 2420 | 68* |
| 2421 | 87* |
| 2422 | 104* |
| 2423 | 81* |
| 2424 | 340* |
| 2425 | 201*, 349* |
| 2426 | 201*, 331* |
| 2427 | 201*, 263*, 317 |
| 2428 | 201*, 272* |
| 2429 | 201*, 336, 336* |
| 2430 | 201*, 304*, 306* |
| 2431 | 201*, 351*, 352* |
| 2432 | 201*, 344* |
| 2433 | 201*, 288* |
| 2434 | 201*, 302 |
| 2435 | 201*, 304 |
| 2436 | 201*, 289* |
| 2437 | 201*, 373* |
| 2438 | 194*, 201*, 341, 373* |
| 2439 | 201* |
| 2440 | 201*, 372* |
| 2441 | 201*, 375 |
| 2442 | 83*, 201* |
| 2443 | 183, 201* |
| 2444 | 184*, 201* |
| 2445 | 184, 201* |
| 2446 | 184*, 201* |
| 2447 | 184, 201* |
| 2448 | 183*,184, 201* |
| 2449 | 201* |
| 2464 | 198* |
| 2465 | 198* |
| 2466 | 198* |
| 2467 | 198* |
| 2468 | 198* |
| 2469 | 198* |
| 2470 | 198* |
| 2471 | 198* |
| 2472 | 198* |
| 2473 | 198* |
| 2474 | 198* |
| 2475 | 198* |
| 2476 | 198* |

| | |
|---|---|
| 2477 | 198* |
| 2478 | 198* |
| 2479 | 198* |
| 2480 | 198* |
| 2481 | 198* |
| 2482 | 198* |
| 2483 | 198* |
| 2484 | 198* |
| 2485 | 198* |
| 2486 | 198* |
| 2487 | 198* |
| 2494 | 415 |
| 2495 | 561 |
| 2510 | 20* |
| 2832 | 201* |

# CONGREGAÇÕES

## Congregação para o Clero

*Diretório geral para a catequese*
(15 de agosto de 1997)

| | |
|---|---|
| 17 | 529* |
| 18 | 521* |
| 30 | 529* |
| 54 | 529* |

## Congregação para a Doutrina da Fé

Decl. *"Persona humana"*
(29 de dezembro de 1975)

| | |
|---|---|
| 8 | 228* |

Instr. *"Libertatis conscientia"*
(22 de março de 1986)

| | |
|---|---|
| 26 | 199 |
| 28 | 199* |
| 32 | 149 |
| 63 | 64* |
| 64 | 64* |
| 72 | 81*, 82*, 85*, 160 |
| 73 | 185*, 194* |
| 75 | 137 |
| 79 | 401 |

| | |
|---|---|
| 80 | 64* |
| 85 | 185* |
| 86 | 185* |
| 90 | 175 |
| 94 | 241 |
| 97 | 59 |
| 99 | 198* |

Carta *O cuidado pastoral das pessoas homossexuais* (1º de outubro de 1986)

| | |
|---|---|
| 1-2 | 228* |

Instr. *"Donum vitae"*
(22 de fevereiro de 1987)

| | |
|---|---|
| | 553* |
| II/2.3.5 | 235* |
| II/7 | 235* |

Instr. *"Donum veritatis"*
(24 de maio de 1990)

| | |
|---|---|
| 16 | 80* |
| 17 | 80* |
| 23 | 80* |

*Algumas considerações concernentes à resposta a propostas de lei sobre a não discriminação das pessoas homossexuais*
(23 de julho de 1992)

| | |
|---|---|
| | 228* |

*Nota Doutrinal a respeito de algumas questões sobre o empenho e o comportamento dos católicos na vida política*
(24 de novembro de 2002)

| | |
|---|---|
| 3 | 384*, 563* |
| 4 | 570 |
| 5 | 397* |
| 6 | 397*, 566, 571, 572 |
| 7 | 555*, 568 |

*Considerações sobre os projetos de reconhecimento legal das uniões entre pessoas homossexuais*
(3 de junho de 2003)

| | |
|---|---|
| 8 | 228 |
| | 228* |

*Carta aos Bispos da Igreja Católica sobre a colaboração do homem e da mulher na Igreja e no mundo*
(31 de maio de 2004)

| | |
|---|---|
| | 147* |

**Congregação para a Educação Católica**

*Orientações para o estudo e o ensino da doutrina social na forrnação sacerdotal*
(30 de dezembro de 1988)

| | |
|---|---|
| 8 | 568* |
| 20 | 89 |
| 21 | 91 |
| 22 | 93 |
| 23 | 94 |
| 24 | 96 |
| 25 | 98 |
| 26 | 102 |
| 27 | 104 |
| 29 | 160* |
| 30 | 160* |
| 31 | 160* |
| 32 | 152*, 160* |
| 33 | 160* |
| 34 | 160* |
| 35 | 106, 160* |
| 36 | 160* |
| 37 | 160* |
| 38 | 160*, 194* |
| 39 | 160* |
| 40 | 160*, 189* |
| 41 | 160* |
| 42 | 160* |
| 43 | 197 |
| 47 | 162* |

# PONTIFÍCIOS CONSELHOS

**Pontifício Conselho das Comunicações Sociais**

*Communio et Progressio*
(23 de maio de 1971)

| | |
|---|---|
| 126-134 | 415* |

# 350 — Índice de referências

*Aetatis novae*
(22 de fevereiro de 1992)
11     415*

*Ética na publicidade*
(22 de fevereiro de 1997)
4-8     415*

*Ética nas comunicações sociais*
(4 de junho de 2000)
14     561*
20     416
22     416*
24     416*
33     562*

**Pontifício Conselho Cor Unum - Pontifício Conselho da Pastoral para os Migrantes e Itinerantes**

*Os refugiados. Um desafio à solidariedade*
(2 de outubro de 1992)
6     298*

**Pontifício Conselho da Cultura - Pontifício Conselho para o Diálogo Interreligioso**

*Jesus Cristo, portador da água viva. Uma reflexão cristã sobre a "New Age"*
(2003)
     463*

**Pontifício Conselho para a família**

*Sexualidade humana: verdade e significado. Orientações educativas em família*
(8 de dezembro de 1995)
     243*

*Família, matrimônio e "uniões de fato"*
(26 de julho de 2000)
23     228*

**Pontifício Conselho "Justiça e Paz"**

*A Igreja e os direitos do homem*
(10 de dezembro de 1974)
70-90     159*

*Ao serviço da comunidade humana: uma apreciação ética do débito internacional*
(27 de dezembro de 1986)
     450*
I,1     194*

*O comércio internacional de armas*
(1º de maio de 1994)
6     500
9-11     508*

*Para uma melhor distribuição da terra. O desafio da reforma agrária*
(23 de novembro de 1997)
11     471*
13     300
27-31     180*
35     300*

*La Iglesia ante el Racismo: Contribución de la Santa Sede a la Conferencia Mundial contra el Racismo, la Discriminación Racial, la Xenofobia y las Formas Conexas de Intolerancia*
(29 de agosto de 2001 )
21     236*
     433*

*Água, um Elemento Essencial para a vida. Uma Contribuição da Delegação da Santa Sé por ocasião do 3º Fórum Mundial da Água*
(Kyoto, 16-23 de março de 2003)
     485*

**Comissão para as Relações Religiosas com o Judaísmo**

*Nós recordamos: uma reflexão sobre a Shoah* (16 de março de 1998)
     506*

**Pontifícia Academia para Vida**

*Reflexões sobre a clonagem*
(25 de junho de 1997)
     236*

*Escritores eclesiásticos*

**351**

*Biotecnologias animais e vegetais: Novas fronteiras e novas responsabilidades* (1999)

472*

## SANTA SÉ

*Carta dos direitos da família*
(24 de novembro de 1983)

| | |
|---|---|
| Preâmbulo, D-E | 214* |
| Preâmbulo E | 229, 238, |
| Art. 3, c | 237 |
| Art. 5 | 239* |
| Art. 5, b | 241 |
| Art. 8, a-b | 247 |
| Art. 9 | 247* |
| Art. 10 | 294* |
| Art. 10, a | 250* |
| Art. 10, b | 251 * |
| Art. 12 | 298* |

### Direito Canônico

*Código de direito canônico*

| | |
|---|---|
| 208-223 | 159* |
| 361 | 444* |
| 747,2 | 71,426* |
| 793-799 | 239* |
| 1136 | 239* |

## ESCRITORES ECLESIÁSTICOS

**Agostinho** (santo)

*Confissões*

| | |
|---|---|
| 1, 1: PL 32, 661 | 114 |
| 2, 4, 9: PL 32, 678 | 142* |

**Ambrósio** (santo)

*De obitu Valentiniani consolatio*

62: PL 16, 1438      265*

**Atanásio de Alexandria** (santo)

*Vita S. Antonii*

c. 3: PG 26, 846    265*

**Basílio Magno** (santo)

*Homilia in illud Lucae, Destruam horrea mea*

5: PG 31, 271      329, 329*

*Regulae fusius tractatae*

42: PG 31,
1023-1027      265*

**Clemente de Alexandria**

*Quis dives salvetur*

13: PG 9, 618      329

**Hermas**

Pastor, *Liber tertium,* Similitudo

I: PG 2, 954      329*

**João Crisóstomo** (santo)

*Homilias sobre os Atos,* in *Acta Apostolorum Homiliae*

35, 3: PG 60, 258    265*

*Homiliae XXI de Statuis ad populum Antiochenum habitae*

2, 6-8: PG 49,
41-46      329*

*Homilia "De perfecta caritate"*

1,2: PG 56,
281-282      582

**Gregório Magno** (santo)

Regula pastoralis
3, 21: PL 77, 87-89      184, 329*

**Gregório de Nissa** (santo)

*De vita Moysis*

2, 2-3: PG 44,
327B-328B          135*

**Irineu de Lion** (santo)

*Adversus haereses*

5, 32, 2:
PG 7, 1210          266*

**Teodoreto de Ciro**

*De Providentia, Orationes*

5-7: PG 83,
625-686          266*

**Teresa do Menino Jesus** (santa)

*Ato de oferta ao Amor Misericordioso*

583

**Tomás de Aquino** (santo)

*Commentum in tertium librum Sententiarum*

d. 27, q. l, a. 4     130

*De Caritate*

a. 9          581*

*De regno. Ad regem Cypri*

I, 1          393*
I, 10          390*

*In duo praecepta caritatis et in decem Legis praecepta expositio*

c. 1          140

*Sententiae Octavi Libri Ethicorum*

lect. 1          390*

*Summa theologiae*

| | |
|---|---|
| I, q. 75, a. 5 | 130* |
| I-II, q. 6 | 201* |
| I-II, q. 9 1, a. 2, c | 140* |
| I-II, q. 93, a. 3, ad 2um | 398 |
| I-II, q. 94, a. 2 | 167* |
| I-II, q. 96, a. 2 | 229* |
| I-II, q. 99 | 391* |
| II-II, q. 23, a. 3, ad 1um | 391* |
| II-II, q. 23, a. 8 | 207* |
| II-II, q. 29, a. 3, ad 3um | 494* |
| II-II, qq. 47-56 | 548* |
| II-II, q. 49, a. 1 | 548* |
| II-II, q. 49, a. 3 | 548* |
| II-II, q. 49, a. 4 | 548* |
| II-II, q. 49, a. 6 | 548* |
| II-II, q. 49, a. 7 | 548* |
| II-II, q. 50, a. 1 | 548* |
| II-II, q. 50, a. 2 | 548* |
| II-II, q. 58, a. 1 | 201* |
| II-II, q. 104, a. 6, ad 3um | 400 |

## Referências ao Direito Internacional

*Carta das Nações Unidas*
(26 de junho de 1945)

art.2.4          438*

*Declaração universal dos direitos do homem* (1948)
16.3          237*

*Convenção sobre os direitos da Criança* (1990)

245*

# ÍNDICE ANALÍTICO

## A

### ABORTO

Ilicitude do aborto procurado, 155, 233;
Aborto, abominável delito, 233;
Parlamentares cristãos e lei abortista, 570.

### AÇÃO

Doutrina social e caminhos para a ação, 7;
Compêndio, comunidades eclesiais e ação, 11;
Proximidade de Deus e ação histórica, 21;
Existência moral e ação de graças, 22;
Pai, Jesus e sua ação, 29;
Igreja, humanidade e ação do Espírito, 50;
Ação, doutrina social e Igreja, 65, 67;
Ordem social justa e linhas de ação, 89;
*Populorum Progressio* e ação solidária, 98;
Ação concorde e irmandade universal, 145;
Próximo e ação do Espírito Santo, 196;
Valores e qualidade de cada ação social, 205;
Caridade e ação individual, 207;

Pais e ação educativa, 239;
Ação das autoridades e crianças, 245;
Famílias e ação política, 247, 252;
Ação livre, homem e Criador, 263;
Planos de ação comum e direito ao trabalho, 292;
Sindicatos e ação de solidariedade, 308;
Cientistas e linhas de ação, 320;
Ação do Estado e subsidiariedade, 351;
Ação do Estado e solidariedade, 351;
Liberdade privada e ação pública, 354, 356;
Ação da sociedade civil e economia, 366;
Governos, ações e mercados internacionais, 370;
Instituições econômicas e estratégias de ação, 371;
Política, ação e limites nacionais, 372;
Ações dos poderes públicos e desequilíbrios, 389;
Comunidade política, direitos humanos e ação, 389;
Estado, penas e ação criminosa, 402;
Verdade última e ação política, 407;
Subsidiariedade e ação direta dos cidadãos, 419;
Liberdade religiosa, Igreja e espaço de ação, 424;
Estado e campo de ação da Igreja, 427;
Ação do Deus de Israel e família humana, 428;

Diversidade dos povos e ação de Deus, 429;

Povo de Israel e ação divina, 430;

Ação dos Organismos internacionais e necessidade, 440;

Poderes públicos e esfera de ação, 441;

Igreja, Estado e esfera de ação, 445;

Solidariedade e ação para o bem, 449;

Natureza e ação criadora divina, 451;

Natureza e ação humana, 473;

Ação pela paz e Evangelho, 493;

Ação violenta e caridade evangélica, 496;

Ação bélica preventiva, 501;

Ação das forças armadas e paz, 502;

Ação bélica e crime, 509;

Oração litúrgica e ação da Igreja, 519;

Ação pastoral da Igreja e paz, 520;

Doutrina social, norma e ação social, 522;

Espírito Santo e ação dos cristãos, 525;

Doutrina social e ação pastoral, 526;

Ação pastoral e verdade acerca do homem, 527;

Ação social e centralismo do homem, 527;

Doutrina social e ação social, 528;

Catequese e ação do Espírito Santo, 529;

Doutrina social, ação e humanização, 530;

Presbíteros e ação pastoral, 533, 539;

Ação pastoral do Bispo e presbíteros, 539;

Ação pastoral e pessoas consagradas, 540;

Leigo e mística da ação, 544;

Prudência, decisão e ação, 547;

Comunhão eclesial e ação dos leigos, 549;

Agremiações eclesiais e ação pastoral, 550;

Cultura, ação social e política dos leigos, 556;

Pessoa e ação social dos cristãos, 557;

Leigo, ação e Magistério social, 563;

Ação política dos leigos e orientações, 565;

Ação do Espírito Santo e pessoa, 578.

### ACOLHIMENTO

Acolhimento para com o Senhor, 58;

Acolhimento da doutrina social, 75;

Acolhimento dos filhos, 216;

Gratuidade nas relações e acolhimento, 221;

Amor conjugal e acolhimento da vida, 230, 232;.

Relações entre os cônjuges e total acolhimento, 233;.

Solidariedade da família e acolhimento, 246;

Recíproco acolhimento e povos divididos, 518.

### ADMINISTRAÇÃO

Administração e obra de justiça, 326, 355;

Administração e serviços aos cidadãos, 412;

Administração e educação, 447;

Crentes e administrações locais, 565.

### ADOÇÃO

Adoção dos filhos e família, 212, 246.

### ADOLESCENTE

Adolescentes soldados e reeducação, 512.

### AGREMIAÇÃO

Subsidiariedade e agremiações superiores, 186.

Paz e formas de agremiação social, 495;

# Ambiente

Presbítero e agremiações eclesiais, 539;

Formação e agremiações laicais, 549;

Agremiações eclesiais e compromisso social, 550;

Economia e agremiações cristãs, 564.

### AGRÍCOLA – RURAL

João XXIII, agricultura e sinais dos tempos, 94;

Países em via de desenvolvimento e acesso à terra, 180;

Igreja e sociedades de tipo agrícola, 267;

*Rerum Novarum* e surgimento de bancos rurais, 268;

Mudanças na agricultura e trabalho agrícola, 299

Redistribuição da terra e reforma agrária, 300;

Empresas agrícola de condução familiar, 339;

Ciência, tecnologia e agricultura, 458, 459;

Biotecnologia e agricultura, 472;

Produção agrícola e necessidade primárias de todos, 456

### ÁGUA

A riqueza é como a água, 329.

Direito universal à água potável, 485;

Água potável, subdesenvolvimento e pobreza, 447;

Jesus Cristo, portador da água viva, 463*;

Destinação universal dos bens e água, 484.

### ALIENAÇÃO

Homem alienado e transcendência, 47;

Alienação e pecado, 116;

Alienação e trabalho, 280;

Mercado, como situação alienante, 348;

Liberdade econômica, alienação e pessoa, 150;

Países ricos e alienação, 374;

Primazia do fazer e do ter e alienação, 462.

### ALIMENTAÇÃO

Direito à alimentação, 166;

Falta de uma alimentação adequada, 245;

Cientistas, biotecnologias e alimentação, 477;

Bem comum e alimentação, 478.

### ALMA

Homem integral com o corpo e alma, 13, 127;

Homem e alma separada, 65;

Direito natural, alma do ordenamento, 93;

Igreja, alma da sociedade humana, 96;

Homem, alma do ensino social, 7;

Alma, mundo e pecado, 117*

Alma e unidade do ser humano, 127;

Homem e alma espiritual e imortal, 128;

Alma, forma do corpo, 129;

Alma humana e dimensão cognoscitiva, 130;

Pais, alma da ação educativa, 239;

Homens e alma, 260;

Leis econômicas e índole da alma, 330.

### ALOJAMENTO

Pobreza, aluguéis e alojamentos, 482

### AMBIENTE

Ideologia e ambiente natural, 100;

Pecado original e ambiente, 120

Bem comum e ambiente, 166;

Acesso à terra e ambiente, 180;

Políticas ambientais e meio ambiente, 299;

Compatibilidade ambiental e desenvolvimento, 319;

Empresa e salvaguarda do meio ambiente, 340;

Empreendedor e qualidade do ambiente, 345;

Consumidores e tutela do meio ambiente, 359;

Gerações futuras, consumo e meio ambiente, 360;

Fé de Israel e mundo, ambiente hostil, 451;

Tecnologia e aplicações ao ambiente, 458;

Ambiente como *recurso* e como *casa*, 461;

Ambiente, pessoa e ecocentrismo, 463;

Espiritualidade e ambiente, 464;

Responsabilidade e ambiente íntegro e sadio, 465;

Tutela do ambiente e dever universal, 466;

Ambiente e biodiversidade, 466;

Ambiente e florestas, 466;

Ambiente, patrimônio do gênero humano, 467;

Ambiente e normativa jurídica, 468;

Direito a um ambiente sadio e seguro, 468;

Autoridade e risco ambiental, 469;

Atividade econômica e ambiente, 470, 478;

Ambiente e mudanças climáticas, 470;

Ambiente e recursos energéticos, 470;

Povos indígenas e meio ambiente, 471;

Biotecnologia e proteção do ambiente, 472, 473;

Crises ambientais e pobreza, 180, 482;

Países pobres e utilização sustentável do ambiente, 180, 483;

Desgaste ambiental, 486.

## AMIZADE

Princípio de solidariedade, "amizade", 103, 194*;

Amizade, família humana e primeiro pecado, 116;

Amizade civil e convivência política, 390, 391, 392;

Amizade entre povos e religiões, 515.

## AMOR

Doutrina social e nova lei do amor, 3;

Amor e relações humanas, 4, 5, 205, 527;

Antropologia cristã e amor de Deus, 9, 46, 65;

Vaticano II e amor pela família humana, 18;

Humanismo e projeto do amor de Deus, 19;

Atos históricos e amor de Deus pelo homem, 21;

Existência moral e resposta ao amor, 22;

Desobedecer a Deus e Seu olhar de amor, 27;

Jesus e amor de Deus Pai, 29, 491;

Páscoa de Jesus e Amor trinitário, 30, 34, 121, 431;

Trindade, comunhão infinita de amor, 31, 34, 54;

Mandamento do amor recíproco, 32, 33, 160, 196;

Mandamento do amor e *ethos* humano, 33, 580;

Vocação da pessoa ao amor, 34, 35;

Casal humano e Amor Trinitário, 36;

Fé, Amor de Deus e amor aos irmãos, 40, 60, 65;

Jesus Cristo e amor para com os irmãos, 40, 60, 65;

Amor e os que agem diversamente, 43;

Amor de si desordenado, 44, 143;

Visão universal do amor de Deus, 46;

*Amor*

Amor trinitário e significado da pessoa, 54;

Amor, instrumento de transformação, 55;

Amor recíproco, termo final da humanidade, 55;

Bens e Reino de amor, 57;

*"Fiat"* de Maria e projeto do amor de Deus, 59;

Igreja, sacramento do amor de Deus, 60;

Doutrina social projetos de amor, 63;

Mundo e fonte divina do Amor, 64, 262;

Sociedade reconciliada no amor, 82;

Colaboração com os homens no amor, 94;

Relações de convivência e de amor, 95;

Paulo VI e a *civilização do amor*, 103;

Resposta de amor ao Criador, 108;

Homem e ordem do amor, 149;

Homens e amor do bem próprio e alheio, 150;

Amor preferencial pelos pobres, 182, 184, 449;

Amar o próximo, ainda que inimigo, 196;

Amor, valor social e dignidade da pessoa, 197;

Justiça e horizonte do amor, 203;

Amor misericordioso e justiça, 206, 582;

Família e amor conjugal, 209, 210, 211, 212, 215;

Senhor, garante do amor conjugal, 210;

Amor conjugal, compromisso definitivo, 215;

Matrimônio e amor total dos cônjuges, 217;

Aliança esponsal e amor entre Deus e os homens, 219;

Sacramento do matrimônio e amor, 220;

Família e dinamismo do amor, 221;

Amor e cuidado para com os idosos, 222;

Verdade do amor e relativismo, 223;

Amor conjugal e indissolubilidade, 225;

Clonagem e ausência de amor procriativo, 236;

Amor dos pais e tarefa educativa, 239;

Solidariedade e família fundada sobre o amor, 246;

Família, fenômenos sociais e amor da verdade, 320;

Amor, economia e progresso, 326;

Instituição e amor do Senhor, 380;

Condição humana e amor de Deus, 381;

Justiça, medida mínima do amor, 391;

Civilização do Amor e convivência humana, 391;

Santa Sé, ordem social e amor, 445;

Ser humano, amor divino e paz, 454;

Amor, princípio de vida nova, 455;

Paz, fruto também do amor, 494;

Organismos internacionais, paz e amor, 499;

Amor e colaboração, 499;

Martírio e amor de Deus, 515;

Oração e encontro sob a insígnia do amor, 519;

Lei do amor e Espírito, 522;

Libertação e amor de Cristo, 524;

Santidade e força libertadora do amor de Deus, 530;

Doutrina Social e educação ao amor, 532;

Realidades seculares, destinatárias do amor de Deus, 543;

Espiritualidade laical e amor de Deus, 545;

Igreja, amor e nossa época, 551;

Edificação de uma comunidade e amor, 562;

Amor como *caridade social ou caridade política*, 581;

Amor e vida social, 582;

Virtude sobrenatural do amor, 581.

## Analfabetismo

Analfabetismo, pobreza e Igreja, 5;

Analfabetismo, subdesenvolvimento e pobreza, 447;

Analfabetismo e colaboração ecumênica, 535.

## Anticoncepcional

Recusa do recurso aos meios anticoncepcionais, 233;

Ajuda econômica e campanhas de anticoncepcionais, 234.

## Antropologia

Doutrina social e antropologia cristã, 9;

*Gênesis* e antropologia cristã, 37;

Evangelização e ordem antropológica, 66;

*Gaudium et spes* e visão antropológica, 96;

Antropologia, masculina e feminina, 146;

Contrato social e antropologia falsa, 149*;

Justiça e antropologia cristã, 202;

Antropologia e uniões homossexuais, 228;

Ordem antropológica e fertilidade feminina, 233;

Trabalho e fundamento antropológico, 322;

Antropologia cristã e trabalho, 522;

Antropologia e inculturação da fé, 523;

Antropologia cristã e pessoa, 527;

Antropologia cristã e discernimento, 527;

Ação dos leigos e realidade antropológica, 543;

Antropologia e formas culturais históricas, 558.

## Anúncio

Igreja e anúncio do Evangelho, 2, 3, 49, 50, 62, 63, 383, 431, 524, 576;

Profetas e anúncio, 25, 430;

Jesus e anúncio, 28, 29;

Homem e anúncio evangélico, 62;

Doutrina social e anúncio, 63, 67, 81, 83;

Competência da Igreja e anúncio, 68;

Igreja e anúncio dos princípios morais, 71;

Sagrada Escritura, anúncio e pessoa, 108;

Igreja, anúncio e plena verdade do homem, 125;

Compromisso pastoral e anúncio dos direitos humanos, 159;

Cônjuges cristãos, anúncio e matrimônio, 220;

Anúncio e verdade do amor, 223;

Anúncio e Evangelho da vida, 231;

Revolução industrial e anúncio, 267;

Anúncio, Antigo Testamento e Evangelho, 378;

Deus, anúncio e paz, 490;

Discípulos e anúncio da paz, 492;

Paz e anúncio do Evangelho, 493;

Anúncio da doutrina social da Igreja, 523;

Anúncio e potência do Espírito Santo, 525;

Anúncio do Evangelho e pastoral social, 526;

Povo de Deus e anúncio do Evangelho, 538;

Leigo e anúncio do Evangelho, 543;

Evangelho, anúncio e liberdade dos filhos de Deus, 576.

## Armas

Crianças nos conflitos armados, 245, 512;

Resistência ao poder e recurso às armas, 401;

Luta armada e tirania, 401;

Família humana e força das armas, 432;

Ambiente, pobreza e conflitos de armas, 481;

Mundo atual e profetas desarmados, 496;

*Atividade*

Conflito de armas e danos, 497;

Estado agredido, defesa e uso das armas, 500;

Legitimação internacional e força das armas, 501;

Legítima defesa e forças armadas, 502;

Forças armadas e direito das nações, 503;

Consciência e recusa de usar as armas, 503;

Acúmulo de armas e paz, 508;

Armas e dissuasão, 508;

Armas de destruição em massa, 509;

Armas com efeitos traumáticos, 510;

Armas leves e individuais, 511;

Verdade sobre crimes e conflitos armados, 518.

### ARTESÃO

Artesanato e trabalho artesanal, 315;

Empresas artesanais, 339;

Doutrina social e empresas artesanais, 339.

### ASSISTÊNCIA

Igreja e assistência do Espírito Santo, 104;

Multidões sem assistência médica, 182;

Aliança matrimonial e assistência, 222;

Idosos e necessidade de assistência, 222;

Família e direito à assistência, 237;

*Rerum novarum* e obras de assistência, 268;

Mundo do trabalho e assistência social, 314;

Assistência sanitária, subdesenvolvimento e pobreza, 447;

Assistências às vítimas das minas, 510.

### ASSOCIAÇÃO

*Rerum Novarum* e associações profissionais, 89, 268;

*Quadragesimo Anno* e associação, 91;

Associações e participação, 151, 189;

Associação, forma expressiva da socialização, 165;

Associações e dignidade da pessoa, 185;

Associações e princípio de subsidiariedade, 187;

Família e associações, 231;

Associacionismo familiar, 247;

Greve e associacionismo sindical, 304;

Sindicatos e direito de formar associações, 305;

Formas de associacionismo dos trabalhadores, 307;

Associações de trabalhadores e solidariedade, 309;

Associações de trabalhadores e responsabilidade, 309;

Estado, livres associações e vida democrática, 418;

Igreja e liberdade de associação, 426;

Associações particulares de nível mundial, 443;

Cristãos de hoje e associações, 538;

Associações e formação dos leigos, 549;

Ação dos leigos, por si sós ou associados, 550;

Associações de categoria e missão cristã, 550;

Associações de inspiração cristã, 564;

### ATIVIDADE

Pessoa e sua multiforme atividade, 35, 44;

Atividade e transformação da criação, 44, 262;

Atividade transformadora e realizações, 48;

*Rerum novarum* e atividade cristã, 89;

Trabalho e atividade econômica, 101;

Trabalho, atividade e pessoa, 101;

Bens possuídos e atividade produtiva, 178;

Participação, atividade e comunidade civil, 189;

Nosso tempo e atividade educativa, 198;

Famílias e atividade política, 247;

Trabalho doméstico, como atividade reconhecida, 251;

Discípulos de Cristo e atividade, 263;

Atividade, corpo e espírito do homem, 265;

Trabalho, pena e prêmio da atividade, 266;

Trabalho no sentido objetivo e atividade, 270;

Trabalho em sentido subjetivo e atividade, 271;

Natureza social da atividade humana, 273;

Atividade e homem criado à semelhança de Deus, 275;

Domingo e abstenção da atividade, 284;

Estado e atividade das empresas, 291, 451;

Atividade e auto-organização social, 293;

Atividades trabalhistas novas, 313, 314, 315, 316;

Trabalho, atividade criativa e homem, 318;

Bondade originária da atividade humana, 325;

Atividade econômica a serviço do homem, 326, 328;

Atividade econômica e moral, 331;

Atividade de produção e eficiência, 332;

Atividade econômica, homens e povos, 333;

Qualidade moral da atividade econômica, 335, 478;

Atividade econômica e bem comum, 336, 478;

Capital e atividade da empresa, 338;

Atividade das empresas, 339, 344;

Proveitos e atividade econômicas, 340;

Atividade econômica e apelo à usura, 341;

Atividade trabalhista e família, 345;

Estado e atividade econômica, 351;

Atividade econômica e livre mercado, 352;

Estado, participação e atividades produtivas, 354;

Atividade de apoio e desenvolvimento econômico, 354;

Financiamento e atividades empresariais, 355;

Comércio internacional e atividades industriais, 364;

Mercados financeiros e atividades produtivas, 368;

Economia e atividade humana, 375;

Autoridade política e livre atividade, 394;

Atividade dos capelães nas cadeias, 403;

Atividade dos procuradores e responsabilidade penal, 404

Atividade de governo e convivência civil, 409;

Atividade de governo e informação, 414;

Quadro jurídico e atividade dos sujeito sociais, 418;

Atividades da sociedade civil, 419;

Igreja, atividade e liberdade própria, 426, 427;

Atividade internacional da Santa Sé, 444;

Interconexão das atividades econômica, 447;

Atividade humana e intenções de Deus, 456;

Atividade humana e bem da humanidade, 457;

Ordem moral e atividade humana, 461;

Atividade econômica e meio ambiente, 468;

*Autoridade* 361

Atividade dos cientistas e biotecnologias, 477;

Calamidade e atividade humana descontrolada, 482;

Atividade de desativar minas, 510

Atividade terrorista, 514;

Doutrina social e atividade catequética, 529;

Catequese social, atividade e responsabilidade, 530;

Bens definitivos, leigos e atividade terrestre, 544;

Dimensão religiosa e atividade, 559;

Magistério social e atividade econômica, 563;

Estado e atividade das comunidades dos crentes, 572.

### AUTOGESTÃO

Iniciativas e formas de autogestão, 293.

### AUTONOMIA

Autonomia das realidades terrenas, 45, 46;

Comunidade política e Igreja, autônomas, 50, 424;

Consciência e autonomia presumida, 139;

Multiplicidade de sociedades e autonomia própria, 151, 188;

Propriedade privada e autonomia pessoal, 176;

Autonomia das realidades terrestres e Igreja, 197;

Liberdade e autonomia pessoal, 199;

Participação dos trabalhadores e autonomia, 281;

Jovens, trabalho e ação autônoma, 290;

Mercado e espaço da autonomia, 349;

Liberdade econômica autônoma e pessoa, 350;

Estado e autonomia das partes, 351;

Autoridade e autonomia dos cidadãos, 354;

Subsidiariedade e autonomia do sujeito, 357;

Componentes da comunidade e autonomia, 385;

Minorias e autonomia, 387;

Sociedade civil e relações autônomas, 417;

Igreja, autonomia e ordem democrática, 424;

Igreja, autonomia e comunidade política, 425;

Homem, existência autônoma e transcendência, 464;

Autonomia científica e Países, 475;

Autonomia das realidades terrestres e leigos, 565, 569;

Laicidade e autonomia da lei moral, 571.

### AUTORIDADE

Magistério e autoridade recebida de Cristo, 79;

Autoridade moral de Pio XII, 93;

Pessoa e projetos impostos pela autoridade, 133;

Bem comum e autoridade política, 168;

Subsidiariedade, autoridade e família, 214;

Autoridade e importância do matrimônio, 229;

Autoridade, pais e instrumentos formativos, 240;

Autoridade, subsídios e instituições educativas, 241;

Pais e exercício da autoridade, 242;

Autoridade e dignidade das crianças, 245;

Autoridade, repouso e culto divino, 286;

Autoridade e forças empresariais, 354;

Magistério e autoridade pública internacional, 365;

Autoridade e ação educativa e cultural, 376;

Jesus e autoridade de seu tempo, 379;

São Paulo, obrigações dos cristãos e autoridade, 380;

Autoridade, serviço de Deus e bem da pessoa, 380;

Autoridade e vida calma e tranqüila, 381, 394;

Autoridade humana, domínio e serviço, 383;

Limites da autoridade política, 392;

Autoridade e natureza social das pessoas, 393;

Autoridade política e convivência civil, 393;

Autoridade e livre atividade dos indivíduos, 394;

Autoridade política e povo, 395;

Autoridade e lei moral, 396;

Autoridade e valores humanos e morais, 397;

Autoridade e leis justas, 398;

Consciência e prescrições da autoridade, 399;

Resistência à autoridade, 400;

Autoridade pública e penas, 402;

Democracia, autoridade política e povo, 408;

Autoridade política e função de síntese, 409;

Autoridade e recurso às virtudes, 410;

Limites da liberdade religiosa e autoridade, 422;

Autoridade jurídica e legalidade internacional, 439;

Magistério e autoridade universal, 441;

Santa Sé, autoridade soberana, 444;

Autoridade dos Estados e legados do Papa, 445;

Diálogo entre Igreja e autoridade civil, 445;

Autoridade e princípio de precaução, 469;

Autoridades públicas e biotecnologias, 479;

Autoridade e doutrina social, 534;

Exercício da autoridade e serviço, 567;

Reivindicação da autoridade da Igreja, 574;

## B

### BEM

Homem e desenvolvimento humano no bem, 4;

Homens e verdadeiro bem da humanidade, 6;

Compêndio e bem do homem, 10;

Instituições, saneamento e bem, 42;

Determinação firme e bem de todos, 43;

Bem e comunidade social, 61;

Trabalho, bem da pessoa, 101;

Discernimento do bem e do mal, 114;

Ação opostas ao bem, proveito e poder, 119;

Homem e bem absoluto, 130;

Ordem social e bem das pessoas, 132;

Homem, bem e liberdade, 135, 136;

Verdade, bem e juízo de consciência, 139;

Deus, fonte e juiz de todo bem, 140;

Liberdade, verdade e bem humano, 142, 143, 165, 200;

Ação concorde e bem de todos, 145;

Amor do bem e grupos instituídos, 150;

Direitos humanos e bem da pessoa, 154;

Ação moral do indivíduo e bem, 164;

Bem comum, bem de todos e do homem todo, 165;

# Bem comum

Bem comum, bem árduo de se atingir, 167;

Responsabilidade e bem da comunidade civil, 169;

Jesus e o sumo Bem, 170;

Solidariedade bem de todos e de cada um, 193, 194;

Convivência humana, bem e verdade, 205;

Caridade social e bem das pessoas, 207, 208;

Bem e o homem só, 209;

Família e noções acerca do bem, 212;

Família e bem da sociedade, 213, 214, 229;

Matrimônio e bens dos cônjuges e da prole, 215;

Idosos, jovens e bem próprio, 222;

Complementaridade e bem do matrimônio, 224;

Paternidade responsável e bem social, 232;

Educação e bem da sociedade, 242;

Autoridade dos pais e bem dos filhos, 242;

Associações e bem da família, 247;

Árvore do conhecimento do bem, 256;

Trabalhador, mão de Cristo e bem, 265;

Trabalho, um bem para o homem, 287;

Luta pela justiça e justo bem, 306;

Deus e bem como um dom para administrar, 323;

Riquezas, um bem que vem de Deus, 329;

Vida econômica e bem de toda a sociedade, 331;

Empresa, bem para todos, 339;

Autoridade e bem da pessoa, 380;

Tensão natural, homens e bem, 384;

Convivência humana e bem moral, 386;

Estado, gestor do bem do povo, 412;

Bem das pessoas e bem da comunidade, 416, 420, 445;

Doutrina social e bem de todos e de cada um, 449;

Atividade humana e bem da humanidade, 457, 522;

Ambiente, um bem coletivo, 466;

Desenvolvimento e bem de cada pessoa e da humanidade, 483;

Água, um bem público, 485;

Paz, bem messiânico, 491;

Deus, bem supremo, 494;

Paz e bem das pessoas, 495;

Forças armadas e bem no mundo, 502;

Bem da pessoa e partes em conflito, 504;

Igreja e bem de todos e de cada um, 527;

Prudência e discernimento do verdadeiro bem, 547, 548;

Dignidade da pessoa, bem precioso, 552;

Liberdade religiosa, um dos bens mais altos, 553;

Bem de toda sociedade e finalidade da cultura, 556;

Deus e possibilidade de conseguir o bem, 578;

Amor, força da história rumo ao bem, 580, 581.

## BEM COMUM

Compêndio e bem comum, 12;

Bem comum, garantia do bem pessoal, 61;

Bem comum e doutrina social, 77;

Dever de justiça e bem comum, 92;

Categorias profissionais e bem comum, 93;

Poderes públicos e bem comum universal, 95;

Pecado social e bem comum, 118;

Grupos instituídos e bem comum, 150;

Bem comum e pluralismo social, 151;

Direito internacional, bem comum da humanidade, 157;

Excessiva igualdade e bem comum, 158;

O princípio do bem comum, 160, 164, 165;

As exigências do bem comum, 166;

Bem comum e compromisso da sociedade, 167;

Estado e bem comum, 168,169;

Bem comum e fins últimos da pessoa, 170;

Bem comum e dimensão transcendental, 170;

Bem comum e destinação dos bens, 171;

Função social da propriedade e bem comum, 178;

Bens materiais e bem comum, 181;

Iniciativa privada e bem comum, 187;

Bem comum e princípio de subsidiariedade, 188;

Participação e bem comum, 189;

Solidariedade e bem comum, 193, 194, 582;

Justiça e bem comum, 193;

Liberdade e bem comum, 200;

Caridade social e bem comum, 207;

Criança, *partícula* do bem comum, 230;

Família e bem comum, 238;

Trabalho e bem comum, 266, 287;

Corpos intermediários e bem comum, 281;

Bem comum de todos e dias festivos, 286;

Pleno emprego e bem comum, 288, 289;

Trabalho remunerado e bem comum, 302;

Greve e bem comum, 304;

Sindicatos e bem comum, 305, 306, 307;

Bem comum, riqueza e felicidade, 334;

Estado, iniciativa econômica e bem comum, 336;

Empresa e bem comum, 338;

Livre mercado e bem comum, 348;

Política econômica e bem comum, 354;

Finança pública e bem comum, 355;

Sociedade civil e bem comum, 356;

Bem comum e distribuição de riqueza, 363;

Bem comum e relações econômicas internacionais, 364;

Sistema financeiro mundial e bem comum, 371;

Política e horizonte do bem comum, 372;

Autoridade e bem comum, 380. 394, 396, 398, 409, 410, 567;

Membros da comunidade política e bem comum, 384;

Povo e bem comum, 385;

Minorias e bem comum do Estado, 387;

Bem comum e direito e deveres da pessoa, 388, 389;

Comunidade política e bem comum, 391, 392;

Luta armada e bem comum de um País, 401;

Bem comum, delitos e penas, 402

Pena de morte e bem comum, 405;

Procedimentos democráticos e bem comum, 407;

Escolhas políticas e bem comum, 411;

Estado e bem comum, 412;

Partidos e bem comum, 413;

Informação e bem comum, 415;

Bem das pessoas e bem comum, 416;

Sociedade civil e bem comum, 417, 418;

Liberdade religiosa e bem comum, 422;

Comunidades políticas e bem comum temporal, 424;

Bem comum universal, 432;

Comunidade internacional e bem comum universal, 433;

Bem comum, Nação e humanidade, 434;

Estados, princípios universais e bem comum, 437;

Autoridade política mundial e bem comum, 441;

Organizações internacionais e bem comum, 442;

Santa Sé, bem comum e família humana, 444;

Cooperação internacional e bem comum, 448;

Bens da criação e bem comum, 468;

Biotecnologias e bem comum, 476, 478, 479;

Paz e bem comum, 494, 518;

Emprego da força e bem comum, 500;

Leigos e serviços do bem comum, 531;

Cultura e bem comum, 556;

Leigos, ação política e bem comum, 565, 571, 573;

Bem comum e finalidade espiritual do homem, 573;

Crentes e bem comum, 574.

## BEM-ESTAR

Bem comum e bem-estar socioeconômico, 170;

Homem, bem-estar necessário e desenvolvimento, 172;

Riqueza e bem-estar dos homens, 174;

Propriedade, povos indígenas e bem-estar, 180;

Idosos e bem-estar da família, 222;

Autoridade e bem-estar dos cidadãos, 229;

Família e bem-estar dos seus membros, 229, 238;

Imigrantes, bem-estar e Países desenvolvidos, 297;

Bem-estar econômico e renda, 303;

Países ricos, bem-estar e faixas mais fracas, 373;

Homem, vida de trabalho e bem-estar, 445;

Ecossistema, bem-estar e futuras gerações, 459;

Acesso à água e bem-estar das pessoas, 484;

Revelação bíblica, paz e bem-estar, 489;

## BENS

Deus, condições de vida e bens necessários, 20, 428;

Ano sabático e libertação dos bens, 24;

Homem e mulher e os bens da criação, 26;

Bens, Cristo e o Reino de Deus, 57;

*Magnificat* e bens aos famintos, 59;

Verdadeiro desenvolvimento e multiplicação dos bens, 102;

Bens do homem e injustas restrições, 133;

Direito de participação no trabalho e nos bens, 155;

Favorecidos e bens a serviços dos outros, 158;

Bem comum e bens particulares, 164;

Distribuição dos bens da criação e justiça, 167;

Instituições políticas e bens necessários, 168;

Princípio da destinação universal dos bens, 171, 173, 174, 175, 177, 328, 346*, 364, 449;

Direito universal ao uso dos bens, 172, 173;

Propriedade privada e posse dos bens, 176, 177, 282, 346*;

Bens, vínculos sobre seu uso e proprietários, 178;

Novos bens e sua destinação universal, 179, 283;

Países em via de desenvolvimento, terra e bens, 180;

Possuidor e idolatria dos bens, 181;

Opção preferencial pelos pobres e bens, 182;

Solidariedade e destinação dos bens, 194;

Homens e bens materiais e imateriais, 195;

Justiça e repartição dos bens, 206, 582;

Casais e bens da indissolubilidade e da estabilidade, 225;

Vida econômica, famílias e bens, 248;

Homem e custódia dos bens criados por Deus, 255;

Acumulação e subtração dos bens, 258;

Propriedade, trabalho e bens, 282;

Setor terciário e relacionalidade dos bens, 293;

Salário e acesso aos bens da terra, 302;

Bem-estar econômico e bens produzidos, 303;

Antigo Testamento e bens econômicos, 323;

Deus e relatividade dos bens econômicos, 324;

Jesus e bens econômicos, 325;

Administração dos bens, 328, 329;

Tarefa da economia e bens materiais, 331, 333;

Eficiência e produção dos bens, 332;

Riqueza e disponibilidade dos bens, 332;

Desenvolvimento e acumulação de bens, 334;

Empresa e produção de bens, 338, 340;

Recursos econômicos, bens e serviços, 346;

Livre mercado e bens, 347, 349, 353, 356;

Homem, produtor ou consumidor de bens, 350;

Globalização e comércio de bens, 361;

Solidariedade entre gerações e bens, 367;

Países ricos e bens materiais, 374;

Sistema sociocultural e bens, 375;

Direito, amizade e bens materiais, 390;

Justiça e gozo dos próprios bens, 391;

Liberdade de adquirir e possuir bens, 426;

Destinação dos bens e *direito ao desenvolvimento*, 446;

Cooperação internacional e bens, 448;

Opinião pública e bens da criação, 468;

Mercado e ambiente, bem a ser defendido, 470;

Ecologia e repartição dos bens, 481;

Destinação dos bens, ambiente e pobreza, 482;

Paz, bem messiânico e os outros bens, 491;

Amor, colaboração e muitos bens, 499;

Armas como bens intercambiados nos mercados, 508;

Bens e diálogo ecumênico, 535;

Atividade terrena do leigo e bens definitivos, 544;

Liberdade religiosa, um dos bens mais elevados, 553;

Corações e bens materiais, 581.

**BIOCENTRISMO**

Conceito de ambiente e biocentrismo, 463.

**BIOTECNOLOGIA**

Biotecnologias, esperanças e hostilidade, 472;

Técnicas biológicas e biogenéticas e ética, 473;

Biotecnologias, justiça e solidariedade, 474;

Solidariedade internacional e biotecnologias, 475;

Países em via de desenvolvimento e biotecnologias, 476;

*Caridade*

367

Cientistas, técnicos e biotecnologias, 477;
Comércio das biotecnologias, 478;
Políticos, legisladores e biotecnologias, 479;
Informações e biotecnologias, 480.

### Bispo

Compêndio, Bispos e Conferências Episcopais, 7;
Bispos, primeiros destinatários do Compêndio, 11;
Doutrina social e Magistério dos Bispos, 79;
Ensino social, Bispos e Papas, 80, 87;
*Mit brennender Sorge* e Bispos alemães, 92;
Bispo e evangelização da sociedade, 539;
Bispo e difusão da doutrina social, 539.

### Burocracia – burocratização

Subsidiariedade e burocratização, 187;
Participação e aparato burocrático, 191;
Aparatos públicos e lógicas burocráticas, 354;
Administração e burocratização, 412.

## C

### Capital

Questão operária, capital e trabalho, 88;
Capital, trabalho e cooperação, 91;
Capital e atividade humana, 273;
Capital, meios de produção e empresa, 376;
Capital e recursos financeiros, 276;
Capital humano, 276;
Capital social, 276;
Relações entre trabalho e capital, 277;
Trabalho, capital e homem, 278;

Conflitualidade entre trabalho e capital, 279;
Trabalhadores e propriedade do capital, 281;
Trabalho, capital e propriedade privada, 282;
Propriedade do capital e novas tecnologias, 283;
Processo de produção, trabalho e capital, 306;
Empresa como sociedade de capitais, 338;
Empresa, capital e trabalho, 338;
Empreendedores e cuidado do capital, 344;
Sociedade global e circulação de capitais, 361;
Capitais e aproximação dos Países, 363;
Mercado global dos capitais, 368;
Mobilidade dos capitais e recursos, 368;
Mercados internacionais dos capitais e Governos, 370;
Capitais, dívida externa e comércio, 482.

### Capitalismo

Trabalho e matriz capitalista, 267;
Doutrina social e capitalismo, 335.

### Cárcere – encarcerado

Jesus e o encarcerado, 57;
Desemprego e ex-encarcerados, 289;
Dignidade das pessoas detidas e cárcere, 403;
Capelães dos cárceres, 403.

### Caridade

Unidade da doutrina social e caridade, 3;
Caridade e homens irmãos em Cristo, 3;
União dos filhos de Deus na caridade, 34;

## 368                 *Índice analítico*

Caridade com quem agir diversamente, 43;

Mandamento da caridade, 54, 580;

Lei da caridade e relações humanas, 54;

A caridade e suas obras, 56;

Agir humano e caridade, 58;

Ligação da caridade com a ordem evangélica, 66;

Obrigações de caridade na vida social, 83;

Aperfeiçoamento da justiça e caridade, 89;

Nova ordem social e caridade, 91;

Caridade evangélica e males do comunismo, 92;

Caridade social, 103, 194*;

Injustiças e pecado contra a caridade, 137;

Caridade e distribuição dos bens criados, 171;

Opção pelos pobres e caridade, 182;

Caridade fraterna e esmola aos pobres, 184;

Relação entre caridade e justiça, 184, 206;

Solidariedade e caridade, 196, 196*;

Ligação entre virtudes, valores sociais e caridade, 204;

Caridade, critério de toda ética social, 204;

Caridade e valores, 205;

Caridade, *forma virtutum*, 207;

Caridade social e política, 207, 208;

Caridade conjugal, 220;

Divorciados recasados e obras de caridade, 226;

Educação integral e virtude da caridade, 242;

Trabalho humano e caridade, 266;

Domingo e caridade operativa, 285;

Atividade econômica e caridade, 326;

Estruturas de pecado e espírito da caridade, 332;

Dever da caridade e poder de aquisição, 359;

Caridade e convivência política, 392;

Caridade, poder e espírito de serviço, 410;

Caridade universal e cooperação internacional, 448;

Divisão dos bens da terra e caridade, 481;

Paz e caridade, 494, 520;

Profetas desarmados e caridade evangélica, 496;

Pessoas consagradas e caridade pastoral, 540;

Compromisso dos leigos e caridade evangélica, 543, 551;

Sociedade e caridade social, 552;

Caridade, testemunho cristão e martírio, 570;

Mártires, testemunhas de caridade evangélica, 570;

Escolha política e caridade, 573;

Crentes e mútua caridade, 574;

Evangelho e caridade de todos, 576;

Solidariedade e primado da caridade, 580;

Caridade e discípulos de Cristo, 580;

Caridade, senhora e rainha de todas as virtudes, 581;

Caridade e próximo como um outro si mesmo, 582;

Caridade e mandamento social, 583.

### CIDADANIA – CIDADÃO

Estatuto de cidadania da Igreja, 90, 521;

Pecado social, bem comum e cidadãos, 118;

Bem comum e contribuição dos cidadãos, 168;

Subsidiariedade e subjetividade do cidadão, 185, 187;

*Ciência*

Participação e cidadão, 189, 191;

Democracia participativa e cidadão, 190, 406;

Família e bem-estar dos cidadãos, 229;

Família, educação e cidadãos livres, 238;

Autoridade, culto divino e cidadãos, 286;

Estado, direito ao trabalho e cidadãos, 291;

Renda e necessidades do cidadãos, 303;

Economia e subjetividade do cidadão, 336;

Estado, mercado e crescimento dos cidadãos, 353;

Economia e participação dos cidadãos, 354;

Comunidade política, cidadãos e direito e deveres, 389;

Autoridade, ordem moral e cidadãos, 394, 398,399;

Processos longos e cidadãos, 404;

Democracia e controle dos cidadãos, 409;

Corrupção política e cidadãos, 411;

Administração pública e cidadãos, 412;

Partidos políticos, plebiscito e cidadãos, 413;

Sociedade civil, bem comum e cidadãos, 417;

Comunidade política e ação direta dos cidadãos, 419;

Liberdade religiosa e direito dos cidadãos, 422;

Igreja, comunidade política e cidadãos, 425;

Comunidades políticas e bem comum dos cidadãos, 434;

Comunidade mundial e cidadãos, 441;

Ambiente sadio e seguro, Estado e cidadãos, 468;

Informações, biotecnologias e cidadãos, 480;

Prudência política e cidadão, 548*;

Fiéis enquanto cidadãos, 550;

Crentes e deveres de cidadania, 565;

Leigo, poder e confiança dos cidadãos, 567;

## CIDADE

Evangelizar o social e cidade do homem, 63;

Espiritualidade e homem na cidade humana, 128;

Bem comum e cidade, 165;

Pobres e periferias poluídas das cidades, 482;

Armas de destruição em massa e cidades, 509.

## CIÊNCIA

Autonomia das realidades terrestres e ciência, 45;

Doutrina social e ciências humanas, 76, 78;

Ser humano e programas científicos, 132;

Conhecimentos científicos e homem, 179;

Solidariedade e conhecimento científico, 195;

Trabalho, capital e progressos científicos, 279;

Trabalho e análise científica, 279;

Trabalho e contribuição dos cientistas, 318;

Moral, economia e âmbito científico, 331;

Sociedade e cultores das ciências econômicas, 333;

Conhecimentos científicos e desemprego, 363;

Cristãos e desenvolvimento da ciência, 456;

Resultados positivos das ciências, 457;

Ciência e aplicações ao ambiente, 458;

Aplicação científica e homem, 459;

Pesquisa científica e ideologia cientista, 462;

Ambiente e novas capacidades científicas, 465, 468;

Riscos e dados científicos contraditórios, 469;

Novas biotecnologias e cientistas, 472;

Responsabilidade e intervenções científicas, 473;

Cientistas e alimentação, 477;

Cristianismo e ciência do bom viver, 523;

Compromisso do leigo e ambiente da ciência, 543;

Associação católica e ciência médica, 550;

Cultura e pesquisa científica, 554;

Ciência econômica e economia, 564;

Leigo, discernimento e ciências sociais, 568;

Discernimento e pesquisa científica, 569;

Sentido da vida e progresso científico, 575.

## CIVILIZAÇÃO

Lugar do homem na civilização, 14;

Família, cultura da vida e anticivilização, 231;

Desenvolvimento quantitativo e civilização do consumo, 334;

Civilização tecnológica, homem e meio ambiente, 461;

Laicidade, patrimônio da civilização, 571;

Cristianismo e fundamento da civilização, 572.

## CIVILIZAÇÃO DO AMOR

Princípio de solidariedade e civilização do amor, 103;

Justiça e civilização do amor, 391;

Amor, civilização do amor e paz, 582.

## CLASSE

*Rerum Novarum* e luta de classe, 89;

*Quadragesimo anno* e conflito das classes, 91;

Igualdade entre os homens e classe, 144;

Igualdade entre as classes sociais, 145;

*Rerum Novarum*, colaboração e classes, 268;

Capital, trabalho assalariado e classes sociais, 277;

Sindicatos, estrutura e luta de classe, 396;

Inovações tecnológicas e classe operária, 313.

## CLONAGEM

Clonagem e relevância social e cultural, 236;

Clonagem humana e Magistério, 236.

## COLETIVIDADE

Compêndio e escolhas em nível coletivo, 10;

Natureza e responsabilidade coletiva, 16;

Identificação coletiva e povo do Senhor, 21;

Jesus e a história como esforço coletivo, 179, 327;

Capital, colaboração e coletividade, 276;

Greve, recusa coletiva de prestações, 304;

Estado, mercado e benefícios para a coletividade, 353;

Bens coletivos, e mecanismos de mercado, 356;

Consumidores, decisão coletiva e produtores, 359;

Inovações, coletividade e saber, 363;

Coletividade e dimensão materialista, 475;

Consciência coletiva e lei moral, 397;

Comunidade política, coletivo e bem comum, 434;

Atividade coletiva e intenções de Deus, 456;

Potência dos homens e responsabilidade coletiva, 457;

Ambiente, bem coletivo, 466;

Avidez coletiva e ordem da criação, 481;

Responsabilidade coletiva, guerra e desenvolvimento, 498.

### Coletivismo

Países em via de desenvolvimento e sistemas coletivos, 180;

Família e desvio de tipo coletivista, 213;

Fraternidade e ideologias coletivistas, 390.

### Colonialismo

Globalização e novo colonialismo, 366;

Dívida externa e neocolonialismo econômico, 450.

### Comércio

Direito de evangelizar e comércio, 70;

Destinação dos bens e livre comércio, 172;

Interdependência e trocas comerciais, 192;

Comércio de material pornográfico, 245;

Valores e globalização dos comércios, 321;

Comércios, práticas usurárias, fome e morte, 341;

Empresa e ligações comerciais, 344;

Globalização e comércio dos bens, 361, 362;

Comércio internacional e desenvolvimento, 364;

Comércio das biotecnologias, 474, 475, 478;

Países em via de desenvolvimento e política comercial, 476;

Comércio e exploração do meio ambiente, 482;

Comércio das armas, 508, 510, 511.

### Comunidade

Humanismo e comunidade dos homens, 19;

Transcendência do homem e comunidade, 47;

Evangelização, promoção e comunidade, 66;

Igreja e comunidade dos homens, 68, 82;

*Mater et magistra* e comunidade, 84;

Liberdade religiosa e comunidade, 97, 421;

Pecado, pessoa e comunidade, 117;

Pecado social e comunidade, 118;

Homem, ser comunitário, 126;

Homem como pessoa e comunidade, 133;

Lei natural e comunidade dos homens, 142;

Dignidade humana e forma comunitária, 145;

Vida comunitária, característica do homem, 149;

Direito das Nações e vida comunitária, 157;

Princípio da doutrina social e comunidade, 161;

Dimensão comunitária do bem moral, 164;

Povos indígenas e propriedade comunitária, 180;

Propriedade, vantagens e comunidade, 181;

Comunidade humana e obras de misericórdia, 184;

Sociedade civil e comunidade de pessoas, 185, 186, 187;

Democracia e vida comunitária, 190, 191;

Verdade, relações sociais e comunidade, 198;

Caridade e bem da comunidade, 208;

Família e comunidade, 213;

Família e crescimento da comunidade, 221;

Identidade de gênero, comunidade e indivíduo, 224;

Ação educativa e dimensão comunitária, 240;

Prioridade da família e comunidade, 254;

Trabalho e pertença a uma comunidade, 264;

Homem, trabalho e energia comunitária, 266;

Alienação sobre o trabalho e comunidade solidária, 280;

Participação dos trabalhadores e comunidade, 281;

Novo trabalho e vida da comunidade, 311;

Trabalho nas pequenas empresas e comunidade, 311;

Visão comunitária da empresa, 338, 339, 340;

Competição empresarial e comunidade, 343;

Solidariedade internacional e comunidade, 367;

Economia e comunidades humanas, 369;

Governo e comunidades humanas, 383;

Comunidade, pessoa e bem comum, 391;

Sociedade política e valor da comunidade, 392;

Autoridade política e comunidade, 394;

Meios de comunicação e comunidade, 415, 416, 562;

Voluntariado e bem da comunidade, 420;

*Gênesis*, ser humano e comunidade, 428;

Aliança e comunidade humana, 429;

Ideologias e dimensão comunitária, 433;

Igreja, autoridade civil e comunidade humana, 445;

Desenvolvimento, comunidade e família humana, 446;

Natureza, Criador e comunidade humana, 473;

Objeção de consciência e comunidade, 503;

Ensino da Igreja e comunidade, 521;

Doutrina social, leigos e comunidade de vida, 531;

Agremiações laicais e comunidade, 549;

Leigo e discernimento comunitário, 568;

Carência de sentido e comunidade nacional, 575.

COMUNIDADE CIVIL E POLÍTICA

Igreja e comunidade política, 50, 424, 425, 427, 445;

*Gaudium et Spes* e comunidade política, 96;

Finalidade da pessoa e comunidade civil, 133;

Pluralismo social e comunidade civil, 151;

Maioria e bem da comunidade civil, 169;

Participação e comunidade civil, 189;

Democracia participativa e comunidade civil, 190;

Caridade social e política e comunidade civil, 208;

Núcleo familiar e comunidade civil, 229;

Despesa pública e comunidade civil e política, 355;

Solidariedade e comunidades políticas nacionais, 367;

Comunidade política e natureza das pessoas, 384;

Comunidade política e povo, 385;

Comunidade política e direitos do homem, 388, 389;

Comunidade política e relações comunitárias, 392;

Comunidade política, autoridade e ordem moral, 394;

Comunidade política e participação democrática, 414;

Comunidade política e sociedade civil, 417, 418, 419;

Relações entre as comunidades políticas, 433;

Comunidades políticas e direito internacional, 434;

Conflitos, comunidades políticas e guerra, 438;

Comunidade mundial e comunidades políticas, 441;

Cooperação entre as comunidades políticas, 446;

Paz e comunidade política, 495;

Comunidade cristã e comunidade civil e política, 534;

Verdades morais e comunidades políticas, 571.

## Comunidade cristã

Compêndio e comunidade cristã, 11;

Igreja e novas comunidades cristãs, 11;

Comunidades eclesiais, lugares de comunhão, 52;

Comunidade cristã e relações sociais, 53;

Doutrina social e comunidade eclesial, 79, 83;

*Mater et magistra* e comunidade cristã, 94;

*Gaudium et spes* e comunidade de crentes, 96;

*Justitia et pax* e comunidade dos católicos, 99;

Magistério e comunidade cristã, 104;

Família e comunidade religiosa, 213;

Divorciados, recasados e comunidade, 226, 226*;

Comunidades cristãs e família, 229;

Doutrina social e competências da comunidade, 529;

Comunidades cristãs e comunidade civil e política, 534;

Presbíteros e comunidade cristã, 539;

Princípio de laicidade e comunidade dos crentes, 572;

Escolhas sociopolíticas e comunidade cristã, 574.

## Comunidade familiar

Comunidade familiar e ecologia humana, 212;

Família, comunidade natural, 213;

Família, comunidade de pessoas, 221;

Família, comunidade de amor, 229, 238;

Família comunidade de vida, 230;

Comunidade familiar e filhos, 230;

Crianças, família e comunidade de pessoas, 244.

## Comunidade internacional

Salvação cristã e comunidade internacional, 1;

*Pacem in terris* e comunidade mundial, 95;

*Gaudium et spes* e comunidade dos povos, 96;

Paridade entre Estados e comunidades internacionais, 145;

Bem comum e comunidade dos povos, 165;

Participação e comunidade internacional, 189;

Crianças e comunidade internacional, 245;

Direitos humanos e comunidade internacional, 365;

Solidariedade internacional e comunidade global, 367;

Comunidade internacional e papel de direção, 370, 371;

Comunidade internacional e valores, 433;

Comunidade internacional, comunidade jurídica, 434;

Comunidade internacional e solução dos conflitos, 439;

Comunidade internacional e Nações Unidas, 440;

Comunidade internacional e autoridade universal, 441;

Comunidade internacional e Organizações, 443;

Santa Sé e comunidade internacional, 444;

Comunidade internacional e cooperação internacional, 448;

Comunidade internacional e dívida externa, 450;

Ambiente e comunidade internacional, 467, 468;

Comunidade internacional e cultura da paz, 495;

Força e comunidade das Nações, 500;

Comunidade internacional e eliminação de grupos, 506;

Comunidade internacional e Corte Penal Internacional, 506;

Comunidade internacional e sanções, 507;

Comunidade internacional e armas nucleares, 509*;

Comunidade internacional e desarme de minas, 510;

Comunidade internacional e terrorismo, 513.

## COMUNIDADE SOCIAL

Bem comum e comunidade social, 61;

Caridade social e política e comunidade social, 208;

Homens do campo e comunidade social, 299;

Verdades morais e comunidade social, 571.

## CONSCIÊNCIA

Compêndio, homem integral e consciência, 13;

Consciência e dimensão da gratuidade, 20;

Consciência de Jesus de ser o Filho, 29;

Consciência, Igreja e evangelização, 71;

Evangelização e consciências individuais, 71;

Doutrina social, mundo e consciência cristã, 73;

Consciência, conceito da doutrina social, 77;

Tarefa da Igreja, fé e consciência, 78;

Doutrina social, formação e consciência, 81;

Consciência e deveres de justiça e caridade, 83;

Consciência e normas da doutrina social, 84;

Magistério, Pio XI e consciência universal, 93;

Pessoa humana e consciência, 131;

Ser consciência vigilante da sociedade, 134;

O juízo da consciência, 139;

*Declaração dos direitos* e consciência humana, 152*;

Consciência e verdade da sociedade, 163;

Famílias e consciência de ser protagonistas, 247;

Trabalhadores, personalidade e consciência, 301;

Sindicato, educação e consciência social, 307;

Pais e transformação das consciências, 328;

Meios, fins e consciência individual, 348;

Sociedade civil e tomada de consciência, 366;

Economia e consciência de interdependência, 373;

Poder e razões de consciência, 380;

Ordem criada por Deus e consciências, 383, 384;

Cidadãos, consciência e autoridade, 394;

Ceticismo e consciência coletiva, 397;

Leis injustas e problemas de consciência, 399;

Leis injustas e objeção de consciência, 399;

Sistema de informação e pessoa consciente, 415;

Sociedade, Estado e agir contra a consciência, 421;

Liberdade de consciência, 422;

Israel e consciência de seu papel, 430;

Lei universal e consciência da humanidade, 436;

Pobreza e consciência humana e cristã, 449;

Consciência dos desequilíbrios entre homem e natureza, 454;

Cristãos conscientes e biotecnologias, 472;

Cientistas e consciência límpida e honesta, 477;

Objetores de consciência, 503;

Princípio de humanidade e consciência, 505;

Desenvolvimento e consciência do bem, 527;

Formação da consciência política, 531;

Presbítero, comunidade e consciência, 539;

Fiéis como cidadãos e consciência cristã, 550;

Discernimento e consciência da pessoa, 550;

Liberdade de consciência e bem da sociedade, 553;

Pessoa humana e valores da consciência, 558;

Consciência cristã e compromisso político, 566, 570, 571, 572, 574;

Consciência de direitos invioláveis e universais, 575;

Evangelho e dignidade da consciência, 576.

### CONFERÊNCIA EPISCOPAL

Conferências Episcopais e Compêndio, 7, 8.

### CONFLITO

Homens, amor de Deus e conflitos, 4;

Conflitualidade, Deus e homem, 46;

*Rerum novarum* e conflito, 88;

*Quadragesimo anno* e conflito das classes, 91;

Situação das crianças e conflitos armados, 245;

Conflitualidade entre trabalho e capital, 279;

Greve e superação dos conflitos, 304;

Questões das minorias e conflitos, 387;

Meios de comunicação e conflitos, 416;

Cooperação e lógica do conflito, 420;

Conflitos entre Igreja e comunidade política, 427;

Conflitos entre comunidades políticas e guerra, 438;

Comunidade internacional e solução dos conflitos, 439;

Santa Sé e mediação nos conflitos, 444;

Ambiente, pobreza e conflitos armados, 482;

Acesso à água potável e conflitos, 484;

Paz e prevenção dos conflitos, 495;

Guerra e conflitos novos, 497;

# 376 *Índice analítico*

Soluções à guerra e conflitos internacionais, 498;

Busca das causas e conflito bélico, 496;

Organizações internacionais e conflitos, 499;

Objeção de consciência e conflito, 503;

Direito humanitário e conflitos, 504;

Armas leves e individuais e conflitos, 511;

Crianças e adolescentes como soldados e conflitos, 512;

Terrorismo, direito humanitário e conflitos, 513;

Diferenças religiosas e causa de conflito, 516;

Perdão, reconciliação e conflitos, 517;

Organismos judiciários e crimes dos conflitos, 518.

## Consenso

Matrimônio e consentimento recíproco, 215;

Autoridade política e consenso popular, 395;

Democracia e consenso geral acerca dos valores, 407;

Guerra e consenso acerca dos princípios humanitários, 505.

## Consumismo

Riqueza, desenvolvimento e consumismo, 334;

Fenômeno do consumismo, 360;

Desenvolvimento em chave consumista, 554;

Cristãos e estilo de vida consumista, 554;

Meios de comunicação e escolhas consumistas, 560.

## Consumo – consumidores

Alienação social e formas de consumo, 47;

Os tesouros da terra se consomem, 260;

Instalações produtivas e mercados de consumo, 310;

Economia e consumo de bens materiais, 331;

Qualidade das mercadorias a serem consumidas, 345;

Consumidores privados e públicos, 346;

Exigências dos consumidores e justiça, 347;

Homem como consumidor, 350;

Consumidores e poder de compra, 358;

Consumidores e produtores, 359;

Estilo de vida e escolhas dos consumos, 360, 486;

Gerações futuras e consumo excessivo, 360;

Pessoas e mecanismo de consumo, 374, 375;

Consumo e ação educativa e cultural, 376, 486;

Meio ambiente e consumo, 470;

Produtos biotecnológicos e consumidores, 480.

## Controle

Liberdade e controle da autonomia, 199;

Educação sexual, pais e controle, 243;

Povo, controle e governantes, 395, 406, 567;

Democracia e controle do corpo social, 408, 409;

Meios de comunicação e controle político, 409;

Estruturas intergovernamentais e controle, 442;

Meio ambiente e controle dos Estados, 468;

Desarmamento controlado, 508;

Desarmamento nuclear e controles internacionais, 509;

*Corpo – corporeidade*  377

Controle da produção de armas leves, 511;

Meios de comunicação e controle ideológico, 557.

## COOPERAÇÃO

Existência moral e cooperação, 22;

Capital, trabalho e cooperação, 91;

Cooperação econômica mundial, 94;

Direito internacional e cooperação entre os povos, 157;

Nação e cooperação internacional, 166;

Cooperação com o Filho e trabalho, 263;

Auto-organização social e cooperação, 293;

Empresa e cooperação entre as partes sociais, 339;

Cooperação e competição empresarial, 343;

Pobres e políticas de cooperação internacional, 364;

Minorias, cooperação e Estado, 387;

Cooperação e sociedade civil, 419;

Cooperação e lógica da concorrência, 420;

Povos e cooperação, 432;

Desenvolvimento e cooperação, 446, 447, 448;

Deus, honra de cooperar e criação, 460;

Cooperação internacional e problemas ecológicos, 481;

Minas antipessoa e cooperação, 510;

Cooperação e caminho ecumênico, 535.

## COOPERATIVAS

*Rerum novarum* e surgimento das cooperativas, 268;

Empresas cooperativas e trabalho, 339.

## CORAÇÃO

Homem integral, com o coração, 13;

Trazer no coração as interrogações radicais, 17;

Coração e irmão necessitado, 23;

Espírito de Deus e coração do homem, 25, 31, 63;

Jesus e coração da experiência divina, 29;

Amar o Senhor com todo o coração, 40;

Coração da pessoa, Deus e homem, 40;

Prioridade à conversão do coração, 42;

Coração de Maria, 59;

Doutrina social, coração e ministerialidade, 67;

Homem, coração do ensino social, 107;

Coração e interioridade espiritual do homem, 114;

Dimensão e inclinações do coração, 128;

Lei natural e coração do homem, 141, 307, 436;

Direito a crescer e coração da mãe, 155;

Matrimônio e dureza de coração, 217;

Jesus Cristo e dureza de coração, 219;

Coração e tesouros do céu, 260;

Davi, nova lei e coração dos crentes, 324;

Empresário e coração da empresa, 344;

Rei, amigo do homem de coração puro, 378;

Paz, Deus, coração, 490;

Oração, coração, Deus e próximo, 519;

Coração e dom da humanidade nova, 540;

Conversão do coração e homem, 552;

Deus e desejos do coração humano, 576;

Moral e coração da questão cultural, 577.

## CORPO – CORPOREIDADE

Realidades terrestres e Corpo de Cristo, 11;

Homem integral, com o corpo e a alma, 13;

Igreja, Corpo de Cristo, 32, 327;

Salvação, dimensão corpórea e pessoa, 38, 65;

Pessoa, ser espiritual e corpóreo, 75;

Doutrina social e corpo eclesial, 79;

Homem, unidade de alma e corpo, 127;

Corporeidade e mundo material, 128, 129;

Desvantagem física e limitações do corpo, 148;

Humanidade unida a Deus como Seu corpo, 219;

Atividade e corpo, 265;

Descanso festivo e alívio do corpo, 284;

Leis econômicas e índole do corpo, 330;

Força de Cristo e corporeidade do homem, 455;

Antropologia, Espírito e corpo, 522;

Leigos, incorporados a Cristo e batismo, 541.

## CORPO INTERMEDIÁRIO

Bem comum, Estado e corpo intermediários, 168;

Subsidiariedade e corpos sociais intermediários, 186,187;

Participação, trabalhadores e corpos intermediários, 281;

Economia e corpos sociais intermediários. 346;

Estado, mercado e corpos intermediários, 356;

Autoridade política e corpos intermediários, 394;

Comunidade mundial e corpos intermediários, 441.

## CORPO PROFISSIONAL

Corpos profissionais e interprofissionais, 92.

## CORPORATIVISMO

Sindicato e tentações do corporativismo, 306;

Empresa e interesses corporativos, 340.

## CORPO SOCIAL

Princípio do bem comum e corpo social, 164;

Princípio de subsidiariedade e corpo social, 186;

Família e crescimento do corpo social, 211;

Dimensão social, trabalho e corpo social, 273;

Democracia e controle do corpo social, 408.

## CORRUPÇÃO

Criação e libertação da corrupção, 123;

Formas de corrupção e influência negativa, 192;

Sistema democrático e corrupção política, 411;

Corrupção, subdesenvolvimento e pobreza, 447;

Corrupção e crise de dívidas, 450.

## COSTUME

Conceitos da pessoa e costume, 124;

Lei natural e evolução dos costumes, 141;

Princípios sociais e normas de costume, 163;

Leigos e espírito cristão dos costumes, 531.

## CRÉDITO

Acesso à terra e mercados do crédito, 180, 300.

## CRIAÇÃO – CRIADO

Princípio da criação, 26;

Ação de Deus e sentido da criação, 27;

Criação e identidade do homem, 36;

Lei natural e universo criado, 37, 140;

*Criador*

**379**

Salvação, ressurreição, criação, 38, 44, 56;

Pessoa e universo criado, 47, 130;

Relatividade teológica e criação, 48;

Ordem, criação e sobrenatural, 64;

Plano da criação e da Redenção, 66;

Doutrina social, projeto de Deus e criado, 74;

Fé, razão, projeto divino e criação, 75;

Criatura humana, vértice da criação, 108, 251;

Criação, valor de coisa boa, 113;

Criação do homem e pecado original, 115;

Criação e espera do Redentor, 123;

Fé cristã e criação do homem, 126;

Bem comum universal e criação, 170;

Propriedade privada e bens da criação, 177;

Família e criação do homem, 209;

Matrimônio, criação e convenções, 215;

Homem, cultivador e custódio do criado, 256;

Descanso sabático e nova criação, 258;

Sábado eterno e nova criação, 261;

Dimensão trinitária da criação, 262;

Trabalho, riquezas de Cristo e criação, 262;

Trabalho, participação e criação, 263, 266, 317;

Pobreza e ordem criacional, 324;

Reino e bondade originária do Criado, 325;

Solidariedade e salvaguarda do criado, 367;

Família humana e obra da criação, 428;

Aliança, comunidade humana e Criação, 429;

Projeto divino e realidade criacional, 431;

Criação e oração de Israel, 452;

Páscoa de Cristo e criação, 455;

Homem, Deus e obra da criação, 460;

Meio ambiente e recursos do Criado, 461;

Dimensão transcendente da criação, 452;

Meio ambiente e conceito de criação, 464;

Ambiente sadio e bens do Criado, 468, 481;

Criação e intervenções sobre a natureza, 473;

Problemas ecológicos, estilos de vida e criação, 486;

Criado e atitude de gratidão, 487;

Paz e criação, 488;

Leigo, Cristo, Espírito e criado, 542.

## CRIADOR

Plano de Deus Criador e realidades terrestres, 11;

Deus Criador e ação gratuita do Senhor, 26;

Deus Criador e sentido da criação, 27;

Criador e criação do homem, 36;

Projeto criador de Deus e pessoa humana, 37;

Criador e estado da criatura humana, 39;

Coração, Criador e abertura ao homem, 40;

Realidades terrestres e vontade do Criador, 45, 46;

Lei natural e Deus Criador, 53;

Encarnação e sabedoria criadora divina, 65;

Deus Criador e fim último do homem, 84;

Indivíduo e aliança com o Criador, 108;

Mulher e espírito de Deus Criador, 110;

Coração do homem e Criador, 114;

Fé cristã, ideologia e Deus Criador, 126;

Corporeidade do homem e Deus Criador, 128;

380                            *Índice analítico*

Liberdade do homem e Criador, 135;

Direitos humanos e Deus Criador, 152, 153;

Bens e ato criador de Deus, 171, 328;

Bens materiais e Deus Criador, 181;

Tarefa procriativa e Criador, 209;

Família e Criador, 215;

Uniões homossexuais e Criador, 228;

Paternidade e obra criadora de Deus, 232;

Deus Criador, homem e trabalho da terra, 255;

Projeto do Criador, homem e realidade criada, 255;

Pecado original e vontade do Criador, 256;

Trabalho, homem e Criador, 263, 265, 274, 275;

Atividade econômica e Criador, 326, 330;

Deus criou os seres humanos sociais, 393;

Diversidade dos povos e Criador, 429;

Aliança, família humana e Criador, 430;

Comunidade mundial e Criador, 432;

Criador, vértice da criação e homem, 451

Homem e Deus, criador de todas as coisas, 456;

Ciência e técnica, criatura e Criador, 457;

Criaturas, dons a guardar e Criador, 464;

Meio ambiente, ordem universal e Criador, 466;

Natureza, dom do Criador, 473;

Materiais viventes, dom do Criador, 477;

Natureza e Deus Criador, 487;

Paz e Deus que cria um conjunto harmônico, 488;

Bondade do homem, imagem do Criador, 578.

## Criança

Amor, direitos fundamentais e crianças, 5;

Direitos do homem e meninos-soldado, 158;

Família, pessoa e criança, 212;

Matrimônio e adoção de crianças, 218;

Solidariedade intergeracional e crianças, 230;

Dignidade e direitos das crianças, 244;

Situação das crianças no mundo, 245;

Tráfico de crianças, 245;

Trabalho das crianças, 245;

Meninos de rua, 245;

Matrimônio de crianças, 245;

Crianças e material pornográfico, 245;

Crianças, exploração e pedofilia, 245;

Trabalho de crianças e balanço familiar, 296;

Condições de trabalho para crianças, 301;

Meninos-soldado e conflitos armados, 158, 245, 512.

## Criatura – ser criado

Homem e outros seres criados, 14;

Pecado das origens, homens e criaturas, 27;

Homem, criatura querida por Deus, 34, 96, 133, 451;

Toda pessoa é criada por Deus, 35;

O homem e a mulher, o Tu criado por Deus, 36;

Plano de salvação e criatura humana, 39;

Discípulo de Cristo, nova criatura, 41;

Homem, nova criatura e as coisas criadas, 44;

Autonomia das realidades terrestres e criaturas, 45;

Criador e criatura, 46;

Lei natural e criatura, 53;

Cristo, homem e criatura, 58;

Mundo visível, criado por Deus, 64;

Verdade da pessoa e outras criaturas, 75;

*Critério*     381

Pessoa humana, criatura de Deus, 108;

Criatura humana, vértice da criação, 108;

Criatura e homem, *capax Dei*, 109;

Homem, mulher e outras criaturas, 113;

Coração do homem e outra criatura, 114;

Pecado de origem e limite de criatura, 115, 429;

Homens e semelhança criacional com Deus, 122;

Homem criado por Deus, alma e corpo, 122;

Abertura do homem e ser criados, 130;

Liberdade e dependência criacional por Deus, 136;

Limite da liberdade e criatura, 138, 143, 199;

Homens e dignidade das criaturas, 144;

Vida comunitária, homem e criaturas terrestres, 149;

Dignidade humana, Criador e criatura, 152;

Bem comum e bens criados, 167;

Bem comum, Deus e finalidade das criaturas, 170;

Eva, criada semelhante a Adão, 209;

Homem e bens criados por Deus, 255, 256;

Universo, criado em Cristo, 262, 327;

Trabalho e homem criado a imagem de Deus, 275, 317, 456;

Homens, criados à imagem de Deus e repouso, 284;

Atividade econômica e homem criado por Deus, 333;

Poder político e ordem criado por Deus, 383, 384;

Homem, criatura social e política, 384;

Ser humano, criado dentro de um contexto, 428;

Cristo e realização do homem criado, 431;

Diálogo com Deus e criatura humana, 452;

Homem em Cristo, criatura nova, 454;

Aplicação científica e criaturas viventes, 459;

Homem e criaturas, dons de Deus, 464;

Bens da terra, criados por Deus, 481;

Dimensão de criatura da natureza, 487;

Tensão escatológica e realidade criada, 526.

## CRIME

Justiça, penas e ato criminoso, 403;

Pena de morte e repressão dos crimes, 405;

Forças armadas e crimes, 503;

Eliminação de grupos e crimes, 503;

Shoah e crimes contra Deus e o homem, 506;

Ação bélica indiscriminada, crime, 509;

Meninos-soldado, crime intolerável, 512;

Organismos judiciários internacionais e crimes, 518.

## CRITÉRIO

Magistério e critérios universais, 104;

Princípios e critérios de discernimento, 161;

Destinação dos bens e reto critério, 171;

Bem comum, critério de discernimento, 188;

Justiça, critério da moralidade, 201;

Justiça, pessoa e critério da utilidade, 202;

Caridade, critério supremo e universal, 204;

Família e critério de funcionalidade, 221;

Prioridade da família e critérios normativos, 254;

Novas tecnologias e critério de justiça, 283;

Fluxos migratórios e critério de eqüidade, 298;

Rédito e critério de justiça, 303;

Atividade produtiva e critérios operativos, 318;

Empresa e critérios econômicos, 338;

Empresa e critérios da eficiência econômica, 344;

Privado e público e critérios de eqüidade, 354;

Países ricos e pobres e critérios éticos, 364;

Autoridade e critérios sociológicos e históricos, 396;

Critérios para o direito de resistência, 401;

Bem comum e critério regulador, 407;

Biotecnologia e critério de solidariedade, 474;

Acesso à água e critérios morais, 484;

Sanções e critérios jurídicos e éticos, 507;

Critérios da pastoral social, 526;

Catequese social e critério pessoal, 530;

Organizações e critérios de eclesialidade, 549;

Cultura e critério de verificação, 558;

Democracia e critérios de discernimento, 569.

### Critérios de julgamento

Doutrina social e critérios de julgamento, 7, 61, 85;

Compêndio e critérios de julgamento, 11;

Atividade social e critérios de julgamento, 89;

Inculturação e critérios de julgamento, 523;

Escolhas políticas e critérios de julgamento, 574.

### Cultura

Salvação cristã e relações entre as culturas, 1;

Amor cristão e projeto cultural, 6;

Questões sociais e aspectos culturais, 8;

Religiões, culturas e diálogo, 12;

Lugar do homem na sociedade e culturas, 14;

Gestão do pluralismo e cultura, 16;

Mistério e tradições culturais, 20;

Fenômeno cultural da interdependência, 33;

Realização cultural, relativa e provisória, 48;

Religião e política, aquisição cultural, 50;

Socialidade humana e assertos culturais, 61;

Cultura e economia da salvação, 62;

Evangelizar, social e cultura, 70;

Doutrina social e operadores culturais, 73;

Doutrina social, continuidade e culturas, 85;

Século XIX e conseqüências culturais, 88;

*Pacem in terris* e problemas culturais, 95;

*Gaudium et spes* e temas da cultura, 96;

*Populorum progressio*, desenvolvimento e cultura, 98;

Salvação em Jesus e realizações culturais, 120;

Primado do homem e programas culturais, 132;

Liberdade e condições de ordem cultural, 137;

Lei natural e diversidade das culturas, 141;

Igualdade entre os homens e cultura, 144;

Participação e instituições culturais, 151;

Direitos do homem e contexto cultural, 154;

Nações e direito à própria cultura, 157;

Bem comum, direito e acesso à cultura, 166;

*Cultura*

383

Estado, bem comum e bens culturais, 168;

Destinação dos bens e contextos culturais, 173;

Vida cultural dos povos indígenas, 180;

Amor da Igreja e pobreza cultural, 184;

subsidiariedade e agremiações culturais, 185;

Participação e vida cultural, 189;

Participação solidária e obstáculos culturais, 191;

Solidariedade e patrimônio da cultura, 195;

Valores sociais e estruturas culturais, 197;

Valor da liberdade e idéias culturais, 200;

Família, patrimônio cultural e Nação, 213;

Cultura, dignidade e união matrimonial, 216;

Idosos e valores culturais, 222;

Identidade de gênero e produto cultural, 224;

Família e valores culturais, 229, 238;

Família e cultura da vida, 231;

Crescimento demográfico e condições culturais, 234;

Promoção humana e relevância cultural, 236;

Associações familiares e papel cultural, 247;

Prioridade, família e prospectiva cultural, 254;

Trabalho, culturas e Padres, 265;

Trabalho e desenvolvimento cultural, 269;

Trabalho e condições culturais, 270, 309;

Corpos intermediários e finalidades culturais, 281;

Descanso e cuidado da vida cultural, 284;

Setor terciário e âmbito da cultura, 293;

Trabalho agrícola e papel cultural, 299;

Trabalhador, salário e vida cultural, 302;

Trabalho, tempo e desafio a nível cultural, 311;

Globalização, trabalho e atenção cultural, 312;

Mundo do trabalho e mudanças culturais, 314;

Trabalho e homens da cultura, 320;

Empresas, proveito e sistemas socioculturais, 340;

Empresários e rede de ligações culturais, 344;

Consumidores e escolha cultural, 358;

Consumismo e desafio cultural, 360;

Globalização e diversidade culturais, 366;

Desenvolvimento econômico e crescimento cultural, 372;

Economia internacional e interdependência cultural, 373;

Atividade humana e sistema sociocultural, 375;

Progresso e ação educativa e cultural, 376;

Povo e expressões culturais, 386;

Minorias e direito à própria cultura, 387;

Poderes públicos e desequilíbrios culturais, 389;

Meios de comunicação, setor cultural, 415;

Sociedade civil, relações e recursos culturais, 417;

Comunidade religiosa e ligações culturais, 423;

Igreja e associação para fins culturais, 426;

Jesus, nova humanidade e diferenças culturais, 431;

Unidade e força cultural da liberdade, 432;

384                 *Índice analítico*

Subjetividade, Nação e perfil cultural, 435;

Nações Unidas, terreno cultural e paz, 440;

Interdependência e perfil cultural, 442;

Exploração, recursos e processo cultural, 461;

Visão do homem e cultura cristã, 464;

Bens e direção cultural, 482;

Cultura da paz, 495;

Cristianismo e cultura, 521;

Antropologia cristã e vida cultural, 522;

Antropologia, Evangelho e cultura, 523;

Pastoral social e cultura, 524;

Doutrina social, leigos e âmbito cultural, 531;

Inculturação e competência culturais, 532;

Semanas Sociais, laboratório cultural, 532;

Leigo, realidade temporal e cultura, 543;

Leigos e harmonia entre vida, fé e cultura, 546;

Associações e ambiente cultural, 550;

Leigo e serviço da vida cultural, 551;

Defesa do matrimônio e contexto cultural, 553;

Cultura, campo de compromisso para os cristãos, 554;

Cultura social e política e Evangelho, 555;

Dimensão ética da cultura, 556;

Direito a uma cultura humana e civil, 557;

Conteúdo da cultura e verdade, 558;

Dimensão religiosa da cultura, 559;

Leigos, meios de comunicação e cultura, 560;

Reflexão cultural e projetos de desenvolvimento, 563;

Cultores da economia e estruturas culturais, 564;

Parlamentares, leis iníquas e cultura, 570;

Laicidade e exercícios das atividades culturais, 572;

Questão cultural e sentido moral, 577;

Vida social e amor a nível cultural, 582.

## CUSTÓDIA

Solidariedade da família e custódia, 246.

## D

### DECÁLOGO – MANDAMENTOS

Dez Mandamentos, deveres e direitos, 22;

Dez Mandamentos e vida social, 22;

Decálogo e desenvolvimento da sociedade, 23;

Decálogo e vontade de Deus, 25;

Primeiro e segundo mandamento de Jesus, 40;

Lei divina e natural e Decálogo, 22, 140;

Decálogo de Assis pela paz, 515*.

### DEFESA

Doutrina social e defesa dos direitos, 81;

Igreja e defesa dos direitos fundamentais, 159;

Defesa da propriedade comunitária, 180;

Igreja, pobres e seu compromisso a defendê-los, 184

Estado e defesa do direito à vida, 231;

Anticoncepcionais e defesa do desenvolvimento, 233;

Estado e defesa dos direitos da família, 247;

Repouso sabático e defesa do pobre, 258;

Defesa dos direitos do trabalhadores, 264;

*Rerum novarum* e defesa dos trabalhadores, 268;

Dias festivos e defesa das tradições, 286;

Sindicatos e defesa dos trabalhadores, 305;

Sindicato e funções defensivas, 307;

Transição, trabalho e defesa do trabalhador, 314;

Novo Davi, defensor dos pobres, 324;

Estado e defesa da parte mais fraca, 351;

Globalização e defesa dos direitos humanos, 365;

Operadores econômicos e defesa dos Estados, 370;

Rei de Israel, defensor dos pobres, 377;

Minorias e causas a defender, 387;

Bem comum ação de defesa, 389;

Defesa, modelo e sociedade, 393;

Penalidade e defesa da ordem pública, 403;

Pena de morte e legítima defesa, 405;

Sociedade civil e defesa dos interesses, 417;

Igreja e defesa dos direitos da pessoa, 426;

Santa Sé e defesa da dignidade humana, 445;

Mercado e defesa do meio ambiente, 470;

Sociedade pacífica e defesa dos direitos humanos, 494;

Violência e o que sustenta defender, 496;

Estado, instrumentos e defesa própria, 499;

Estado agredido, direito, dever e defesa, 500;

Nações Unidas, guerra e legítima defesa, 501;

Forças armadas e legítima defesa, 502;

Legítima defesa e direito humanitário, 504;

Refugiados, Igreja e defesa da dignidade, 505;

Grupos ameaçados e defesa das vítimas, 506;

Princípio de suficiência e legítima defesa, 508;

Direito a se defender do terrorismo, 514;

Ecumenismo e defesa das pessoas, 535;

Igreja, judeus e defesa da dignidade humana, 536;

Cristãos e defesa da pessoa, 538;

Defesa do matrimônio e da família, 553;

Laicidade, católicos e defesa da verdade, 571.

## DEMOCRACIA

*Centesimus annus* e democracia, 103;

Direitos humanos e governo democrático, 158;

Estado democrático, maioria e minorias, 169;

Estado democrático e bem comum, 169;

Propriedade e política econômica democrática, 176;

Subsidiariedade e pretensa democratização, 187;

Participação e democracia, 190;

Aborto e democrática convivência social, 233;

Globalização e democracia dos povos, 321;

Vida democrática e empresas cooperativas, 339;

Democracia econômica e sociedade civil, 356;

Democracia e soberania do povo, 395;

Igreja e democracia, 406;

A democracia, 406;

Democracia, regras e valores, 407;

Sistema democrático e autoridade política, 408;

Sistema democrático e corrupção política, 411;

Partidos, democráticos em seu interno, 413;

Informação e participação democrática, 414;

Democracia e concentrações editoriais, 414;

Democracia e pluralismo social, 417;

Vida democrática e livres associações, 418;

Setor terciário e vida democrática, 419;

Igreja, autonomia e ordem democrática, 414;

Crentes e sistema da democracia, 567;

Discernimento e sistema democrático, 569;

Sociedade democráticas e laicismo, 572.

## DEMOGRAFIA

João XXIII e incremento demográfico, 94;

*Octogesima adveniens* e incremento demográfico, 100;

Poderes públicos e campo demográfico, 234;

Crescimento demográfico e moral, 234;

Crescimento demográfico e meio ambiente, 483.

## DESARMAMENTO

Desarmamento e ordem internacional, 438;

Legítimo e obrigatório desarmamento do agressor, 506;

Desarmamento geral, equilibrado e controlado, 508;

Desarmamento e política de detenção nuclear, 508;

Desarmamento nuclear, 509;

Desarmamento e armas com efeitos traumáticos, 510;

Desarmamento e minas antipessoas, 510.

## DESEMPREGO

Muitos desempregados aguardam trabalho, 5;

*Octogesima adveniens* e desemprego, 100;

Família, trabalho e desemprego, 249;

Novos saberes e risco de desemprego, 283;

Desemprego, verdadeira calamidade social, 287, 289;

Formação humana e técnica e desemprego, 290;

Desemprego e repercussões sobre a família, 294;

Subvenções trabalhadores desempregados, 301;

Transição e desemprego estrutural, 314.

## DESENVOLVIMENTO

Amor, relações e desenvolvimento humano, 4;

Pluralismo e filosofia do desenvolvimento, 16;

Decálogo e desenvolvimento da sociedade israelita, 23;

Reino de Deus e desenvolvimento da socialidade, 51;

Progresso terreno e desenvolvimento do Reino, 55;

Doutrina social, evangelização e desenvolvimento, 66;

Doutrina social e desenvolvimento, 82;

João XXIII e área em via de desenvolvimento, 94;

*Gaudium et spes* e desenvolvimento da sociedade, 96;

*Sollicitudo rei socialis* e desenvolvimento, 102;

*Centesimus annus* e desenvolvimento humano, 103;

Estruturas de pecado e desenvolvimento, 119;

Pessoa humana e desenvolvimento integral, 131, 133;

Direitos humanos e desenvolvimento da personalidade, 155;

*Desenvolvimento* 387

Princípios da doutrina social e desenvolvimento, 163;

Bem comum, colaboração e seu desenvolvimento, 167;

Bem comum, autoridade política e desenvolvimento, 168;

Uso dos bens e desenvolvimento do homem, 172, 175;

Propriedade privada, bens e desenvolvimento do homem, 177;

Novos conhecimentos e desenvolvimento, 179;

Distribuição da terra e desenvolvimento, 180;

Subsidiariedade e desenvolvimento das sociedades menores, 186;

Valores sociais e desenvolvimento da pessoa, 197;

Comunidade cristã, família e desenvolvimento, 229;

Meios anticoncepcionais e desenvolvimento dos povos, 233;

Acolhimento da vida e desenvolvimento da sociedade, 237;

Obra educativa da família e desenvolvimento, 238;

Crianças no mundo e desenvolvimento integral, 245;

Família, trabalho e desenvolvimento das pessoas, 249;

*Laborem exercens*, trabalho e desenvolvimento, 269;

Trabalho e desenvolvimento da humanidade do homem, 274;

Trabalho, capital e desenvolvimento da pessoa, 278;

Conflito entre trabalho e capital e desenvolvimento, 279;

Trabalho, propriedade privada e desenvolvimento, 282;

Setor terciário e desenvolvimento do trabalho, 293;

Imigração, recurso para o desenvolvimento, 297;

Agricultura e desenvolvimento da comunidade social, 299;

Distribuição da terra e desenvolvimento, 300;

Distribuição da renda e desenvolvimento, 303;

Sindicato e desenvolvimento econômico e social, 307;

Organização do trabalho e desenvolvimento, 311;

Economia informal e desenvolvimento, 316;

Compatibilidade ambiental do desenvolvimento, 319;

Trabalho, cientistas e desenvolvimento, 320;

Trabalho, desenvolvimento integral e solidal, 321;

Fé em Jesus Cristo e desenvolvimento social, 327;

Economia, eficiência e desenvolvimento solidal, 332;

Participação na economia e desenvolvimento, 333;

Riqueza e desenvolvimento solidal e integral, 334;

Empresa e desenvolvimento da sociedade, 338;

Empresa e desenvolvimento do mundo, 342;

Competição empresarial e desenvolvimento, 343;

Atividade trabalhista, família e desenvolvimento, 345;

Livre mercado e desenvolvimento econômico, 347;

Livre mercado e desenvolvimento do homem, 348;

Estado na economia e obstáculos ao desenvolvimento, 351;

# 388        *Índice analítico*

Mercado, Estado e desenvolvimento econômico, 353;

Liberdade privada, ação pública e desenvolvimento, 354;

Finança pública, instrumento de desenvolvimento, 355;

Desenvolvimento da democracia econômica, 356;

Desenvolvimento das telecomunicações, 362;

Globalização, desigualdades e desenvolvimento, 363;

Comércio internacional e desenvolvimento, 364;

Mercados financeiros e desenvolvimento, 368;

Economia financeira e real desenvolvimento, 369;

Instituições financeiras internacionais e desenvolvimento, 371;

Política e desenvolvimento econômico, 372;

Economia internacional e desenvolvimento para a humanidade, 373;

Países ricos e desenvolvimento mais humano e solidal, 374;

Bens, desenvolvimento da sociedade e sentido de Deus, 375;

Nações Unidas e exigência de desenvolvimento, 440;

Política internacional e objetivo do desenvolvimento, 442;

Cooperação internacional e desenvolvimento, 446;

O direito ao desenvolvimento, 446;

Mercado internacional e desenvolvimento, 447;

Pobreza e desenvolvimento socioeconômico, 449;

Desenvolvimento e crise de dívidas dos Países pobres, 450;

Criação e tutela de seu desenvolvimento, 451;

Criação e desenvolvimento da ciência e da técnica, 456;

Pesquisa biológica e desenvolvimento sem consideração, 459;

Natureza e desenvolvimento em chave consumista, 462;

Desenvolvimento econômico e ritmos da natureza, 470;

Biotecnologia, comércio e desenvolvimento, 475;

Responsáveis e desenvolvimentos das biotecnologias, 478;

Desenvolvimento e uso sustentável do ambiente, 483;

Política demográfica e desenvolvimento global, 483;

Paz, justiça e desenvolvimento integral, 494;

Paz e desenvolvimento, 498;

Antropologia cristã e desenvolvimento humano, 522;

Pastoral social e desenvolvimento da vida social, 527;

Diálogo inter-religioso e desenvolvimento do homem, 537;

Família e desenvolvimento da convivência, 553;

Modelos de desenvolvimento econômico-social, 563;

Economia e autêntico desenvolvimento, 564;

Amor social e desenvolvimento da pessoa, 581;

Civilização do amor e desenvolvimento das pessoas, 582.

## DESIGUALDADE

Questão social e desigualdades, 94;

Relações entre os povos, eqüidade e desigualdades, 145;

Interdependência e desigualdades entre países, 192;

*Deus*  389

Globalização e desigualdades, 362;

Acesso ao conhecimento e desigualdades, 363;

Países ricos e desigualdades sociais, 374.

### Desequilíbrio

Doutrina social, denúncias e desequilíbrios, 81;

Bem comum e desequilíbrios, 167;

Suplência do Estado e grave desequilíbrio, 188;

Migrações e desequilíbrio entre Países, 297;

Desequilíbrios no mundo do trabalho, 321;

Poderes públicos e desequilíbrios, 389;

Desequilíbrios entre homem e natureza, 454;

Meios de comunicação social e desequilíbrios, 561.

### Desordem

Pecado das origens e desordem, 27;

Homem e amor desordenado de si, 44;

Cristo e amor desordenado de si, 143;

Aborto, desordem moral, 233;

Ambiente natural e consumo desordenado, 360;

Direito de resistência e piores desordens, 401;

Estado, desordem e ação delituosa, 402;

Uso da força e desordens mais graves, 500.

### Deus

Doutrina social e amor de Deus, 3;

Homem amado por Deus, relações e estrutura, 4;

Antropologia, Revelação e amor de Deus, 9;

Deus Criador e realidades terrestres, 11;

Compêndio e presença do Espírito de Deus, 12;

Doutrina social e estilo do diálogo de Deus, 13;

Discípulos e projeto de salvação de Deus, 17;

Igreja, humanismo e projeto de amor de Deus, 19;

Experiência religiosa, homens e Deus, 20;

Experiência religiosa e revelação de Deus, 21;

Revelação de Deus e eventos históricos, 21;

Aliança, Deus e Israel, 22;

Decálogo, Deus e Israel, 22, 23;

Deus inspira a justiça, 24;

Ano sabático, Deus e Israel, 24, 25;

Projeto de Deus e princípio da criação, 26, 27;

Ruptura com Deus e ruptura das relações, 27;

Deus Pai, Jesus e os homens, 28, 29;

Jesus e projeto de amor de Deus, 29;

Deus e revelação do Amor trinitário, 30, 31;

Deus e mandamento do amor recíproco, 32, 33;

Deus trinitário e *ethos* humano, 33;

Unidade do gênero humano e vida íntima de Deus, 33;

Mistério de Deus, Amor trinitário e pessoa, 34, 35, 36, 37;

Deus, salvação e homem, 38, 39, 40;

Deus, mistério pascal e vida nova, 41;

Deus, graça e homem, 43;

Homem e coisas criadas por Deus, 44;

Proximidade de Deus e identidade do humano, 45;

Deus, homem, conflitualidade e amor, 46;

Fim último da pessoa humana e Deus, 47;

Dom de Deus e destino da humanidade, 48;

Deus e visão totalitária do Estado, 48;

Deus ideologia intramundana e progresso, 48;

Igreja união com Deus e gênero humano, 49;

Igreja, Reino de Deus e salvação, 49, 50, 51;

Deus, redenção, pessoa e relações sociais, 52, 53, 54, 55;

Leis naturais e Deus Criador, 53;

Promessa de Deus, pessoa e morada eterna, 56, 58;

Maria e projeto de amor de Deus, 59;

Verdade sobre Deus que salva e amor pelos pobres, 59;

Homem, mulher, Igreja e Reino de Deus, 60;

Igreja, sacramento do amor de Deus, 60;

Igreja, tenda da companhia de Deus, 60;

Igreja, *morada* de Deus com os homens, 60;

Homem, amor de Deus e história, 60;

Doutrina social e Espírito de Deus, 63;

Mundo, criado por Deus, e vínculo originário, 64;

Doutrina social e anúncio de Deus, 67;

Deus, homem e dom salvífico, 70;

Doutrina social e projeto de Deus acerca do criado, 74;

Fé, doar-se de Deus em Cristo e pessoa, 75;

Doutrina social e Palavra de Deus, 78;

Deus e destinatários da doutrina social, 84;

Magistério de Pio XII e Palavra de Deus, 93;

*Gaudium et spes* e povo de Deus, 96;

Testemunho dos cristãos e presença de Deus, 96;

Igreja, sociedade humana e família de Deus, 96;

Pessoa, criatura querida por Deus, 96;

Desenvolvimento e reconhecimento de Deus, 98;

Ensino social, reciprocidade, Deus e homem, 103;

Homem, imagem de Deus e dignidade, 105;

Cristo, imagem perfeita de Deus, 105;

Pessoa humana, criatura de Deus, 108;

Deus, criatura humana e vértice do criação, 108;

Homem e relação constitutiva com Deus, 109;

Deus, dimensão social e natureza humana, 110;

Deus e ser como homem e como mulher, 110;

Casal humano e imagem de Deus, 111;

Deus e vida do homem sagrada e inviolável, 112;

Deus, Senhor da vida e da morte, 112;

Deus, Autor de toda a criação, 113;

Deus e coração dos homens, (Cf. Ecl 3, 11), 114;

Deus, homem e pecado das origens, 115;

Pecado, separação de Deus e alienação, 116;

Pecado social e Deus, 118;

Vontade de Deus, proveito e poder, 119;

Deus, pecado e reconciliação cristã, 121, 122;

Fé, ideologias e Deus, 126;

Homem criado por Deus e unidade de alma e corpo, 127, 128;

Homem, transcendência e Deus, 130;

Pessoa humana e realização em Deus, 133;

*Deus* 391

Deus, homem e liberdade, 135, 136, 143, 199;

Deus e lei divina e natural, 140, 141, 142;

Deus e igualdade das pessoas, 144;

Deus e unidade dos dois, homem e mulher, 147;

Deus e pessoa como ser social, 149;

Direitos humanos e Deus criador, 152, 153;

Princípios e mandamento do amor de Deus, 160;

Verdade sobre Deus e inclinação do homem, 167*;

Bem comum e Deus como fim último, 170;

Deus, homem e destinação dos bens, 171, 177, 181, 328, 481;

Esmola, prática de justiça e Deus, 184;

Jesus, Deus conosco e solidariedade, 196;

Deus, próximo e justiça, 201;

Projeto de Deus e casal humano, 209;

Instituto do matrimônio e Deus, 215, 217;

Poligamia e projeto original de Deus, 217;

Aliança esponsal, Deus e homens, 219, 219*;

Família, reino de Deus e coisas temporais, 220;

Amor conjugal e fidelidade de Deus, 225;

Divorciados recasados e Deus, 226;

Pessoa homossexual e plano de Deus, 228;

Tarefa procriativa e Deus, 230, 231, 232, 234, 237;

Deus criador, homem e terra, 255;

Pecado de Adão e Eva e Deus, 256;

Deus, trabalho e finalidade do homem, 257;

Repouso sabático e Deus, 258;

Homem, coisas e Reino de Deus, 260;

Trabalho, sábado e Deus, 261;

Mundo visível, criado por Deus para o homem, 262;

Trabalho, mundo, homem e Deus, 265;

Agir humano e agir de Deus, 266;

Homem, imagem de Deus e trabalho, 270, 275, 317;

Crentes, domingo e culto a Deus, 284;

Bens materiais, pobreza e Deus, 323, 324, 325, 326, 327;

Riquezas, atividade econômica e Deus, 328, 329;

Moral, economia e Deus Criador, 330, 333;

Desenvolvimento, pessoa e chamado de Deus, 373, 374;

Sentido de Deus e desenvolvimento da sociedade humana, 375

Deus, história e homens carismáticos, 377;

Jesus, poder e Deus, 379;

Cristãos, poder e ordem estabelecido por Deus, 380, 381, 382, 383, 384.

Autoridade, seres humanos sociais e Deus, 393;

Deus, autoridade e ordem moral, 396;

Obediência à autoridade e Deus, 398;

Objeção de consciência e Lei de Deus, 399;

Liberdade religiosa e Deus, 421;

Unidade do gênero humano e Deus, 428, 429, 430, 431, 432;

Homem, Deus e salvação eterna, 445;

Fé de Israel e mundo como dom de Deus, 451, 452, 453, 454, 455;

Mundo, Deus e operosidade do homem, 451, 452, 460;

Homem, terra, atividade e Deus, 456, 457;

Genialidade humana e potência de Deus, 457;

Homem, mundo e transcendência de Deus, 464;

Água, dom de Deus, 484;

Homem, mundo e mistério de Deus, 487;

Paz, Deus e homem, 488, 489, 490, 491, 292;

Paz, ordem da sociedade e Deus, 494, 495;

Eliminação de grupos e delitos contra Deus, 506;

Armas de destruição em massa e Deus, 509;

Terroristas, martírio e Deus, 515;

Paz, Igreja e Deus, 516;

Oração pela paz e Deus, 519, 519*;

Palavra de Deus e ação dos cristãos, 525;

Evangelização, Deus e homem, 526;

Caminho da santidade e amor de Deus, 530;

Igreja, irmãos judeus e único Deus, 536;

Igreja, missão e povo de Deus, 538;

Pessoas consagradas e projetos de Deus, 540;

Leigos, reino de Deus e coisas temporais, 541, 543;

Leigos, discípulos de Cristo e Deus, 542;

Espiritualidade laical e mistério de Deus, 545;

Palavra de Deus e itinerário cristão, 546;

Prudência, realidade e projeto de Deus, 547;

Doutrina da Igreja, homens e Deus, 551;

Cultura e saudade de Deus, 554;

Mistério de Deus no centro de toda cultura, 559;

Homem e independência de Deus, 560;

Deus e termo final da vida humana, 562;

Ser humano, Deus e significado da existência, 576;

Fé em Deus e princípios morais, 577;

Deus, homem, mal e bem, 578;

Amor, Deus e homem, 582;

Caridade, eficácia e referência a Deus, 583.

**DEVER**

Dez Mandamentos e deveres da pessoa, 22;

Dever da Igreja e doutrina social, 69, 71;

Doutrina social e obrigações, 75;

Doutrina social e obrigações de justiça e caridade, 83;

*Divini Redemptoris* e deveres de justiça, 92;

Pecado social e deveres dos cidadãos, 118;

Liberdade, lei natural e deveres da pessoa, 140;

Pessoas deficientes, titulares de deveres, 148;

Conexão entre direitos e deveres do homem, 156;

Nações e obrigação de viver em paz, 157;

Destinação dos bens e deveres sociais, 172;

Propriedade privada e exercícios dos deveres, 176;

Deveres dos proprietários bens possuídos, 178;

Doar aos pobres, dever de justiça, 184;

Participação dever a ser observado, 189;

Ensino social e solidariedade como dever, 194*;

Dever do respeito da liberdade do homem, 199;

Convivência humana, justiça e deveres, 205;

Autoridade e dever de sustentar a família, 214;

Membros da família e recíprocas obrigações, 215;

*Dever*

393

Paternidade responsável e deveres para com Deus, 232;

Esposos, número de filhos e deveres, 234;

Deveres dos pais de educar a prole, 239, 239*;

Instrumentos formativos e dever das autoridades, 240;

Estado e defesa dos deveres da família, 247;

O trabalho é um dever do homem, 274;

Autoridade, dever de vigiar, descanso e culto, 286;

Emprego, objetivo de dever, 288;

Estado e dever de promover o trabalho, 291;

Sindicatos e dever de influenciar o poder, 307;

Dever e eficiência econômica, 332;

Dever de contribuir ao progresso, 333;

Empresários e dever do respeito, 344;

Estado e dever de secundar as empresas, 351;

Pagamentos dos impostos como dever, 355;

Poder aquisitivo e dever de caridade, 359;

Autoridade internacional e dever de respeitar os direitos, 365;

Solidariedade entre as gerações e dever, 367;

Deveres dos cristãos para com as autoridades, 380;

Convivência humana e comprimento dos deveres, 386;

Deveres das minorias e bem comum, 387;

Bem comum e deveres da pessoa, 388, 389;

Convivência e deveres da pessoa, 390;

Leis injustas e dever da objeção, 399;

Autoridade e dever de cominar penas, 402;

Dever de respeitar a liberdade religiosa, 424;

Igreja, comunidade política e deveres, 425;

Poderes da Comunidade Mundial e deveres, 441;

Desenvolvimento dever de todos para todos, 446;

Dever da solidariedade intergeracional, 457;

A paz é um dever universal, 494;

Profetas não armados e deveres dos homens, 496;

Estado agredido e dever da defesa, 500;

Dever de proteger vítimas inocentes, 504;

Paz e deveres da justiça, 520;

Leigos, sentido do dever e bem comum, 531;

Doutrina social e deveres morais e sociais, 532;

Leigos e deveres de anunciar o Evangelho, 538;

Leigos e dever de ser sujeitos ativos, 539;

Leigos, vida espiritual e deveres sociais, 546;

Prudência e bem como dever, 548;

Liberdade religiosa, um dos deveres mais graves, 553;

Leigo, dever e conceito de pessoa, 558;

Profissionais da comunicação e deveres, 562;

Crentes, titulares dos deveres de cidadania, 565;

Exigências morais e deveres de testemunho, 571;

Deveres de uma comunidade e verdades morais, 571;

Ensino e dever moral de coerência, 571;

Laicismo e dever dos cristãos, 572;

## 394 · Índice analítico

Caridade dever de providenciar o bem, 581;

Caridade e deveres de justiça, 583.

### DIA MUNDIAL DA PAZ

Paulo VI e *Dia Mundial da Paz*, 99;

Dias Mundiais da Paz, 520.

### DINHEIRO

Comunicação pública e uso do dinheiro, 198;

Apego ao dinheiro, 328;

Crise de dívidas e dinheiro público, 450.

### DIÁLOGO

Compêndio, motivo do diálogo com todos, 10;

Religiões, cultura e diálogo, 12;

Estilo de diálogo de Deus, 13;

Deus e diálogo com a humanidade, 17;

Vaticano II, diálogo e família humana, 18, 19;

Diálogo com quem pensa diversamente, 43;

Humanidade, comunidade de cristãos e diálogo, 53;

Doutrina social e diálogo com as disciplinas, 76;

Diálogo interpessoal e existência, 110;

Homem e diálogo com o outro, 130;

Direito humanos, diálogo e religiões, 159;

Família, relações e diálogo, 221;

Idosos, projetos condivididos e diálogo, 222;

Filhos e educação ao diálogo, 242;

Direitos das minorias e diálogo, 387;

Ética pública e diálogo fraterno, 420;

Lei moral universal, diálogo e futuro, 436;

Igreja, autoridade e diálogo estruturado, 445;

Verdade da criatura e diálogo com Deus, 452;

Sanções e caminho do diálogo, 507;

Dissuasão nuclear, desarmamento e diálogo, 508;

Doutrina social, instrumento de diálogo, 534;

Doutrina social e diálogo ecumênico, 535;

Igreja católica e diálogo com os Hebreus, 536;

Igreja e diálogo com os crentes das religiões, 537;

Valores do diálogo e realidades sociais, 550;

Ação política, leigos e diálogo, 565;

Democracia, discernimento e diálogo, 569;

Crentes e diálogo sincero, 574.

### DIGNIDADE HUMANA

Igreja, homem e sua dignidade, 3, 51, 63, 551, 552;

Deus, homem e própria transcendente dignidade, 4;

Nova ordem social, dignidade e pessoa, 19;

Vida econômica e dignidade da pessoa, 27;

Amor trinitário e dignidade humana, 34;

Agir humano e dignidade da pessoa, 35;

Antropologia e dignidade da pessoa, 37;

Bens, dignidade do homem e Reino, 57;

Razão e dignidade humana, 75;

Dignidade do homem e doutrina social, 84;

*Rerum Novarum* e dignidade dos pobres, 89;

Crescimento econômico e dignidade dos homens, 94;

# Dignidade humana

*Pacem in terris*, e dignidade humana, 95;

Liberdade da pessoa e dignidade da pessoa, 97;

Desenvolvimento e respeito da dignidade dos outros, 98;

Dignidade do trabalho e pessoa, 101;

Mudanças e dignidade dos seres humanos, 104;

Deus e inalienável dignidade do homem, 105;

Doutrina social e dignidade da pessoa, 107, 124, 160;

Imagem de Deus e dignidade da pessoa, 108;

Homem e mulher, mesma dignidade, 111;

Lacerações e dignidade da pessoas, 116;

Pecado social e pecado do próximo, 118;

Homem superior ao mundo, dignidade única, 128;

Sociedade justa e dignidade da pessoa, 132;

Dignidade humana e respeito do próximo, 132;

Autoridade, liberdade e dignidade pessoal, 133;

Vida moral e dignidade da pessoa, 134;

Dignidade do homem e livre escolha, 135;

Libertação, injustiças e dignidade humana, 137;

Lei natural e dignidade da pessoa, 140;

Todos os homens tem a mesma dignidade, 144;

Encarnação, igualdade e dignidade, 144;

Dignidade humana e crescimento comum, 145;

Masculino, feminino, dignidade igual, 146;

Pessoas com desvantagem física e dignidade do homem, 148;

Dignidade humana e direito do homem, 152, 153, 154;

Liberdade religiosa e dignidade da pessoa, 155;

Dignidade das pessoas e bem comum, 164;

Dignidade da pessoa e agremiações, 185;

Solidariedade, igualdade e dignidade, 192;

Valores sociais e dignidade da pessoa, 197;

Convivência, verdade e dignidade da pessoa, 198, 205;

Liberdade e dignidade de toda pessoa, 199, 205;

Dignidade da pessoa e critério de utilidade, 202;

Jesus e dignidade ao instituto matrimonial, 210;

Matrimônio, criança e dignidade, 212;

Culturas e dignidade do matrimônio, 216;

Amor, pessoa e dignidade, 221;

Pessoa homossexual e dignidade, 228;

Autoridades públicas e dignidade dos cidadãos, 229;

Procriação e dignidade do ser humano, 230;

Esterilização e dignidade da pessoa, 234;

Justiça, solidariedade e dignidade à vida, 234;

Procriação assistida e dignidade da pessoa, 235;

Clonagem e dignidade da pessoa humana, 236;

Família, educação e dignidade do homem, 238;

Dignidade das crianças, 244;

Violações da dignidade das crianças, 245;

História e ofensas à dignidade dos trabalhadores, 267;

*Rerum novarum* e dignidade dos trabalhadores, 268;

Trabalho e dignidade da vida do homem, 269;

Trabalho subjetivo e dignidade do homem, 270, 271;

Trabalho e dignidade humana, 287;

Trabalho e dignidade da mulher, 296;

Trabalho de menores e dignidade humana, 296;

Fluxos migratórios e dignidade da pessoa, 298;

Direitos dos trabalhadores e dignidade da pessoa, 301;

Direito ao trabalho e dignidade de trabalhadores, 309;

Regras e dignidade do trabalhador, 316;

Mudanças e dignidade do trabalho, 319;

Desequilíbrios e dignidade da pessoa que trabalha, 321;

Vida econômica e dignidade da pessoa, 331;

Empresa, proveito e dignidade das pessoas, 340;

Empresários e dignidade dos trabalhadores, 344;

Subsidiariedade e dignidade do sujeito, 357;

Processo em andamento e dignidade do homem, 372;

Modelos de desenvolvimento e dignidade da pessoa, 373;

Países ricos e dignidade de homens, 374;

Grupo minoritário e dignidade dos membros, 387;

Comunidade política e dignidade da pessoa, 388;

Dignidade da autoridade e ordem moral, 396;

Valores e dignidade da pessoa, 397;

Leis justas e dignidade da pessoa, 398;

Capelães e dignidade dos presos, 403;

Responsabilidade penal e dignidade da pessoa, 404;

Punição e dignidade da pessoa, 405;

Democracia e dignidade da pessoa, 407;

Sistema informativo e dignidade da pessoa, 415;

Coerção religiosa e dignidade da pessoa, 421;

Homem à imagem de Deus e dignidade humana, 428;

Aliança de Deus e dignidade da vida humana, 429;

Seres humanos iguais por dignidade natural, 432;

Igualdade em dignidade de todos os povos, 437;

Nações Unidas e dignidade humana, 440;

Santa Sé e dignidade humana, 445;

Direito ao desenvolvimento e dignidade humana, 446;

Dignidade do homem porque é homem, 448;

Cientistas e dignidade do homem, 458;

Natureza e dignidade da pessoa, 463;

Tecnologia, ética e dignidade do homem, 465;

Demografia, ambiente e dignidade da pessoa, 483;

Água e dignidade dos seres humanos, 484, 485;

Paz e dignidade do homem, 494;

Violência e dignidade dos seres humanos, 496;

Direito humanitário e dignidade do homem, 505;

Refugiados e sua dignidade humana, 505;

Terrorismo e dignidade humana, 514;

Antropologia e dignidade da pessoa, 522;

*Direito*

Ecumenismo e dignidade das pessoas, 535;

Judeus e defesa da dignidade humana, 536;

Cristãos e dignidade da pessoa, 538;

Leigos e dignidade sacerdotal, profética e régia, 541;

Prudência e dignidade da pessoa, 548*;

Dignidade humana e direito à vida, 553;

Dignidade e dimensão religiosa do homem, 553;

Direito à cultura e dignidade da pessoa, 557;

Desenvolvimento e dignidade do homem e dos povos, 563;

Política e dignidade da pessoa humana, 566;

Martírio cristão e dignidade humana, 570;

Evangelho de Cristo e dignidade da pessoa, 576.

**DIRETRIZES – DIRETRIZES DE AÇÃO**

Doutrina social e diretrizes de ação, 7, 81;

Subsidiariedade, diretrizes e doutrina social, 185;

Compromisso de cristãos leigos e diretrizes, 531;

Escolhas políticas e diretrizes de ação, 574.

**DIREITO**

Povo da Aliança e direito do pobre, 23;

Direito e economia da salvação, 62;

Direito da Igreja e doutrina social, 69;

Direito da Igreja, mestra da verdade, 70;

Direito da Igreja de evangelizar o social, 70;

Direito e dever da Igreja de evangelizar, 71;

Doutrina social, filosofia e direito, 77;

*Rerum novarum* e direito de propriedade, 89, 268;

Nova ordem social e direito, 93;

Pio XII e relação entre moral e direito, 93;

*Dignitatis humanae* e direito à liberdade religiosa, 97;

Pecado social e direito à vida, 118;

Direitos humanos e respeito de todo direito, 154;

Direito à vida, 155, 553;

Direito de viver numa família unida, 155;

Direito de amadurecer inteligência e liberdade, 155;

Direito de participar do trabalho, 155;

Direito de fundar uma família, 155;

Direito de acolher e educar os filhos, 155;

Direito à liberdade religiosa, 155, 166, 553;

Direito à autodeterminação, 157;

Direito à independência, 157;

Direito à existência de uma Nação, 157;

Direito de uma Nação à língua e cultura, 157;

Direito de uma Nação às tradições, 157;

Direito de uma Nação ao próprio futuro, 157;

Princípios e relações mediadas pelo direito, 161;

Direito à moradia, 166;

Direito à educação, 166;

Bem comum, direito e vida social, 167;

Direito universal ao uso dos bens, 172;

Direito ao uso dos bens e seu exercício, 173;

Direito à propriedade privada, 177;

Direito de participar à vida pública, 191;

Direito ao exercício da liberdade, 199;

Identidade sexual e direito positivo, 224;

Pessoa homossexual e direito ao matrimônio, 228;

Famílias cristãs, Estado e direito à vida, 231;

O aborto não é um direito, 233;

Direitos dos esposos, nascimentos e numero dos filhos, 234;

Desejo da maternidade e direito ao filho, 235;

Família e direito à assistência, 237;

Direito dos pais à educação da prole, 239;

Direitos dos pais e instrumentos formativos, 240;

Direitos dos pais e instituições educativas, 241;

Direito de uma criança a nascer numa família, 244;

Direito da família para formar associações, 247;

Direito a possuir o fruto do trabalho, 249;

Trabalho, família e direito de propriedade, 250;

Direito de propriedade privada, 282;

O descanso festivo é um direito, 284;

O trabalho é um direito fundamental, 287;

Direito ao trabalho e plena ocupação, 288;

Dever do Estado e direito ao trabalho, 291;

Direito ao trabalho e colaboração entre os Estados, 292;

Direito ao trabalho e sociedade civil, 293;

Família, direito natural, 294;

Direito ao trabalho das mulheres, 295;

Direito à reunificação familiar, 298;

Direito a uma justa remuneração, 301;

Direito ao descanso, 301;

Direito a ambientes sadios de trabalho, 301;

Direito à salvaguarda da personalidade, 301;

Direito à subvenção para os desempregados, 301;

Direito à aposentadoria, 301;

Direito ao seguro social, 301;

Direito a providências para a maternidade, 301;

Direito a se reunir e se associar, 301;

Direito a formar associações, 305;

Associações e direito ao trabalho, 309;

Direito de participar da vida econômica, 333;

Direito de iniciativa econômica, 336;

Estado, direito e situações de monopólio, 351;

Direito à liberdade de iniciativa econômica, 354;

Direito ao alimento, 365;

Direito à água potável, 365;

Direito, autodeterminação e independência, 365;

Poder temporal e direito, 379;

Minorias e direito à existência, 387;

Minorias e direito à cultura, 387;

Diretos humanos e direito positivo, 388;

Amizade civil e campo do direito, 390, 391;

Direito do povo de controlar os governantes, 395;

Objeção de consciência, direito humano, 399;

Direito natural e direito positivo, 400;

Direito de resistência, 400, 401;

Autoridade e direito de cominar penas, 402;

Infligir as penas e Estado de direito, 402;

Direito dos indiciados a manter reserva, 404;

Democracia e Estado de direito, 406, 408;

Direito à objetividade, informação e valores, 414, 415;

Bem comum e direito dos cidadãos, 417;

Direito à liberdade em campo religioso, 421;

_Direitos_ 399

Igreja e direito ao reconhecimento jurídico, 426;

Relações entre os povos e regulamentação no direito, 433;

Direito e garantia da ordem internacional, 434;

Direito das nações e direito internacional, 437;

Direito natural e direito interno dos Estados, 437;

Guerra, direito da força e força do direito, 437;

Primazia do direito e confiança recíproca, 439;

Autoridade da Comunidade internacional e direito, 441;

Organizações e direito à participação, 442;

Santa Sé e direito de legação, 444;

Legado pontifício e inato direito dos Papas, 445;

Direito ao desenvolvimento, 446;

Países pobres e direito ao desenvolvimento, 450;

Direito dos povos, subsistência e progresso, 450;

Direito a um ambiente sadio e seguro, 468;

Direito à água, 484, 485;

Direita à defesa do Estado agredido, 500, 501;

Militares e crimes contra o direito das nações, 503;

Direito ao uso da força e direito humanitário, 504;

Direito a se defender do terrorismo, 514;

Direito à paz, 518;

Doutrina social, direito e sujeitos ativos, 539;

Direito a uma cultura humana e civil, 557;

Verdades morais e direito de uma comunidade, 571.

**DIREITO INTERNACIONAL**

Direito internacional e respeito dos Estados, 157;

Bases do direito internacional, 157;

Estados, organizações religiosas e direito internacional, 424;

Direito internacional e lei do mais forte, 439;

Militares e direito internacional humanitário, 504;

Uso da força e direito internacional humanitário, 504;

População e direito internacional humanitário, 505;

Desarmamento do agressor e direito internacional, 506;

Terrorismo e direito internacional humanitário, 513;

Igreja e função do direito internacional, 516.

**DIREITO NATURAL**

Pio XII e o direito natural, 93;

Convivência humana, direito natural e dever, 156;

Direito ao uso dos bens e direito natural, 172;

Poder e direito natural ao matrimônio, 216;

Trabalho, vida familiar e direito natural, 294;

Direito de resistência e direito natural, 400;

Direito internacional e direito natural, 437.

**DIREITOS**

Igreja e vilipêndio dos direitos humanos, 5;

Dez Mandamentos e direitos, 22;

Doutrina social, homem e seus direitos, 61, 81;

Igreja, princípios morais e direitos, 71;

Direitos não reconhecidos dos pobres e fracos, 81;

*Pacem in terris*, Igreja e direitos, 95;

Pecados sociais e direitos, 118;

Transcendência da pessoa e direitos, 133;

Lei moral natural e direitos, 140;

Pessoas deficientes, titulares de direitos, 148;

Socialização e direitos das pessoas, 151;

Dignidade humana e proclamação de direitos, 152;

Raiz dos direitos e ser humano, 153;

Direitos: universais, invioláveis e inalienáveis, 153;

Direitos do homem, tutelados em seu conjunto, 154;

Magistério e especificação dos direitos, 155;

Complementaridade entre direitos e deveres, 156;

Direitos dos povos e das Nações, 157;

Direitos do homem e violações, 158;

Missão da Igreja e direitos do homem, 159;

Bem comum e direitos fundamentais, 166;

Destinação dos bens e direitos, 172;

Propriedade privada, liberdade e direitos, 176;

Subsidiariedade e igualdade em direitos, 192;

Fé, solidariedade cristã e direitos, 196;

Justiça e direitos da pessoa, 202;

Caridade, justiça e respeito dos direitos, 205;

Família, titular de direitos próprios, 211, 214;

Membros da família e direitos recíprocos, 215;

Maternidade e direito do nascituro, 235;

Estado, monopólio escolar e direitos, 241;

Direitos da criança e do menino, 244, 245;

Estado e direitos da família, 247;

Sociedade e direitos da família, 253;

Família e direitos da pessoa única, 254;

Repouso sabático e direito de propriedade, 258;

Defesa dos direitos dos trabalhadores, 264;

Revolução, Igreja e direitos do homem, 267;

*Rerum novarum* e direito dos pobres, 268;

Trabalho e direitos do homem, 270;

Novas tecnologias e respeito dos direitos, 283;

Domingo e direito dos irmãos na pobreza, 285;

Direito das mulheres no contexto do trabalho, 295;

Mão-de-obra estrangeira e direitos, 298;

Direitos dos trabalhadores, 301;

Greve, luta política pelos próprios direitos, 304;

Sindicatos e justos direitos do trabalho, 305, 306;

Sindicatos, poder e direitos dos trabalhadores, 307;

Segurança social e direitos dos trabalhadores, 309;

Trabalho e globalização dos direitos mínimos, 310;

Inovação e direitos dos trabalhadores, 314;

Formas históricas e direitos dos trabalhadores, 319;

*Discernimento*

**401**

Organizações internacionais e direitos do homem, 336, 443;

Empresa, proveito e direitos dos trabalhadores, 340;

Políticas comerciais e direitos, 364;

Globalização e defesa dos direitos humanos, 365;

Novos direitos e direitos elementares, 365;

Minorias, grupos com direitos específicos, 387;

Comunidade política e direitos do homem, 388, 389;

Convivência política, amizade e direitos, 390, 391;

Objeção de consciência e direitos das pessoas, 399;

Direito de resistência e direitos fundamentais, 401;

Estado, repressão e direitos do homem, 402;

Responsabilidade penal e direitos da pessoa, 404;

Democracia e respeito dos direitos do homem, 407;

Setor terciário e direito da pessoa, 419;

Liberdade religiosa e direitos dos cidadãos, 422;

Igreja, comunidade política e direitos, 425;

Igreja e defesa dos direitos da pessoa, 426;

Nações e renúncia e alguns direitos, 435;

Segunda Guerra e direitos das minorias, 438;

Autoridade universal e respeito dos direitos, 441;

Direitos das gerações presentes e futuras, 465;

Direitos dos povos indígenas, 471;

Água e direitos dos seres humanos, 484, 485;

Paz e promoção dos direitos humanos, 494;

Profetas não armados e direitos do homem, 496;

Militares e violação dos direitos, 503;

Princípio de humanidade, refugiados e direitos, 505;

Direitos dos grupos ameaçados, 506;

Luta aos terroristas e direitos do homem, 514;

Organismos judiciários internacionais e direitos, 518;

Direito à vida, primeiro entre os direitos, 553;

Cultura humana e direitos culturais, 557;

Crentes e direitos de cidadania, 565;

Comunidade política, verdades morais e direitos, 571;

Carência de sentido e consciência dos direitos, 575;

Caridade e respeito dos direitos alheios, 583.

## DISCERNIMENTO

Discernimento e doutrina social, 9, 161;

Compêndio e discernimento pastoral, 10;

Discernimento e revolução industrial, 88;

Discernimento do bem e do mal, 114;

Bem comum, critério de discernimento, 188;

Antropologia e discernimento dos problemas, 527;

Prudência, virtude do discernimento, 547;

Associações e exercício do discernimento, 550;

Discernimento e usuários das comunicações, 562;

Discernimento e modelos de desenvolvimento, 663;

Método do discernimento, 568;

Sistema democrático e discernimento, 569;

Instrumentos políticos e discernimento, 573.

### DISCRIMINAÇÃO

Nova pobreza e discriminação social, 5;

Ano sabático e discriminações, 24;

*Octogesima adveniens* e discriminações, 100;

Discriminação, trabalhos e membros funcionais, 148;

Família numerosa e discriminação, 237;

Discriminação, mulher e trabalho, 295;

Direitos dos trabalhadores e discriminações, 298;

Comércio internacional e discriminações, 364;

Direitos humanos e formas de discriminação, 365;

Estado, comunidade religiosa e discriminação, 423;

Discriminação racial, 433;

Discriminação nas relações entre os povos, 433;

Judeus e superação de toda discriminação, 536;

Cultura humana e civil e discriminação, 557.

### DÍVIDA

Ano sabático e remissão das dívidas, 24;

Padres da Igreja, riqueza e dívida, 329;

Desenvolvimento e crise das dívidas dos Países pobres, 450;

Comércio internacional e dívida externa, 482;

*Pai-Nosso* e remissão das dívidas, 492.

### DIVÓRCIO

Divórcio e relativismo no vínculo conjugal, 225;

Igreja e cuidado dos divorciados recasados, 226, 226*.

### DOENÇA

Novas pobrezas e doença, 5;

Cristo: "estava doente e me visitastes", 57;

Pessoa deficiente e doentes, 148;

Atenção à criança doente, 244;

Famílias e atenção aos doentes, 246;

Jesus e ação para libertar das doenças, 261;

Domingo e atenção aos doentes, 285;

Trabalhadores e seguros contra a doença, 301;

Técnicas e problemas das doenças, 458;

Biotecnologias e luta contra as doenças, 478;

Acesso à água potável e doenças, 484.

### DOM

Dom perfeito e Deus, 12;

Testemunhar o dom recebido de Deus, 17;

Dimensão do dom e existência humana, 20;

Gestão convivial e dom recebido de Deus, 20;

Liberdade e terra, dom de Deus ao Seu povo, 21, 23;

Jesus, homens e dom de Deus, 29;

Dom do Espírito Santo, 29, 45;

Dom do Filho por parte do Pai, 32, 219;

Realização do homem e dom de si, 34, 47, 221, 391;

Salvação doada em Cristo Jesus, 40, 219;

Recíproco dom entre o Pai e os filhos, 46;

Homem e acolhimento de tudo por Deus como dom, 46;

Dom de Deus, possibilidade e espera do homem, 48;

*Doutrina social – ensino social – magistério social*  403

Realização da pessoa e dom do Espírito, 58;

Instauração do Reino, dom de Deus, 58;

Dom de Amor redentor do Filho de Deus, 65;

Deus, homem e dom salvífico, 70;

Homem e mulher e dom de si, 111, 212, 218;

Liberdade e dom de si, 143;

Relação interpessoal no casal e dom, 147;

Socialidade humana e dom de si, 150;

Terra, dom de Deus e sustento, 171;

Justiça e dom de caridade, 184;

Gerações e condivisão do mesmo dom, 195;

Criança, dom aos pais, família e sociedade, 212, 230;

Amor conjugal, dom total de duas pessoas, 215, 223;

Vida, dom de Deus, 231;

Bens criados, dom do Criador ao homem, 255, 256, 323;

Poder régio como dom de Iahweh, 377;

Dom ao homem da ajuda semelhante a ele, 428;

Mundo, dom de Deus, 451;

Novo céu e nova terra, dom e fim dos tempos, 455;

Criatividade humana, dom de Deus, 457;

Natureza, dom do Criador à comunidade, 473;

Inteligência e liberdade, dom do Altíssimo, 477;

Água, dom de Deus, 484;

Paz, dom de Deus e de Jesus Cristo, 488, 489, 491, 519*;

Vida nova em Cristo, dom do Espírito, 529;

Religiosos e dom total de si, 540;

Leigo e sacramentos, dom divino da graça, 542;

Testemunho do leigo e dom de graça, 544;

Dom das línguas, 562;

Caridade e vida que se faz dom, 383.

## DOUTRINA SOCIAL – ENSINO SOCIAL – MAGISTÉRIO SOCIAL

Doutrina social e sua unidade, 3;

Doutrina social e dom de Deus pelo mundo, 3;

Doutrina social, homem e todos os homens, 5, 13;

Doutrina social e humanismo integral e solidário, 7, 19;

Doutrina social, autêntica prioridade pastoral, 7;

Compêndio e doutrina social, 7, 8, 9;

Ano sabático e doutrina social *"in nuce"*, 25;

Doutrina social e mudança social, 55;

Doutrina social, homem e relações sociais, 61, 62;

Doutrina social, Evangelho e sociedade, 62, 63;

Doutrina social e missão da Igreja, 64, 65;

Doutrina social, instrumento de evangelização, 67;

Doutrina social, Igreja e questões técnicas, 68;

Doutrina social e direito-dever da Igreja, 69, 70;

Natureza da doutrina social, 72;

Doutrina social, categoria à parte, 72;

Doutrina social e natureza teológico-moral, 73;

Doutrina social, Revelação e Tradição, 74;

Doutrina social e relação entre fé e razão, 74;

Doutrina social, Revelação e natureza humana, 75;

Doutrina social e plausibilidade racional, 75;

Doutrina social e destinação universal, 75;

Doutrina social, conhecer e fé, 75;

Doutrina social e dimensão interdisciplinar, 76;

Doutrina social e filosofia, 76, 77;

Doutrina social e ciências humanas, 76, 78;

A doutrina social é da Igreja, 79;

Doutrina social e Magistério, 80;

Doutrina social e adesão dos fiéis, 80;

Homem, objeto da doutrina social, 81;

Doutrina social, anúncio e denúncia, 81;

Doutrina social e ordem religiosa e moral, 82;

Comunidade eclesial e doutrina social, 83;

Doutrina social e evangelização, 83;

Doutrina social e construção da sociedade, 83;

Doutrina social e obrigações de natureza secular, 83;

Doutrina social e destinação universal, 84;

Doutrina social, continuidade e renovação, 85;

Doutrina social, canteiro de obras sempre aberto, 86;

A palavra *doutrina social*, 87;

*Rerum novarum*, paradigma e doutrina social, 90;

Subsidiariedade e doutrina social, 91;

*Divini Redemptoris* e doutrina social, 92;

Magistério social de Pio XII, 93;

*Dignitatis humanae* e doutrina social, 97;

Paulo VI e doutrina social, 99, 100;

*Centesimus annus* e cem anos de Magistério, 103;

Doutrina social e intentos pastorais, 104;

Doutrina social e *corpus* doutrinal, 104;

Sociedade humana, objeto da doutrina social, 106;

Homem, alma do ensino social, 107;

Doutrina social e pessoa humana, 124, 126;

Doutrina social e os mais favorecidos, 158;

Princípios da doutrina social, 160, 162, 163;

Doutrina social e uso comum dos bens, 172;

Doutrina social e propriedade dos bens, 176, 178;

Doutrina social e subsidiariedade, 185;

Doutrina social e solidariedade, 185;

Doutrina social e solidariedade, 194, 194*;

Doutrina social, princípios e valores, 197;

Magistério social e justiça, 201;

Doutrina social, solidariedade e paz, 203;

Doutrina social e dignidade das crianças, 244;

Magistério social e homem que trabalha, 267;

Doutrina social e relações de trabalho e capital, 277;

Magistério social e propriedade privada, 282;

Doutrina social e trabalho de menores, 296;

Doutrina social e latifúndio improdutivo, 300;

Magistério social e direito dos trabalhadores, 301;

Doutrina social e legitimidade da greve, 304;

Doutrina social, trabalho e colaboração, 306;

Doutrina social e sindicatos, 306;

Doutrina social e mudanças do trabalho, 317;

*Ecocentrismo* 405

Magistério social e desenvolvimento social, 327;

Doutrina social e moral da economia, 330;

Magistério social e desenvolvimento quantitativo, 334;

Doutrina social e economia de mercado, 335;

Doutrina social e iniciativa econômica, 336;

Doutrina social e empresas cooperativas, 339;

Doutrina social e função do lucro, 340;

Doutrina social, trabalho e família, 345;

Doutrina social e livre mercado, 347, 349;

Doutrina social e sistema comercial internacional, 364;

Doutrina social, economia e atividade econômica, 375;

Doutrina social e direito de resistência, 401;

Doutrina social, democracias e relativismo, 407;

Doutrina social e organizações intergovernamentais, 440;

Doutrina social e acesso ao mercado internacional, 447;

Ensino social e amor aos pobres, 449;

Doutrina social e campo da ecologia, 481;

Doutrina social e desarmamento, 508;

Magistério e fenômeno da detenção, 508;

Doutrina social e Mensagens pela Paz, 520;

Doutrina social e visão integral do homem, 522;

Doutrina social e nova evangelização, 523;

Doutrina social e pastoral social, 524, 526;

Doutrina social e formação cristã, 528;

Doutrina social e atividade catequética, 529, 530;

Doutrina social e formação de leigos, 531, 532, 549;

Doutrina social e formação dos presbíteros, 533;

Doutrina social, instrumento de diálogo, 534;

Doutrina social e diálogo ecumênico, 535;

Doutrina social e diálogo com os irmãos judeus, 536;

Doutrina social e diálogo com as religiões, 537;

Magistério social e operosidade dos cristãos, 538;

Bispo e doutrina social, 539;

Presbítero e doutrina social, 539;

Doutrina social e religiosos, 540;

Doutrina social e associações laicais, 549, 550;

Doutrina social e fiéis leigos, 551, 563;

Ensino social e reflexão sobre a realidade, 568;

Doutrina social e sociedade digna do homem, 580.

### DROGA

Novas pobrezas e insídias da droga, 5;

Tráfico das drogas, forma de escravidão, 158;

Tráfico das drogas e direitos do homem, 158.

## E

### ECOCENTRISMO

Conceito de ambiente e ecocentrismo, 463.

## ECONOMIA

Salvação cristã e economia, 1;

Novas pobrezas e recursos econômicos, 5;

Unidade da humanidade e economia, 6;

Globalização e significado econômico, 16;

Humanismo e nova ordem econômica, 19;

Ano sabático e vida econômica de Israel, 24;

Êxodo, Aliança e vida econômica de Israel, 24;

Relação com Deus e vida econômica, 27;

Fenômeno econômico da interdependência, 33;

Homem interior e vida econômica, 40;

Pessoa humana e realização econômica, 48;

Reino de Deus e organização econômica, 51;

Sociedade, dispositivos econômicos e bem comum, 61;

Economia, âmbito secular e salvação, 62;

Homem e economia salvífica do Evangelho, 65;

Homem a ser evangelizado e questões econômicas, 66;

Missão da Igreja e ordem econômica, 68;

Doutrina social e relações econômicas, 72;

Verdade sobre o homem e contextos econômicos, 76;

Doutrina social, leigos e obrigações econômicas, 83;

Conseqüências e eventos de natureza econômica, 88;

*Quadragesimo anno* e situação econômica, *91;*

João XXIII e cooperação econômica, 94;

Problemas econômicos e bem comum universal, 95;

*Gaudium et spes* e temas da vida econômica, 96;

*Populorum progressio* e vida econômica, 98;

Trabalho e atividade econômica, 101;

Economia livre e solidariedade, 103;

Pessoa e projetos de caráter econômico, 133;

Liberdade e condições de ordem econômica, 137;

Mudanças econômicas e pessoa, 137;

Instituições para fins econômicos e participação, 151;

Direitos do homem e contexto econômico, 154;

Princípios e relações mediatas da economia, 161;

Empresa de caráter econômico e bem comum, 165;

Bem comum e *bem-estar socioeconômico*, 170;

Destinação dos bens e economia, 174, 179;

Propriedade privada e política econômica, 176;

Propriedade comunitária e vida econômica, 180;

Expressões agregadoras de tipo econômico, 185;

Subsidiariedade, ajuda econômica a entidades sociais, 186;

Subsidiariedade e iniciativa econômica, 187;

Estado e promoção da economia, 188;

Participação e vida econômica, 189;

Responsáveis e estruturas econômicas, 197;

Verdade, economia e uso do dinheiro, 198;

Justiça social e aspectos econômicos, 201;

Valores e termos econômicos, 222;

# Economia

Família, núcleo econômico, 229;

Paternidade responsável e condições econômicas, 232;

Esterilização e ajuda econômica, 234;

Sustento econômico e escolas não estatais, 241;

Plano econômico e papel das famílias, 247;

Família e vida econômica, 248, 249;

Trabalho de cuidado doméstico e correspondente econômico, 251;

Trabalho e desenvolvimento econômico, 269;

Dignidade do trabalho e sistemas econômicos, 270;

Capital, trabalho e sistemas econômicos, 277, 279;

Corpos intermediários com finalidades econômicas, 281;

Economia a serviço do homem, 283;

Repouso, culto divino e produtividade econômica, 286;

Emprego e política econômica, 288;

Jovens e contexto econômico móvel, 290

Estado e vida econômica, 291;

Setor terciário e desenvolvimento da economia, 293;

Implicações econômicas do trabalho de menores, 296;

Trabalho de crianças e economias nacionais, 296;

Imigração, Países e crescimento econômico, 297;

Agricultura, trabalho agrícola e economia, 299;

Latifúndio e desenvolvimento econômico, 300;

Bem-estar econômico, bens produzidos e renda, 303;

Sindicato e vida econômica, 307, 308;

Globalização, trabalho e economia, 312, 313, 314, 316, 318, 319, 321;

Homens de cultura e políticas econômicas, 320;

Desequilíbrios econômicos e valores, 321;

Antigo Testamento e bens econômicos, 323, 324;

Jesus e bens econômicos, 325;

Revelação e atividade econômica, 326;

Padres da Igreja e atividade econômica, 328;

Economia e moral, 330, 331, 332, 333, 474;

Eficiência econômica e desenvolvimento solidário, 332;

Participação, solidariedade e vida econômica, 333;

Economia e formação da riqueza, 334;

Moral, economia de mercado e capitalismo, 335;

Direito de iniciativa econômica, 336, 343;

Empresa e função econômica, 338;

Economia a serviço do homem e empresa, 339;

Contabilidades econômicas, empresa e homens, 340;

Atividade econômica e usura, 341;

Empresa e cenários econômicos, 342;

Iniciativa econômica e responsabilidade, 343;

Decisões empresariais e efeitos econômicos, 344;

Empresa e eficiência econômica, 344;

Investimento e condições econômicas, 345;

Utilização de recursos e economia, 346;

Princípio de economicidade, 346;

Mercado e sistema econômico, 349;

Liberdade econômica e quadro jurídico, 350;

Estado e exercício de liberdade econômica, 351, 352;

Estado e rumo das políticas econômicas, 352;

Estado, desenvolvimento econômico e mercado, 353;

Estado, política econômica e participação, 354;

Coleta fiscal, despesa pública e economia, 355;

Iniciativas econômicas e formações intermediárias, 356;

Sociedade civil e democracia econômica, 356, 357;

Consumidores e realidade econômica, 358;

Globalização econômico-financeira, 361, 362;

Globalização e economia global, 362, 363;

Comércio e relações econômicas internacionais, 364;

Critérios éticos e relações econômicas internacionais, 364;

Economia planetária e direitos do homem, 366;

Diversidade culturais e processos econômicos, 366;

Custos econômicos e futuras gerações, 367;

Sistemas financeiros e crescimento econômico, 368;

Economia financeira e economia real, 369;

Comunidade internacional e rumo econômico, 370. 371;

Instituições econômicas internacionais e mudanças, 371;

Economia e parâmetros morais, 372;

Economia internacional e desenvolvimento integral, 373;

Economia e sistema sócio-cultural, 375;

Progresso econômico e obra cultural, 376;

Valores espirituais e mundo econômico, 386;

Poderes públicos e desequilíbrios econômicos, 389;

Objeção de consciência e prejuízo econômico, 399;

Meios de comunicação e setor econômico, 415;

Sociedade civil e âmbito econômico, 417;

Unidade dos povos e projetos econômicos, 432;

Soberania de uma Nação e perfil econômico, 435;

Interdependência, relações e perfil econômico, 442, 447;

Estruturas intergovernamentais e economia, 442;

Subdesenvolvimento e mecanismos econômicos, 446;

Pobreza e iniciativa econômica, 447, 449;

Neocolonialismo econômico e crise das dívidas, 450;

Crentes em Deus e progressos econômicos, 457;

Atividade econômica e ambiente, 470;

Economia e biotecnologia, 472, 474;

Bem comum e atividade econômica, 478;

Pobreza, calamidade e meios econômicos, 482;

Demografia, ambiente e escolhas econômicas, 483;

Água como bem econômico, 485;

Sanções e embargo econômicos, 507;

Antropologia cristã e economia, 522;

Pastoral social e realidades econômicas, 524;

Leigos e âmbitos econômicos, 531;

Leigo e responsabilidades econômicas, 543;

*Eficiência*

Produtividade econômica e homem, 544;

Leigo, caridade e vida econômica, 551;

Meios de comunicação e sistemas econômicos, 561;

Magistério social e atividade econômica, 563;

Modelos de desenvolvimento econômicos, 563;

Repensar a economia, 564;

Discernimento e escolhas econômicas, 569;

Amor na vida social e nível econômico, 582.

### ECONOMICISMO

Trabalho e economicismo, 271;

Família, concepção economicista e trabalho, 294;

Atividade produtiva e interpretação de tipo economicista, 318;

### ECOSSISTEMA

O criado como único ecossistema, 367;

Intervenção numa área e ecossistema, 459;

Regulamentação jurídica e ecossistemas, 468;

Função dos seres individuais e ecossistema, 473;

Biotecnologias e salvaguarda do ecossistema, 478.

### EDUCAÇÃO

Direitos humanos e direito à educação dos filhos, 155;

Direito das Nações e educação, 157;

Bem comum e direito à educação, 166;

Participação e obra educativa, 191;

Procura da verdade e atividade educativa, 198;

Reforma da sociedade e tarefa educativa, 198*;

Sagrada Família e educação em família, 210*;

Matrimônio e educação dos filhos, 218, 237;

Divorciados recasados e educação dos filhos, 226;

União de fato e educação dos filhos, 227;

Família e ação educativa social, 238, 239;

Pais e instituições educativas, 240, 241;

Família e educação integral, 242;

Pais e educação sexual, 243;

Família e educação ao trabalho, 249, 294;

Ação política, família e educação, 252;

Emprego e sistema educacional, 290;

Trabalho dos menores e educação, 296;

Sindicato e educação dos trabalhadores, 307;

Progresso e grande ação educativa, 376;

Democracia e educação aos valores, 406;

Meios de comunicação e setor educativo, 415;

Igreja, reconhecimento e educação, 426;

Pobreza e sistema de educação, 447;

Meninos-soldado e sua reeducação, 512;

Doutrina social e educação à fé, 529;

Doutrina social e instituições educativas, 532;

Ação social e compromisso para a educação, 557.

### EFICIÊNCIA

Família, sociedade e critérios de eficiência, 221;

Organização do trabalho e eficiência, 311;

Eficiência econômica e desenvolvimento solidário, 332;

Empresas e lógica de eficiência, 338;

Empresários e critérios de eficiência, 344;

Economicidade e eficiência dos sistemas, 346;

Mercado e resultados eficientes, 347;

Economia e serviços públicos eficientes, 352;

Estado, mercado e resultados da eficiência, 353;

Intervenção pública e critério de eficiência, 354;

Desenvolvimento, solidariedade e finanças eficientes, 355;

Organizações sem fins lucrativos e eficiência, 357;

Economia financeira e eficiência, 369;

Controvérsias e autoridade jurídica eficiente, 439;

Repensar a economia e eficiência, 564.

### ELEIÇÃO

Participação e escolha eleitoral, 191;

Democracia e possibilidade de eleger, 406, 408, 567;

Relação entre eleitos e eleitores, 409.

### EMPREGADOR

Empregador indireto, 288;

Empregador e remuneração, 302.

### EMPRESA

Bem comum e empresas de caráter econômico, 165;

Capital e meios produção da empresa, 276;

Emprego, Estado e atividade das empresas, 291;

Empresas, políticas de trabalho e família, 294;

Trabalho recompensado e empresa, 302;

Sindicatos, trabalhadores e fusões de empresas, 308;

Modelo da grande empresa, 309;

Empresas e flexibilidade dos mercados de trabalho, 312;

Desconcentração produtiva e empresas, 315;

Economia de mercado e papel da empresa, 335;

Economia de mercado e papel da empresa, 335;

Empresas, bem comum e função social, 338;

Empresa, sociedade de pessoas, 338;

Empresa, sociedade de capitais e de pessoas, 338;

Componentes da empresa, 339;

Empresas cooperativas, 339;

Empresas pequenas e médias, 339;

Empresas artesanais e agrícolas, 339;

Empresas artesanais, agrícolas e familiares, 339;

Empresa, proveito e tutela da pessoa, 340, 347;

Empresa e ecologia social do trabalho, 340;

Lucro e empresa, 340;

Empresa de hoje e novas responsabilidade, 342, 344;

Decisões difíceis e empresa, 343, 344;

Trabalhadores, patrimônio da empresa, 344;

Empresa e família, 345;

Estado, atividade econômica e empresas, 351;

Estado, empresas e bem comum, 354;

Consumidores e produtos das empresas, 359.

### EMPRESARIADO

Igreja e mundo do empresariado, 70;

Pio XII e categorias empresariais, 93;

Trabalho, capital humano e empresarialidade, 278;

Iniciativas empresariais e setor terciário, 293;

Trabalho independente e empresarialidade, 337;

Criatividade e competição empresarial, 343;

Atividade empresarial e responsabilidade, 344;

Mercado e desempenhos empresariais, 347;

Estado e forças empresariais, 354;

Finança pública e forças empresariais, 355.

### EMPRESÁRIOS

Relações entre trabalhadores e empresários, 279;

Sindicatos e empresários, 305;

Papéis do empresário e do dirigente, 344;

Empresários, atividade trabalhista e família, 345;

Empresários, biotecnologia e bem comum, 478;

Agremiações eclesiais de empresários, 550;

Economia e associações de empresários, 564.

### EQÜIDADE

Eqüidade e relações entre povos e Estados, 145, 433;

Utilização dos recursos e critérios de eqüidade, 283;

Fluxos migratórios e critérios de eqüidade, 298;

Eqüidade e distribuição da renda, 303;

Globalização da eqüidade, 310;

Economia, intervenção pública e eqüidade, 354;

Eqüidade e imposição de impostos, 355;

Eqüidade e relações comerciais, 364;

Rei, pobres e eqüidade, 378.

### ERRO

Erro das visões imanentistas da história, 38;

Procura humana da verdade e erros, 40;

*Rerum novarum* e erros, 89;

Verdades religiosas e morais e erros, 141;

Erro e mudanças do porvir, 317;

Erro, ordem econômica e ordem moral, 330;

Erro judiciário, 404;

Liberdade religiosa e erro, 421;

Erro e biotecnologias, 474;

Separação entre fé e vida, um erro.

### ESCOLA

Família, primeira escola de socialidade, 221, 238;

Idosos, importante escola de vida, 222;

Escola privadas e ajuda econômica, 241;

Direito a uma escola livre e aberta, 557.

### ESCRAVIDÃO

Proximidade e libertação da escravidão, 21, 451;

Dez Mandamentos e escravidão do pecado, 22;

Em Cristo não há mais escravo nem livre, 52, 144;

Esperança e libertação da escravidão, 56;

Dimensão corporal, vigilância e escravidão, 128;

Lei moral e o homem escravo de si mesmo, 137;

Direitos do homem e formas novas de escravidão, 158;

Propriedade e escravidão radical, 181;

Homem, trabalho e escravidão, 295;

Trabalho de menores e condições de escravidão, 296;

# 412 Índice analítico

Reino de Deus e escravidão, 325;

Bens materiais e os homens escravos, 334;

Economia, igualdade e escravidão, 352;

Espírito Santo e os homens escravos, 381;

Discípulo de Cristo, não escravo das coisas, 453;

Evangelho e escravidão do pecado, 576.

## ESMOLA

Esmola aos pobres e caridade fraterna, 184.

## ESPERANÇA

Esperança em Cristo, ponto de chegada da história, 1;

Doutrina social, esperança e justiça plena, 3;

Esperança e incidência nas situações, 9;

Compêndio e olhar para o futuro com esperança, 10;

Esperança e diálogo das religiões, 12;

Fé e firme esperança em Deus, 39;

Esperança e trabalho na realidade presente, 56;

Maria, herdeira da esperança dos justos, 59;

Igreja e esperança dos homens, 60;

Realismo cristão e luz da esperança, 121;

Criação e esperança, 123;

Pobres sem esperança e futuro melhor, 182;

Jesus e vida social como lugar de esperança, 196;

Verdade do amor, fonte de esperança, 223;

Divorciados recasados e sustento da esperança, 226;

Tarefas do trabalho e novas esperanças, 269;

Atividade econômica, esperança e humanidade nova, 326;

Globalização e novas esperanças, 362;

Salmos e esperança no ideal de um rei, 378;

Luta armada e fundada esperança de sucesso, 401;

Sinal de esperança e pena de morte, 405;

Técnicas biológicas e biogenéticas e esperanças, 472;

Espiritualidade laical e esperança na existência, 545;

Mártires da verdade, testemunhas de esperança, 570;

Compromisso cristão no mundo e esperança, 578, 579.

## ESTADO

Visão totalitária do Estado, 48;

Doutrina social e homens de Estado, 73;

Doutrina social, filosofia e Estado, 77;

*Quadragesimo anno*, subsidiariedade e Estado, 91;

*Mit brennender Sorge* e paz entre Igreja e Estado, 92;

Direito humanos e realidade do Estado, 153;

Socialidade, Estado e bem comum, 165;

Bem comum e poderes do Estado, 166;

Bem comum, autoridade política e Estado, 168;

Estado democrático, maioria e minoria, 169;

Princípio de subsidiariedade e Estado, 186, 252;

Subsidiariedade e Estado assistencial, 187;

Função de suplência do Estado, 188;

Participação, regime totalitário e Estado, 191;

Prioridade da família e Estado, 214, 254;

# Ética

413

Família, direito à vida e Estado, 231;

*Declaração dos direitos*, família e Estado, 237*;

Família, educação dos filhos e Estado, 239;

Pais, instituições educativas e Estado, 241;

Famílias, ação política e Estado, 247;

Identidade da vida familiar e instituições estatais, 252;

Estado e políticas do trabalho, 291, 294;

Greve e pressão sobre o Estado, 304;

Direito de iniciativa econômica e Estado, 336;

Eficiência do sistema econômico e Estado, 346;

Subsidiariedade, solidariedade e Estado, 351;

Estado na economia e quadro jurídico, 352;

Complementaridade entre mercado e Estado, 353;

Estado, empresas e participação, 354;

Corpos intermediários e Estado, 356, 357;

Globalização e Estado, 370;

Problemas sociais planetários e Estado, 373;

Minorias e cooperação do Estado, 387;

Autoridade política, ordem moral e Estado, 394, 397;

Povo, democracia e Estado, 395;

Penas e tarefa do Estado, 402;

Estado de direito e Magistratura, 402;

Democracia e poder do Estado, 406;

Estado de direito e divisão dos poderes, 408;

Corrupção e funcionamento do Estado, 411;

Administração pública e Estado, 412;

Sociedade civil, ideologias e Estado, 417;

Estado, sujeitos sociais e moldura jurídica, 418;

Estado, mercado e setor terciário, 419;

Liberdade religiosa e Estado, 421;

Comunidade religiosa e Estado, 423;

Relações entre Igreja e Estado, 427;

Comunidade internacional e soberania de cada Estado, 434;

Autoridade universal e super-Estado global, 441;

Santa Sé, Igreja e Estado, 445;

Ambiente e tarefa do Estado, 468;

Legítima defesa e Estado agredido, 500;

Nações Unidas e contenda entre Estados, 501;

Direitos humanitários e conflitos do Estado, 504;

Desarmamento, armas e Estado, 508;

Estados e comércio das armas leves, 511;

Terrorismo e princípios de um Estado de direito, 514;

Laicidade, confissão religiosa e Estado, 572.

### Esterilização

Esterilização, moralmente ilícita, 233;

Ajuda e campanhas de esterilização, 234.

### Ética

Doutrina social, filosofia e ética, 77;

*Laborem exercens* e ética do trabalho, 101;

Liberdade e normas éticas, 138;

Uso dos bens e ordenamento ético-social, 172;

Interdependência e compromisso ético-social, 192, 193;

Caridade, critério de toda ética social, 204;

Comunidade cristã, família e valores éticos, 229;

Pais, educação sexual e valores éticos, 243;

Família e ordem socioética do trabalho, 249;

Dimensão subjetiva do trabalho e valor ético, 271;

Emprego, sociedade e legitimação ética, 288;

Tempo, trabalho e desafio de nível ético, 311;

Economia informal e problemas éticos, 316;

Desequilíbrios e necessária garantia ética, 321;

Capitalismo, liberdade e centro ético, 335;

Relações econômicas internacionais e critérios éticos, 364;

Sistema financeiros e preocupações éticas, 369;

Economia, sistema sociocultural e ética, 375;

Comunidade política e ordem ético-religiosa, 384;

Democracia e relativismo ético, 407;

Meios de comunicação e dimensão ética, 416;

Cooperação, voluntariado e ética pública, 420;

Ambiente íntegro e dimensão ética, 465;

Técnicas biológicas e problemática ética, 473;

Biotecnologias e critérios éticos, 474;

Sanções econômicas e critérios éticos, 507;

Leigos e dimensão ética da cultura, 556;

Meios de comunicação e exigências éticas, 562;

Dimensão ética de todo problema, 569;

Escolhas legislativas e exigências éticas, 570;

Laicidade, laicismo e ética natural, 572;

Leigos, instrumentos políticos e exigências éticas, 573.

## Eutanásia

Direito à vida e ilicitude da eutanásia, 155.

## Evangelho

Terceiro Milênio e anúncio do Evangelho, 2;

Igreja, Evangelho e dignidade do homem, 3, 51;

Compêndio, Evangelho e problemas do homem, 8;

Comunidades cristãs, situações e Evangelho, 11, 574;

Solidariedade entre Igreja, mundo e Evangelho, 18;

Dez Mandamentos e rico do Evangelho, 22;

Igreja, Reino de Deus e Evangelho, 50;

Evangelho de Jesus e antecipação do futuro, 52;

Relações sociais, práxis e Evangelho, 53;

Ensino social, Evangelho e relações, 62;

Homem e economia salvífica do Evangelho, 65;

Doutrina social, Evangelho e vida concreta, 66;

Igreja, competência e Evangelho, 70;

Evangelizar o social e Evangelho, 70, 71;

Relevância pública do Evangelho, 71;

Interpretação e Evangelho acerca do homem, 72;

Filosofia e Evangelho acerca da sociedade, 77;

Evangelho e doutrina social, 85, 86, 87;

Direitos humanos e Evangelho dos pobres, 158;

Destinação dos bens e Evangelho, 175;

Igreja, pobres e Evangelho das bem-aventuranças, 184;

Justiça, amor misericordioso e Evangelho, 206;

Caridade conjugal, socialidade e Evangelho, 220;

Famílias cristãs e Evangelho da vida, 231;

Revolução industrial e Evangelho, 267;

Ideal de rei, Evangelhos e Jesus de Nazaré, 378;

Objeção de consciência e Evangelho, 399;

Criação, discípulo e Evangelho, 453;

Paz e anúncio do Evangelho, 493;

Significado social do Evangelho, 521;

Antropologia, inculturação e Evangelho, 523;

Evangelho e dimensão social, 526;

Instituições educativas, Evangelho e saberes, 532;

Compromisso do Povo de Deus e Evangelho, 538;

Leigo, Evangelho e realidades temporais, 543;

Cultura social e política e Evangelho, 576;

Leigo, discernimento e Evangelho, 568;

Dimensão ética, valores e Evangelho, 576;

Questão social, Cristo e Evangelho, 577;

Esperança, compromisso social e Evangelho, 577;

Relações sociais, caridade cristã e Evangelho, 581.

## EVANGELIZAÇÃO

Doutrina social, evangelização e o social, 7, 10, 82;

Evangelizar o social e sociedade humana, 63;

Evangelização e promoção humana, 66;

Doutrina social, instrumento de evangelização, 67;

Igreja e direito a evangelizar o social, 70, 71;

Comunidade eclesial e evangelização, 83;

Jesus e a humanidade a ser evangelizada, 259;

Igreja e liberdade de evangelização, 426;

Doutrina social e nova evangelização, 523;

Pastoral social, evangelização e o social, 524, 526;

Nova evangelização e obras, 525;

Doutrina social, catequese e evangelização, 530;

Bispo e evangelização do social, 539.

## EXPLORAÇÃO

Exploração do homem sobre o homem, 4;

Criaturas e exploração arbitrária, 113;

Direito e exploração dos trabalhadores, 158;

Riqueza, bem-estar e exploração, 174;

Interdependência e formas de exploração, 192;

Solidariedade, próximo e exploração, 193;

Crianças e exploração sexual, 245;

Repouso sabático e exploração do trabalho, 258;

Revolução industrial e exploração, 276;

Trabalho, capital e trabalhadores explorados, 279;

Alienação e redutos de trabalho explorado, 280;

Meios de produção e exploração ilícita, 282;

Mulher, trabalho e exploração, 295;

Trabalho de menores e exploração, 296;

Migrantes e exploração, 298;

Bens econômicos e explorações, 323;

Empresa e exploração das pessoas, 340;

Países pobres e exploração dos recursos, 447;

Processo cultural, exploração e recursos, 461;

Desenvolvimento e exploração dos recursos, 470;

Comércio e exploração do ambiente, 482;

Conflitos internacionais e situações de exploração, 498;

Renovação e formas de exploração, 577.

# F

## FAMÍLIA

Questões sociais e família humana, 9;

Concílio Vaticano II e família humana, 18;

Ano sabático e família de origem, 24;

Família humana e interdependência, 33;

Igreja e família dos homens, 51;

Salário e família do trabalhador, 91;

Igreja, sociedade e família de Deus, 96;

*Gaudium et spes* e tema da família, 96;

Ruptura com Iahweh, pecado e família, 116;

Vida da família e unidade dos dois, 147;

Família e natureza íntima do homem, 151;

Direito a viver numa família, 155;

Família e bem comum, 165;

Família e pleno desenvolvimento, 168;

Dignidade da pessoa e família, 185;

Família e princípio de subsidiariedade, 187;

Família e humanização, 209;

Família, berço da vida e do amor, 209;

Família, amor e fidelidade do Senhor, 210;

Jesus e família concreta, 210;

Sagrada Família, modelo de vida familiar, 210*;

Família, primeira sociedade natural, 211;

Família e pessoa, 212;

Família e ecologia humana, 212;

Família e sociedade, 213;

Prioridade da família, sociedade e Estado, 214, 252, 254;

Família e matrimônio, 215;

Filhos, dom para a família, 218, 230;

Família, *Igreja doméstica ou pequena Igreja*, 220;

Família, amor e comunhão, 221;

Idosos e família, 222;

Promoção da família e sociedade toda, 225;

Uniões de fato e família, 227;

Uniões entre pessoas homossexuais e família, 228;

Matrimônio monogâmico e família, 229;

Família, comunidade de amor e solidariedade, 229, 238;

A família, comunidade de vida, 230, 244;

Procriação e subjetividade da família, 230;

Família, santuário da vida, 231;

Família e cultura da vida, 231, 237;

Famílias cristãs e Evangelho da vida, 231;

Famílias, leis, instituições e direito à vida, 231;

Família, paternidade e maternidade responsáveis, 232;

Família e campanhas de esterilização, 234;

Nascituro e estabilidade da família, 235;

Famílias e comunhão das gerações, 237;

*Declaração dos direitos do homem* e família, 237*;

Ação educativa, família e homem, 238;

Família e educação dos filhos, 239;

*Fé* 417

Família e instituição escolar, 240;

Família e educação integral, 242;

Família e direitos da criança, 244;

Subjetividade das famílias e participação, 246;

Solidariedade e família, 246;

Famílias e ação política, 247;

Família e associacionismo familiar, 247;

Família e vida econômica, 248;

Família e trabalho, 249, 269, 274, 284, 287, 294;

Família, trabalho e salário familiar, 250;

Trabalho da mulher e família, 251, 295;

Promover a família, sociedade e Estado, 252;

Direitos da família, 253;

Políticas familiares e direitos da família, 253;

Identidade da família e convivências, 253;

Domingo e família, 285;

Trabalho e bem comum da família humana, 287;

Inovações e família humana, 317;

Cientistas, mudança e família humana, 320;

Família humana e globalização, 322;

Progresso e família humana, 333;

Empresa, mães e família, 345;

Solidariedade entre as gerações e família, 367;

Sistema econômico e família humana, 371;

Organismos internacionais e família humana, 371;

Desenvolvimento econômico e família humana, 372;

Ação de Deus e família humana, 428, 430;

Unidade da família humana, 431, 432;

Unidade da família humana e ideologias, 433;

Nação e bem da família humana, 434;

Consciência das Nações e família, 435;

Magistério e convivência da família humana, 441;

Santa Sé e família humana, 444;

Família humana e direito ao desenvolvimento, 446;

Cooperação e família humana, 448;

Gerações futuras e família humana, 467;

Santa Missa e paz para a família toda de Deus, 519*;

Valores comuns a toda família humana, 537;

Leigo e vida na família, 543;

Vida secular e vida de família, 546;

Pessoa, Igreja e família dos homens, 552;

Defesa da família e convivência, 553;

Promoção da família e moral, 569.

## Fé

Terceiro milênio, face do Senhor e fé, 1;

Doutrina social e fé, 3;

Salvação de Deus, livre adesão e fé, 39;

Discípulo de Cristo, mistério pascal e fé, 41;

Filhos de Deus pela fé em Cristo Jesus, 52;

Discípulos de Cristo e fé de Maria, 59;

Criação e ordem da fé, 64;

Igreja, mestra de verdade da fé, 70;

Relevância pública da fé, 71;

Existência do homem e luz da fé, 72;

Doutrina social, fé e razão, 72;

Fé e razão, dois caminhos de conhecimento, 75;

Filosofia, razão e fé, 77;

Ciência, fé e doutrina social, 78;

Doutrina social, ministério e fé, 79;

Doutrina social e fé como fermento, 86;

Homem e resposta de fé ao seu Criador, 108;

# 418

*Índice analítico*

Ferimento e pecado à luz da fé, 116;

Fé cristã e ideologias, 126;

Relacionalidade humana e fé, 149;

Liberdade religiosa e verdade de fé, 155;

Princípios, verdade do homem e fé, 160;

Bem comum e fé na Páscoa, 170;

Solidariedade à luz da fé, 196;

Divorciados recasados e sustento na fé, 226;

Atividade econômica, progresso e fé, 326;

Fé em Jesus Cristo e desenvolvimento social, 327;

Apego ao dinheiro e fé, 328;

Presença divina, fundamento da fé, 451;

Violência e fé em Cristo, 496;

Promoção da paz e fé cristã, 516;

Antropologia e inculturação da fé, 523;

Igreja, história e fé, 524;

Pastoral social, pessoa e fé, 527;

Catequese e educação à fé, 529;

Leigos e harmonia entre vida e fé, 546;

Associação, competência e fé, 550;

Cultura e separação entre fé e vida, 554;

Compromissos dos católicos e instâncias da fé, 555;

Comunicação humana e luz da fé, 562;

Discernimento, fé e situações históricas, 568;

Mártires da verdade, testemunhas da fé, 570;

Laicidade, laicismo e relevância da fé, 572;

Leigos, instrumentos políticos e fé, 573;

Instâncias da fé e opções políticas, 574;

Fé em Deus e prosperidade dos Estados, 577;

Esperança e cristãos fortes na fé, 579.

### FESTA

Sábado eterno, festa e homem, 261;

O descanso festivo é um direito, 284;

Dia do Senhor e reunião festiva, 285;

Reconhecimento e domingos, dias festivos, 286.

### FIDELIDADE

Compêndio e fidelidade à Graça, 8;

Decálogo e fidelidade ao único verdadeiro Deus, 23;

Fidelidade à Aliança e vida social de Israel, 24;

Igreja, evangelização e fidelidade a Cristo, 71;

Família e fidelidade do Senhor, 210;

Vínculo matrimonial e fidelidade dos esposos, 216, 217;

Infidelidade de Israel e fidelidade do Senhor, 219*;

Sexualidade conjugal, unidade e fidelidade, 223;

Divórcio e incansável fidelidade de Deus, 225;

Divorciados recasados e fidelidade da Igreja, 226;

Iniciativa econômica e fidelidade nas relações, 343;

Falência da realeza e fidelidade a Iahweh, 378;

Santidade e fidelidade à lei do Senhor, 530;

Democracia e fidelidade à própria identidade, 569.

### FILHOS – FILIAÇÃO

Igreja e unidade na filiação do Pai, 19, 39, 46;

Deus Pai e filhos dEle no Espírito, 21, 122;

União das Pessoas divinas e dos filhos de Deus, 34, 52;

Deus e Providência com relação aos filhos, 35, 255;

*Finança* **419**

Salvação de Deus e respostas de filhos, 39;

Filhos de Deus ressuscitados em Cristo, 56;

Filhos da Igreja e doutrina social, 84;

Direito a acolher e educar os filhos, 155;

Família e filhos, 210, 212, 216, 227, 237;

Matrimônio e filhos, 218, 225;

Divorciados recasados e filhos, 226;

Igreja, divorciados recasados, seus filhos, 226;

Doadores da vida e presença do filho, 230;

Julgamento e número dos filhos a procriar, 234;

Maternidade, paternidade e direito ao filho, 235;

Família e educação dos filhos, 239, 240, 242;

Filhos e virtudes fundamentais, 242;

Filhos e significado da sexualidade, 243;

Ação política e educação dos filhos, 252;

Trabalho, Nação e filhos ou filhas, 274;

Trabalho e processo educativo dos filhos, 294;

Senhor e filhos de Zebedeu, 379;

Jesus, discípulos e confiança dos filhos, 453;

Operadores de paz, filhos de Deus, 492;

Paz aos homens, filhos do único Deus, 536;

Evangelho e liberdade do filhos de Deus, 576;

Fiéis leigos, filhos da promessa, 579.

## Finança

Evangelizar o social e a finança, 70;

*Quadragesimo anno* e grupos financeiros, 91;

Financiar campanhas de esterilização, 234;

Trabalho, capital e recursos financeiros, 276;

Trabalho e bens do mundo financeiro, 282;

Colaboração internacional e relações financeiras, 292;

Sindicatos e globalização financeira, 308;

Defesa do trabalhador e fluxos financeiros, 314;

Democracia e globalização da finança, 321;

Atividade financeira e recurso à usura, 341;

Empresas e relações financeiras internacionais, 342

Empresário e rede de vínculos financeiros, 344;

Coleta fiscal e finança pública, 355;

Finança pública e bem comum, 355;

Consumidor e recursos financeiros, 363;

Globalização econômico-financeira, 361, 362;

Inovações e cursos financeiros, 363;

Globalização, sociedade civil e finanças, 366;

Mercados financeiros e atividade produtiva, 368;

Investimentos e mercados financeiros, 368;

Economia financeira e economia real, 369;

Comunidade internacional e rumo financeiro, 370;

Sistema financeiro mundial e bem comum, 371;

Informação, democracia e poderes financeiros, 414;

Subdesenvolvimento e mecanismos financeiros, 446;

Crise das dívidas e especulações financeiras, 450;

# 420           *Índice analítico*

Ambiente, economia e cálculo financeiro, 470;

Terrorismo e recursos financeiros, 513.

## FOME

Igreja, amor e fome, 5;

Palavras de Cristo: "Tive fome...", 57;

Práticas usurárias e fome, 341;

Aplicações técnicas e problema da fome, 458';

Biotecnologias e luta contra a fome, 478;

Ambiente, pobreza e fome, 482;

Colaboração ecumênica e fome, 535.

## FORMAÇÃO

Compêndio e compromisso dos formadores, 11;

Doutrina social e formação das consciências, 81, 83;

Pais e formação moral dos filhos, 239;

Pais e escolha dos instrumentos formativos, 240;

Família e formação integral, 242;

Crianças e formação escolar, 245;

Perspectivas de trabalho e formação, 289;

Emprego, ocasiões formativas e adultos, 290;

Mulheres, trabalho e formação profissional, 295;

Reforma agrária e formação na agricultura, 300;

Mudanças do trabalho e sustentação formativa, 314;

Consumismo e formação da personalidade, 360;

Progresso e formação dos produtores, 376;

Partidos e formação das escolhas políticas, 413;

Desativação de minas e formação técnica, 510;

Doutrina social e formação, 528, 529, 530;

Valor formativo do cristianismo assumido, 530;

Doutrina social e formação dos leigos, 531;

Instituições educacionais e serviço formativo, 532;

Doutrina social e formação dos presbíteros, 533;

Doutrina social, presbíteros e itinerários formativos, 539;

Leigos e serviço formativo dos guias espirituais, 546;

Agremiações laicais eclesiais e formação, 549;

Formação de uma cultura e pessoa, 556;

Ação social e formação da pessoa, 557;

Formação e tecnologia da informação, 561;

Leis iníquas e consciência cristã formada, 570.

## FRATERNIDADE

Homens, amor de Deus e relações fraternas, 4;

Colaboração ecumênica e fraternidade, 12, 535;

Projeto de fraternidade de Deus, 17;

Igreja, comunhão fraterna e dignidade humana, 51;

Caridade e fraternidade universal, 54;

Fraternidade e Reino de verdade, 57

Homem, lei moral e fraternidade, 137;

Igualdade e fraternidade entre os homens, 144;

Esmola aos pobres e caridade fraterna, 184;

Apelo da caridade e fraternidade, 207;

Fraternidade e significado do trabalho, 261;

*Globalização* 421

Pertença e comunidade fraterna, 264;
Bens econômico, convivência e fraternidade, 325;
Convivência civil e fraternidade, 390;
Princípios de fraternidade e amizade civil, 390;
Revolução Francesa e fraternidade, 390*;
Ética pública e diálogo fraterno, 420;
Discípulo, utilização das coisas e fraternidade, 453;
Doutrina social e sociedade fraterna, 529;
Leigo, cultura e valor da fraternidade, 558.

# G

## GENOCÍDIO

Direitos do homem e genocídios, 158;
Minorias e formas de genocídio, 387;
Século XX e genocídios, 506.

## GERAÇÃO

Gerações atuais e escolhas decisivas, 16;
Gerações em Israel e ano sabático, 25;
Nação, futuro e gerações mais jovens, 157, 244;
Cooperação internacional e gerações futuras, 166;
Homens e gerações presentes e futuras, 195;
Idosos e coligação entre gerações, 222;
Procriação e gerações, 230;
Família e comunhão das gerações, 237;
Herdeiros e trabalhos de gerações, 274;
Desemprego e jovens gerações, 287;
Consumismo e gerações futuras, 360;
Globalização, solidariedade e gerações, 367;
Gerações e cultura individualista, 373;

Dignidade da criatura humana e gerações, 428;
Ecossistema e futuras gerações, 459;
Ética do respeito e gerações humanas, 465;
Responsabilidade, gerações presentes e futuras, 467;
Biotecnologias, patrimônio e gerações futuras, 477;
Nações Unidas, gerações futuras e guerra, 501.

## GLOBAL

Doutrina social e visão global do homem, 81;
Expansão global do trabalho, 282;
Trabalho e envolvimento global e pessoal, 311;
Trabalho, economia local e global, 319;
Trabalho e desenvolvimento global e solidário, 334;
Economia, instrumento para o crescimento global, 326;
Riqueza e desenvolvimento global e solidário, 334;
Globalização e horizonte global, 361;
Economia global e desigualdades, 362;
Comunidade política global e solidariedade, 367;
Mercado global e crises financeiras, 368;
Dinâmicas financeiras e operadores globais, 370;
Autoridade universal e super-Estado global, 441;
Ambiente e globalidade da crise ecológica, 466;
Política demográfica e desenvolvimento global, 483.

## GLOBALIZAÇÃO

Interrogações radicais e globalização, 16;

Trabalho agrícola e economia globalizada, 299;

Reforma agrária e globalização, 300;

Sindicatos e processo de globalização, 308;

Trabalho e globalização das tutelas, 310;

Globalização e identidade do trabalho, 312;

Países, trabalho e globalização, 314;

Trabalho e globalizar a sociedade, 321;

Globalização e humanismo do trabalho, 322;

Globalização econômico-financeira, 361, 362;

Bem comum e globalização, 363;

Globalização e defesa dos direitos humanos, 365;

Globalização e sociedade civil, 366;

Globalização e colonialismo, 366;

Globalização, solidariedade e gerações, 367;

Globalização e centralidade do Estado, 370;

Política e globalização dos problemas, 442;

Repensar, economia e globalização, 564.

### GOVERNO

Ordem governamental da moral e do direito, 93;

Humanismo governado por valores espirituais, 98;

Governo democrático e direitos do homem, 158;

Colaboração com organismos governamentais, 159;

Bem comum, interesses setoriais e governo, 169;

Governo democrático e participação, 190;

Trabalho e governo do mundo, 265;

Sindicato e luta de classe que governa, 306;

Desequilíbrios e possibilidade de governar, 321;

Estados nacionais e governo da mudança, 342;

Globalização e ações dos Governos, 370;

Ideal de rei que governa com sabedoria, 378;

Tarefas dos reis e seus governadores, 380;

Oração para os governantes, 381;

Poder e insídias de Satanás para governar, 382;

Deus e governo do mundo, 383;

Povo e operado dos governantes, 395;

Democracia, governados e governantes, 406;

Eleitos e atividade do governo, 409;

Corrupção política e atividades governamentais, 411;

Concentrações e atividades governamentais, 414;

Governos e Organizações não governamentais, 443;

Homem e governar o mundo na justiça, 456;

Homem e natureza governada, 460;

Paz, rei que governa e justiça de Deus, 490;

Sanções e governo de um País, 507;

Armas leves, governos e regras, 511;

Leigos, democracia e governados, 567;

Laicidade e governo de cada País, 571.

### GRATUIDADE

Gratuidade e experiência religiosa, 20;

Gratuidade do operar divino, 20, 27;

Estilo de gratuidade inspirado por Deus, 24;

Gratuidade do evento da salvação, 25;

*Grupo – agrupamento*

Agir gratuito do Senhor e homem, 26;

Homem e mulher e gratuidade divina, 26;

Ação de Jesus e gratuidade de Deus, 29;

Amor gratuito de Deus e humanidade, 31;

Pai e gratuidade do dom divino do Filho, 32;

Criação do homem, ato gratuito de Deus, 36;

Solidariedade e dimensão da gratuidade, 196;

Amor e relações de gratuidade, 221;

Pessoa e lógica da gratuidade, 391.

## GREVE

Direito de greve: legitimidade e limites, 304;

## GRUPO – AGRUPAMENTO

Relações humanas e grupos intermediários, 61;

Doutrina social, pessoas e grupo religioso, 64;

*Quadragesimo anno* e grupos financeiros, 91;

Pecado, pessoa e grupo, 117;

Pecado social e relações entre os grupos, 118;

Socialidade humana e grupos estáveis, 150;

Doutrina social e relações entre os grupos, 161;

Princípio do bem comum e grupos, 164;

Socialidade, bem comum e grupo intermédio, 165;

Bem comum e bens particulares de grupos, 169;

Pessoa, subsidiariedade e grupos, 185;

Solidariedade e vínculos dos grupos sociais, 194;

Problemas sociais, verdades e grupos sociais, 198;

Trabalho, capital e grupo de empresários, 279;

Novos saberes e grupos restritos de poder, 283;

Homens de cultura e interesse de grupos, 320;

Crescimento econômico e grupos sociais, 332;

Minorias, grupos com direitos e deveres, 387;

Bem comum e direitos de grupos sociais, 389;

Autoridade política e livre atividade dos grupos, 394;

Democracia e grupos dirigentes restritos, 406;

Meios de comunicação e rivalidades entre grupos, 416;

Comunidade política, sociedade civil e grupos, 417, 418;

Comunidade, reconhecimento e grupos religiosos, 423;

Vida internacional e agrupamentos da sociedade, 443;

Ambiente e saúde para os pequenos grupos, 465;

Biotecnologias e grupos de pesquisa, 474;

Comunidade internacional e sobrevivência dos grupos, 506;

Armas leves e grupos de combatentes, 511;

Defesa da pessoa, cristãos e grupos, 538;

Formação dos leigos e papel dos grupos, 549;

Meios de comunicação, escolhas e grupos, 560;

Leigos, democracia e grupos de poder, 567.

# Guerra

Pio XII e Segunda Guerra Mundial, 93;

João XXIII e retomada após a guerra, 94;

Comunidade internacional e recusa da guerra, 433;

Direito internacional e recusa da guerra, 437;

Conflitos, justiça e recurso à guerra, 438;

Revelação bíblica, paz e guerra, 489;

Paz e ausência de guerra, 494;

Magistério e enormidade da guerra, 497;

Conflitos internacionais e alternativas à guerra, 498;

Organizações internacionais e recurso à guerra, 499;

Guerra de agressão, 500;

Direito à defesa e guerra, 500;

Nações Unidas e flagelo da guerra, 501;

População civil e efeitos da guerra, 505

Refugiados, vítimas da guerra, 505;

Detenção e guerra, 508;

Terrorismo, guerra não declarada, 513;

Igreja, reconciliação e guerra, 517;

Perspectivas culturais e após-guerra, 555.

# H

## Homem

Salvação integral, homem e todos os homens, 1;

Homens, Igreja e doutrina social, 3;

Igreja, homem e sua vocação à comunhão, 3, 63;

Igreja, homem, justiça e paz, 3, 63;

Amor de Deus, homem e transcendente dignidade, 4;

Homens, amor de Deus e estruturas sociais, 4;

Doutrina social, homem e homens, 5;

Homens e progresso da humanidade, 6;

Encontro entre Evangelho e problemas do homem, 8;

Igreja, Compêndio e bem do homem, 10;

Compêndio, serviço da Igreja os homens, 13;

Compêndio e homem eixo da exposição, 13, 14, 15, 16, 17;

Desafios e verdade do ser-homem, 16;

Igreja e salvar a pessoa do homem, 18;

Deus e homens, socialmente organizados, 20;

Amor de Deus para o homem e feitos históricos, 21;

Dez Mandamentos e humanidade do homem, 22;

Espírito de Deus, homem, justiça e misericórdia, 25;

Homem, mulher, criação e agir do Senhor, 26, 326;

Ruptura com Deus e ruptura entre o homem e a mulher, 27;

Ruptura com Deus e entre os homens e as criaturas, 27

Jesus e história de Deus com os homens, 28;

Amor trinitário e socialidade do homem, 34;

Homem, única criatura querida por Deus, 34, 133;

Criação do homem à imagem de Deus, 36;

Socialidade e relação entre o homem e a mulher, 37;

Salvação para todos os homem e do homem todo, 38;

Erro e pretensões de auto-salvação do homem, 38;

Fé, homem e abandono em Deus, 39;

Fé, homem, amor de Deus e amor aos irmãos, 39, 40;

Homem, vida social e projeto de Deus, 40;

# Homem

Discípulo de Cristo, graça e vida nova, 41;

Homem e relações verdadeiras com seus semelhantes, 43;

Homem e relação com o universo criado, 44;

Homem e coisas criadas por Deus, 44;

Homem e humano à luz do projeto de Deus, 45;

Deus, homem, conflitualidade e amor, 46;

Homem e Deus como fim último, 47, 48;

Igreja e família dos homens, 51;

Igreja e vocação integral do homem, 51;

Deus e relações sociais entre os homens, 52;

Homem e criação libertada da escravidão, 56;

Bens, dignidade do homem e Reino, 57;

Homem, criatura querida por Deus e por Ele escolhida, 58;

Igreja, homem e homens, 60;

Homem e amor redentor de Cristo, 60;

Igreja, homem e relações sociais, 61;

Igreja, homem, ensino social e sociedade, 62;

Homens, primeiro fundamental caminho da Igreja, 62;

Doutrina social e Evangelho no hoje do homem, 63;

Homem, sobrenatural e natural, 64;

Homem, homem-Adão e homem-Cristo, 64;

Plenitude do homem e economia do Evangelho, 65;

Homem e apelo entre Evangelho e vida concreta, 66;

Doutrina social, salvação e homem, 67, 69, 81;

Missão religiosa da Igreja e homens, 68;

Igreja, mestra de verdade da fé para o homem, 70;

Responsabilidades seculares do homem e Igreja, 70;

Doutrina social e existência do homem, 72;

Doutrina social, projeto de Deus e homem, 74;

Conhecer da fé e vivência do homem, 75;

Mistério de Cristo e mistério do homem, 75;

Doutrina social, disciplinas e verdades acerca do homem, 76;

Igreja, homem e ciências humanas e sociais, 78, 78*;

Igreja e visão global do homem, 81, 82;

Igreja e desenvolvimento do homem todo, 82;

Doutrina social e homens de boa vontade, 84;

Igreja e destino de salvação do homem, 86;

Igreja, patrimônio e homem na sociedade, 87;

Despersonalização do homem, 93*;

*Populorum progressio* e desenvolvimento do homem, 98;

*Sollicitudo rei socialis* e desenvolvimento do homem, 102;

*Centesimus annus* e desenvolvimento humano, 103;

Igreja e dignidade do homem, 105;

Homem, sujeito, fundamento e vida social, 106;

Homem, alma e ensino social, 107;

Homem, criado a imagem de Deus, 108;

Vida do homem e procura de Deus, 109;

*Homo est Dei capax*, 109;

Homem, dimensão social e natureza humana, 110;

Homem e mulher, 111;

Homem, mulher e relação com os outros, 112;

426 — Índice analítico

Vida do homem sagrada e inviolável, 112;

Homem, mulher e todas as outras criaturas, 113;

Homem e valor da criação, 113;

Homem e relação consigo mesmo, 114;

Criação do homem e pecado das origens, 115;

Homem, pecado e lacerações pessoais e sociais, 116;

Pecado, ato de liberdade de um homem individual, 117;

Pecado original e realizações do homem, 120;

Homem, pecado e esperança cristã, 121;

Concepções redutivas do homem, 124;

Verdade do homem e solicitude da Igreja, 125, 126;

Homem, unidade alma e corpo, 127;

Homem, corporeidade e mundo material, 128;

Homem, espiritualidade e estrutura da realidade, 128;

Homem, alma espiritual e imortal, 128;

Homem, ser material e ser espiritual, 129;

Homem, abertura, infinito e seres criados, 130;

Homem, ser único e não repetível, 131;

Homem como um "eu", 131;

Homem, interioridade e universo, 133;

Visão do homem como pessoa, 133;

Responsabilidade e convivência digna do homem, 134;

Homem e liberdade, 135, 199;

Liberdade e dependência do homem de Deus, 136;

Liberdade, lei moral e homem, 136, 137;

Homem, atos moralmente bons e verdade, 138, 139;

Lei natural, homens e princípios comuns, 141;

Homem, liberdade e recusa de Deus, 143;

Jesus, homem e comunhão com Deus, 143;

Igualdade e fraternidade entre os homens, 144;

Iguais oportunidades entre homem e mulher, 145;

Igualdade e dignidade de cada homem, 145;

Homens e fraternidade universal, 145;

Mulher, homem e complementariedade, 146, 147;

Pessoas com desvantagem física e grandeza do homem, 148;

Homem, ser social, 149, 149*;

Homem e germes de a-socialidade, 150;

Sociedade, relações e serviço do homem, 150;

Sociedade e natureza do homem, 151;

Liberdade religiosa e progresso do homem, 155;

Direitos inseparáveis dos deveres do homem, 156;

Verdadeiro para o homem e verdadeiro para os povos, 157;

Princípios permanentes e verdades acerca do homem, 160;

Homem e sentido do viver social, 163;

Bem comum, bem de todos os homens, 165;

Bem comum e inclinações do homem, 167, 167*;

Homem indivíduo e desenvolvimento, 168;

Deus, terra e uso de todos os homens, 171;

Homem, bem-estar e desenvolvimento, 172;

Uso comum dos bens e natureza do homem, 172;

Trabalho, homem e terra, 176;

*Homem* 427

Bens do criado e desenvolvimento do homem todo, 177;

Homem e coisas exteriores como comuns, 178;

Novos conhecimentos e necessidades do homem, 179;

Homem, propriedade e escravidão, 181;

Miséria e fraqueza do homem, 183;

Jesus de Nazaré, o Homem novo, 196;

Jesus de Nazaré, homens, solidariedade e caridade, 196;

Doutrina social e sociedade digna do homem, 197;

Homem, visão contratual e justiça, 203;

Convivência, dignidade do homem e valores, 205;

Justiça, homens e bens objetivos, 206, 582;

Amor e homem, 206, 582;

Criação do homem, 209;

Matrimônio entre um homem e uma mulher, 211;

Família e homem, 212;

Modelo social, bem do homem e família, 214;

Matrimônio, homem e Deus, 215;

Poligamia e dignidade do homem e da mulher, 217;

Aliança e comunhão entre Deus e os homens, 219, 219*;

Jesus Cristo, Esposo e homem, 219;

Amor, homem e dom sincero de si, 221;

Homem, mulher e identidade sexual, 224;

Deus e Jesus Cristo e amor para com os homens, 225;

Matrimônio, pacto entre um homem e uma mulher, 227;

Verdade do homem e uniões homossexuais, 228;

Obra educativa e homem, 238, 240, 242;

Homem e trabalho de cuidados familiares, 251;

Trabalho e condição originária do homem, 256;

Deus, trabalho e fim do homem, 257;

Homem, trabalho e descanso, 258;

Jesus, homens e trabalho, 260;

Jesus, obras poderosas e sábado, 261;

Homem e ordem do universo, 262;

Homem, trabalho e santificação, 263;

Padres, homem e trabalho, 265, 255;

Princípios universais e homem que trabalha, 267;

Dimensão do trabalho e vida do homem, 269;

Trabalho em sentido objetivo e homem, 270, 272;

Trabalho em sentido subjetivo e homem, 270, 271, 272;

Alvo do trabalho e homem, 272;

Trabalho de um homem e o dos outros homens, 273;

Trabalho como obrigação e dever do homem, 274;

Trabalho e identidade do homem, 275;

Trabalho, capital e homem, 277, 278;

Trabalho, alienação e homem, 280;

Economia e serviço do homem, 283;

Trabalho, direito e bem para o homem, 287;

Vida familiar, direito e vocação do homem, 294;

Trabalho remunerado e homem, 302;

Globalização e uso do homem, 310;

Trabalho, mudança e homem, 317, 318;

Interdependência e homens do trabalho, 319;

Trabalho, universalidade e homem, 322;

Humanismo do trabalho e homem, 322;

Revelação, bens econômicos e homem, 323, 324, 325, 326, 328, 329;

Moral, economia e homem, 330, 331, 332, 333, 334;

Homem, centro e fim da vida econômica, 331;

Iniciativa em campo econômico e homem, 336, 337, 343;

Empresa, economia e serviço do homem, 339;

Empresa, homem e demanda de qualidade, 345;

Mercado e desenvolvimento integral do homem, 348;

Homem, produtor ou um consumidor de bens, 350;

Política e respeito da dignidade do homem, 372;

Economia internacional e promoção do homem, 373;

Países ricos e dignidade de homens, 374;

Países ricos, bem-estar e homem, 374;

Vida do homem e dimensão materialista, 375;

Novas necessidades e imagem integral do homem, 376;

Rei, amigo do homem, 378;

Jesus, poder temporal e homem, 379;

Homem, criatura naturalmente social e política, 384;

Homem, pessoa e indivíduo, 391;

Lei natural e coração do homem, 397, 436;

Autoridade, cidadão e homem, 398;

Igreja, visão do homem e ideologias, 417;

Liberdade de consciência e religião e homem, 422;

Igreja, comunidade política e serviço do homem, 425, 445;

Deus e homem à Sua imagem, 428, 576;

Deus, homem e bens necessários ao seu crescimento, 428;

Homem e condição de criatura, 429;

Jesus e realização do homem, 431;

Lei moral e vida dos homens, 436;

Cooperação e desenvolvimento dos homens, 446, 448;

Criador, criação e homem, 451;

Homem, mundo e identidade humana, 452;

Desequilíbrios entre o homem e a natureza, 454;

Cristo e interioridade do homem, 455;

Amor, homem e projeto das origens, 455;

Homem e universo das coisas, 456;

Homem e ajuda da ciência e da técnica, 456;

Homem e mandamento de submeter a terra, 456;

Gênio do homem e potência de Deus, 457;

Potência dos homens e responsabilidade, 457;

Técnica e progresso do homem, 458, 459;

Cientistas, valores morais e dignidade do homem, 458;

Respeito do homem e criaturas viventes, 459;

Deus, homem e natureza, 460, 473;

Homem e ambiente, 461, 462, 463, 465;

Criação, homem e transcendência, 464;

Biotecnologias e homem, 472;

Intervenções do homem e natureza, 473;

Homem, criado e gratidão, 487;

Paz, dom de Deus ao homem, 488;

Paz, homem e ordem divina, 488;

Paz e dignidade do homem, 494;

Violência, indigna do homem, 496;

Shoah e crimes contra Deus e contra o homem, 506;

Ação bélica e crime contra o homem, 509;

Terrorismo e homem como fim, 514;

*Humanidade*

**429**

Terroristas em nome de Deus e homem, 515;

Doutrina social e visão integral do homem, 522;

Inculturação e modelos de vida do homem, 523;

Evangelização social e homem, 524, 526, 527;

Catequese e ação do homem, 529;

Autoridade e vocação do homem, 534;

Paz e desenvolvimento integral do homem, 537;

Religiosos, caridade de Cristo e homem, 540;

Nível de vida e realização do homem, 544;

Homem, ordem temporal e vocação eterna, 544;

Leigos e homens do nosso tempo, 551;

Leigos, conversão do coração e homem, 552;

Dimensão religiosa do homem, 553;

Cultura e homem, 554, 556, 558, 559;

Meios de comunicação e homem, 560;

Questão do desenvolvimento e dignidade do homem 563;

Fé e dimensão histórica do homem, 568;

Laicidade e conhecimento natural acerca do homem, 571;

Cristão, projeto político e fim do homem, 573;

Homem e significado da vida, 575;

Evangelho, talentos humanos e homens, 576;

Situações de injustiça e visões do homem, 577;

Igreja, homem, mal e bem, 578;

Doutrina social e sociedade digna do homem, 580;

Homem, bens materiais e capacidade de doar-se, 581;

Deus, amor e homem, 582, 583.

**HUMANIDADE**

Lei nova do amor e humanidade, 3;

Humanidade vinculada por um único destino, 6;

Igreja e sorte da humanidade, 8, 18;

Sabedoria da humanidade, civilizações e culturas, 14;

Grandes desafios e humanidade hoje, 16;

Humanidade projeto de salvação, 17;

Virtudes morais e sociais e nova humanidade, 19;

Dez Mandamentos e humanidade do homem, 22;

Princípio da criação e humanidade, 26;

Queda dos progenitores e humanidade, 27;

Amor gratuito de Deus pela humanidade, 31, 54;

Humanidade comunhão interpessoal, 33;

Lei natural e humanidade, 37;

Destino da humanidade e dom de Deus, 48;

Reino, Igreja e humanidade inteira, 50, 53;

Amor recíproco e finalidade da humanidade, 55;

*Fiat* de Maria e humanidade, 59;

Maria, ícone da liberdade da humanidade, 59;

Igreja e humanidade, 60, 96;

Igreja, perita em humanidade, 61;

Igreja e visão global da humanidade, 81;

Doutrina social, carregada de humanidade, 84;

*Populorum progressio*, desenvolvimento e humanidade, 98;

Pecado original e humanidade, 115;

Criação, Redentor e humanidade, 123;

Dignidade humana e humanidade inteira, 145;

Negação da humanidade comum, 148;

# 430 — Índice analítico

*Declaração dos direitos do homem* e humanidade, 152;

Direito internacional e bem da humanidade, 157;

Cooperação internacional e bem da humanidade, 166;

Páscoa de Jesus, verdadeiro bem da humanidade, 170;

Destinação universal dos bens e humanidade, 177;

Novo conhecimentos, patrimônio da humanidade, 179;

História da humanidade e relações, 192;

Jesus de Nazaré e humanidade, 196, 219, 453;

Senhor e humanidade a evangelizar, 259;

Trabalho e humanidade, 261;

Trabalho e humanidade do homem, 263, 274;

Economia e humanidade nova, 326;

Economia e desenvolvimento solidal da humanidade, 332, 333, 373;

Iniciativa econômica e humanidade do homem, 336;

Práticas usurárias e irmãos em humanidade, 341;

Empresas e desenvolvimento da humanidade, 342;

Globalização e humanidade, 362;

Países ricos e perda de humanidade, 373;

Ordem ético-religiosa e humanidade, 384;

Sistema informativo e humanidade, 415;

Aliança de Deus com Noé e humanidade, 429;

Senhor Jesus, protótipo da nova humanidade, 431;

Humanidade e comunidade mundial, 432;

Lei moral universal e humanidade, 436;

Guerra e humanidade, 438;

Igreja, comunidade civil e humanidade, 445;

Vitórias da humanidade e grandeza de Deus, 457;

Cientistas a serviço da humanidade, 458;

Humanidade de hoje e ambiente, 465, 466;

Povos indígenas, riqueza da humanidade, 471;

Biotecnologias e materiais da humanidade, 477;

Violência e verdade da humanidade, 496;

Guerra e derrota da humanidade, 497;

Homens e humanidade comum, 499;

Princípio de humanidade e efeitos da guerra, 505;

Eliminação de grupos, delito contra a humanidade, 506;

Corte Penal Internacional e crimes contra a humanidade, 506;

Armas de destruição e humanidade, 509;

Terrorismo, ofensa à humanidade inteira, 514;

Moralidade do agir social e bem da humanidade, 522;

Religiosos e humanidade nova, 540;

História da humanidade e atos livres, 552;

Dimensão ética da cultura e humanidade, 556;

Humanidade e civilização do amor, 582.

## HUMANISMO

Humanismo integral e solidal, 6, 7;

Humanismo e projeto do amor de Deus, 19;

Igreja e humanismo plenário, 82;

Humanismo plenário e valores espirituais, 98;

Humanismo do trabalho de nível planetário, 322;

*Igreja*

# 431

Cristo e humanismo integral e solidal, 327;
Pobreza e humanismo plenário, 449;
Guerra e falência de todo humanismo, 497;
Leigo e mística da ação e humanismo ateu, 544.

# I

## IDEOLOGIA

Ideologia intramundana do progresso, 48;
Doutrina social e campo da ideologia, 72;
Doutrina social e sistema ideológico, 72;
Doutrina social e diferentes ideologias, 85;
Contestação ideológica dos anos Setenta, 100;
Insuficiência das ideologias, 100;
Concepções redutivas de caráter ideológico, 14;
Fé cristã e ideologias, 126;
Ideologias do contrato social, 149*;
Ideologias individualistas e coletivistas, 390;
Comunicação e ideologia, 416;
Homem e ideologias políticas, 417;
Internacionalismo ideológico, 432;
Unidade da família humana e ideologias, 433;
Ideologia cientista e tecnocrática, 482;
Controle ideológico e comunicação social, 557;
Compromisso cristão e visões ideológicas, 558.

## IDOSOS (CF. VELHICE)

Contribuição dos idosos, 222;
Idosos em situação de sofrimento, 222;
Famílias e cuidado para com os idosos, 246;

O domingo e cuidado para com os idosos, 285.

## IGREJA

Igreja, povo peregrino e Cristo, 1;
Igreja, Evangelho e terceiro milênio, 2;
Igreja, doutrina social e amor, 5;
Ensino social e Igreja, 8, 61;
Compromisso da Igreja e destino da humanidade, 8;
Igreja e dimensão secular, 10;
Compêndio e irmãos de outras Igrejas, 12;
Compêndio, ação de serviço da Igreja, 13, 14;
Igreja, humanidade e história, 18;
Igreja, humanismo integral e solidário, 19;
Igreja, Senhor e centro da história, 31;
Vida trinitária na Igreja, 32, 327;
Igreja e transcendência da pessoa, 49;
Igreja e unidade do gênero humano, 49;
Igreja, salvação e Jesus Cristo, 49;
Igreja e início do Reino de Cristo, 49;
Igreja e novas comunidades cristãs, 50;
Igreja, Reino e valores evangélicos, 50;
Igreja e comunidade política, 50, 424, 425, 427, 445;
Igreja, finalidade salvífica e escatológica, 51;
Igreja e tentação totalitária, 51;
Igreja solidária, 60;
Igreja, sacramento do amor de Deus, 60;
Igreja, perita em humanidade, 61, 62;
Igreja e homens, primeiro fundamental caminho, 62, 65;
Doutrina social, Igreja e anúncio, 63;
Doutrina social, evangelização e Igreja, 66;
Doutrina social, função profética e Igreja, 67;

# 432
## Índice analítico

Doutrina social, ministerialidade e Igreja, 67;

Igreja, competência tirada do Evangelho, 68, 81;

Igreja, direito-dever e doutrina social, 69;

Direito da Igreja a evangelizar, 70;

Dever da Igreja e vicissitudes sociais, 71;

Igreja e juízo sobre a realidade humana, 71;

Tradição da Igreja e doutrina social, 74;

Igreja, conhecimento do homem e ciências, 78;

A doutrina social é da Igreja, 79;

Magistério, Igreja e doutrina social, 79;

Ensino moral e Igreja, 80;

Igreja e visão global do homem, 81, 82, 522;

Leigos e missão secular da Igreja, 83;

Doutrina social e os filhos da Igreja, 84;

Doutrina social e outras Igrejas, 84;

Igreja, Mãe e Mestra e homem, 86;

Doutrina social, *corpus* e Igreja, 87,162;

Igreja e revolução industrial, 88, 267;

Estatuto de cidadania à Igreja, 90, 511;

Igreja Católica e Reich alemão, 82;

Igreja e colaboração com os homens, 94;

*Gaudium et Spes*, Igreja, mundo, 96;

Organismo da Igreja e justiça social, 99;

Igreja e *Dia Mundial da Paz*, 99, 520;

Igreja, doutrina social e projetos pastorais, 104;

Igreja, homem e imagem vivente de Deus, 105;

Igreja, socialidade e pessoa, 106;

Igreja e dignidade da pessoa humana, 107;

Igreja e conceitos redutivos do homem, 125;

Igreja e unidade da alma e do corpo, 129;

Presença da mulher na Igreja, 146;

Igreja e direitos do homem, 152, 159;

Igreja e princípios da doutrina social, 160,161;

Igreja e princípio do uso comum dos bens, 172;

Igreja e opção pelos pobres, 182, 184, 449;

Igreja e obras de misericórdia, 184;

Igreja e relação entre caridade e justiça, 184;

Igreja e expressões de socialidade, 186;

Igreja e autonomia das realidades terrestres, 197;

Igreja e família, 211;

Igreja e amor esponsal de Cristo, 219;

Família, Igreja doméstica ou pequena Igreja, 220;

Igreja e ensino acerca da sexualidade, 224;

Igreja e divorciados recasados, 226;

*Rerum novarum*, Igreja e trabalho, 269;

Igreja, capital e trabalho, 277;

Igreja, desemprego e trabalho, 287;

Igreja e necessidades do homem, 318;

Igreja, Cristo e universo, 383;

Igreja e conceito de autoridade, 393;

Igreja e pena de morte, 405;

Igreja e sistema da democracia, 406;

Igreja, comunidade política e sociedade civil, 417;

Igreja e pluralismo social, 417;

Igreja Católica e liberdade religiosa, 421;

Igreja, Estados e organizações religiosas, 423;

Igreja e reconhecimento jurídico, 426;

Igreja e gênero humano, 431;

Igreja e relações entre os povos, 433;

Igreja e comunidade internacional, 440;

Igreja e soberania da Santa Sé, 444;

Legados da Igreja e autoridade dos Estados, 445;

*Impostos* 433

Igreja e pobreza de bilhões de pessoas, 449;

Igreja, progresso, ciência e tecnologia, 457,458;

Igreja e violência, 496;

Igreja e refugiados, 505;

Igreja e paz no mundo e para o mundo, 516;

Igreja, paz, perdão e reconciliação, 517;

Igreja e oração pela paz, 519;

Igreja e força renovadora do cristianismo, 521;

Igreja e inculturação, 523;

Igreja, doutrina social e pastoral social, 524, 525, 527, 530, 533;

Igreja e diálogo com os irmãos judeus, 536;

Igreja e diálogo com outras religiões, 537;

Igreja e espírito de Assis, 537;

Igreja e compromisso do povo de Deus, 538;

Igreja e compromisso do Bispo, 539;

Igreja e compromisso dos leigos, 541, 549, 550;

Igreja e promoção da pessoa, 552;

Igreja e cultura, 554, 560;

Igreja e comunicações sociais, 562;

Igreja e laicidade, 571;

Igreja e compromisso político dos cristãos, 572, 573, 574;

Igreja e significado último da existência, 576;

Igreja, o mal e o bem, 578.

## IGUALDADE – IGUAL

Homem, mulher, igual valor, 111;

Lei natural e outro como igual, 140;

Encarnação e igualdade das pessoas, 144;

Crescimento comum e igualdade entre as classes, 145;

Masculino e feminino e igual dignidade; 146;

Direitos e igual dignidade das pessoas, 153;

Direito internacional e igual respeito dos Estados, 157, 158;

Bem comum e igualdade das pessoas, 164;

Subsidiariedade e pretensa igualdade, 187;

Suplência, Estado e maior igualdade, 188;

Solidariedade e igualdade de todos, 192, 194;

Solidariedade de Jesus e igualdade, 196;

Iniciativa econômica e pretensa igualdade, 336;

Estado na economia e igualdade das partes, 352;

Finança e princípio de igualdade, 355;

Amizade civil e princípio de igualdade, 390;

Igualdade e Revolução francesa, 390*;

Autoridade e ordem moral igual para todos, 396;

Informação e condições de igualdade, 414;

Comunidade política e civil, não iguais nos fins, 418;

Organismos internacionais e igualdade, 442;

Direito ao desenvolvimento e igualdade, 446;

Pobreza e igual direito, 449;

Biologismo e considerações igualitárias, 463;

Direito internacional e igualdade entre os Estados, 506.

## IMPOSTOS

Impostos, finanças públicas e bem comum, 355;

Pagamento dos impostos e solidariedade, 355.

## INCULTURAÇÃO

Antropologia cristã e inculturação, 523;
Instituições educativas e inculturação, 532.

## INDÚSTRIA

Revolução industrial e questão operária, 88;
*Rerum novarum* e operários nas indústrias, 89;
*Quadragesimo anno* e industrialização, 91;
João XIII e revolução industrial, 94;
*Octogesima adveniens* e sociedade pós-industrial, 100;
Novos meios e Nações industrializadas, 179;
Igreja e revolução industrial, 267;
Sindicatos e luta dos trabalhadores industriais, 305;
Novo trabalho e primeira revolução industrial, 311;
Passagem dos ocupados na indústria para os serviços, 313;
Desigualdades nos países industrializados, 362;
Sistema comercial e atividades industriais, 364;
Biologia molecular e indústrias, 458, 459;
Povos indígenas e interesses agro-industriais, 471;
Produção industrial e ordem da criação, 486.

## INFIDELIDADE

Igreja, pobres e infidelidade dos membros, 184;

Infidelidade do povo para com Deus, 219*;
Tradição messiânica e infidelidade de Davi, 378.

## INFORMAÇÃO

Exigências do bem comum e informação, 106, 415;
Direito à circulação das informações, 166;
Participação e informação, 189;
Solidariedade e volume das informações, 192;
Número dos filhos e apropriada informação, 234;
Mercado concorrencial e informação, 347;
Consumidores, circulação e informação, 359;
Informação e participação democrática, 414;
Objetividade da informação, 414;
Sistema informativo e pessoa humana, 415;
Rico e pobre de informações, 416;
Pobreza e sistema de informação, 447;
Biotecnologia e correta informação, 479, 480;
Pobres da periferia e prévia informação, 482;
Leigos e cultura da informação, 560;
Estruturas, política de comunicação e informação, 561;
Discernimento, correção e informações, 569.

## INJUSTIÇA

Ano sabático e injustiças sociais, 24;
Evangelização, promoção e injustiça, 66;
Relevância pública do Evangelho e injustiça, 71;

*Instituição* 435

Doutrina social e pecado de injustiça, 81;
Liberdade pessoal e situações de injustiça, 137;
Suplência do Estado e injustiça social, 188;
Interdependência e injustiça planetária, 192;
Injustiça e sustento às escolas privadas, 241;
*Laborem exercens* e injustiça, 269;
Salário e injustiça, 392;
Bens econômicos e injustiça, 323;
Autoridade pública internacional e injustiça, 365;
Delonga dos processos e injustiça, 404;
Criação, pecado e injustiça, 429;
Bens e injustiça da apanha, 481;
Conflitos e situações de injustiça, 498;
Terrorismo e situações de injustiça, 514;
Prudência, solércia e tentações da injustiça, 548*;
Meios de comunicação e injustiça, 561;
Renovação e formas de injustiça social, 577.

**INSTITUIÇÃO**

Plano de Deus Criador e instituições humanas, 11;
Instituições, saneamentos, justiça e bem, 42;
Igreja e instituições públicas, 71;
Institucionalização dos corpos profissionais, 92;
Homem, instituições e culpas, 120;
Instituições e desenvolvimento da pessoa, 131;
Convivência humana e instituições, 134;
Instituições e participação à vida social, 151;
Princípios da doutrina social e instituições, 163;

Instituições políticas e bens necessários, 168;
Influxo da posse e instituições, 181;
Subsidiariedade, ajuda institucional, 186;
Suplência institucional, 188;
Relações entre cidadãos e instituições, 191;
Solidariedade e instituições, 193;
Responsáveis e mudanças nas instituições, 197;
Valores e instituição social, 205;
Família, instituição divina, 211;
Instituição da família e pessoas, 211;
Instituição da família e ordenamento social, 211;
Instituição de Cristo e matrimônio, 210;
Família, instituição natural, 225;
Caráter institucional do matrimônio, 225, 229;
Instituições do Estado e direito à vida, 231;
Família e instituição escolar, 240;
Pais e instituições educativas, 241, 243;
Família, mal-estar e instituições, 246;
Instituições do Estado e família, 247;
Instituições estatais e prioridade da família, 252;
Instituições civis e prioridade da família, 254;
Instituição do dia do Senhor, 284;
Empregador indireto como instituição, 288;
Instituições e mão-de-obra estrangeira, 298;
Direito do trabalho e processos institucionais, 319;
Instituições e dignidade do trabalho, 319;
Livre mercado, instituição importante, 347;
Livre mercado, instituição desumana, 348;

Atividade econômica e vazio institucional, 352;

Carteira de valores e instituições financeiras, 369;

Soluções institucionais e sistema econômico, 369;

Instituições econômicas e financeiras internacionais, 372;

Instituições políticas internacionais, 372;

Cristãos e instituição humana, 380;

Valores espirituais e instituições sociais, 386;

Corpos intermediários e instituições, 394;

Corrupção política e instituições públicas, 411;

Burocratização e instituições, 412;

Comunidade políticas e instituições, 424;

Igreja e solução institucional, 424;

Nações Unidas, terreno institucional e paz, 440, 441;

Associações, instituições e direito humanos, 443;

Precariedade das instituições e pobreza, 447;

Movimentos ecológicos e perfil institucional, 463;

Instituições educativas católicas, 532;

Semanas Sociais, instituição formativa, 532;

Bispo, instituições e doutrina social, 539;

Instituições e obras dos leigos, 543;

Instituições sociais e bem de todos, 552;

Crentes e tarefas institucionais, 565, 566;

Moral e desumanização das instituições, 566;

Democracia e legítimas instituições, 567.

### INSTITUTO

MATRIMONIAL:

Jesus e dignidade ao instituto matrimonial, 210;

Instituto do matrimônio e ordenamento divino, 215;

Instituto do matrimônio e amor conjugal, 215;

Fundamento do instituto matrimonial, 220.

DA PROPRIEDADE PRIVADA:

Trabalho, capital e instituto da propriedade, 282;

DE PENA:

Institutos de pena e solidariedade cristã, 403.

DE REPRESENTAÇÃO:

Instituto de representação e cidadãos, 413.

DE NEGOCIAÇÃO:

Institutos da negociação e legalidade internacional, 439;

Institutos da negociação e autoridade jurídica, 439.

### INSTRUÇÃO

*Rerum novarum* e impulso à instrução, 268;

Trabalho e sistema de instrução obsoletos, 289;

Emprego e sistema de instrução, 290;

Direito ao trabalho, setor terciário e instrução, 293;

Crianças-soldado, despojados de instrução, 512;

Prudência e capacidade de deixar-se instruir, 546*;

Laicidade e Magistério para instruir a consciência, 571.

### INTERDEPENDÊNCIA

Interdependência, modelo de unidade e humanidade, 33;

*Jesus Cristo – Filho de Deus*  437

Igreja e interdependência, 65;

Interdependência e desigualdades, 192;

Interdependência e solidariedade, 193;

Família e trabalho, interdependentes, 294;

Interdependência dos homens do trabalho, 319;

Economia e interdependência, 373;

Comunidade política, sociedade civil, interdependentes, 418;

Interdependência e dimensão moral, 442;

Interdependência e problemas ecológicos, 486;

Interdependências e processos de globalização, 564;

Relações internacionais interdependentes, 575.

## J

### JESUS CRISTO – FILHO DE DEUS

Igreja, Cristo, homem e salvação, 1, 3, 63, 64;

Compêndio, Igreja e salvação de Cristo, 8;

Bispos, realidades terrestres e Corpo de Cristo, 11;

Compêndio, Filho unigênito e homens, 13;

Igreja e obra de Cristo, 13;

Discípulos de Cristo e interrogativos do homem, 17;

Jesus Cristo, pecado, caminho e alvo, 17;

Jesus, Dez Mandamentos e jovem rico, 22;

Jesus e história de Deus com os homens, 28;

Amor, ministério de Jesus, homens e Pai, 29;

Amor trinitário e Jesus Cristo, 30;

Face de Deus e face de Jesus Cristo, 31;

Deus é Trindade: Pai, Filho e Espírito Santo, 31, 34;

Jesus Cristo, Deus Pai, filhos e irmãos, 31, 32;

Mandamento do amor, Cristo e Igreja, 32, 112;

Cristo, Amor trinitário e pessoa humana, 34;

Jesus, união, Pessoas divinas e filhos de Deus, 34;

Jesus Cristo e identidade da pessoa, 35;

Jesus Cristo e salvação do homem, 38, 39, 40;

Jesus Cristo e o agir humano no mundo, 41;

Discípulos de Cristo e vocação divina, 41;

Pessoa, conformação a Cristo e relações, 42;

Homem, universo criado e Cristo, 44;

Jesus Cristo e autonomia das realidades terrestres, 45, 46;

Cristo Ressuscitado e transcendência da pessoa, 49;

Igreja e projeto de Deus realizado em Cristo, 51;

Cristo, salvação e relações sociais, 52, 53, 144;

Jesus Cristo revela que Deus é amor, 54;

Jesus Cristo, transformação do mundo e caridade, 54, 55, 580;

Jesus Cristo, pessoas e nova e eterna morada, 56;

Cristo e Reino de verdade e de vida, 57;

Realização da pessoa humana e Cristo, 58;

Maria, primeira entre os discípulos de Jesus Cristo, 59;

Discípulos de Cristo, Deus e amor pelos pobres, 59;

Igreja, homem, Reino de Deus e Jesus Cristo, 60;

438     *Índice analítico*

Igreja e mensagem de libertação de Cristo, 63, 65;

Doutrina social e sociedade à medida de Cristo, 63;

Cristo, Igreja e ordem sobrenatural, 64;

Jesus Cristo e o mundo visível, 64, 262;

Homem-Cristo e homem-Adão, 64, 65;

Doutrina social e Cristo Salvador, 67;

Competência da Igreja e Cristo Redentor, 68;

Igreja, evangelizar o social e Cristo, 71;

Doutrina social, mistério de Cristo e razão, 75;

Mistério de Cristo e mistério do homem, 75;

Magistério e autoridade de Cristo, 79;

Cristo, homem e responsabilidade da Igreja, 81;

Igreja, sociedade humana e Cristo, 96;

Igreja, Cristo Jesus e história, 104;

Cristo, Revelador de Deus ao homem e do homem a si mesmo, 105;

Cristo, encarnação, união e homem, 105, 578;

Cristo Senhor, Igreja e caminho do homem, 105;

Universalidade, pecado e salvação em Cristo, 120, 121, 122;

Liberdade humana e Jesus Cristo, 143;

Filho de Deus e igualdade das pessoas, 144;

Direitos humanos, dignidade humana e Jesus Cristo, 153;

Páscoa de Jesus e bem comum da humanidade, 170;

Jesus, sociedade humana e sumo Bem, 170;

Bens, Jesus e anseio de possuir, 175;

Opção pelos pobres e vida de Cristo, 182, 183, 184;

Jesus, solidariedade e caridade, 196;

Caridade e discípulos de Cristo, 196*, 580;

Jesus, família e instituto matrimonial, 210;

Cristo e sacramento do matrimônio, 219, 220;

Caridade conjugal, caridade de Cristo e socialidade, 220;

Indissolubilidade do matrimônio e Cristo, 225;

Igreja, divorciados recasados e Cristo, 226;

Jesus e trabalho, 259, 260;

Jesus e obras poderosas para libertar o homem, 261;

Jesus e sábado, 261;

Filho-Verbo, *Logos* e criação, 262;

Cansaço do trabalho em união com Jesus, 253;

Trabalho, santificação e Espírito de Cristo, 263;

Cristãos, trabalho e estilo de Cristo, 264;

Trabalhador, mão de Cristo, 265;

Jesus, bens econômicos, riqueza e pobreza, 325;

Discípulos de Cristo, economia e santificação, 326;

Fé em Jesus Cristo e desenvolvimento social, 327;

Jesus Cristo, ungido de Iahweh, e filho de Davi, 378;

Jesus de Nazaré, encarnação do rei, 378;

Jesus, poder e autoridade, 379;

Jesus e messianismo político, 379;

Oração, cristãos e Jesus Cristo, 381;

Poder imperial e mártires de Cristo, 382;

Cristo e poder que se absolutiza, 382;

Igreja, Cristo e reino sobre o universo, 383;

Reino de Cristo, tempo e juízo final, 383;

Cristo, autoridade humana e serviço, 383;

Igreja, Cristo e unidade do gênero humano, 431;

Jesus e natureza, 453, 454, 455;

Jesus e paz, 491, 492, 493;

Igreja, fé em Cristo e violência, 496;

Igreja em Cristo e paz no mundo e pelo mundo, 516;

Eucaristia, saudação de paz e Cristo, 519*;

Pastoral social, Cristo e verdadeira libertação, 524;

Pastoral social, evangelização e Cristo, 526;

Catequese e comunhão com Jesus Cristo, 529;

Cooperação ecumênica e fraternidade em Cristo, 535;

Religiosos e mistério da caridade de Cristo, 540;

Leigos, índole secular e seguimento de Cristo, 541;

Leigos, sacramentos e Cristo, 542;

Leigos, Evangelho e Cristo, 543;

Espiritualidade laical e Espírito de Jesus, 545;

Jesus Cristo, cultura política e Evangelho, 555;

Compromisso pessoal e social, Espírito e Filho, 562;

Cristão, valores sobrenaturais e Cristo, 569;

Igreja, Evangelho de Cristo e aventura humana, 576;

Fé em Jesus Cristo e princípios morais, 577;

Grandes desafios do nosso tempo e Cristo, 577;

Pessoa humana e influxo redentor de Cristo, 578.

### JOVEM

Dez Mandamentos e jovem rico, 22;

*Mit brennender Sorge* e os jovens, 92;

*Octogesima adveniens* e condição juvenil, 100;

Direito das Nações e gerações jovens, 157;

Nações e crescimento dos jovens, 222;

Desemprego e jovens gerações, 287;

Formação, mercado de trabalho e jovens, 289;

Jovens e risco do contexto econômico, 290;

Organizações internacionais e trabalho dos jovens, 292.

### JUBILEU

Cristo e Grande Jubileu do ano 2000, 1;

Jesus e significado profético do jubileu, 28.

### JUSTIÇA

Igreja e exigências da justiça, 3, 63;

Homens novos, justiça e exploração, 4;

Oprimidos e justiça, 5;

Religiões, cultura e justiça, 12;

Igreja, Comunidades Eclesiais e justiça, 12;

Deus e projeto de justiça, 17;

Nova ordem social e justiça, 19;

Aliança do Sinai, Decálogo e justiça, 23;

Estilo de gratuidade e compartilhar na justiça, 24;

Princípio da justiça e Israel, 25;

Justiça na vida econômica e pecado, 27;

Pessoa e relações de justiça, 35;

Homem e compromisso pela justiça, 40;

Instituições e normas da justiça, 42;

Socialidade humana e fermento de justiça, 51;

Nova e eterna morada e justiça, 56;

Bens e Reino de justiça, 57;

Pessoa, agir humano e justiça, 58;

# 440          *Índice analítico*

Espírito de Deus e projetos de justiça, 63;

Justiça e evangelização, 66, 67;

Justiça, doutrina social e filosofia, 77;

Ensino social e justiça social, 81, 82;

Deveres de justiça e vida social, 83;

Verdade, caminhos de justiça e novidade, 86;

Evangelho, mensagem de justiça, 86;

Revolução industrial e problemas de justiça, 88;

*Rerum novarum*, justiça e caridade, 89;

Lei moral, ordem social e justiça, 91;

Males do comunismo e deveres de justiça, 94;

Igreja, justiça e colaboração, 94;

Relações da convivência e justiça, 95;

Desenvolvimento, paz e justiça em escala mundial, 98;

Justiça e humanismo pleno, 98;

Católicos e justiça social entre as Nações, 99;

Paz, fruto da justiça, 102, 203, 494;

Adão, mandamento de Deus e justiça, 115;

Pecado original, natureza humana e justiça, 115;

Pecado social e justiça, 118;

Salvação, terra e justiça, 123;

Justiça, atitude moral, 134;

Liberdade, homem e justiça, 143;

Igreja, direitos humanos e justiça, 159;

Princípios, mandamento do amor e justiça, 160;

Bens e normas da justiça social, 157, 171;

Bem comum, justiça e interesses setoriais, 169;

Esmola, prática da justiça, 184;

Pobres, caridade e justiça, 184;

Injustiça, intervenção pública e justiça, 188;

Solidariedade, justiça e bem comum, 193;

Justiça, valor social, 197;

Liberdade, vínculos recíprocos e justiça, 199;

Justiça, valor e virtude moral cardinal, 201;

Justiça comutativa, distributiva e legal, 201;

Justiça social e justiça geral, 201;

Justiça e contexto atual, 202;

Justiça e antropologia cristã, 202, 203;

Justiça, amor e solidariedade, 203;

Paz, justiça social e internacional, 203;

Justiça e caridade, 205, 206, 391, 582, 583;

Família e senso da justiça, 215;

Família, relações comunitárias e justiça, 221;

Divorciados recasados, iniciativas e justiça, 226;

Crescimento demográfico e justiça, 234;

Estado, monopólio escolar e justiça, 241;

Justiça e educação integral, 242;

Trabalho e exigências da justiça, 257;

Homem, Reino de Deus e Sua justiça, 260;

Novas tecnologias e critérios de justiça, 283;

Emprego e justiça, 288;

Trabalho humano e justiça social, 292;

Renda, justiça comutativa e social, 303;

Sindicatos e justiça social, 306;

Novo Davi, promotor da justiça, 324;

Jesus e convivência na justiça, 325;

Jesus e fazer justiça aos pobres, 325;

Administração dos dons, obra de justiça, 326;

Moral inspirada à justiça e economia, 332;

Espírito de justiça e estruturas de pecado, 332;

*Lei*                                               441

Desenvolvimento econômico e dever de justiça, 333;

Sistema culturais e justiça social, 340;

Mercado concorrencial e justiça, 347;

Poder de compra e justiça, 359;

Liberdade de trocas e justiça social, 36;

Rei escolhido por Iahweh e justiça, 377, 378;

Obediência à autoridade e justiça, 380;

Ordem criada por Deus e justiça, 383;

Justiça, bens e direitos, 301;

Sentido interior da justiça e convivência, 392;

Ordem moral e lei de justiça, 396;

Obediência e ordem de justiça, 400;

Penalidade justiça reconciliadora, 403;

Corrupção política e justiça social, 411;

Sociedade, informação e justiça, 415;

Democracia e princípio da justiça, 417;

Paz pública e verdadeira justiça, 422;

Justiça, Nações e seres humanos, 433;

Direito das Nações e justiça, 435;

Justiça e recurso à guerra, 438;

Autoridade universal e justiça, 441;

Santa Sé, ordem social e justiça, 445;

Igreja, autoridade e progresso na justiça, 445;

Cooperação e justiça social universal, 448;

Pobreza, problema de justiça, 449;

Deserto, jardim e justiça, 452;

Mundo e justiça, 453;

Homem e governar o mundo na justiça, 456;

Critério de justiça e biotecnologia, 474;

Bens da terra, justiça e caridade, 481;

Justiça e paz, 490;

Justiça, cultura da paz e ordem, 495;

Guerra como instrumento de justiça, 497;

Forças armadas e justiça no mundo, 502;

Responsáveis de crimes e justiça, 506;

Perdão e exigências da justiça, 518;

Paz e deveres de justiça, 520;

Justiça e convivência ordenada, 527;

Catequese e luta pela justiça, 529;

Doutrina social e educação à justiça, 532;

Igreja, irmãos judeus e futuro da justiça, 536;

Sociedade, Igreja e justiça, 552;

Justiça e meios de comunicação, 562;

Eficiência econômica e justiça social, 564;

Desenvolvimento da justiça e ação política, 565;

Justiça, verdades morais e vida social, 571;

Renovação pessoal e social e justiça, 577.

# L

## LAICIDADE

Compromisso político dos católicos e laicidade, 571;

Magistério social e laicidade, 571;

Princípio de laicidade e tradições espirituais, 572.

## LAICISMO

Laicismo e relevância política da fé, 572.

## LATIFÚNDIO

Distribuição da terra e latifúndio, 300.

## LEI

Doutrina social e lei nova do amor, 3;

Lei do ano sabático e jubilar, 24;

Mandamento do amor, lei de vida, 33;

Busca da verdade e tábuas da Lei, 40;

Caridade, lei fundamental da perfeição, 54, 580;

Igreja, comunidade dos homens e lei divina, 68;
*Quadragesimo anno* e lei moral, 91;
Liberdade e lei moral, 136, 137;
Pessoa homossexual e lei moral, 228;
Paternidade responsável e lei moral, 232;
Nova lei e coração dos crentes, 324;
Economia e lei moral, 330;
Autoridade e lei moral, 396, 567;
Lei humana, reta razão e lei eterna, 398;
Lei iníqua, 398;
Objeção de consciência e lei civil, 399;
Práticas em contraste com a Lei de Deus, 399;
Democracia, relativismo ético e lei moral, 407;
Ordem internacional e lei moral, 436;
Direito internacional e lei do mais forte, 439;
Antropologia e lei do amor, 522;
Vida de santidade e lei do Senhor, 530;
Meios de comunicação e lei, 560;
Lei e conteúdos da fé e da moral, 571;
Evangelho, pessoa e lei humana, 576.

## Leigos

Compêndio e leigos, 11;
Doutrina social e leigos, 79, 83;
Pio XI e leigos, 92;
Matrimônio e vocação dos leigos, 220;
Leigos e conhecimento da doutrina social, 528;
Doutrina social e formação dos leigos, 531;
Semanas Sociais e leigos, 532;
Evangelização, Bispo e leigos, 539;
Leigos, índole secular e seguimento de Cristo, 541, 542;
Identidade do leigo e sacramentos, 542;
Tarefa do leigo e anúncio do Evangelho, 543;

Leigo e horizonte escatológico, 544;
Leigos e espiritualidade laical, 545;
Leigos e oração pessoal, 546;
Leigos e competências, 546;
Leigos, discernimento e prudência, 547;
Leigos e agremiações laicais eclesiais, 549;
Leigo em campo social e serviço, 551;
Leigos e serviço à pessoa humana, 552;
Leigos e cultura inspirada no Evangelho, 555;
Leigos e dimensão ética da cultura, 556;
Leigo e direito a uma cultura humana e civil, 557;
Leigo, conteúdo da cultura e verdade, 558, 559;
Leigos e meios de comunicação de massa, 560, 561;
Leigo e contexto econômico contemporâneo, 563;
Leigos e compromisso político, 565;
Leigo e exercício do poder, 567;
Leigo e método do discernimento, 568, 569;
Leigo, laicidade dever moral de coerência, 571, 572;
Leigo e escolha dos instrumentos políticos, 573, 574;
Leigos e esperança cristã, 579.

## Lei natural

Dez Mandamentos e lei natural, 22;
Agir humano e lei natural, 37;
Relações sociais e lei natural, 53;
Lei natural e criatura de Deus, 53;
Princípios doutrinais e lei natural, 89;
Lei moral natural, 140;
Lei natural, direitos e deveres da pessoa, 140;
Lei natural e princípios comuns, 141;
Lei natural e lei civil, 142, 224, 397;

*Liberdade* 443

Lei natural e lei de Deus, 142;
Lei natural e maldade humana, 142;
Universalidade da lei moral natural, 142;
Lei natural e identidade sexual, 224;
Autoridade, valores e lei natural, 397.

**LEIS**

Autonomia das realidades e leis próprias, 45;
Doutrina social, instituições e leis, 163;
Estruturas de solidariedade e leis, 193;
Matrimônio e imposições legislativas, 215;
Direito à vida e leis do Estado, 231;
Direito da família e leis do Estado, 247;
Leis e reconhecimento do domingo, 286;
Leis econômicas e moral, 330;
Autoridade e leis justas, 398;
Leis injustas e objeção de consciência, 399;
Direito de resistência, fins e leis, 400;
Eleitos e elaboração das leis, 409;
Informação, pluralismo e leis, 414;
Guerra, objetores de consciência e leis, 503;
Doutrina social, espírito cristão e leis, 531;
Leis e conteúdo da fé e da moral, 570.

**LIBERDADE**

Evangelho e autêntica liberdade, 2;
Humanismo integral e liberdade, 19;
Êxodo e aquisição da liberdade, 21;
Jesus e liberdade dos oprimidos, 28;
Amor Trinitário e liberdade do homem, 45;
Coisas criadas e liberdade do espírito, 44;
Projeto de Deus e liberdade do homem, 45;
Homem, o todo como dom de Deus e liberdade, 46;

Pessoa humana, fim último e liberdade, 48;
Liberdade religiosa e relevância histórica e cultural, 50;
Comunidade dos cristãos e espaço de liberdade, 53;
Bens, liberdade e Reino de Deus, 57;
Maria, ícone perfeito de liberdade, 59;
Doutrina social e projetos de liberdade, 63;
Doutrina social, filosofia e liberdade, 77;
*Quadragesimo anno* e liberdade de associação, 91;
*Pacem in terris* e convivência na liberdade, 95;
*Dignitatis humanae* e liberdade religiosa, 97;
Senhorio sobre o mundo, liberdade e exploração, 113;
Pecado e liberdade, 116, 117;
Pecado social e liberdade alheia, 128;
Pessoa, liberdade e atos de liberdade, 131;
Homem e restrições da liberdade, 133;
Homem e valor da liberdade, 135;
Liberdade e dependência criacional de Deus, 136;
Liberdade e condições de ordem econômicas, 137;
Liberdade e obediência à verdade, 138, 139, 155;
Liberdade e lei moral natural, 140, 142, 143;
Direito à liberdade religiosa, 155, 553;
Princípios da doutrina social e liberdade, 163;
Bem comum, direito e liberdade religiosa, 166;
Propriedade privada e liberdade humana, 176;
Subsidiariedade e liberdade, 186, 187;

Solidariedade e liberdade humana, 194;

Valores sociais, desenvolvimento e liberdade, 197;

Liberdade e dignidade da pessoa, 199, 200;

Caridade e valor da liberdade, 205;

Uniões de fato e liberdade, 227;

Número de filhos e liberdade dos casais, 234;

Ação educativa da família e liberdade, 238, 252;

Pais, instituições educativas e liberdade, 241;

Salário familiar, garantia de liberdade, 250;

Repouso sabático e liberdade, 258;

Liberdade religiosa e dias festivos, 286;

Salário, justiça e liberdade do contrato, 302;

Desequilíbrios econômicos e liberdade dos povos, 321;

Economia e plenitude da liberdade, 326;

Capitalismo e livre criatividade, 335, 336;

Mercado, quadro jurídico e liberdade, 350, 352;

Economia, liberdade privada e ação pública, 354;

Globalização e liberdade de trocas, 366;

Pensamento cristão acerca do poder e liberdade, 380, 383;

Comunidade política, povo e liberdade, 385;

Minorias e dever de promover a liberdade, 387;

Amizade civil e princípio de liberdade, 390;

Leis injustas, colaboração e liberdade, 399;

Controle dos cidadãos e liberdade dos eleitos, 409;

Informação e liberdade, 415;

Direito à liberdade social e civil, 421, 422, 423, 424;

Igreja, reconhecimento e liberdade, 426;

Criação do homem e liberdade, 428;

Unidade da família humana e liberdade, 432;

Convivência entre as Nações e liberdade, 433;

Soberania nacional e liberdade, 435;

Ordem internacional e liberdade de toda Nação, 438;

Nações Unidas e liberdade dos povos, 440;

Santa Sé e liberdade, 445;

Pobreza e falta de liberdade, 447;

Cientistas, biotecnologias e liberdade, 477

Violência e liberdade dos seres humanos, 496;

Defesa, forças armadas e liberdade de um País, 502;

Salvação e limites da liberdade humana, 526;

Convivência ordenada e liberdade, 527;

Catequese social e liberdade, 530;

Cultura, liberdade e meios de comunicação, 557;

Autoridade política e força da liberdade, 567;

Laicidade, unidade e liberdade, 571;

Evangelho de Cristo e liberdade do homem, 576.

## LIBERTAÇÃO

Êxodo e libertação da escravidão, 21;

Libertação e sociedade israelita, 23;

Ano sabático e jubilar e libertação, 24;

Jesus e libertação dos presos, 28;

Maria, ícone da libertação, 59;

Igreja e compromisso de libertação humana, 60, 86;

*Mal* 445

Doutrina social e mensagem de libertação, 61, 82;

Libertação e evangelização, 63, 66;

Competência da Igreja e libertação, 68;

Libertação, liberdade e dignidade humana, 137;

Verdade, bem e mal, libertação e consciência, 139;

Sábado, dia da libertação, 261;

Domingo, dia da libertação, 285;

Bens e libertação integral do homem, 328;

Pastoral social e libertação cristã, 524;

Catequese e libertação do homem, 529.

## LUTA

*Rerum novarum* e luta de classe, 89;

*Quadragesimo anno* e luta de classe, 91;

Greve, método pacífico de luta, 304;

Sindicatos e lutas dos trabalhadores, 305;

Mundo do trabalho, colaboração e luta, 306;

Sindicato e instrumento de luta, 306;

Sindicatos e partidos que lutam pelo poder, 307;

Direito de resistência e luta armada, 401;

Tortura e luta contra o terrorismo, 404;

Luta como fator de progresso, 438;

Opção pelos pobres e luta contra a pobreza, 449;

Biotecnologia e luta contra a fome, 478;

Luta contra o terrorismo, 513, 514;

Igreja, luta pela paz e oração, 519;

Ecumenismo e luta contra as misérias, 535.

## M

## MÃE

Maria, Mãe de Jesus Cristo, 59;

Igreja, Mãe e Mestra, 86;

Direito a crescer sob o coração da mãe, 155;

Direito a nascer de um pai e de uma mãe, 235;

Mãe e trabalho socialmente reconhecido, 251;

Trabalho e papel da mulher como mãe, 295.

## MAL

Perguntas de fundo e presença do mal, 14;

Pecado das origens e raiz de todos os males, 27;

*Rerum novarum*, erros e mal social, 89;

*Divini Redemptoris* e remédios aos males, 92;

Discernimento do mal e do bem, 114, 136;

Pecado e esperança, maior que qualquer mal, 121;

Verdade acerca do mal e juízo da consciência, 139;

Liberdade e mal, 143;

Solidariedade e males de tantas pessoas, 193;

Árvore do conhecimento do bem e do mal, 256;

Trabalho e libertação do mal, 261;

Um mal a pobreza dos oprimidos, 323;

Bens econômicos e homem libertado do mal, 325;

Apego ao dinheiro, raiz de todos os males, 328;

Autoridade e condenação de quem faz o mal, 380;

Dificuldades da comunicação e males sociais, 416;

Mundo percebido não como um mal, 451;

446     *Índice analítico*

A violência é um mal, 496;

Recursos à armas e males mais graves, 500;

Deus e possibilidade de superar o mal, 578;

Esperança cristã e espírito do mal, 579.

**MARGINALIZAÇÃO**

Novas pobrezas e marginalização, 5;

Misericórdia de Deus e marginalizados, 29;

Homem e trabalho marginal, 272;

Trabalho e mulher marginalizada, 295.

**MATÉRIA – MATERIAL**

Trabalho e sentido material, 101;

Corporeidade e mundo material, 128;

Mundo material e realização para o homem, 128;

Homem, ser material, 129;

Direito do homem e necessidade em campo material, 154;

Instituições políticas e bens materiais, 168;

Pessoa e bens materiais, 171;

Dependência de Deus e bens materiais, 181;

Igreja, pobres e pobreza material, 184;

Homens e patrimônio de bens materiais, 195;

Caridade e necessidades materiais, 205;

Crianças e material pornográfico, 245;

São Paulo e solidariedade também material, 264;

Trabalhador e valor material, 271;

Capital e meios materiais de produção, 276;

Dependência do trabalho e matéria, 280;

Desemprego e repercussões materiais, 294;

Trabalho recompensado e vida material, 302;

Trabalho e condições materiais, 411;

Matéria do trabalho e globalização, 312;

Transformação das coisas e necessidades materiais, 318;

Antigo Testamento e bens materiais, 323;

Ordem social e pobreza material, 325;

Administração dos bens materiais e justiça, 326;

Progresso material e serviço do homem, 326;

Bens materiais e economia, 331;

Bens materiais e escravidão da posse, 334;

Termos de troca e matérias-primas, 364;

Sentido da vida e bens materiais, 374;

Bens materiais, sobrevivência e nível de vida, 375;

Homem, dimensões materiais e espirituais, 376;

Materiais viventes e patrimônio da humanidade, 477;

Conflito armado e danos materiais, 497;

Igreja, refugiados e socorro material, 505;

Carreira política e vantagem material, 531;

Pobreza material e economia, 564;

Devastação dos corações e bens materiais, 581.

**MATERIALISMO**

Materialismo e unidade do ser humano, 129;

Bem comum e visão materialista, 170;

Materialismo e trabalho como *actus personae*, 271;

Economia e dimensão materialista da vida, 375;

Família humana e ideologia materialista, 433.

## Maternidade

Maternidade e semelhança com Deus, 230;

Maternidade e acolhimento da vida, 232;

Desejo de maternidade e direito ao filho, 235;

Técnicas reprodutivas e maternidade substitutiva, 235;

Maternidade e tarefa de natureza espiritual, 237;

Providências sociais e maternidade, 301.

## Matrimônio

*Gaudium et spes* e temas do matrimônio, 96;

Jesus e dignidade do instituto matrimonial, 219;

Família fundada sobre o matrimônio, 211;

Família, pessoa e matrimônio, 212;

Matrimônio e livre vontade dos cônjuges, 215;

Matrimônio e ordenamento divino, 215;

Direito natural ao matrimônio, 216;

Características do matrimônio, 216, 217;

Poligamia e matrimônio, 217;

Matrimônio e filhos, 218;

Matrimônio, sacramento de graça, 219;

Matrimônio e realidade humana do amor, 220;

Cônjuges e significado do matrimônio, 220;

Amor e matrimônio, 221;

Identidade sexual e bem do matrimônio, 224;

Indissolubilidade da relação matrimonial, 225;

Divorciados recasados e matrimônio, 226, 226*;

Uniões de fato e matrimônio, 227;

Uniões homossexuais e matrimônio, 228;

Legislação e matrimônio, 229;

Família, matrimônio e vida, 231;

Nascituro, família e matrimônio, 235;

Matrimônio das meninas, 245;

Políticas familiares, família e matrimônio, 253;

Defesa do matrimônio e desenvolvimento, 553;

Discernimento, família e matrimônio, 569.

## Meios de comunicação

*Octogesima adveniens* e meios de comunicação, 100;

Solidariedade meios de comunicação, 192;

Meios de comunicação e comunidade humana, 415;

Valores e princípios e comunicações sociais, 416;

Cultura humana e meios de comunicação, 557;

Leigos e meios de comunicação de massa, 560, 561;

Meios de comunicação e profissionais, 562;

## Mentira

Graça divina e espiral da mentira, 43;

Satanás, espírito dos homens e mentira, 382;

A violência é uma mentira, 496;

Exclusão da mentira, 562.

## Mercado

Distribuição da terra e mercados, 180;

Estruturas de solidariedade e leis de mercado, 193;

Família e lógica de mercado, 248;

Trabalho, capital e mercados de bolsa, 276;

448            *Índice analítico*

Trabalho, capital e mercados, 279;

Perspectivas de trabalho e mercado do trabalho, 289;

Colaboração internacional e mercado de trabalho, 292;

Mercado e iniciativas do setor terciário, 293;

Terra e mercado de crédito, 300;

Trabalhadores e mercado de trabalho, 308;

Globalização e mercado de consumo, 310;

Globalização e liberalização e mercados, 312;

Desenvolvimento, moral e economia de mercado, 335;

Empresas cooperativas e progresso do mercado, 339;

Eficiência do sistema econômico e mercado, 346;

O livre mercado, 347;

Livre mercado, fins e valores, 348

Mercado e finalidades morais, 349;

Mercado nas sociedades contemporâneas, 350;

Estado, quadro jurídico e mercado, 353;

Mercado, Estado e sua complementaridade, 353;

Democracia econômica e mercado, 356;

Globalização e mercados financeiros, 361;

Mercados financeiros e atividades produtivas, 368;

Economia real e mercados financeiros, 369;

Governos dos Países e mercados internacionais, 370;

Organismos internacionais e mercado internacional, 371;

Comunidade política e mercado, 419;

Cooperação internacional e mercado internacional, 447, 448;

Salvaguarda do ambiente e mercado, 470;

Desarmamento, comércio das armas e mercados, 508.

### Migrações

*Octogesima adveniens* e emigração, 100;

Desemprego e imigrantes, 289;

Imigração, recurso para o desenvolvimento, 297;

Regulamentação dos fluxos migratórios, 298;

Imigrantes e reajuntamento familiar, 298;

Globalização, sindicatos e imigrantes, 308.

### Minorias

Direitos das Nações e minorias, 157;

Estado democrático, maioria e minoria, 169;

Princípio de subsidiariedade e minorias, 187;

Minorias, direitos e deveres, 387;

Ordem internacional e direitos das minorias, 438.

### Miséria

Êxodo e miséria do povo no Egito, 21;

*Rerum novarum* e miséria dos trabalhadores, 89;

Miséria humana e fraqueza do homem, 183,

Caridade e situação de miséria do próximo, 208;

Domingo, caridade e irmãos na miséria, 285;

Reino de Deus e resgate da miséria, 325;

Países ricos, desigualdades e miséria, 374;

Espírito e miséria da condição humana, 381;

*Mistério*

**449**

Conflito bélico e situações de miséria, 498;

Colaboração ecumênica e misérias, 535.

**Misericórdia**

Espírito de Deus e sentimentos de misericórdia, 25;

Jesus, misericórdia e agir de Deus, 28, 29;

Jesus e misericórdia libertadora de Deus, 29;

Deus e misericórdia, 59;

Obras de misericórdia corporais e espirituais, 184;

Misericórdia, amor benigno, 206, 582;

Obra de misericórdia, ato de caridade, 208;

Prática das obras de misericórdia, 284;

Cristãos e misericórdia de Deus, 381;

Misericórdia e verdade, 490;

Paz e misericórdia, 520.

**Missão**

Doutrina social, Igreja e missão, 3, 7, 64, 65, 67.

União do Filho com o Pai e missão, 29;

Amor trinitário e missão de Jesus, 30;

Missão da Igreja e Reino de Cristo, 49;

Missão da Igreja e finalidades escatológicas, 51;

Comunidades eclesiais, lugares de missão, 52;

Ordem da missão da Igreja, 68;

Missão da Igreja e doutrina social, 69, 82;

Doutrina social e missão do cristão, 63;

*Gaudium et spes* e missão da Igreja, 96;

Unidualidade como dom e missão, 147;

Direitos e missão religiosa da Igreja, 159;

Famílias, missões e Evangelho da vida, 231;

Missão educativa da família, 238;

Jesus e sua missão como um trabalhar, 259;

Igreja, missão e reconhecimento jurídico, 426;

Igreja, modalidades jurídicas e missão, 444;

Santa Sé e missão espiritual do Papado, 445;

Jesus e missão de paz dos cristãos, 491;

Paz de Jesus e missão dos discípulos, 492;

Violência e missão da Igreja, 496;

Forças armadas e missões humanitárias, 502;

Paz e missão da Igreja, 516;

Doutrina social e dinamismo missionário, 523;

Sociedade, cultura e missão da Igreja, 524;

Missão e compromisso dos cristãos, 538;

Doutrina social, presbíteros e missão, 539;

Leigos e missão de Jesus, 541;

Leigos e missão da Igreja, 549;

Associações de categoria e missão, 550;

Missão da Igreja e sentido da existência, 576.

**Mistério**

Mistério e existência humana, 14;

Experiência religiosa e Mistério, 20;

Revelação em Cristo e mistério de Deus, 34;

Discípulo e mistério pascal de Jesus, 41;

Mistério da proximidade de Deus, 45;

Mistério de Deus e valor da pessoa, 54;

Jesus Cristo, homem e plenitude do mistério, 58;

Maria, *Magnificat* e Mistério de Salvação, 59;

Doutrina social e mistério de salvação, 67;

Doutrina social e mistério de Cristo, 75;

Mistério de Cristo e mistério do homem, 75, 105;

Mistério do pecado, 116, 117, 117*;

Mistério do Pai, Cristo e homem, 121;

Doutrina social e mistério da pessoa, 124, 126;

Desordenado amor de si e mistério pascal, 143;

Cônjuges cristãos e Mistério pascal, 220;

Mistério e grandeza do homem, 255;

Mistério da salvação e realidade criatural, 431;

Mundo e mistério de Deus, 486;

Natureza e horizonte do mistério, 487;

Mistério da Cruz e Evangelho da paz, 493;

Sacerdote, âmbito social e mistério salvífico, 539;

Religiosos e mistério da caridade de Cristo, 540;

Espiritualidade laical e mistério de Deus, 545;

Celebração litúrgica do mistério cristão, 546;

Cultura, mistério da vida e mistério de Deus, 559;

Igreja e mistério da iniqüidade, 578.

## MORADIA

Moradia, serviço e direito da pessoa, 166.

## MUNDO

Salvação e mundo da economia, 1;

Doutrina social, amor de Deus para com o mundo, 3;

Deus amou tanto o mundo, 3, 64;

Cristo, mundo e testemunho à verdade, 13;

A Igreja vive no mundo, 18, 53;

Pessoa e os outros no mundo, 20;

Desobedecer a Deus e agir no mundo, 27;

Jesus, enviado de Deus no mundo, 29;

Pessoa e sua atividade no mundo, 35, 37;

Agir humano no mundo e pecado, 41;

Homem e verdadeira posse do mundo, 44;

Mundo e verdade plena em Jesus Cristo, 45, 46;

Relação entre Deus, o homem e o mundo, 46;

Homem, mundo e seu destino em Deus, 48;

Igreja, Reino, mundo e valores evangélicos, 50;

Igreja no mundo e finalidade escatológica, 51;

Lei de transformação do mundo e caridade, 54, 55, 57, 580;

Pessoa e compromisso de melhorar o mundo, 58, 60;

Igreja no mundo, sacramento e amor de Deus, 60;

Jesus Cristo, mundo e vínculo originário, 64, 262;

Evangelizar o social e mundo do trabalho, 70;

Doutrina social e situações no mundo, 73, 86;

Injustiças e áreas geográficas do mundo, 81;

*Gaudium et spes* e expectativas do mundo, 96;

*Sollicitudo rei socialis* e mundo, 102;

Criaturas do mundo e homem, *capaz* de Deus;

Homem no Éden e mundo vegetal, 110;

Senhorio sobre o mundo e responsabilidade, 113;

Pecado e mundo, 115, 116, 117*, 120;

Deus quer no mundo justiça, liberdade e paz, 118;

*Mundo*

451

Corporeidade e mundo material, 128, 129, 130;

Riqueza e mundo eqüitativo e solidário, 174;

Compromisso de todos e mundo mais humano, 175;

Posições ideológicas e mundo da pobreza, 183;

Mundo e desigualdades, 192;

Solidariedade e paz no mundo, 194, 194*;

Verdade e mundo da comunicação, 198;

Construir um mundo melhor, 203;

Caridade, paz e mundo complexo, 207;

Família cristã, sinal para o mundo, 220, 225;

Países do mundo e novas gerações, 244;

Situação das crianças no mundo, 245;

Transitoriedade do cenário deste mundo, 260, 264;

Homem, trabalho e domínio do mundo, 265, 275;

Propriedade, trabalho e mundo financeiro, 282;

Estado, trabalho e mundo produtivo, 291;

Mundo atual e migrações de pessoas, 297;

Mudanças e mundo rural, 299;

Desenvolvimento global e zonas do mundo, 321;

Humanidade nova e mundo dos tempos últimos, 326;

Projetos econômicos e mundo mais humano, 333;

Desenvolvimento comum a todas as partes do mundo, 342;

Governo dos Países e mundo financeiro, 370;

Deus, governo do mundo e liberdade humana, 383;

Valores espirituais e mundo econômico, 386;

Mundo dos meios de comunicação social, 416;

Ação de Deus e mundo, 428;

Israel e o único Deus, Senhor do mundo, 430;

Justiça e liberdade e mundo contemporâneo, 435;

Lei moral universal futuro do mundo, 436;

Autoridade jurídica e mundo pacificado, 439;

Interdependência e relações no mundo atual, 442;

Colaboração ao desenvolvimento e mundo, 446;

Pobres, futuro mais humano e mundo, 449;

Fé de Israel e espaço deste mundo, 451;

Relação do homem com o mundo, 452;

Pecado, salvação definitiva e mundo, 453;

Jesus e reconciliação do mundo com Deus, 454;

Amor, mundo e projeto das origens, 455;

Governar o mundo na santidade, 456;

Homem, criar o mundo e trabalho, 460;

Concepção mecanicista e mundo natural, 462;

Vínculo quebrado entre o mundo e Deus, 464;

Espiritualidade beneditina e mundo, 464;

Mundo, pegada de Deus, 487, 488;

Mundo novo de paz e era messiânica, 490;

Jesus, paz e mundo, 491;

Paz, mundo e profetas não armados, 496;

Estados e paz em todo o mundo, 500;

Militares e justiça no mundo, 502;

Igreja, instrumento da paz no mundo, 516;

Salvação do mundo, paz e oração, 519*, 520;

Mundo e quebra entre Evangelho e cultura, 523;

Pastoral social e realidade do mundo, 524;

Diálogo entre crentes e religiões no mundo, 537;

Fiéis leigos e compromisso no mundo, 541, 543, 544, 578;

Religiosos, caridade de Cristo e mundo, 540;

Cristo e salvação do mundo, 542;

Espiritualidade laical, santificação e mundo, 545;

Igreja, mundo e dignidade do homem, 551;

Cultura, homem e conhecimento do mundo, 556;

Causas culturais e injustiça no mundo, 577;

Promessa divina, mundo e Reino de Deus, 578, 579.

## MORAL – IMORAL

Humanidade e consciência moral, 6;

Aspectos morais das questões sociais, 8;

Compêndio e discernimento moral, 10;

Relação entre natureza, técnica e moral, 16;

Humanismo e virtudes morais, 19;

Dez Mandamentos e moral universal, 22, 140;

Capacidades morais e mudanças sociais, 42;

Igreja e qualidade moral do viver social, 62;

Igreja, mestra de verdade da moral, 70;

Igreja, princípios morais e ordem social, 71;

Doutrina social e teologia moral, 72;

Dignidade humana e exigências morais, 75;

Magistério, ministério e moral, 79;

Doutrina social e ensino moral, 80;

Doutrina social e ordem moral, 79;

Ensino social e verdade moral, 83;

*Rerum novarum* e moral natural, 89;

*Quadragesimo anno* e lei moral, 91;

*Radiomensagens de Natal* e moral, 83;

Pio XII e relação entre moral e direito, 93;

*Gaudium et spes* e mudanças sociais, 96;

*Sollicitudo rei socialis*, moral e desenvolvimento, 102;

Pessoa, sujeito dos próprios atos morais, 127;

Moralização da vida social, 134;

Liberdade humana e lei moral, 136, 137;

Liberdade e atos moralmente bons, 138;

Liberdade e lei moral natural, 140;

Verdades morais e ajuda da graça, 141;

Lei natural, moral e lei civil, 142;

*Declaração dos Direitos* e progresso moral, 152;

Ambiente moral e personalidade, 155;

Princípios e significado moral, 163;

Dimensão comunitária do bem moral, 164;

Bem comum e moralidade pública, 166;

Instituições políticas e bens morais, 168;

Economia e valores morais, 174;

Vida pública e tensão moral, 189;

Solidariedade, virtude moral, 193;

Solidariedade internacional e ordem moral, 194;

Princípios, valores bem moral, 197;

Problemas sociais e moralidade, 198;

Liberdade e moralmente negativo, 200;

Justiça, virtude moral cardinal, 201;

Família e valores morais, 213;

Idosos e valores morais, 222;

Gênero e complentaridades morais, 224;

*Moral – imoral* 453

Desemprego e implicações morais, 287;

Trabalho dos menores e problema moral, 296;

Reforma agrária, obrigação moral, 300;

Processos produtivos e integridade moral, 301;

Greve, violências, moralmente inaceitáveis, 304;

Atenção moral e novo trabalho, 312;

Pobreza, valor moral, 324;

Imoralidade e acúmulo de bens, 328;

Moral e economia, 330, 331, 332, 333, 334, 335;

Iniciativa econômica e obrigação moral, 336;

Empresas e direitos morais, 338;

Usura, moralmente condenada, 341;

Empresários e motivações morais, 344;

Mercado e finalidades morais, 349;

Investimento, escolha moral e cultural, 358;

Poder de aquisição e exigências morais, 359;

Ilicitude moral e futuras gerações, 367;

Globalização e parâmetros morais, 372;

Povo, comunhão e nível moral, 386;

Direitos humanos e exigências morais, 388;

Autoridade política e ordem moral, 394;

Autoridade, lei moral e ordem moral, 396;

Autoridade e valores morais essenciais, 397;

Autoridade e obediência à ordem moral, 398;

Direito de resistência e princípios morais, 401;

Pena e valor moral da expiação, 403;

Pena de morte e sensibilidade moral, 405;

Democracia e lei moral, 407;

Dimensão moral da representação, 410;

Corrupção política e moral, 411;

Comunicações sociais e princípios morais, 416;

Liberdade religiosa e licença moral, 421;

Ordem democrática e implicações morais, 424;

Igreja e juízo moral, 426;

Família humana e força moral da liberdade, 432;

Racismo, moralmente inaceitável, 433;

Ordem internacional e lei moral, 436, 437;

Lei moral universal, 436;

Dimensão moral da interdependência, 442;

Tecnologia, princípios e valores morais, 458;

Ambiente e ordem moral, 461;

Biotecnologias e licitude moral, 472;

Natureza e responsabilidade moral do homem, 473;

Ambiente, pobreza e orientação moral, 482;

Acesso à água e critérios morais, 484;

Paz e ordem moral da sociedade, 494;

Riscos morais do recurso à violência, 496;

Danos morais e conflito armado, 497;

Guerra de agressão, imoral, 500;

Legitimidade moral e força armada, 500;

Ação bélica preventiva e moral, 501;

Militar moralmente obrigado e crime, 503;

Obrigação moral e eliminação de grupos, 506;

Acúmulo de armas, moralmente injustificado, 508;

Dissuasão e avaliação moral, 508, 508;

Terrorismo e regras morais, 514;

Moralidade do agir social e pessoa, 522;

Pastoral social e moral cristã, 526;

Catequese, formação e ordem moral, 530;

Doutrina social e deveres morais, 532;

Leigos, vida moral e competências, 546;

Leigo, prudência e princípios morais, 547;

Prudência, previdência e fim moral, 548*;

Compromisso político e instâncias da moral, 555;

Herança moral do catolicismo, 555;

Cultura e vida moral das Nações, 559;

Meios de comunicação e moral, 560;

Qualificação moral da vida política, 566;

Autoridade, lei moral e liberdade, 567;

Leigo, discernimento e valores morais, 568;

Ordem legal e ordem moral, 569;

Programa político e moral, 570;

Testemunho e exigências morais, 570;

Doutrina moral católica e laicidade, 571;

Laicismo e dever moral, 572;

Fé em Deus e princípios morais, 577;

Questão cultural e sentido moral, 577;

Convicções morais e encontro, 579.

## MOVIMENTO

Movimentos de solidariedade dos trabalhadores, 308;

Convivências, valores espirituais e movimentos, 386;

Governos e Movimentos para os direitos do homem, 443;

Ambiente e Movimentos ecológicos, 463;

Cristãos, Movimento e defesa da pessoa, 538;

Movimentos e formação dos fieis leigos, 549;

Doutrina social e papel dos Movimentos, 549.

## MULHER

Doutrina social e mulheres do nosso tempo, 3;

Compêndio e mulheres de boa vontade, 12;

Compêndio, Igreja e mulheres, 13;

Humanismo, mulheres e virtudes morais e sociais, 19;

Homem e mulher, custódios da criação, 26;

Pecado original, mulher e homem, 27;

Amor trinitário e dignidade da mulher, 34;

Criação da mulher a imagem de Deus, 36;

Antropologia e relação entre homem e mulher, 37;

Não há mais homem nem mulher, 52;

Igreja solidária com todo homem e mulher, 60;

Convivência, qualidade da vida e da mulher, 62;

Questão operária e mulheres, 88;

*Octogesima adveniens* e mulheres, 100;

Doutrina social e mudanças e mulheres, 104;

Ser humano criado como homem e mulher, 110;

Homem e mulher, mesma dignidade e igual valor, 111;

Esperança cristã e mulheres, 123;

Igualdade das pessoas, homem e mulher, 144;

Dignidade humana, mulher e oportunidades iguais, 145;

Mulher na Igreja e na sociedade, 146;

Mulher, complemento do homem, 147;

Família, mulher e matrimônio. 211, 212;

Poligamia e dignidade da mulher, 217;

Amor de Deus, mulher e vínculo conjugal, 219;

_Nação_ 455

Família, acolhimento, homem e mulher, 221;

Homem e mulher e identidade sexual, 224;

Uniões de fato, mulher e matrimônio, 227;

Família e trabalho de cuidado da mulher, 251;

Mulher e funções maternas, 251;

_Rerum novarum_ e proteção das mulheres, 268;

Desemprego, exclusão social e mulheres, 289;

Organizações internacionais e trabalho das mulheres, 292;

Presença das mulheres no âmbito do trabalho, 295;

Direito das mulheres no trabalho, 295;

Trabalho e mulheres nos Países em via de desenvolvimento, 301;

Pobreza, mulheres e consciência cristã, 449;

Homem, mulher e criado, 451;

Espiritualidade laical e mulheres, 545.

## N

### NAÇÃO

Igreja, Nações e salvação, 1;

Decálogo, Povo da Aliança e Nação, 25;

Agir humano e solidariedade das Nações, 35;

Pio XII e ordem interna das Nações, 93*;

João XXIII, desigualdades e Nações, 94;

_Iustitia et Pax_ e justiça entre as Nações, 99;

Dignidade humana, homens e nações, 144;

Direitos das Nações, 157;

Princípios e relações entre as Nações, 161;

Socialidade, Nações bem comum, 165;

Nações e cooperação internacional, 166;

Riqueza das Nações e novos bens, 179;

Bens, Nações e desenvolvimento, 179;

Família e patrimônio das Nações, 213;

Patrimônio da Nação e gerações, 244;

Trabalho e vida social das Nações, 269, 274;

Autêntico desenvolvimento e Nações do mundo, 342;

Globalização e Estado nação, 370;

Jesus e poder dos chefes sobre as Nações, 379;

Jesus, messianismo político e Nações, 379;

Povo e Nação, 387;

Nação e comunidade religiosa, 423;

Profetas e paz entre as Nações, 430;

Convivência entre as Nações e princípios, 433;

Bem, comum, Nação e família humana, 434;

Soberania e subjetividade de uma Nação, 435;

Nações e renúncia a alguns direitos, 435;

Acordo Internacional e direitos das nações, 435;

Lei moral, opinião pública e Nações, 436;

Conflitos e estabilidade das Nações, 438;

Liberdade, integridade, Nação e ordem internacional, 438;

Organismo internacionais e convivência das nações, 440;

Interdependência e Nações, 442;

Políticas demográficas e futuro das Nações, 483;

Desenvolvimento das Nações e direitos humanos, 494;

Guerra e problemas entre as nações, 497;

Uso da força e Nações, 500;

Armas e paz entre as nações, 508;

Culpados de atos terroristas e Nações, 514;

Igreja, Nações e paz, 516;

Leigo, cultura e discriminação de nação, 557;

Cultura, Nações e sentido da existência, 558;

Cultura das Nações e mistério da vida, 559;

Laicidade, tradições espirituais e nação, 572.

## Nações Unidas

*Declaração dos direitos do homem* e Nações Unidas, 152;

Carta das Nações Unidas e recurso à força, 438, 501;

Organização das Nações Unidas, 440;

Santa Sé e sistema das Nações Unidas, 444;

Missões humanitárias e Nações Unidas, 502.

## Nacionalismo

Comunidade internacional e ideologias nacionalistas, 433.

## Natalidade

Métodos naturais e regulação da natalidade, 233;

Norte do planeta e taxa de natalidade, 483.

## Natureza

Civilização e lugar do homem na natureza, 14, 15;

Religiosidade e natureza racional da pessoa, 15;

Relação entre natureza, técnica e moral, 16;

Direitos inerentes à natureza da pessoa, 22;

Tarefa de ordenar a natureza criada, 36;

Frutos da natureza e Reino de Cristo, 57;

Verdade da moral e natureza humana, 70;

Natureza da doutrina social da Igreja, 72, 73;

Natureza humana, fonte da doutrina social, 75, 77;

Peso doutrinal, ensinamentos sociais e sua natureza, 80;

Doutrina social e obrigações de natureza secular, 83;

Valores universais e natureza humana, 85;

*Sollicitudo rei socialis*, natureza do desenvolvimento, 102;

Relação entre Deus, o homem e a natureza humana, 110;

Homem, ser social por sua natureza, 110;

Pecado original e natureza humana, 115;

Jesus Cristo, natureza humana e natureza de Deus, 122;

Homem, como partícula da natureza, 128;

Homem, espírito e matéria, uma única natureza, 129;

A razão é própria da natureza humana, 140;

Lei civil e conseqüências de natureza concreta, 142;

Liberdade e natureza comum, 142;

Natureza do homem e *subjetividade relacional*, 149;

Sociedade, contrato e natureza humana, 149*;

Sociedades correspondentes à natureza do homem, 151;

Privação dos direitos e violência à natureza, 153;

Natureza do princípio do uso comum dos bens, 172;

*Norma*

Homens, natureza racional e responsabilidade, 205;

Família e legitimação na natureza humana, 214;

Matrimônio e natureza do amor conjugal, 15, 225, 230, 237, 253;

Trabalho e sua natureza social e individual, 273;

Direitos dos trabalhadores e natureza da pessoa, 301;

Natureza do homem e relação com o Transcendente, 318;

Fé em Cristo e natureza do desenvolvimento, 327, 342;

Leis econômicas e natureza das coisas, 330;

Recursos na natureza, quantitativamente escassos, 346;

Bens que, por sua natureza, não são mercadorias, 349;

Estado e natureza das organizações privadas, 357;

Natureza inédita do sistema de relações, 361, 363;

Preocupações de natureza ética e mercados financeiros, 369;

Deus, criatura e capacidades próprias de sua natureza, 383;

Comunidade política e natureza das pessoas, 384;

Pessoa, natureza dotada de inteligência e vontade, 391;

Natureza da comunidade política e convivência, 392;

Autoridade e natureza social das pessoas, 393, 398;

Resistência à autoridade, direito de natureza, 400;

Liberdade religiosa e natureza humana, 421;

Igreja e comunidade política, de natureza diferente, 424;

Natureza como concorrente do homem, 451;

Jesus, intérprete da natureza, 453;

Páscoa e desequilíbrios entre o homem e a natureza, 454;

Homem e domínio sobre a natureza, 456, 462, 463, 473;

Deus julgou "boa" a Natureza criada por Ele, 457;

Natureza e formas de tecnologia aplicada, 458, 459, 460;

Movimentos ecológicos e divinização da natureza, 463;

Referência à transcendência e natureza, 464, 487;

Natureza de cada ser e crise ecológica, 466;

Desenvolvimento econômico e ritmos da natureza, 470;

Natureza, dom do Criador à comunidade humana, 466;

Água, por sua natureza, não é uma mercadoria, 485;

Natureza e o horizonte do *mistério*, 487;

Mundo de paz que abraça toda a natureza, 490;

Doutrina social e natureza da pastoral social, 524.

## NEGOCIAÇÃO

Minorias, busca de autonomia e negociação, 387;

Controvérsias e instituto da negociação, 439;

Medidas de consenso e negociação multilateral, 508.

## NIILISMO

Secularização exasperada e niilismo, 462;

## NORMA

Ano sabático e referência normativa, 25;

Instituições e normas de justiça, 42;

Doutrina social e normas do viver social, 73;

Consciências, normas e situações sociais, 73;

Doutrina social e normas de ação, 81, 84;

Liberdade, verdades e normas éticas, 138;

Lei natural, Decálogo e normas, 140;

Princípios, instituições e normas de costume, 163;

Bens criados e normas do bem comum, 167;

Propriedade privada e normas jurídicas, 177;

Técnicas reprodutivas e normas, 235;

Ação educativa e amor como norma, 239;

Educação sexual e normas morais, 243;

Prioridade da família e critérios normativos, 254;

Novas tecnologias e normas jurídicas, 283;

Normas de segurança social, 309;

Sistema financeiro e quadro normativo, 369;

Desenvolvimento econômico e quadro de normas, 372;

Norma objetiva e direito positivo, 388;

Lei natural e referência normativa, 397;

Corrupção política e normas da justiça, 411;

Liberdade religiosa e normas jurídicas, 422;

Organizações religiosas e normas de direito, 423;

Controvérsias e instrumentos normativos, 439;

Diálogo das criaturas e normas, 452;

Ambiente sadio e normas jurídicas, 468;

Militares e normas do direito humanitário, 503;

Armas químicas e quadro normativo internacional, 509;

Normas da ação e bem da humanidade, 522;

Meios de comunicação e normas, 560;

Amor, norma suprema do agir, 582.

# O

### Objeção de consciência

Direito à objeção de consciência, 399;

Objetor de consciência, 503.

### Obras de misericórdia

Igreja e obras de misericórdia, 184;

Repouso festivo e obras de misericórdia, 284;

### Operário

Igreja e questão operária, 88, 267;

*Rerum novarum* e operários das indústrias, 89;

*Rerum novarum* e questão operária, 90;

João XXIII e questão operária, 94;

Jesus e discípulos como operários, 259;

*Rerum novarum* e sociedade operária, 268;

Conflitualidade entre trabalho e capital e operários, 279;

Mundo do trabalho e classe operária homogênea, 313.

### Oração

Jesus ora ao Pai, 34;

Divorciados recasados e oração, 226;

Trabalho humano, caridade e oração, 266;

Cristãos e exemplo público de oração, 286;

Oração para os governantes, 381;

Criação e oração de Israel, 452;
Reconciliação e oração de Jesus, 492;
Oração e paz, 519;
Oração pela paz e Eucaristia, 519*;
Dia Mundial pela Paz e oração, 520;
Religiões e Encontros de Oração de Assis, 537;
Pastoral social, religiosos/as e oração, 540;
Fieis leigos e oração pessoal, 546;
Agremiações eclesiais e oração, 550.

## Ordem

Humanismo e nova ordem social, 19;
Realidades terrestres, criaturas e ordem próprias, 45;
Ordem da criação e sobrenatural, 64;
Ordem antropológica, teológica e evangélica, 66
Igreja e ordem política, econômica e social, 68;
Igreja, princípios morais e ordem social, 71;
Doutrina social e ordem religiosa e moral, 82;
*Rerum novarum* e ordem social justa, 89;
*Quadragesimo anno* e nova ordem social, 91;
*Radiomensagens de Natal* e ordem social, 93;
Doutrina social e ordem temporal, 104;
Ordem das coisas e ordem das pessoas, 132;
Homem, liberdade e ordem social, 135;
Liberdade e condições de ordem econômica, 137;
Liberdade, recusa de Deus e justa ordem, 143;
Subjetividade relacional e ordem do amor, 149;
Propriedade privada e reta ordem da sociedade, 176;

Subsidiariedade e reta ordem da sociedade, 186;
Valores, condição ordenada e vida social, 197;
Liberdade e limites da ordem pública, 200;
Família e função na ordem social, 210*;
Divorciados recasados e ordem espiritual, 226;
Abstinência, fertilidade e ordem antropológica, 233;
Universo, cosmos e ordem, 262;
Ordem social e jurídica e trabalho, 273;
Organizações sindicais e ordem social, 305;
Pobreza e ordem criatural, 324;
Reino de Deus e nova ordem social, 325;
Ordem econômica e ordem social, 330, 331;
Poder e ordem estabelecidos por Deus, 380, 392, 383;
Comunidade política e ordem ético-religiosa, 384;
Autoridade política, ordem e crescimento humano, 394;
Autoridade e ordem moral, 396, 398, 399;
Direito de resistir e ordem da justiça, 400;
Pena e defesa da ordem pública, 403;
Liberdade religiosa e ordem moral objetiva, 422, 423;
Igreja, comunidade política e ordem dos fins, 424;
Igreja e autonomia da ordem democrática, 424;
Direito, garantia da ordem internacional, 434;
Ordem internacional e lei moral universal, 436;
Ordenamento jurídico e ordem moral, 437;

# 460

*Índice analítico*

Segunda Guerra Mundial e ordem internacional, 438;

Santa Sé, ordem social e valores, 445;

Casal humano e ordem da criação, 451;

Ressurreição de Jesus e relações de ordem, 454;

Homem, ambiente e ordem moral, 461;

Manipulações e ordem natural, 462;

Seres e ordem universal do Criador, 466;

Intervenções sobre a natureza e respeito da ordem, 473;

Bens da terra e ordem da criação, 481;

Paz, violência, pecado e ordem divina, 488;

Paz e ordem da sociedade, 494, 495;

Militares e ordens para cumprir crimes, 503;

Catequese social e ordem moral, 530;

Semanas Sociais e ordem temporal, 532;

Leigos e membros da sagrada ordem, 541;

Leigos, ordem temporal e vocação eterna, 544;

Agremiações laicais e ordem temporal, 549;

Renovação interior e ordem social, 552;

Meios de comunicação e ordem moral, 560;

Discernimento, ordem legal e moral, 569;

Estados e ordem privada e pública, 577;

Civilização do amor e ordem internacional, 582.

### ORDENAMENTO

*Rerum novarum* e ordenamentos sociopolíticos, 89;

Direito e ordenamento nacional e internacional, 93;

Liberdade religiosa e ordenamento político, 97, 422;

Bem comum e ordenamento jurídico, 166;

Uso dos bens e ordenamento ético-social, 172, 173;

Vida comunitária e ordenamentos democráticos, 190;

Estruturas, pecado, solidariedade e ordenamentos, 193;

Caridade, renovação e ordenamentos jurídicos, 207;

Família e ordenamento social, 211;

Instituto matrimonial e ordenamento divino, 215;

Direitos das crianças e ordenamentos jurídicos, 244;

Emprego e ordenamento econômico, 288;

Direitos dos trabalhadores e ordenamentos jurídicos, 301;

Convivência humana e ordenamentos jurídicos, 386;

Autoridade política e ordenamento jurídico, 394;

Lei moral e ordenamento estatal, 397;

Democracia, um ordenamento, 407;

Sanções e ordenamento internacional, 507;

Cristãos e ordenamento mais justo, 566.

### ORGANISMO

*Justitia et Pax,* organismo, 99;

Pessoa como célula de um organismo, 125;

Direitos humanos, compromisso pastoral e organismos, 159;

Subsidiariedade, organismo e bem comum, 187;

Educação e organismos civis e eclesiais, 240;

Proteção do trabalho e Organismos internacionais, 292;

Sistema econômico e Organismos internacionais, 371;

Autoridade política, Organismos e ordem moral, 394;

Organismos representativos e controle, 408;

Organismos internacionais e convivência das Nações, 440;

Organismos internacionais e processos de desenvolvimento, 442;

Intervenções técnicas e organismos viventes, 473;

Biotecnologias e Organismos nacionais, 476;

Ação bélica preventiva e Organismos, 501;

Sanções e Organismos da Comunidade internacional, 507;

Crimes e Organismos judiciários internacionais, 518.

## ORGANIZAÇÃO

Transcendência do homem e organização, 47;

Reino de Deus e organização, 51;

Igreja e modelos de organização social, 68, 81;

Doutrina social e organização, 83;

*Centesimus annus* e organização social, 103;

Bem comum e organização do Estado, 166;

Estado e organização da sociedade civil, 168;

Subsidiariedade e organizações internacionais, 187;

Caridade e organizações sociais, 207;

Caridade e compromisso para organizar a sociedade, 208;

Medidas demográficas e organizações, 234;

Organização industrial do trabalho, 267;

Trabalho e organização, 270, 271;

Capital humano e organização, 278;

Participação e organização do trabalho, 281;

Trabalho e auto-organização da sociedade, 293;

Família, trabalho e organizações, 294;

Mulheres e organização do trabalho, 295;

Organizações sindicais e ordem social, 305;

Organizações sindicais e ordem política, 307;

Globalização e organização do trabalho, 310, 311, 312, 313;

Trabalho e atuais organizações, 317;

Mercado e organização do Estado, 353;

Sociedade civil organizada e corpos intermediários, 356;

Organizações privadas sem fim de lucro, 357;

Organizações internacionais da sociedade civil, 366;

Administração pública e organização, 412;

Relações entre Estados e organizações religiosas, 423;

Igreja e estruturas organizativas, 424, 425;

Igreja e liberdade de se organizar, 426;

Estado e organizações eclesiais, 427;

Família humana e formas de organização, 432;

Organização da Comunidade internacional, 433;

Papel das Organizações Internacionais, 440;

Revisão das Organizações Internacionais, 442;

Organizações não Governamentais, 443;

Santa Sé e organizações intergovernamentais, 444;

Paz, defesa e Organizações Internacionais, 490;

## P

### Pai

O homem é *pai* do próprio ser, 135;
Direito a nascer de um pai e de uma mãe, 235
Responsabilidade do homem como pai, 251;
Abraão, pai de uma multidão de povos, 430, 451.

### Pais

Filhos, dom para os pais, 218, 230;
Pais cristãos e vocação de leigos, 220;
Procriação assistida e pais, 235;
Pais e procriação, 237;
Pais e educação dos filhos, 239;
Pais e organismos civis e eclesiais, 340;
Pais e direito a instituições educativas, 241;
Pais e obra de conjunto na educação, 242;
Pais e educação sexual dos filhos, 243;
Novas gerações e patrimônio dos pais, 244;
Remuneração, trabalho caseiro e pais, 250;
Meios de comunicação e pais, 562.

### Participação

Igreja, participação e dimensão secular, 10;
Participação à vida filial de Cristo, 29, 38, 45, 58, 70;
Amor trinitário, participação e humanidade, 54;
Participação ao amor infinito de Deus, 55;
Igreja participante e homens, 60;
Casal, participação e criatividade de Deus, 111;
Cristo e participação a natureza de Deus, 122;
Corpo e participação à glória, 127;
Homem e participação na mente divina, 129, 456;
Lei natural, participação e lei eterna, 140, 140*;
Portadores de *deficiências* e participação, 148;
Participação e vida social, 151;
Direito de participar, trabalho e bens da terra, 155;
Nações e participação no desenvolvimento, 179;
Subsidiariedade e participação, 189;
Participação e vida da comunidade civil, 189;
Participação e democracia, 190;
Participação, cidadão e instituições, 191;
Países totalitários e participação, 191;
Divorciados recasados e participação, 226;
Participação do filho e pais, 230;
Participação das famílias e associações, 231;
Cônjuges e participação na obra criadora, 232;
Famílias e participação na vida política, 246;
Repouso sabático e participação no culto, 258;
Trabalho e participação, 263;
Homem e participação na sabedoria divina, 266;
Participação, comunidade e alienação, 280;
Trabalho, capital, participação e trabalhadores, 281;

Terrorismo e organizações extremistas, 513;
Solidariedade e organização social, 580.

*Paternidade*

# 463

Dia do Senhor e participação, 285;

Auto-organização social e participação, 293;

Participação, garantia ética e povos, 321;

Participação e plenitude do Senhor, 327;

Direito de participar à vida econômica, 333;

Autêntico desenvolvimento e participação, 342;

Bem comum e participação, 354;

Pessoa humana e participação, 391;

Democracia e participação dos cidadãos, 406, 567;

Sociedade e estruturas de participação, 406;

Partidos políticos e participação, 413;

Plebiscito e participação política, 413;

Informação e participação democrática, 414;

Participação e política das comunicações, 416;

Igualdade e participação, 442;

Santa Sé e participação de organizações, 444;

Páscoa, natureza e participação, 454;

Paz e participação no Reino de Deus, 492;

Objetores e participação num conflito, 503;

Crianças e participação nos combates, 512;

Igreja, participação e paz, 516;

Presbíteros, participação e Bispo, 539;

Leigos, participação e missão de Cristo, 541, 549;

Eucaristia, participação e sacrifício de Cristo, 542;

Eficiência econômica e participação, 564;

Adesão a um partido e participação, 573.

## PARTIDO

Relação entre sindicatos e partidos políticos, 307;

Partidos e participação na vida política, 413;

Leigos e adesão a um partido, 573, 574.

## PASTORAL SOCIAL

Doutrina social, prioridade pastoral, 7;

Compêndio e discernimento pastoral, 10;

Compêndio, instrumento de serviço pastoral, 11;

Século XIX e solicitude pastoral, 88, 267;

Magistério e preocupação pastoral, 104;

Compromisso pastoral, anúncio e denúncia, 159;

Pastoral social e colaboração ecumênica, 159;

Igreja, refugiados e presença pastoral, 505;

*Mensagens pela Paz* e ação pastoral, 520;

Antropologia, obra pastoral e inculturação, 523;

Doutrina social e pastoral social, 524, 526;

Mensagem social e tarefa pastoral, 525;

Pastoral social e verdade sobre o homem, 527;

Candidatos ao sacerdócio e pastoral social, 533;

Pastoral social e cristãos, 538;

Bispo e pastoral social, 539;

Presbítero e pastoral social, 539;

Ação pastoral e pessoas consagradas, 540;

Agremiações eclesiais e pastoral social, 550.

## PATERNIDADE

Paternidade e semelhança com Deus, 230;

464 *Índice analítico*

Paternidade e acolhimento à vida, 232;

Desejo de paternidade e direito ao filho, 235;

Paternidade, tarefa de natureza espiritual, 237.

### PAZ

Igreja, homem e exigências da paz, 3;

Homens, Amor de Deus e paz, 4, 5;

Religiões, cultura e paz, 12;

Igreja, Igrejas, Comunidades Eclesiais e paz, 12;

Nova ordem social e paz, 19;

Cristo, Reino de paz e bens do homem, 57;

Relações entre agir humano e paz, 58;

Espírito, pensamentos e projetos de paz, 63;

Paz e evangelização, 66;

Evangelho, mensagem de paz, Igreja e homem, 86;

Reich e paz entre a Igreja e Estado, 92;

Pio XII e ordem social centrada na paz, 93;

*Pacem in terris* e tema da paz, 95;

*Gaudium et spes* e temas da paz, 96;

*Populorum progressio*, desenvolvimento e paz, 98, 498;

Pio XII e paz, fruto da justiça, 102, 203;

*Sollicitudo rei socialis* e paz, 102, 203;

Deus, paz e sintonia com o Seu projeto, 118;

Paz, direito do homem e direitos dos povos, 157;

Espírito do Senhor, corações, Igreja e paz, 159;

Bem comum e compromisso para a paz, 166;

Injustiça social e condições de paz, 188;

Vínculos entre solidariedade e paz, 194, 194*, 203;

Paz e atuação da justiça, 203;

Caridade, agir social e paz, 207;

Família, mundo e paz de Cristo, 220;

Divorciados recasados e iniciativas para a paz, 226;

Educação dos filhos à paz, 242;

Direito ao trabalho e paz social, 288;

Trabalho humano e paz civil, 292;

Autoridade pública internacional e paz, 365;

Rei, oráculos messiânicos e paz as nações, 378;

Verdade, justiça, liberdade, solidariedade e paz, 383;

Diálogo, negociação e paz, 387;

Paz pública e convivência na justiça, 422;

Profetas e paz entre as Nações, 430;

Nações Unidas e paz, 440;

Política internacional, paz e globalização, 442;

Paz e Organizações não Governamentais 443;

Paz e diálogo entre Igreja e autoridade civil, 445;

Povo e moradia da paz, 452;

Ser humano, Amor divino e paz, 454;

Revelação bíblica e paz, 488, 489, 490, 491, 492, 492;

Paz, um valor e um dever, 494;

Paz e ordem racional e moral da sociedade, 494;

Paz e ausência de guerra, 494;

Paz e concepção da pessoa, 494;

Paz e ordem segundo justiça e caridade, 494;

Paz, ordem de Deus e responsabilidade, 495;

Cultura de paz e ideal de paz, 495;

Nada se perde com a paz, 497;

Organizações Internacionais e paz, 499;

Obrigação dos Estados e paz, 500;

*Perdão*

465

Nações Unidas, Conselho de Segurança e paz, 501;
Forças armadas e paz, 502;
Militares e missões humanitárias e de paz, 502;
Armas, corrida às armas e paz, 508, 511;
Paz no mundo e missão da Igreja, 516;
Paz, perdão e reconciliação, 517;
Direito à paz, 518;
Igreja e oração pela paz, 519;
Celebração eucarística e paz, 519, 519*;
*Dias Mundiais da Paz*, 520;
Catequese e construção da paz, 529;
Doutrina social e educação à paz, 532;
Colaboração ecumênica e paz, 535;
Igreja Católica, irmãos judeus e paz, 536;
Religiões e consecução da paz, 537;
Paz, cristãos e ação política, 565;
Civilização do amor e paz duradoura, 582.

## PECADO

Em Jesus Cristo, Deus nos libertou do pecado, 17;
Dez Mandamentos e escravidão do pecado, 22;
Criação e pecado das origens, 27, 115;
Jesus, misericórdia de Deus e pecadores, 29;
Filho, vítima de expiação pelos pecados, 30;
Agir humano e pecado, 41, 42;
Sobrenatural, natureza e pecado, 64;
Relevância pública do Evangelho e pecado, 71;
Doutrina social, denúncia e pecado, 81;
Pecado e alienação, 116;
Pecado pessoal e social, 117, 117*;
Pecados sociais, agressão ao próximo, 118;
Pecado e estruturas de pecado, 119;

Pecado original e universalidade do pecado, 120;
Abismos do pecado e esperança, 121;
Dimensão corporal, ferida do pecado, 128;
Direitos e dignidade humana, ferida do pecado, 153;
Estrutura de pecado e de solidariedade, 193;
Amor conjugal e pecado, 219*;
Trabalho, pena por causa do pecado, 256;
Jesus Cristo, mundo visível e pecado, 262;
Trabalho e desfiguração do pecado, 263;
Bondade da criação, pecado e Reino de Deus, 325;
Desenvolvimento, pecado e reconciliação, 327;
Economia e estruturas de pecado, 332;
Tradição régia e pecado de Davi, 378;
Oração pelos governantes e pecado, 381;
Aliança, primeira criação e pecado, 429;
Desenvolvimento e estruturas de pecado, 446;
Custodiar a criação e pecado, 452;
Mundo, pecado e purificação, 453;
Jesus, mundo novo e pecado, 454;
Celebração eucarística e pecados do mundo, 519*;
Instituições e estruturas de pecado, 566;
Deus e homem, redimido do pecado, 576;
Compromisso cristão, esperança e pecado, 578.

## PENA DE MORTE

Opinião pública e pena de morte, 406;
Países, providências e pena de morte, 405.

## PERDÃO

Solidariedade e dimensão do perdão, 196;

Pai-nosso e perdão, 492;

Passado, paz e perdão, 517;

Perdão, exigências da justiça e verdade, 518.

## PERSEGUIÇÃO

Preces para os governantes e perseguições, 381;

Besta do Apocalipse e poder perseguidor, 382;

Perseguição religiosa e ordem internacional, 438.

## PESSOA HUMANA

Igreja e vocação das pessoas, 3, 63;

Amor de Deus e pessoas de paz, 4;

Vilipêndio dos direitos humanos e pessoas, 5;

Pessoa, doutrina social e realidade de hoje, 7;

Antropologia cristã e pessoa humana, 9;

Religiões, cultura e pessoa humana, 12;

Religiosidade e pessoa humana, 15;

Igreja e salvação da pessoa do homem, 18;

Nova ordem e pessoa humana, 19;

Dom, gratuidade e experiência da pessoa, 20;

Dez Mandamentos e pessoa humana, 22;

Ano sabático e libertação das pessoas, 24;

Relação com Deus e pessoa humana, 27;

Amor trinitário e pessoa humana, 54;

Revelação cristã e identidade da pessoa, 35;

*Gênesis* e identidade da pessoa humana, 36;

Dignidade da pessoa e antropologia cristã, 37;

Salvação e pessoa humana, 38;

Pessoa humana, Deus e próximo, 40;

Pessoa humana e mudanças sociais, 42;

Pessoa humana e Deus como fim último, 47;

Pessoa humana e instrumentalizações, 48, 133;

Visão totalitária da sociedade e pessoa, 48;

Igreja e transcendência da pessoa, 49;

Igreja e dignidade da pessoa humana, 51;

Cristo e socialidade da pessoa humana, 52;

Comunidade dos crentes e pessoas, 53;

Ressurreição, pessoas e morada eterna, 56;

Pessoa humana e relações com as pessoas, 58;

Evangelho, pessoa e sociedade de pessoas, 65;

Igreja, juízo e direitos da pessoa, 71, 426;

Doutrina social e comportamento das pessoas, 73;

Fé, razão e verdade da pessoa, 75;

Filosofia e compreensão da pessoa, 77;

Ciências e pessoa, 78;

Doutrina social e pessoas qualificadas, 79;

Doutrina social, denúncia e pessoas, 81;

Doutrina social, pessoa e grupo religioso, 84;

*Gaudium et spes* e pessoa humana, 96;

*Dignitatis humanae* e pessoa humana, 97;

*Populorum progressio* e pessoa, 98;

*Laborem exercens* e pessoa, 101;

Vida social e pessoa humana, 106;

Igreja e centralidade da pessoa humana, 106;

Doutrina social e dignidade da pessoa, 107;

Pessoa, criatura à imagem de Deus, 108;

Deus, porto de chegada definitivo de toda pessoa, 110;

*Pessoa humana* 467

Comunhão e homem e mulher como pessoas, 111;

Lacerações e dignidade da pessoa, 116;

Pecado, ato da pessoa, 117;

Pecado social, relações e pessoa, 118;

Estrutura de pecado e atos das pessoas, 119, 193;

Doutrina social e pessoa humana, 124;

Unidade da alma e do corpo e pessoa, 127;

Pessoa humana e abertura à transcendência, 130;

Pessoa humana, ser inteligente e consciente, 131;

Pessoa humana e singularidade não repetível, 131;

Sociedade justa e pessoa humana, 132;

Pessoa e projetos econômicos, 133;

Moralização, vida social e pessoas, 134;

Liberdade e crescimento da pessoa, 135;

Capacidade da pessoa e mudanças, 137;

Atos construtivos da pessoa e verdade, 138;

Juízo prático da consciência e pessoa, 139;

Lei natural e dignidade da pessoa, 140;

Verdade, bem e comunhão das pessoas, 142;

Igualdade, pessoas e dignidade, 144;

Encontro homem e mulher e pessoa humana, 147;

Pessoas físico-dependentes, 148;

Pessoa, ser social, 149;

Socialidade e comunhão das pessoas, 150;

Associação e participação das pessoas, 151;

Socialização e pessoa, 151;

Direitos humanos e pessoa humana, 153;

Liberdade religiosa e pessoa, 155;

Direitos, deveres e pessoas humana, 156;

Princípio da dignidade da pessoas e princípios, 160;

Sociedade e liberdade das pessoas, 163;

Princípio do bem comum e pessoa, 164, 165, 166, 170;

Bem comum e serviços essenciais às pessoas, 166

Instituições políticas, bens e pessoas, 168;

Pessoa e bens materiais, 171;

Direito ao uso comum dos bens e pessoa, 172;

Destinação universal dos bens e pessoa, 175, 182;

Pessoa e uso dos próprios recursos, 178;

Pessoa e sociedades intermediárias, 185;

Princípio de subsidiariedade e pessoa, 187, 188;

Solidariedade e pessoa humana, 192, 193, 582;

Valores sociais e pessoa humana, 197, 397;

Dignidade das pessoas e verdade, 198;

Liberdade e dignidade de toda pessoa, 199, 200;

Justiça e pessoa, 201;

Valor da pessoa e critério de utilidade, 202;

Caridade social e política e pessoas, 207;

Família e pessoa, 209, 211, 212, 221;

Família, comunidade de pessoas, 213, 244;

Amor conjugal, dom da pessoa à pessoa, 215;

Cônjuges e componentes da pessoa, 217;

Matrimônio e aliança de pessoas no amor, 219;

Idosos, pessoas e colaboradores responsáveis, 222;

Sexualidade conjugal e dom das pessoas, 223;

468  *Índice analítico*

Indissolubilidade do matrimônio e pessoas, 225;

Pessoas recasadas e vida eclesial, 226;

Família, educação dos filhos e pessoa, 227;

Família e pessoas do mesmo sexo, 228;

Pessoa homossexual, dignidade e respeito, 228;

Família, comunidade de pessoas e amor, 230;

Meios anticoncepcionais e pessoa, 233;

Medidas em campo demográfico e pessoas, 234;

Procriação assistida e dignidade da pessoa, 235;

Clonagem e pessoa humana, 236;

Paternidade e genealogia da pessoa, 237;

Família, pessoas, liberdade e responsabilidade, 238;

Educação da pessoa humana, 242;

Dimensão sexual, pessoa e valores éticos, 243;

Crianças e pessoas dadas à pedofilia, 245;

Vida econômica e iniciativa das pessoas, 248;

Família, trabalho e pessoa, 249, 294;

Abonos familiares e encargo de pessoas, 250;

Estado, prioridade da família e pessoas, 254;

Trabalho e desenvolvimento das pessoas, 269;

Trabalho e pessoa, 270, 271, 272;

Desenvolvimento da pessoa e eficácia do trabalho, 278;

Trabalho-carreira e pessoa, 280;

Trabalho, corpos intermediários e pessoas, 281;

Empregador indireto e pessoas, 288;

Trabalho, sistema formativo e pessoas, 290;

Migrações e dignidade da pessoa humana, 298;

Direito dos trabalhadores e pessoa humana, 301;

Renda e desenvolvimento da pessoa, 303;

Globalização e transporte de pessoas, 310;

Novo trabalho e milhões de pessoas, 311;

Atividade trabalhistas e serviços à pessoa, 313;

Atividades formais ou informais e pessoas, 316;

Trabalho, inovações e pessoa, 317, 318, 321;

Globalização e dignidade da pessoa, 321;

Vida econômica e dignidade da pessoa, 331;

Liberdade da pessoa em campo econômico, 336;

Empresa, sociedade de pessoas, 338;

Empresa, proveito e pessoas, 340;

Usura e vida de muitas pessoas, 341;

Livre mercado e vontade das pessoas, 347;

Mercado, bens e visão da pessoa, 349;

Liberdade econômica e pessoa humana, 350;

Estado na economia, aparatos e pessoas, 354;

Desenvolvimento das pessoas e economia, 369;

Modelos de desenvolvimento e dignidade da pessoa, 373;

Países ricos, alienação e pessoas, 374;

Autoridade e bem da pessoa, 380;

Convivência política e pessoa humana, 384;

Povo, conjunto e pessoas, 385;

Comunidade política e pessoa humana, 388, 418;

# Pessoa humana

469

Convivência e direitos e deveres da pessoa, 388, 389, 390;

Sociedade política, necessidades e pessoa, 391;

Relações comunitárias e pessoas, 392;

Autoridade e natureza social das pessoas, 393;

Leis justas e dignidade da pessoa humana, 398;

Autoridade e direito das pessoas, 399;

Tirania e direitos fundamentais da pessoa, 401;

Pena, segurança e reinserção das pessoas, 403;

Capelães dos cárceres e pessoas presas, 403;

Pessoas presas e respeito da dignidade, 403;

Responsabilidade penal e dignidade da pessoa, 404;

Métodos não cruentos de repressão e pessoa, 405;

Democracia e pessoa humana, 406, 407;

Autoridade, pessoas e bem comum, 410;

Sistema informativo e pessoa humana, 415;

Sociedade civil e direito da pessoa, 419;

Pessoa e liberdade religiosa, 421;

Comunidade internacional e pessoa humana, 433;

Ideologias e pessoa integral, 433;

Pessoas e Organizações não Governamentais, 443;

Pessoas e diálogo entre Igreja e autoridades civis, 445;

Pessoa humana e direito ao desenvolvimento, 446;

Cooperação e pessoas pobres, 448;

Humanismo pleno e pessoas, 449;

Senhor e pessoa como interlocutora, 452;

Ciência, técnica e pessoa humana, 462;

Absolutização da natureza e pessoa, 463;

Produtos biotecnológicos e pessoa, 480;

Mudanças demográficas, ambiente e pessoa, 483;

Água e pessoas pobres, 484;

Paz e pessoa humana, 494, 495;

Pessoa nas forças armadas, 502;

Militares e direitos das pessoas, 503;

Conflitos e bem da pessoa humana, 504;

Princípio de humanidade e valor da pessoa, 505;

Terrorismo e pessoas, 513;

Igreja, pessoas e paz, 516;

Antropologia e dignidade de toda pessoa, 522;

Problemas sociais e pessoa humana, 527;

Colaboração ecumênica e pessoas humanas, 535;

Cristãos e defesa da pessoa humana, 538;

Pastoral social e pessoas consagradas, 540;

Prudência e pessoa, 548, 548*;

Comunhão eclesial, associações e pessoas, 549;

Leigos e serviço à pessoa humana, 552;

Direito à vida e direitos da pessoa, 553;

Bem da pessoa e liberdade religiosa, 553;

Fé, vida de cada dia e pessoa humana, 554;

Pessoa e cultura, 556, 557, 558, 559;

Direito das pessoas e escola livre e aberta, 557;

Leigos, pessoas e meios de comunicação, 560, 561, 562;

Magistério, pessoa e economia, 563;

Economia e pobreza das pessoas, 564;

Cristãos, política e pessoa humana, 566;

Matrimônio e pessoas de sexo diferente, 569;

Respeito à vida e direitos da pessoa, 571;

Escolha das pessoa e vida pública, 574;

Vida e morte das pessoas e progresso, 575;

Igreja, pessoa e bondade fundamental, 578;

Comportamento da pessoa e amor, 580;

Desenvolvimento da pessoa e crescimento social, 581;

Sociedade, pessoa e amor na vida social, 582.

## Pluralismo

Humanidade de hoje e gestão do pluralismo, 16;

Bem comum e pluralismo social, 151;

Articulação pluralista da sociedade, 187;

Trabalho e pluralidade de atividades trabalhistas, 314;

Pluralidade de centros de decisão, 356;

Pluralismo e âmbito da informação, 414;

Pluralismo social e democracia, 417;

Sociedade pluralista, laicidade e comunicação, 572;

Ética natural e legítimo pluralismo, 572.

## Pobreza

Amor e velhas e novas pobrezas, 5;

Povo da Aliança e direito do pobre, 23;

Ano sabático e pobrezas econômicas, 24;

Jesus e alegre mensagem aos pobres, 28;

Misericórdia libertadora de Deus e pobres, 29;

Gozar das coisas criadas e pobreza de espírito, 44;

Maria e amor de preferência aos pobres, 59;

Doutrina social, denúncia e direitos dos pobres, 81;

*Rerum novarum* e dignidade dos pobres, 89;

Igreja e o pobre como irmão, 105, 284;

Doutrina social e privilégio dos pobres, 158;

Destinação universal dos bens e pobres, 182;

Amor preferencial pelos pobres, 182, 449;

Jesus, pobres e responsabilidade cristã, 183;

Obras de misericórdia e esmola aos pobres, 184;

Caridade, justiça e problema da pobreza, 184;

Família e solidariedade aos pobres, 246;

Trabalho, instrumento contra a pobreza, 257;

Repouso sabático e defesa do pobre, 258;

Trabalho e solicitude para com o pobre, 265;

*Rerum novarum* e direitos dos pobres, 268;

Domingo e irmãos na pobreza, 285;

Imigração, Países ricos e Países pobres, 297;

Antigo Testamento, bens e pobreza, 323;

Pobreza diante de Deus, valor moral, 324;

Jesus, bens econômicos e pobreza, 325;

Padres, bens econômicos e pobreza, 329;

Riqueza, solidariedade e pobreza, 332;

Poder de compra, solidariedade e pobre, 359;

Globalização e crescimento da pobreza, 362;

Sistema comercial internacional e Países pobres, 364;

Globalização, diversidades culturais e pobres, 366;

Países ricos e fronteiras da pobreza, 374;

Realeza e justiça aos pobres, 378;

Comunicação e pobre de informações, 416, 561;

Mercado internacional e Países marcados pela pobreza, 447;

Causas da pobreza, 447;

Cooperação internacional e Países pobres, 448;

Novo milênio e pobreza, 449;

Desenvolvimento e crise de dívida dos Países pobres, 450;

Biotecnologias e problemas de pobreza, 474;

Destinação dos bens, ambiente e pobreza, 482;

Pobres e periferias poluídas das cidades, 483;

Países pobres e mudanças demográficas, 483;

Água e pessoas que vivem na pobreza, 484;

Pessoas consagradas e pobreza, 540;

Cultura e empobrecimento da humanidade, 556;

Pobreza e privação cultural, 557;

Repensar a economia e pobreza, 564;

Leigos, compromisso político e pobreza, 565;

Sistema democrático, discernimento e pobres, 569.

## PODER

*Octogesima adveniens* e poder financeiro, 91;

*Pacem in terris* e poderes públicos, 95;

Estruturas de pecado e sede de poder, 119;

Homem, irredutibilidade e sistemas de poder, 131;

Homem, poder, bem e mal, 136;

Fonte dos direitos humanos e poderes públicos, 153;

Bem comum e poderes do Estado, 166;

Bens particulares e funções de poder público, 169;

Governo democrático, povo e poderes, 190;

Poder e direito natural ao matrimônio, 216;

Poderes públicos em campo demográfico, 234;

Deus e poder dado ao homem, 255;

Corpos intermediários e poderes públicos, 281;

Novos saberes e grupos restritos de poder, 283;

Organizações sindicais e poder público, 307;

Sindicatos e poderes, 307;

Leis econômicas e poder do homem, 330;

Poderes públicos, subsidiariedade e solidariedade, 351;

Consumidores e poder de compra, 358;

Poder de compra e exigências morais, 359;

Poder régio, dom de Iahweh, 377;

Jesus e poder, 380, 382;

Cristãos e poder, 380, 382;

Soberania de Deus e exercício dos poderes, 383;

Poderes públicos e direitos da pessoa, 389;

Resistência à opressão do poder, 401;

Estado de direito e poder de infligir as penas, 402;

Poder legislativo, executivo e judiciário, 402;

Poder judiciário e independência, 402;

Democracia e poder do Estado, 406, 407;

Princípio da divisão dos poderes e Estado, 408;

Prática do poder e espírito de serviço, 410;

Poderes financeiros e informação, 414;

Autoridade universal com poder efetivo, 441;

Leigos e exercício do poder político, 531, 567;

Grupos ocultos de poder, 567;

Magistério social e poder político, 571.

## POLIGAMIA

Poligamia e projeto original de Deus, 217;

Poligamia e dignidade do homem e da mulher, 217.

## POLÍTICA

Salvação e mundo da política, 1;

Aliança e vida política de Israel, 24;

Ruptura originária e vida política, 27;

Mandamento do amor e vida política, 33;

Fenômeno político da interdependência, 33;

Compromisso do homem e vida política, 40;

Pessoa humana e estruturas políticas, 48;

Igreja, comunidade política e sistema político, 50;

Reino de Deus e organizações políticas, 51;

Política e economia da salvação, 62;

Igreja, evangelização e política, 70;

Fé e realidade sociopolítica, 86;

*Gaudium et spes* e comunidade política, 96;

*Centesimus annus* e organização política, 103;

Princípios permanentes e política, 161;

Bem comum e autoridade política, 168;

Propriedade privada e política econômica, 176;

Povos indígenas e vida política, 180;

Caridade e atenção política à pobreza, 184;

Subsidiariedade e realidade política do País, 187;

Vida política da comunidade civil, 189;

Alternância dos dirigentes políticos, 189;

Desencanto pela esfera política, 191;

Caridade social e política, 207, 208;

Famílias e vida política, 246, 247;

Famílias e política familiar, 247;

Ação política e valores da família, 252, 254;

Política econômica e emprego, 288;

Políticas de reforma agrária, 300;

Política das fusões, 344;

Empregadores e estabilidade política, 345;

Estado e política econômica, 354;

Comunidade política e despesa pública, 355;

Solidariedade intergeracional e comunidades políticas, 367;

Política e dimensão operativa mundial, 372;

Interdependência política, 373;

Autoridade política e vida serena e tranqüila, 381;

Pessoa humana e convivência política, 384, 388, 391;

Comunidade política e povo, 385;

Direitos humanos e comunidade política, 388;

Comunidade política e bem comum, 389, 407;

Convivência política e amizade civil, 390, 392;

Sociedade política e valor da *comunidade*, 392;

Autoridade política e convivência civil, 393, 394;

Autoridade política e ordem moral, 394;

Autoridade política e povo, 395, 408;

Cristãos, verdade e ação política, 407;

Bem comum e autoridade política, 409;

Corrupção política, 411;

Partidos políticos e participação, 413;

Participação política e plebiscito, 413;

Povo

473

Participação e comunidade política, 414;
Política das comunicações, 416;
Comunidade política e sociedade civil, 417, 418, 419;
Liberdade religiosa e prudência política, 422;
Igreja e comunidade política, 424, 425, 427;
Autoridade política e Comunidade Internacional, 441;
Política internacional, paz e desenvolvimento, 442;
Vida política, subdesenvolvimento e pobreza, 447;
Países e política comercial, 476;
Uso do ambiente e escolhas políticas, 483;
Política demográfica e desenvolvimento global, 483;
Paz, valor da comunidade política toda, 495;
Leão XIII e a realidade política de seu tempo, 521;
Antropologia cristã e realidade política, 522;
Leigos, formação e compromisso político, 531;
Diálogo, comunidades cristãs e política, 534;
Sacerdote, fiéis e vida política, 539;
Prudência "política", 548*;
Leigo, serviço e vida política, 551, 565;
Leigo e cultura política inspirada no Evangelho, 555;
Leigos, cultura e ação política, 556;
Políticos e rependimento da economia, 564;
Qualificação moral da vida política, 566;
Leigo e exercício do poder, 567;
Compromisso político dos católicos e laicidade, 571;

Laicismo e relevância política da fé, 572;
Leigos e escolha dos instrumentos políticos, 573;
Solidariedade e organização política, 580;
Amor cristão e caridade política, 581.

POLUIÇÃO

Ambiente e fatores de poluição, 465.

PONTIFÍCIO CONSELHO "JUSTIÇA E PAZ"

Compêndio e Pontifício Conselho, 7;
*Pacem in terris* e Pontifícia Comissão, 95.

POPULAÇÃO

Instituições financeiras internacionais e população, 371;
Dívida externa e população, 450;
Biotecnologias e população, 476;
Envelhecimento da população, 483;
Direito humanitário internacional e população, 504;
Princípio de humanidade e população civil, 505;
Sanções e população, 507.

POUPANÇA

Salário familiar e poupança, 250;
Mercado e poupança dos recursos, 347;
Consumidores entre consumo e poupança, 358;
Estilo de vida e escolhas dos poupadores, 360, 486;
Mercado financeiro e poupança, 368.

POVO

Igreja e povo peregrino, 1;
Salvação, Igreja e povos, 1;
Povos e respeito, 5;

474 — *Índice analítico*

Ensinamentos e tradição do povo de Deus, 12;

Povo, civilização e culturas, 14;

Deus, povo de Israel e dom da liberdade, 21;

Iniciativa de Deus e Aliança com Seu povo, 22;

Povo de Israel e Decálogo, 22, 23;

Povo de Israel e ano sabático, 24, 258;

Povo da Aliança, justiça e solidariedade, 25;

Amor recíproco e povo de Deus, 33;

Solidariedade dos povos e projeto de Deus, 35;

Espírito do Senhor e povo de Deus, 53;

Relações entre os povos e evangelização, 66;

Sentido da fé de todo o Povo, 79;

Magistério de Pio XII, voz para muitos povos, 93;

*Gaudium et spes* e povo de Deus, 96;

*Gaudium et spes* e comunidade dos povos, 96;

Deus e paz entre os povos, 118;

Estruturas de pecado e desenvolvimento dos povos, 119, 446;

Universalidade da esperança cristã e povos, 123;

Eqüidade, povos e comunidade internacional, 145;

Povos e fraternidade universal, 145;

Os direitos dos povos, 157;

Princípios da doutrina social e povos, 161;

Comunidade dos povos e bem comum, 165;

Deus, terra e uso de todos os povos, 171;

Riqueza e bem-estar dos povos, 174;

Povos e desenvolvimento integral, 175;

Desenvolvimento, barreiras e povos, 179;

Povos indígenas e propriedade comunitária, 180, 471;

Bens materiais e crescimento dos povos, 181;

Vida social e colaboração dos povos, 189;

Governo democrático e povo, 190;

Solidariedade, interdependência e povos, 192, 193, 373;

Estruturas de pecado e relações entre os povos, 193;

Solidariedade e igualdade entre os povos, 194;

Deus e enfermidade do Seu povo, 196;

Povos e vida na unidade e na paz, 207;

Miséria e povos, 208;

Famílias fortes e povos, 213;

Aliança entre Deus e o Seu povo, 219;

Meios contraceptivos e crescimento dos povos, 233;

Cuidado com a terra, rei sábio e cuidado do povo, 255;

Desenvolvimento solidário e sobrevivência dos povos, 321;

Globalização e democracia dos povos, 321;

Pobres e aliança entre Deus e o povo, 324;

Crescimento econômico e povos, 332;

Atividade econômica e povos, 333;

Empregadores, investimentos e povos, 345;

Crescimento da economia e direito dos povos, 366;

Harmonia universal dos povos e cultura, 366;

Organismo internacionais, mercado e povos, 371;

Povo de Israel, rei e senhorio de Iahweh, 377, 378;

Comunidade política e povo, 385;

*Princípio*

475

Povo e partilha de vida e de valores, 386;

Povo e Nação, 387;

Autoridade política e povo, 395, 408;

Representação política e sorte do povo, 410;

Estado, gestor do bem do povo, 412;

*Gênesis* e variedade dos povos, 429;

Abraão, pai de uma multidão de povos, 430;

Tempo escatológico e povo, 430;

Deus, Senhor da história dos povos, 430;

Pentecostes, Ressurreição e povos, 431;

Cristianismo e visão universal dos povos, 432;

Povos, relações e Comunidade Internacional, 433;

Diferentes características de cada povo, 434;

Cultura e identidade de um povo, 435;

Ordem internacional e convivência entre os povos, 436;

Igualdade de cada povo e direito das nações, 437;

Nações Unidas e liberdade dos povos, 440;

Igreja, autoridade e progresso de cada povo, 445;

Pobreza e igual direito de cada povo, 449;

Humanismo pleno e povos, 449;

Direito dos povos ao progresso, 450;

Presença divina e fé do povo de Deus, 451, 452;

Povos indígenas, 471;

Desenvolvimento, autonomia científica e povos, 475;

Autoridade, política comercial e povos, 476;

Desastres ecológicos e povos, 486;

Paz, Deus e povo, 486;

Desenvolvimento dos povos e direitos humanos, 494;

Conexão entre os povos e conflito, 498;

Exigências da humanidade, povos e amor, 499;

Armas, povos e legítima defesa, 500;

Militares e violação dos direitos dos povos, 503;

Princípio de humanidade e povo, 505;

Século XX e holocausto do povo judeu, 506;

Religiões e amizade entre os povos, 515, 516;

Recíproco acolhimento e povos divididos, 518;

Santidade e membros do povo de Deus, 530;

Igreja. Missão e povo de Deus, 538;

Leigos, fiéis constituídos Povo de Deus, 541;

Liberdade religiosa, bem de todo povo, 553;

Pobreza de tantos povos e privação cultural, 557;

Dimensão religiosa de um povo e cultura, 559;

Desenvolvimento e dignidade dos povos, 563;

Marginalização do Cristianismo e povos, 572;

Povos e caridade, 581.

## Princípio

Princípios e soluções de problemas, 9;

Ano sabático e jubilar e princípio, 24;

Princípios da justiça e da solidariedade, 25;

Princípio da liberdade religiosa, 50;

Princípios imutáveis da lei natural, 53;

Igreja, princípios morais e ordem social, 71;

Firmeza nos princípios e doutrina social, 71;

# 476 — Índice analítico

Questão operária e princípios doutrinais, 89;

Princípio de colaboração e luta de classe, 89, 268;

*Rerum novarum*, princípios e encíclicas sociais, 90;

*Quadragesimo anno* e princípios, 91;

Princípio de solidariedade, 103, 194*, 580;

Comunidade cristã e princípios fundamentais, 104;

Princípio da dignidade da pessoa humana, 107;

Alma, princípio de unidade do ser humano, 127;

Dignidade humana, princípio e próximo, 132;

Lei natural e princípios comuns, 141;

Lei civil e princípios da lei natural, 142;

Homem e Deus como seu princípio, 143;

Sociedade, pessoa e princípio de unidade, 149;

Universalidade e indivisibilidade dos direitos, princípios, 154;

Direito internacional, princípio do respeito e Estados, 157;

Princípios permanentes da doutrina social, 160;

Caráter geral e fundamental dos princípios, 161;

Unitariedade, conexão de princípios, 152;

Princípios e verdade da sociedade, 163;

Exigência moral e princípios, 163;

Princípio do bem comum, 164;

Princípio da destinação universal dos bens, 171, 172, 173, 174, 175, 177, 179, 182, 449;

Princípio do uso comum dos bens, 172;

Princípio de subsidiariedade, 186, 187, 188, 449;

Princípio da solidariedade, 193, 194*, 195, 449;

Relação entre princípios e valores, 197;

Estado, família e princípio de subsidiariedade, 214, 252;

Princípio fundamental da Sabedoria, 257;

Operários, princípio geral e remuneração, 259;

Universo e princípio no Verbo incriado, 262;

Revolução industrial e princípios, 267;

Princípio de superioridade, trabalho e produção, 276;

Princípio de prioridade, trabalho e capital, 277;

Princípio, trabalho e causa eficiente primária, 277;

Princípio do máximo proveito, 279;

Propriedade e princípio da destinação dos bens, 282, 283;

Princípio de economicidade, 346;

Mercado e princípio de legitimação, 348;

Estado e princípios de subsidiariedade e de solidariedade, 351;

Estado e princípio redistributivo, 353;

Princípio de subsidiariedade e iniciativa, 354, 418;

Princípios, finanças públicas e bem comum, 355;

Princípios de subsidiariedade e organizações, 357;

Planificação e princípio de destinação dos bens, 367;

Princípio da destinação dos bens e gerações, 367;

Princípio de fraternidade e amizade civil, 390;

Ceticismo e princípios da lei moral, 397;

Resistir à autoridade e princípios do direito, 400;

*Princípio* 477

Resistência passiva e princípios morais, 401;

Princípio da presunção de inocência, 404;

Princípio da divisão de poderes e Estado, 408;

Princípio do Estado de direito, 408;

Corrupção política e princípios da moral, 411;

Princípios morais e comunicações sociais, 416;

Bem comum, democracia e princípios, 417;

Sociedade civil e princípio de subsidiariedade, 419;

Princípio da subjetividade da sociedade, 420;

Princípios e Comunidade Internacional, 433;

Princípios e ordenamento jurídico, 437;

Princípios universais e direito dos Estados, 437;

Princípio da unidade do gênero humano, 437;

Princípio da igualdade de cada povo, 437;

Princípio da recusa da guerra, 437;

Princípio de cooperar para o bem comum, 437;

Princípio de manter fé aos compromissos, 437;

Direito e princípio da confiança recíproca, 439;

Autoridade internacional e princípio de subsidiariedade, 441;

Princípio e direito aos desenvolvimento, 446;

Princípio da exploração dos recursos, 447;

Princípio que o devido contrato deve ser honrado, 450;

Amor, princípio de uma vida nova, 455;

Pesquisa científica e princípios, 458;

Princípio de precaução, 469;

Proveito, bem comum e princípio, 478;

Princípio da destinação dos bens e ambiente, 482;

Forças armadas, ordens e princípios universais, 503;

Objetores de consciência, princípio e serviço militar, 503;

Princípio de humanidade e princípios humanitários, 505;

Princípio da soberania nacional e vítimas, 506;

Princípio da igualdade dos Estados e vítimas, 506;

Princípio de suficiência e armas, 508;

Princípio de não-proliferação das armas nucleares, 509;

Terroristas e princípios de um Estado de direito, 514;

Princípio da jurisdição universal, 518;

Evangelho e princípio de interpretação da realidade, 526;

Ação e princípio da centralidade do homem, 527;

Prudência e princípios morais, 547;

Leigo, princípios do Magistério e economia, 563;

Economia e princípio da centralidade da pessoa, 563;

Princípio da subsidiariedade e leigos, 565;

Leigo e princípio da vida social, 568;

Escolhas legislativas e políticas e princípios cristãos, 570;

Princípio de laicidade, 572;

Princípios morais e prosperidade dos Estados, 577;

Princípio da solidariedade e caridade, 580.

## Princípios de reflexão

Doutrina social e princípios de reflexão, 7;

Compêndio e princípios de reflexão, 11;

Doutrina social, constante nos princípios, 85;

Escolhas políticas e princípios de reflexão, 574.

## Procriação

Unidade dos dois e obra da procriação, 147, 209;

Estado, família e função procriativa, 214;

Matrimônio e procriação, 214;

Uniões de fato, matrimônio e procriação, 227;

Acolhimento à vida e tarefa procriativa, 230;

Procriação e solidariedade entre as gerações, 230;

Meios para a procriação responsável, 233;

Pais e número dos filhos a procriar, 234;

Técnicas reprodutivas e ato procriativo, 235;

Clonagem e dignidade da procriação, 236;

Dimensão espiritual da procriação, 237.

## Produção – produto

Formas de produção, homem e solidariedade, 47;

Evangelizar o social e produção, 70;

Riqueza e processo produtivo, 174;

Proprietários, bens e atividade produtiva, 178;

Identidade de gênero como produto cultural, 224;

Finalidade produtiva e clonagem humana, 236;

Casa, unidade de produção, 248;

Famílias e rede de produção, 248;

Sábado, repouso e produto, 258;

Trabalho e organização produtiva, 271;

Trabalhador como instrumento de produção, 271;

Trabalho e fator de produção, 276;

Capital, meios de produção e empresa, 276, 277;

Trabalho, capital e processo de produção, 277, 306;

Trabalho, capital e fatores produtivos, 277;

Desenvolvimento da pessoa e produtividade, 278;

Proveito na produção e salário, 279;

Produtividade e exploração dos trabalhadores, 279;

Novo trabalho, saber e meios de produção, 281;

Meios de produção e trabalho, 282;

Produtividade econômica, repouso e culto divino, 286;

Estado e mundo produtivo, 291;

Setor terciário e bens produzidos, 293;

Latifúndio improdutivo e desenvolvimento, 300;

Trabalhadores, processo produtivos e saúde, 301;

Bem-estar econômico e bens produzidos, 303;

Sindicatos, proprietários e meios de produção, 305;

Associações e produção da riqueza, 309;

Globalização e formas de produção, 310, 321;

Trabalho e fragmentação do ciclo produtivo, 311;

Economia e organização da produção, 313;

Países em via de desenvolvimento e modelos de produção, 314;

Desconcentração produtiva e empresas, 315;

Economia informal e níveis de produtividade, 316;

Interpretações e atividade produtiva, 318;

Economia e produção de bens materiais, 331, 333;

Eficiência e produção de bens, 332;

Capitalismo e meios de produção, 335;

Esforço produtivo e necessidades, 337;

Empresa e produção de bens e serviços úteis, 338;

Empresa, proveito e fatores produtivos, 340;

Empresários e meios de produção, 344;

Empresários, investimentos e setores produtivos, 345;

Recursos, produção e consumo, 346;

Mercado e produção de bens e serviços, 347;

Liberdade econômica e homem como produtor, 350;

Estado, participação e atividade produtiva, 354;

Eficiência produtiva e solidariedade, 357;

Escolha no investir e setor produtivo, 358;

Consumidores, produtores e produtos, 359;

Disparidade entre Países e produtos tecnológicos, 363;

Comércio e especialização produtiva, 364;

Comércio internacional, produtos e Países pobres, 364;

Mercados financeiros e atividades produtivas, 368;

Países ricos e mecanismo da produção, 374;

Produção de mercadoria e sistema cultural, 375;

Obra educativa e processos de produção, 376;

Formação e responsabilidade nos produtores, 376;

Produtos e meios de comunicação, 416;

Produtos da genialidade e potência de Deus, 457;

Técnica e produção de plantas, 458;

Produção e respeito pela vida, 465;

Inovações, ambiente e produção, 470;

Desenvolvimento e intercâmbio de produtos, 475;

Responsáveis, produção e biotecnologias, 478;

Informação e produtos biotecnológicos, 480;

Produção agrícola e ordem da criação, 486;

Princípio de suficiência, produção e armas, 508, 509, 510, 511;

Produtividade e realização do homem, 544;

Verdade como produto e maioria, 569.

## PROFISSÃO

*Rerum novarum* e associações profissionais, 89;

*Divini Redemptoris* e corpos profissionais, 92;

Pio XII e categorias profissionais, 93;

Vida social e responsabilidade profissional, 134;

Pluralismo social e instituições profissionais, 151;

Expressões de agregação de tipo profissional, 185;

Família, trabalho e escolhas profissionais, 249;

Realização profissional dos jovens, 289;

Emprego e capacidades profissionais, 290;

Família e organizações profissionais, 294;

# 480 — Índice analítico

Mulheres e formação profissional, 295;
Sindicatos, trabalhadores e profissões, 306;
Trabalhadores e atualização profissional, 308;
Trabalho, pessoas e profissão, 311;
Inovações tecnológicas e profissões, 313;
Objeção de consciência e dano profissional, 537;
Leigos e compromisso profissional, 543;
Leigo e formação profissional, 546;
Missão e ambiente profissional, 550.

**PROFISSIONALIDADE – PROFISSIONAIS**

Progresso e responsabilidade dos profissionais, 376;
Profissionalidade da comunidade cristã, 529;
Profissionais dos meios de comunicação, 562.

**PROGRESSO**

Progresso e bem da humanidade, 6;
Presença do mal, da morte e progresso, 14;
Ideologia intramundana do progresso, 48;
Progresso terrestre e desenvolvimento do Reino, 55;
Comissão *"Justitia et Pax"* e progresso, 99;
*Sollicitudo rei socialis*, progresso e desenvolvimento, 102;
Ordem temporal e progresso espiritual, 104;
Ordem social, progresso e pessoas, 132;
Pessoa, progressos presumidos e comunidade civil, 133;
Lei natural, idéias e progresso, 141;
Povos e progresso da comunidade internacional, 145;

*Declaração dos direitos* e progresso, 152;
Liberdade religiosa e progresso do homem, 155;
Destinação universal dos bens e progresso, 175;
Novos bens e progresso econômico, 179;
Interdependência e progressos da informática, 192;
Mundialização, fonte de progresso, 279;
Novos saberes e progresso social, 283;
Progresso material a serviço do homem, 326;
Progresso, salvação e santificação, 326;
Participação e progresso do País, 333;
Empresas cooperativas e progresso do mercado, 339;
Globalização e progresso tecnológico, 362;
Redistribuição da riqueza e progresso, 363;
Ação educativa e progresso, 376;
Luta, guerra e progresso, 438;
Império da lei e progresso, 439;
Igreja, autoridades civis e progresso, 445;
Dívida externa e direitos dos povos ao progresso, 450;
Genialidade humana e progressos nas ciências, 456, 457;
Igreja Católica e progresso, 457;
Tecnologia e progresso do homem, 458;
Ciência, progresso e transcendência, 462;
Vida e morte e progresso científico, 575.

**PROMOÇÃO**

Ecumenismo e promoção da justiça, 12;
Evangelização e promoção humana, 60;
Doutrina social e promoção do homem, 84;
*Carta do Card. Roy* e promoção da paz, 95;
Instituições e promoção da justiça, 131;

*Propriedade* 481

Direitos e promoção da pessoa, 154;

Igreja e promoção dos direitos do homem, 159;

Bem comum e promoção da pessoa, 166;

Destinação dos bens e promoção do mundo, 175;

Subsidiariedade e promoção da sociedade, 186;

Subsidiariedade e promoção da família, 187;

Subsidiariedade e promoção da pessoa, 188;

Estabilidade e promoção da família, 225;

Promoção da cultura da vida, 231;

Promoção da convivência familiar, 252;

Promoção dos direitos da família, 253;

Novos saberes e promoção do progresso, 283;

Trabalho e promoção da justiça social, 292;

Promoção do direito do trabalho, 293;

Trabalho e promoção da mulher, 295;

Economia e promoção de um desenvolvimento, 332;

Empresas e promoção do bem comum, 354;

Estado e promoção do sujeito "subsidiado", 357;

Economia internacional e promoção do homem, 373;

Comunidade política e promoção dos direitos, 388, 389;

Solidariedade e promoção da pessoa, 291;

Democracia e promoção da pessoa, 406;

Igreja e promoção da liberdade religiosa, 421;

Santa Sé e promoção da dignidade humana, 445;

Comércio e promoção do desenvolvimento, 475;

Sociedade e promoção dos direitos humanos, 494;

Responsabilidade e promoção da paz, 495;

Igreja e promoção da paz, 516;

Pastoral social e promoção do homem, 524;

Ecumenismo e promoção da paz, 535;

Leigos e promoção da dignidade humana, 552;

Promoção da dignidade humana e vida, 553;

Promoção da cultura, 560;

Leigos e promoção do diálogo e da paz, 565;

Democracia e promoção da família, 569;

Fiéis e promoção da pessoa, 571.

**PROPRIEDADE**

Ano sabático e questões de propriedade, 24;

*Rerum novarum* e direito de propriedade, 89;

*Quadragesimo anno* e valor da propriedade, 91;

Destinação dos bens e direitos de propriedade, 171, 177, 282, 347*;

Trabalho e propriedade individual, 176, 287;

Propriedade dos bens, acessíveis a todos, 176;

Direito à propriedade privada, 177;

Propriedade e função social da posse, 178;

Destinação dos bens e propriedade dos novos bens, 179;

Propriedade individual e propriedade comunitária, 180;

Propriedade, vantagens e promessas tentadoras, 181;

Opção preferencial pelos pobres e propriedade, 182;

Salário familiar e propriedade familiar, 250;

Repouso sabático e direito de propriedade, 258;

*Rerum novarum* e direitos de propriedade, 268;

Participação dos trabalhadores à propriedade, 281;

Instituto da propriedade privada, 282;

Propriedade privada e pública, 283;

Propriedade das novas tecnologias, 283;

Reforma agrária e propriedade da terra, 300;

Reforma agrária e título de propriedade, 300;

Trabalho, globalização e propriedade, 310;

Relatividade dos bens e propriedade originária, 324;

Economia de mercado, capitalismo e propriedade, 335;

Estado e garantias da propriedade, 352.

## PROSTITUIÇÃO

Direitos do homem e prostituição, 158;

Infidelidade do povo a Deus e prostituição, 219*.

## PROTECIONISMO

Comércio internacional e política protecionistas, 364.

## PROVEITO

Estruturas de pecado e proveito, 199;

Empresa e princípio do máximo proveito, 279;

Organização do trabalho e proveitos, 311;

Empresa e justa função do proveito, 340;

Proveito e dignidade das pessoas, 340;

Busca de um eqüitativo proveito e usura, 341;

Mercado concorrencial e proveito, 347;

Globalização e oportunidade de proveito, 361;

Meios de comunicação e proveito, 416;

Economia, ambiente e proveito, 470;

Biotecnologia e legítimo proveito, 478.

## PROVIDÊNCIA DE DEUS

Providência de Deus para com os filhos, 35;

Agir humano e agir providencial de Deus, 266;

Governantes, ministros da providência de Deus, 383.

## PRÓXIMO – PROXIMIDADE

Êxodo e proximidade de Deus, 21;

Salvação, responsabilidade e próximo, 40,43;

Proximidade de Deus e identidade do humano, 45;

Igreja e próximo como irmão, 105;

Amaras ao teu próximo como a ti mesmo, 112;

Pecado, ferida na relação com o próximo, 117;

Pecados sociais, agressão ao próximo, 118;

Estruturas de pecado e bem do próximo, 119;

Primado de todo ser humano e próximo, 132;

Liberdade, amor desordenado de si e próximo, 143;

Mandamento do amor ao próximo, 160;

Doutrina social e relação de proximidade, 161;

Obras de misericórdia e próximo, 184;

Solidariedade e compromisso para com o próximo, 193;

Jesus, solidariedade e próximo, 196;

*Razão* **483**

Justiça e próximo, 201;

Caridade, ética social e relações de proximidade, 204;

Caridade social e política e próximo, 208;

Cônjuges sem filhos e próximo, 218;

Cristão, trabalho e próximo mais pobre, 265;

Trabalho, obrigação moral e próximo, 274;

Riquezas e bem ao próximo, 329;

Justiça, amor e próximo, 391;

Oração pela paz e próximo, 519;

Pessoas consagradas e serviço ao próximo, 540;

Meios de comunicação e verdade ao próximo, 562;

Caridade cristã e próximo, 581, 582.

## Q

### Questão

Questão do lugar do homem e Igreja, 14;

Revolução industrial e questão social, 88;

Revolução social e questão operária, 88, 267;

*Rerum novarum* e questão social, 89, 269;

*Rerum novarum* e questão operária, 89, 90;

Pio XI, sociedade e questão a enfrentar, 91;

João XXIII e questão social, 94;

Trabalho, chave de toda questão social, 101, 269;

Paulo VI e questão social, 103;

Princípios e questões do viver social, 163;

Amor para os pobres e questão social, 182;

Justiça social e questão social, 201;

Caridade e questão social, 204;

Miséria e questão social mundial, 208;

Questão de relevância social e clonagem, 236;

Bens e questão das novas tecnologias, 283;

Questão do trabalho e desemprego, 287;

Mulher e questão do direito ao trabalho, 295;

Nação e questão das minorias, 387;

Pobreza, questão e consciência cristã, 449;

Questão do uso das novas tecnologias, 472;

Questão da água e critérios morais, 484;

Questão ecológica e solidariedade mundial, 486;

Questão da verdade e cultura, 558;

Questão do desenvolvimento e dignidade do homem, 563;

Questão cultural e sentido moral, 577;

Questão social, Cristo e Evangelho, 577.

## R

### Raça – racismo

Igualdade entre os homens e suas raças, 144;

Vida nova em Cristo e diferenças raciais, 431;

Racismo e discriminação racial, 433;

Cultura sem discriminação de raça, 557.

### Razão

O porquê das coisas e razão humana, 15;

Caminhos impérvios à razão humana, 34;

Doutrina social, fé e razão, 74, 75;

Doutrina social, filosofia e razão, 77;

Homem, faculdade espiritual e razão, 114;

Homem, vínculo da razão e da vontade, 127;

484                 *Índice analítico*

Lei natural e razão, 140;

Direitos do homem, dignidade humana e razão, 153;

Princípios da doutrina social, razão e fé, 160;

Projeto de Deus acerca do matrimônio e razão, 217;

Relação entre economia, moral e razão, 330;

Leis justas e ditames da reta razão, 398;

Relações entre os povos, regulamentação e razão, 433;

Prudência, virtude da razão prática, 548.

### RECONCILIAÇÃO

Doutrina social e sociedade reconciliada, 82;

Evangelho, mensagem de reconciliação, 87;

Jesus Cristo, Deus e homem reconciliado, 121, 491,493;

Solidariedade e reconciliação, 196;

Reconciliação e divorciados recasados, 226;

Pecado e reconciliação, 327;

Culpado e justiça reconciliadora, 403;

Deus e reconciliação do homem e do mundo, 454;

Paz e reconciliação, 492, 517;

Reconciliação, justiça e verdade, 518;

Reconciliação e compromisso social, 539.

### RECURSO

Humanas pobrezas e recursos econômicos, 5;

Exigências do nosso tempo e recursos, 10;

Riqueza, processo produtivos e recursos, 174;

Pessoa e uso dos próprios recursos, 178;

Propriedade dos novos bens e recursos naturais, 179;

Idosos, recurso para a família e a sociedade, 222;

Núcleo familiar, recurso para a convivência, 229;

Trabalho, família e recursos de solidariedade, 249;

Trabalho em sentido objetivo, conjunto de recursos, 270;

Significado do capital e recursos financeiros, 276;

Trabalho, capital e homem como recurso, 278;

Novas tecnologias, recursos, 283;

Imigração, recursos para o desenvolvimento, 297;

Eficiência econômica e recursos, 332;

Empresarialidade, recurso para o desenvolvimento, 337;

Economia e utilização dos recursos, 346;

Destinação dos bens e uso dos recursos, 346*;

Mercado, instrumento para colocar os recursos, 347;

Finança pública e recursos públicos, 355;

Consumidores e recursos financeiros, 358;

Progresso tecnológico e recursos financeiros, 363;

Comércio internacional, desenvolvimento e recursos, 364;

Globalização, sociedade civil e recursos, 366;

Recursos da terra e salvaguarda da criação, 367;

Mercado global e disponibilidade de recursos, 368;

Economia internacional, desenvolvimento e recursos, 373;

Sociedade civil, conjunto de recursos, 417;

*Religião* 485

Nações Unidas e recursos da terra, 438;

Países pobres e exploração de recursos, 447;

Ambiente e exploração dos recursos, 461, 462;

Ambiente como recurso do homem, 465;

Programação econômica e recursos, 470;

Povos indígenas, terras e recursos, 471;

Ecologia e penhora dos recursos, 481;

Uso sustentável do ambiente e recursos, 483;

Terrorismo e recursos financeiros, 513;

Pastoral social e crente como recursos, 527;

Doutrina social, recurso formativo, 528.

## REFORMA

Responsáveis da coisa pública e reformas, 197;

Reforma da sociedade e tarefa educativa, 198*;

Políticas de reforma agrária, 300;

## REFUGIADOS

Refugiados, vítimas da guerra, 505;

Igreja, presença pastoral e refugiados, 505;

Refugiados e direitos humanos, 505.

## REGIME

*Quadragesimo anno* e regimes totalitários, 91;

Pio XI e regimes totalitários, 92;

Liberdade religiosa, progresso e regime, 155;

Propriedade privada e formas concretas dos regimes, 177;

Países de regime totalitário ou ditatorial, 191;

Valores e regimes políticos, 386;

Povo, governantes e regime político, 395.

## REINO DE DEUS

Fiéis leigos e Reino de Deus, 11;

Salvação de Reino de Deus, 49;

Igreja, Reino de Cristo e de Deus, 49, 50;

Dimensão temporal e Reino de Cristo, 50;

Reino de Deus e organização definitiva, 51;

Reino de Deus e socialidade humana, 51;

Relações sociais e Reino de Deus, 53;

Progresso terrestre e Reino, 55;

Bens e Reino de verdade e vida, 57;

Agir humano e instauração do Reino, 58;

Reino, dom gratuito de Deus, 58;

Igreja e alegre notícia do Reino de Deus, 60;

Doutrina social e Evangelho do Reino, 63;

Reino de Deus, leigos e coisas temporais, 220, 541;

Família cristã e Reino de Cristo, 220;

Mundo e Reino de Cristo, 220;

Homem, Reino de Deus e a sua justiça, 260;

Reino, bondade da criação e atividade humana, 325;

Reino, tempo presente e juízo final, 383;

Reino do Messias e reino da paz, 491;

Cristão, artífice de paz e Reino de Deus, 492;

Rito da comunhão e Reino de Cristo, 519*;

Promessa divina, mundo e Reino de Deus, 578.

## RELIGIÃO

Compêndio e outras religiões, 12;

Religiões e disponibilidade ao diálogo, 12;

Civilização, cultura e formas da religião, 14;

Religião, política e cristianismo, 50;

Padres da Igreja e diferentes religiões, 53*;

Doutrina social e tradições religiosas, 84;

Compromisso pastoral, direitos humanos e religiões, 159;

Liberdade de professar as próprias idéias religiosas, 200;

Família, patrimônio e comunidade religiosa, 213;

Parentesco entre trabalho religião, 266;

Repouso, tempo livre e vida religiosa, 284;

Exigências de utilidade social e religião, 284;

Globalização, pobres e crenças religiosas, 366;

Minorias e convicções religiosas, 387;

Liberdade de religião e direito civil, 422;

Nação e comunidade religiosa, 423;

Estado e organizações religiosas, 423;

Igreja, liberdade de associação e fins religiosos, 426;

Perseguição religiosa e ordem internacional, 438;

Eliminação de grupos religiosos e crimes, 506;

Responsabilidade penal, religiões e terroristas, 514;

Religiões e terrorismo, 515;

Igreja, colaboração e religiões, 516;

Doutrina social, diálogo e religiões, 537;

Religiões e paz, 537;

Cultura e discriminação de religião, 557;

Laicidade, verdade e religião específica, 571;

Laicidade e confissão religiosa, 572.

## Religioso

Religiosos, religiosas e Compêndio, 11;

Contribuição dos religiosos e doutrina social, 79;

Doutrina, obrigação de natureza secular e religiosos, 83;

*Mit brennender Sorge* e os religiosos, 92;

Doutrina social, Bispo, religiosos, 539

Pastoral social e pessoas consagradas, 540.

## Remissão

Ano sabático e remissão das dívidas, 24.

## Remuneração

Remunerar o trabalho doméstico, 250;

Trabalhadores e justa remuneração, 301;

Contrato, justiça e remuneração, 302.

## Renda

Distribuição da renda e justiça, 303;

Atividades econômicas informais e baixa rentabilidade, 316.

## Repouso

Ano sabático e jubilar e repouso dos campos, 24;

Trabalho e mandamento do repouso sabático, 258;

Jesus, sábado e significado do repouso, 261;

O repouso festivo é um direito, 284;

Irmãos que não podem repousar por pobreza, 285;

Autoridade públicas e tempo de repouso, 286;

Dignidade dos trabalhadores e direito ao descanso, 301.

## Responsabilidade – co-responsabilidade

Única destinação, humanidade e co-responsabilidade, 6;

Responsabilidade do Pontifício Conselho "Justiça e Paz", 7;

Responsabilidade das Conferências Episcopais, 8;

Verdade do homem e responsabilidade, 16;

Salvação cristã e responsabilidade, 40;

Doutrina social, Igreja e responsabilidade, 81;

Evangelho, crente e responsabilidade, 70;

Homem, doutrina social e responsabilidade, 81;

Comunidade eclesial e responsabilidade, 83;

Doutrina social, leigos e responsabilidade, 83;

*Quadragesimo anno* e responsabilidade, 91;

Homem e mulher, criaturas e responsabilidade, 113;

Pecado e responsabilidades sociais, 117;

Responsabilidade política e comportamento, 134;

Homem, liberdade e responsabilidade, 135, 138, 200;

Responsabilidade do bem e do mal, 139;

Pluralismo social e sentido de responsabilidade, 151;

Direitos e correlativa responsabilidade, 156;

Direito e responsabilidade do bem comum, 158;

Princípios e co-responsabilidade, 163;

Bem comum e responsabilidade, 167, 168, 169;

Opção pelos pobres e responsabilidade, 182, 183;

Princípio de subsidiariedade e responsabilidade, 186;

Participação e exercício responsável, 189;

Vida pública e co-responsabilidade, 189;

Valores e responsabilidade do próprio operar, 205;

Família e responsabilidades sociais, 213, 214, 258;

Idosos e responsabilidade, 222;

Responsabilidade da tutela da família, 225;

Paternidade e maternidade responsáveis, 232;

Pais educadores e sentido de responsabilidade, 240;

Família, responsabilidade e educação, 242;

Responsabilidade e educação social, 243;

Família, política familiar e responsabilidade, 247;

Responsabilidade do marido e do pai, 251;

Homem, seres viventes e responsabilidade, 255;

Responsabilidade do empregador indireto, 288;

Emprego e responsabilidade do Estado, 291;

Associações de trabalhadores e responsabilidade, 309;

Trabalho independente e responsabilidade, 315;

Trabalho e responsabilidade dos homens de cultura, 320;

Capitalismo e responsabilidade, 335;

Empresa e específicas responsabilidades, 338;

Empresas cooperativas e responsabilidade, 339;

Cenários econômicos, empresa e responsabilidade, 342;

Competição empresarial e responsabilidade, 343;

Responsabilidades empresariais, 344;

Princípio de economicidade e responsabilidade, 346;

# 488

Mercado e responsabilidade pública, 348;

Política econômica e responsabilidade, 354;

Estado, organizações privadas e responsabilidade, 357;

Poder de compra e responsabilidades sociais, 359

Solidariedade entre gerações e responsabilidade, 367;

Globalização, política e responsabilidade, 372;

Progresso técnico e novas responsabilidades, 376;

Povo, pessoa e responsabilidade, 385;

Objeção de consciência e responsabilidade, 399;

Certificação da responsabilidade penal, 404;

Democracia e estruturas de co-responsabilidade, 406;

Responsabilidades políticas e representação, 410;

Partidos políticos e responsabilidades públicas, 413;

Dívida externa e responsabilidade, 450;

Mundo e responsável guia do homem, 451;

Ciência, técnica e responsabilidade, 457;

Ecocentrismo e responsabilidade do homem, 463;

Responsabilidade humana e ambiente, 465, 466;

Responsabilidade, ambiente e gerações futuras, 467;

Responsabilidade, ambiente e nível judiciário, 468;

Intervenções acerca da terra e responsabilidade, 473;

Biotecnologias e responsabilidade, 476;

Biotecnologias e responsabilidades dos políticos, 479;

Água e responsabilidade das entidades públicas, 485;

Paz e responsabilidade de sua promoção, 495;

Responsabilidade coletiva para evitar a guerra, 498;

Responsabilidade do Estado agredido e defesa, 500;

Conselho de Segurança, responsabilidade e paz, 501;

Armas de destruição e responsabilidade, 509;

Desarmamento, Estados e responsabilidade, 510;

Terrorismo, culpados e responsabilidade penal, 514;

Bispo, responsável da evangelização, 539;

Leigo e responsabilidades sociais, 543;

Prudência e sentido de responsabilidade, 548;

Meios de comunicação e responsabilidade, 562;

Vida pública e tarefas de responsabilidade, 566.

## REVOLUÇÃO

Revolução industrial e questão operária, 88;

Questão social e revolução industrial, 94;

Revolução industrial, desafio para a Igreja, 267;

Revolução industrial e novo trabalho, 311;

Revolução Francesa e idéias cristãs, 390*.

## RIQUEZA

Mundo equânime e solidário e riqueza, 174;

Riqueza e valência positiva, 174;

Riqueza das Nações e novos bens, 179;

*Santidade – santificação*

489

Amor aos pobres e amor pelas riquezas, 184;

Trabalho, fonte de riqueza, 257;

Atividade humana e enriquecimento do universo, 262;

Trabalho e riquezas de Cristo, 262;

Propriedade ilegítima e riqueza social, 282;

Associações e produção da riqueza, 309;

Antigo Testamento e riqueza, 323;

Jesus e riqueza, 325;

Jesus, crente e enriquecer diante de Deus, 326;

Riquezas e partilha, 329;

Expansão da riqueza e solidariedade, 332;

Economia e formação da riqueza, 334;

Esforço produtivo e riqueza, 337;

Produção de bens e serviços e riqueza, 338;

Riqueza, globalização e pobreza, 363;

Fronteiras da riqueza e da pobreza, 374;

Desenvolvimento humano e solidal e Países ricos, 374;

Deus, homem e riqueza de relações, 428;

Família humana, riqueza e diferenças, 431;

Bem comum, Estados e riqueza, 442;

Riquezas para a humanidade e povos indígenas, 471;

Paz, homens e riquezas de seu ânimo, 495;

Cultura, capaz de enriquecer o homem, 556.

## S

### Sacerdote – presbítero

Compêndio e serviço pastoral dos sacerdotes, 11;

Doutrina social, comunidade e sacerdotes, 79;

Doutrina social, leigos e sacerdotes, 83;

*Mit brennender Sorge*, sacerdotes e resistência, 92;

Doutrina social e formação dos presbíteros, 533;

Doutrina social e ministério dos presbíteros, 539;

Leigos e dignidade sacerdotal de Cristo, 541;

Leigo, sacerdote a partir dos sacramentos, 542.

### Salário

*Rerum novarum* e trabalhadores assalariados, 89, 268;

*Quadragesimo anno* e salário, 91, 302*;

Salário familiar, 250;

Direitos dos trabalhadores e salário, 264;

Capital e trabalho assalariado, 277;

Conflitualidade entre trabalho, capital e salário, 279;

Justo salário, fruto legítimo do trabalho, 302;

Trabalho assalariado e seguro social, 309.

### Santa Sé

Santa Sé e Convenção acerca dos direitos da criança, 245*;

Santa Sé e subjetividade internacional, 444;

Serviço diplomático da Santa Sé, 445;

Santa Sé e instrumentos jurídicos acerca das armas, 509*.

### Santidade – santificação

Jesus e vida e morte santificante, 41;

Bens e Reino de santidade, 57;

Pecado original, Adão e santidade, 115;

Cônjuges cristãos e santificação, 220;

Trabalho, meio de santificação, 263;

Domingo, dia a ser santificado, 285;

Economia, progresso e santificação, 326;
Homem e governo do mundo na santidade, 456;
Cristianismo vivido e vida de santidade, 530;
Presbíteros e missão de santificação, 539;
Pessoas consagradas e valor da santidade, 540;
Leigos, santos e santificadores, 545.

## SAÚDE – SANIDADE

Falta dos cuidados médicos, 5;
Categorias e abandono (desamparo) na doença, 5;
Bem comum e saúde, 166;
Amor e assistência médica, 182;
Necessidades familiares e saúde, 284;
Atividades trabalhistas e tutela da saúde, 293;
Ambiente de trabalho e sanidade física, 301;
Direito ao seguro por doenças, 301;
Técnica, doença e medicamentos, 458;
Responsabilidade e ambiente sadio, 465;
Biotecnologias e medicina, 472;
Problema de sanidade e biotecnologia, 477;
Biotecnologias, doenças e saúde, 478.

## SEGURANÇA

Acesso à terra e segurança social, 180;
Propriedade e segurança para o futuro, 181;
Desagregação do matrimônio e segurança, 229;
Sistema de segurança social, 309, 314;
Atividade econômica e segurança, 352;
Pena e segurança das pessoas, 403;
Segurança internacional e regras comuns, 438;
Autoridade universal e segurança, 441;

Forças armadas e segurança de um País, 502.

## SEGURO SOCIAL

*Rerum novarum*, iniciativas e seguro social, 268;
Seguro de aposentadoria, de doença e acidentes, 301.

## SEM-TETO

Opção preferencial pelos pobres e sem-teto, 182 .

## SEMANAS SOCIAIS

Semanas sociais, laboratório cultural, 532.

## SEXO – SEXUALIDADE

Igualdade, independentemente do sexo, 144;
Pessoa físico-dependente e dimensões sexuais, 148;
Filhos e exercício da sexualidade, 155;
Amor e sua expressão sexual, 223;
Identidade de gênero e identidade sexual, 224;
Verdade do homem e pessoas do mesmo sexo, 228;
Pessoa homossexual e matrimônio, 228;
Meios anticoncepcionais e sexualidade humana, 233;
Questões demográficas e moral sexual, 234;
Clonagem, reprodução assexual, 236;
Pais e educação sexual dos filhos, 243;
Meninos, meninas e exploração sexual, 245;
Cultura e discriminação do sexo, 557;
Matrimônio entre pessoas de sexo diferente, 569.

*Sistema*

## SINDICATO

*Rerum novarum* e nascimento dos sindicatos, 268;

Sindicatos, políticas do trabalho e família, 294;

Sindicatos e seu papel na vida social, 305;

Sindicatos, estrutura de classe e luta de classe, 306;

Sindicatos, promotores da justiça social, 306;

Sindicatos e consciência social dos trabalhadores, 307;

Sindicatos e partidos políticos, 307;

Globalização, renovação e sindicatos, 308.

## SISTEMA

Igreja e vínculo com o sistema político, 50;

Doutrina social e sistemas, 68;

Doutrina social e sistema, 72, 85;

*Centesimus annus* e sistema soviético, 103;

Pessoa e papel dentro de um sistema, 125;

Pessoa humana e sistemas de poder, 131;

Direito à liberdade religiosa em cada sistema, 155;

Uso dos bens, prioritário com respeito a qualquer sistema, 172;

Países saídos de sistemas coletivistas, 180;

Sistema de regras e apelo à caridade, 207;

Sistema político e novas gerações, 244;

Trabalho e organização dos sistemas, 270;

Sistema econômicos, trabalho e capital, 277, 306;

Sistema econômico a serviço do homem, 283;

Trabalho e sistemas de instrução obsoletos, 289;

Emprego e sistema de instrução, 290;

Trabalho agrícola e sistemas econômicos, 299;

Trabalhadores e sistemas de segurança social, 309;

Novo trabalho e sistema de tutela do trabalho, 311;

Sistemas econômicos dos Países mais desenvolvidos, 313;

Trabalho e sistemas de segurança social, 314;

Capitalismo como sistema, 335;

Empresa e sistemas socioculturais, 340;

Países menos desenvolvidos e sistemas financeiros, 341;

Princípio de economicidade e sistema econômico, 346;

Mercado e regulamentação do sistema econômico, 349;

Finança pública e sistema de previdência, 355;

Sistema econômico, ação pública e privada, 356;

Consumidores e sistema econômico, 358;

Globalização e sistema de relações, 361, 362;

Sistema comercial internacional, 364;

Sistemas financeiros e crescimento econômico, 368, 369, 371;

Soberania, povo e sistema da democracia, 395;

Sistema das penas, 402;

Sistema da democracia, 406;

Sistema democrático e autoridade política, 408;

Sistema democrático e corrupção política, 411;

Sistema democrático e concentrações, 414;

Meios de comunicação e questões sistê-micas, 416

Direito e sistema da vingança privada, 439;

Santa Sé e sistema da Nações Unidas, 444;

Administração e sistema de educação, 447;

Natureza de cada ser e sistema ordena-do, 459, 466;

Terrorismo como novo sistema de guer-ra, 513;

Meios de comunicação e sistemas econô-micos, 561;

Leigos e sistema da democracia, 567;

Discernimento e sistema democrático, 569.

### SOCIALIDADE

Amor trinitário e socialidade, 34, 54;

Antropologia cristã e socialidade, 37;

Realizações, socialidade humana e rela-tividade, 48;

Reino de Deus e socialidade humana, 51;

Vida em Cristo e socialidade da pessoa, 52;

Centralidade da pessoa humana e socia-lidade, 106;

Socialidade do homem e origem da so-ciedade, 149*;

Socialidade humana e germes de a-so-cialidade, 150;

Socialidade humana e pluralismo social, 151;

Formas da socialidade e bem comum, 165;

Subsidiariedade, sociedade e formas de socialidade, 185;

Expressões originárias da socialidade, 186;

Solidariedade e socialidade da pessoa, 192;

Família, socialidade e bens da socieda-de, 231;

Cônjuges cristãos e socialidade nova, 220;

Família, primeira escola de socialidade, 221;

Família e educação à socialidade, 242.

### SOCIALIZAÇÃO

*Mater et magistra* e socialização, 94;

Socialização e tendência a se associar, 151;

Interdependência e socialização, 192*.

### SOCIEDADE

Salvação cristã e sociedade, 1;

Compêndio, lugar do homem e socieda-de, 14, 15;

Edificar a sociedade humana, 18;

Sociedade e virtudes morais e sociais, 19;

Desenvolvimento da sociedade israelita e práxis, 23;

Sociedade e projeto de salvação de Deus, 37;

Sociedade, leis e valores próprios, 45;

Pessoa humana e horizonte da socieda-de, 47;

Visão totalitária da sociedade e pessoa, 48;

Igreja e coesão da sociedade humana, 51;

Progresso terrestre e sociedade humana, 55;

Homem e relação com os outros na socie-dade, 61;

Igreja, Evangelho e sociedade, 62;

Sociedade e economia da salvação, 62, 65;

Sociedade à medida do homem e à me-dida de Cristo, 63;

Doutrina social e vida da sociedade, 67, 72, 79;

*Sociedade* 493

Igreja, sociedade e competência, 68, 69;

Sociedade, doutrina social e filosofia, 77;

Ciências humanas e homem na sociedade, 78;

Doutrina social e sociedade, 81, 82, 83, 84, 85;

Sociedade, Igreja e patrimônio doutrinal, 87;

Pio XI e sociedade a ser reconstruída, 91;

*Gaudium et spes*, Igreja e sociedade, 96;

Liberdade religiosa e ordenamento da sociedade, 97;

*Octogesima adveniens* e sociedade pós-industrial, 100;

Sociedade humana, objeto da doutrina social, 106;

Sociedade justa e pessoa humana, 132;

Consciência da sociedade e responsabilidade, 134;

Homem, liberdade e sociedade, 138;

Lei natural e vida da sociedade, 141;

Mulher na sociedade e fundamentos, 146;

Vida da sociedade e membros funcionais, 148;

Sociedade, pessoas e princípio de unidade, 149;

Sociedade e ideologias do contrato social, 149*;

Socialidade, sociedade e bem, 150;

Sociedade, tecido unitário e autonomia, 151;

Sociedade, natureza do homem e livre vontade, 151;

Conjunto dos direitos e bem da sociedade, 154;

Sociedade e direito à liberdade religiosa, 155;

Princípios e vida da sociedade, 160;

Sociedade e bem comum, 165, 167, 167*, 170;

Jesus, sociedade humana e sumo Bem, 170;

Evangelho, sociedade e tentações, 175;

Atual fase histórica, sociedade e bens novos, 179;

Sociedade, propriedade privada e escravidão, 181;

Princípio de subsidiariedade e sociedade, 195;

Princípios, valores e sociedade, 197;

Reforma da sociedade e tarefa educativa, 198*;

Liberdade, sociedade e vocação, 200;

Prática das virtudes e sociedade nova, 203;

O próximo a ser amado apresenta-se em sociedade, 208;

Caridade e estruturar a sociedade, 208;

Centralidade da família e sociedade, 209;

Família, célula da sociedade, 211, 252;

Criança, dom à sociedade, 212, 218;

Família e bem da sociedade, 213;

Família, primeira sociedade humana, 213;

Prioridade da família com respeito à sociedade, 214;

Matrimônio e bem da sociedade, 215;

Sociedade, vínculo matrimonial e efeitos civis, 216;

Sociedade e significado religioso do matrimônio, 220;

Família, comunhão e sociedade atomizada, 221;

Idosos, um recurso para a sociedade, 222;

Sociedade, amor e sexualidade, 223;

Sociedade e complementaridade dos sexos, 224;

Promoção da família e sociedade, 225, 229, 252;

Família, valores e desenvolvimento da sociedade, 229, 238;

Solidariedade entre as gerações e sociedade, 230;

Família, Evangelho da vida e sociedade, 231;

Sociedade, paternidade e maternidade responsáveis, 232;

Nascimentos, número de filhos e sociedade, 234;

Sociedade e técnicas da reprodução, 235;

Famílias e desenvolvimento da sociedade, 237;

Família e assistência da sociedade, 237, 237*;

Família, virtudes sociais e sociedade, 238;

Educação, pessoa e bem da sociedade, 242;

Famílias e transformação da sociedade, 247;

Família, sociedade doméstica e trabalho, 249;

Identidade da família, sociedade natural, 253;

Igreja, sociedade agrícola e sociedade mais dinâmica, 267;

Sociedades operárias e *Rerum novarum*, 268;

Trabalho e desenvolvimento da sociedade, 269;

Próximo e sociedade à qual se pertence, 274;

Cristãos, tradições e sociedade humana, 286;

Sociedade e direito ao trabalho, 288, 289;

Trabalho e auto-organização da sociedade, 293;

Qualidade da sociedade, trabalho e mulher, 295;

Sindicatos e estrutura de classe da sociedade, 306;

Sindicato e bem comum da sociedade, 307;

Inovações e crescimento das sociedades, 317;

Economia e crescimento das sociedades, 326, 331;

Riquezas e benefícios para a sociedade, 329;

Riqueza, sociedade e solidariedade, 332, 334;

Projetos econômicos e sociedade mais eqüitativa, 333;

Direito de iniciativa econômica e sociedade, 336, 337;

Empresa e bem comum da sociedade, 338;

Empresa, sociedade de capitais e sociedade de pessoas, 338;

Progresso da sociedade e empresas cooperativas, 339;

Proveito, empresa e sociedade, 340;

Sociedade e emprego racional dos recursos, 346;

Visão redutiva da sociedade e mercado, 349;

Função do mercado e sociedades contemporâneas, 350;

Estado em âmbito econômico e sociedade, 351, 354;

Sociedade global e sistema de relações, 361;

Direitos nas sociedades avançadas e direitos elementares, 365;

Riqueza, pobreza e sociedade, 374;

Consumo de mercadorias e sociedade, 375;

Desenvolvimento da sociedade e sentido de Deus, 375;

Princípios de fraternidade e sociedade política, 390;

Pessoa e sociedade familiar e política, 391;

Sociedade política e valores da *comunidade*, 392;

*Solidariedade*

495

Autoridade e sociedade, 393;

Pena de morte e sociedade moderna, 405;

Democracia e subjetividade da sociedade, 406;

Sociedade e informação, 415;

Princípio da subjetividade da sociedade, 420;

Sociedade, pessoa e consciência, 421;

Igreja e Estado, sociedades perfeitas, 445;

Sociedade e produtos biotecnológicos, 480;

Paz e ordem da sociedade, 494, 495;

Sociedade pacífica e direitos humanos, 494;

Renúncia à ação violenta e sociedade, 496;

Direito à paz e sociedade, 518;

Igreja e sociedade do próprio tempo, 524;

Catequese e sociedade mais solidária e fraterna, 529;

Leigos, espiritualidade laical e sociedade, 545;

Prudência *"reinativa"* e bem da sociedade, 548*;

Espírito cristão e sociedade, 552;

Bem da sociedade e liberdade de consciência, 553;

Bem da sociedade e cultura, 556;

Laicidade, verdade, homem e sociedade, 571;

Sociedade pluralista, laicidade e tradições, 572;

Sociedade democrática e laicismo, 572;

Marginalização do cristianismo e sociedade, 572;

Precisão de sentido e sociedade contemporânea, 575;

Injustiça, causas culturais e sociedade, 577;

Doutrina social e sociedade digna do homem, 580;

Egoísmo e sociedade ordenada, 581;

Sociedade mais humana e amor na vida social, 582.

## SOCIEDADE CIVIL

Estado e sociedade civil, 168, 188;

Sociedade civil, conjunto de relações, 185, 417;

Escola não estatais, serviço à sociedade civil, 241;

Sociedade civil, Estado e mercado, 356;

Sociedade civil e democracia econômica, 356;

Partidos políticos e sociedade civil, 413;

Comunidade política e sociedade civil, 417, 418;

Sociedade civil e ética pública, 420;

Sociedade civil e opinião pública, 443.

## SOLIDARIEDADE

Doutrina social, filosofia e solidariedade, 77;

*Quadragesimo anno* e princípio de solidariedade, 91;

*Gaudium et spes* e Igreja solidal, 96;

*Populorum progressio* e desenvolvimento solidário; 98;

*Sollicitudo rei socialis*, paz e solidariedade, 102;

*Centesimus annus* e princípio de solidariedade, 117;

Pecado social e solidariedade humana, 117;

Homem e mulher e lógica da solidariedade, 147;

Socialidade humana e relações de solidariedade, 150;

Sistema internacional, Nações e solidariedade, 157;

Doutrina social e princípio de solidariedade, 160;

Destinação dos bens e mundo solidal, 174;

Participação e comunidade internacional solidal, 189;

Obra formativa e participação solidal, 191;

Solidariedade, princípio e virtude moral, 193;

Solidariedade e crescimento comum dos homens, 194;

Solidariedade e responsabilidade intergeracional, 195;

Jesus de Nazaré solidário com a humanidade, 196;

Visão da justiça e solidariedade, 203;

Família, valores morais e solidariedade, 213;

Amor, família e solidariedade, 221;

Família, comunidade de solidariedade, 229, 238;

Procriação e solidariedade entre as gerações, 230;

Crescimento demográfico e solidariedade, 234;

Família, educação dos filhos e solidariedade, 242;

Subjetividade das famílias e solidariedade, 248;

Família, vida econômica e solidariedade, 248;

Cristão e comunidade solidária, 264;

Alienação no trabalho e comunidade solidária, 280;

Meios de produção e solidariedade, 280;

Setor terciário, energias solidárias e trabalho, 293;

Sindicatos, fator construtivo de solidariedade, 305;

Trabalho e movimentos de solidariedade, 308;

Associações de trabalhadores e solidariedade, 309;

Direitos do trabalhador e formas de solidariedade, 319;

Globalizar a solidariedade, 321;

Humanismo do trabalho e solidariedade, 322;

Jesus, bens econômicos e solidariedade, 325;

Economia e progresso, âmbitos de solidariedade, 326;

Jesus Cristo e humanismo solidário, 327;

Economia, eficiência e desenvolvimento solidário, 332;

Participação, vida econômica e solidariedade, 333;

Riqueza e desenvolvimento solidário, 334;

Desenvolvimento solidário e economia de mercado, 335;

Proveito e empresa como comunidade solidária, 340;

Desenvolvimento solidário, comum a todo o mundo, 342;

Competição e comunidade solidária, 343;

Atividade econômica, Estado e solidariedade, 351;

Solidariedade e subsidiariedade, 351;

Finança pública, instrumento de solidariedade, 355;

Corpos intermediários, Estado e solidariedade, 356;

Organizações, eficiência e solidariedade, 357;

Consumidores e solidariedade, 359;

Riqueza, globalização e solidariedade, 363;

Globalização e solidariedade entre as gerações, 367;

Economia internacional e desenvolvimento solidal, 373;

Países ricos e desenvolvimento solidário, 374;

Poder político, ordem e solidariedade, 384;

Comunidade, direito e solidariedade, 391;

Sociedade, informação e solidariedade, 415;

Sociedade civil, pluralismo e solidariedade, 417;

Voluntariado, ética pública e solidariedade, 420;

Igreja solidária com o gênero humano, 426;

Convivência entre as Nações e solidariedade, 433;

Organizações não governativas e solidariedade, 443;

Cooperação, desenvolvimento e solidariedade, 443;

Cooperação internacional, dever de solidariedade, 448;

Luta contra a pobreza e princípio de solidariedade, 449;

Ambiente, gerações futuras e solidariedade, 467;

Biotecnologias e critério de solidariedade, 475, 476;

Biotecnologias, solidariedade internacional e comércio, 475;

Uso do ambiente e desenvolvimento solidário, 483;

Água e uso solidário, 485;

Estilos de vida, ecologia e solidariedade mundial, 486;

Doutrina social, catequese e sociedade solidária, 529;

Operar associado dos leigos e ação solidária, 549;

Dimensão ética da cultura e solidariedade, 556;

Leigos e mídia como instrumentos de solidariedade, 561;

Meios de comunicação, sociedade e solidariedade, 562;

Cultores da economia e solidariedade, 564;

Leigos, compromisso político e solidariedade, 565;

Exploração, renovação e solidariedade, 577;

Princípio da solidariedade e primado da caridade, 580;

Civilização do amor, justiça e solidariedade, 582.

### SUBDESENVOLVIMENTO

Novos saberes e tecnologias e subdesenvolvimento, 283;

Riqueza, solidariedade e subdesenvolvimento, 332;

Novos direitos e subdesenvolvimento, 365;

Subdesenvolvimento e estruturas de pecado, 446;

Cooperação e subdesenvolvimento, 447;

Causas do subdesenvolvimento, 474.

### SUBSIDIARIEDADE

Subsidiariedade e doutrina social, 77, 160, 185;

Estado, subsidiariedade setor privado, 91;

*Quadragesimo anno* e princípio de subsidiariedade, 91, 186;

Princípio de subsidiariedade, 186, 187, 188;

Participação e subsidiariedade, 189;

Estado, família e subsidiariedade, 351;

Subsidiariedade, autoridades públicas e iniciativa, 354, 449;

Solidariedade e subsidiariedade, 356;

Estado, subsidiariedade e organizações privadas, 357, 418;

Democracia e princípio da subsidiariedade, 417;

Comunidade política, sociedade civil e subsidiariedade, 419;

498 *Índice analítico*

Autoridade política internacional e subsidiariedade, 441;

Solidariedade, pobreza e subsidiariedade, 449;

Subsidiariedade, leigos e ação política, 565.

## SUPÉRFLUO

Supérfluo e vida do pobre, 359.

## T

### TÉCNICA – TECNOLOGIA

Salvação cristã e realidade da técnica, 1;

Unidade do destino da humanidade e técnica, 6;

Relação entre natureza, técnica e moral, 16;

Doutrina social e questões técnicas, 68;

*Radiomensagens de Natal* e progresso técnico, 93*;

Desenvolvimento integral e questões técnicas, 98;

Riqueza, processo de elaboração técnica, 174;

Novos bens e progresso tecnológico, 179;

Solidariedade e conhecimento tecnológico, 195;

Valores e reformas das estruturas tecnológicas, 197;

Técnicas reprodutivas, 235;

Clonagem e modalidades técnicas, 236;

Direitos das crianças e técnicas genéticas, 244;

Igreja, revolução industrial e técnica, 267;

Trabalho, conjunto de técnicas, 270, 271;

Capital humano e aspectos técnicos do trabalho, 278;

Trabalho, capital e progressos tecnológicos, 279;

Trabalho, propriedade e bens do mundo técnico, 282;

Destinação dos bens e novas tecnologias, 283;

Novas tecnologias e progresso social, 283;

Emprego e formação técnica, 290;

Trabalho e inovação tecnológica, 313, 314, 319;

Globalização, técnica e novas tecnologias, 322, 362;

Empregadores, empresas e vínculos técnicos, 344;

Disparidade e conhecimentos técnico-científicos, 363;

Comércio e transferência de tecnologias, 364;

Direitos e sociedades tecnologicamente avançadas, 365;

Progresso técnico e obra educativa, 376;

Novas tecnologias da comunicação, 415;

Comunicações sociais e tecnologias, 416, 561;

Atitudes cristãs, ciência e técnica, 456, 457;

Tecnologia, ambiente e agricultura, 458;

Aplicação técnica e respeito ao homem, 459;

Homem, ambiente e civilização tecnológicas, 451, 452;

Tecnologia que polui e despolui, 465;

Ambiente, Estado e descobertas tecnológicas, 468;

Técnicas biogenéticas, esperanças e hostilidade, 472, 473;

Biotecnologias e conhecimentos tecnológicos, 475, 476;

Técnicos, biotecnologias, alimentação e saúde, 477;

Crise ambiental, pobreza e meios tecnológicos, 482;

Desativação de minas e formação técnica, 510;

Terrorismo e sofisticados meios técnicos, 513;

Cultura, Igreja e primado da tecnologia, 554;

Desenvolvimento como problema técnico, 563;

Precisão de sentido e progresso tecnológico, 575.

### TEMPO LIVRE

Homens e suficiente repouso e tempo livre, 284;

Tempo livre e cuidado da vida, 284.

### TERRA

Anúncio, salvação e limites da terra, 3;

Povo do Senhor e aquisição da terra, 21;

Terra prometida e prática de justiça, 23;

Homem, criatura sobre a terra querida por si mesma, 34;

Igreja na terra e Reino de Cristo e de Deus, 49;

Pessoas humanas, terra e justiça, 56;

Frutos da natureza, terra e Espírito do Senhor, 57;

Mensagem cristã e presença sobre a terra, 71;

Sociedade, novos céus e nova terra, 82, 452;

Encíclica *Pacem in terris*, 95;

Igreja, mundo e sorte humana, 96;

Homem plasmado com terra, 108;

Deus disse: "...enchei a terra", 111, 209;

Universalidade da esperança cristã e terra, 123;

Respeito e homem desta terra, 149;

Pessoa humana e domínio da terra, 149;

Domínio a participar, trabalho e bens da terra, 155;

Deus, terra e uso de todos os homens e povos, 171;

Destinação universal dos bens da terra, 171, 172, 179, 367;

Trabalho, homem e terra, 176;

Equânime distribuição da terra, 180;

Antigo Testamento, homem e terra, 255;

Repouso sabático e frutos da terra, 258;

Jesus, vida sobre a terra e trabalho manual, 259, 260, 261;

Trabalho objetivo e dominar a terra, 270, 317;

Homem, dono da terra e trabalho, 275;

Posse das novas tecnologias e terra, 283;

Migrações e zonas menos favorecidas da terra, 297;

Redistribuição da terra, 300;

Título de propriedade da terra, 300;

Salário e bens da terra, 302;

Reino de Deus presente sobre esta terra, 325;

Recurso do homem e terra, 337;

Dignidade da criatura humana e terra, 428;

Ação divina e terra, 430;

Visão universal dos povos sobre a terra, 432;

Partilha dos recursos da terra, 438, 481;

Homem, terra e salvação eterna, 445;

Bens da terra e direito ao desenvolvimento, 446;

Discípulo de Cristo e limites da terra, 453;

Nova terra e salvação realizada, 455;

Visão bíblica, cristãos e uso da terra, 456;

O nome de Deus glorificado sobre toda a terra, 456;

Homem e forma própria de terra, 460;

Divinização da terra, 463;

Ruptura entre o mundo e Deus e terra, 464;

Povos indígenas e terra, 471;

Recursos da terra e cooperação internacional, 481;

# 500     *Índice analítico*

Interdependência e habitantes da terra, 486;

Deus, Criador dos céus e da terra, 487;

Conexão entre os povos de toda a terra, 498;

População civil, desenraizada da terra, 504;

Igreja e obra redentora de Cristo sobre a terra, 516;

*Gloria*, paz, povo de Deus e terra, 519*;

Grão de trigo caído na terra e fruto, 570;

Insatisfação e paraíso na terra, 575, 579;

Ação do Espírito Santo e terra, 578.

## TERRORISMO

Minorias e recurso ao terrorismo, 387;

Terrorismo, forma brutal de violência, 513;

Direito a se defender do terrorismo, 514;

Atos terroristas, religião e martírio, 515.

## TORTURA

Indagações e interdição da tortura, 404;

Instrumentos jurídicos internacionais e tortura, 404.

## TOTALITARISMO

Visão totalitária, sociedade e Estado, 48;

Igreja e tentação totalitária, 51;

*Quadragesimo anno* e regimes totalitários, 91;

Pio XI e regimes totalitários, 91;

Participação e Países com regime totalitário, 191;

Estado, mercado e constrições totalitárias, 352;

Democracia sem valores e totalitarismo, 407;

Comunidade política e ideologias totalitárias, 417.

## TRABALHADOR

*Rerum novarum* e trabalhadores assalariados, 89;

*Quadragesimo anno*, salário e trabalhador, 91;

Direitos e exploração dos trabalhadores, 158;

Defesa dos direitos dos trabalhadores, 264;

Trabalhador, mão de Cristo, 265;

Conquistas e exploração dos trabalhadores, 267;

*Rerum novarum* e dignidade dos trabalhadores, 268;

Trabalhador como força de trabalho, 271;

Capital humano e trabalhadores, 278;

Trabalho, capital; e trabalhadores, 279;

Participação dos trabalhadores na propriedade, 281;

Política econômica e trabalhadores, 288;

Desemprego e trabalhadores, 289;

Mão-de-obra estrangeira e trabalhadores nacionais, 298;

Os direitos dos trabalhadores, 301;

Justo salário e trabalhadores, 302, 393;

Greve e trabalhadores, 304;

Sindicato dos trabalhadores, 305;

Sindicato, consciência social dos trabalhadores, 307;

Sindicatos, novas formas de ação e trabalhadores, 308;

Associação dos trabalhadores e responsabilidade, 309;

Competição e defesa do trabalhador, 314;

Economia informal e trabalhador, 316;

Formas históricas e direitos do homem que trabalha, 319;

Desequilíbrios e dignidade da pessoa que trabalha, 321;

*Trabalho*

501

Trabalho globalizado e homem que trabalha, 322;

Empresa, proveito e pessoa que trabalha, 340;

Empresários, eficiência e trabalhadores, 344;

Papel de quem trabalha e administração, 412;

Doutrina social e associações de trabalhadores, 550;

Agremiações cristãs e trabalhadores, 564.

## TRABALHO

Salvação cristã e realidade do trabalho, 1;

Amor, desempregados e trabalho, 5;

Igreja e significado do trabalho de cada dia, 51;

Esperança cristã, trabalho e realidade presente, 56;

Trabalho e economia da salvação, 52;

Doutrina social, evangelização e trabalho, 67;

Igreja, evangelizar o social e trabalho, 70;

Século XIX e conflito entre trabalho e capital, 88;

*Rerum novarum* e doutrina do trabalho, 89, 267;

*Quadragesimo anno*, capital e trabalho, 91;

*Laborem exercens* e trabalho, 101;

Pessoa com desvantagem física e condições de trabalho, 148;

Direitos humanos e direito de participar no trabalho, 155;

Bem comum e direito ao trabalho, 166;

Destinação dos bens, terra e trabalho, 171;

Riqueza e trabalho dos homens, 174;

Propriedade, trabalho e domínio da terra, 176;

Distribuição da terra e mercados do trabalho, 180;

Participação e mundo do trabalho, 189;

Liberdade para decidir o próprio trabalho, 200;

Sagrada Família e lições de trabalho, 210*;

Idosos e contribuições no âmbito do trabalho, 222;

Crianças e trabalho de menores, 245;

Família, vida econômica e trabalho doméstico, 248;

Relação entre família e trabalho, 249;

Família, trabalho e salário familiar, 250;

Trabalho da mulher em família, 251;

Deus, homem e convite a trabalhar a terra, 255;

Trabalho e condição originária do homem, 256;

Trabalho honrado, mas não idolatrado, 257;

Sábado e servidão do trabalho, 258;

Jesus e apreciação do trabalho, 259;

Jesus e servidão do trabalho, 260;

Jesus, sábado e significado do trabalho, 261;

Trabalho, serviço e grandeza de Deus, 262;

Trabalho e santificação, 263;

Transitoriedade deste mundo e trabalho, 274;

Padres e trabalho como *opus humanum*, 265;

Trabalho, homem e sabedoria divina, 266;

Trabalho, contemplação e oração, 266;

Curso da história e conquistas do trabalho, 267;

*Rerum novarum* e legislação do trabalho, 268;

*Laborem exercens* e visão do trabalho, 269;

Dimensão objetiva e subjetiva do trabalho, 270, 271;

O trabalho é para o homem, 272;

Dimensão social do trabalho, 273;

Trabalho e dever do homem, 274;

Trabalho e identidade do homem, 275;

Trabalho e fator de produção, 276;

Relações entre trabalho e capital, 277;

Trabalho e capital humano, 278;

Conflito entre trabalho e capital, 279;

Alienação acerca do trabalho e no trabalho, 280;

Trabalho e participação dos trabalhadores, 281;

Trabalho e propriedade privada, 282, 283;

Repouso festivo e trabalho, 284;

Trabalho, direito fundamental, 287;

O trabalho é necessário, 287;

Trabalho, pleno emprego e perspectivas, 288, 289;

Percurso trabalhista e sistema formativo, 290;

Estado e políticas ativas do trabalho, 291;

Colaboração entre os Estados e trabalho, 292;

Setor terciário e promoção do trabalho, 293;

Trabalho e vida familiar, 294;

Trabalho e mulheres, 295;

Direitos das mulheres no trabalho, 295;

Trabalho de menores, 296;

Imigrantes e demanda de trabalho, 297;

Imigrantes e trabalho nas áreas de origem, 298;

Trabalho agrícola e mudanças na agricultura, 299;

Direitos dos trabalhadores, 301;

Remuneração e relações de trabalho, 302;

Greve e condições de trabalho, 304;

Sindicatos e mundo do trabalho, 305;

Mundo do trabalho e colaboração, 306;

Sindicatos, poder político e trabalho, 307;

Novas formas de ação sindical e trabalho, 308;

Associações de trabalhadores e direito ao trabalho, 309;

Globalização e trabalho, 310, 311, 312, 313, 314;

Trabalho artesanal e trabalho independente, 315;

Economia informal, trabalhos e regras, 315;

Res novae do trabalho e papel do homem, 317;

Interpretações mecanicistas e trabalho, 318;

Mudanças, trabalho e exigências permanentes, 319;

Cientistas, homens de cultura e trabalho, 320;

Trabalho e desenvolvimento solidário, 321;

Novo trabalho e relacionalidade humana, 322;

Empresarialidade e papel do trabalho humano, 337;

Empresa, sociedade de pessoas e trabalho, 338;

Empresas cooperativas, artesanais e trabalho, 339;

Empresa, pessoas e eficácia do trabalho, 340;

Competição empresarial e trabalho, 343;

Atividade trabalhista na empresa e família, 345;

Estado, economia e ocasiões de trabalho, 351;

Consumidores e trabalho nas empresas, 359;

Economia internacional e trabalho solidário, 373;

*Tutela*

**503**

*Gênesis*, homem e trabalho, 428;

Igreja, Estado, homem e vida de trabalho, 445;

Pecado original e nobreza do trabalho, 452;

Homem e criar o mundo com o trabalho, 460;

Ambiente, responsabilidade e trabalho, 467;

Antropologia cristã e trabalho, 522;

Leigo e ambiente de trabalho, 543, 551;

Leigos e harmonia entre vida, fé e trabalho, 546;

Agremiações e trabalho de formação, 549;

Homem e significado do trabalho, 575.

### Transportes

Bem comum, serviço e transportes, 166.

### Tributo

Finança pública e imposição de tributos, 355;

Jesus e tributo a César, 379;

Dever cívico de pagar os tributos, 380.

### Troca

Socialidade do homem e relações de troca, 61;

Interdependência e trocas comerciais, 192;

Família e troca de bens e serviços, 248;

Trabalho, ocasião de trocas, 273;

Trabalho e organização das trocas, 313;

Livre mercado e troca de produtos, 347;

Mercado e troca dos equivalentes, 349;

Globalização e trocas, 361, 362, 366;

Comércio internacional e termos de troca, 364;

Democracia, corrupção e troca política, 411;

Biotecnologia e intercâmbio comercial, 475, 476;

Homens e trocas das riquezas, 495;

Armas consideradas como bens de troca, 508;

Cultura e troca acerca de verdade do homem, 556.

### Tutela

Igreja, tutela da pessoa, 49;

Exigências morais e tutela da dignidade humana, 75;

Doutrina social e tutela da dignidade humana, 75;

Socialização e tutela dos direitos, 151;

Direitos do homem tutelados em seu conjunto, 154;

Subsidiariedade e tutela da socialidade, 186;

Suplência do Estado e tutela da pessoa, 188;

Liberdade tutelada em sua totalidade, 199;

Dever da sociedade e tutela da família, 225;

Tutela dos direitos da criança, 245;

Tutela da família e do trabalho, 250;

Família e tutela de sua identidade, 253;

Família e tutela dos direitos das pessoas, 254;

Ordem social e jurídica e tutela do trabalho, 273;

Setor terciário e tutela da saúde, 293;

Tutela dos direitos das mulheres e trabalho, 295;

Direito dos trabalhadores e trabalho não tutelado, 301;

Sindicato e tutela dos direitos dos trabalhadores, 305;

Sindicatos e categorias de trabalhadores tutelados, 308;

Trabalho e globalização das tutelas, 310, 311;

Economia informal e tutela do trabalhador, 316;

Solidariedade e tutela do trabalho, 319;

Liberdade econômica e direito a tutelar, 336;

Proveito e tutela da dignidade da pessoa, 340;

Consumidores, produtos e tutela do ambiente, 359;

Instituições financeiras e tutela do sistema, 369;

Comunidade política e tutela dos direitos, 388, 389;

Campo do direito e interesse tutelado, 390;

Autoridade política e tutela dos sujeitos, 394;

Autoridade, valores e tutela das pessoas, 397;

Penas e tutela do bem comum, 402;

Liberdade religiosa e tutela dos cidadãos, 422;

Nações Unidas e tutela das minorias, 438;

Criação e tarefa de tutela, 451;

Tutela do ambiente como bem coletivo, 466;

Tutela dos direitos dos povos indígenas, 471;

Antropologia cristã e tutela da pessoa, 527;

Cristãos e tutela da dignidade da pessoa, 538.

# U

## Uniões de fato

Uniões de fato e matrimônio, 227;

Equiparação legislativa e uniões de fato, 227;

Uniões de fato e uniões homossexuais, 228.

## Usura

Tradição profética e usura, 323;

Atividade econômica e recurso à usura, 341.

# V

## Valor

Princípios, valor de corretivo, 25

Autonomia das realidades terrestres e valores próprios, 45;

Igreja, Reino e valores evangélicos, 50;

Amor trinitário e valor da pessoa, 54;

Doutrina social, valor de um instrumento, 67;

Diálogo interdisciplinar e valor, 78;

Doutrina social e valores, 81, 84, 197, 580;

Doutrina social e valores universais, 85;

*Quadragesimo anno* e valor da propriedade, 91;

Humanismo pleno e valores espirituais, 98;

Homem e mulher, de igual valor, 111;

Quinto mandamento e seu valor, 112;

Homem e valor da criação, 113;

Dilacerações e valor da pessoa humana, 116;

Valor do direito à liberdade religiosa, 155;

Bem comum, valor e fim da pessoa, 170;

Economia e valores morais, 174;

Solidariedade, valor de princípio social, 193, 194*;

Relação entre princípios e valores, 197;

Os valores sociais, 197;

Valor da liberdade, 200;

*Valor*

Valor da justiça, 201;

Valor da pessoa e critério de utilidade, 202;

Valor da solidariedade, 203;

Vínculo entre virtudes, valores sociais e caridade, 204;

Valores e fonte interior da caridade, 205;

Família e valores morais, 213, 229, 238;

Matrimônio e valores deste instituto, 215;

Valor da família e Estado, 214, 553;

Valor de comunhão do matrimônio e filhos, 218;

Amor e dignidade pessoal, título de valor, 221;

Idosos e valores, 222;

Valores e termos econômicos ou de funcionalidade, 222;

Amor, sexualidade e valores da vida, 223;

Valor social de cada novo ser humano, 230;

Evangelho da vida e valor da profecia, 231;

Paternidade responsável e hierarquia de valores, 232;

Anticoncepcionais e valores de instância moral, 232;

Educação e valores fundamentais, 238, 239;

Reconhecimento do valor da infância, 244;

Novas gerações e patrimônio dos valores, 244;

Ação política e valores da família, 252, 254;

Valor de tudo, Reino de Deus e Sua justiça, 260;

Jesus e originário valor do sábado, 261;

Valor do trabalho, 270, 271, 303;

Valor do capital humano, 278;

Igreja e valor do trabalho, 287;

Mudanças e valor à agricultura, 299;

Valor subjetivo do trabalho e solidariedade, 308;

Valores e nova organização do trabalho, 311;

Desequilíbrios econômicos e hierarquia dos valores, 321;

Pobreza, valor moral, 324;

Liberdade em economia, valor fundamental, 336;

Empresa e valores, 338, 339;

Recursos, um valor para a utilidade, 346;

Livre mercado e valores, 348;

Juízo de valor e projetos de investimento, 358;

Valor das carteiras e instituições financeiras, 369;

Consumo das mercadorias, único valor, 375, 581;

Ordem ético-religiosa e valor material, 384;

Povo e partilha de vida e de valores, 386;

Sociedade política e valor da *comunidade*, 392;

Autoridade e valores humanos e morais essenciais, 397;

Pena, valor moral de expiação, 403;

Democracia e valores, 407;

Comunicações sociais e valores, 416;

Voluntariado, exemplo de grande valor, 420;

Ideologias e valores da pessoa, 433;

Serviço diplomático da Santa Sé e valores, 445

Cientistas e valores morais, 458;

Biocentrismo, biosfera e valor indiferenciado, 463;

Biotecnologias e valores em jogo, 472;

Água e valor da vida, 484;

A paz é um valor, 494, 495;

506 *Índice analítico*

Forças armadas e valor do bem, 502;

Exigências militares e valor da pessoa, 505;

Antropologia cristã e valores humanos, 522, 527;

Inculturação da fé e valores, 523;

Pastoral social e valores, 527;

Valor formativo da doutrina social, 529;

Valor formativo do cristianismo vivido, 530;

Encontros de Assis e valores comuns, 537;

Pessoas consagradas e valores da santidade, 540;

Vida espiritual, valores e vida secular, 546;

Agremiações eclesiais e valor do diálogo, 550;

Católicos e patrimônio de valores, 555;

Valores da Tradição católica, 555;

Pessoa humana e valores, 558;

Leigo e valores morais da vida social, 568;

Leigo e valores, 569;

Escolhas legislativas e valores cristãos, 570;

Laicidade, um valor reconhecido pela Igreja, 571;

Instrumentos políticos e valores, 573;

Adesão a um partido e valores cristãos, 574.

### VELHICE (CF. IDOSO)

Pessoas na velhice e frutos, 222;

Direito ao seguro de velhice, 301;

Norte e envelhecimento da população, 483.

### VERDADE

Jesus, caminho, verdade e vida, 1, 555;

Paulo a Timóteo e escuta da verdade, 2;

Amor e desenvolvimento humano na verdade, 4;

Igreja e testemunho da verdade, 13;

Compêndio e contribuições de verdade acerca do homem, 14;

Existir humano e livre busca da verdade, 15;

Primeiro desafio, verdade do ser homem, 16;

Discípulos de Cristo e busca da verdade, 17;

Pessoas divinas e filhos de Deus na verdade, 34;

Salvação e universal busca da verdade, 40;

Jesus Cristo e plena verdade do homem, 45;

Estado e verdade da pessoa, 48;

Comunidade cristã e germes de verdade, 53;

Padres, diferentes religiões e germes do Verbo, 53*;

Bens e Reino da verdade, 57;

Reino e agir humano na verdade, 58;

*Magnificat*, verdade acerca de Deus e pobres, 59;

Doutrina social e verdade do Espírito, 63;

Igreja, mestra de verdade da fé, 70;

Fé, razão e verdade da pessoa, 75;

Doutrina social e única verdade acerca do homem, 76, 82, 126;

Doutrina social, filosofia e verdade, 77;

Doutrina social, ciências e verdade, 78;

Ensino social, luz da verdade, 83;

Doutrina social, verdade e novidade, 86;

Igreja e colaboração na verdade, 94;

*Pacem in terris* e convivência na verdade, 95;

Homem e contemplação da verdade, 113;

Palavra de verdade de S. Agostinho, 114;

Pecado original e verdade, 120;

*Verdade*

507

Concepções redutivas da verdade do homem, 125;

Homem aberto a uma verdade mais profunda, 129;

Pessoa humana, transcendência e verdade absoluta, 130;

Homem, liberdade e obediência à verdade, 138;

Verdade acerca do bem e do mal e consciência, 139;

Verdades religiosas e morais e ajuda da graça, 141;

Universalidade da lei natural e verdade, 142;

Liberdade e abertura à verdade, 143;

Socialidade humana e verdade da sociedade, 150;

Inteligência e conhecimento da verdade, 155;

Princípio e verdade acerca do homem, 160;

Princípios e verdade da sociedade, 163;

Pessoa e verdade das formas da vida social, 165;

Verdade acerca de Deus e vida em sociedade, 167*;

Pessoa, valores sociais e verdade, 197, 198;

Atividade educativa e busca da verdade, 198;

Liberdade e vínculos regulados na verdade, 199,200;

Verdade acerca do homem e justiça, 203;

Valor da verdade e caridade, 205;

Ecologia humana, família e verdade, 212;

Procriação e verdade do matrimônio, 218;

Cristo e verdade originária do matrimônio, 219;

Verdade do amor e da sexualidade, 223;

Divorciados recasados e verdade de Cristo, 226;

Uniões homossexuais e verdade do homem, 228;

Verdade da dimensão subjetiva do trabalho, 271;

Verdade da prioridade do trabalho sobre o capital, 277;

Homens de cultura, fenômenos sociais e verdade, 320;

Poder político, ordem criada por Deus e verdade, 383;

Autoridade, valores e verdade do ser humano, 397;

Responsabilidade penal e busca da verdade, 404;

Democracia, relativismo ético e verdade, 407,569;

Sociedade, informação e verdade, 415;

Liberdade religiosa e verdade, 421;

Convivência entre as Nações e verdade, 433;

Santa Sé, ordem social e verdade, 445;

Verdade da criatura e futuro do mundo, 452;

Paz, misericórdia e verdade, 494;

Violência contrária à verdade, 496;

Forças armadas e defesa da verdade, 502;

Terroristas e pretensão de possuir a verdade, 515;

Perdão, reconciliação e verdade, 518;

Pastoral social, verdade e libertação, 524;

Tarefa pastoral da Igreja e verdade, 525;

Pastoral social e verdade acerca do homem, 527;

Catequese social, formação e verdade, 530;

Prudência, docilidade e amor pela verdade, 548;

Leigos e verdade da doutrina social, 551;

Cultura e verdade do homem, 556;

Conteúdo da cultura e verdade, 558;

Meios de comunicação e verdade, 562;

# 508 Índice analítico

Mártires da verdade cristã, 570;

Laicidade e verdade, 571;

Laicismo e verdades ensinadas pela Igreja, 572;

Verdade, comportamento e amor, 580.

## VIDA

Jesus Cristo, caminho, verdade e vida, 1, 555;

Salvação cristã e vida nova, 1;

Vida futura, pergunta e viver humano, 14;

Procura da verdade e plenitude da vida, 15;

Deus, tradições culturais e condições de vida, 20;

Dez mandamentos e vida social, 22;

Ano sabático e vida do povo de Israel, 24;

Aliança e vida de Israel, 24;

Deus dá a vida a tudo que existe, 26;

Ruptura da relação com Deus e vida, 27;

Vida divina e amor de Deus, 29;

Misericórdia de Deus e vida nova, 29;

Espírito Santo e estilo de vida do próprio Cristo, 29;

Jesus e dom de Sua vida, 32, 40;

Viver em Cristo e vida trinitária na Igreja, 32;

Amor, lei de vida do povo de Deus, 33;

Comunhão, reflexo da vida íntima de Deus, 33;

Homem, mulher, vida pessoal e social e Deus, 36;

Futuro e comunhão eterna de vida, 38;

Homem e edificação da vida social, 40;

Vida pessoal social e pecado, 41;

Discípulo de Cristo e vida nova, 41;

Condições de vida e saneamento oportuno, 42;

Participação na vida filial de Cristo, 45;

Deus, Pai e doador da vida, 46;

Vida em Cristo e socialidade da pessoa humana, 52;

Cristo, Pai e Reino de vida, 57;

Igreja, homem e palavra de vida, 61;

Convivência social e qualidade de vida, 62;

Igreja e qualidade moral da vida social, 62;

Evangelho e vida concreta do homem, 66;

Doutrina social e vida da sociedade, 67;

Igreja, vida em sociedade e competência, 68;

Homem, dom de salvação e vida, 70;

Doutrina social, vida e situações do mundo, 73;

Projeto de Deus e vida do homem, 74;

Deveres de justiça e caridade e vida social, 83;

Leigos e estados de vida, 83;

Vida dos homens e fluir dos acontecimentos, 85;

Leão XIII, Igreja e realidade da vida pública, 90;

Vida cristã e comunismo ateu, 92;

Vida dos cristãos e presença de Deus no mundo, 96;

*Gaudium et spes* e vida econômico-social, 96;

*Gaudium et spes* e vida cristã, 96;

*Populorum progressio* e vida econômica, 98;

Trabalho, paradigma da vida social, 101;

Vida social e pessoa humana, 106;

Deus, homem e sopro da vida, 108;

Vida do homem e busca de Deus, 109;

Vida do homem no Éden e insatisfação, 110;

União entre homem e mulher e serviço à vida, 111;

Homem e mulher como fiduciários da vida, 112;

# Vida

509

Vida do homem sagrada e inviolável, 112;

Deus, Senhor da vida e da morte, 112;

Vocação à vida e outras criaturas, 113;

Homem, proibição de Deus e árvore da vida, 115;

Deus, fonte da vida, 115;

Irmão, hostil ao irmão e vida, 116;

Pessoa humana e direito à vida, 118;

Estruturas de pecado e vida de um indivíduo, 119;

Vida, pecado e salvação em Jesus Cristo, 120;

Palavra feita homem e vida do homem, 121;

Homens e vida eterna, 122;

Considerações redutivas e vida do homem, 124;

Vida corporal e visão terrena da vida, 128;

Vida interior e partícula da natureza, 128;

Conservação da vida e comunhão, 130;

Próximo e sua vida, 132;

Vida do homem e restrições, 133;

Moralização da vida social e pessoas, 134;

Vida moral e dignidade da pessoa, 134;

Homem, livre iniciativa e vida social, 135;

Injustiça e vida moral, 137;

Lei divina e natural e vida moral, 140;

Lei natural e condições de vida, 141;

Lei natural e vida das sociedades, 141;

Unidade dos dois e vida da família, 147;

Portadores de deficiências físicas e vida familiar, 148;

Vida comunitária e social e homem, 149;

Participação e vida social, 151, 189;

Dignidade do homem e vida humana, 153;

Direitos humanos e fases da vida, 154;

Direito à vida, 155;

Direitos das nações e vida comunitária, 157;

Princípios e vida da sociedade, 160, 162, 163;

Vida social e bem comum, 164, 165, 167, 168;

Bens necessários e vida verdadeiramente humana, 168;

Terra e sustento da vida humana, 171;

Propriedade comunitária e vida dos povos indígenas, 180;

Condições de vida melhores e propriedade, 181;

Pobres e condições de vida, 182;

Participação e vida pública, 189;

Vida comunitária e democracia, 190;

Vida pública e regimes totalitários ou ditatoriais, 191;

Aparato burocrático e vida social e política, 191;

Exploração e vida interna e internacional, 192;

Jesus de Nazaré, Graça e vida social, 196;

Valores sociais e vida social, 197;

Liberdade e próprio estado de vida, 200;

Próximo no plano social e vida, 208;

Família, berço da vida e do amor, 209, 212;

Igreja, família e vida social, 211;

Família, ambiente de vida e criança, 212;

Família, primeiros anos de vida e valores morais, 213;

Matrimônio, comunhão conjugal de vida, 215;

Filhos e vida conjugal, 218;

Vida, cônjuges e significado do matrimônio, 220;

Idosos e escola de vida, 222;

Sexualidade e vida, 223;

Verdade do amor conjugal e vida, 223;

Complementaridade e vida familiar, 224;

Divorciados recasados e vida eclesial, 226;

Família e inserção na vida social, 227;

Transmissão da vida e pessoas do mesmo sexo, 228;

Amor conjugal e acolhimento à vida, 230;

Família, comunidade de vida humana, 230;

Vida de cada criança e doadores da vida, 230;

Família, santuário da vida, 231;

A vida é dom de Deus, 231;

Família e cultura da vida, 231;

Famílias cristãs e Evangelho da vida, 231;

Evangelho da vida e direito à vida, 231;

Paternidade responsável e acolhimento da vida, 232;

Aborto e mentalidade contra a vida, 233;

Dignidade à vida e condições, 234;

Pais, ministros da vida, 237;

Gerações e vida humana, 237;

Transmissão da vida e educação, 239;

Testemunho de vida e educação, 239;

Vida política e subjetividade das famílias, 246;

Associações e vida da família, 247;

Família e vida econômica, 248;

Casa, centro da vida, 248;

Trabalho do cuidado e qualidade de vida, 251;

Instituições estatais e identidade da vida familiar, 252;

Ação política e legislativa e vida nascente, 252;

Trabalho e condições de vida decorosas, 257;

Trabalho e sentido da vida, 257, 264;

Repouso e dar graças a Deus da própria vida, 258;

Jesus, vida sobre a terra e trabalho manual, 259;

Ganhar o mundo e vida humana, 260;

Trabalho e vida convivial de Deus, 261;

*Rerum novarum*, animação e vida social, 268;

Vida do homem e trabalho, 269;

Flexibilidade do trabalho e vida familiar, 280;

Membros dos corpos sociais intermediários e vida, 281;

Tempo livre e vida, 284;

Exigência de utilidade social e vida familiar, 284;

Reflexão e vida interior e cristã, 285;

Tradições e vida espiritual da sociedade, 286;

Trabalho e implicações morais na vida social, 287;

Mudança de emprego e arco da vida, 290;

Estado e vida econômica, 291;

Trabalho e vida familiar, 294;

Gênio feminino e vida social, 295;

Migrações e condições de vida, 297;

Imigrantes e vida social, 298;

Agricultura moderna e vida econômica, 299;

Trabalho recompensado e vida material, 302;

Organizações sindicais e vida social, 305;

Luta de classe e vida social, 306;

Sindicato e vida econômica, 307;

Ciclo produtivo e vida da comunidade, 311;

Economia informal e teor de vida, 316;

Bens materiais e vida, 323;

Economia e qualidade da vida humana, 326;

Vida econômico-social e pessoa humana, 331;

Moral e vida social, 332;

*Vida*

**511**

Direito de participar e vida econômica, 333;

Vida democrática e empresas cooperativas, 339;

Usura e vida de muitas pessoas, 341;

Empresa e qualidade de vida, 345;

Supérfluo, necessário e vida do pobre, 359;

Consumismo e estilos de vida, 360;

Culturas e chaves interpretativas da vida, 366;

Modelos de desenvolvimento e vida mais digna, 373;

Países ricos e sentido da vida, 374;

Consumo de mercadorias e vida social, 375;

Vida do homem e dimensão materialista, 375;

Bens materiais e teor de vida, 375;

Jesus e servir e dar a própria vida, 379;

Autoridade política e vida calma e tranqüila, 381, 394;

Ordem criada por Deus e vida social, 383;

Pessoa humana, sentido da vida e vida social, 384;

Povo e plenitude da vida dos homens, 385;

Povo e partilha de vida e valores, 386;

Valor da *comunidade* e vida de cada dia, 392;

Bem comum e vida política, 407;

Participação, plebiscito e vida social, 413;

Informação e vida social, 414;

Livres associações e vida democrática, 418, 419;

Plenitude à vida humana e bênção divina, 428;

Noé, Deus e intocabilidade da vida humana, 429;

Vida nova em Cristo e diferenças raciais, 431;

Mensagem e visão universal da vida, 432;

Lei moral e vida dos homens, 436;

Vida internacional, ordenamento e ordem moral, 437;

Comunidade Internacional e vida dos Estados, 439;

Organismos internacionais e vida social, 440;

Opinião pública e vida internacional, 443;

Salvação eterna e vida de trabalho, 445;

Vida política e subdesenvolvimento e pobreza, 447;

Condição de vida, cristão e Cristo, 455;

Amor, princípio de vida nova, 455;

Atividade humana e condições de vida, 456;

Desenvolvimento e novas formas de vida animal, 459;

Intervenções e origem da vida humana, 459;

Ambiente e ética do respeito pela vida, 465;

Ambiente sadio e seguro e estilos de vida, 468, 486;

Povos indígenas, vida e ambiente, 471;

Água, critérios morais e valor de vida, 484, 485;

Paz e plenitude da vida, 489;

Jesus, cristãos e vida de paz, 491;

Violência e destruição da vida, 496;

Forças armadas e sacrifício da vida, 502;

Ataques terroristas e vida quotidiana, 513;

Terrorismo e desprezo pela vida humana, 514;

Fé cristã e vida, 516;

Celebração eucarística e vida cristã, 519;

*Rerum novarum*, Igreja e vida pública, 521;

Testemunho cristão e âmbitos da vida, 522;

Ação pastoral e modelos de vida, 523;

Pastoral social e vida pública, 527;

Catequese e vida evangélica, 529;

Doutrina social, vida de santidade e vida social, 530;

Formação dos leigos e vida civil, 531;

Presbítero e vida social e política, 539;

Religiosos, vida e humanidade nova, 540;

Batismo, leigos e vida em Cristo, 541;

Leigo, Evangelho e testemunho de vida, 543, 545, 579;

Nível de vida e do homem, 544;

Leigos e síntese entre fé e vida, 546, 554;

Agremiações laicais e vida apostólica, 549;

Agremiações eclesiais e vida social, 550;

Leigo e serviço na vida familiar, 551;

Leigo, condições de vida e dignidade humana, 552;

Leigo e direito à vida, 553;

Cultura e formas de vida envelhecida, 556;

Visões redutivas e ideológicas da vida, 558;

Cultura e qualidade de vida, 559;

Mistério da vida e mistério de Deus, 559;

Verdade, vida humana e meios de comunicação, 562;

Moral e vida social e política, 566, 568;

Discernimento, pobres e sacralidade da vida, 569;

Testemunho cristão e sacrifício da vida, 570;

Laicidade, verdades morais e vida social, 571;

Partido e exigências da vida cristã, 573;

Comunidade cristã e vida pública, 574;

Homem e significado de sua vida, 575;

Vida social e projeto divino, 577;

Cristãos e vida secular, 579;

Cristãos, vida e amor, 580;

Vida social e leituras sociológicas, 581;

Sociedade mais humana e amor na vida humana, 582, 583.

## VIOLÊNCIA

Deus e espiral da violência, 43;

Doutrina social e pecado da violência, 81;

Privar dos direitos humanos e violência, 153;

Formas de trabalho de menores e violência, 296;

Lei iníqua e ato de violência, 398;

Recurso à violência e resistência passiva, 401;

Criação, pecado e violência, 429;

Comunidade internacional e recurso à violência, 433;

Violência, relações interpessoais e sociais, 488;

Deus, paz e violência, 488;

A violência, 496;

Recurso à violência, ruínas e mortes, 496;

Armas leves e manifestações de violência, 513;

Violência, desumanidade e fardo de dor, 517.

## VIRTUDE

Humanismo e cultivo das virtudes, 19;

Solidariedade como virtude moral e social, 193, 194*;

Solidariedade como virtude cristã, 196*;

Princípios sociais e exercício das virtudes, 197;

Justiça e correspondente virtude cardinal, 201;

*Vocação*

Paz, justiça e prática das virtudes, 203;

Vínculo entre virtude, valores sociais e caridade, 204;

Filhos em família e virtudes, 210;

Família, primeira escola de virtudes sociais, 238;

Educação e cultivo das virtudes, 242;

Riqueza e virtude da solidariedade, 332;

Iniciativa econômica como virtude, 343;

Ordem moral, autoridade e virtude de obrigar, 396;

Autoridade, virtude e poder como serviço, 410;

Leigos e exercício das virtudes sociais, 546;

Leigo e prudência como virtude, 547, 548;

A caridade, senhora e rainha de todas as virtudes, 581;

Virtude sobrenatural do amor e justiça, 583.

## VOCAÇÃO

Igreja, vocação do homem e comunhão, 3, 63;

Compêndio e vocação dos carismas eclesiais, 10;

Igreja, mundo e própria vocação, 18;

Vocação do gênero humano à unidade, 19;

Amor trinitário e vocação, 34;

Revelação cristã e vocação, 35, 36;

Vocação última do homem, a divina, 41;

Pessoa, vocação e universo criado, 47;

Igreja comunidade política e vocação, 50, 425;

Igreja e definitiva vocação do homem, 51;

Homem, vocação e projeto divino, 60;

Doutrina social e vocação do homem, 61;

Convivência social e vocação, 62;

Doutrina social e vocação terrena, 72;

Diálogo interdisciplinar e vocação, 78;

Ensino social e vocação, 83;

Leigos, índole secular e vocação, 83;

*Laborem exercens*, trabalho e vocação, 101;

Cristo e vocação do homem, 105, 121;

Homem e mulher e vocação à vida, 113;

Dimensão social do homem e vocação, 149;

Liberdade e vocação de cada pessoa, 200;

Matrimônio, cônjuges e vocação, 220;

Trabalho e vocação do homem, 270;

Trabalho, família e vocação do homem, 294;

Trabalho e vocação da mulher, 295;

Sindicato e vocação, 306;

Necessidades e vocação ao transcendente, 318;

Humanismo do trabalho e vocação, 322;

Atividade econômica e vocação, 326;

Vida econômico-social e vocação, 331;

Economia e vocação do homem, 333;

Modelos de desenvolvimento e vocação, 373;

Bem da humanidade e vocação, 522;

Autoridade evocação do homem, 534;

Povo de Deus e exercício de cada vocação, 538;

Ordem temporal e vocação eterna, 544;

Associações, vocação e missão, 550;

Homens dos nossos tempos e vocação, 551.

# ÍNDICE GERAL

*Siglas* ................................................................................................ 5

*Abreviaturas bíblicas* .................................................................... 7

*Carta do Cardeal Angelo Sodano* ................................................ 9

*Apresentação* ................................................................................ 13

### INTRODUÇÃO
## UM HUMANISMO INTEGRAL E SOLIDÁRIO

a) No alvorecer do terceiro milênio ...................................... 17

b) O significado do documento .............................................. 19

c) Ao serviço da plena verdade sobre o homem ..................... 22

d) Sob o signo da solidariedade, do respeito e do amor ......... 24

## PRIMEIRA PARTE

### CAPÍTULO I
## O DESÍGNIO DE AMOR DE DEUS A TODA A HUMANIDADE

I. O AGIR LIBERTADOR DE DEUS NA HISTÓRIA
   DE ISRAEL ........................................................................ 27

a) A proximidade gratuita de Deus ........................................ 27

b) Princípio da criação e agir gratuito de Deus ..................... 30

# 516 *Índice geral*

**II. JESUS CRISTO: CUMPRIMENTO DO DESÍGNIO DE AMOR DO PAI** ...... 31

a) Em Jesus Cristo cumpre-se o evento decisivo da história de Deus com os homens ...... 31

b) A revelação do Amor Trinitário ...... 32

**III. A PESSOA HUMANA NO DESÍGNIO DE AMOR DE DEUS** ...... 33

a) O Amor Trinitário, origem e meta da pessoa humana ...... 33

b) A salvação cristã: para todos os homens e do homem todo ...... 35

c) O discípulo de Cristo como nova criatura ...... 36

d) Transcendência da salvação e autonomia das realidades terrestres ...... 38

**IV. DESÍGNIO DE DEUS E MISSÃO DA IGREJA** ...... 39

a) A Igreja, sinal e tutela da transcendência da pessoa humana ...... 39

b) Igreja, Reino de Deus e renovação das relações sociais ...... 41

c) Novos céus e nova terra ...... 43

d) Maria e o Seu *"fiat"* ao desígnio de amor de Deus ...... 44

### CAPÍTULO II
### MISSÃO DA IGREJA E DOUTRINA SOCIAL

**I. EVANGELIZAÇÃO E DOUTRINA SOCIAL** ...... 45

a) A Igreja, morada de Deus com os homens ...... 45

b) Fecundar e fermentar com o Evangelho a sociedade ...... 46

c) Doutrina social, evangelização e promoção humana ...... 48

d) Direito e dever da Igreja ...... 49

# Índice geral

**II. A NATUREZA DA DOUTRINA SOCIAL** ...................................... 50

 a) Um saber iluminado pela fé ..................................................... 50

 b) Em diálogo cordial com todo o saber ......................................... 52

 c) Expressão do ministério de ensinamento da Igreja ..................... 54

 d) Por uma sociedade reconciliada na justiça e no amor ............... 55

 e) Uma mensagem para os filhos da Igreja e para a humanidade .... 56

 f) No signo da continuidade e da renovação ................................. 57

**III. A DOUTRINA SOCIAL DO NOSSO TEMPO: ACENOS HISTÓRICOS** .............................................................. 59

 a) O início de um novo caminho .................................................... 59

 b) Da *"Rerum novarum"* aos nossos dias .................................... 60

 c) À luz e sob o impulso do Evangelho ......................................... 68

CAPÍTULO III

**A PESSOA HUMANA E SEUS DIREITOS**

**I. DOUTRINA SOCIAL E PRINCÍPIO PERSONALISTA** .......... 71

**II. A PESSOA HUMANA "IMAGO DEI"** ...................................... 72

 a) Criatura à imagem de Deus ...................................................... 72

 b) O drama do pecado .................................................................. 75

 c) Universalidade do pecado e universalidade da salvação ............. 78

**III. A PESSOA HUMANA E OS SEUS VÁRIOS PERFIS** ............. 79

A) A UNIDADE DA PESSOA .................................................................. 80

B) ABERTURA À TRANSCENDÊNCIA E UNICIDADE DA PESSOA ............. 82

518                                                          *Índice geral*

a) Aberta à transcendência ....................................................... 82

b) Única e irrepetível ............................................................... 82

c) O respeito da dignidade humana ........................................ 83

C) A LIBERDADE DA PESSOA ........................................................ 84

a) Valor e limites da liberdade ................................................ 84

b) O vínculo da liberdade com a verdade e a lei natural ........ 84

D) A IGUALDADE EM DIGNIDADE DE TODAS AS PESSOAS ................. 88

E) SOCIABILIDADE HUMANA ......................................................... 91

**IV. OS DIREITOS HUMANOS** ........................................................ 92

a) O valor dos direitos humanos ............................................. 92

b) A especificação dos direitos ............................................... 94

c) Direitos e deveres ............................................................... 95

d) Direitos dos povos e das nações ......................................... 96

e) Colmatar a distância entre letra e espírito ......................... 97

CAPÍTULO IV
## OS PRINCÍPIOS DA DOUTRINA SOCIAL DA IGREJA

**I.   SIGNIFICADO E UNIDADE DOS PRINCÍPIOS** ..................... 99

**II.  O PRINCÍPIO DO BEM COMUM** ......................................... 101

a) Significado e principais implicações ................................. 101

b) A responsabilidade de todos pelo bem comum ................. 102

c) As tarefas da comunidade política ..................................... 103

*Índice geral*                                                   519

## III. A DESTINAÇÃO UNIVERSAL DOS BENS ......................... 104

a) Origem e significado ............................................... 104

b) Destinação universal dos bens e propriedade privada ............... 106

c) Destinação universal dos bens e opção preferencial
pelos pobres ........................................................ 109

## IV. O PRINCÍPIO DE SUBSIDIARIEDADE ............................. 111

a) Origem e significado ............................................... 111

b) Indicações concretas ............................................... 112

## V. A PARTICIPAÇÃO ................................................. 114

a) Significado e valor ................................................ 114

b) Participação e democracia .......................................... 114

## VI. O PRINCÍPIO DE SOLIDARIEDADE ................................. 116

a) Significado e valor ................................................ 116

b) A solidariedade como princípio social e como virtude moral ... 116

c) Solidariedade e crescimento comum dos homens ...................... 117

d) A solidariedade na vida e na mensagem de Jesus Cristo .......... 118

## VII. OS VALORES FUNDAMENTAIS DA VIDA SOCIAL ........... 119

a) Relação entre princípios e valores ................................ 119

b) A verdade ........................................................... 120

c) A liberdade ......................................................... 121

d) A justiça ........................................................... 122

## VIII. A VIA DA CARIDADE ........................................... 123

# SEGUNDA PARTE

### CAPÍTULO V
## A FAMÍLIA, CÉLULA VITAL DA SOCIEDADE

**I.   A FAMÍLIA, PRIMEIRA SOCIEDADE NATURAL** .............. 129

    a) A importância da família para a pessoa ..................................... 130

    b) A importância da família para a sociedade ............................. 131

**II.   O MATRIMÔNIO, FUNDAMENTO DA FAMÍLIA** ................ 132

    a) O valor do matrimônio .......................................................... 132

    b) O sacramento do matrimônio ................................................. 134

**III.  A SUBJETIVIDADE SOCIAL DA FAMÍLIA** ...................... 135

    a) O amor e a formação de uma comunidade de pessoas .............. 135

    b) A família é o santuário da vida ............................................... 141

    c) A tarefa educativa ................................................................. 145

    d) A dignidade e os direitos das crianças .................................... 148

**IV.  A FAMÍLIA, PROTAGONISTA DA VIDA SOCIAL** .............. 150

    a) Solidariedade familiar ........................................................... 150

    b) Família, vida econômica e trabalho ........................................ 151

**V.   A SOCIEDADE A SERVIÇO DA FAMÍLIA** ........................... 153

# CAPÍTULO VI
# O TRABALHO HUMANO

### I. ASPECTOS BÍBLICOS ............................................................. 155

a) O dever de cultivar e guardar a terra ........................................ 155

b) Jesus, homem do trabalho........................................................ 157

c) O dever de trabalhar................................................................ 159

### II. O VALOR PROFÉTICO DA "RERUM NOVARUM" .......... 160

### III. A DIGNIDADE DO TRABALHO................................................ 161

a) A dimensão subjetiva e objetiva do trabalho ............................ 161

b) As relações entre trabalho e capital ......................................... 164

c) O trabalho, título de participação............................................. 166

d) Relação entre trabalho e propriedade privada .......................... 167

e) O repouso festivo .................................................................... 168

### IV. O DIREITO AO TRABALHO ................................................. 169

a) O trabalho é necessário ........................................................... 169

b) O papel do Estado e da sociedade civil na promoção
do direito ao trabalho ............................................................... 171

c) A família e o direito ao trabalho .............................................. 172

d) As mulheres e o direito ao trabalho ......................................... 173

e) Trabalho infantil...................................................................... 174

f) A emigração e o trabalho ......................................................... 174

g) O mundo agrícola e o direito ao trabalho ................................. 175

# V. DIREITOS DOS TRABALHADORES ................................ 176

a) Dignidade dos trabalhadores e respeito dos seus direitos ......... 176

b) O direito à remuneração eqüitativa e distribuição da renda ...... 177

c) O direito de greve ................................................. 178

# VI. SOLIDARIEDADE ENTRE OS TRABALHADORES ........... 179

a) A importância dos sindicatos ...................................... 179

b) Novas formas de solidariedade ................................... 180

# VII. AS "RES NOVAE" DO MUNDO DO TRABALHO ............... 181

a) Uma fase de transição epocal .................................... 181

b) Doutrina social e "res novae" .................................... 184

CAPÍTULO VII
## A VIDA ECONÔMICA

# I. ASPECTOS BÍBLICOS ............................................. 189

a) O homem, pobreza e riqueza ..................................... 189

b) As riquezas existem para serem partilhadas ..................... 191

# II. MORAL E ECONOMIA ............................................ 192

# III. INICIATIVA PRIVADA E EMPRESA ............................ 195

a) A empresa e os seus fins .......................................... 196

b) O papel do empresário e do dirigente de empresa ................ 199

*Índice geral* 523

**IV. INSTITUIÇÕES ECONÔMICAS AO SERVIÇO DO HOMEM** .................................................................. 200

a) O papel do livre mercado ............................................... 200

b) A ação do Estado ............................................................ 202

c) O papel dos corpos intermédios ..................................... 205

d) Poupança e consumo ...................................................... 205

**V. AS "RES NOVAE" EM ECONOMIA** ........................... 206

a) A globalização: as oportunidades e os riscos ................. 206

b) O sistema financeiro internacional ................................ 210

c) O papel da comunidade internacional na época da economia global211

d) Um desenvolvimento integral e solidário ...................... 213

e) A necessidade de uma grande obra educativa e cultural ........... 214

CAPÍTULO VIII
### A COMUNIDADE POLÍTICA

**I. ASPECTOS BÍBLICOS** ................................................. 215

a) O senhorio de Deus ........................................................ 215

b) Jesus e a autoridade política ......................................... 216

c) As primeiras comunidades cristãs .................................. 216

**II. O FUNDAMENTO E A FINALIDADE DA COMUNIDADE POLÍTICA** ......................................... 218

a) Comunidade política, pessoa humana e povo ................. 218

b) Tutelar e promover os direitos humanos ........................ 220

c) A convivência baseada na amizade civil ......................... 221

# 524 *Índice geral*

**III. A AUTORIDADE POLÍTICA** ................................................................ 223

    a) O fundamento da autoridade política ........................................ 223

    b) A autoridade como força moral .................................................. 224

    c) O direito à objeção de consciência ............................................. 226

    d) O direito de resistir ...................................................................... 227

    e) Infligir as penas ............................................................................ 227

**IV. O SISTEMA DA DEMOCRACIA** ........................................................ 230

    a) Os valores e a democracia ........................................................... 230

    b) Instituições e democracia ............................................................ 231

    c) Os componentes morais da representação política ................... 231

    d) Instrumentos de participação política ....................................... 233

    e) Informação e democracia ............................................................ 233

**V. A COMUNIDADE POLÍTICA A SERVIÇO
DA SOCIEDADE CIVIL** ........................................................................... 235

    a) O valor da sociedade civil ............................................................ 235

    b) O primado da sociedade civil ...................................................... 235

    c) A aplicação do princípio de subsidiariedade ............................ 236

**VI. O ESTADO E AS COMUNIDADES RELIGIOSAS** ............... 237

A) A LIBERDADE RELIGIOSA, UM DIREITO HUMANO FUNDAMENTAL ................ 237

B) IGREJA CATÓLICA E COMUNIDADE POLÍTICA ........................................... 238

    a) Autonomia e independência ....................................................... 238

    b) Colaboração .................................................................................. 239

*Índice geral* 525

CAPÍTULO IX

**A COMUNIDADE INTERNACIONAL**

**I.   ASPECTOS BÍBLICOS** ................................................ 241

   a) A unidade da família humana ................................................. 241

   b) Jesus Cristo, protótipo e fundamento da nova humanidade ...... 242

   c) A vocação universal do cristianismo ......................................... 242

**II.   AS REGRAS FUNDAMENTAIS DA COMUNIDADE
INTERNACIONAL** ................................................................. 243

   a) Comunidade internacional e valores ......................................... 243

   b) Relações fundadas na harmonia entre ordem jurídica
   e ordem moral .......................................................................... 245

**III. A ORGANIZAÇÃO DA COMUNIDADE
INTERNACIONAL** ................................................................. 247

   a) O valor das Organizações Internacionais ................................. 247

   b) A personalidade jurídica da Santa Sé ....................................... 250

**IV. A COOPERAÇÃO INTERNACIONAL
PARA O DESENVOLVIMENTO** ........................................... 251

   a) Colaboração para garantir o direito ao desenvolvimento .......... 251

   b) Luta contra a pobreza ............................................................. 253

   c) A dívida externa ..................................................................... 254

## CAPÍTULO X
## SALVAGUARDAR O AMBIENTE

**I. ASPECTOS BÍBLICOS** ..................................................... 255

**II. O HOMEM E O UNIVERSO DAS COISAS** ........................... 257

**III. A CRISE NA RELAÇÃO HOMEM–AMBIENTE** ................... 260

**IV. UMA RESPONSABILIDADE COMUM** ............................... 262

    a) O ambiente, um bem coletivo ..................................... 262

    b) O uso da biotecnologia ............................................... 267

    c) Ambiente e partilha dos bens ...................................... 269

    c) Novos estilos de vida .................................................. 272

## CAPÍTULO XI
## A PROMOÇÃO DA PAZ

**I. ASPECTOS BÍBLICOS** ..................................................... 273

**II. A PAZ: FRUTO DA JUSTIÇA E DA CARIDADE** ................. 275

**III. A FALÊNCIA DA PAZ: A GUERRA** ................................... 277

    a) A legítima defesa ....................................................... 278

    b) Defender a paz ........................................................... 279

    c) O dever de proteger os inocentes ................................ 280

    d) Medidas contra quem ameaça a paz ........................... 282

    e) O desarmamento ......................................................... 283

    f) A condenação ao terrorismo ....................................... 285

**IV. O CONTRIBUTO DA IGREJA PARA A PAZ** ...................... 287

*Índice geral* 527

# TERCEIRA PARTE

### CAPÍTULO XII
## DOUTRINA SOCIAL E AÇÃO ECLESIAL

**I.   A AÇÃO PASTORAL NO ÂMBITO SOCIAL** .......................... 293

a) Doutrina social e inculturação da fé ............................................. 293

b) Doutrina social e pastoral social ................................................. 294

c) Doutrina social e formação ......................................................... 296

d) Promover o diálogo .................................................................... 298

e) Os sujeitos da pastoral social ...................................................... 299

**II.  DOUTRINA SOCIAL E COMPROMISSO
DOS CRISTÃOS LEIGOS** ........................................................ 301

a) O cristão leigo ............................................................................ 301

b) A espiritualidade do cristão leigo ............................................... 302

c) Agir com prudência .................................................................... 303

d) Doutrina social e experiência associativa ................................... 304

e) O serviço nos diversos âmbitos da vida social .......................... 305

*1. O serviço à pessoa humana* ...................................................... 306

*2. O serviço à cultura* .................................................................. 307

*3. O serviço à economia* .............................................................. 311

*4. O serviço à política* ................................................................. 312

## CONCLUSÃO
## POR UMA CIVILIZAÇÃO DO AMOR

a) A ajuda da Igreja ao homem contemporâneo ............................ 319

b) Tornar a partir da fé em Cristo ................................................... 320

c) Uma firme esperança ................................................................ 321

d) Construir a "civilização do amor" ............................................ 322

## ÍNDICES

*Índice de referências* ..................................................................... 327

*Índice analítico* ............................................................................. 353